KB141080

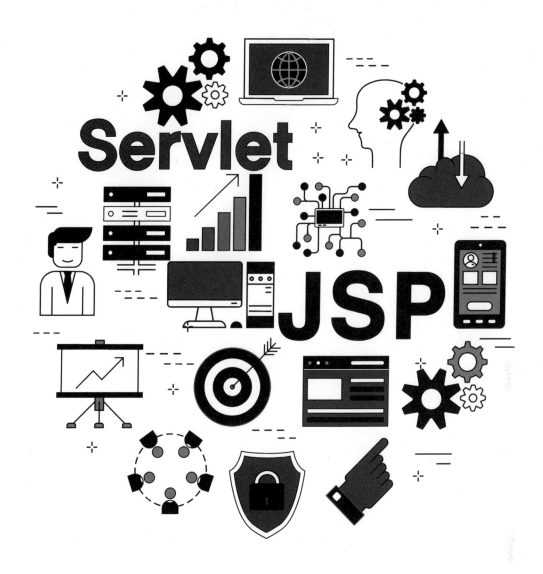

JSPStudy의
JSP&Servlet
웹 프로그래밍 입문 + 활용
JSP & 서블릿 기초 문법부터 사이트 구축 실무 응용까지

JSPStudy의

JSP&Servlet 웹 프로그래밍 입문+활용

JSP&서블릿 기초 문법부터 사이트 구축 실무 응용까지

초판 1쇄 인쇄 | 2019년 01월 15일
초판 1쇄 발행 | 2019년 01월 25일

지은이 | 정동진 최주호 윤성훈 공저
펴낸이 | 김병성
펴낸곳 | 앤써북

출판사 등록번호 | 제 382-2012-0007 호
주소 | 경기도 고양시 일산 서구 가좌동 565번지
전화 | 070-8877-4177
FAX | 031-919-9852
도서문의 | 앤써북 http://answerbook.co.kr

가격 | 23,000원
ISBN | 979-11-85553-48-1 13000

Preface
머리말

프로그래밍 언어를 접한 경험이 없는 사람들은 대부분 처음 프로그래밍 언어를 접할 때 높은 진입장벽을 느낍니다. 이 벽은 외국어를 접할 때 느끼는 이질감과는 다른 차원의 벽일 것입니다. 외국어는 소통의 대상이 '인간'인 반면 프로그래밍 언어는 '컴퓨터'와의 소통을 위해 고안된 언어이기 때문입니다. 이 책은 컴퓨터와 소통하기 위한 방법을 걸음마 단계부터 차근차근 설명하고 있습니다. 영어를 처음 접할 때 영어의 근간이 되는 알파벳을 가장 먼저 배우듯 JSP 및 서블릿의 뿌리가 되는 JAVA 문법부터 JSP 및 서블릿 기본 문법의 결정체인 홈페이지 구축까지 쉽게 이해할 수 있도록 집필되어 있습니다. 이제 막 JSP 및 서불릿의 문턱에 발을 내민 입문자들이 더 이상 높은 벽을 느끼지 않길 희망합니다.

웹 기술 중 하나인 JSP 및 서블릿은 HTML문서 안에 자바 코드를 넣는 형태의 언어로서 JAVA가 대중화 되면서 널리 쓰이게 된 서버 스크립트 입니다. JSP 및 서블릿을 처음 접하는 사람에게는 JSP 및 서블릿 프로그래밍 공부가 어렵게 느껴질 것입니다. 이미 시중에 JSP 및 서블릿에 관한 책들이 여러 권 있지만 그 책과는 달리 이 책은 많은 예제를 통해 실행결과를 보면서 경험에 대한 공유와 JSP 및 서블릿을 처음 공부하여 JSP 및 서블릿이 어렵게 느껴지는 독자들을 대상으로 만든 입문서입니다. Chapter 하나마다 깊고 풍부한 내용과 많은 경험이 녹아있고 독자들이 이해하기 쉽게 구성하려고 노력 하였습니다. 이 책을 펼쳐든 독자에게 미약하나마 희망을 줄 수 있다면 모든 걸 다 접어두고 집필에 매달렸던 시간의 보상으로 더 없이 감사할 수 있을 것 같습니다.

저희들에게 이 책을 집필 할 수 있는 실무적인 내용을 여과 없이 제공해 주신 (주)고려제강 전산팀 이근표 팀장님, 라이노정보의 김성찬 대표님 그리고 비에스컴의 남유식 대표님께 감사하고 특히 집필을 위해서 물심양면으로 지원 해주신 동의대학교 DITA 천영환 팀장님께 고맙다는 말씀 꼭 전하고 싶습니다. 10년간 같이 책을 만들어 왔지만 이번에도 완성도 높은 책을 만들어 주신 앤써북 임직원 여러분께 감사의 말씀을 전합니다. 또 집필 후에도 오타 및 편집 작업을 도와준 사랑하는 나의 제자 재욱이, 희권이, 정환이에게 고맙다는 말 꼭 전하고 싶습니다.

본인의 회사 일도 바쁘고 애들 보느라 많이 힘들었을 텐데 항상 말없이 묵묵하게 응원을 해준 사랑하는 와이프에게 더 없이 고맙고 마지막으로 항상 아직도 아들이 잘되기를 바라는 우리 어머니께 고맙고 사랑한다는 말씀 꼭 전하고 싶습니다.

집무실에서 집필을 마치고 ......

부록 다운로드 방법

제공 소스 그리고 Program은 JSPStudy(jspstudy.co.kr) 또는 앤써북(answerbook.co.kr)의 '도서 부록' 배너 클릭 후 'JSP&Servlet 입문+활용_부록 다운받기' 게시글에서 다운로드 받을 수 있습니다.

※ 강의자료(PPT 파일)는 채택된 도서에 한하여 교수 · 강사 · 교사에게만 제공됨을 원칙으로 합니다. 강의자료(PPT 파일)받기 위해서는 [자료요청] 게시판의 '강의자료(PPT) 요청 안내 사항' 게시글울 참조하시기 바랍니다.

1. PPT 자료 및 제공 소스

- JSP_PPT 폴더에는 각 장의 PPT 파일이 들어있습니다.
- source 폴더에는 각 장에서 사용된 모든 .jsp, .java, .html, .css, .js, .sql 파일과 이미지들이 들어있습니다.

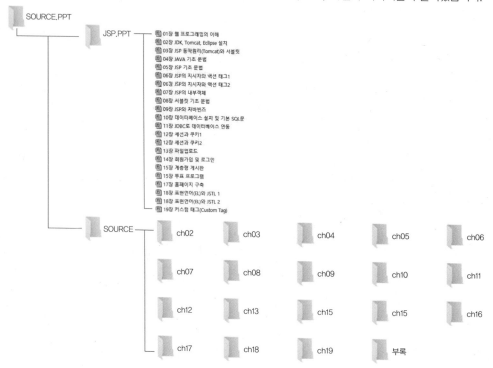

2. Program

Program 폴더에는 각 장에서 사용된 모든 프로그램과 라이브러리가 들어 있습니다.

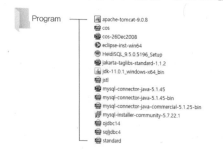

❶ PPT 자료에는 각 장에서 사용된 소스를 클릭을 하면 자동적으로 소스가 열립니다.(.jsp, .java, .html의 소스의 실행 프로그램을 소스의 구문강조가 설정된 EditPlus로 하시기 바랍니다.

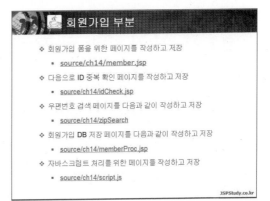

❷ .jsp, .java, .html 소스의 오른쪽 마우스를 클릭하고 연결 프로그램을 EditPlus로 설정하시면 됩니다.

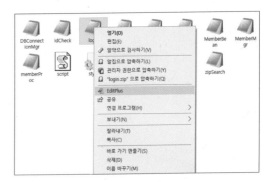

❸ PPT 자료에는 각장에서 구현된 모든 예재의 실행화면은 JSPStudy 사이트(http://jspstudy.co.kr)에 링크 시켰습니다.

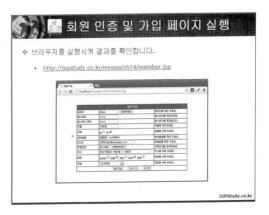

Contents
목 차

Part 01
JSP 웹 프로그래밍 시작하기

Contents

목 차

Part 03

JSP 응용기술 익히기

Contents
목 차

Contents

목 차

Part 05
JSP 중급 기술 익히기

JSP & Servlet

이번 파트에서는 웹 프로그래밍의 기본개념과 동작원리를 설명하고 JSP 및 서블릿을 실행하기 위해 필수적인 사용 도구의 설치 순서와 사용 도구의 사용방법에 대해서 설명을 합니다. 마지막으로 뒤에서 자세하게 다루게 되는 JSP와 서블릿의 동작원리에 대해서 간단하게 설명하기 위한 파트입니다.

JSP 웹 프로그래밍 시작하기

웹 프로그래밍의 이해

이 장에서는 복잡한 웹 기술에 대한 변천사를 간략하게 정리하고 jsp 페이지가 가지고 있는 특징적인 기술에 대해서 알아보겠습니다. 그리고 JSP의 동작방식에 대한 이해와 이러한 기술들을 적용하여 사용할 때 나타나는 장점들에 대해서 알아보겠습니다. 이번 장에서 특별히 깊은 사전 지식이 요구되는 것은 아니지만, 웹 프로그래밍에 있어서 꼭 필요한 부분입니다.

01 _ 웹? 웹! 그리고 동적 콘텐츠!

웹에 대한 사전적 의미를 살펴보겠습니다.

'세계 규모의 거미집 또는 거미집 모양의 망이라는 뜻으로, 하이퍼텍스트(hypertext)라는 기능에 의해 인터넷 상에 존재하는 온갖 종류의 정보를 통일된 방법으로 찾아볼 수 있게 하는 광역 정보 서비스 및 소프트웨어이다. 월드 와이드 웹은 WWW 또는 웹(web)이라고 부르며,(...중략...) 전 세계의 하이퍼텍스트가 이리저리로 연결된 모습이 마치 거미가 집을 지은 것처럼 보이기 때문에 월드 와이드 웹(WWW)이라는 이름이 붙여졌다. (...중략...) 웹 서버에 있는 하이퍼텍스트를 볼 수 있게 하는 응용 소프트웨어가 브라우저(Browser)인데, NCSA에서 개발한 모자이크(Mosaic), 넷스케이프사에서 개발한 넷스케이프 네비게이터(Netscape Navigator), 마이크로소프트사에서 개발한 인터넷 익스플로러(Internet Explorer) 등이 있다.

– 참조_두산 동아사전에서

사전적 의미 그대로 웹은 망, 그물의 형태를 띠고 있는 네트워크입니다.

❖ 클라이언트와 서버(CS)

월드 와이드 웹(WWW)에서 브라우저가 작동하는 원리를 이해하기 위해서는 클라이언트와 서버라는 용어에 대해 알고 있어야 합니다. 왜냐하면 월드 와이드 웹 서비스가 바로 클라이언트(Client)-서버(Server) 모델을 기본으로 작동하고 있기 때문인데 여기에서 클라이언트라는 것은 네트워크에서 정보를 요구하는 쪽을 의미하고, 서버라는 것은 요구받은 정보를 제공하는 쪽의 컴퓨터를 의미합니다. 즉 사용자의 브라우저가 클라이언트가 되는 것이고, 정보를 제공하고 있는 웹 사이트의 시스템은 서버가 되는 것입니다.

웹은 인터넷을 더욱 발전시켰습니다. 기존의 전화망에 버금가는 거대한 세계적 정보 기반이 되었고 그런 기반은 상거래라는 또 다른 단계로 진화를 거치게 됨으로써 전자상거래의 중요한 매체가 되었습니다.

웹, 인터넷의 역사에 대한 것은 이쯤에서 각설하고, 이제는 웹이란 것이 과연 어떻게 작동되는 것인가? 웹을 통한 서비스는 어떻게 구현이 될 수 있는가에 대한 부분으로 초점을 맞추겠습니다.

운전면허 학원에 가도 운전하는 방법만 가르치진 않습니다. 자동차의 내부가 어떤지에 대해서도 배우게 됩니다. 하물며 '웹 프로그래밍'이란 분야에 대해 알고자 하는데 웹이 어떻게 동작 되는지, 어떤 구성으로 되어 있는지에 대해 그냥 넘어 갈 수가 있겠습니까?

그렇다면 웹 프로그래밍에서의 대상은 무엇일까요? 바로 HTML 태그로 작성되어진 웹 페이지입니다. 그렇기 때문에 HTML 태그정도는 기본적으로 알고 있어야 합니다. 하지만 멋지고 화려한 HTML 구사기술이 요구되는 것은 아닙니다.

01-1 웹의 동작

다음 상황을 머리에 떠올려 보시기 바랍니다.

여러분은 전화기 앞에 있습니다. 전화기에는 송수화기가 있어 여러분의 말을 전달할 수 있고 반대편에서 오는 말도 들을 수도 있습니다. 여러분은 통화를 원하는 상대의 번호로 다이얼을 돌려 신호를 기다립니다.

여러분은 어떤 회사의 전화번호를 알기 위해서 114로 전화를 걸었습니다. 114 교환원은 당신의 요구사항을 듣고 그 요구사항에 맞는 전화번호를 찾기 위해 전화목록 데이터베이스에서 검색을 하거나 이미 알고 있는 번호라면 굳이 검색을 하지 않을 수도 있을 것입니다. 교환원이 검색을 하는 동안 여러분들의 수화기에는 '대기중'이란 의미의 음악소리나, '잠시 기다려주세요'라는 메시지가 들리겠죠.

그러나 여러분은 114 교환원이 어떻게 필요한 전화번호를 찾는지에 관해서는 알 수 없습니다. 교환원이 전화번호를 알려주기 전까지 기다리는 시간동안 어떻게 전화번호를 알아내는지, 어떤 행동을 하는지, 무엇을 하고 있는지 알 수가 없습니다. 이윽고, '대기중' 메시지가 끝나고 교환원으로부터 필요한 전화번호를 듣습니다.

자, 이번에는 여러분이 인터넷을 통해 검색하는 과정을 떠올려 보겠습니다.

여러분 앞에는 컴퓨터가 있고 그 안에 웹 브라우저가 있습니다. 그리고 인터넷에 연결되어 있는 검색정보를 제공하는 사이트로 접속을 하였습니다. 브라우저를 통해서 검색 사이트로 접속하기 위해 URL을 입력하고 해당 사이트가 브라우저에 표시되면 검색어를 입력하고 검색버튼을 누릅니다. 검색버튼이 눌려지고 나면 상태 바에서 검색중이란 글자와 함께 상태 바가 조금씩 움직이고 움직이는 시간동안 여러분은 기다립니다.

어느 정도의 시간이 경과한 후 검색어에 맞는 검색 결과들이 여러분의 브라우저에 보이게 됩니다.

이제 전화를 거는 상황과 인터넷에서 검색하는 상황을 비교해 보겠습니다. 여러분의 전화기는 컴퓨터가 되고, 송수화기는 브라우저이며, 114 전화번호는 검색 사이트의 특정 URL이 됩니다. 계속해서 교환원은 검색사이트가 되는 식입니다. 이것이 바로 웹이 동작하는 방식입니다.

웹이 동작하는 방식을 그림으로 도식화하면 다음과 같이 표현할 수 있습니다.

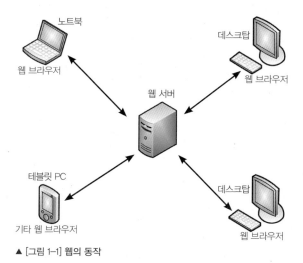

■ 요청(request)과 응답(response)
· 요청 : 클라이언트에서 서버로 정보를 요구하기 위해 보내는
  메시지입니다. 이 요청 방식에는 GET 방식과 POST 방식
  이 있습니다.
· 응답 : HTTP에서 요구된 메시지에 대한 응답. HTML, 이미지
  등이 응답의 내용이 됩니다.
  요청과 응답은 HTTP라는 프로토콜(통신규약 또는 통신약속)
  을 지키면서 통신을 합니다.

▲ [그림 1-1] 웹의 동작

요청과 응답은 HTTP라는 프로토콜을 지키면서 통신을 합니다.

웹의 동작은 사용자의 브라우저를 통해 다른 쪽에 있는 웹 서버로 사용자의 요청이 들어가게 됩니다. 해당 웹 서버에 요청이 도착하면 웹 서버는 요청에 맞는 처리를 한 후 다시 사용자에게로 요청에 대한 처리결과를 응답으로 보내게 됩니다. 결국 웹의 동작은 요청과 응답으로 이루어진다는 것입니다. 그리고 사용자의 브라우저에서 보이는 화면은 HTML 태그로 구성된 웹 페이지인 것입니다.

01-2 정적 페이지, 동적 페이지

지금까지 웹의 동작에 대해 알아보았습니다. 하지만 웹의 동작이 전화를 걸고 받고 하는 식으로 간단하다면 왜 많은 웹 프로그래밍 언어가 개발되고, 우리가 jsp 페이지에 대해서 궁금하게 여기는 것일까요?

위에 말씀드린 전화를 거는 상황을 한 번 더 예를 들어 설명하겠습니다.

전화를 건 한 사람, 한 사람은 자기가 원하는 곳에 대한 전화번호만 필요로 하지만 전화를 받는 쪽, 교환원의 입장에서는 한 사람만이 아닌 아주 많은 사람들로부터 걸려온 전화를 받아서 그들 각각에게 원하는 정보를 제공해야 합니다. 전문적인 용어를 빌린다면 보다 개인화된(personalized) 정보를 제공해야 한다는 것입니다.

마찬가지로 웹 서버는 개인화된 응답을 제공해야만 합니다. 웹에서 개인화된 응답에 대한 몇 가지 예를 들자면, 시시각각 변하는 주식시세, 메일목록, 쇼핑몰에서 장바구니 안의 상품목록, 일기예보, 교통정보 등 한 개인이 필요로 하는 정보가 담겨져 있습니다. 또한 아주 짧은 시간 간격으로 자주 바뀌는 정보들입니다.

교환원의 경우에는 전화번호 데이터베이스에서 적절한 전화번호를 찾아내서 전달을 해주면 되지만, 웹 서버는 개인화된 정보를 사용자의 브라우저에 보여주기 위해서 이루 헤아릴 수 없을 정도의 많은 경우의 수에 대한 페이지를 가지고 있다가 요청에 맞는 페이지를 찾아서 보여주는 식이 되어야 합니다.

◐ 동적 콘텐츠, 동적 페이지?

콘텐츠를 동적으로 생성하는 페이지 또는 동적인 콘텐츠를 만든다고 생각하시면 됩니다. 좀 더 쉽게 말하면 HTML 태그, 여러 이미지 등으로 구성되어 브라우저에서 보이는 웹 페이지들을 적절한 처리를 통해서 자동으로 HTML 태그들을 생성하고 이미지를 배치해서 사용자의 다양한 요구에 부합하도록 만들어진 페이지라고 할 수 있습니다.

그렇다면 정말 웹 서버는 이러한 모든 상황에 맞는 웹 페이지를 가지고 있는 것일까요? 이러한 문제로 인해 '동적(Dynamic) 페이지'란 개념이 생겨나게 됩니다. 개별적인, 즉 개인화된 웹 페이지를 보여주기 위해서 특별한 처리를 수행할 수 있도록 하여 주식정보, 일기예보 등과 같은 동적인 정보를 웹 페이지에 포함시켜서 자동으로 웹 페이지를 생성한다는 것입니다.

'정적이다', '동적이다' 란 말에 대해 결론을 말씀드린다면, 정적인 페이지는 '고정된, 변하지 않는' 성격을 가진 페이지입니다. 도서관에 있는 책을 브라우저를 통해 볼 수 있는데 이때 보는 페이지는 책의 내용을 그대로 웹 페이지로 옮겨놓은 정적인 페이지입니다. 그리고 동적인 페이지는 '자동'으로 생성된 페이지라는 것입니다. 이렇게 자동으로 생성된 페이지는 브라우저를 통해서 사용자가 볼 수 있게 됩니다.

이제는 동적인 페이지를 생성할 수 있는 서버 측의 구성을 알아봄으로서 동적인 페이지가 어떻게 해서 생성이 되는가에 대해서 알아보겠습니다.

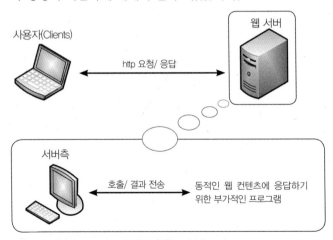

▲ [그림 1-2] 동적인 콘텐츠 생성을 수용하는 서버측 구성

그림을 간단히 설명을 드리면 웹으로부터 들어오는 요청에 대한 결과물을 만들기 위해, 다시 말해 사용자가 보고자 하는 페이지를 생성하기 위해서는 웹 서버가 요청을 받은 뒤에 요청을 적절히 처리할 수 있는 웹 서버 프로그램에게로 요청을 다시 재전송하게 됩니다. 이렇게 요청이 '웹 서버 프로그램'에게 넘겨지게 되면 그 요청을 받은 프로그램은 필요한 결과물을 생성하게 되고 그 결과물을 웹 서버가 다시 받아서 사용자에게로 넘겨주게 되는 것입니다.

따라서 기존의 웹 서버에 새로운 기능을 가진 프로그램을 탑재하여 동적으로 HTML을 생성할 수 있게 해준 가장 초창기의 기술이 탄생하게 되었고, 이렇게 탄생한 기술에 대한 단점들이 발견되고, 더 나은 기술이 과거의 단점을 해소하면서 지금의 동적 콘텐츠 생성에 대한 기술들이 개발되었습니다.

여러분이 이미 알고 있는, 혹은 지금 알고자 하는 웹 프로그래밍 언어는 이러한 동적인 개념을 실제로 구현하기 위한 기술들인 것입니다. 그럼 어떠한 기술들이 발전되어져 왔는지, 어떤 식의 동작을 하는지에 대해 알아보겠습니다.

(1) CGI(Common Gateway Interface)

가장 먼저 웹 페이지에 동적인 생명을 불어넣기 위한 기술은 CGI입니다. CGI는 Common Gateway Interface의 약자로 사전적인 의미는 월드 와이드 웹(www) 서버와 백 엔드 프로그램(게이트웨이라고 부름)사이에서 정보를 주고받는데 사용되는 인터페이스입니다.

CGI는 웹 서버와 동적 콘텐츠 생성을 맡은 프로그램 사이에서 정보를 주고받는 인터페이스입니다. 이 게이트웨이 개발 언어로 Perl, C 등 어떤 언어도 사용이 가능합니다. CGI의 규약을 준수한다면 어떠한 언어도 사용 가능하다는 것이 CGI의 장점이 됩니다. CGI 프로그램은 처리방식에 있어서 프로세스를 생성하여 처리하게 되는데, 한 요청에 대해 한 프로세스가 생성이 돼서 그 요청을 처리한 뒤 종료해 버리게 됩니다.

◐ 프로세스
프로그램이 실행중인 상태를 말합니다. 여러분 컴퓨터에는 각각의 프로그램을 뜻하는 아이콘들이 있습니다. 하지만 그런 프로그램은 여러분이 더블클릭하여 실행하지 않으면 단지 하나의 프로그램으로 존재할 뿐입니다. 여러분이 클릭하여 문서 편집창이 열렸다면 그것은 문서편집 프로그램에서 실행중인 상태(프로세스)라고 할 수 있습니다.

◐ 스레드
컴퓨터 프로그래밍에서 어떤 프로세스 또는 프로그램의 일부분이 되는 프로세스입니다. 은행을 예로 들면 프로세스는 은행이고 스레드는 은행 안에 있는 각각의 창구입니다. 각각의 창구에서 여러 사람들이 업무를 볼 수 있겠죠. 창구가 하나 밖에 없다면 또 다른 은행을 만들어서 업무를 처리해야 합니다. 그것보다 창구를 하나 더 추가하는 것이 훨씬 더 효율적이겠죠?

예를 들어 1000번의 동적인 콘텐츠 요구에 대한 응답을 제공하기 위해서 CGI 프로그램은 1000개의 프로세스가 생성이 되었다가 요구에 대한 처리를 마친 후 종료됩니다. 이러한 프로세스 기반의 CGI

프로그램은 많은 사용자가 몰리는 웹 사이트에 요청되는 수천, 수만의 요청에 대해서 하나의 요청마다 새로운 프로세스가 생성되고, 처리하고, 종료하는 방식 때문에 시스템에 많은 부하를 가져왔으며 이러한 부분은 중대한 단점으로 나타나게 되었습니다. 하지만 CGI는 동적 콘텐츠 생성 기술 중 비효율적이긴 하지만 이후에 발전될 기술들의 기반이 되었습니다.

(2) 확장 CGI

전통적인 CGI 방식의 단점들을 보완한 기술들이 확장 CGI로 발전하게 되었습니다. 확장 CGI는 매번 프로세스를 생성하는 방식이 아니고 동일한 프로그램에 대해서는 하나의 프로세스를 생성한 후 여러 개의 스레드 방식으로 요청이 처리되는 방식이기 때문에 시스템의 부하를 줄일 수 있습니다. 확장 CGI에 속하는 기술들은 ASP, PHP, Servlet, JSP 등이 있습니다. 각각의 기술들에 대한 특징을 간략하게 알아보겠습니다.

■ ASP(Active Server Page)

Microsoft사에서 만들어진 확장 CGI의 기술입니다. ASP는 비주얼 베이직이라는 언어에서 사용되는 문법들을 사용하여 동적 콘텐츠를 만들어 내기 위한 기술입니다. ASP는 ActiveX란 컴포넌트를 직접 사용할 수 있고, 그런 컴포넌트를 개발하기 위한 기능도 제공하여 많은 호응을 얻고 있습니다. 하지만 특정 웹 서버와 OS(운영체제)에서만 동작한다는 것이 단점이 되었습니다.

■ PHP(Personal HomePage Tools, Professional Hypertext Preprocessor)

ASP와는 달리 특정 영역에서만 동작하지 않고, C 언어의 문법과 유사하기 때문에 기존의 개발자들에게 쉬운 접근이 허락되었습니다. 또한 적은 명령어들로 프로그래밍이 가능하게 되어 있기 때문에 편리성이란 측면에서 많은 이점이 있습니다. 하지만 PHP는 복잡한 요구들에 대한 기능들이 미약하다는 단점이 있습니다.

❖ 스크립트 언어

스크립트는 컴퓨터 프로그래밍에 있어서 어떤 한 프로그램이라기보다 '어떤 일을 수행하는 부분 코드들' 정도로 이해합니다.
일반적으로 프로그램은 어떤 프로그램이 언어로 작성이 되어 그것을 컴파일 하여 실행을 할 수 있게 됩니다. 그렇게 하기 위해서는 완성된 프로그램의 형태를 띠고 있어야 합니다. 하지만 스크립트는 그러한 완성된 프로그램보다 명령어들의 부분적인 나열로 이해합니다.
그리고 서블릿과 JSP는 Sun사의 Java라는 언어를 기반으로 해서 Java 언어의 특징을 그대로 수용하기 때문에 플랫폼과 독립적으로 어느 운영체제라도 지원이 가능합니다.

■ Servlet/JSP

- Servlet(Server + Applet) : 확장 CGI 방식으로 Sun 사에서 내놓은 기술입니다. Java라는 언어를 기반으로 하여 동적인 콘텐츠를 생성하는 기술을 제공합니다. 우선 서블릿은 Java 프로그램의 형식을 많이 닮았습니다. 이러한 형태는 Java 코드 안에 HTML 태그가 혼재되어 있어서 작업에

대한 분리적인 측면에서 볼 때 그 효율성이 떨어집니다. 서블릿에 사이클과 간단한 예제 작성은 Chapter03에서 다루도록 하겠습니다.

- JSP(Java Server Pages) : JSP 또한 Java라는 언어를 기반으로 하여 만들어진 것이지만, ASP, PHP처럼 HTML 태그 사이 중간에 동적인 콘텐츠 생성을 담당할 Java 코드가 들어가 있는 형태로 서블릿의 형태와 다른 모습을 취하고 있습니다. 다시 말하면 동적 콘텐츠를 생성하기 위해 스크립트 언어 형식으로 프로그램을 작성할 수 있어 개발자에게 쉬운 개발을 할 수 있게 합니다. 또한 JSP는 사용자 정의 태그를 지정할 수 있는 기능이 있어서 보다 효율적인 웹 사이트를 구성할 수 있습니다.

용어		설명
CGI		• 동적 콘텐츠 처리를 위한 가장 전통적인 방법이다. • CGI용 프로그램은 CGI 규약만 지키면 어떤 언어라도 가능하다. • 프로세스 기반 프로그램으로 시스템의 효율성 측면에서 시스템에 많은 부하를 가져온다.
확장CGI	ASP	• 비주얼 베이직 언어의 문법들 중 일부를 사용한다. • ActiveX 컴포넌트로 접근 가능하다. • IIS 서버를 사용(윈도우 운영체제)한다.
	PHP	• C 언어와 비슷한 문법을 사용한다. • 리눅스처럼 소스가 공개되어 있다. • 윈도우, 유닉스 운영체제 지원, 아파치, IIS 서버 등을 지원한다.
	Servlet/JSP	• Java 언어를 기반으로 하여 Java 언어의 장점을 수용한다. • 플랫폼에 대해 독립적임과 동시에 컴파일된 파일을 재컴파일 없이 즉시적으로 이식 가능하다. • 사용자 정의 태그로 기능 확장이 가능하다.

○ 이식?
특정한 시스템에서 개발한 소프트웨어를 다른 시스템에 설치해서 동작하게 하는 작업을 말합니다. 한 시스템에서 개발되어져서 작동되는 소프트웨어는 그 시스템에 맞게 맞추어져 있습니다. 이러한 소프트웨어를 다른 기종에 옮겼을 때 그 기종의 특성에 맞게 수정되어져야 정상적으로 작동이 됩니다. 이러한 과정을 '이식'이라고 하는데 이식성이 높은 소프트웨어일수록 이러한 작업에 걸리는 시간이 단축됩니다.
예를 들어 윈도우용 프로그램은 리눅스나 유닉스에서 동작이 되지 않습니다. 윈도우용 한글 프로그램을 리눅스에서 사용할 수 없는 것과 마찬가지입니다. 하지만 이식성이 높은 프로그램 언어로 개발된 프로그램은 다른 기종으로 옮겨서 작동시키기에 용이합니다.
자바는 윈도우나, 리눅스 어디에서든 JVM이 설치되어 있다면 잘 동작하게 됩니다. 바로 이식성이 높기 때문이지요.

○ 서버 & 클라이언트 측 스크립트
웹 프로그래밍에서 Script Language는 서버 측 스크립트, 클라이언트 측 스크립트가 있습니다. 이 두 개로 나누는 기준은 스크립트 언어의 실행 위치에 있습니다. 전자는 서버에서 실행하는 것이고, 후자는 사용자의 브라우저에서 실행하는 것입니다. 서버 측 스크립트 언어로 JSP, Servlet, PHP, CGI, ASP 등이 있고 클라이언트 측 스크립트 언어로는 자바스크립트, VB 스크립트 등이 있습니다.

위의 도표는 각각의 기술들에 대해서 비교를 통한 특징을 살펴보기 위한 내용입니다. 여러분은 많은 웹 사이트에서 ASP, PHP, Servlet/JSP로 작성된 페이지들을 보셨을 것입니다. ASP, PHP, JSP는 기본적으로 스크립트 형태의 웹 페이지이기 때문에 어느 정도 공통된 형태를 갖고 있습니다.

위에 열거한 기술들은 서버 측에서 동적인 콘텐츠 생성을 담당하는 기술입니다. 이렇게 서버 측에 위치해서 실행되는 스크립트 언어들을 서버 측 스크립트(Server Side Script)라고 합니다.

반면 클라이언트 사용자의 웹 브라우저에서 실행되는 언어를 클라이언트 측 스크립트(Client Side Script)라고 합니다.

02 _ JSP란 무엇인가?

앞서 설명 드린 대로 JSP는 웹 프로그래밍 언어들 중의 하나입니다. 웹 프로그래밍 언어는 동적인 페이지를 생성하기 위한 서버 측 스크립트 언어입니다. 그러한 언어들 중 JSP는 자바라는 언어를 기반으로 만들어진 언어이며, 다음과 같은 특징을 가지고 있습니다.

자바(Java)의 특징

객체 지향적 • 플랫폼 독립적 • 네트워크 지향적 • 뛰어난 보안성 • 멀티스레드 기능 • 친근한 코드

○ Java

선 마이크로 시스템즈 사(Sun Micro System)가 개발한 언어로 객체지향적인 언어입니다. 1995년에 발표되었는데 C 언어의 모습을 많이 가지고 있습니다. 자바 언어로 작성된 프로그램 코드는 자바 컴파일러라는 프로그램으로 컴파일해서 바이트 코드를 생성해 냅니다. 이 바이트 코드는 자바가상머신(JVM)에 의해서 실행이 될 수 있습니다.
그래서 이 바이트 코드는 자바가상머신이 설치된 기종에서는 원래의 파일을 컴파일 할 필요 없이 이미 컴파일해둔 바이트코드를 실행시킬 수 있습니다. 이것이 자바가 플랫폼 독립적인 특징을 가지게 하는 것입니다. 플랫폼 독립이란 말은 어떤 기종이든지, 어떤 운영체제이든지 JVM이 설치된 곳이라면 본래의 파일을 다시 컴파일 할 필요 없이 실행을 시킬 수 있다는 의미입니다.
'객체 지향적 언어'라는 자바의 대표적인 특징과 함께 '플랫폼 독립적'이라는 것 또한 자바의 대표적인 특징 중의 하나입니다.

JSP는 자바라는 언어를 기반으로 만들어졌기 때문에 자바 언어가 갖는 특징들을 그대로 이어받고 있습니다. JSP의 특징은 이쯤에서 매듭짓고 JSP의 얼굴을 한번 보는 건 어떨까요? 실행을 시켜서 여러분의 브라우저에 JSP의 실행결과를 보는 것은 잠시 뒤로 미루고 어떻게 생겼을까 하는 궁금증을 해소해 보겠습니다.

```
<html>
<head>
<title>example</title>
</head>
<body>
    일반적인 HTML 페이지의 형태입니다.<br>
    오늘 날짜는 2013-00-00입니다.
</body>
</html>
```

위의 태그들로 구성된 페이지를 살펴보겠습니다. 단순한 HTML 태그로만 구성이 되어 있는 아주 정적인 페이지입니다. 동적인 웹 페이지에 대해 감을 잡은 분들은 뭔가 알 수 있을지도 모르지만 이 태그만으로 구성된 페이지는 이제부터 JSP가 무얼까 하는 부분에 대해서 설명하기 위한 가장 기본적인 프로그램이 될 것입니다.

만약 이 페이지로 현재 날짜를 보여주는 웹 사이트를 제공한다고 가정해 보겠습니다. 이 웹 사이트는 현재 회원수가 10명이며, 그들은 공교롭게도 모두들 달력을 가지고 있지 않아서 언제 어느 때고 이 사이트에 접속해서 날짜를 보고 그들의 약속을 정한다고 가정을 해보겠습니다.

자, 그럼 이 사이트의 운영자는 이 페이지를 시간에 맞춰 계속 현재 날짜로 고쳐서 수정된 페이지를 각 회원들에게 보여주어야 합니다.

여기서 말하는 것은 계속 변화하는 정보에 대한 표현 방법입니다. 단순한 날짜가 아닌 시간에 대한 정보라면 어떨까요? 아니면 실시간으로 변화하는 주식시세나 일기예보, 교통정보를 제공한다면 어떻게 될까요? 이 사이트의 서비스를 제공하는 회사는 당연히 그 페이지를 매번 수정해야 합니다. 당연히 많은 시간과 노력이 필요하겠죠.

```jsp
<%@ page import="java.util.*,java.text.*" %>
<html>
<head>
<title>example</title>
</head>
<body>
<%
    Date date = new Date();
    SimpleDateFormat simpleDate = new SimpleDateFormat("yyyy-MM-dd");
    String strdate = simpleDate.format(date);
%>
일반적인 HTML 페이지의 형태입니다.<br>
오늘 날짜는 <%=strdate%>입니다.
</body>
</html>
```

위의 코드는 jsp 페이지의 아주 기본적이고도 핵심적인 형태입니다. 지금 보이는 익숙하지 않은 코드들에 대해선 신경 쓰지 말고 우선 이 페이지의 형태만을 보시기 바랍니다. 여러분들은 〈%@... %〉, 〈%... %〉, 〈%=... %〉 기호를 보실 수 있을 겁니다. 이 부분들이 동적인 부분을 담당하는 부분입니다. 이 부분들이 서버에서 실행이 되어서 적절한 결과를 생성한 뒤에 다시 이 페이지에 그 결과가 포함이 됩니다. 즉 프로그램이 수행된 결과가 이 부분에 대신하여 놓이게 되어 웹 서버를 통하여 사용자의 브라우저로 전송되면, 사용자의 브라우저에서는 순수한 HTML 태그로만 구성된 페이지를 볼 수 있게 되는 것입니다.

결국 이 부분들의 내용이 서버에서 실행이 되고 사용자의 브라우저로 전송되었을 때는 현재의 날짜를 나타내고 있는 일반적인 웹 페이지의 형태로 보이게 됩니다.

○ JSP란?
JSP는 J2EE(Java 2 Enterprise Edition) API의 한 부분으로 웹 어플리케이션을 개발하기 위한 개발언어입니다.

03 _ JSP의 특징

JSP에 대한 특징에 대해 알아보기 위해서 JSP 만의 특별한 점을 살펴보고, 다른 언어들과의 비교를
통해 JSP의 특징에 대해 알아보겠습니다.

> **TIP** | 웹 어플리케이션?
>
> 웹 어플리케이션(Web Application), 웹 응용 프로그램이라고도 합니다.
> 쇼핑몰 사이트로 예를 든다면, 쇼핑몰을 인터넷에서 운영하기 위해서는 html문서, 각종 이미지, 텍스트 문서, 자바 스크립트 등
> 이 모든 것들이 합쳐져서 하나의 사이트를 이루고 전자상거래에 맞는 역할을 하게 됩니다. 이러한 구성요소 하나하나를 다 뭉
> 쳐서 웹 어플리케이션이라고 합니다. 이 책처럼 자바 기술을 사용한 동적 페이지 생성기술인 jsp 페이지 또한 웹 어플리케이션
> 을 이루는 한 요소입니다.

> **TIP** | 디자이너의 역할
>
> 실제 웹 어플리케이션을 개발할 때의 개발팀의 구성은 프로그램적인 부분을 담당하는 프로그래머와 사이트의 디자인을 담당할
> 디자이너 등으로 실제 개발에 투입되는 팀이 구성됩니다.
> 어떤 제품을 판매할 때 그 제품의 기능이 아주 중요합니다. 하지만 제품의 기능만큼 중요한 부분이 디지인적 요소입니다. 디자
> 인을 무시하고 제품을 생산할 수는 없죠. 그만큼 디자인은 제품에 있어 그 제품에 대한 기본적이고도 필수적인 요소입니다.
> 마찬가지로 웹 어플리케이션에 있어서도 디자인적 요소는 아주 중요합니다. 이런 중요한 부분을 담당하는 디자이너와 개발자
> 는 분명 같은 개발팀에 속하지만 각자의 영역이 있습니다. 디자이너는 프로그램 소스가 아닌 디자인적인 요소에 보다 더 집중
> 할 수 있고 마찬가지로 프로그래머는 디자인적인 요소에 대해 신경을 쓰지 않고 오로지 프로그램적인 부분에 전념할 수 있어야
> 합니다.

■ JSP는 동적 페이지를 생성하기 위한 프로그래밍 언어

'JSP란 무엇인가' 란에서 보신 바와 같이 JSP는 Java 코드가 약간 포함된 HTML 페이지 형태를 띠고
있습니다. 물론 HTML이 없는 순수한 JSP 코드로만 구성된 페이지도 있긴 하지만 동적인 페이지를 만
들기 위해 HTML 페이지에 필요한 JSP 코드들이 섞여 있는 형태는 많은 의미를 가지고 있습니다.

앞서 말한 대로 동적인 페이지를 생성해 내기 위해서 단순한 HTML 태그로만 만들 수는 없습니다.
그러나 사용자의 브라우저에 보이는 동적으로 생성된 페이지는 결국 HTML 태그로 구성된 페이지
일 뿐입니다. 이러한 사용자에게 보여 지는 HTML 페이지는 실제로 서버 측에서 어떤 프로그램의
결과로 생성된 페이지입니다.

이렇게 동적인 페이지를 생성해 내기 위한 프로그래밍 언어들은 꼭 JSP만 있는 것은 아닙니다. 앞
에서 설명하였듯이 CGI, PHP, ASP, Servlet 등의 여러 웹 프로그래밍 언어들이 있어 각각의 언어
들을 사용하여 동적인 페이지를 생성해 낼 수 있습니다. 이렇게 동적으로 웹 페이지를 생성하려면

HTML 태그와 JSP 코드가 일정한 규칙에 따라 섞여있는 형태의 프로그램을 작성하게 됩니다. 따라서 프로그램 내의 JSP 코드는 서버에서 동작하면서 일정한 HTML 코드를 생성해 내게 되고, 생성된 HTML 태그와 프로그램 내의 순수 HTML 태그와 함께 결합하여 종합적인 결과를 사용자에게 반환하게 되는 것입니다. 결국 브라우저를 통해 사용자는 JSP 코드를 보는 것이 아니라 순수한 HTML 코드만을 보게 되는 것입니다.

■ JSP는 컴포넌트 기반에서 개발할 수 있는 언어

JSP에는 기본적으로 컴포넌트 기반으로 개발할 수 있도록 제공되는 '자바빈즈(Java Beans)'라는 기술이 있습니다. 앞으로 배우시게 되겠지만 이러한 컴포넌트 기반의 개발이 가능해 짐으로써 좀 더 효율적인 개발 작업을 가능하게 하고 기타 많은 장점을 제공하게 됩니다. 한마디로 개발 업무의 분업화가 가능해지고 좀 더 재활용이 가능한 코드를 작성해 낼 수 있게 되는 것입니다.

여기서는 'JSP는 이러한 컴포넌트 기반의 기술들을 기본적으로 제공하여 좀 더 나은 프로그램 환경을 제공하고 있다'는 정도만 알아두고 각 해당 장에서 자세히 설명하도록 하겠습니다.

04 _ Servlet 이해하기

JSP를 알기 위해 JSP라는 기술 이전에 탄생되었던 JSP의 기반으로 볼 수 있는 서블릿(Servlet)에 대해서 알아보겠습니다. 앞에서 간단하게 설명을 한 것처럼 서블릿은 확장 CGI방식입니다. 서블릿이 가지는 형태는 다음의 소스를 보면 알 수 있듯이 하나의 완전한 자바파일의 형태를 가지고 있습니다.

> **TIP** 서블릿과 자바의 관계
>
> 서블릿은 하나의 파일로 표시가 되는데, Java라는 확장자를 가집니다. 즉, 하나의 자바 프로그램이라는 것입니다. 이렇듯 서블릿은 그 형태상 자바 프로그램처럼 구성이 되는데 서블릿을 사용하기 위해서는 자바 언어에 대해 사전지식이 요구된다는 의미이기도 합니다.
> 물론, JSP 역시 자바를 토대로 만들어졌기 때문에 자바에 대한 지식이 약간은 필요할 수 있으나 JSP는 스크립트 언어의 형태를 가지고 있기 때문에 프로그램 작성이 보다 쉽습니다.

```
import java.io.*;
import javax.servlet.*;
import javax.servlet.http.*;

public class ServletForm extends HttpServlet{
  public void service(HttpServletRequest request, HttpServletResponse response)
    throws ServletException, IOException{
    PrintWriter out;
    String username = request.getParameter("UserName");
    String userpass = request.getParameter("UserPass");

    response.setContentType("text/html;charset=euc-kr");
    out = response.getWriter();

    out.println("<HTML>");
    out.println("<BODY>");
    ...
    //HTML 태그와 자바 코드가 중간중간에 필요한 부분에 삽입됩니다.
    out.println("</HTML>");
    out.println("</BODY>");

    out.close();
  }
}
```

코드에 대해서는 미뤄두고 어떠한 형태인지를 살펴보시기 바랍니다. JSP와는 달리 자바 코드가 있고 그 안에 HTML 태그의 형태 같은 부분들이 중간에 삽입되어 있다는 걸 보셨을 것입니다. 하나의 동적으로 생성되는 웹 페이지를 위해서 out.println("......")를 비롯한 수많은 전문적인 자바 코드를 이해해야만 합니다. 결국 사용자에게 보여 지는 부분은 HTML 태그로 구성된 페이지인데, 이를 위해서 자바 언어에 대해서 이해하고, 방대한 함수들과 클라이언트에 보여줄 내용을 출력할 동적인 부분을 잘 구분하여 적절한 위치에 HTML 태그를 자바 코드 안에 삽입하고, 프로그램적인 요소들에 신경을 써야만 합니다.

'서블릿이 뭘까?', '...서블릿은 자바 코드 안에 HTML 태그들이 포함이 되어 있더라..' 란 것만 우선 기억해 두기 바랍니다. 결국 서블릿이라 함은 보다 자바 프로그램의 모습에 더 가깝고 생각해도 무방합니다.

기본적으로 하나의 jsp 페이지는 하나의 서블릿으로 변환이 되고, 다시 컴파일 되어 실행됩니다. 서블릿은 하나의 완전한 자바 프로그램으로 컴파일을 거친 후에 실행 가능한 상태가 됩니다. 그런 의미에서 보면 JSP와 서블릿은 같은 것으로 볼 수 있습니다. 그래서 HTML 태그 사이사이에 동적인 부분을 포함시킨 스크립트의 형태를 가진 JSP만으로도 동적인 페이지를 생성하는 웹 사이트를 구성할 수도 있고 서블릿만으로도 이러한 웹 사이트를 구성할 수 있습니다.

TIP | JSP와 서블릿 사이의 상호 보완적인 관계

JSP가 무엇인지, 서블릿이 무엇인지 아직 그 차이를 알기에는 무리가 있습니다. 다만, JSP는 HTML에 포함되어 프로그램이 만들어지는 것으로 생각을 하고 서블릿은 자바 프로그램의 외형에 웹 프로그래밍 요소가 포함된 것으로 생각을 하시면 됩니다. 그런 경우로 비추어 볼 때 HTML 태그에 포함된 JSP는 브라우저에 표현이 될 부분에 보다 유용하고, 서블릿은 브라우저에 표시될 필요가 없지만, 내부적으로 처리되어야 할 부분에 보다 유용하게 사용할 수 있다고 볼 수 있습니다.

다만 서블릿은 HTML과 이미지 등이 자바 코드 속에 어우러져 있기 때문에 디자이너는 디자인 변경의 문제가 발생했을 프로그램을 작성한 자바 프로그래머의 도움을 필요로 합니다. 마찬가지로 자바 코드 안에 디자인적인 요소가 함께 있기 때문에 기능적인 변화에 대한 필요가 있을 때도 디자이너가 함께 있어야 할 필요가 있습니다. 결국 서블릿은 동적인 부분과 정적인 부분을 분리하기에 어려움이 따르게 됩니다.

하지만 서블릿의 특성과 JSP의 특성을 살려서 JSP만으로 된 웹 사이트보다 서블릿과 JSP가 상호 보완적인 관계로, 즉 JSP는 화면 출력 부분을 맡고, 서블릿은 처리 부분을 맡아서 처리하는 웹 사이트가 설계적인 측면에서 봤을 때 훨씬 효율적인 구성을 할 수 있습니다.

마지막으로 서블릿을 만들고 실행하는 예제는 에디터 및 이클립스로 만드는 2가지 방법으로 03장.JSP 동작원리(톰켓)와 서블릿에서 다루도록 하겠습니다.

여기서 잠깐!

www.oracle.com/technetwork/java/index.html 사이트에는 oracle에서 발표한 많은 기술들을 접할 수 있습니다. oracle이 발표한 기술들에 대한 관련 문서, 기술에 대한 관련 예제 등 정보를 많이 얻을 수 있는 사이트입니다.

▲ [그림 1-3] www.oracle.com/technetwork/java/index.html 화면

사이트의 규모가 커지면서 고정되어 있는 정적인 페이지만으로 서비스가 힘들어 졌습니다. 그래서 보다 개인화된 정보를 제공하기 위한 동적인 웹 콘텐츠를 위한 기술들이 발전하게 되었습니다.

그 중 가장 전통적인 방법으로 CGI라는 기술이 탄생되었지만 프로세스 기반의 CGI 기술은 시스템에 많은 부하를 가져오는 단점이 있기 때문에 전통적인 CGI 방식의 단점을 해소하기 위한 확장 CGI 방식의 기술들이 탄생하게 되었습니다.

확장 CGI 방식 중 ASP, PHP, Servlet/JSP 등이 있는데 이들은 기존의 CGI 프로그램의 단점을 해소한 기술들입니다.

서블릿과 JSP는 확장 CGI 기술 중 Sun 사에서 출시한 기술로 자바를 기반으로 하고 있어 자바가 가지는 특성과 장점을 수용하여 플랫폼 독립, 객체 지향적, 멀티 스레딩 등의 장점을 가지고 있습니다.

서블릿은 완전한 자바 프로그램으로 프로그램 코드 안에 HTML 태그가 삽입된 형태입니다. 그리고 컴파일 과정을 거친 후에 실행 가능한 상태로 됩니다. 웹 페이지에 표시될 내용 중에 정적으로 생성되이야 할 HTML 부분들과 동적으로 생성되어야 할 부분들이 한 프로그램 안에 섞여 있기 때문에 디자인과 프로그램 분리적인 작업 진행에 어려움이 있고 프로그램 개발에도 자바 언어에 대한 보다 전문적인 지식이 요구되므로 개발이 어려운 점이 있습니다.

JSP는 ASP, PHP 등 스크립트 언어 형식으로 정적인 HTML 부분에 동적인 JSP 명령어가 삽입된 형태로 서블릿보다 좀 더 쉽게 동적인 웹 페이지 개발을 할 수 있습니다. 또한 JavaBeans 컴포넌트 지원과 사용자 정의 태그로 정적인 부분과 동적인 부분에 대한 분리를 보다 확실히 할 수 있는 큰 장점이 있습니다. JSP는 서블릿으로 자동 변환이 된 후 컴파일 과정을 거쳐서 실행 가능한 상태로 됩니다.

서블릿과 JSP는 상호 연계되어 JSP에서 정적인 부분을 담당하고 서블릿에서 보다 동적인 처리를 위한 부분으로 사용되어 보다 효율적인 웹 사이트를 구성할 수 있습니다.

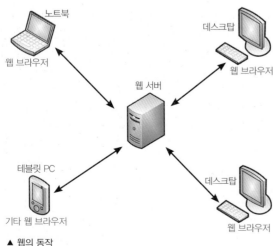

▲ 웹의 동작

1 Internet Explorer, Chrome, Firefox, Opera 등의 용도는 무엇일까요?

2 클라이언트와 서버에 대해서 간단하게 설명해 봅시다.

3 '동적(Dynamic) 페이지' 또는 '동적 콘텐츠'란 무엇일까요?

4 동적 콘텐츠를 제공하기 위한 서버 측 기술들은 어떠한 것이 있나요?

해답은 616 쪽 연습문제 해답을 참조하세요.

JDK, Tomcat, Eclipse 설치

이 장은 JSP를 사용하기 위한 기본적인 환경에 대해서 알아보는 곳입니다. JSP는 서버 측에서 동작하는 웹 프로그래밍 언어이기 때문에 여러분의 컴퓨터를 JSP가 동작할 수 있는 환경으로 만들어야 합니다. 이 장에서는 앞으로 배울 내용들을 위한 환경설정 작업을 해 보겠습니다. 여러 JSP 컨테이너에 대한 설치 및 설정에 대한 내용을 담고 있습니다. 더불어 JSP를 코딩함에 있어 여러 가지 편의성을 제공하는 툴인 이클립스의 설치 및 설정 또한 알아보겠습니다.

01 _ JDK 설치

우리는 JSP 개발에 앞서 JDK를 설치해야 합니다. 왜냐하면 JSP는 자바를 기반으로 하여 웹 프로그래밍에 적절하게 사용할 수 있는 자바 언어의 한 부분이기 때문입니다. 여러분이 자바가 아닌 어떠한 프로그램 언어를 공부한다 해도 그 언어를 컴파일 할 수 있는 컴파일러가 필요하게 됩니다. 마치 영어로 된 문장을 이해하기 위해 영한사전이 필요한 경우처럼 컴퓨터에게 여러분이 작성한 프로그램 언어를 이해시키기 위해서 컴퓨터가 읽을 수 있는 언어로 변환해야 합니다.

이처럼 JSP라는 프로그램 언어를 사용하기 위해서는 자바 언어를 컴파일 할 수 있고 실행할 수 있는 환경을 만들어 주어야 합니다.

01-1 JDK란?

자바 애플릿이나 각종 응용 프로그램(어플리케이션)을 개발자들이 쉽게 만들 수 있도록 해주는 개발자용 도구입니다. 여러 운영체제 및 응용 프로그램(어플리케이션)과 연결시킬 수 있는 자바 응용 프로그램 인터페이스(API)와 클래스 라이브러리, 자바 가상 머신 등을 포함한 Java Development Kit입니다. 즉, 자바를 사용해서 자바 응용 프로그램을 개발할 수 있도록 해주는 도구입니다.

> **운영체제 환경**
>
> 현재 모든 프로그램은 Windows 8에서 설치한 것입니다.

JDK 설치는 가장 기본적이고, 매우 중요하지만, 설치 과정이 그렇게 어렵지 않습니다. 차근차근 이 책에 나오는 화면과 함께 마우스를 클릭하다 보면 여러분의 컴퓨터는 자바 언어를 컴파일 할 수 있고 실행할 수 있는 환경을 갖추게 될 것입니다.

그럼 JSP 개발을 위해 필요한 도구들을 설치해 보겠습니다.

01-2 JDK 다운로드 및 설치

(1) JDK 다운로드

01 http://www.oracle.com/technetwork/java 사이트에 접속하면 버전에 따른 JDK를 다운로드 할 수 있습니다.

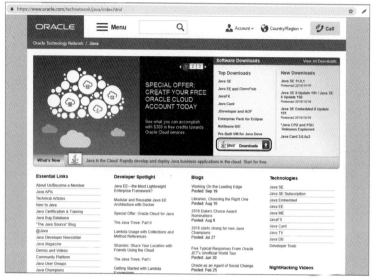

▲ [그림 2-1] JDK 다운로드 사이트

※ http://www.oracle.com/technetwork/java
이 주소를 기억하십니까? 1장에서 이미 소개한 사이트입니다. 자바, 서블릿, JSP에 대한 많은 관련 문서들이 있으니 JSP 공부를 하시면서 많은 도움이 될 사이트입니다. 비단 JSP 뿐 아니라, oracle에서 보유한 기술들이 전부 정리 되어 있기 때문에 여러분들의 공부나 실무에서 사용되는 많은 기술들에 대해서도 풍부한 내용들이 있습니다.

02 Java Platform (JDK) 이미지를 클릭합니다.

▲ [그림 2-2] Java SE Downloads

03 사용권 계약서에 동의한 후 jdk-11.0.1_windows-x64_bin.exe 버전을 다운로드합니다.

※ jdk 버전은 다운로드 시점에 따라 달라질 수 있습니다.

▲ [그림 2-3] jdk-11.0.1_windows-x64_bin.exe 버전 다운로드

(2) JDK 설치하기

01 다운로드 사이트를 통해 다운받은 파일 jdk-11.0.1_windows-x64_bin.exe를 더블클릭하면 설치가 시작됩니다.

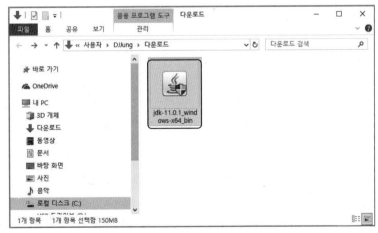

▲ [그림 2-4] JDK 설치 파일

02 [Next] 버튼을 클릭합니다.

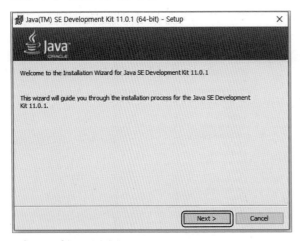

▲ [그림 2-5] JDK 설치시작

03 설치할 요소와 설치경로를 설정하는 화면입니다. 설치 요소는 기본값으로 두고 설치경로는 교재의 예제 진행을 위해 'C:₩Jsp₩jdk-11.0.1₩'로 변경하고 [Next] 버튼을 클릭합니다.

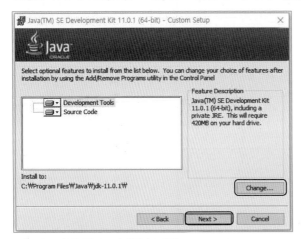

▲ [그림 2-6] 설치할 요소와 설치경로 선택

04 설치할 경로를 그림과 같이 수정을 하고 [OK] 버튼을 클릭합니다.

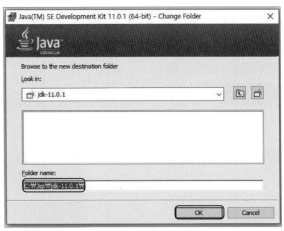

▲ [그림 2-7] 설치할 경로 수정

05 설치가 완료되었습니다. [Next Steps] 버튼을 클릭하면 Java SE의 기술적 설명이 수록되어있는 웹 페이지로 이동합니다.

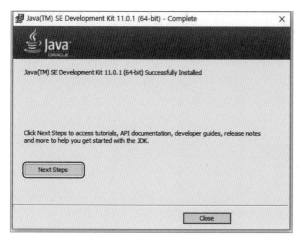

▲ [그림 2-8] JDK 설치 완료

여기서 잠깐! | docs.oracle.com/en/java/javase/11

이 페이지에는 Java SE에 대한 기술적 설명이 수록되어 있습니다. 기본 사용지침서, API, 개발자를 위한 안내서, 버전에 대한 정보, 문제 해결 방법 등을 열람할 수 있습니다.

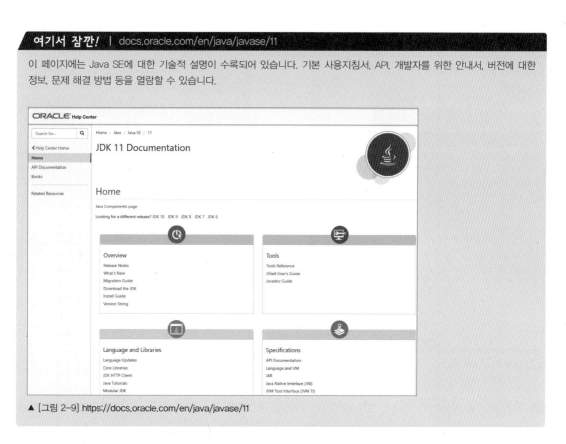

▲ [그림 2-9] https://docs.oracle.com/en/java/javase/11

01-3 환경변수 Path(경로) 지정

자바 컴파일 명령어(javac)와 실행 명령(java)을 컴퓨터에게 해당 명령어들이 어디에 있는가를 인식시켜 아무 위치에서나 명령어를 사용할 수 있도록 해야 하는데 Path 설정을 통해서 컴퓨터에게 인식시킬 수 있습니다. 그림을 참고하면서 Path 설정을 하도록 하겠습니다.

01 먼저 바탕화면의 [컴퓨터]를 오른쪽 마우스로 클릭한 뒤 [속성]을 클릭하면 시스템 정보 화면을 볼 수 있습니다. [고급 시스템 설정]을 클릭합니다.

▲ [그림 2-10] 시스템 정보 화면

02 [고급] 탭으로 넘어가서 [환경 변수] 버튼을 클릭하면 시스템 변수를 편집할 수 있는 창으로 이동합니다.

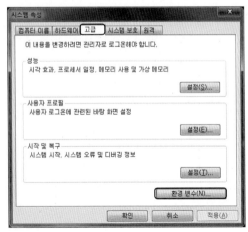

▲ [그림 2-11] 시스템 속성

03 Path 설정을 변경하기 위해서 그림에서처럼 시스템 변수란을 스크롤해서 Path란 항목을 찾고 더블클릭합니다. 변수 이름은 Path로 되어 있고, 이미 변수 값으로 다른 내용이 있습니다. 이 기존 경로 마지막에 커서를 두고 ';C:\Jsp\jdk-11.0.1\bin;' 을 추가합니다. 다른 경로와의 사이에는 ';'을 붙여야 합니다.

입력이 되었다면 [확인]을 클릭합니다. 이렇게 하면 Path의 정보가 변경이 됩니다. 이 설정을 통해 'C:₩Jsp₩ jdk-11.0.1₩bin' 폴더 안의 자바 명령어를 사용할 수 있게 되고, JDK의 모든 설치 과정이 완료됩니다.

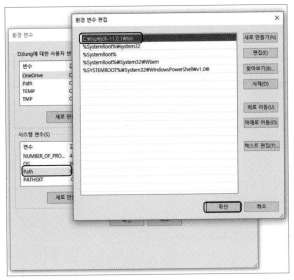

▲ [그림 2-12] Path 변수값 입력

01-4 JDK 설치여부 확인

 과연 아무 문제없이 JDK가 잘 설치 됐을까요? 게임을 하기 위해서 게임설치를 완료하고 설치가 정상적으로 됐는지 확인하기 위해서는 그냥 게임을 실행해보면 되겠죠? 하지만 JDK는 어떻게 그 설치 여부를 확인해 볼 수 있을까요? 정상적인 설치 여부를 확인하기 위해 기본적인 자바 명령어를 입력해보고 결과를 확인해 보겠습니다.

[윈도우키]+ R 단축키를 누른 후 실행 창에서 cmd를 입력하면 명령 프롬프트가 실행됩니다. 여기서 'java -version' 라고 입력한 후 Enter 를 눌렀을 때 그림처럼 JDK 의 버전이 표시되면 제대로 설치가 된 것입니다. 그림의 형태대로 나타나지 않는다면 [설정]의 [제어판]에서 [프로그램 추가/삭제]로 들어가서 JDK를 삭제한 후에 다시 차근차근 책을 보면서 설치해 보시기 바랍니다.

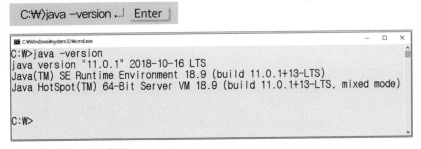

▲ [그림 2-13] JDK 버전 확인

명령 프롬프트에서 임의의 디렉토리로 이동하여 자바 명령어의 실행 결과를 통해서 정상적인 JDK 설치 여부 및 Path 설정을 확인할 수 있습니다. 이미 Path에 자바 명령어가 있는 위치를 지정해주었기 때문에 어느 디렉토리 에서든 javac, java란 명령어를 입력하면 다음 그림들처럼 실행되어야 합니다.

javac 명령어는 자바 프로그램을 컴파일하기 위한 명령어입니다. 이 명령어의 결과는 화면처럼 javac 명령어와 함께 쓸 수 있는 옵션에 대한 설명이 나옵니다.

C:\\>javac ↵(엔터)

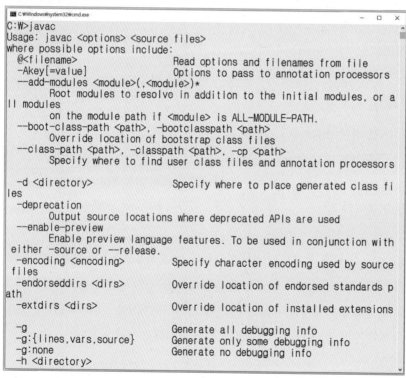

▲ [그림 2-14] javac 명령의 옵션들

java 명령어는 컴파일 된 파일을 실행하기 위한 명령어입니다.

C:₩)java ↵(엔터)

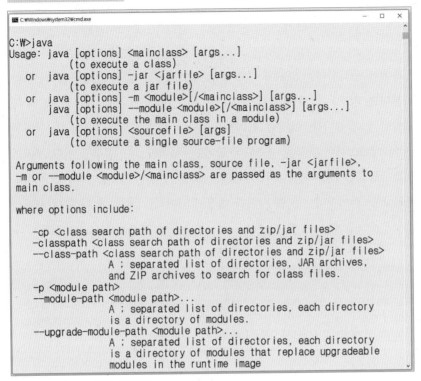

▲ [그림 2-14] java 명령어의 옵션들

JDK를 설치하는 것은 웹 프로그래밍에 있어서, 그리고 웹 프로그래밍이 아닌 일반적인 자바 프로그래밍에 있어서도 아주 중요한 부분입니다. 워드 문서를 작성하고, 작성된 문서를 읽기 위해서 필요한 워드 프로그램을 시스템에 설치해야 하는 것처럼 자바 프로그램, JSP프로그램을 위한 JSP 컨테이너를 동작시키기 위해서 JDK 설치는 꼭 필요합니다.

02 _ Tomcat 설치

02-1 JSP 컨테이너란?

앞 장에서 여러분은 서버 측에서 동작한다는 JSP에 대해 알아보았습니다. 앞 장의 내용을 한번 더 상기한다는 의미에서 알아본다면 'JSP는 서버 측에서 동작하고 웹 서버와 연동이 되어서 동적인 페이지를 생성한다.' 라고 요약할 수 있습니다. 이처럼 JSP가 동작하는 곳은 서버 환경입니다. 당연히 JSP를 사용하기 위해서는 여러분도 서버 환경을 구축해야 합니다. 하지만 JSP 공부를 위한 서버의 경우 꼭 높은 사양의 시스템이 필요한 것은 아닙니다. 기본적으로 웹 서버와 JSP 컨테이너가 설치되어 있으면 됩니다. 대부분의 JSP 컨테이너에는 웹 서버가 내장이 되어 있기 때문에 따로 웹 서버를 설치할 필요가 없습니다.

> **TIP** | 웹 서버
>
> 'JSP 시작하기'의 내용에 포함되는 내용이지만 기억을 상기하는 의미로 말씀드린다면 사용자는 웹 브라우저를 이용해서 필요한 정보를 얻습니다. 사용자는 웹 브라우저에서 다양한 이미지, 텍스트 문서, 동영상, 게임, 음악 등을 이용하는데 이러한 정보는 서버에 저장되어 있습니다. 요약하자면 웹 서버는 사용자(인터넷 이용자)에게 정보를 제공해주는 시스템입니다.

하지만 "JSP가 서버 측에서 동작한다는 것은 알겠는데 JSP 컨테이너는 또 뭘까?" 라고 궁금해 하시는 분들도 있으리라 봅니다. 우리가 MP3 파일로 음악을 들으려면 MP3 파일을 재생할 수 있는 플레이어가 필요합니다. 이처럼 JSP 컨테이너는 JSP를 동작시키기 위해서 필요한 프로그램과도 같은 것입니다. 좀 더 구체적으로 말하자면 JSP가 동작할 수 있도록 하는 일종의 서버와 같은 것입니다.

정리를 해보자면 'JSP는 서버 측에서 동작하는 것이니까 서버 환경이 구축된 곳에서 JSP를 사용할 수 있다. 서버의 환경이라 함은 웹 서버가 필요하고, 동적인 페이지 생성을 맡아서 처리할 JSP 컨테이너도 필요하다.' 라고 할 수 있습니다.

> **TIP** | 웹 서버와 JSP 컨테이너와의 연동
>
> 이 책에서는 웹 서버와 연동을 하지 않고 JSP 컨테이너 하나만을 설치하여 사용하도록 하겠습니다. Tomcat9.x에는 독자적으로 웹 서버의 기능이 훌륭하기 때문에 굳이 웹 호스팅 서비스를 제공하는 것과 같이 하나의 서버에 여러 사용자가 사용하는 것이 아니라면 JSP 컨테이너만으로도 실무에서 프로젝트를 진행하기에 충분합니다.

서버의 환경을 구축하기 위한 웹 서버나 JSP 컨테이너도 종류가 많은데 각각의 장점을 파악해서 좋은 것을 골라 사용하는 것도 좋은 방법이지만, 많은 사용자를 갖고 있는 것을 선택하는 것도 좋은 방법일 수 있습니다. 그런 점에서 아파치(Apache), IIS, IPlanet, Oracle Web Server 등의 웹 서버들 중에서 아파치는 전 세계적으로 많은 사용자를 가지고 있습니다.

그리고 JSP 컨테이너 중에 대표적인 것으로는 톰캣(Tomcat), 레진(Resin), 제이런(JRun), 제티 (Jetty) 등이 있습니다. 이러한 모든 JSP 컨테이너는 웹 서버 기능이 기본적으로 내장되어 있습니다. 그래서 이들 JSP 컨테이너는 웹 서버 기능을 함께 제공할 수 있습니다.

이제 그림을 참고하면서 대표적인 JSP 컨테이너인 톰캣(Tomcat)을 설치해 보겠습니다.

02-2 Tomcat 다운로드 및 설치

Tomcat은 아파치와 선 마이크로시스템즈(Sun microsystems)에서 공동 프로젝트에 의해 만든 JSP/서블릿 컨테이너입니다. 무료로 제공하기 때문에 많은 사람들이 사용하고 있습니다.

01 http://tomcat.apache.org 사이트에 접속을 하고 Download 메뉴에서 최신버전인 Tomcat 9.0을 클릭하면 Binary Distributions 페이지를 볼 수 있습니다. 그 페이지의 Release Builds들 중 윈도우용 설치 파일 32-bit/64-bit Windows Service Installer을 다운로드 받습니다.

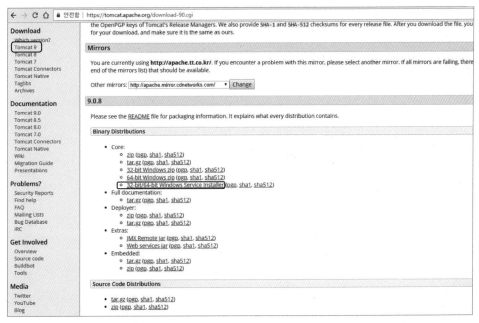

▲ [그림 2-16] Apache Tomcat 홈페이지

톰캣은 버전별로 Servlet/JSP 스펙의 버전을 구현했습니다. 즉 Servlet/JSP를 위한 환경이 톰캣인데 Servlet/JSP가 업데이트 되면 톰캣도 업데이트되어야 버전업이 된 Servlet/JSP를 지원할 수 있습니다. 현재 톰캣 9.X 버전은 Servlet 4.0/JSP 2.3 버전을 지원하고 있습니다.

• Servlet과 JSP의 사양에 따른 톰캣지원 버전

Servlet/JSP 사양	톰캣 버전
4.0/2.3	9.x
3.1/2.3	8.x
3.0/s.s	7.x
2.5/2.1	6.x
2.4/2.0	5.x

02 다운로드 받은 apache-tomcat-9.0.8.exe 파일을 실행합니다.

※ 주의
JDK 및 톰캣을 처음 설치하는 분에게는 관계가 없지만, 이전에 다른 버전의 JDK를 설치해서 새로운 버전의 JDK를 설치한 경우에 톰캣이 제대로 작동하지 않는 경우가 있습니다. 이때는 이전 버전의 JDK를 완전히 지운 다음, 새로운 버전의 JDK를 설치하면 됩니다. 물론, 제어판의 프로그램 삭제를 통하여, JDK를 삭제하여야 한다는 것은 잘 알고 있었죠?

▲ [그림 2-17] Tomcat 설치 파일 실행

03 설치프로그램이 실행되면 [Next] 버튼을 눌러 설치를 시작합니다.

▲ [그림 2-18] Tomcat 설치 시작

04 라이센스에 관한 내용입니다. [I Agree] 버튼을 클릭합니다.

▲ [그림 2-19] Apache Tomcat 라이센스

05 설치 요소를 선택할 수 있는 선택 화면입니다. 교재에서의 example 실습을 위해 FULL을 선택해서 모든 요소를 체크하고 [Next] 버튼을 클릭합니다.

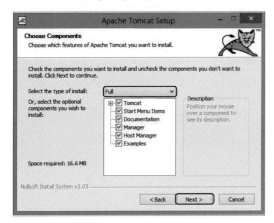

▲ [그림 2-20] 설치 요소 선택

06 각각의 포트와 서버네임, 관리자 아이디와 비밀 번호를 설정하는 화면입니다.

HTTP/1.1 Connector Port를 기존의 8080에서 80으 로 바꿔줍니다. 80포트는 윈도우 서버에서 쓰이는 IIS 웹서버의 포트이기 때문에 중복 방지를 위해 8080이 입력되어 있습니다. 하지만 Window8에는 IIS가 설치 되어 있지 않기 때문에 80으로 변경해주도록 합니다. 관리자계정의 아이디와 비밀번호는 [admin, 1234]로 설정합니다.

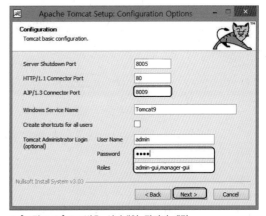

▲ [그림 2-21] 포트번호, 서버네임, 관리자 계정

07 자동으로 JRE가 설치된 디렉토리를 찾아서 표시해 줍니다. [Next] 버튼을 눌러서 넘어갑니다. 만약 자동적으로 찾아주지 않으면 수동적으로 설치한 위치를 선택하면 됩니다. (톰캣 실행을 위해서는 반드시 자바 실행 환경이 필수입니다.)

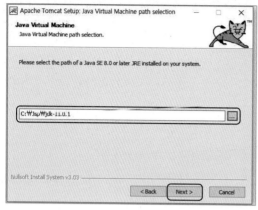

▲ [그림 2-22] JDK 경로 지정

08 톰캣을 설치할 경로를 물어보는 창입니다. JDK와 마찬가지로 C:₩Jsp₩Tomcat 9.0 으로 경로를 지정해 주고 [install] 버튼을 누릅니다.

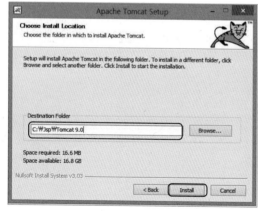

▲ [그림 2-23] 아파치 톰캣 설치 경로

09 톰캣 설치가 완료되었습니다. Run Apache Tomcat에 체크하고 [Finish] 버튼을 누르면 설치창이 종료되면서 톰캣이 실행됩니다.

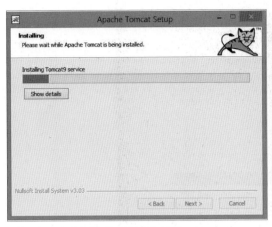 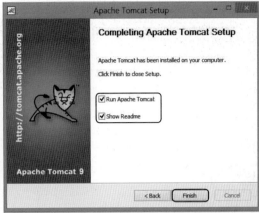

▲ [그림 2-24] 아파치 톰캣 설치 진행 및 완료

10 톰캣이 정상적으로 작동하는지 확인하기 위해 크롬을 실행하고 주소표시줄에 자신의 컴퓨터를 가리키는 주소 http://localhost를 입력합니다. 그림과 같은 페이지가 나오면 정상입니다.

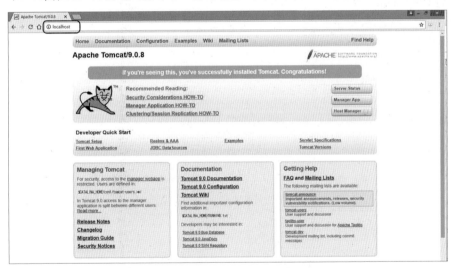

▲ [그림 2-25] 톰캣 http://localhost 페이지 접속

TIP

톰캣이 정상적으로 설치되고, 잘 가동 되는지에 대한 간단한 확인 방법입니다. 정상적인 톰캣 가동의 경우 http://localhost or http://127.0.0.1을 입력하면 그림과 같은 화면이 브라우저에 표시됩니다.

02-3 Tomcat 환경설정

(1) 윈도우즈 서비스에서 톰캣 자동실행 비활성화

기존에는 사용자가 직접 톰캣을 제어하였습니다. 하지만 이클립스를 설치할 경우 사용자가 직접 제어할 필요 없이 톰캣을 이클립스에 등록 시켜주면 시작, 종료, 컴파일과 같은 작업들을 이클립스가 원격으로 진행하게 됩니다. 따라서 이클립스 사용에 앞서 윈도우즈 서비스에 등록된 톰캣의 자동 실행기능을 비활성화 시켜주어야 합니다.

01 [제어판]-[관리도구]-[서비스]를 실행합니다.

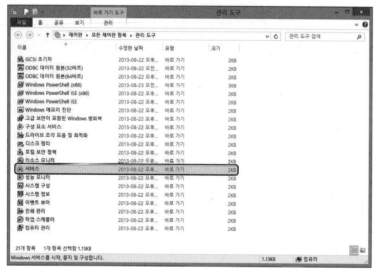

▲ [그림 2-26] 윈도우즈 서비스

02 Apache Tomcat 9.0 Tomcat9을 클릭하여 [중지] 버튼을 누르고 시작유형을 [수동]으로 설정한 후 [확인] 버튼을 누릅니다.(톰캣의 시작은 개발자가 직접하거나 또는 이클립스에서 관리를 위한 목적입니다.)

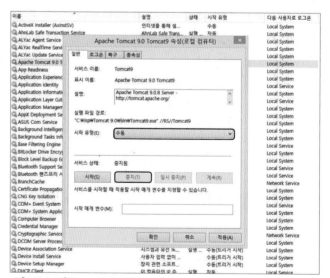

▲ [그림 2-27] Tomcat 9.0 서비스 속성

(2) 클래스패스(CLASSPATH) 설정

이 부분은 servlet-api.jar, jsp-api.jar 패키지를 사용하기 위한 설정입니다. 이 파일들은 톰캣에 포함됩니다. 이 패키지를 사용하기 위한 설정 부분입니다. 이 교재에서 대부분의 예제 실습은 이클립스에서 하겠지만 만약 수동적으로 이클립스 없이 컴파일을 위해서는 이 두 개의 lib가 있어야 하고 또 이러한 클래스패스 설정이 필요합니다.

※ TOMCAT_HOME은 컴퓨터에 설치된 톰캣의 루트(Root) 폴더를 의미합니다. 만약 톰캣이 C 드라이브의 JSP 폴더에 설치되어 있다면 톰캣의 루트 폴더인 TOMCAT_HOME은 C:\Jsp\Tomcat 9.0까지의 경로를 의미합니다. '탐색기를 아무리 찾아봐도 TOMCAT_HOME 이란 폴더는 없는데요?' 라고 오해하지 않기 바랍니다. 톰캣이 설치된 루트 폴더라는 것을 잘 기억해 두시길 바랍니다.

01 servlet-api.jar, jsp-api.jar 파일을 앞에서 Path 경로 추가를 한 것 것처럼 [컴퓨터]를 오른쪽 마우스로 클릭한 뒤 [속성]을 클릭하면 시스템 정보 화면을 볼 수 있습니다. [고급 시스템 설정]을 클릭합니다. 그림처럼 환경변수에 classpath(대소문자 구분 안함)를 추가합니다.

변수이름:classpath
변수값:.;C:\Jsp\Tomcat 9.0\lib\jsp-api.jar;C:\Jsp\Tomcat 9.0\lib\servlet-api.jar;

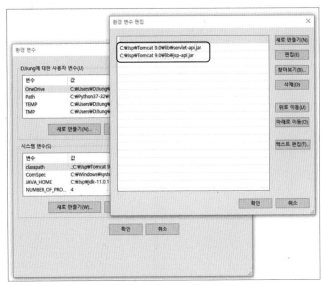

▲ [그림 2-28] 환경변수 classpath 경로 추가

02 servlet-api.jar, jsp-api.jar 파일을 이렇게 함으로써 앞으로 프로그래밍 할 때 필요로 하는 서블릿 관련 라이브러리를 사용할 수 있게 됩니다. 수동적으로 서블릿 파일을 클래스 패스를 지정하지 않고서도 컴파일 과정에서 필요한 라이브러리를 사용할 수 있도록 해 줍니다.

TIP	JAVA_HOME 폴더

JDK가 설치된 폴더가 C:\Jsp\jdk-11.0.1 라고 한다면 JAVA_HOME은 이 폴더까지의 경로를 의미합니다. 역시 JAVA_HOME 이란 폴더는 탐색기에 보이지 않습니다. JAVA_HOME은 JDK가 설치된 기본 루트 폴더라는 것을 기억하세요.

이렇게 톰캣 설치를 마쳤습니다. 톰캣은 JSP를 구동하기 위해 사용되는 JSP 컨테이너 중 대표적인 컨테이너입니다. 많은 JSP 컨테이너들은 기본적으로 사전에 선(Sun)사의 규정 기준에 따라 만들어 졌습니다. 그래서 하나의 컨테이너에 대해 보다 확실하게 알고 있으면 다른 컨테이너들도 쉽게 접근 할 수가 있습니다. 비유를 들자면, 여러분이 자동차 운전을 배운다고 가정했을 때 트럭이든, 승용차 든 하나를 선택해서 운전에 익숙해지게 되면 나머지 자동차는 약간의 노력을 기울이면 쉽게 적응할 수 있는 것과 마찬가지입니다. 그렇다면 톰캣은 실제로 어떤 폴더 형태로 구성이 되어 있을까요?

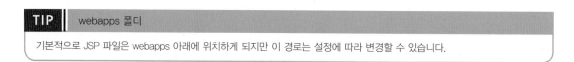

다음 그림은 필자의 톰캣 디렉토리 구조입니다. 그림에서 보는 것처럼 여러분이 작성한 JSP 프로그 램은 webapps 폴더 밑에 위치해야 합니다. 기본적으로 톰캣이 인식하는 경로이기 때문입니다. 이클 립스로 JSP 페이지를 작성하고 실행하면 TOMCAT_HOMEWwebapps 폴더에 자동으로 JSP 파일 이 생성됩니다.

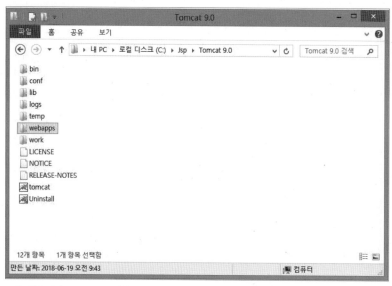

▲ [그림 2-29] Tomcat 9.0 디렉토리 구조

이상으로 JSP 컨테이너에 대한 설치 방법을 알아보았습니다. 다음은 JSP 개발 툴인 이클립스에 대 해 알아보겠습니다.

03 _ eclipse 설치

이번 장에서는 JSP 개발 툴인 이클립스(eclipse)의 설치와 환경설정 및 간단한 실행확인 과정을 설명하겠습니다. 설치에 앞서 이클립스 사이트에서 이클립스를 다운로드 받도록 하겠습니다.

03-1 이클립스 다운로드 및 설치

01 이클립스를 다운로드하기 위해 http://www.eclipse.org/downloads 에 접속한 뒤 현재 최신버전인 'Get Eclipse SimRel 2018-09'를 다운로드 받습니다.

▲ [그림 2-30] 이클립스 다운로드 사이트

02 다운받은 eclipse-inst-win64.exe를 클릭합니다.

▲ [그림 2-31] 이클립스 실행파일

03 eclipse installer입니다. 여기서 JAVA, JSP/Servlet를 모두 개발 할 수 있는 Eclipse IDE for Java EE Developers를 선택해서 클릭합니다.

▲ [그림 2-32] 이클립스 인스톨러

04 이클립스 인스톨러 설치 위치를 지정합니다. 그림처럼 지정을 하시기 바랍니다. (이클립스 설치 폴더 : C:\Jsp) 설치 후에는 C:\Jsp\eclipse 폴더가 자동적으로 만들어집니다.

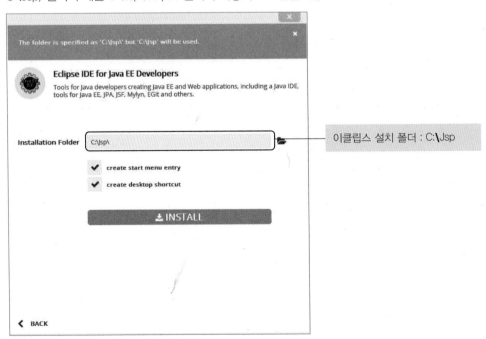

이클립스 설치 폴더 : C:\Jsp

▲ [그림 2-33] 이클립스 설치 폴더 지정

▲ [그림 2-34] 이클립스 설치 완료

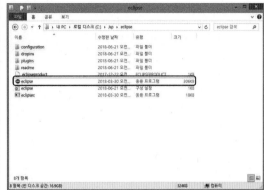

▲ [그림 2-35] 이클립스 설치 디렉토리

05 실행하기 위해서 위성모양의 아이콘인 파일(eclipse.exe)을 클릭합니다. 이클립스를 처음 실행하면 프로젝트 저장 폴더(workspace—작업영역)를 지정할 수 있는 창이 뜹니다. C:₩Jsp로 지정해주고 다음 실행 때부터는 더 이상 물어보지 않게 아래 체크박스에 체크합니다.

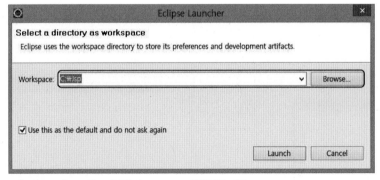

▲ [그림 2-36] 프로젝트 저장경로(workspace—작업영역) 지정

TIP	프로젝트 저장 경로

여기서 지정한 저장 경로는 이클립스 실행 후 [File]-[Switch Workspace] 메뉴에서 변경할 수 있습니다.

03-2 이클립스 환경설정

01 첫 화면입니다. 이클립스 개요, 입문자를 위한 설명서, 새로운 소식 등을 확인할 수 있습니다. 오른쪽 상단의 Play 모양(Workbench)을 클릭하여 본 화면으로 진입합니다.

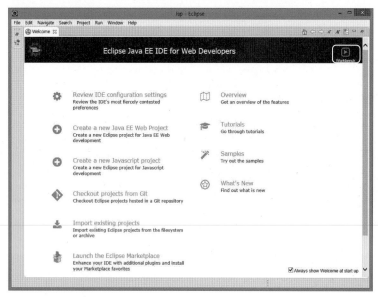

▲ [그림 2-37] 이클립스 첫 실행화면

02 오른쪽 상단에 Perspective 설정 창 클릭하고 Open Perspective에서 [Web]을 지정한 뒤 [Open] 버튼을 누르면 작업환경이 웹 개발에 최적화가 됩니다.

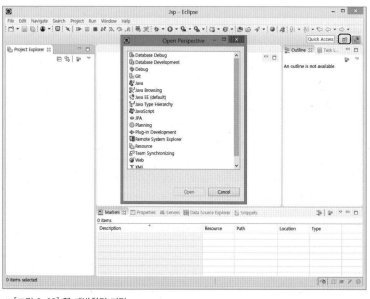

▲ [그림 2-38] 웹 개발환경 지정

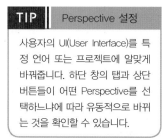

TIP | Perspective 설정

사용자의 UI(User Interface)를 특정 언어 또는 프로젝트에 알맞게 바꿔줍니다. 하단 창의 탭과 상단 버튼들이 어떤 Perspective를 선택하느냐에 따라 유동적으로 바뀌는 것을 확인할 수 있습니다.

03 본격적인 개발에 들어가기 전에 앞서 설치한 Tomcat 9.0을 이클립스에서 지정해 주어야 합니다. 상단 메뉴의 [File]–[New]–[Other]에서 [Server] 디렉토리 밑의 Sever를 선택하고 [Next] 버튼을 누릅니다.

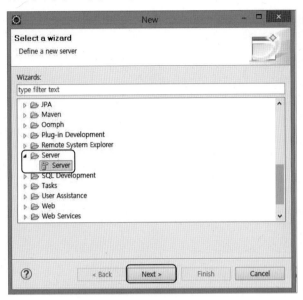

▲ [그림 2–39] Server 지정

04 다음 그림처럼 Apache 폴더 밑에 있는 Tomcat 9.0 Server 선택하고 [Next] 버튼을 클릭합니다.

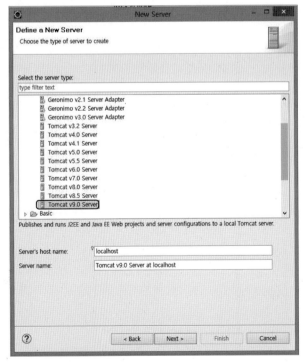

▲ [그림 2–40] Tomcat 9.0 지정

05 다음 그림처럼 [Browse] 버튼을 클릭하고 설치된 Tomcat 9.0의 위치를 지정 후에 [Finish] 버튼을 클릭합니다.(C:\Jsp\Tomcat 9.0)

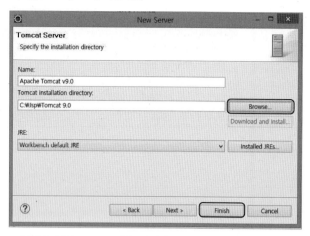

▲ [그림 2-41] Tomcat 9.0 디렉토리 지정

06 이클립스 웹 개발을 위한 기본적인 환경설정을 완료했습니다. 이제 이클립스와 톰캣이 제대로 동작하는지 확인하기 위해 간단한 JSP 파일을 작성하고 실행하겠습니다. 상단 메뉴의 [File]-[New]-[Dynamic Web Project]를 클릭하고 다음과 같이 Project name을 'myapp'로, Target runtime를 'Apache Tomcat v9.0'으로 설정한 후 [Finish] 버튼을 누릅니다.

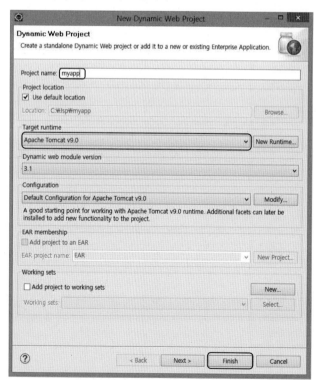

▲ [그림 2-42] 동적 웹 프로젝트 생성

07 왼쪽의 프로젝트 탐색기에 myapp 프로젝트가 생성된 것을 확인할 수 있습니다. 프로젝트를 오른쪽 마우스로 클릭해서 [New]–[JSP File]을 클릭하고 파일 이름에 testPage를 입력한 후 [Finish] 버튼을 누릅니다. (자동으로 .jsp 확장자가 만들어집니다.)

▲ [그림 2–43] 새 JSP 파일 생성

08 JSP 파일이 생성되면 아래의 코드를 입력하고 저장합니다.

실습 파일 : ch02/source/testPage.jsp

```jsp
<%@ page language="java" contentType="text/html; charset=EUC-KR"
    pageEncoding="EUC-KR"%>
<!DOCTYPE html PUBLIC "-//W3C//DTD HTML 4.01 Transitional//EN" "http://www.w3.org/TR/html4/loose.dtd">
<html>
<head>
<meta http-equiv="Content-Type" content="text/html; charset=EUC-KR">
<title>Insert title here</title>
</head>
<body>
<%
    String strName = "홍길동";
%>
내 이름은 <%=strName%> 입니다.
</body>
</html>
```

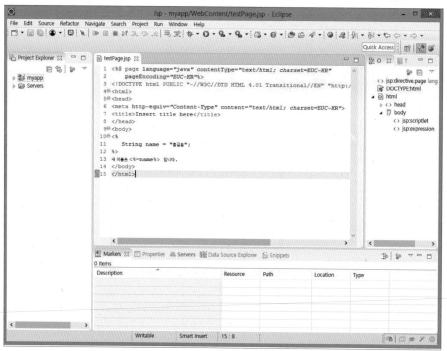

▲ [그림 2-44] testPage.jsp 코드 입력

09 상단의 Play 모양 버튼을 클릭하면 그림처럼 Server 선택의 창이 뜹니다. 서버 선택에서 Tomcat 9.0을 선택하고 다음 실행 때 에는 항상 이 서버를 사용한다고 [Always use...] 앞에 있는 체크박스 체크하고 [Finish] 버튼을 누릅니다.

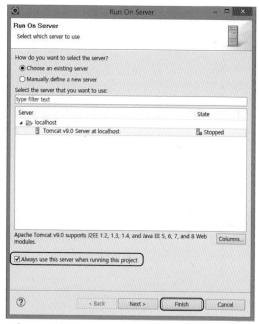

▲ [그림 2-55] 서버 선택

10 만약 윈도우즈 방화벽이 이클립스 차단 여부를 물어 본다면 [엑세스 허용] 버튼을 클릭합니다. PC환경에 따라 나오지 않을 수 도 있습니다.

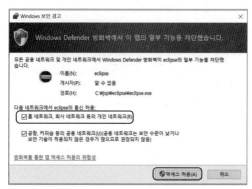

▲ [그림 2-56] 이클립스 통신 허용

11 다음 그림과 같은 화면이 나오면 이클립스와 톰캣이 정상적으로 연동되어 실행되는 것입니다.

▲ [그림 2-57] JSP 파일 실행

이상으로 JDK, 톰캣, 이클립스의 다운로드, 설치, 환경설정 과정을 모두 완료하였습니다. 실질적인 JSP 개발을 시작하기 위한 환경이 모두 갖추어졌습니다.

여기서 잠깐!

집필시에 jdk-11 버전이 발표가 되어서 다른 프로그램과의 연동 및 버전 호환에 대해서 걱정을 하였습니다. 역시나 이클립스는 아직 jdk-11은 지원이 하지 않은 것으로 보여집니다. 그래서 이클립스 실행 시 아래와 같은 Error 메시지가 보여지지만 실행하는데는 전혀 문제가 되지 않기 때문에 지금은 신경쓰지 말고 실습을 하셔도 됩니다. 에러 내용은 단순합니다. 이클립스에서 컴파일 및 실행환경과 jdk버전의 미스매치(Mismatch)에 대한 내용입니다. 이클립스는 jdk10인데 우리가 설치한 jdk는 11 버전이므로 이러한 메시지가 뜨는 겁니다.

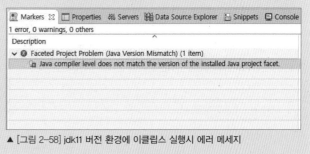

▲ [그림 2-58] jdk11 버전 환경에 이클립스 실행시 에러 메세지

JDK

자바 프로그램을 컴파일하고 실행할 수 있는 환경을 포함하는 프로그램입니다. JDK는 자바 컴파일 환경과 자바 런타임 환경으로 구성되어 있는데 컴파일 환경은 자바 파일을 컴파일 할 수 있는 컴파일러를 포함한 일부분이고 런타임 환경은 컴파일 된 자바 프로그램을 실행할 수 있도록 해주는 환경입니다.

JDK 설치 후 시스템 내의 어느 위치에서도 자바 명령을 사용할 수 있게 패스를 설정해 주어야 합니다. 자바 컴파일 명령과 실행 명령 등이 있는 폴더의 위치는 'JAVA_HOME₩bin'입니다. 그래서 이 폴더까지의 경로를 패스에 등록해 줌으로써 시스템 내의 어느 위치에서도 자바 명령을 사용할 수 있게 합니다.

JSP 컨테이너

동적인 페이지 생성을 맡아서 처리할 프로그램으로 jsp 페이지에 대한 요청을 처리합니다.

JSP 컨테이너(톰캣)가 설치되면 서블릿 관련 클래스의 묶음인 servlet-api.jar 파일이 TOMCAT_HOME₩lib에 생성됩니다. servlet-api.jar는 서블릿 관련 클래스를 패키지로 묶은 것인데 이클립스를 통하지 않고 이 패키지를 사용하는 자바 파일을 컴파일 하려면 클래스 패스에 servlet-api.jar 파일의 전체 경로를 등록하든지 아니면 JAVA_HOME₩jre₩lib₩ext 폴더에 servlet-api.jar 파일을 복사해야 합니다.

1 JDK 설치 : JDK는 _____ 사이트에서 다운로드 받을 수 있습니다.

2 JDK 설치 후 자바 명령어를 사용하기 위해서 ① _____를 설정. 이때 ② _____에 설정되는 내용은 JAVA_ HOME₩bin까지의 경로입니다.

3 JSP 컨테이너인 Tomcat 설치 : Tomcat은 _____ 사이트에서 다운로드 받을 수 있습니다.

4 자신의 컴퓨터에 톰캣을 설치하고 가동한 후 브라우저를 통해서 톰캣이 정상적인 작동을 하는지 확인하는 작업입니다. 톰캣으로 접속하기 위한 URL을 적어보세요.

해답은 616 쪽 연습문제 해답을 참조하세요.

JSP 동작원리(톰켓)와 서블릿

이번 장에서는 간단한 JSP 프로그램을 작성하고 브라우저에서 실행되는 모습과 실제 JSP가 어떻게 구동이 되는지에 대해서 알아보겠습니다. JSP 프로그램은 겉으로 보기에는 HTML과 비슷하지만 실제로 구동되는 방식은 HTML과는 다릅니다. 또한 JSP는 웹 프로그래밍을 위한 도구이기 때문에 기본적으로 HTML에 대한 이해가 어느 정도 필요합니다.

무엇보다 이번 장은 다음 장에서부터 공부하게 될, 보다 심도 있는 JSP 프로그래밍에 앞서서 하는 공부인 만큼 JSP에 대한 세부적이고 깊은 내용보다는 기본적인 개념과 JSP의 기본적인 사용에 대해서 이해하는 부분입니다.

01 _ 웹 어플리케이션 생성

앞으로 사용될 모든 예제를 위한 프로젝트를 만들기 위해서 어플리케이션을 생성해 보겠습니다. 앞장에서 톰캣의 실제적인 모든 환경에 대한 설치를 마친 뒤 실제 프로젝트를 진행하기 위해서 'myapp'라는 이름의 어플리케이션을 생성합니다.

※ myapp는 하나의 웹 어플리케이션 즉, 하나의 웹 응용프로그램입니다.

여기서 잠깐!

이 책에 나오는 모든 예제 및 소스들은 특정한 디렉토리에 위치해 있습니다. 또한 그들을 실행시키기 위해서 URL에 특정 위치를 포함해서 호출을 합니다.

예 http://localhost/myapp에서 myapp

여기서 'myapp'가 어플리케이션의 이름이 됩니다.

웹 어플리케이션에 대한 이해를 돕기 위해 아래 URL에서 보는 것처럼

http://www.***.co.kr/myapp/...

'myapp'에 모든 jsp 페이지나 HTML 문서, 자바스크립트, 이미지 등이 존재하게 됩니다. 여기서 myapp가 하나의 어플리케이션이 되는 것입니다.

※ 주의 – 저장경로 · JSP 파일
Tomcat 9.0₩webapps₩myapp₩ch03(저장경로 빼기로 함)

myapp라는 이름의 어플리케이션(프로젝트)를 생성하기 위한 예제

대소문자에 유의해서 그림처럼 폴더를 생성합니다.

01 Tomcat 9.0₩webapps₩의 위치에 'myapp'라는 폴더를 생성합니다.

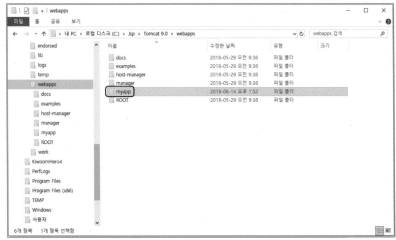

▲ [그림 3-1] myapp 폴더 생성

02 myapp 폴더 밑에 'WEB-INF'라는 폴더를 생성합니다. (주의! 대문자)

> ※ **주의**
> 자바에서는 대소문자에 대한 구별이 있습니다. JSP는 자바 언어를 기반으로 하고 있습니다. 이 JSP를 운용할 수 있는 컨테이너(Tomcat) 역시 대소문자를 구분합니다. 비단 파일명만 아니고, 이렇게 폴더이름에서도 대소문자에 구분이 있습니다.

03 WEB-INF 폴더 밑에 classes라는 폴더를 생성합니다.

새롭게 만들어진 myapp 폴더 안에 WEB-INF 폴더를 만든 후 classes란 폴더를 생성합니다.

▲ [그림 3-2] WEB-INF/classes 폴더 각각 생성

여기서 잠깐! | WEB Application

웹 어플리케이션(웹 응용 프로그램)은 특별한 구조를 가집니다.

❶ 웹 어플리케이션의 루트 폴더 : HTML, JSP, 이미지 등이 위치할 폴더입니다. 이 루트 폴더에 있는 자원(HTML, JSP, 이미지 등)이 웹 컨테이너(JSP, 컨테이너 등, 이 책에서는 톰캣)에 의해서 서비스됩니다.

❷ WEB-INF 폴더 : WEB-INF 폴더 안에는 classes 폴더, lib 폴더가 위치합니다. 먼저 classes 폴더 안에는 컴파일 된 자바 파일(class 파일)들이 위치하게 되어 컨테이너에 의해서 사용됩니다.

lib 폴더 안에는 여러 class 파일들이 묶어진 jar 파일이 위치하게 되어 역시 웹 컨테이너에 의해서 사용이 됩니다.
myapp라는 이름을 가진 웹 어플리케이션은 myapp 폴더 내의 파일들을 실행하고, 필요한 클래스 파일은 classes 폴더 내에 있는 클래스 파일을 사용합니다.
그리고 필요한 경우 lib 폴더에 있는 jar 파일을 사용하게 됩니다. 아직까지는 jar 파일을 사용하는 예제가 없기 때문에 lib 폴더는 생성하지 않았습니다.

웹 어플리케이션은 ❶, ❷의 요소를 반드시 필요로 합니다. myapp라는 웹 어플리케이션을 사용하기 위해서 myapp라고 이름 지어진 웹 어플리케이션 루트 폴더와 WEB-INF 폴더가 필요하다는 의미입니다.

04 Tomcat 9.0₩conf 폴더 안의 server.xml을 에디터로 엽니다.

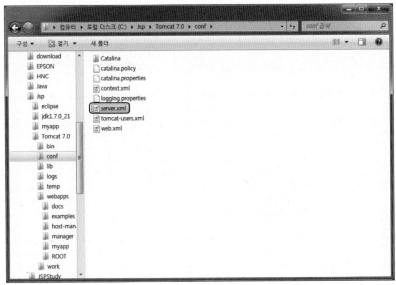

▲ [그림 3-3] server.xml 파일 위치

05 server.xml 파일을 열어서 다음 소스의 음영처리가 되어 있는 부분을 그대로 입력한 후 저장합니다.

```
...생략...
    <Host name="localhost"  appBase="webapps"
          unpackWARs="true" autoDeploy="true">


      <!-- SingleSignOn valve, share authentication between web applications
           Documentation at: /docs/config/valve.html -->
      <!--
      <Valve className="org.apache.catalina.authenticator.SingleSignOn" />
      -->


      <!-- Access log processes all example.
           Documentation at: /docs/config/valve.html
           Note: The pattern used is equivalent to using pattern="common" -->
      <Valve className=
             "org.apache.catalina.valves.AccessLogValve" directory="logs"
             prefix="localhost_access_log." suffix=".txt"
             pattern="%h %l %u %t &quot;%r&quot; %s %b" />
      <Context path="\myapp" docBase="ROOT" debug="0" reloadable="true" />
    </Host>
   </Engine>
  </Service>
</Server>
```

※ 주의
대소문자에 유의하면서 정확히 입력합니다. path, docBase 속성은 직접 myapp라는 웹 어플리케이션으로 접근하기 위한 url 패스 및 저장 경로
입니다. 또한 반드시 '/>'로 닫아져야 합니다.

06 TOMCAT_HOME\webapps\ROOT\WEB-INF 폴더에 있는 web.xml 파일을 복사합니다. 이렇게 복사한 파일을 TOMCAT_HOME\webapps\myapp\WEB-INF 폴더에 붙여 넣습니다.

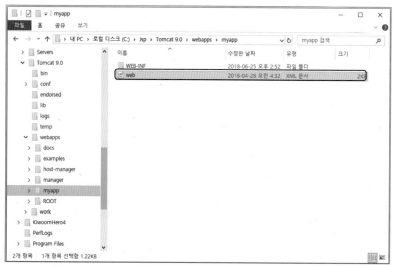

▲ [그림 3-4] web.xml이 복사된 WEB-INF

◑ 배치기술자(web.xml)

웹 어플리케이션을 배치하기 위해 필요한 내용을 설정한 파일로써 그 이름은 web.xml입니다. 이 배치기술자는 하나의 웹 어플리케이션 당 하나가 필요합니다. 웹 어플리케이션은 웹 컨테이너가 설치된 곳에 설치가 되어 동작할 수 있습니다. 마치 하나의 프로그램을 다른 컴퓨터에 설치하는 것처럼 웹 어플리케이션 또한 웹 컨테이너가 설치되어 있는 곳에서 옮겨져서 실행될 수 있습니다. 이때 다른 곳에 배치될 웹 어플리케이션이 그 시스템에 설치되어 있는 웹 컨테이너가 인식할 수 있도록 하는 내용들이 web.xml에 기술되어 있습니다.
쉽게 말하자면 이렇습니다.
이 웹 어플리케이션 안에는 실행해야 할 파일들은 이렇고, 어떤 파일들이 있고, 이렇게 물어보면 이걸 사용해서 알려주도록 해라...는 식의 내용이 있습니다.
요즘 많이 사용하는 통합개발환경을 제공하는 여러 툴들이 있습니다. 이 툴들을 사용하면, 웹 어플리케이션을 생성할 때 시각적인 단계를 통해서 보다 쉽게 어플리케이션을 만들 수 있습니다. 이때 자동적으로 web.xml까지도 생성해 줍니다.

web.xml은 배치기술자라고 불리는 파일입니다. 확장자를 통해서 알 수 있는 것처럼 XML 파일입니다. 이 파일은 말 그대로 웹 어플리케이션을 JSP 컨테이너에 배치해서 사용하기 위한 내용을 기술한 파일입니다. 하나의 웹 어플리케이션에 대한 배치를 기술하기 위한 것이기 때문에 각각의 웹 어플리케이션마다 하나의 배치기술자가 필요하게 됩니다. TOMCAT_HOME\webapps 내에 존재하는 여러 웹 어플리케이션에는 WEB-INF 폴더들이 존재하는데 이 폴더 내에 현재의 웹 어플리케이션에 대한 배치를 기술하는 web.xml 파일을 가지고 있습니다. 이들 각각의 web.xml 파일은 다른 내용들로 구성되어 있습니다. 각각의 웹 어플리케이션이 서로 다른 것처럼 배치기술자의 내용도 다릅니다.

모든 웹 어플리케이션에 대한 배치기술자는 web.xml에서 기술됩니다. 따라서 'myapp' 역시 하나의 웹 어플리케이션입니다. 'myapp'라는 웹 어플리케이션에 대한 배치기술자가 필요한데 TOMCAT_ HOME₩webapps₩ROOT₩WEB-INF 폴더 내의 web.xml 파일을 복사해서 myapp라는 웹 어 플리케이션에서 사용될 수 있도록 TOMCAT_HOME₩webapps₩ROOT₩WEB-INF 폴더에 있는 web.xml은 기본적인 내용, 즉 꼭 포함해야 할 내용만을 가진 파일입니다. 다시 말하면, '이것에 대 한 것만 가지고 있으면 된다.'의 정도로만 구성되어 있습니다.

07 디렉토리 구조를 출력하기 위해서 Tomcat 9.0₩webapps₩myapp₩WEB-INF에 있는 web.xml 파일을 메모장으로 열고 다음과 같이 추가합니다.

```
...생략...
    <servlet>
        <servlet-name>default</servlet-name>
        <servlet-class>org.apache.catalina.servlets.DefaultServlet</servlet-class>
        <init-param>
            <param-name>debug</param-name>
            <param-value>0</param-value>
        </init-param>
        <init-param>
            <param-name>listings</param-name>
            <param-value>true</param-value>
        </init-param>
        <load-on-startup>1</load-on-startup>
    </servlet>
</web-app>
```

08 톰캣을 재가동해서 브라우저에서 'http://localhost/myapp/'로 입력해서 실행합니다.

▲ [그림 3-5] myapp 어플리케이션 실행

'myapp'라는 웹 어플리케이션이 생성되어 브라우저에 실행된 모습입니다. 현재의 어플리케이션에는 아무런 파일이 없기 때문에 브라우저에는 파일에 대한 내용이 표시되지 않습니다.

◐ Context의 의미

Context는 사전적 의미로 '문맥', '전후관계' 정도로 번역됩니다. 웹 환경에서 Context라 할 때에는 서로 독립된 영역에 존재하는 온전한 하나의 어플리케이션 영역의 정보를 지칭한다고 생각하시면 되겠습니다.

TIP │ Context를 추가하는 이유

톰캣 데모 화면(고양이 이미지가 있는 index.html)에서 보았듯이 데모 화면에는 여러 예제를 실행시킬 수 있는 링크가 존재합니다. 이 예제들은 'examples'라는 폴더에 존재하는데, examples 폴더는 바로 하나의 웹 어플리케이션입니다. 그래서 url에서 'http://localhost/examples/'라고 입력이 되면 웹 컨테이너는 examples 라는 이름을 가진 웹 어플리케이션을 찾아서 그 폴더 내에 있는 자원(HTML, JSP, 이미지 등)을 실행시켜서 서비스를 하게 됩니다. 톰캣의 내부 디렉토리 구조를 기억해 본다면, 'TOMCAT₩webapps' 폴더 내에는 examples, manager, webdav 등의 폴더들이 있다는 것을 알 수 있을 것입니다.(탐색기를 통해서 확인) 물론, 방금 생성한 myapp 폴더도 있습니다. 이들 각각의 폴더는 하나의 웹 어플리케이션입니다.

그래서 특정한 웹 어플리케이션에 접근하기 위해서 url에서 'http://localhost/ApplicationName'으로 접근을 합니다. 이런 각각의 웹 어플리케이션을 구분하기 위해서 server.xml 파일에 〈Context.....〉/〉를 통해서 웹 어플리케이션에 대한 정보를 추가하는 것입니다. 그렇게 해서 웹 컨테이너가 어떤 웹 어플리케이션이 사용되는지를 알 수 있게 하고, 그 웹 어플리케이션 내의 자원들은 같은 영역에 존재한다는 것을 알게 하기 위함입니다.

하지만 반드시 어플리케이션의 위치가 'TOMCAT_HOME₩webapps'에 위치해야 하는 것은 아닙니다. 어플리케이션의 위치는 server.xml 파일에서 컨텍스트를 추가하는 과정에서 사용자가 지정하는 폴더로 설정해 줄 수 있기 때문입니다.

예를 들어 'c:₩myapp'라는 폴더를 어플리케이션으로 추가하여 사용하고 싶은 경우 docBase="C:₩myapp"로 설정합니다.

---

02 _ "Korea Fighting!!!" 을 출력하는 JSP

프로그램 공부를 하면서 어느 정도의 이론을 익힌 후에는 예제로 제공되는 코드를 직접 작성하고 실행을 해보면서 그 결과를 확인하는 것이 일반적인 과정입니다.

많은 예제 프로그램을 직접 입력해 보고 실행한 뒤 나타나는 결과를 눈으로 확인해 보면서 조금씩 살을 붙여나가는 과정을 통해 실력이 보다 향상될 것입니다. 수십, 수백라인에 해당하는 어려운 프로그램도 처음에는 아주 단순한 예제에서 출발합니다. 단순한 예제가 아주 복잡한 프로그램으로 변하기까지는 많은 과정이 있습니다. 그 과정은 많은 프로그램 작성과 실행을 통해 얻어지는 경험입니다. 예제를 통해 자신이 직접 프로그램 수정도 해보고, 첨가도 해보고, 나타나는 오류들을 수정하면서 여러분의 실력은 배가 될 것이며, 복잡한 프로그램도 작성할 수가 있게 될 것입니다. 그런 여러분들 자신에게 파이팅하는 의미로 "Korea Fighting!!!"을 출력하는 프로그램을 작성해 보겠습니다.

브라우저에 Korea Fighting!!!이란 문자열을 출력하기 위한 예제

01 에디터로 다음의 내용을 직접 작성해 보겠습니다.

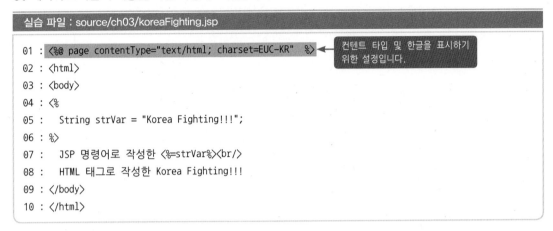

실습 파일 : source/ch03/koreaFighting.jsp

```
01 : <%@ page contentType="text/html; charset=EUC-KR" %>    ← 컨텐트 타입 및 한글을 표시하기
02 : <html>                                                     위한 설정입니다.
03 : <body>
04 : <%
05 :    String strVar = "Korea Fighting!!!";
06 : %>
07 :    JSP 명령어로 작성한 <%=strVar%><br/>
08 :    HTML 태그로 작성한 Korea Fighting!!!
09 : </body>
10 : </html>
```

02~03 : 순수한 HTML 태그입니다.

04~06 : 변수를 설정한 부분입니다.

07   : '<%='와 '%>'로 싸여진 부분을 그대로 표시합니다. 나중에 배울 내용이지만, 이 태그를 '표현식'이라고 합니다. 말 그대로 이 태그에 포함된 부분을 브라우저에 표시합니다.

08~09 : 순수한 HTML 태그입니다.

※ 주의 – 대소문자 구별에 유의

JSP에서는 대소문자를 구별하기 때문에 사용에 있어 유의해야 합니다. 예를 들어 koreaFighting.jsp를 koreafighting.jsp로 저장했다면 이 페이지를 호출하기 위해서는 koreafighting.jsp로 해야 인식을 합니다. 자바가 대소문자를 구별하듯 자바 기반인 JSP 사용에 있어서도 대소문자는 구별해야 합니다. 이는 서블릿 사용에 있어서도 마찬가지입니다.

02 위의 소스에는 JSP에 관련된 부분과 일반 HTML로 작성되어진 부분이 있습니다. 두 개의 결과를 비교하기 위한 코드입니다. 그리고 작성된 프로그램을 'Tomcat 9.0₩webapps₩myapp₩ch03'에 'koreaFighting.jsp'란 이름으로 저장합니다.

▲ [그림 3-6] JSP 파일저장 위치

03 jsp 페이지를 인식해서 처리하기 위한 톰캣을 가동해야 합니다. 톰캣 가동 방법은 2장을 참고하시기 바랍니다. 톰캣이 가동이 되었다면 브라우저에서 다음과 같이 JSP 파일을 호출합니다.

(http://localhost/myapp/koreaFighting.jsp)

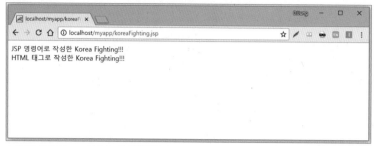

▲ [그림 3-7] Korea Fighting!!! 실행화면

04 그림과 같은 결과가 나왔다면 브라우저에서 마우스 오른쪽 버튼 클릭한 후 '페이지 소스 보기' 메뉴를 클릭해서 소스를 확인해 보겠습니다.

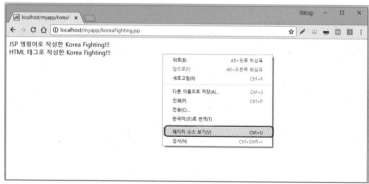

▲ [그림 3-8] koreaFighting.jsp 소스보기

05 오른쪽의 JSP 파일이 실행되어 브라우저에 나타난 모습은 HTML 태그로 구성된 웹 페이지로서 보이게 됩니다.

▲ [그림 3-9] koreaFighting.jsp 실행 전과 실행 후의 소스 비교

그림을 보면 우선 전체적으로 공통된 부분이 많다는 것을 알 수 있을 것입니다. 순수 HTML 태그들(〈HTML〉〈/HTML〉〈BODY〉〈/BODY〉 등)과 'JSP 명령어로 작성한', 'HTML 태그로 작성한 Korea Fighting!!!' 부분은 서로 공통으로 나타납니다. 그리고 〈%@....%〉, 〈%....%〉, 〈%=....%〉 안에 포함된 부분이 없어졌다는 것을 볼 수 있을 것입니다. 그 안에 포함된 부분들이 JSP 컨테이너에서 처리가 되고 실행 후에는 HTML 태그로만 구성된 페이지를 생성해서 사용자의 브라우저에 보여 지게 되는 것입니다.

이렇듯 JSP 명령어를 통한 프로그래밍의 결과는 결국 HTML로 작성한 페이지와 실행 결과가 똑같습니다.

정리해 보면 'Korea Fighting!!!'이라는 문자열을 출력하는 koreaFighting.jsp라는 프로그램이 사용자의 브라우저에 호출되면 웹 서버와 JSP 컨테이너가 처리해서 'Korea Fighting!!!'이란 문자열을 출력하는 웹 페이지를 사용자의 브라우저에 전송하는 것입니다. 이때 전송되는 것은 순수한 HTML로 변환되어진 것입니다.

> **TIP** | 소스 보기의 유용성!!
>
> 여러분은 많은 에러를 앞으로 접하게 될 것이라 장담합니다. 재앙처럼 다가올 그런 에러는 예고 없이 브라우저에 등장을 하곤 합니다. 어느 순간 오타로 인한 오류는 찾아볼 수 없고, 논리적인 부분에서 오류로 그 흐름이 바뀔 것입니다. 이때 "HTML 태그들이 잘 생성이 되었나?"라고 의구심이 들거나 "어디서부터 출력이 안 되었는지 잘 모르겠네..."라는 생각이 들 때는 주저 없이 브라우저에서 소스 보기를 해 보십시오. HTML이 생성이 되다가 멈춰버린 경우를 발견할 수 있을 것입니다. 그럼, 출력이 된 HTML까지에 해당되는 jsp 페이지를 분석해 보면 대략 대략적인 오류의 범위를 좁힐 수 있습니다.
>
> 또한 소스 보기의 유용성은 이루 말할 수 없을 정도입니다. 방문한 사이트의 페이지 전체에서 흐르는 통일감 있는 화면의 인터페이스, 디자인, 이미지와 텍스트의 적절한 배치에서 오는 feel!... 을 그대로 이어받기 위한 소스 보기는 모방보다 창조를 위한 도움으로 와 닿을 것입니다.

03 _ JSP의 동작 구조

- -

정적인 페이지에 대한 요청, 즉 HTML, 여러 이미지, 텍스트 파일들에 대한 요청은 웹 서버에서 해결합니다. 그리고 동적인 페이지에 대한 요청, 즉 jsp 페이지에 대한 요청은 웹 서버에서 JSP 컨테이너로 다시 전달됩니다. 이렇게 해서 jsp 페이지가 웹 컨테이너에 의해서 실행됩니다.

호출을 통한 jsp 페이지의 내부적인 처리방식에 대해 알아보겠습니다.

URL에서 ***.jsp에 대한 요청을 웹 서버에게 하면 웹 서버는 JSP에 대한 요청을 다시 JSP 컨테이너로 넘기게 됩니다. 이런 요청을 받은 JSP 컨테이너는 해당 jsp 페이지를 찾아서 '서블릿'이라고 부르는 자바 파일로 변환을 시킨 다음 자바 파일을 컴파일 합니다. 그런 다음 컴파일 된 자바 파일의 실행 결과가 사용자의 브라우저로 전송이 됩니다.

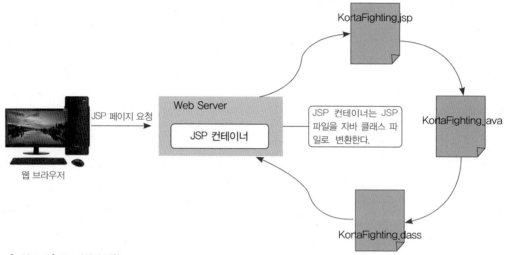

▲ [그림 3-10] JSP 파일의 변환

이런 변화를 단계별로 알아보기 위해 다음 그림을 살펴보겠습니다.

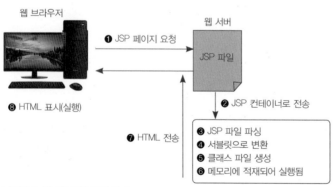

▲ [그림 3-11] JSP 파일 동작 단계

❶ 사용자의 브라우저에서 http://servername..../***.jsp의 형태로 요청을 합니다.

❷ 웹 서버는 ***.jsp의 형태로 온 요청에 대해 JSP 컨테이너로 처리하게끔 요청 정보를 넘깁니다.

❸ 해당 JSP 파일이 처음 요청된 것이라면 JSP 파일을 파싱합니다. 이전에 요청된 것이면❻의 단계로 갑니다. JSP 파일은 실행을 위해서 결국엔 클래스 파일로 변환이 되는데 이런 과정은 JSP 파일이 처음으로 호출되었을 때에만 거치게 됩니다. 만일 이전에 어떤 JSP 파일이 호출이 되었다면 두 번째 이후로 들어온 해당 JSP 파일의 요청에 대해서 ❹, ❺단계의 생성 및 변환 과정은 거치지 않게 됩니다.

↓

❹ JSP 파일로부터 서블릿이라는 새로운 자바 파일이 생성됩니다. JSP 파일을 기본으로 해서 서블릿이라는 자바 파일이 새롭게 생성됩니다.

↓

❺ 서블릿 파일은 실행 가능한 상태인 클래스 파일로 컴파일 됩니다.

↓

❻ 클래스 파일이 메모리에 적재가 되어 실행됩니다.

↓

❼ 클래스 파일의 실행결과는 다시 웹 서버에게 넘겨져 웹 서버는 HTML 형태로 사용자에 게 응답 내용을 전송합니다. 이는 처음에 사용자가 JSP 파일을 요청한 것에 대한 응답으로 HTML 형태의 내용을 전송하게 되는 것입니다.

↓

❽ 웹 서버로부터 받은 응답인 HTML로 구성된 페이지를 브라우저에서 실행시켜서 웹 페이지가 보이게 됩니다. 여러분의 브라우저는 HTML 태그로 구성된 페이지를 실행시켜주는 프로그램입니다.

TIP | 파싱

서블릿이라는 파일을 JSP 컨테이너가 만들어 내기 위해 JSP가 어떤 작업을 하는 파일인지 알아야 합니다. 그러기 위해서 JSP 파일을 정확하게, 오타나 논리적인 오류가 없는지에 대해서 읽는 것이라고 생각합니다.

※ 주의 – 파싱과정 유무에 따른 차이점

차이점은 여러분의 브라우저에서도 확인할 수 있습니다. koreaFighting.jsp란 jsp 페이지를 약간 변형(프로그램 코드를 변경하기 보다는 중간 중간에 공백이나 엔터키를 쳐서 페이지를 새롭게 저장시켜서 저장한 다음 브라우저에서 'http://localhost/myapp/koreaFighting.jsp'라고 호출을 하면 상태바(status bar)가 조금씩 변하면서 시간이 조금 흐른 후에 브라우저에 "KoreaFighting!!!"이란 문자열이 출력되는 것을 확인할 수 있습니다. 그런 다음 새로운 브라우저를 열어서 위아 같이 JSP 파일을 호출하였을 때는 "KoreaFighting!!!" 이라는 문자열이 처음에 호출됐을 때 보다 빨리 실행이 되는 것을 확인할 수 있을 것입니다.

---

❻번 단계에서 '클래스 파일이 메모리에 적재가 된다.' 라고 했는데 이미 설명한대로 첫 요청에 대해서 jsp 페이지는 서블릿 파일로 다시 생성이 됩니다. 그리고 다시 컴파일 단계를 거쳐서 메모리에 적재가 되는 것입니다.

물론 매번 요청이 있을 때마다 메모리에 적재가 되는 것은 아닙니다. 서블릿 파일이 생성된 후 컴파일 되어 메모리에 적재가 되면(객체의 생성) 매번 요청이 해당 서블릿으로 들어 올 때마다 스레드 기반 하에 작은 프로세스를 생성하여 여러 개의 동시 요청을 처리하게 되는 것입니다.

여러분이 여기서 기억해야 할 것은 간단히 모든 요청시마다 매번 메모리에 적재가 되는 방식이 아니라는 점입니다.

위의 JSP 파일의 동작 방식을 한마디로 'jsp 페이지는 서블릿으로 변환이 되어 요청에 대한 응답을 생성 한다'라고 요약할 수 있습니다. JSP의 동작에 대해 알기 위해서는 서블릿의 동작이 어떠한가를 아는 것과 마찬가지입니다. 요청에 대한 처리를 담당하는 서블릿이 실제 어떤 상태를 거쳐서 처리를 하는가에 대해서 알아보겠습니다.

04 _ JSP의 Life Cycle

jsp 페이지는 서블릿으로 변환이 되고 클래스 파일로 컴파일이 되면서 초기화, 요청 처리단계, 소멸의 단계를 거치게 됩니다. 이 단계가 JSP의 생명주기입니다. 초기화 단계에서 필요한 초기화 작업을 한 후 요청 처리 단계에서 실제로 넘겨져 온 요청에 대해 처리합니다. 그리고 그 결과를 응답으로 생성합니다. 마지막으로 소멸단계를 거치면서 필요한 모든 자원을 해제한 뒤에 종료됩니다.

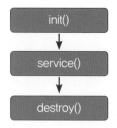

▲ [그림 3-12] 서블릿의 생명주기

여기서 잠깐! | 생명주기 vs 은행업무

이상의 단계를 은행 업무에 비유해서 생각해 보겠습니다. 제일 먼저 은행 업무를 보기 위해 은행문을 열고 필요한 업무를 위한 작업을 하는 것이 서블릿에 있어서 init() 메소드 수행이라고 보면 됩니다. 이 단계에서 은행문을 연다는 것은 단 한 번만 수행하면 되는 초기화를 위한 init() 메소드에 연관시켜 보면 됩니다. 은행 업무를 보기 위해서 은행문은 업무시작 전에 한 번만, 반드시 행해야 하는 것처럼 말입니다.

그런 다음 여러 고객이 요구하는 업무를 처리하게 됩니다. 이는 service() 메소드가 수행하는 방식과 마찬가지입니다. 앞서 말했던 스레드 기반으로 요청에 대한 처리를 하게 됩니다. 당연히 이 메소드는 여러 번 호출이 되어서 실행이 되는 것입니다.

마지막으로 모든 업무가 종료가 되면 은행이 다시 문을 닫는 것처럼 주어진 일이 끝나면 서블릿도 메모리에서 해제가 되어야 합니다. 이 단계에서 destroy() 메소드가 수행이 되는 것입니다. 이 메소드 역시 단 한 번 수행이 됩니다.

위의 그림처럼 서블릿은 생명주기를 가지는데 메모리에 로드된 서블릿은 init() 메소드의 수행을 통해서 service() 함수가 수행될 때 요구되는 자원에 대한 연결, 초기화 등의 작업을 하게 됩니다. 특정한 프로그램이 컴퓨터에서 실행되기 위해서는 시스템의 자원(처리를 위한 작업도구 및 작업영역)을 사용해야만 합니다. 이러한 자원에 대한 할당 및 초기화 작업을 하는 단계입니다. 이 메소드를 수행하고 난 뒤에야 서블릿은 서비스를 할 수 있게 되는 것입니다. 서블릿이 실행되기 위해서 반드시 수행되어야 하는 메소드입니다. 이 메소드는 서블릿을 실행하기 위해 서블릿마다 한 번의 수행을 거치게 됩니다.

초기화 등의 작업을 하는 첫 단계를 지나서 서블릿은 service() 메소드에서 필요한 처리를 행하게 되는데, 여기서 수행되는 처리는 사용자로부터 들어온 요청에 대한 처리를 말하는 것입니다. 즉 동적인 콘텐츠에 대한 처리를 service() 메소드가 맡아서 처리를 합니다. 실제 처리를 맡은 메소드인 만큼 복수 개의 요청에 대한 처리를 담당할 수 있습니다.

요청된 처리를 마친 서블릿은 더 이상 서비스할 필요가 없는 경우에 마지막 단계의 destroy() 메소드를 거쳐서 메모리에서 해제가 됩니다. 서비스할 필요가 없는 경우는 매우 드문 경우이며, 갑자기 서버가 다운되어 종료하게 되는 경우 등을 예로 들 수 있습니다. 이러한 경우 서블릿에서 꼭 수행되어야 하는 내용을 destroy() 메소드에 기술하게 됩니다.

05 _ 서블릿(Servlet)이란?

서블릿은 JSP가 나오기 이전에 Sun에서 동적인 웹페이지 콘텐츠를 생성하는 기술로 제공 되었습니다. 그러나 서블릿은 자바의 많은 장점들을 사용 할 수 있었지만 HTML과 연동하기에는 많은 단점이 있어 Sun에서 JSP를 만들게 되었습니다. 서블릿도 JSP와 마찬가지로 웹페이지에서 호출을 하여 실행결과를 브라우저를 통해서 제공합니다.

Applet은 클라이언트 브라우저에서 호출이 되면 클래스 파일이 클라이언트 PC로 다운로드 되어 실행되는 클라이언트 측 프로그램이고 서블릿(Server + Applet의 약어)은 브라우저에서 호출이 되면 WAS에서 웹페이지를 동적으로 생성하여 결과를 전송해 주는 서버측 프로그램입니다.

> **TIP** **WAS(Web Application Server)의 종류**
>
> WAS는 서버 단에서 애플리케이션이 동작 할 수 있도록 지원하는 컨테이너가 포함된 서버를 말한다. WAS의 종류로는 Tomcat, WebLogic(BEA), WebSphere(IBM), JEUS(티맥스—국산), JBoss, Resin 등이 있다.

05-1 서블릿의 Life Cycle

❶ 브라우저에서 서블릿을 호출하면 WAS는 서블릿 클래스를 로딩합니다.

 (호출되는 서블릿은 web.xml에서 매핑이 되어 있습니다.)

❷ 서블릿 클래스가 로딩이 되면 인스턴스가 생성이 되고 약속된 서블릿 Life Cycle로 init() 메소드가 자동적으로 호출이 됩니다.

 (자바응용프로그램은 main() 메소드가 호출되듯이...)

❸ 호출된 서블릿 인스턴스로 부터 스레드를 생성하고 생성된 서블릿 클래스에 있는 service() 메소드를 호출합니다.

❹ 서블릿 종료 시 destory() 메소드를 호출합니다.

(그림 3-12 | 서블릿 생명주기 참조하시기 바랍니다.)

TIP | web.xml

웹 어플리케이션의 Deployment Descriptor(환경 파일)로서 XML 형식의 파일이다. 저장되는 위치는 WEB-INF폴더 밑에 저장이 된다. web.xml에 포함되는 내용은 Servlet/JSP에 대한 정의, Servlet/JSP 매핑, Mime Type 매핑, Error Pages 처리 등 많은 환경에 대한 설정들이 저장되는 파일이다.

05-2 서블릿의 Fighting Korea

두 가지 방법으로 간단한 서블릿 예제를 만들어 보겠습니다. 첫 번째는 에디터에서 작성을 하고 여러 가지 설정을 수동적인 방법으로 컴파일을 해서 실행하는 방법. 두 번째는 이클립스에서 작성을 하고 실행하는 예제를 해보겠습니다.

(1) 에디터에서 만든 Fighting Korea

01 에디터로 다음의 내용을 직접 작성해 보겠습니다.

실습 파일 : source/ch03/MyServlet1.java

```
01 : package ch03;
02 :
03 : import java.io.*;
04 : import javax.servlet.*;              @Webservlet 기능을 위해서 import를 받아야 한다
05 : import javax.servlet.http.*;
06 : import javax.servlet.annotation.WebServlet;
07 :                                       MyServlet 서블릿을 URL에서는 myServlet로 매핑하
08 : @WebServlet(urlPatterns = "/ch03/myServlet1")   는 Annotation입니다. web.xml에 서블릿 매핑도 할
                                          수 있지만 버전업이 되면서 여러 가지 방법이 제공
                                          이 되었습니다.
09 : public class MyServlet1 extends HttpServlet {
10 :
11 :     @Override
                                          서블릿의 상위 클래스 반드시 상속 받아야 한다.
12 :     public void service(HttpServletRequest request, HttpServletResponse response)
13 :     throws IOException, ServletException{
14 :         response.setContentType("text/html");
15 :         PrintWriter out = response.getWriter();
16 :         out.println("<html>");
17 :         out.println("<head>");
18 :         out.println("<title>MyServlet</title>");
```

```
19 :        out.println("</head>");
20 :        out.println("<body>");
21 :        out.println("<h1>Fighting Korea!!!</h1>");
22 :        out.println("</body>");
23 :        out.println("</html>");
24 :    }
25 : }
```

02 실행 창에서 서블릿 소스가 위치가 곳에서 그림과 같이 패키지 컴파일을 합니다.

• 저장된 소스의 위치 : C:₩Jsp₩Tomcat 9.0₩webapps₩myapp₩WEB-INF₩src

컴파일된 MyServlet.class 파일은 'C:₩Jsp₩Tomcat 9.0₩webapps₩myapp₩WEB-INF₩ classes₩ch03' 폴더에 저장됩니다.

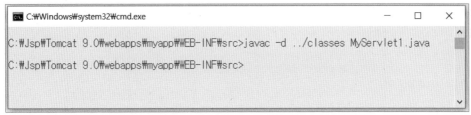

```
🖳 C:₩Windows₩system32₩cmd.exe                                    —    □    ×

C:₩Jsp₩Tomcat 9.0₩webapps₩myapp₩WEB-INF₩src>javac -d ../classes MyServlet1.java

C:₩Jsp₩Tomcat 9.0₩webapps₩myapp₩WEB-INF₩src>
```

▲ [그림 3-13] MyServlet1.java 서블릿 컴파일

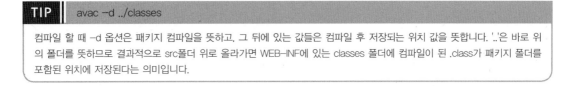

TIP | avac -d ../classes

컴파일 할 때 -d 옵션은 패키지 컴파일을 뜻하고, 그 뒤에 있는 값들은 컴파일 후 저장되는 위치 값을 뜻합니다. '..'은 바로 위의 폴더를 뜻하므로 결과적으로 src폴더 위로 올라가면 WEB-INF에 있는 classes 폴더에 컴파일이 된 .class가 패키지 폴더를 포함된 위치에 저장된다는 의미입니다.

03 서블릿 페이지를 인식해서 처리하기 위한 톰캣을 가동해야 합니다. 톰캣 가동 방법은 2장을 참고하시기 바랍니다. 톰캣이 가동이 되었다면 브라우저에서 다음과 같이 서블릿을 호출합니다.

• http://localhost/myapp/ch03/myServlet1

Fighting Korea!!!

▲ [그림 3-14] MyServlet 서블릿 실행화면

(2) 이클립스에서 만든 Fighting Korea

01 이클립스를 실행하고 그림과 같이 서블릿을 만듭니다.

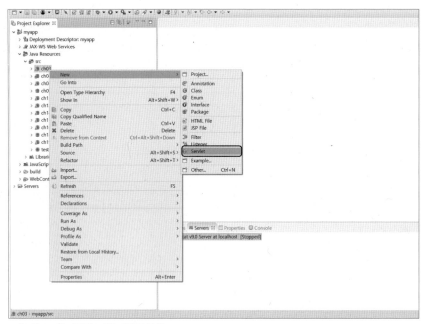

▲ [그림 3-15] 이클립스에서 서블릿 작성

02 ch03 패키지명과 MyServlet2 클래스 명을 입력하고 다음을 클릭합니다.

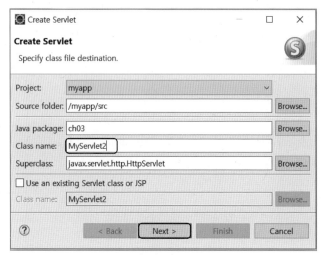

▲ [그림 3-16] 이클립스에서 패키지명과 서블릿명 입력

03 이름을 myServlet2(대문자구분)로 입력하면 URL mappings의 이름은 자동적으로 변경이 됩니다. 입력 후에 [Finish] 버튼을 클릭합니다.

▲ [그림 3-17] 이클립스에서 서블릿 매핑 입력

04 이클립스에 다음의 내용을 직접 작성해 보겠습니다.

실습 파일 : source/ch03/MyServlet2.java

```
01 : package ch03;
02 :
03 : import java.io.*;
04 : import javax.servlet.*;
05 : import javax.servlet.http.*;
06 : import javax.servlet.annotation.WebServlet;
07 :
08 : //@WebServlet(urlPatterns = "/myServlet2")
09 : public class MyServlet2 extends HttpServlet {
10 :
11 :    @Override
12 :    public void service(HttpServletRequest request, HttpServletResponse response)
13 :    throws IOException, ServletException{
14 :        response.setContentType("text/html;charset=euc-kr");
15 :        PrintWriter out = response.getWriter();
16 :        out.println("<html>");
17 :        out.println("<head>");
18 :        out.println("<title>MyServlet</title>");
19 :        out.println("</head>");
20 :        out.println("<body>");
```

주석을 한 이유는 MyServlet2 서블릿은 web.xml에서 설정을 하여 실행을 합니다.

한글표시를 위한 세팅입니다

```
21 :        out.println("<h1>파이팅 코리아!!!</h1>");
22 :        out.println("</body>");
23 :        out.println("</html>");
24 :    }
25 : }
```

05 이클립스에서 'yapp/WebContent/WEB-INF/web.xml'에 다음과 같이 입력을 합니다.

실습 파일 : source/ch03/web.xml

```xml
<servlet>
        <servlet-name>MyServlet2</servlet-name>
        <servlet-class>ch03.MyServlet2</servlet-class>
</servlet>
<servlet-mapping>
        <servlet-name>MyServlet2</servlet-name>
        <url-pattern>/ch03/myServlet2</url-pattern>
</servlet-mapping>
```

06 그림과 같이 이클립스에서 서버 실행을 하면 브라우저 창이 자동으로 실행됩니다.

(소스 영역에서 오른쪽 마우스를 클릭하면 'Run as – Run on Server' 메뉴가 활성화가 됩니다.)

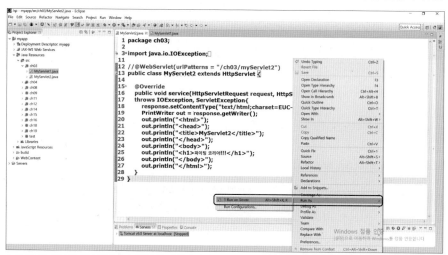

▲ [그림 3-18] 이클립스에서 소스 입력 후 서블릿 실행 준비

07 서블릿 MyServlet2의 실행을 브라우저에서 확인할 수 있습니다.

• http://localhost/myapp/ch03/myServlet2

▲ [그림 3-19] MyServlet2 서블릿 실행화면

■ **JSP 프로그램 실행 방법**

이클립스의 프로젝트 탐색기에서 해당 jsp 파일을 선택한 다음 마우스 오른쪽으로 클릭하여 '실행도구 − Run on Server'를 클릭하거나 파일을 선택한 상태에서 이클립스 상단 메뉴의 실행 버튼을 클릭합니다.

■ **JSP 동작구조**

❶ jsp 파일 요청

❷ Web Server는 *.jsp로 들어온 요청에 대해서 JSP 컨테이너로 전송

❸ JSP 파일 파싱

❹ 서블릿 생성

❺ 생성된 서블릿 컴파일

❻ 컴파일 된 클래스 파일을 메모리에 적재

❼ HTML 형태인 응답을 사용자로 전송

❽ 사용자의 브라우저에서 HTML이 실행되어서 웹 페이지를 보여줌

■ **JSP의 Life Cycle**

• init() 메소드 수행으로 처리에 필요한 자원의 초기화 작업을 합니다.

• service() 메소드 수행으로 요청에 대해서 필요한 처리를 합니다. 실제 요청에 대한 처리를 담당하는 메소드 로 필요한 로직이 담겨있는 메소드입니다.

• destroy() 메소드 수행으로 사용된 자원을 해제한 뒤 서블릿을 종료 시킵니다.

1 본문에 나오는 Korea Fighting!!!을 출력하는 예제를 참고로 해서 'Dreams come true!!!'로 바꾸어 출력하기 위한 코드입니다. 빈 곳을 채우세요.

```
<%@ page contentType="text/html; charset=euc-kr"  %>
<html>
<body>
<%
   String strVar = (               )
%>
   JSP 명령어로 작성한 <%= strVar %><br>
   HTML 태그로 작성한 Korea Fighting!!!
</body>
</html>
```

2 웹 어플리케이션(Web Application)은 JSP 컨테이너에서 실행되는 프로그램의 한 단위를 의미합니다. 그래서 웹 어플리케이션은 개발된 후 JSP 컨테이너가 설치되어 있는 시스템이 있으면 그 시스템에서도 설치를 하여 사용할 수 있습니다.

웹 어플리케이션은 웹 프로그램에 있어서 하나의 단위라고 할 수 있는데 이 말은 여러 파일들과 이미지들이 함께 사용되어져서 웹에서 움직이는 프로그램 덩어리라는 의미입니다. 이 프로그램 덩어리를 구성하는 구조는 HTML, 이미지, JSP 등의 파일들이 존재할 루트 폴더, 그리고 _____폴더, 그 폴더 내에는 classes 폴더, lib 폴더 등을 포함합니다.

3 JSP 및 서블릿의 생명주기에 대한 질문입니다. 다음을 완성하세요.

초기화에 관계되는 메소드인 ❶_____를 거치면서 자원의 초기화 작업을 하고 요청에 대한 처리를 담당할 ❷_____를 통해서 서비스 합니다.
❸_____를 통해서 사용된 자원을 해제한 뒤 종료합니다.

해답은 616 쪽 연습문제 해답을 참조하세요.

JSP & Servlet

이번 파트에서는 JSP 및 서블릿은 JAVA의 파생적인 기술이기 때문에 기초적인 자바의 기초 문법을
다루었고 JSP의 기초 문법과 JSP 페이지를 구성하기 위한 지시자, 액션태그 그리고 내부객체를
설명합니다. 마지막 장에서는 서블릿의 기초문법을 소개하는 파트입니다.

PART
02

JSP & 서블릿
기본 이해하기

JAVA 기초 문법

자바는 JSP의 원류이기 때문에 자바의 기본적인 문법을 숙지하고 구조를 이해하고 있어야 JSP의
원활한 사용이 가능합니다. 자바가 무엇이며, 자바의 구성요소와 문법에 대하여 알아보고, 간단한
예제를 통해 자바의 기본적인 개념을 알아가도록 합시다. 물론 여기서는 자바의 중급 및 고급 문
법은 다루지 않고 JSP를 사용하기 위해서 최소한의 문법의 범위로 설명하도록 하겠습니다.

01 _ 기본 문법 구조

01 간단한 코드를 통해 자바 코드의 기본 구조를 알아보겠습니다.

> **실습 파일 : ch04/source/Grammar.java**

```
01 : package ch04;————❶
02 :
03 : public class Grammar {————❷
04 :
05 :     public String name = "JSPStudy";————❸
06 :
07 :     public void jspStudy(int year) {————❹
```

> int year는 매개변수입니다. 메소드가 결과값을 계산하기 위한
> 입력값을 외부로부터 전달받을 때 기술합니다.

```
08 :         System.out.println("변수 name은 " + name + "입니다.");
09 :         System.out.println("변수 year는 " + year + "입니다.");
10 :         System.out.println(name + year);
11 :     }
12 :
13 :     public static void main(String[] args) {————❺
14 :         int year = 2013;————❻
15 :         Grammar g = new Grammar();————❼
16 :         g.jspStudy(year);————❽
17 :     }
18 : }
```

❶ 패키지(package) : 자바클래스를 하나의 패키지로 묶을 경우 다른 클래스에 있는 메소드를 서로 공유할 수 있습니다. 비슷한 역할을 하는 자바파일을 패키지로 묶습니다.

❷ 클래스(class) : 클래스는 자바프로그램의 기본 단위가 됩니다. 클래스는 하나의 자바 프로그램이라고 할 수 있습니다.

❸ 맴버변수 : 클래스에 속하는 변수입니다. 클래스에서 선언하였기 때문에 클래스에 속한 모든 메소드에서 자유롭게 사용이 가능합니다.

❹ 메소드(method) : 메소드는 클래스에 속합니다. 클래스를 정의하는 괄호 안에 메소드를 정의하며, 프로그램이 처리할 코드를 기술합니다.

❺ 메인 메소드(main method) : 프로그램을 실행할 때 진입점이 됩니다. JVM(자바가상머신)은 메인 메소드 안에 적힌 모든 코드를 가장 먼저 실행시킵니다.

❻ 지역변수 : 맴버변수와 달리 선언한 메소드 내부에서만 유효한 변수입니다. 매개변수도 지역변수에 속합니다.

❼ 객체선언, 생성 : 객체는 '클래스명 객체이름 = new 클래스명();'의 형식으로 선언합니다.

❽ 메소드 호출 : 해당 클래스에서 선언한 메소드를 호출합니다. 메소드가 호출되면 JVM(자바가상머신)이 호출된 메소드에 기술한 코드를 실행시킵니다.

자바 언어가 가지는 구성요소들의 대략적인 개념입니다. 이러한 구성요소들의 자세한 개념을 한 페이지에 모두 설명할 수는 없겠죠. 각 요소들의 개념을 간단한 테스트와 함께 자세히 배워보겠습니다.

02 _ 변수와 데이터 타입

자바에는 값을 저장하는 변수가 있고 변수는 다양한 타입을 가집니다. 변수가 무엇이며, 자바에서 사용되는 데이터타입에는 어떤 것이 있는지 알아보겠습니다.

02-1 변수

변수는 무언가를 담을 수 있는 용기입니다. 과일그릇으로 예를 들어보겠습니다. 과일그릇에는 딸기, 사과, 포도, 키위 등 여러 가지 과일이 담길 수 있죠. 여기서 과일 그릇은 변수이고 그 안에 들어가는 과일은 변수의 값이 됩니다. 과일의 종류는 변수의 타입이 되겠죠. 과일 그릇(변수)의 주인(개발자)은 원하는 종류의 과일을 원하는 개수만큼 넣을 수 있습니다. 변수의 특징은 내부에 들어있는 값이 유동적으로 변할 수 있다는 것입니다. 값의 추가, 변경, 삭제가 자유롭죠.
변수를 한 문장으로 간단하게 표현한다면 '변할 수 있는 수를 담는 그릇' 이라고 할 수 있습니다.

과일(변수의 값)

과일 그릇(변수)

▲ [그림 4-1] 과일 그릇과 변수

(1) 변수 선언, 할당, 참조

변수를 사용하기 위해서는 세 가지 방법이 필요합니다.

첫째, '선언'입니다.
변수의 이름과 타입을 정의하는 절차이며, 'String'이 변수의 타입이고 'name'이 변수의 이름입니다. 과일 담는 그릇을 만드는 과정이라고 할 수 있습니다.

```
String name;
String jsp;
```

❍ String
스트링은 문자열을 저장하는 참조형 변수 타입입니다. 여기서 문자열이란 일련의 문자들을 1차원적으로 나열한 것을 말합니다. A를 문자라고 한다면 ABC는 문자열이 되겠죠.
참조형은 값이 아닌 값의 주소를 기억합니다.

둘째, '할당'입니다.

앞에서 선언한 'name'이라는 변수에 값을 넣어줍니다. 할당은 변수를 초기화하는 작업입니다. 초기화란 변수에 값을 부여하는 작업인데 자바에서는 변수를 초기화해야 사용이 가능합니다. 'name'이라는 과일그릇에 "JSPStudy"라는 과일을 담았습니다.

```
name = "JSPStudy";
```

셋째, '참조'입니다.

선언하고 값을 할당한 변수를 가리키는 행위를 말합니다. 준비된 변수를 사용하는 단계라고 할 수 있습니다.

```
System.out.print(name);
```

01 변수를 사용하기 위한 세 가지 단계에 대해서 알아보았습니다. 그럼 이 세 단계를 사용하여 간단한 코드를 작성해 보겠습니다.

실습 파일 : ch04/source/Variable.java

```
01 : package ch04;
02 :
03 : public class Variable {
04 :
05 :     public String name = "JSPStudy";
06 :     public int year = 2013;
07 :
08 :     public void jspStudy() {
09 :         System.out.println("변수 name은 " + name + "입니다.");
10 :         System.out.println("변수 year는 " + year + "입니다.");
11 :         System.out.println(name + year);
12 :     }
13 :
14 :     public static void main(String[] args) {
15 :         Variable v = new Variable();
16 :         v.jspStudy();
17 :
18 :     }
19 : }
```

결과

```
변수 name은 JSPStudy입니다.
변수 year는 2013입니다.
JSPStudy2013
```

05~06 : 변수를 선언하고 값을 할당하였습니다. 'String'형식의 'name'과 'int' 형식의 'year'변수를 선언하고 'name'에는 "JSPStudy", 'year'에는 "2013"이라는 값을 할당 하였습니다. 둘 다 클래스 바로 아래에 선언하였기 때문에 멤버변수가 됩니다. 따라서 클래스내의 모든 메소드에서 사용이 가능합니다.

08~11 : 변수를 참조합니다. 'jspStudy()' 메소드를 선언하고 출력클래스인 'System.out.println()'에서 변수 'name'과 'year'을 참조합니다. 값을 화면에 출력하는 부분입니다.

14~16 : 자바 프로그램의 시작점이 되는 main() 메소드에 'Variable' 클래스의 객체를 생성하고 'v.jspStudy()' 형식으로 메소드를 호출하여 변수 값을 화면에 출력합니다.

(2) 배열

'배열'은 다수의 값을 동시에 담을 수 있는 변수입니다. 일반 변수가 한 종류의 사과만을 담을 수 있다면 배열은 사과, 딸기, 바나나, 키위 등 여러 과일을 동시에 담을 수 있습니다.

배열은 다음과 같이 두 가지 형태로 선언할 수 있습니다.

```
char a[], b = new char[5]; //'a[]'는 배열이 되고, 'b'는 char 타입 일반 변수가 됩니다.
char[] a, b = new char[5]; // a, b 모두 배열로 선언됩니다.
```

선언과 동시에 배열에 값을 할당하는 방법은 다음과 같습니다.

```
char a[] = { '가', '나', '다', '라'};
```

이렇게 값을 할당할 경우 저장된 배열의 개수에 맞춰서 배열의 크기가 정해집니다.

01 배열의 활용법을 간단한 코드를 통해 알아보겠습니다.

실습 파일 : ch04/source/Array.java

```
01 : package ch04;
02 :
03 : public class Array {
04 :    public static void main(String[] args) {
05 :
06 :        char a[] = { '가', '나', '다', '라'};
07 :
08 :        System.out.print(a[0]);
09 :        System.out.print(a[1]);
10 :        System.out.print(a[2]);
11 :        System.out.print(a[3]);
12 :
13 :    }
14 : }
```

> **결과**
> 가나다라

06 : 'a[]'배열을 선언하고 "가,나,다,라" 값을 할당합니다.

08~11 : 배열값을 출력합니다. 배열은 'a[순서]'의 형식으로 참조합니다. 배열의 크기는 0부터 시작하기 때문에 'a[0]'은 첫 번째 배열인 "가"를 의미합니다.

02-2 데이터 타입

자바는 데이터를 유형별로 구분하는 데이터 타입이 존재합니다. 어떤 유형으로 구분이 되는지 알아보도록 합시다.

(1) 정수형

정수를 저장하는 데이터 타입입니다. byte 〈 short 〈 int 〈 long 순의 범위를 가집니다.

형식	크기	범위
byte	1byte	-128 ~ 127
short	2byte	-32768 ~ 32767
int	4byte	-2147483648 ~ 2147483647
long	8byte	-9223372036854775808 ~ 9223372036854775807

▲ [표 4-1] 정수형 데이터

(2) 실수형

실수(소수)를 저장하는 데이터 타입입니다.

형식	크기	범위
float	4byte	-3.4E38 ~ 3.4E38
double	8byte	-1.7E308 ~ 1.7E308

▲ [표 4-2] 실수형 데이터

(3) 논리형, 문자형

논리형 데이터타입 boolean은 오직 참(true)과 거짓(false) 두 가지 값만 가질 수 있습니다.
문자형 데이터타입 char은 문자를 저장할 수 있으며 인코딩방식이 유니코드이기 때문에 한글을 포함하여 세계 모든 나라의 언어를 지원합니다.

형식	크기	범위
boolean	1byte	true 또는 false
char	2byte	유니코드(Unicode)

▲ [표 4-3] 논리형, 문자형 데이터

03 _ 연산자

연산자는 우리가 수학에서 사용하는 덧셈(+), 뺄셈(−)과 같은 개념입니다. 자바의 대표적인 연산자
는 무엇이 있을까요? 각각의 연산자에 대해서 알아보겠습니다.

03-1 산술연산자와 증감연산자

산술연산자는 수의 양과 셈을 다루는 연산자로써 '+, −, *, /, %' 가 있으며 숫자와 변수 모두 적용
이 가능합니다.

증감연산자는 변수의 값을 1씩 증가시키거나 감소시키는 연산자로써 '++, −−' 가 있으며 변수에만
적용이 가능합니다.

	연산자	예시	의미
산술연산자	+	a + b	a와 b를 더합니다.
	−	a − b	a에서 b를 뺍니다.
	*	a * b	a와 b를 곱합니다.
	/	a / b	a를 b로 나눕니다.
	%	a % b	a를 b로 나눴을 때의 나머지를 구합니다.
증감연산자	++	++ a a++	a를 1 증가시킨 후 참조합니다. a를 먼저 참조한 후 1 증가시킵니다.
	−−	−−a b−−	a를 1 감소시킨 후 참조합니다. a를 먼저 참조한 후 1 감소시킵니다.

▲ [표 4-4] 산술연산자와 증감연산자

01 간단한 테스트를 통해 산술연산자와 증감연산자가 어떻게 적용되는지 알아보겠습니다.

실습 파일 : ch04/source/Arithmetic.java

```
01 : package ch04;
02 :
03 : public class Arithmetic {
04 :    public static void main(String[] args) {
05 :        int a = 5;
06 :        int b = 3;
07 :        int c1, c2, c3, c4, c5;
08 :
09 :        c1 = a + b;
10 :        c2 = a − b;
11 :        c3 = a * b;
```

```
12 :         c4 = a / b;
13 :         c5 = a % b;
14 :
15 :         System.out.println("산술연산자");
16 :         System.out.println("a + b는 " + c1 + "입니다.");
17 :         System.out.println("a - b는 " + c2 + "입니다.");
18 :         System.out.println("a * b는 " + c3 + "입니다.");
19 :         System.out.println("a / b는 " + c4 + "입니다.");
20 :         System.out.println("a / b의 나머지는 " + c5 + "입니다.");
21 :         System.out.println("--------------------------");
22 :         System.out.println("증감연산자");
23 :         System.out.println("++a는 " + (++a) + "입니다.");
24 :         System.out.println("--a는 " + (--a) + "입니다.");
25 :         System.out.println("a++는 " + (a++) + "입니다.");
26 :         System.out.println("a--는 " + (a--) + "입니다.");
27 :         System.out.println(a);
28 :     }
29 : }
```

결과

```
산술연산자
a + b는 8입니다.
a - b는 2입니다.
a * b는 15입니다.
a / b는 1입니다.
a / b의 나머지는 2입니다.
--------------------
증감연산자
++a는 6입니다.
--a는 5입니다.
a++는 5입니다.
a--는 6입니다.
```

05~06 : 연산자를 적용할 변수 'a, b'를 선언하고 값을 할당합니다.

07 : 연산결과를 저장할 변수 'c1 ~ c5'를 선언합니다.

09~13 : 산술연산자를 적용한 값을 변수 'c1~c5'에 저장합니다.

16~19 : 'c1 ~ c5'의 값을 출력합니다.

23 : '++a'는 'a'의 값을 먼저 "1"증가시키고 참조하기 때문에 '6'이 나옵니다.

24 : '--a'는 'a'의 값을 먼저 "1"감소시키고 참조하기 때문에 '5'가 나옵니다.

25 : 'a++'는 a를 먼저 출력(참조)하고 증가시키기 때문에 '++'가 적용되지 않은 값 '5'가 나옵니다.

26 : 'a--'는 25라인에서 'a++'로 인하여 '5+1'이 되었기 때문에 '6'이 나옵니다. 역시 '--'가 뒤에 붙었기 때문에 출력 (참조)시에는 적용되지 않고 참조 후 값이 변합니다.

27 : 변수 'a'의 최종 값입니다. 26라인에서 a를 출력한 후 '--'가 적용된 값 '5'가 출력됩니다.

03-2 비교연산자와 대입연산자

비교연산자는 a와 b를 비교하는 연산자이며 '<, <= , > , >= , !='가 있습니다.

대입연산자는 a에 b의 값을 단순히 대입하거나 대입하면서 산술적 연산을 하는 연산자이며 '==, += , -= , *= , /= , %='가 있습니다.

	연산자	예시	의미
비 교 연 산 자	<	a < b	a가 b보다 작을 경우 true를 반환합니다.
	<=	a <= b	a가 b보다 작거나 같을 경우 true를 반환합니다.
	>	a > b	a가 b보다 클 경우 true를 반환합니다.
	>=	a >= b	a가 b보다 크거나 같을 경우 true를 반환합니다.
	!=	a != b	a가 b가 같지 않을 때 true를 반환합니다.
	==	a == b	a가 b가 같을 때 true를 반환합니다.

대입연산자	=	a = b	b의 값을 a에 대입합니다.
	+=	a += b	b의 값을 a에 더하고 대입합니다.
	-=	a -= b	a에서 b의 값을 빼고 대입합니다.
	*=	a *= b	a에 b의 값을 곱하고 대입합니다.
	/=	a /= b	a에 b의 값을 나누고 대입합니다.
	%=	a %= b	a에 b의 값을 나눈 나머지를 대입합니다.

▲ [표 4-5] 비교연산자와 대입연산자

01 간단한 테스트를 통해 비교연산자와 대입연산자가 어떻게 적용되는지 알아보겠습니다.

실습 파일 : ch04/source/Comparison.java

```
01 : package ch04;
02 :
03 : public class Comparison {
04 :    public static void main(String[] args) {
05 :         int a = 5;
06 :         int b = 3;
07 :         int r1 = 10, r2 = 10, r3 = 10, r4 = 10, r5 = 10, r6 = 10;
08 :
09 :         r1 = a;
10 :         r2 += a;
11 :         r3 -= a;
12 :         r4 *= a;
13 :         r5 /= a;
14 :         r6 %= a;
15 :
16 :         System.out.println("비교연산자");
17 :         System.out.println("a > b는 " + (a > b) + "입니다.");
18 :         System.out.println("a >= b는 " + (a >= b) + "입니다.");
19 :         System.out.println("a == b는 " + (a == b) + "입니다.");
20 :         System.out.println("a != b는 " + (a != b) + "입니다.");
21 :         System.out.println("대입연산자");
22 :         System.out.println("r1 = a는 " + r1 + "입니다.");
23 :         System.out.println("r2 += a는 " + r2 + "입니다.");
24 :         System.out.println("r3 -= a는 " + r3 + "입니다.");
25 :         System.out.println("r4 *= a는 " + r4 + "입니다.");
26 :         System.out.println("r5 /= a는 " + r5 + "입니다.");
27 :         System.out.println("r6 %= a는 " + r6 + "입니다.");
28 :    }
29 : }
```

결과

비교연산자
a > b는 true입니다.
a >= b는 true입니다.
a == b는 false입니다.
a != b는 true입니다.
대입연산자
r1 = a는 5입니다.
r2 += a는 15입니다.
r3 -= a는 5입니다.
r4 *= a는 50입니다.
r5 /= a는 2입니다.
r6 %= a는 0입니다.

17 : 'a = 5, b = 3'입니다. 'a > b'는 '5 > 3' 이 됩니다. 따라서 "true"를 반환합니다.

18 : 'a > b'는 '5 >= 3' 이 됩니다. 따라서 "true"를 반환합니다.

19 : 'a == b'는 '5 == 3' 이 됩니다. 둘은 같지 않으므로 "false"를 반환합니다.

20 : 'a != b'는 '5 != 3' 이 됩니다. 둘은 같지 않으므로 "true"를 반환합니다.

22 : 'r1 = a'는 '10 = 5'이므로 'a'의 값을 'r1'에 그대로 대입하면 'r1'의 값은 "5"가 됩니다.

23 : '10 += 5'이므로 'a'의 값을 'r2'에 더하고 대입하면 'r2'의 값은 "10+5=15"가 됩니다.

24 : '10 -= 5'이므로 'a'의 값을 'r3'에 빼고 대입하면 'r3'의 값은 "10-5=5"가 됩니다.

25 : '10 *= 5'이므로 'a'의 값을 'r4'에 곱하고 대입하면 'r4'의 값은 "10x5=50"이 됩니다.

26 : '10 /= 5'이므로 r5의 값을 a의 값으로 나누고 대입하면 'r5'의 값은 "10/5=2"가 됩니다.

27 : '10%= 5'이므로 r6의 값을 a의 값으로 나눈 나머지를 대입하면 'r6'의 값은 10%5의 나머지 "0"이 됩니다.

03-3 논리연산자

논리연산자는 true 또는 false 값으로 연산하는 연산자이며 '&&, &, ||, |, !'가 있습니다.

	연산자	예시	의미
논 리 연 산 자	&&	a && b	a와 b가 모두 true일 경우 true를 반환합니다.
	&	a & b	a와 b가 모두 true일 경우 true를 반환합니다.
	||	a || b	a 또는 b가 true일 경우 true를 반환합니다.
	|	a | b	a 또는 b가 true일 경우 true를 반환합니다.
	!	a ! b	a와 반대의 값을 반환합니다.

▲ [표 4-6] 논리연산자

여기서 '&, |' 연산자가 두 개일 때와 하나일 때의 차이점은 무엇일까요?

'&&' 연산자는 앞의 값을 연산한 후 "false"면 뒤의 값을 연산하지 않고 "false"를 반환합니다. '&' 연산자는 앞의 값이 "false" 라도 뒤의 값을 연산합니다.

'||' 연산자가 두 개 있으면 앞의 값을 연산한 후 "true"면 뒤의 값을 연산하지 않고 "true"를 반환합니다. '|' 연산자는 앞의 값이 "true"라도 뒤의 값을 연산합니다.

01 간단한 테스트를 통해 논리연산자가 어떻게 적용되는지 알아보겠습니다.

실습 파일 : ch04/source/Logic.java

```
01 : package ch04;
02 :
03 : public class Logic {
04 :     public static void main(String[] args) {
05 :
06 :         boolean a = true;
07 :         boolean b = false;
08 :
```

```
09 :          System.out.println(a && b);
10 :          System.out.println(a & b);
11 :          System.out.println(a || b);
12 :          System.out.println(a | b);
13 :          System.out.println(!a);
14 :     }
15 : }
```

결과

a && b는 false

a & b는 false

a || b는 true

a | b는 true

!a는 false

09 : 'a && b'는 'true && false' 이므로 "alse" 반환합니다.

10 : 'a & b'는 'true & false' 이므로 "false"를 반환합니다.

11 : 'a || b'는 'true || false' 이므로 "true"를 반환합니다.

12 : 'a | b'는 'true | false' 이므로 "true"를 반환합니다.

13 : '!a'는 a의 값 "true" 의 반대이므로 "false"를 반환합니다.

04 _ 제어문

자바의 제어문은 프로그램의 실행여부, 순서, 방식을 제어하는 문장입니다. 제어문에는 어떤 것이
있는지 알아보겠습니다.

04-1 조건문

조건문은 지정한 조건의 결과 값에 따라서 코드의 실행여부를 결정하는 문장입니다. 조건문은 크게
if문과 switch문으로 나누어지는데 각각의 옵션을 가집니다. 각 조건문을 어떻게 기술하고 어떻게
실행되는지 알아보겠습니다.

(1)if문

영어 if의 뜻은 "(만약) ~하면"입니다. 자바에서의 if도 마찬가지로 '만약 지정한 조건에 맞아 떨어지
면 지정한 코드를 실행하라'의 뜻을 가지고 있습니다. 마치 우리가 아침에 일어나기 위해 맞추어 놓
는 '알람'과 유사하다고 할 수 있죠. 알람을 한 문장으로 표현한다면 "7시가 되면 울려라 시계야"가
되겠죠. 여기서 "7시가 되면"이 지정한 조건이고 "울려라 시계야"가 지정한 조건에 만족할 때 실행할
코드가 됩니다.

if(조건){조건이 true일 때 실행할 코드}

if 뒤의 '()' 괄호 안에 코드의 실행여부를 결정할 조건을 기술합니다. 그 뒤 '{}'괄호 안에 조건이 "true"일 경우 실행할 코드를 기술합니다.

01 간단한 테스트를 통해 if문이 어떻게 동작하는지 알아보겠습니다.

실습 파일 : ch04/source/If.java

```
01 : package ch04;
02 :
03 : public class If {
04 :     public static void main(String[] args) {
05 :
06 :         int score = 100;
07 :
08 :         if (score == 100) {
09 :             System.out.println("점수는 100점입니다.");
10 :         }
11 :     }
12 : }
```

결과
점수는 100점입니다.

06 : 사용할 변수 'score'를 선언하고 값을 할당합니다.
08 : 비교연산자 '=='을 사용하여 변수 'score'의 값이 "100"과 같은지 비교합니다. 'score'의 값이 "100"이 맞으므로 "true"를 반환합니다.
09 : 조건이 "true"이므로 if문의 '{}' 괄호 안에 기술한 문장을 실행합니다.

(2)if-else문

if문 뒤에 붙는 else문은 '만약 if문의 조건을 만족하지 못할 경우 else문에 있는 문장을 실행하라'는 의미를 가집니다. if문에 조건을 지정하고 조건에 해당되지 않을 경우 무조건 else문에 있는 문장을 실행하게 됩니다. 쉽게 말해서 '모 아니면 도' 인거죠.

if(조건){조건이 true일 때 실행할 코드}else{조건이 false일 때 실행할 코드}

조건이 "false"일 때 else 뒤에 있는 '{}'괄호에 기술된 코드가 실행됩니다.

01 간단한 테스트를 통해 if-else문이 어떻게 동작하는지 알아보겠습니다.

실습 파일 : ch04/source/Ifelse.java

```
01 : package ch04;
02 :
03 : public class Ifelse {
04 :    public static void main(String[] args) {
05 :
06 :        int score = 90;
07 :
08 :        if (score == 100) {
09 :            System.out.println("점수는 100점입니다.");
10 :        } else {
11 :            System.out.println("점수는 100점이 아닙니다.");
12 :        }
13 :    }
14 : }
```

결과
점수는 100점이 아닙니다.

08~09 : 변수 'score'의 값은 "90"이기 때문에 'score == 100'의 반환값은 "false"입니다. 따라서 09라인의 문장은 실행되지 않습니다.

10~11 : if문의 조건이 "false"를 반환하였기 때문에 else문의 '{}'괄호 안에 기술한 문장이 실행됩니다.

(3)else if문

else if문 역시 if문의 뒤에 기술합니다. else문이 if문에 지정한 조건 외의 모든 상황에서 동작하는 반면, else if문은 if문 뒤에 다수의 조건을 추가할 수 있습니다. 두 가지 이상, 다수의 조건이 필요할 때 else if문을 사용해서 기술하게 됩니다.

else if문의 구조

if(조건){조건이 true일 때 실행할 코드}else if(조건2)
{조건2가 true일 때 실행할 코드}else if(조건3)
{조건3이 true일 때 실행할 코드}else if(조건4)...............

01 간단한 테스트를 통해 else if문이 어떻게 동작하는지 알아보겠습니다.

실습 파일 : ch04/source/Elseif.java

```
01 : package ch04;
02 :
03 : public class Elseif {
04 :    public static void main(String[] args) {
05 :
06 :        int score = 90;
```

```
07 :
08 :         if (score == 100) {
09 :             System.out.println("점수는 100점입니다.");
10 :         } else if (score == 90) {
11 :             System.out.println("점수는 90점입니다.");
12 :         }
13 :     }
14 : }
```

결과

점수는 90점입니다.

08~09 : 변수 'score'의 값은 "90"입니다. 첫 번째 조건 'score == 100'은 "false"이기 때문에 실행되지 않고 다음 조건으로 넘어갑니다.
10~11 : 두 번째 조건인 'score = 90'은 "true"이기 때문에 '{}'괄호 안에 기술된 코드가 실행됩니다.

(4)switch문

switch문은 else if문과 구조가 비슷합니다. 먼저 switch에 전달인자를 지정한 뒤 case에 다수의 조건을 추가할 수 있는 구조입니다. 마지막에 default를 추가할 경우 앞의 조건이 모두 만족하지 않을 때 실행할 문장을 기술할 수 있습니다. default는 if문 뒤에 붙는 else와 같은 역할을 한다고 할 수 있죠.

switch문의 구조

```
switch (전달인자){
case 조건1:
조건1에 해당될 때 실행될 코드
break;
case 조건2:
조건2에 해당될 때 실행될 코드
break;
default:
모든 조건에 해당되지 않을 때 실행될 코드
break;
```

01 간단한 테스트를 통해 switch문이 어떻게 동작하는지 알아보겠습니다.

실습 파일 : ch04/source/Switch.java

```
01 : package ch04;
02 :
03 : public class Switch {
04 :     public static void main(String[] args) {
05 :
06 :         int score = 80;
07 :
08 :         switch (score) {
```

```
09 :
10 :        case 100:
11 :            System.out.println("점수는 100점입니다.");
12 :            break;
13 :        case 90:
14 :            System.out.println("점수는 90점입니다.");
15 :            break;
16 :        case 80:
17 :            System.out.println("점수는 80점입니다.");
18 :            break;
19 :        default:
20 :            System.out.println("점수는 70점입니다.");
21 :            break;
22 :    }// switch-case
23 :  }
24 : }
```

결과

점수는 80점입니다.

08　: '()'괄호 안의 'score'는 case에 기술할 조건의 기준이 되는 전달인자입니다.

10　: 'score' 변수의 값을 기준으로 조건을 평가합니다. 'score'의 값은 "80"이므로 'case 100:'은 해당되지 않습니다. 그 러므로 다음 case로 넘어갑니다.

16~17 : 'case 80:'은 'score' 변수의 값과 일치합니다. 따라서 해당 case에 기술한 코드를 실행합니다.

18　: break;는 case 내부에 존재하며 조건이 일치하여 코드가 실행될 경우 switch문을 정지시키고 빠져나가는 역할 을 합니다.

❍ break

break는 제어문을 정지시키고 빠져나오는 예약어입니다. switch문외에도 다양한 제어문에서 사용될 수 있습니다. break문에 대한 자세한 설명은 'break 및 continue' 장에서 설명하겠습니다.

04-2 반복문

반복문은 일정한 기준에 의해 특정 코드를 반복하는 문장입니다. 반복문은 크게 for, while, do-while 으로 나누어지는데 각각의 반복문이 어떠한 구조를 가지고 어떻게 실행되는지 알아보겠습니다.

(1)for문

for문은 특정 코드를 지정한 횟수만큼 반복하는 문장입니다. 반복하는 기준은 변수의 크기나 숫자, 문자열의 길이 등 다양한 기준이 사용될 수 있습니다.

for문의 구조

```
for (int i = 0; i < 반복횟수; i++) {반복할 코드}
```

01 간단한 테스트를 통해 for문이 어떻게 동작하는지 알아보겠습니다.

실습 파일 : ch04/source/For.java

```
01 : package ch04;
02 :
03 : public class For {
04 :     public static void main(String[] args) {
05 :
06 :         for (int i = 1; i <= 10; i++) {
07 :             System.out.println(i);
08 :             if (i == 10) {
09 :                 System.out.println("a가 " + i + "이므로 for문은 종료됩니다.");
10 :             }// if
11 :         }// for
12 :     }
13 : }
```

결과

```
1
2
3
4
5
6
7
8
9
10
a가 10이므로 for문
은 종료됩니다.
```

06　　: for문의 선언부입니다. 'int i'는 for문 내에서만 사용할 수 있는 변수이며 반복횟수를 지정하기 위한 값을 가집니다. 'int i = 1;'은 반복을 1부터 시작하겠다는 뜻이고 'i <= 10; i++'의 경우 'i'가 10보다 작거나 같을 때까지 즉, for문을 10번 반복하라는 뜻이 됩니다. 뒤의 'i++'의 '++'는 증감연산자로써 for문이 한 번 반복될 때마다 'i'의 값을 1씩 더하라는 뜻입니다. 따라서 변수 'i'의 값이 10이 되면 for문은 종료됩니다.

07　　: 변수 'i'의 값을 출력합니다. for문이 10번 반복되므로 1에서 10까지의 숫자가 차례대로 출력됩니다.

08~10 : 만약 변수 'i'의 값이 10이 될 경우 if문 내부의 문장을 출력하고 for문은 종료됩니다.

(2)while문

조건부 반복문입니다. if문의 반복문 형태라고 할 수 있죠. 조건을 지정하고 조건이 true일 때 실행되며, 조건이 false가 될 때까지 반복합니다. 따라서 조건이 false가 되지 않으면 무한루프가 발생하게 됩니다.

while문의 구조

```
while(조건){반복할 코드}
```

○ 무한루프

무한루프의 루프(loop)는 고리라는 뜻입니다. 무한루프는 말 그대로 끝나지 않는 반복을 뜻합니다. while문의 경우 조건이 'false'가 되지 않을 경우 무한정 반복합니다.

01 간단한 테스트를 통해 while문이 어떻게 동작하는지 알아보겠습니다.

실습 파일 : ch04/source/While.java

```
01 : package ch04;
02 :
03 : public class While {
04 :     public static void main(String[] args) {
05 :
06 :         int a = 1;
```

```
07 :
08 :        while (a <= 10) {
09 :            System.out.println(a);
10 :            if (a == 10) {
11 :            System.out.println("a가 " + a + "이므로 while문은 종료됩니다.");
12 :                }// if
13 :                a++;
14 :        }// while
15 :    }
16 : }
```

08   : while문의 선언부이며 변수 'a'가 10보다 작거나 같을 경우 '{}'내부의 코드를 반
          복하라는 뜻입니다.
09   : for문과 마찬가지로 1부터 10까지의 숫자를 출력합니다.
10~12 : 'a'의 값이 10일 경우 '{}'내의 코드를 실행하고 while문은 종료됩니다.
13   : while문은 '{}'괄호 내부에 증감연산자를 기술합니다. 'a++'를 기술함으로써 while문이 반복될 때마다 'a'의 값이 1
          씩 증가합니다. 이 연산자를 기술하지 않을 경우 while문은 무한루프에 빠지고, 영원히 반복됩니다.

(3)do-while문

do-while문은 조건의 만족 여부와 상관없이 처음 한번은 무조건 실행합니다. 작성한 코드를 무조건
한 번 실행한 뒤 while에 기술한 조건을 평가하고 반복 여부를 결정합니다.

do-while문의 구조

```
do{반복할 코드}while(조건);
```

01 간단한 테스트를 통해 do-while문이 어떻게 동작하는지 알아보겠습니다.

실습 파일 : ch04/source/DoWhile.java

```
01 : package ch04;
02 :
03 : public class DoWhile {
04 :    public static void main(String[] args) {
05 :
06 :        int a = 11;
07 :
08 :        do {
09 :            System.out.println(a);
10 :            if (a == 10) {
11 :            System.out.println("a가 " + a + "이므로 while문은 종료됩니다.");
12 :                }// if
13 :                a++;
14 :        } while (a <= 10);// do-while
15 :    }
16 : }
```

08~09 : do 뒤의 '{}'괄호에 기술한 코드는 조건 만족여부와 관계없이 실행됩니다. 따라서 09라인에서 변수 'a'의 값인 11이 출력됩니다.

10~12 : 변수 'a'의 값이 11이므로 if문의 조건을 만족하지 않습니다. 따라서 if문은 실행되지 않습니다. '<= 10'은 'a'의 값이 11이기 때문에 만족되지 않습니다. 따라서 while문은 종료됩니다.

(4)break 및 continue

break는 제어문을 종료시킵니다. 제어문에 break를 기술할 경우 해당 제어문의 코드는 실행되지 않고 완전히 종료됩니다.

continue는 제어문에서 continue의 하위 코드를 생략합니다. 제어문에 continue를 기술할 경우 continue 밑에 기술한 코드는 실행되지 않고 다시 제어문의 선언부로 되돌아갑니다.

01 간단한 테스트를 통해 break가 어떻게 동작하는지 알아보겠습니다.

> 실습 파일 : ch04/source/Break.java

```
01 : package ch04;
02 :
03 : public class Break {
04 :     public static void main(String[] args) {
05 :
06 :         for (int i = 1; i <= 10; i++) {
07 :             System.out.println(i);
08 :
09 :             if (i == 5) {
10 :                 break;
11 :             }// if
12 :         }// for
13 :     }
14 : }
```

결과
```
1
2
3
4
5
```

06 : for문을 10번 반복하도록 기술하였습니다.

07~11 : 09라인의 if문에 'i'가 '5'일 때 break를 적용하라는 조건을 기술 하였습니다. 따라서 for문에는 10번 반복하게 되어있지만 if문 안에 있는 break에 의해 다섯 번 반복 후 for문은 종료됩니다.

02 간단한 테스트를 통해 continue가 어떻게 동작하는지 알아보겠습니다.

> 실습 파일 : ch04/source/Continue.java

```
01 : package ch04;
02 :
03 : public class Continue {
04 :     public static void main(String[] args) {
05 :
```

```
06 :            for (int i = 1; i <= 50; i++) {
07 :                if (i%2 == 0) continue;
08 :                    System.out.println(i);
09 :            }// for
10 :    }
11 : }
```

06   : 1부터 시작해서 50번 반복하는 for문을 선언합니다.
07~09 : if문에 'i%2 == 0' 즉, 'i'의 값이 짝수일 때만 실행하는 조건을 기술하고 뒤에 'continue'를 적었습니다.
'continue'는 제어문 내부에서 아래의 코드를 생략하고 다시 처음으로 돌아가기 때문에 짝수에서 if문이 실행되
더라도 'continue'를 만나므로 아래의 'System.out.println(i);'는 실행되지 않고 for문의 처음으로 돌아갑니다. 따라
서 for문은 1부터 50까지의 숫자 중 짝수를 제외한 홀수만을 출력하게 됩니다.

05 _ 클래스 및 객체

- -

자바는 객체지향언어를 표명하고 있습니다. 자바의 객체가 무엇이며 이러한 객체를 생성하기 위한
클래스가 무엇인지에 대해서 배워보겠습니다.

05-1 객체란?

자바는 객체지향언어입니다. 그럼 객체란 무엇일까요?

우리가 매일 타고 다니는 자동차를 예로 들어보겠습니다. 바퀴, 엔진, 미션, 브레이크, 통풍시트, 점
화플러그 등 여러 가지의 구성품들이 모여서 하나의 자동차가 완성되죠. 이러한 자동차의 구성품을
우리는 객체라고 할 수 있습니다.

프로그램이 실행되면 자동차의 구성품과 같이 프로그램의 이미지, 동영상, 연산을 위한 메소드와 같
은 프로그램을 구성하는 덩어리들이 메모리에 저장됩니다. 프로그램의 구성요소들이 메모리에 저장
되는 이유는 무엇일까요?

프로그램 실행을 위한 순간순간의 동작을 위해서는 즉각적으로 프로그램의 구성요소들을 불러올 필
요가 있습니다. 하지만 우리가 저장 공간으로 사용하는 하드디스크는 성능이 느리기 때문에 이러한
프로그램의 구성요소들을 불러오는데 필요한 순간적인 속도를 만족시키지 못합니다.

따라서 컴퓨터는 프로그램을 실행할 때 필요한 요소들을 전송속도가 빠른 메모리에 저장시켜놨다가 바로바로 불러와서 사용하게 되죠. 이러한 요소들은 더 이상 필요하지 않을 경우 메모리에서 즉각적으로 삭제됩니다. 메모리는 프로그램 실행을 위한 임시적인 기억공간이기 때문이죠.

이렇게 메모리에 임시적으로 저장되는 프로그램의 구성요소들을 우리는 객체라고 합니다.

자바가 객체지향언어인 이유는 비슷한 기능을 가지는 요소를 객체라는 단위로 묶어서 구분하는 형태를 가지기 때문입니다.

> **객체를 선언하고 생성하는 방법**
> ```
> 클래스명 변수 = new 클래스명();
> 예 Object o = new Object();
> ```

여기서 '='의 뒤에 기술된 'new Object();'는 Object 클래스의 객체를 메모리상에 생성시키는 코드입니다. 이것은 객체의 생성이죠.

'='의 앞에 기술된 'Object o'는 메모리에 생성된 Object 타입의 객체가 메모리상에서 가지는 주소 값을 'o'라는 변수에 할당합니다. 변수 'o'는 Object를 가리키게 되죠. 이것이 객체의 선언입니다.

05-2 클래스란?

앞에서 설명한 객체는 자바에서 클래스에 의해 만들어집니다. 클래스는 우리가 흔하게 접할 수 있는 붕어빵틀에 비유할 수 있는데요. 붕어빵틀은 붕어빵을 찍어내는 도구이죠. 붕어빵틀의 모양에 의해서 결과물인 붕어빵의 모양이 결정됩니다. 붕어빵을 만드는데 틀을 사용하는 이유는 같은 모양을 가지는 다수의 붕어빵을 손쉽게 찍어낼 수 있기 때문이죠.

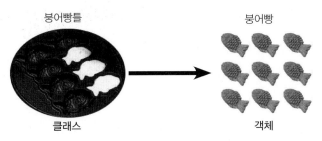

▲ [그림 4-2] 클래스와 붕어빵틀

우리는 붕어빵틀과 같은 클래스를 사용하여 같은 형태를 가지는 다수의 객체를 생성하게 됩니다. 붕어빵틀의 모양에 따라서 찍어내는 붕어빵의 모양이 결정되듯이 클래스에 어떤 메소드와 함수를 기술하느냐에 따라서 만들어지는 객체의 형태가 결정됩니다.

```
class 클래스이름 {}
```

클래스 이름 뒤의 '{}' 괄호 안에 메소드와 함수를 기술하여 클래스가 가지는 기능을 정의합니다.

(1)상속

자바에서는 클래스와 클래스 간에 상속을 받을 수 있습니다. 상속 해주는 클래스를 부모클래스, 상속 받는 클래스를 자식클래스라고 합니다. 상속을 받을 경우 자식 클래스는 상속받은 부모클래스의 구성요소들을 사용할 수 있습니다.

```
자식 클래스 명 extends 상속받을 부모 클래스 명
예 public class Child extends Parents{}
```

01 간단한 테스트를 통해 클래스 간 상속이 어떻게 이루어지는지 알아보겠습니다. 먼저 'myapp'프로젝트 – 오른쪽 마우스 클릭 – 새로 작성 – 패키지에서 'out' 패키지를 생성하고 해당 패키지에 'Parents' 클래스를 생성합니다. 부모 클래스입니다.

실습 파일 : ch04/source/Parents.java

```
01 : package out;
02 :
03 : public class Parents {
04 :
05 :    public String par = "부모클래스의 변수입니다.";
06 :
07 : }
```

05 : 자식클래스인 'Child'에서 상속받아 참조하기 위해 부모클래스 'Parents'에서 변수 'par'을 선언하였습니다.

02 다음으로 'ch04' 패키지에 Child' 클래스를 생성합니다. 자식 클래스입니다.

실습 파일 : ch04/source/Child.java

```
01 : package ch04;
02 :
03 : import out.Parents;    ← 외부 클래스를 상속받을 때 사용합니다. (import에 대한 자세한 설명은
04 :                          이후에 하도록 하겠습니다.)
05 : public class Child extends Parents{
```

```
06 :    public static void main(String[] args) {
07 :        Parents p = new Parents();
08 :        System.out.println(p.par);
09 :    }
10 : }
```

결과
부모클래스의 변수입니다.

05   : 클래스 명 뒤에 'extends'를 기술하고 'Parents' 클래스를 상속받습니다.
07~08 : 'Parents' 클래스를 상속받았기 때문에 상속받은 부모클래스의 객체를 생성하고 부모클래스에서 선언한 변수 'par'을 참조하여 값을 출력합니다.

05-3 생성자

생성자는 클래스가 메모리상에 객체를 생성시켰을 때 가장 먼저 수행할 작업을 기술하는 메소드입니다. 생성자는 클래스와 같은 이름을 가지며 리턴 값을 반환할 필요가 없는 특징을 가집니다.

생성자의 구조
public 클래스와 동일한 이름{}

01 간단한 테스트를 통해 생성자가 어떻게 기술되고 동작하는지 알아보겠습니다.

실습 파일 : ch04/source/Constructor.java

```
01 : package ch04;
02 :
03 : public class Constructor {
04 :
05 :    public Constructor() {
06 :        int a = 1;
07 :        System.out.println(a);
08 :    }
09 :
10 :    public static void main(String[] args) {
11 :        new Constructor();
12 :    }
13 : }
```

결과
1

05   : 클래스와 같은 이름을 가지는 생성자 'Constructor'를 선언하였습니다.
06~07 : 생성자 내부에 변수 'a'를 선언하고 그 값을 출력하는 코드를 작성하였습니다.
10~12 : 프로그램의 진입점이 되는 메인 메소드에 'new Constructor();' 를 통해 객체를 생성합니다. 객체가 생성되면 자동으로 생성자를 호출하고 생성자에 기술된 변수 'a'의 값이 출력됩니다.

05-4 멤버변수

멤버변수는 클래스에 속하는 변수입니다. 따라서 클래스에 속하는 모든 메소드에서 사용이 가능합니다. 멤버변수의 특징은 참조를 위한 초기화가 필요 없다는 점입니다. 멤버변수를 선언하고 값을 할당하지 않으면 자동으로 null값이 할당됩니다.

또한 클래스에서 선언한 멤버변수와 같은 이름으로 지역변수를 선언할 수 있으며 이렇게 선언한 지역변수는 당연히 '{}' 괄호 안에서만 유효합니다. 즉, 멤버변수와 같은 이름으로 지역변수를 선언할수 있지만 이 둘은 전혀 별개의 변수가 되는 것입니다.

01 간단한 테스트를 통해 멤버변수가 어떻게 기술되고 동작하는지 알아보겠습니다.

실습 파일 : ch04/source/Member.java

```
01 : package ch04;
02 :
03 : public class Member {
04 :
05 :     String m;
06 :     String m1 = "멤버변수입니다.";
07 :
08 :     public Member() {
09 :         String m = "지역변수입니다.";
10 :         System.out.println(m);
11 :     }
12 :
13 :     public static void main(String[] args) {
14 :         Member member = new Member();
15 :         System.out.println("초기화하지 않은 멤버변수 : " + member.m);
16 :         System.out.println("초기화한 멤버변수 : " + member.m1);
17 :     }
18 :
19 : }
```

결과
```
지역변수입니다.
초기화하지 않은 멤버변수 : null
초기화한 멤버변수 : 멤버변수입니다.
```

05~06 : String 타입의 변수 'm'과 'm1'을 선언합니다. 'm'은 값을 할당하지 않고 'm1'에만 값을 할당함으로써 'm1'만 초기화 시킵니다.

08~11 : 생성자에 지역변수 'm'을 선언하고 값을 출력합니다.

14 : Member 클래스의 객체를 생성하고 멤버변수 'm'과 'm1'의 값을 출력합니다. 먼저 객체가 생성되면서 생성자가 호출됩니다. 따라서 생성자에 기술한 지역변수 'm'의 값인 "지역변수입니다."가 출력됩니다.

15~16 : 멤버변수 'm'과 'm1'의 값을 출력합니다. 멤버변수 'm'에는 값을 할당하지 않았지만 멤버변수이기 때문에 자동으로 "null"값으로 초기화되어 'null'이 출력됩니다. 아래에는 멤버변수 'm1'에 할당한 값인 "멤버변수입니다."가 출력됩니다.

05-5 접근 제어자

접근 제어자는 클래스와 클래스 간 또는 패키지와 패키지간의 접근 권한을 지정하는 예약어입니다. 접근 제어자는 클래스, 멤버변수, 메소드 세 가지 요소의 선언부에 사용할 수 있습니다. 하지만 각 요소들이 모든 접근 제어자를 사용할 수 있는 것은 아닙니다. 접근제어자의 종류와 사용대상에 대해서 알아보겠습니다.

접근제어자	동일한 클래스	동일한 패키지	하위 클래스	전체
private	○			
default	○	○		
protected	○	○	○	
public	○	○	○	○

▲ [표 4-7] 접근제어자의 종류

사용대상	사용 가능한 접근 제어자
클래스	public
멤버변수	public, protected, default, private
메소드	public, protected, default, private

▲ [표 4-8] 접근제어자의 사용대상

> **여기서 잠깐!** | default
>
> 접근 제어자를 따로 기술하지 않을 경우는 'default'에 해당됩니다.

◐ 예약어

자바 언어에서 특별한 의미를 지니는 단어를 말합니다. if, public, int 와 같은 예약어는 단어 자체만으로 특정한 기능을 수행할 수 있도록 예약되어 있습니다. 따라서 이러한 예약어는 메소드명이나 변수 명으로 사용할 수 없습니다.

(1)private

동일한 클래스 내에서 접근할 수 있습니다.

01 간단한 테스트를 통해 'private' 접근 제어자가 어떻게 기술되고 동작하는지 알아보겠습니다.

실습 파일 : ch04/source/Private.java) ※ 주의 : 실행되지 않는 소스

```java
01 : package ch04;
02 :
03 : class OutSider1{
04 :     private String s="OutSider";
05 : }
06 :
07 : public class Private {
08 :     public static void main(String[] args) {
09 :         OutSider1 o = new OutSider1();
10 :         System.out.println(o.s);
11 :     }
12 : }
```

```
Exception in thread "main" java.lang.Error: 분석되지 않는 컴파일 문제점:
    OutSider1.s 필드가 가시적이지 않습니다.
    at ch04.Private.main(Private.java:10)
```

03~05 : 'OutSider1' 클래스에 'private' 접근 제어자와 함께 변수 's'를 선언합니다.

09~10 : 'Private' 클래스에서 'OutSide1' 클래스의 객체를 생성하고 'OutSide1' 클래스에서 선언한 변수 's'를 출력합니다. 당연히 프로그램은 실행되지 않습니다. 여기서 이클립스의 콘솔은 "필드가 가시적이지 않다"는 컴파일 에러를 뱉습니다. 'OutSide1' 클래스에 선언한 변수 's'는 'private' 접근 제어자를 기술하였기 때문에 'Private' 클래스에서 참조할 수 없기 때문 입니다.

(2)protected

동일한 패키지와 하위 클래스에서 접근할 수 있습니다.

01 간단한 테스트를 통해 'protected' 접근 제어자가 어떻게 기술되고 동작하는지 알아보겠습니다.

실습 파일 : ch04/source/Protected.java

```
01 : package ch04;
02 :
03 : class OutSider2{
04 :    protected String s="OutSider2";
05 : }
06 :
07 : public class Protected extends OutSider2{
08 :    public static void main(String[] args) {
09 :        OutSider2 o = new OutSider2();
10 :        System.out.println(o.s);
11 :    }
12 : }
```

OutSider2

03~05 : 'OutSider2' 클래스에 'protected' 접근 제어자와 함께 변수 's'를 선언합니다.

07   : 'Protected' 클래스가 'extends' 예약어를 사용해서 'OutSider2' 클래스를 상속받습니다.

09~10 : 'Protected' 클래스에서 'OutSide2' 클래스의 객체를 생성하고 'OutSide2' 클래스에서 선언한 변수 's'를 출력합니다. 'OutSider2' 클래스에 선언한 변수 's'는 'protected' 접근제어자를 사용하였기 때문에 같은 패키지에 존재하는 'Protected'클래스에서 참조할 수 있습니다. 따라서 정상적으로 결과가 출력됩니다.

(3)public

동일한 클래스와 동일한 패키지는 물론 외부 패키지에서도 접근할 수 있습니다.

01 간단한 테스트를 통해 'public' 접근 제어자가 어떻게 기술되고 동작하는지 알아보겠습니다.

실습 파일 : ch04/source/Public.java

```
01 : package ch04;
02 :
03 : import out.Parents;
04 :
05 : public class Public extends Parents{
06 :    public static void main(String[] args) {
07 :        Parents p = new Parents();
08 :        System.out.println(p.par);
09 :    }
10 : }
```

결과
0u부모클래스의 변수입니다.

05 : 'public' 접근 제어자를 설명하기 위해 앞에서 작성했던 'out' 패키지의 'Parents' 클래스를 상속받았습니다.
07 : 상속받은 'Parents' 클래스의 객체를 생성합니다.
08 : 변수 'par'은 'Parents' 클래스에서 'public' 접근제어자로 선언되었기 때문에 외부 패키지의 클래스인 'Public'에서 참조할 수 있습니다.

05-6 static과 final

자바의 예약어인 'static'과 'final'에 대하여 알아보겠습니다.

(1)static

'static' 예약어는 변수와 메소드 선언 시에 사용할 수 있습니다.

'static'으로 선언된 변수와 메소드는 '정적변수/정적메소드'라고 칭하며, 컴파일시 자동으로 객체가 생성되기 때문에 'new 클래스명'과 같은 객체생성을 위한 코드를 작성할 필요가 없습니다.

'static'을 변수 선언에 사용할 경우 해당 변수는 클래스 내부에서 공유됩니다. 클래스 내부에서 객체를 생성할 필요 없이 바로 사용할 수 있습니다.

'static'을 메소드 선언에 사용할 경우 해당 메소드 역시 클래스 내부에서 공유됩니다. 변수와 마찬가지로 클래스 내부에서 객체를 생성할 필요 없이 '클래스명.메소드명()'으로 사용할 수 있습니다.

> ※ 주의 – static
> 'static'을 이용한 변수와 메소드 선언은 클래스 내부에서 객체간의 공유가 필요할 때 이루어지며, 'static'을 통해 메모리상에 생성된 객체는 프로그램이 종료될 때까지 남아서 리소스를 잡아먹습니다. 따라서 'static'은 꼭 필요할 경우에만 사용해야 됩니다.

01 간단한 테스트를 통해 'static' 예약어가 어떻게 기술되고 동작하는지 알아보겠습니다.

실습 파일 : ch04/source/Static.java

```
01 : package ch04;
02 :
03 : public class Static {
04 :
05 :     static String jspStudy = "static으로 선언된 변수입니다.";
06 :
07 :     private static void jspStudy() {
08 :         String jspStudy = "static으로 선언된 메소드입니다.";
09 :         System.out.println(jspStudy);
10 :     }
11 :
12 :     public static void main(String[] args) {
13 :         System.out.println(jspStudy);
14 :         Static.jspStudy();
15 :     }
16 : }
```

결과

static으로 선언된 변수입니다.
static으로 선언된 메소드입니다.

05 : 변수 'jspStudy'를 'static' 형식으로 선언하고 값을 할당합니다.

07~10 : 메소드 'jspStudy()'를 'static' 형식으로 선언하고 내부에 변수 'jspStudy'와 변수의 값을 출력하는 코드를 작성합니다.

13 : 클래스에서 'static'으로 선언된 변수 'jspStudy'는 객체생성이 필요 없이 바로 참조할 수 있습니다.

14 : 마찬가지로 'static'로 선언된 메소드 'jspStudy()' 역시 객체를 생성하지 않고 'Static(클래스명).jspStudy()(메소드명)' 형식으로 호출할 수 있습니다.

(2)final

'final'의 뜻은 '마지막'입니다. 자바에서 역시 비슷한 의미로 쓰입니다. 'final'은 클래스, 메소드, 변수 선언 시에 사용할 수 있는데 각각의 의미를 알아보겠습니다.

사용대상	final 예약어
클래스	하위 클래스에 대한 상속을 허용하지 않는다.
멤버변수	하위 클래스에서 static로 선언한 메소드를 오버라이드 할 수 없다.
메소드	상수가 된다. 값을 변경할 수 없다.

◆ Override
상속받은 부모클래스의 메소드를 하위 클래스에서 똑같은 이름으로 재정의하는 행위를 말합니다.

▲ [표 4-9] final 예약어의 대상에 다른 의미

클래스를 'final'로 선언
```
final class 클래스명{}
예 final class JSPStudy{}
```

메소드를 'final'로 선언
```
final 리턴타입 메소드명() {}
예 final void jspStudy() {}
```

변수를 'final'로 선언
```
final 변수타입 변수명;
예 final String jspStudy = "";
```

05-7 import 및 주석

다른 패키지와의 연동을 위한 import 예약어와 개발자 편의를 위해 제공되는 주석 기능에 대해서 알아보겠습니다.

(1)import

자바의 클래스에서 외부 패키지에 속해있는 클래스를 참조하기 위해서는 'import' 예약어와 함께 패키지명, 클래스명을 기술합니다.

---
import 사용방법

```
import 패키지명.클래스명;
예 import out.Parents; //'out' 패키지의 'Parents' 클래스를 참조
예 import out.*; //'out' 패키지에 속한 모든 클래스를 참조
```
---

01 간단한 테스트를 통해 'import' 예약어가 어떻게 기술되고 동작하는지 알아보겠습니다. 앞의 테스트에서 'import'를 사용하였기 때문에 일전에 작성한 'Child.java' 파일을 불러오도록 하겠습니다.

실습 파일 : ch04/source/Child.java

```
01 : package ch04;
02 :
03 : import out.Parents;
04 :
05 : public class Child extends Parents{
06 :     public static void main(String[] args) {
07 :         Parents p = new Parents();
08 :         System.out.println(p.par);
09 :     }
10 : }
```

03 : 외부의 'out' 패키지에 속해있는 'Parents' 클래스를 참조하기 위한 구문입니다.
05 : 03라인에서 'import out.Parents;'를 기술하였기 때문에 'Child' 클래스는 'Parents' 클래스를 상속받을 수 있습니다.

(2)주석

자바에서는 개발자의 편의성을 위해 주석 기능을 제공합니다. 자바 코드를 주석처리하게 되면 해당 부분은 코드로 인식되지 않습니다. 따라서 프로그램에 영향을 끼치지 않게 되죠.
이러한 주석은 프로그래머가 코드에 대한 설명을 메모형식으로 적거나 일시적으로 불필요한 코드를 JVM에서 인식하지 못하도록 할 때 사용합니다.

자바에서 제공하는 주석은 행 단위와 블록 단위가 있습니다.

주석	단위
//내용	행
/*내용*/	블록

여기서 잠깐! | 주석 단축키(이클립스)

- 행단위 주석 : Ctrl + /
- 블록단위 주석 : Ctrl + Shift + /

▲ [표 4-10] 주석

01 간단한 테스트를 통해 주석이 어떻게 기술되고 동작하는지 알아보겠습니다.

실습 파일 : ch04/source/Annotation.java

```
01 : package ch04;
02 :
03 : public class Annotation {
04 :    public static void main(String[] args) {
05 :        String s1 = "사과";
06 :        String s2 = "키위";
07 :        String s3 = "오렌지";
08 :
09 :        System.out.println(s1);
10 :        System.out.println(s2);
11 :        //System.out.println(s3);
12 :
14 :        System.out.println(s2);
15 :        System.out.println(s3);*/
16 :    }
17 : }
```

결과
사과
키위

09~10 : 변수 's1'과 's2'의 값이 정상적으로 출력됩니다.

11   : '//'를 사용해서 하나의 행을 주석 처리합니다.

13~15 : 13라인에서 15라인까지의 블록을 '/*내용*/' 형태로 주석 처리합니다. 11라인과 13~15라인이 주석처리 되었으므로 해당 값은 출력되지 않습니다.

자바 기본문법 구조

```
01 : package ch04;
02 :
03 : public class Grammar {
04 :
05 :     public String name = "JSPStudy";
06 :
07 :     public void jspStudy(int year) {
08 :         System.out.println("변수 name은 " + name + "입니다.");
09 :         System.out.println("변수 year는 " + year + "입니다.");
10 :         System.out.println(name + year);
11 :     }
12 :
13 :     public static void main(String[] args) {
14 :         int year = 2013;
15 :         Grammar g = new Grammar();
16 :         g.jspStudy(year);
17 :     }
18 : }
```

> int year는 매개변수입니다. 메소드가 결과 값을 계산하기 위한 입력 값을 외부로부터 전달받을 때 기술합니다.

01 : 패키지(package) – 자바클래스를 하나의 패키지로 묶을 경우 다른 클래스에 있는 메소드를 서로 공유할 수 있습니다. 비슷한 역할을 하는 자바파일을 패키지로 묶습니다.

03 : 클래스(class) – 클래스는 자바프로그램의 기본 단위가 됩니다. 클래스는 하나의 자바 프로그램이라고 할 수 있습니다.

05 : 맴버변수 – 클래스에 속하는 변수입니다. 클래스에서 선언하였기 때문에 클래스에 속한 모든 메소드에서 자유롭게 사용이 가능합니다.

07 : 메소드(method) – 메소드는 클래스에 속합니다. 클래스를 정의하는 괄호 안에 메소드를 정의하며, 프로그램이 처리할 코드를 기술합니다.

13 : 메인 메소드(main method) – 프로그램을 실행할 때 진입점이 됩니다. JVM(자바가상머신)은 메인 메소드 안에 적힌 모든 코드를 가장 먼저 실행시킵니다.

14 : 지역변수 – 맴버변수와 달리 선언한 메소드 내부에서만 유효한 변수입니다. 매개변수도 지역변수에 속합니다.

15 : 객체선언, 생성 – 객체는 '클래스명 객체이름 = new 클래스명();'의 형식으로 선언합니다.

16 : 메소드 호출 – 해당 클래스에서 선언한 메소드를 호출합니다. 메소드가 호출되면 JVM(자바가상머신)이 호출된 메소드에 기술한 코드를 실행시킵니다.

제어문의 종류와 기능

1. 조건문

❶ if문 : 만약 지정한 조건에 만족할 경우 지정한 코드를 실행합니다.

❷ if-else문 : 만약 if문의 조건을 만족하지 못할 경우 else문에 있는 코드를 실행합니다.

❸ else if문 : if문 뒤에 다수의 조건을 추가할 수 있습니다. 두 가지 이상, 다수의 조건이 필요할 때 else if문
을 사용해서 기술하게 됩니다.

❹ switch문 : switch에 전달인자를 지정한 뒤 case 에 다수의 조건을 추가할 수 있는 구조입니다.

2. 반복문

❶ for문 : 특정 코드를 지정한 횟수만큼 반복하는 문장입니다. 변수의 크기나 숫자, 문자열의 길이 등 다양
한 기준이 사용될 수 있습니다.

❷ while문 : if문의 반복문 형태입니다. 조건을 지정하고 조건이 true일 때 실행되며, 조건이 false가 될 때까
지 반복합니다.

❸ do-while문 : do-while문은 조건의 만족 여부와 상관없이 처음 한번은 무조건 실행합니다. 작성한 코드
를 무조건 한 번 실행한 뒤 while에 기술한 조건을 평가하고 반복 여부를 결정합니다.

❹ break : 제어문을 종료 시킵니다. 제어문에 break를 기술할 경우 해당 제어문의 코드는 실행되지 않고 완
전히 종료됩니다.

❺ continue : 제어문에서 continue의 하위 코드를 생략합니다. 제어문에 continue를 기술할 경우 continue
밑에 기술한 코드는 실행되지 않고 다시 제어문의 선언부로 되돌아갑니다.

1 다음과 같은 결과가 나오기 위해서 괄호 안에 들어가야 할 코드를 작성하세요.

> 결과
>
> 질문 : 하와이로 가시겠습니까?
>
> 답변 : nigagara hawaii

```
public class Q1 {

        String question;
        String answer;

        public static void main(String[] args) {
                ❶ (                        )

                q1.question="하와이로 가시겠습니까?";
                q1.answer="❷(                        )";

                ❸ (                                )
                System.out.println("답변 : " + q1.answer);
        }
}
```

2 변수의 타입이 final일 경우 무엇을 의미하는지 적으세요.

3 아래 나열된 용어에 대해서 간단하게 설명해 봅시다.

❶ 클래스   ❷ 멤버변수   ❸ 메소드   ❹ 메인 메소드

JSP 기초 문법

이 장부터는 JSP의 기본 문법을 다룰 것입니다. JSP의 기본 문법은 몇 가지가 있지만 여기서는 JSP의 스크립트 요소에 대해서 학습해 나갈 것이며 다른 기본 문법으로 다음 장에서 다룰 것입니다. 스크립트 요소는 jsp 페이지에서 자바를 삽입할 수 있는 기술입니다. jsp 페이지에 실질적인 영향을 주는 선언문, 스크립트릿, 표현식 세 가지와 주석을 처리하는 주석 부분이 있습니다. 기본 문법들은 눈으로 보고 이해가 되는 부분도 있겠지만 직접 코딩해 보면서 확인하는 것이 프로그래밍의 좋은 습관입니다.

01 _ JSP의 스크립트(Script)

01-1 JSP 스크립트의 이해

스크립트의 요소란 JSP 프로그래밍에서 사용되는 문법의 표현 형태를 말합니다. JSP에서는 동적인 페이지를 생성하기 위해서 다양한 형태를 제공하여 각각 필요한 곳에 적절히 사용할 수 있도록 하고 있습니다. 그럼 JSP에서 사용되는 문법의 표현 형태에는 어떠한 것들이 있는지 하나씩 알아보겠습니다.

JSP의 스크립트 요소는 모두 4가지가 있습니다.

❶ 선언문(Declaration)

❷ 스크립트릿(Scriptlet)

❸ 표현식(Expression) 2

❸ 주석(Comment)

스트립트 요소들을 모두 접목시킨 전체적인 예제의 소스와 실행화면을 먼저 살펴본 후 세부적인 요소를 하나하나씩 접근하도록 하겠습니다.

01 다음과 같이 코드를 작성하고 저장합니다.

실습 파일 : source/ch05/script.jsp

```
01 : <%@ page contentType="text/html;charset=EUC-KR"%>
02 : <html>
03 : <title>JSP스크립트 Example</title>
04 :  <body>
05 :   <h1>Script Example</h1>
06 : <%!
07 :     String declaration = "Declaration";
08 : %>
09 : <%!
10 :    public String decMethod(){
11 :     return declaration;
12 :    }
13 : %>
14 : <%
15 :    String scriptlet = "Scriptlet";
16 :    String comment = "Comment";
17 :    out.println("내장객체를 이용한 출력 : " + declaration + "<p>");
18 : %>
19 :
```

```
20 :    선언문의 출력1 : <%=declaration%><p>
21 :    선언문의 출력2 : <%=decMethod()%><p>
22 :    스크립트릿의 출력 : <%=scriptlet%><p>
23 :    <!--JSP주석부분-->
24 :    <!-- JSP 주석1 : <%=comment%> --><p>
25 :    <%-- JSP 주석2 : <%=comment%> --%>
26 :    <%  /* 주석
27 :        (여러줄 주석)
28 :         */
29 :    %>
30 :    <%// 주석(한줄 주석)%>
31 :    </body>
32 : </html>
```

※ 주의 – static

jsp 페이지에서는 엄격히 대소문자를 구분합니다. JSP에서 선언한 변수와 메소드를 사용할 때는 대소문자를 정확히 구분을 하여 프로그램을 작성하기 바랍니다.

예 String str ≠ String STR => 서로 다른 변수들입니다.

---

01 브라우저를 실행시켜 결과를 확인합니다.

실행 주소는 http://localhost/myapp/ch05/script.jsp로 입력합니다.

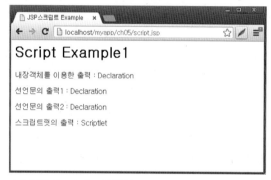

▲ [그림 5–1] script.jsp 실행화면

---

02 브라우저에서 마우스 오른쪽 버튼으로 [페이지 소스보기]를 선택합니다.

▲ [그림 5–2] script.jsp의 실행결과 소스

여기서 잠깐! | 페이지 소스보기

브라우저에서의 [페이지 소스보기]는 HTML, Javscript, CSS 코드만 보입니다. JSP와 같은 서버 스크립트(asp,php,jsp)들의 코드는 서버(Tomcat)에서 동적으로 처리가 되고 처리된 내용들을 브라우저로 응답을 하기 때문에 클라이언트의 브라우저에서는 보이지 않습니다.

위 출력결과물에 대한 HTML 소스를 그대로 HTML 파일로 저장하여 브라우저에서 실행을 하면 그림5-1과 똑같은 실행화면을 볼 수가 있습니다.

이처럼 JSP프로그래밍은 사용자(클라이언트)로부터 특정한 요청에 대하여 동적으로 HTML을 생성하여 브라우저로 전송함으로서 정적인 HTML이 아닌 동적인 HTML을 생성하여 사용자(클라이언트)들이 요청한 결과물을 보여주게 되는 것입니다. 위 [페이지 소스보기]에서와 같이 JSP 코드가 전혀 없는 순수한 HTML 코드만 나타나게 되는 겁니다.

결론적으로 JSP프로그래밍은 사용자(클라이언트)에게 보여줄 HTML 코드들을 적절히 생성해 내는 작업이라고 할 수 있습니다. 따라서 여기에서는 프로그래밍에 대한 문법적인 실력 뿐 만 아니라 개발자 여러분만의 창의력도 많이 필요하게 됩니다.

위의 예제는 비록 간단한 출력물을 얻어온 것이지만 이제부터 자세한 문법적인 요소들을 배우게 됨으로써 게시판, 투표 프로그램 및 홈페이지 구축까지 여러분만의 사이트를 만들 수가 있게 됩니다.

02 _ 선언문(Declaration)

JSP 프로그램의 스크립트 요소 중 선언문(Declaration)은 JSP에서 사용될 변수나 메소드를 선언할 수 있는 영역의 요소를 의미합니다. jsp 페이지 내에서 변수 및 메소드를 선언을 하고 선언된 변수나 메소드를 이용하여 필요한 동적인 HTML 코드를 생성하는데 사용하는 것입니다.

선언문에서 선언된 변수를 "멤버 변수(member variable)"라고 부릅니다. 이렇게 선언문에서 선언된 변수를 특정한 이름으로 호칭하는 것은 자바에서 변수의 종류가 여러 가지 있다는 의미입니다. 다음으로 배우게 될 스크립트 요소 중 "스크립트릿" 요소는 이러한 변수를 선언할 수 있는 영역이지만 멤버 변수가 아니라 지역 변수라는 차이점이 있습니다. 멤버 변수와 지역 변수의 차이점은 스크립트릿 요소를 학습한 다음 예제를 통해서 설명하도록 하겠습니다.

❍ 멤버 변수(member variable)
멤버 변수는 클래스 안에 선언을 해야 하고 선언해 주는 방식은 데이터 형과 변수 명을 선언해야 합니다.(Ex String name) 그리고 초기화 값을 지정하지 않으면 JVM(자바가상머신)이 자동적으로 자바 기본형 타입은 0으로 참조형 타입은 null값으로 자동세팅을 해주는 변수입니다. 좀 더 자세한 내용은 4장 JAVA 기초문법을 참고합니다.

```
선언문(Declaration)의 문법

<%!
    멤버변수 및 메소드를 선언하는 영역
%>
```

02-1 멤버변수 선언

선언문에서 선언된 변수는 jsp 페이지가 서블릿 코드로 변환이 되면 서블릿 클래스의 멤버변수가 됩니다.

```
<%!
    String name = "JSPStudy";
    int year = 2013;
%>
```

위 예제에서 변수를 두 개 선언하였습니다. 변수명은 name과 year이며 각각 "JSPStudy"와 2013이라는 값을 가지고 있습니다. 이렇게 선언된 변수의 값은 jsp 페이지 어느 곳에서든지 이 변수의 값을 참조하여 동적으로 HTML을 생성하도록 JSP 프로그래밍을 할 수 있는 겁니다.

다음의 예제를 통해서 좀 더 자세히 알아보겠습니다.

(1)변수 선언문 예제

01 다음과 같이 코드를 작성하고 저장합니다.

```
실습 파일 : source/ch05/declaration1.jsp

01 : <%@ page contentType="text/html;charset=EUC-KR"%>
02 : <h1>Declaration Example1</h1>
03 : <%
04 :    String name = team + " Fighting!!!";      name 보다 늦게 선언이 되었지만 team이라는
                                                    변수의 값을 참조하고 있습니다.
05 : %>
06 : <%!
07 :    String team = "Korea";
08 : %>
09 : 출력되는 결과는 ? <%=name%>
```

02 브라우저를 실행시켜 결과를 확인합니다.

실행 주소는 http://localhost/myapp/ch05/declaration1.jsp로 입력합니다.

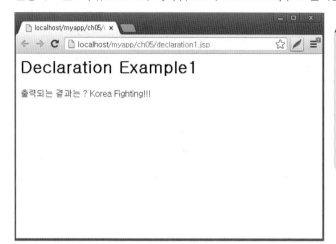

여기서 잠깐!

JSP 파일을 만들고 나서 저장을 하고 브라우저에서 http://localhost/myapp/ch05/declaration1.jsp 입력을 하고 실행을 해야 합니다. 만약 HTML 파일처럼 탐색기에서 저장된 파일을 더블클릭하면 JSP 파일의 결과를 볼 수 없습니다. 반드시 서버 스크립트들은 웹 서버 톰캣(Tomcat)을 거쳐 클라이언트의 요청에 의해서 JSP 파일의 결과 화면을 볼 수가 있습니다.

▲ [그림 5-3] declaration1.jsp 실행화면

위 예제에서 실행한 소스는 두 가지의 스크립트 요소를 포함하고 있습니다. 하나는 방금 배운 ⟨%!...%⟩ 형태의 선언문이며 또 하나는 ⟨%....%⟩ 형태로서 다음에 배우게 될 스크립트릿(scriptlet)입니다. 이 둘의 차이점은 각각의 영역에서 선언된 변수는 참조 할 수 있는 위치가 다르다는 점입니다. 예제에서처럼 선언문 변수 'team'은 스크립트릿 변수 'name' 보다 늦게 선언이 되었지만 'name' 변수가 'team' 변수의 값을 참조 할 수 있다는 것이 멤버변수의 특징입니다. 하지만 스크립트릿 요소의 영역에 선언된 변수의 값을 사용하기 위해서는 먼저 선언되어 있지 않으면 오류가 발생하게 됩니다. 왜냐 하면 사용하고자 하는 변수를 찾지 못하기 때문입니다.

물론 이외에도 선언문에서 선언된 변수를 사용하기 위해서는 고려할 문제 등이 있지만 여기서는 간단히 변수를 선언하는 영역에서는 두 가지가 있으며 각각이 참조되는 범위가 다르다는 정도로 이해하면 좋겠습니다.

여기서 잠깐!

```java
public class Test{
  public void prn(){
    System.out.println("name : " + name);
  }
  public String name = "JSPStudy";
}
```

위의 자바소스에 name은 멤버변수입니다. 멤버변수는 선언된 위치에 관계없이 모든 메소드에 참조 가능합니다. 이유인즉슨 객체가 생성되는 순서가 멤버변수가 먼저 만들어지고 다음에 메소드가 만들어 지기 때문입니다.
비교하자면 name은 JSP 코드가 서블릿 코드를 변환될 때 멤버변수로 선언되기 때문에 JSP 파일에서 선언되는 순서와 위치에 관계없이 무조건 스크립트릿 요소에 참조 가능한 이유입니다.

02-2 메소드(method) 선언

선언문에서 선언된 메소드는 jsp 페이지 내에서는 일반적인 형태의 메소드로 선언됩니다.

```
<%!
   String name = "Korea";
   public String getName(){
    return name;
   }
%>
```

위에서 선언한 'getName()' 메소드는 멤버 변수 name값을 리턴 시켜주는 메소드로 선언이 되었습니다. name변수가 선언문에서 선언이 되었기 때문에 멤버 변수의 역할이 되면서 접근이 가능한 것입니다. 이 부분에 대해서는 다음의 예제를 살펴보면서 좀 더 자세히 설명하도록 하겠습니다.

(1) 메소드 선언문 예제

01 다음과 같이 코드를 작성하고 저장합니다.

실습 파일 : source/ch05/declaration2.jsp

```
01 : <%@ page contentType="text/html;charset=EUC-KR"%>
02 : <h1>Declaration Example2</h1>
03 : <%!
04 :     int one;
05 :     int two = 1;
06 :     public int plusMethod(){
07 :      return one + two;
08 :     }
09 :     String msg;
10 :     int three;
11 : %>
12 :
13 : one 와 two의 합은 ? <%=plusMethod()%><p>
14 : String msg의 값은 ? <%=msg%><p>
15 : int three의 값은 ? <%=three%>
```

> 멤버 변수는 초기화를 하지 않으면 int형은 0, String형은 null 값으로 세팅이 됩니다. 그리고 하나의 선언문에서 여러 개의 변수와 메소드가 선언 가능한 이유는 선언문 요소는 영역에 의미가 있는 스크립트 요소이기 때문입니다.

※ 주의 – static
plubMethod() 메소드를 표현식(Expression)에서 직접적인 호출이 가능한 이유는 메소드 실행 리턴값이 있기 때문입니다. 만약 void로 선언된 리턴 타입이 없는 메소드는 표현식에서는 사용할 수가 없습니다.

02 브라우저를 실행시켜 결과를 확인합니다.

실행 주소는 http://localhost/myapp/ch05/declaration2.jsp로 입력합니다.

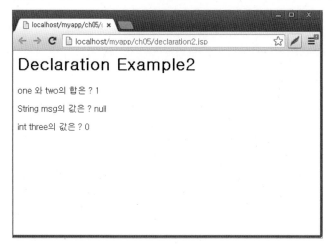

▲ [그림 5-4] declaration2.jsp 실행화면

이번 예제는 선언문에서 멤버 변수와 메소드를 함께 선언한 경우입니다. 메소드는 함수와 같은 것으로 특정한 동작을 수행한 이후에 값을 돌려주거나(리턴) 또는 값을 가공하여 저장하는 기능을 하게 됩니다.

일반적으로 스크립트 요소 중에서 선언문은 잘 사용되지 않습니다. 이유는 멤버 변수를 선언은 하는 이유는 몇 가지가 있지만 그 중에서 클래스에서 선언된 여러 메소드에서 공통적으로 사용이 될 때 멤버 변수로 선언을 하지만 사실 jsp 페이지에서 메소드를 선언하는 일은 거의 없습니다. 왜냐하면 jsp 페이지에서 선언된 메소드는 자신의 페이지에서만 반복적으로 사용 할 수가 있고 다른 jsp 페이지에서는 사용 할 수 없기 때문에 차라리 반복적으로 사용할 기능의 메소드가 필요하다면 자바 파일로 만들어서 모든 jsp 페이지에서 참조하여 사용하기 때문입니다.

03 _ 스크립트릿

스크립트릿(Scriptlet) 요소는 가장 일반적으로 많이 사용되는 스크립트 요소로 jsp 페이지가 서블릿으로 변환되고 요청될 때 _jspService (Tomcat 기준으로 설명) 메소드 안에 선언이 되는 요소입니다. 그리고 스크립트릿은 선언문과 달리 선언된 변수는 지역 변수로 선언이 되고 메소드 선언은 할 수가 없습니다.(만약 선언을 하게 되면 메소드 안에 메소드를 선언한 것이기 때문에 만들 수가 없습니다.)

◐ 지역 변수(local variable)

메소드 안에 선언된 변수를 지역 변수(local variable)라고 합니다. 이 지역 변수는 초기화가 자동으로 일어나지 않으므로 코드에서 초기화를 하지 않고 이 변수를 참조하게 되면 컴파일 에러가 발생됩니다. 그리고 선언된 메소드 내에서만 사용되며 그 외의 메소드에서는 참조 할 수 없는 변수입니다.

스크립트릿의 문법

```
<%
    이곳에 필요한 자바코드를 삽입합니다.(지역 변수 선언,for,while,if등...)
%>
```

그러면 먼저 간단한 jsp 페이지를 서블릿 코드로 변환된 소스를 보면서 앞에서 설명된 선언문과 스크립트릿에 대해 코드를 직접 비교하며 자세히 설명하도록 하겠습니다.

01 다음과 같이 코드를 작성하고 저장합니다.

실습 파일 : source/ch05/scriptlet1.jsp

```
01 : <%@ page contentType="text/html;charset=EUC-KR"%>
02 : <h1>Scriptlet Example1</h1>
03 : <%!
04 :     int one;
05 :     String msgOne;
06 : %>
07 : <%
08 :     int two = 31;
09 :     String msgTwo = "Scriptlet Example";
10 : %>
11 : <%= two + " : " + msgTwo%><br/>
12 : <%=application.getRealPath("/")%>
```

02 브라우저를 실행시켜 결과를 확인합니다.

실행 주소는 http://localhost/myapp/ch05/scriptlet1.jsp로 입력합니다.

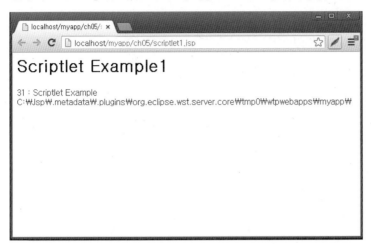

▲ [그림 5-5] scriptlet1.jsp 실행화면

여기서 잠깐!

jsp 페이지가 실행될 때 서블릿 코드로 변환이 되는 내용은 03장에서 설명을 드렸습니다. 그러나 이클립스로 개발을 하게 되면 서블릿으로 변환되어 저장되는 위치는 Tomcat에서 실행을 했을 때와 다른 위치에 만들어 집니다. 그림5-5는 이클립스에서 실행한 화면의 그림입니다. 그렇기 때문에 이클립스에서 개발할 때 서블릿으로 변환되는 위치를 찾기 위해서는 06장 내장객체에서 다루어질 내용 중에 application 객체의 getRealPath("/") 메소드를 통해서 이클립스로 실행시 실질적으로 실행되는 JSP 코드가 있는 위치(C:\Jsp\.metadata\.plugins\org.eclipse.wst.server.core\tmp0\wtpwebapps\myapp\) 파악을 한 후에 이 위치에서 두 단계 상위로 올라가면 (C:\Jsp\.metadata\.plugins\org.eclipse.wst.server.core\tmp0) work 폴더에서 8단계 하위로 들어가면 서블릿 코드로 변환된 소스를 발견 할 수가 있습니다.

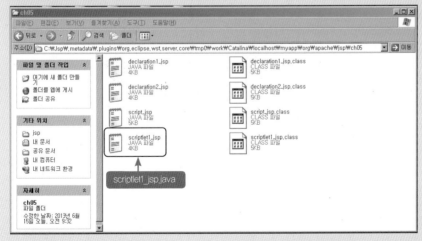

▲ [그림 5-6] scriptlet1.jsp 페이지가 scriptlet1_jsp.java로 변환된 폴더 위치

jsp 페이지가 서블릿 코드로 변환되는 소스는 개발 시에 상당히 중요한 의미를 지니고 있습니다. 개발시점에 코드에 잘못된 부분을 수정하는 작업을 디버깅이라고 합니다. 디버깅 작업을 할 때 서블릿 코드가 참조되는 경우가 많기 때문에 반드시 이 위치를 알아 놓아야 합니다.

01 scriptlet1.jsp 페이지가 scriptlet1_jsp.java로 변환된 코드

실습 파일 : source/ch05/scriptlet1_jsp.java

```java
package org.apache.jsp.ch05;
import javax.servlet.*;
import javax.servlet.http.*;
import javax.servlet.jsp.*;

public final class scriptlet1_jsp extends org.apache.jasper.runtime.HttpJspBase
    implements org.apache.jasper.runtime.JspSourceDependent {
    int one;            ◀── 선언문에서 선언한 변수들
    String msgOne;

  private static final javax.servlet.jsp.JspFactory _jspxFactory =
          javax.servlet.jsp.JspFactory.getDefaultFactory();
  private static java.util.Map<java.lang.String,java.lang.Long> _jspx_dependants;
  private javax.el.ExpressionFactory _el_expressionfactory;
  private org.apache.tomcat.InstanceManager _jsp_instancemanager;
  public java.util.Map<java.lang.String,java.lang.Long> getDependants() {
    return _jspx_dependants;
  }
  public void _jspInit() {
    _el_expressionfactory =
_jspxFactory.getJspApplicationContext(getServletConfig().getServletContext()).getExpressionFactory();
    _jsp_instancemanager =
org.apache.jasper.runtime.InstanceManagerFactory.getInstanceManager(getServletConfig());
  }
  public void _jspDestroy() {
  }
  public void _jspService(final javax.servlet.http.HttpServletRequest request,
final javax.servlet.http.HttpServletResponse response)
        throws java.io.IOException, javax.servlet.ServletException {
    중략...
      out.write(" \r\n");
      out.write(" <h1>Scriptlet Example1</h1>\r\n");
      out.write('\r');
      out.write('\n');
      int two = 31;                             ◀── 스크립트릿에서 선언한 변수들
      String msgTwo = "Scriptlet Example";
      out.write('\r');
      out.write('\n');
      out.print( two + " : " + msgTwo);
      out.write("<br/>\r\n");                    ◀── 표현식으로 출력된 JSP 코드들
      out.print(application.getRealPath("/"));
    } catch (java.lang.Throwable t) {
      if (!(t instanceof javax.servlet.jsp.SkipPageException)){
        out = _jspx_out;
        if (out != null && out.getBufferSize() != 0)
          try { out.clearBuffer(); } catch (java.io.IOException e) {}
        if (_jspx_page_context != null) _jspx_page_context.handlePageException(t);
```

```
        else throw new ServletException(t);
      }
    } finally {
      _jspxFactory.releasePageContext(_jspx_page_context);
    }
  }
}
```

jsp 페이지가 변환된 서블릿 코드를 분석해 보면 선언문에서 선언된 변수는 클래스 영역에서 선언이 되었고 스크립트릿은 _jspService 메소드 안에 선언된 것을 확인 할 수가 있습니다.

여기에서 중요하게 생각을 해야 할 두 가지가 있습니다.

첫 번째는 선언문에서 선언되는 모든 변수들은 jsp 페이지 전체에서 접근할 수 있는 변수들이며 그리고 jsp 페이지 내에서 메소드가 필요하다면 반드시 선언문에서 선언을 해 줘야 합니다.

두 번째 스크립트릿에서 선언된 변수는 지역변수(local variable)이기 때문에 반드시 초기화를 해 주어야 합니다. 그렇지 않으면 변수를 사용하는 시점에서 실행에러가 발생이 됩니다.

그리고 선언문에서 변수 및 메소드를 선언하는 일은 그렇게 많이 일어나지 않습니다. 이유인즉슨 멤버변수를 선언 한다는 것은 클래스 내에 선언된 여러 메소드에서 참조하기 위해서 멤버변수를 선언을 하지만 jsp 페이지에서 메소드 선언을 거의 하지 않습니다. jsp 페이지에서 선언된 메소드는 다른 jsp 페이지에서 사용 할 수 없기 때문에 자신의 페이지에서만 사용 목적이 아닌 이상 jsp 페이지에서 메소드 선언은 거의 하지 않고 차라리 JAVA로 클래스를 만들어서 메소드를 선언하여 모든 jsp 페이지에서 사용 할 수 있게 하는 것이 일반적인 개발 방법입니다. 뒤에서 다루게 되는 Charter08~10에서 이러한 내용들이 많이 포함이 되어 있습니다.

03-1 스크립트릿의 활용

(1)스크립트릿 요소 예제

01 다음과 같이 코드를 작성하고 저장합니다.

실습 파일 : source/ch05/scriptlet2.jsp

```
01 : <%@ page contentType="text/html;charset=EUC-KR"%>
02 : <h1>Scriptlet Example2</h1>
03 : <%
04 :     float f = 2.3f;
05 :     int i = Math.round(f);
06 :     java.util.Date date = new java.util.Date();
07 : %>
08 : 실수 f의 반올림값은? <%=i%><p/>
09 : 현재의 날짜와 시간은? <%=date.toString()%>
```

Math 클래스에 round는 정적(static)인 메소드이므로 클래스 명으로 접근이 가능 하고 실수 값을 반올림하여 정수 값을 반환 해 주는 메소드입니다.

Date 클래스를 통해서 스크립트릿 요소 안에서 객체를 생성하였습니다.

date 객체가 가지고 있는 날짜와 시간을 String 타입으로 출력을 합니다.

○ 정적 메소드(static method)와 정적 변수(static variable)
정적 메소드와 정적 변수는 클래스가 메모리에 로딩 될 때 메모리에 자동적으로 만들어 지므로 객체 생성 없이 클래스 이름만으로 사용이 가능한 아주 특별한 메소드와 변수입니다.

02 브라우저를 실행시켜 결과를 확인합니다.

실행 주소는 http://localhost/myapp/ch05/scriptlet2.jsp로 입력합니다.

▲ [그림 5-7] scriptlet2.jsp 실행화면

지금까지 간단히 '선언문'과 "스크립트릿"에 대해서 예제를 살펴봤습니다. 여기서 제일 혼동할 수 있는 것은 '선언문'과 '스크립트릿'의 사용이 거의 유사하게 느껴진다는 점입니다. 정리하자면 '선언문'은 JSP 프로그래밍 특성상 거의 사용되시 않는다는 점입니다. 대부분의 jsp 페이지에서의 문법은 '스크립트릿'이 많은 부분을 차지한다고 보시면 됩니다.

'선언문'과 '스크립트릿'의 차이점은 앞에서 설명을 하였지만 '선언문'은 '메소드'를 선언하거나 '변수'를 정의하여 사용할 때 필요합니다. 물론 '스크립트릿'에서도 '변수'를 선언할 수 있습니다. 다만 '선언문'의 변수는 멤버변수라는 이름의 영역이 저장되어 jsp 페이지에서는 어느 곳에서도 참조할 수 있는 범위를 가진다는 것입니다.

하지만 '스크립트릿'에 선언된 변수는 지역변수라는 이름의 영역에 저장되기 때문에 jsp 페이지에서 상위에 선언된 변수가 아니면 '선언문'에서 선언된 변수와 달리 하위에서 사용 할 수 없게 되는 겁니다.

또한 '스크립트릿'은 문장 블록을 닫지 않고 끝낼 수 있는 성격을 가지고 있기 때문에 JSP 제어문 처리에 유연하게 쓸 수가 있습니다. 특히 조건문이나 순환문, 에러 처리를 할 때 유용하게 사용되며 만약 if/else문 사이에 정적인 코드(HTML/Javascript)가 들어가는 경우 서블릿처럼 out 내장객체를 사용해야 합니다. 그러나 이것은 아주 불편할 뿐 아니라 복잡한 코드가 들어가게 됩니다. 그런데 스크립트릿은 if/else 사이에 정적인 코드가 필요한 경우에는 스크립트릿을 닫고 다시 필요한 부분에서 스크립트릿을 사용합니다. 이 부분에 대한 예제는 JSP의 기본 제어문에서 다루도록 하겠습니다.

○ out 내장객체(Implicit Object)
out 내장객체는 jsp 페이지의 결과를 클라이언트에 출력을 해 주는 역할을 하는 객체입니다. 내장객체는 대해서는 7장 JSP의 내장객체에서 자세히 다루도록 하겠습니다.

04 _ 표현식

표현식(Expression)은 말 그대로 동적인 jsp 페이지를 브라우저로 표현을 하기 위한 요소입니다. 표현식은 변수를 출력하거나 메소드의 결과 값을 브라우저에 출력 할 수 있습니다.

스크립트릿 코드 내에서 out이라는 내장객체를 통해서 브라우저에 출력도 가능합니다. 그리고 표현식에서는 스크립트릿과 달리 변수나 메소드를 출력하고 할 때는 세미콜론(;)은 표기하지 않습니다. 내부적으로 서블릿(Servlet) 코드로 변환될 때 자동적으로 세미콜론이 붙여지기 때문입니다.

> **표현식의 문법**
>
> <%=변수 혹은 메소드%>

04-1 표현식의 활용

(1)표현식 요소 예제

01 다음과 같이 코드를 작성하고 저장합니다.

```
실습 파일 : source/ch05/expression1.jsp

01 :  <%@ page contentType="text/html;charset=EUC-KR"%>
02 :  <h1>Expression Example1</h1>
03 :  <%!
04 :      String name[] = {"Java","JSP","Android","Struts"};
05 :  %>
06 :  <table border="1" width="200">
07 :  <% for (int i=0;i<name.length;i++){%>
08 :  <tr><td><%=i%></td>
09 :  <td><%=name[i]%></td>
10 :  </tr>
11 :  <%}%>
12 :  </table>
```

문자배열 name을 선언하고 동시에 값을 할당 하였습니다.

정수 i가 배열의 길이만큼 for문을 루프로 돌려서 출력합니다.

02 브라우저를 실행시켜 결과를 확인합니다.

실행 주소는 http://localhost/myapp/ch05/expression1.jsp로 입력합니다.

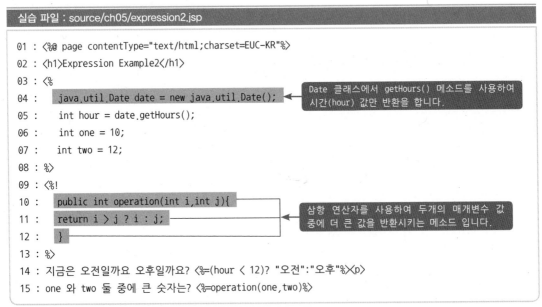

▲ [그림 5-8] expression1.jsp 실행화면

위 예제는 간단한 예제이지만 스크립트 요소 중 세 가지를 사용하고 있는 기본 형태입니다. 선언문에서는 String 배열변수를 선언하여 각각 배열의 값으로 "Java", "JSP", "Android", "Struts" 값을 초기화하고 있습니다. 또한 스크립트릿은 뒤에서 배우게 될 for구문을 이용하여 배열의 길이만큼 루프를 돌면서 배열의 값을 표현식을 사용하여 출력 하였습니다.

(2)표현식 요소 예제

01 다음과 같이 코드를 작성하고 저장합니다.

실습 파일 : source/ch05/expression2.jsp

```
01 : <%@ page contentType="text/html;charset=EUC-KR"%>
02 : <h1>Expression Example2</h1>
03 : <%
04 :    java.util.Date date = new java.util.Date();
05 :    int hour = date.getHours();
06 :    int one = 10;
07 :    int two = 12;
08 : %>
09 : <%!
10 :    public int operation(int i,int j){
11 :    return i > j ? i : j;
12 :    }
13 : %>
14 : 지금은 오전일까요 오후일까요? <%=(hour < 12)? "오전":"오후"%><p>
15 : one 와 two 둘 중에 큰 숫자는? <%=operation(one,two)%>
```

> Date 클래스에서 getHours() 메소드를 사용하여 시간(hour) 값만 반환을 합니다.

> 삼항 연산자를 사용하여 두개의 매개변수 값 중에 더 큰 값을 반환시키는 메소드 입니다.

◯ 삼항 연산자(A? B:C)

삼항 연산자는 특이하게도 피연산자가 세 개 필요합니다. 왼쪽의 연산자(A)가 true이면 오른쪽의 첫 번째 피연산자(B)를 리턴하고 false이면 오른쪽 두 번째 피연산자(C)가 리턴이 되고 리턴 되는 타입은 B와 C가 동일하면 되는 연산자입니다.

02 브라우저를 실행시켜 결과를 확인합니다.

실행 주소는 http://localhost/myapp/ch05/expression2.jsp로 입력합니다.

▲ [그림 5-9] expression2.jsp 실행화면

JSP의 표현식은 결과로만 출력을 할 수 있으며 조건적인 문장은(if/else)은 표현식으로는 사용 할 수가 없습니다. 그러나 삼항 연산자는 조건 검사의 결과 값을 리턴하기 때문에 표현식에서 사용 할 수가 있습니다.

05 _ 주석

주석(Comment)은 프로그램에 직접적인 영향을 미치지는 않지만 개발자들이 소스 분석 내용 및 파일 설명 처리를 위해서 없어서는 안 될 꼭 필요한 요소입니다.

HTML 형식의 주석

```
<!-- Fighting <%=name%> -->
```

HTML을 작성할 때와 같은 주석의 형태입니다. jsp 페이지 내에 이러한 주석이 있을 경우 jsp 페이지가 Servlet으로 컴파일 되고 사용자의 브라우저에 출력 할 때는 소스 보기를 통해서 주석 코드가 나타나게 됩니다. 만일 주석 태그 안에 표현식을 사용하면 개발자가 원하는 주석을 동적으로 생성시킬 수도 있지만 주석에 들어가는 표현식의 값이 틀리면 주석이라 할지라도 컴파일 에러가 발생하게 됩니다.

위에서 name의 값이 'Korea'이였다면 브라우저에서 소스 보기할 때에는 <!-- Fighting Korea -->과 같은 HTML 주석 코드가 보이게 될 것입니다.

JSP 형식의 주석

```
<%-- Fighting <%=name%> --%>
```

위의 주석은 오직 JSP 소스 파일에만 사용되며 출력결과를 브라우저에서 소스 보기를 하여도 이 태그를 사용한 주석 처리는 나타나지 않습니다. 당연히 서블릿으로 코드 전환될 때에도 이 주석을 생성되지 않게 됩니다. 여기서 한 가지 짚고 넘어가야 할 부분은 HTML 주석의 경우는 서블릿 코드 변환 시 주석을 무시하는 것이 아니라 주석 안에 있는 표현식을 컴파일한 후 생성되는 출력물이 주석으로 처리됩니다. 따라서 name이라는 변수가 없다면 에러 메시지로 '정의되어 있지 않은 변수입니다.'라는 에러 메시지를 띄우게 되는 것이지만 JSP주석의 경우에는 주석문 안에 있는 코드 전부 무시해 버리므로 name이라는 변수가 없더라도 에러 메시지를 띄우지 않게 되는 겁니다.

스크립트 요소의 주석

〈% /*주석.....여러 줄 주석 및 부분 주석)*/ %〉
〈% //주석....(한줄 주석)%〉

스크립트릿이나 선언문에서 사용되는 스크립트 언어가 지원하는 주석 표기를 사용하는 것입니다. 즉 자바에서 사용되는 주석 처리 방법과 똑같은 방식입니다.

〈%=name/*주석*/%〉
〈%=/*주석*/%〉

여기서 만약에 표현식에 주석을 삽입하고 싶다면 스크립트 요소 주석을 이용하여 사용할 수 있지만 한 가지 주의해야 할 점은 표현식에서 표현식은 없고 주석만 있다면 이때는 컴파일 시 에러가 발생 됩니다.

05-1 주석의 활용

(1)주석 요소 예제

01 다음과 같이 코드를 작성하고 저장합니다.

실습 파일 : source/ch05/comment.jsp

```
01 : <%@ page contentType="text/html;charset=EUC-KR"%>
02 : <h1>Comment Example1</h1>
03 : <%
04 :     String name = "Korea";
05 : %>
06 : <!-- 주석 부분입니다. '소스보기'에서 보이지요. -->
07 : <%--
08 :       이 부분은 jsp 페이지에서만 보이고 '소스보기'를 해도 보이지 않습니다.
09 :       브라우저에 보내지 않는 문장입니다.
10 : --%>
11 : <!--<%=name%> 주석에서도 동적인 변수 사용-->
12 : <%=name/* 표현식에 주석 부분 입니다*/%> Fighting!!!
```

02 브라우저를 실행시켜 결과를 확인합니다.

실행 주소는 http://localhost/myapp/ch05/comment.jsp로 입력합니다.

▲ [그림 5-10] comment.jsp 실행화면 및 소스보기

이처럼 주석은 필요에 따라 적절히 사용함으로써 개발자에게 코드를 좀 더 이해하기 쉽게 만들기도 하고 또 혼자서 개발 할 때도 마찬 가지 이겠지만 팀 프로젝트라면 향후 유지 및 보수 시에는 반드시 필요한 개발적인 요소라고 할 수 있습니다.

06 _ JSP의 기본 제어문

JSP의 기본 제어문에서는 앞에서 학습한 스크립트 요소와 자바의 제어문을 사용하여 아주 간단한 프로그램을 작성해 보겠습니다. 다양한 형태의 예제들을 통해서 스크립트 요소와 제어문의 반복적인 학습을 통해 보다 쉽게 JSP 문법에 접근을 할 수가 있을 것입니다. 제어문은 조건문과 반복문으로 구분이 되고 각각의 제어문 종류별들을 예제로 통해서 설명하도록 하겠습니다.

> **여기서 잠깐!**
>
> 모든 프로그램 교재에서 제어문이 빠지지 않고 등장을 합니다. 이유인즉슨 그 만큼 제어문이 필수적이고 중요하기 때문입니다. 제어문은 기초를 탄탄하게 또 반복적으로 학습해야 하는 문법이라는 것을 반드시 명심하시기 바랍니다.

06-1 if-else(조건 분기문)

자바뿐만 아니라 모든 프로그램에서 if-else문은 가장 일반적이고 많이 사용되는 특정한 조건에 의해서 코드 실행의 블록을 조정 할 수 있는 조건 제어문입니다.

다음의 예제는 HTML에서 요청된 값에 의해서 jsp 페이지 내에서 if-else문을 사용하여 조건에 맞는 출력을 보여주는 내용을 담고 있습니다.

(1) if-else문 예제

01 다음과 같이 html 부분을 작성하고 저장합니다.

실습 파일 : source/ch05/if.html

```
01 : <h1>If-else Example</h1>
02 : <form method="post" action="if.jsp">
03 : 이름 : <input name="name"><p/>
04 : 좋아하는 색깔 : <select name="color">
05 :         <option value="blue" selected>파란색</option>
06 :         <option value="red">붉은색</option>
07 :         <option value="orange">오렌지색</option>
08 :         <option value="etc">기타</option>
09 : </select><p/>
10 : <input type="submit" value="보내기">
11 : </form>
```

02 jsp부분을 작성하고 저장합니다.

실습 파일 : source/ch05/if.jsp

```
01 : <%@ page contentType="text/html;charset=EUC-KR"%>
02 : <h1>If-else Example</h1>
03 : <%!
04 :     String msg;
05 : %>
06 : <%
07 :     String name = request.getParameter("name");
08 :     String color = request.getParameter("color");
09 :
10 :     if (color.equals("blue")) {
11 :       msg = "파란색";
12 :
13 :     } else if (color.equals("red")) {
14 :       msg = "붉은색";
15 :
16 :     }else if (color.equals("orange")){
```

> request는 내장객체입니다. jsp 페이지에서 자동적으로 제공되는 객체 중에 하나입니다. 07장 JSP의 내장객체에서 다루게 됩니다.

```
17 :        msg = "오렌지색";
18 :
19 :    }else{
20 :        color = "white";
21 :        msg = "기타색";
22 :    }
23 : %>
24 : <body bgcolor=<%=color%>>
25 : <b><%=name%></b>님이 좋아하는 색깔은 <b><%=msg%></b>입니다.
26 : </body>
```

if.html에서 이름과 좋아하는 색상을 선택하고 if.jsp로 보내면 입력한 이름과 좋아하는 색상이 배경화면의 색상으로 표현되는 예제입니다. 아직까지는 07장 JSP의 내장객체를 배우지 않았기 때문에 if.jsp의 코드 중에는 생소한 코드가 있을 수 있지만 지금은 신경 쓰지 말고 그대로 따라하시기 바랍니다.

07~08 : if.html에서 입력된 name과 color 값을 스크립트릿에서 각각 String 타입의 객체로 리턴 받습니다. if.html에 요청한 color의 변수가 가지고 있는 값에 따라서 equals 메소드를 사용하여 값들을 비교하고 조건에 맞는 블록을 실행합니다.

24~25 : body의 배경색이 if.html에서 요청한 색상에 의해서 동적으로 세팅이 되어 보여집니다. 그리고 아직까지는 한글 처리에 대한 세팅이 전혀 안되어 있기 때문에 name에 한글을 입력하고 보내기를 하면 if.jsp에서 name값이 깨어져서 출력이 됩니다. 한글에 대한 세팅은 단편적인 부분이 아니므로 다른 장에서 다루도록 하겠습니다.

◐ 조건 분기문과 반복문
조건 분기문은 프로그램의 흐름을 바꾸는데 사용됩니다. 대표적인 것은 if-else, switch문이 여기에 속하고 반복문은 하나 이상의 실행 문을 특정한 조건하에서 여러 번 수행하는데 사용되며 for, while, do-while문이 있습니다. 이러한 조건 분기문과 반복문에 부가적인 기능에 사용되는 키워드(keyword)로는 break, continue가 있습니다.

여기서 잠깐!

JSP에서 선언된 변수는 HTML의 태그 속성 및 다양한 곳에서 사용 할 수가 있습니다.
예를 들어

```
<% String id= "rorod";%>
<FORM>
....
<INPUT TYPE="text" NAME="id" VALUE="<%=id%>">
...
</FORM>
```

String 타입의 id를 FORM에 이름이 id인 텍스트 상자의 VALUE의 속성 값으로 사용을 하였습니다. 이후에 많은 예제들에서 속성 뿐 만 아니라 정적 코드인 HTML 및 자바스크립트에서 다양하게 사용을 하게 됩니다.

03 브라우저에 주소를 http://localhost/myapp/ch05/if.html로 입력하여 실행 한 후 이름을 입력하고 좋아하는 색상을 선택한 후 [보내기] 버튼을 클릭합니다. 그러면 if.jsp의 실행화면을 볼 수 있습니다.

▲ [그림 5-11] if.html과 if.jsp 실행화면

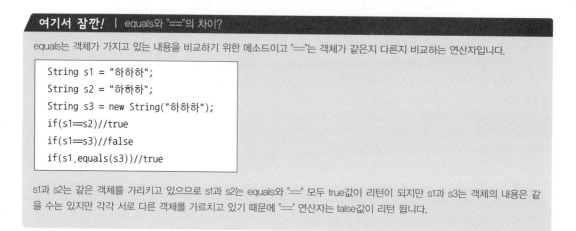

여기서 잠깐! | equals와 "=="의 차이?

equals는 객체가 가지고 있는 내용을 비교하기 위한 메소드이고 "=="는 객체가 같은지 다른지 비교하는 연산자입니다.

```
String s1 = "하하하";
String s2 = "하하하";
String s3 = new String("하하하");
if(s1==s2)//true
if(s1==s3)//false
if(s1.equals(s3))//true
```

s1과 s2는 같은 객체를 가리키고 있으므로 s1과 s2는 equals와 "==" 모두 true값이 리턴이 되지만 s1과 s3는 객체의 내용은 같을 수는 있지만 각각 서로 다른 객체를 가르치고 있기 때문에 "==" 연산자는 false값이 리턴 됩니다.

06-2 for(반복문)

for문은 while문과 같이 대표적인 반복문입니다. 반복문은 모두 스크립트 요소에서 사용하여 jsp 페이지에서 반복적인 내용을 출력할 수가 있습니다. 특히 Database의 질의 결과를 순서대로 출력할 때 매우 유용하게 사용이 됩니다. 그리고 꼭 절대적인 것은 아니지만 일반적인 for문은 크기가 고정이 되어 있을 때 사용이 많이 되고 while문은 크기가 유동적일 때 사용이 많이 됩니다.

(1) for문 예제

01 다음과 같이 코드를 작성하고 저장합니다.

```
01 : <%@ page contentType="text/html;charset=EUC-KR"%>
02 : <h1>For Example</h1>
03 : 1에서 10까지 합은 ?<p>
04 : <%
05 :    int i,sum = 0;
06 :    for(i=1;i<=10;i++){
07 :      if(i<10){
08 : %>         ← if무과 for문 블록이 끝나지 않았지만 스크립트릿을 닫아 버렸습니다.
09 :      <%=(i + " +")%>  ← if문 블록 안에 표현식을 삽입 하였습니다.
10 : <%
11 :      }else{
12 :        out.println(i + " = ");
13 :      }//if-else
14 :      sum += i;
15 :    }//for
16 : %>
17 : <%=sum%>
```

for문 이용해서 1에서 10까지의 합을 구하는 쉬운 코드이지만 for문 안에 if-else문이 중첩이 되는 예제로 프로그램을 처음 하시는 분들 입장에서는 쉬운 예제는 아닌 것 같습니다. 그리고 예제의 내용보다는 문법과 제어문을 적용시키는 부분에 좀 많은 신경을 써주기 바랍니다. 출력은 계산되는 식과 결과를 함께 보게 되며 1에서 10까지 1씩 증가되는 부분은 for문 으로 구현하고 1에서 10까지 계산되는 과정 중에 "+"와 "="를 구분하기 위해서 if-else문을 사용하였습니다.

06~09 : 변수 i를 for문을 이용해서 증가치는 1이고 최대치 값 10까지 반복 루프를 돌리고 있습니다. 7라인은 i값이 10보 다 작을 때는 출력되는 계산식에 '+'가 오고 12라인은 10을 포함해서 크다면 '='가 출력 될 수 있도록 if-else문을 사용하였습니다. 그리고 for문 중간에 브라우저 출력을 위해서 9라인에서 표현식을 사용하였고 이런 이유 때문 에 for문과 if-else문이 끝나기 전에 8라인에서 스크립트릿을 닫아 버렸습니다. 그리고 9라인에서 표현식으로 i값 을 출력 하였습니다.

10~15 : 끝나지 않은 if-else문과 for문을 처리하기 위해서 스크립트릿을 다시 시작 하였습니다. 14라인은 for문 루프가 돌며 1씩 증가한 i의 값을 변수 sum에 대입을 하고 있습니다. 13라인과 15라인은 각각 if-else문과 for문의 블록을 닫아 주고 있습니다.

17   : i를1에서 10까지 합한 값인 sum을 표현식을 통해서 출력하고 있습니다.

02 브라우저에 주소를 http://localhost/myapp/ch05/for.jsp로 입력하고 실행하면 for문의 처리결과를 확인 할 수 있습니다.

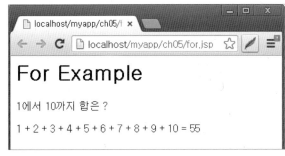

▲ [그림 5-11] for.jsp 실행화면

○ for문

일반적으로 프로그램은 순차적(위에서 밑으로)으로 문장을 실 행합니다. 그러나 필요에 따라서 문장을 반복해서 실행하거나 조건에 의해서 필요치 않은 문장은 실행을 하지 않고 넘어 가 는 경우가 생깁니다. for문은 전자에 속하는 반복문입니다.

for문의 문법은 다음과 같이 사용합니다.

　　for(초기식; 조건식; 증감식)
　　　　반복 수행할 문장

그리고 for문에서 반복한 수행할 문장이 두 줄 이상이면 if문과 마찬가지로 블록((...))을 반드시 사용해야 합니다.

06-3 while(반복문)

while문은 조건을 검사해서 조건이 참(true)이면 실행문을 반복적으로 실행하고 그렇지 않으면 while문을 빠져 나오는 동작을 하는 반복문입니다. while문 안에 조건이 항상 참(true)인 경우는 while문이 무한반복이 되는 경우도 있습니다. 일반적으로 자바에서는 서버를 계속적으로 실행하기 위해서 그런 경우가 있지만 JSP는 클라이언트가 요청한 정보를 브라우저 화면에 표현하는 기술이기 때문에 JSP에서 무한반복을 쓰는 경우가 거의 없다고 보셔도 될 것 같습니다.

그럼 간단한 while문 예제를 만들어 보겠습니다.

(1) while문 예제

01 다음과 같이 html 부분을 작성하고 저장합니다.

> **실습 파일 : source/ch05/while.html**

```
01 : <h1>While Example</h1>
02 : <form method="post" action="while.jsp">
03 : 반복하고 싶은 문구 : <input name="msg" size="20"><p/>
04 : 반복하고 싶은 횟수 : <input name="number"><p/>
05 : <input type="submit" value="보내기">
06 : </form>
```

02 다음으로 jsp부분을 작성하고 저장합니다.

```
01 : <%@ page contentType="text/html;charset=EUC-KR"%>
02 : <h1>While Example</h1>
03 : <%
04 :     request.setCharacterEncoding("EUC-KR");
05 :     String msg = request.getParameter("msg");
06 :     int number = Integer.parseInt(request.getParameter("number"));
07 :     int count = 0;
08 :     while(number>count){
09 : %>
10 : <b><%=msg%></b><br/>
11 : <%
12 :         count++;
13 :     }
14 : %>
```

> 요청된 값이 한글일 때 세팅하는 코드입니다. 자세한 부분은 07장 JSP의 내장객체 request에서 다루도록 하겠습니다.

> 비록 요청한 값이 정수일지라도 페이지간에 통신은 모든 값이 문자로 변환이 되므로 받는 부분에서 받는 값을 다시 정수로 변환을 해야 합니다.

while.html에서 출력하고 싶은 메시지와 반복하고 싶은 횟수를 입력하고 [보내기] 버튼을 누르면 while.jsp에서 동적으로 결과에 대한 값이 출력되는 예제입니다.

04 : while.html에서 반복하고 싶은 문구를 한글로 입력을 했을 때 while.jsp에서는 요청되는 정보에 대한 문자 인코딩을 설정을 해 주어야 합니다. setCharacterEncoding 메소드에 매개변수가 설정하고 싶은 문자 인코딩 넣는 부분입니다. 한글이기 때문에 EUC_KR로 설정을 하였습니다.

05~06 : while.html에 입력한 msg, number값을 각각의 변수로 받았습니다. number값은 정수값을 입력해서 보냈지만 페이지 간에 통신을 통해서 받은 값들은 문자열로 넘어오기 때문에 Integer클래스의 parseInt() 메소드를 통해서 다시 정수 값으로 변환을 시켜 주었습니다. FORM에서 넘기는 값은 String값으로 넘어오기 때문에 넘기는 값의 데이터 형과 일치하는 Wrapper 클래스로 변환 시켜야 합니다.

❍ 문자 인코딩

문자 인코딩(character encoding) 또는 줄여서 인코딩은 문자나 기호들의 집합을 컴퓨터에서 저장하거나 통신에 사용할 목적으로 부호화하는 방법을 가리킨다. 문자 인코딩을 통해 부호화되어, 복호화하면 본래의 문자나 기호를 뜻하게 되는 부호를 문자 코드(character code)라고 한다.

여기서 잠깐! | wrapper 클래스란?

자바에서는 데이터 형 종류가 두 가지가 있습니다. 첫 번째는 8개의 기본형 데이터(int...)와 두 번째는 참조형 데이터(일반적인 클래스형 ex−String...)가 있습니다.

가령 숫자 1과 문자 "1"은 프로그램에서 전혀 다르게 취급됩니다. 하지만 경우에 따라서 이 둘은 서로 변환이 되어야 하는 경우가 생기므로 이때 필요한 클래스가 바로 Wrapper 클래스입니다.

```
String s = "31";
int i = Integer.parseInt(s);
```

문자열 "31"이 Wrapper 클래스의 종류 중에 하나인 Integer 클래스에 의해서 정수 값으로 변환이 되었습니다.

---

03 브라우저에 주소를 http://localhost/myapp/ch05/while.html로 입력하고 실행을 하면 다음과 같이 while.html화면이 나옵니다. 여기서 필요한 문구와 반복횟수를 입력하고 [보내기] 버튼을 클릭하면 while.jsp의 실행화면을 볼 수가 있습니다.

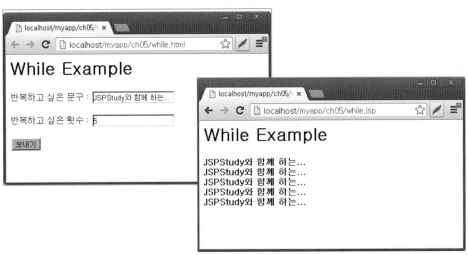

▲ [그림 5-13] while.html과 while.jsp 실행화면

선언문

jsp 페이지 안에서 필요한 변수(멤버 변수)나 메소드 선언이 필요할 때 쓰이는 요소입니다.

스크립트릿

jsp 페이지가 서블릿으로 변환되고 이 페이지가 요청될 때 호출되는 메소드(_jspService) 안에 자바 코드를 삽입하기 위한 요소입니다.

표현식

jsp 페이지의 코드 부분을 브라우저로 표현하기 위한 요소입니다.

주석

소스 분석 내용 및 파일 설명 처리를 위한 요소입니다.

스트립트 요소와 구성

Element	JSP	XML	Description
Declaration	<%! declaration; [declaration;]+... %>	<jsp:declaration> declaration[declaration;]+... </jsp:declaration>	jsp 페이지 내에 사용되는 변수와 메소드를 정의하는 것
Scriptlet	<% code fragment %>	<jsp:scriptlet> code fragment </jsp:scriptlet>	jsp 페이지 내에 코드 조각 (fragment)을 담고 있는 것
Expression	<%= expression %>	<jsp:expression> expression </jsp:expression>	jsp 페이지 내에 표현을 위한 것
Comment	<% --comment-- %>	No equivalent	jsp 페이지의 설명을 위한 것

1 자바의 선언문에서 선언한 변수와 스크립트릿에서 선언한 변수의 차이와 의미를 간단히 설명해봅시다.

2 선언문과 스크립트릿에서 선언한 변수명이 같을 경우 어떤 문제가 있는지 설명해봅시다.

3 while문을 이용하여 1에서 10까지의 합을 구하는 프로그램을 작성하세요.

4 for 구문을 이용하여 아래의 출력 결과와 같이 구구단을 출력하는 프로그램을 작성하세요.
가 있습니다.

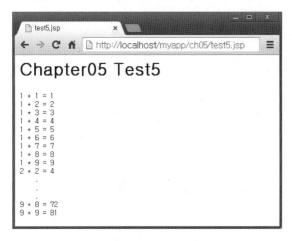

JSP의 지시자와 태그

이 장에서는 JSP 기본 문법 중에서 지시자와 액션 태그는 앞 장에서 학습한 스크립트 요소와 함께 가장 일반적인 문법 요소입니다. 지시자는 jsp 페이지가 가지고 있는 특정한 정보를 제공하며, 액션 태그는 jsp 페이지의 동작(액션)을 수행하기 위해 사용되어집니다.

01 _ 지시자(Directive)

지시자는 클라이언트의 요청에 jsp 페이지가 실행이 될 때 필요한 정보를 JSP 컨테이너에게 알리는 역할을 합니다. 그 역할은 jsp 페이지에 "이렇게 처리를 하시오"라는 지시를 내리는 것 입니다. 지시자는 태그 안에서 @로 시작하며 다음과 같은 3가지 종류가 있습니다.

❶ page   ❷ include   ❸ taglib

여기서 잠깐! | taglib 지시자

taglib 지시자는 JSP 기능을 확장할 때 사용하는 사용자 정의 태그의 집합을 의미합니다. 한마디로 JSP 태그(액션 태그)가 지원하지 못하는 부분을 사용자가 직접 작성하여 그 태그를 불러다 사용하겠다는 것입니다.
참고로 말씀드리면 사용자 정의 태그를 사용하기 위해서는 XML 문법의 기초 정도는 알아야 합니다. 따라서 이 장에서는 이런 것이 있다는 정도만 알고 taglib 지시자는 19장에서 설명하도록 하겠습니다.

`<%@taglib URI="URI" prefix="tagPrefix"%>`

01-1 page 지시자

jsp 페이지에 지원되는 속성들을 정의하는 것들입니다. JSP 지시자는 jsp 페이지에서 JSP 컨테이너에게 해당 페이지를 어떻게 처리할 것인가에 대한 페이지 정보를 알려주는데 사용되는 것입니다.

속성	값	기본값	예제
into	텍스트	없음	info="Copyright 2018 by JSPStudy.co.kr"
language	스크립팅 언어	"java"	language="java"
contentType	MIME 타입, 문자집합	contentType="text/html:charset=ISO-8859-1"	contentType="text/html; charset=EUC-KR"
extends	클래스 이름	없음	extends="kr.co.jspstudy.board.JspPage"
import	클래스/패키지 이름	없음	import="java.util.Vector" import="java.sql.*,java.net.*"
session	클래스/패키지 이름	"true"	session="true"
buffer	buffer값 or "none"	"8kb"	buffer="12kb" buffer="false"
autoFlush	boolean 값	"true"	autoFlush="false"
isThreadSafe	boolean 값	"true"	isThreadSafe="true"
trimDirectiveWhitespaces	boolean 값	"false"	trimDirectiveWhitespaces="false"
errorPage	로컬 URL	없음	errorPage="error/fail.jsp"
isErrorPage	boolean 값	"false"	isErrorPage="false"
pageEncoding	페이지의 캐릭터 인코딩값	"ISO-8859-1"	pageEncoding="EUC-KR"

▲ [표 5-1] page 지시자에 사용할 수 있는 속성 값

※ 주의 - page는 반드시 소문자로 써야 하고 닫는 팔호는 '}'가 아닌 '%}'입니다.

■ info 속성

info 속성은 페이지를 설명해 주는 문자열로 속성값의 내용이나 길이의 제한이 없습니다.

이 속성은 설정을 하지 않더라도 페이지의 처리 내용에는 아무런 영향을 주지는 않지만 jsp 페이지의 제목을 붙이는 것과 같은 기능을 하는 속성입니다.

```
<%@page info="JSPStudy.co.kr"%>
```

■ language 속성

language 속성은 jsp 페이지의 스크립트 요소에서 사용할 언어를 지정하는 속성입니다. 만약 이 속성을 지정하지 않으면 기본값으로 Java가 지정이 됩니다.

```
<%@page language="java"%>
```

◐ MIME(Multi-Purpose Internet Mail Extensions) 이란?

MIME[마임]은 인터넷 전자우편 프로토콜, 즉 SMTP를 확장하여 오디오, 비디오, 이미지, 응용 프로그램, 기타 여러 가지 종류의 데이터 파일들을 주고받을 수 있도록 기능이 확장된 프로토콜입니다.

서버들은 어떤 웹 전송에서라도 시작부분에 MIME 헤더를 집어넣으며, 클라이언트들은 헤더가 나타내는 데이터 형식(html, gif, xml 등)에 따라 이를 브라우저에서 실행합니다.

■ contentType 속성

contentType 속성은 jsp 페이지의 내용이 어떤 형태로 출력을 할 것인지 MIME 형식으로 브라우저에 알려주는 역할을 하는 속성입니다. 지정할 속성 값으로는 text/html, text/plain, text/xml, text/gif등 여러 가지 값이 있으며, 기본값은 text/html의 MIME 형식입니다.

```
<%@page contentType="text/html"%>
```

또한, contentType 속성은 jsp 페이지에서 사용하는 문자 형식(charset)을 지정하는데 사용할 수 있습니다. charset의 기본값은 ISO-8859-1이고 한글을 지정하는 문자 형식은 EUC-KR 혹은 euc-kr로 표현합니다.

```
<%@page contentType="text/html";charset="EUC-KR"%>
```

page 지시자의 예제 - info, language, contentType 속성

01 다음과 같이 코드를 작성하고 저장합니다.

실습 파일 : source/ch06/directive1.jsp

```
01 : <%@page info="Copyright 2018 by JSPStudy.co.kr" language="java"
02 : contentType="text/htmlcharset=EUC-KR"%>
03 : <h1>Directive Example1</h1>
04 : <%=this.getServletInfo()%>   ← 현재 페이지의 info 값을 가져오라는 메소드를 호출하였습니다.
```

02 브라우저를 실행시켜 결과를 확인합니다.

주소는 http://localhost/myapp/ch06/directive1.jsp로 입력합니다.

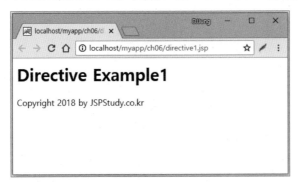

▲ [그림 6-1] directive1.jsp 실행화면

TIP | extends란?

자바에서는 기존에 만들어져 있는 클래스에 새로운 기능을 추가하여 기능이 향상된 클래스를 만들 수 있습니다. 이것을 상속 (Inheritance)이라고 합니다.

기존에 만들어져 있던 클래스를 상위 클래스 또는 부모 클래스라고 부르며 새로운 기능을 추가하여 기능이 향상된 클래스를 하위 클래스 또는 자식 클래스라고 부릅니다. 클래스를 상속받기 위해서 사용되는 키워드가 바로 extends입니다.

```
    class 하위 클래스명 extends
상위 클래스명{
        ......
    }
```

■ extends 속성

jsp 페이지는 JSP Container에 의해서 Servlet으로 변환이 된 후에 처리 결과를 웹 서버에 전송하여 클라이언트에게 보여주게 됩니다. 이때 extends 속성은 jsp 페이지가 Servlet소스로 변환되는 시점에서 자신이 상속받을 클래스를 지정할 때 사용됩니다. 하지만 JSP 컨테이너가 알아서 적절한 클래스들을 상속시켜 변환해 주므로 사용할 일은 거의 없습니다.

```
<%@page extends="com.jspstudy.Diretive"%>
//com.japstudy.Directive클래스를 상속을 하겠다는 의미입니다.
```

■ import 속성

jsp 페이지 내에서 package 이름을 지정하지 않고 다른 클래스를 가져와서 사용하는 경우, import 속성을 지정할 때 쓰입니다. 그리고 import 속성은 page 지시자 중에 유일하게 중복 사용이 가능한 속성입니다.

```
<%@page import="java.util.*,java.sql.*"
 //여러 개의 패키지를 쉼표로 구분해서 사용할 수 있습니다.
 import="java.io.*"
 //page 지시자 중에 유일하게 중복으로 사용할 수 있습니다.
%>
```

◐ 세션(session)이란?

두 컴퓨터나 네트워크 장치의 논리적인 연결 상태이며 이와 상대되는 개념으로 링크(link)가 있습니다. 즉 웹상에서는 브라우저(클라이언트)와 서버가 계속 연결된 상태를 session이라고 합니다.

■ session 속성

jsp 페이지가 HttpSession을 사용할지 여부를 지정하는 속성입니다. 이 속성 값은 true와 false로 나뉘어져 있습니다. true일 경우에는 현재의 페이지가 세션을 유지하고 존재하지 않을 경우는 새로운 세션을 생성하여 연결되며, false일 경우에는 세션에 연결되지 않습니다. 이속성의 기본값은 true입니다. session에 대한 구체적인 부분은 09장 세션(session)과 쿠키(cookie)에서 자세히 살펴보겠습니다.

```
<%@page session="false"%>
```

◐ 버퍼(buffer)란?

동작 속도가 크게 다른 두 장치 간의 인터페이스가 서로의 속도차를 조정하기 위해 이용되는 일시적인 기억 영역을 말합니다. 버퍼는 각 장치나 프로세스가 상대방에 의해 정체되지 않고 잘 작동할 수 있도록 해주며 효율적인 버퍼를 만들기 위해서는, 버퍼의 크기를 상황에 맞게 잘 설계하고, 데이터를 버퍼로 집어넣거나 빼내기 쉽도록 개발하는 것이 중요합니다.

■ buffer 속성

buffer 속성은 jsp 페이지의 출력 크기를 킬로바이트 단위로 지정하는 속성이며 기본값은 "8KB"입니다. buffer 값을 "none"으로 지정하면 출력 버퍼를 사용하지 않고 jsp 페이지의 출력 내용을 즉시 브라우저로 전달하겠다는 의미입니다.

일반적으로 "8KB"가 대부분의 jsp 페이지에서 알맞은 버퍼의 크기입니다. 만약 jsp 페이지가 많은 양의 데이터를 출력한다면, 그에 따라 알맞게 크기를 늘려주는 것이 좋습니다.

```
<%@page buffer="16kb"%>
<%@page buffer="none"%>
```

■ autoFlush 속성

autoFlush 속성은 jsp 페이지의 내용들이 브라우저에 출력되기 전에 버퍼에 다 채워질 경우 저장되어 있는 내용들을 어떻게 처리할 지를 결정하는 것입니다.

만약 autoFlush 속성 값을 "true"로 설정해 놓으면 버퍼가 다 찼을 경우 자동적으로 비워지게 되어 요청한 내용을 브라우저에게 전송합니다.

```
<%@page autoFlush="false"%>
```

기본값은 "true"이며 만약 buffer 속성 값이 "none"일 경우 autoFlush 속성을 "false"로 지정할 수가 없습니다. 왜냐하면 버퍼가 저장할 공간도 없고, 또 자동적으로 출력할 수 없게끔 설정되기 때문입니다.

■ isThreadSafe 속성
isThreadSafe 속성은 하나의 jsp 페이지가 동시에 여러 브라우저의 요청을 처리할 수 있는지 여부를 설정하는 것입니다.

기본값은 "true" 이며 이 속성 값을 "false"로 지정해 놓으면 요청을 동시에 처리하지 않고 요청한 순서대로 처리합니다. 사용자의 내용을 처리하는데 상당히 오랜 시간이 걸릴 수 있으므로 충분히 처리 시간을 고려하여 결정을 해야 합니다.

```
<%@page isThreadSafe="false"%>
```

page 지시자의 예제 – import, session, buffer, autoFlush, isThreadSafe 속성
01 다음과 같이 코드를 작성하고 저장합니다.

실습 파일 : source/ch06/directive2.jsp

```
01 : <%@page contentType="text/html;charset=EUC-KR"
02 :       import="java.util.*"
03 :       session="true"
04 :       buffer="16kb"
05 :       autoFlush="true"
06 :       isThreadSafe="true"
07 : %>
08 : <h1>Directive Example2</h1>
09 : <%
10 :    Date date = new Date();
11 : %>
12 :   현재의 날짜와 시간은?<p/>
13 : <%=date.toLocaleString()%>    ◄── 날짜 Format을 로컬에 맞추어 현재 날짜와 시간을 가져오는 부분입니다.
```

간단히 지시자를 사용하는 예제를 작성해 보았습니다. 이처럼 지시자를 이루고 있는 속성들은 다양합니다. 하지만 session, buffer, autoFlush, isThreadSafe 등의 속성들은 보통 기본값을 사용하므로 특별히 지정해서 코드를 작성하는 일은 흔치 않습니다.

02 브라우저를 실행시켜 결과를 확인합니다.

주소는 http://localhost/myapp/ch06/directive2.jsp로 입력합니다.

▲ [그림 6-2] directive2.jsp 실행화면

■ trimDirectiveWhitespaces 속성

trimDirectiveWhitespaces 속성은 디렉티브나 스크립트 코드로 인하여 발생되는 줄 바꿈 공백 문자를 제거하는 기능을 하는 속성입니다. JSP 2.1 버전부터 새롭게 추가된 속성으로 기본값은 "false"이며, trimDirectiveWhitespaces 속성 값을 'true'로 설정하면 불필요한 줄바꿈 공백 문자가 제거됩니다.

```
<%@page trimDirectiveWhitespaces="true"%>
```

page 지시자의 예제 – trimDirectiveWhitespaces 속성

01 다음과 같이 코드를 작성하고 저장합니다.

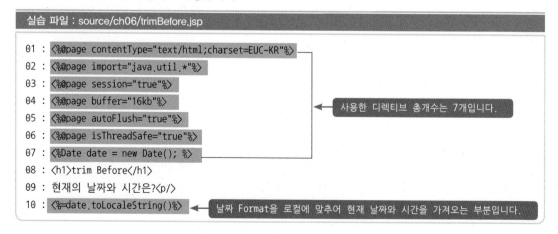

실습 파일 : source/ch06/trimBefore.jsp

```
01 : <%@page contentType="text/html;charset=EUC-KR"%>
02 : <%@page import="java.util.*"%>
03 : <%@page session="true"%>
04 : <%@page buffer="16kb"%>
05 : <%@page autoFlush="true"%>
06 : <%@page isThreadSafe="true"%>
07 : <%Date date = new Date(); %>
08 : <h1>trim Before</h1>
09 : 현재의 날짜와 시간은?<p/>
10 : <%=date.toLocaleString()%>
```

사용한 디렉티브 총개수는 7개입니다.

날짜 Format을 로컬에 맞추어 현재 날짜와 시간을 가져오는 부분입니다.

02 브라우저를 실행시켜 결과를 확인해 보고 마우스 오른쪽 버튼을 눌러 소스보기를 합니다.

주소는 http://localhost/myapp/ch06/trimBefore.jsp로 입력합니다.

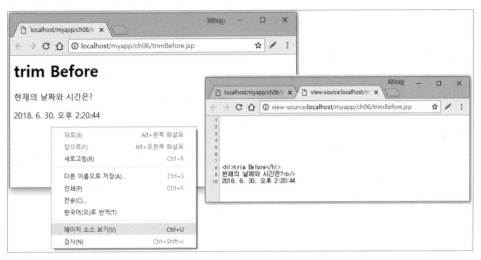

▲ [그림 6-3] trimBefore.jsp 실행화면 및 소스보기

앞의 directive2.jsp와 같아 보이는 예제이지만 앞과 다르게 page지시자 속성을 6개를 각각 개별적으로 선언하였습니다. 그래서 총 디렉티브 개수는 7개이고 총7라인의 공백이 생기게 됩니다.

03 먼저 다음과 같이 코드를 작성하고 저장합니다.

실습 파일 : source/ch06/trimAfter.jsp

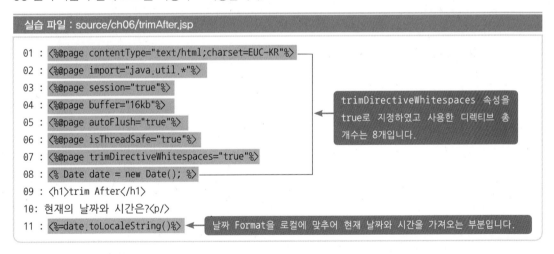

```
01 : <%@page contentType="text/html;charset=EUC-KR"%>
02 : <%@page import="java.util.*"%>
03 : <%@page session="true"%>
04 : <%@page buffer="16kb"%>
05 : <%@page autoFlush="true"%>
06 : <%@page isThreadSafe="true"%>
07 : <%@page trimDirectiveWhitespaces="true"%>
08 : <% Date date = new Date(); %>
09 : <h1>trim After</h1>
10: 현재의 날짜와 시간은?<p/>
11 : <%=date.toLocaleString()%>
```

> trimDirectiveWhitespaces 속성을 true로 지정하였고 사용한 디렉티브 총 개수는 8개입니다.

> 날짜 Format을 로컬에 맞추어 현재 날짜와 시간을 가져오는 부분입니다.

TIP | 에러와 예외 사항?

에러는 문법 에러와 실행 에러로 구분이 됩니다. 문법적인 에러는 컴파일 시에 대부분 고칠 수 있지만 실행 에러는 논리에러, 시스템 에러, 예외 사항의 발생을 의미합니다. 논리적인 에러는 프로그램을 잘못 작성하여 예상치 못한 결과가 나오는 경우이며, 시스템 에러는 의미 그대로 하드웨어의 문제로 발생하는 경우입니다. 마지막으로 예외 사항은 정상적으로 프로그램이 작동하는 과정에서 만날 수 있는 에러입니다. 예를 들어 정수를 0으로 나누거나 또는 파일을 불러와서 수정을 해야 하는데 파일이 없는 경우를 말합니다.

04 브라우저를 실행시켜 결과를 확인해 보고 마우스 오른쪽 버튼을 눌러 소스보기를 합니다.
주소는 http://localhost/myapp/ch06/trimAfter.jsp로 입력합니다.

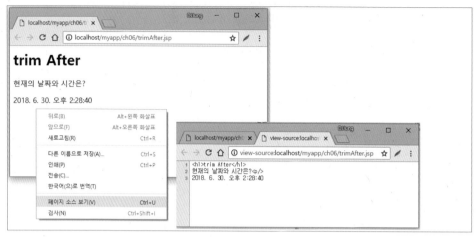

▲ [그림 6-4] trimAfter.jsp 실행화면 및 소스보기

그림 6-3의 소스보기의 결과와 다르게 그림 6-4의 소스보기에서는 6-3에서 있었던 공백이 모두
제거된 모습을 볼 수 있습니다.

■ errorPage 속성

errorPage 속성은 jsp 페이지를 처리하는 도중에 페이지에서 예외가 발생할 경우 자신이 예외를 처
리하지 않고 다른 페이지에서 처리하도록 지정할 수 있는 속성입니다. 속성 값으로는 직접 예외를
처리할 페이지의 로컬 URL을 적어주면 됩니다.

```
<%@page errorPage="Error.jsp"%>
```

■ isErrorPage 속성

isErrorPage 속성은 현재 jsp 페이지가 에러 처리를 담당하는 페이지인지 아닌지의 여부를 지정할
때 사용되는 속성입니다. 요청된 현재의 페이지가 예외를 발생하여 에러 처리를 위해서 만들어지는
에러 페이지라면 isErrorPage 속성 값을 'true'로 설정해야 합니다. 이 속성의 기본값은 'false'로, 에
러를 처리하지 않는 페이지라면 설정할 필요가 없습니다.

```
<%@page isErrorPage="true"%>
```

■ pageEncoding 속성

JSP 1.2 규약에 새로 추가된 속성으로 jsp 페이지에서 사용하는 character의 인코딩을 지정할 때 사
용됩니다. 기본값으로는 ISO-8859-1로 인코딩이 됩니다.

```
<%@page pageEncoding="EUC-KR"%>
```

pageEncoding 값은 contentType 속성의 charset과 밀접한 관련이 있습니다. 만약 pageEncoding 속성이 생략되어 있다면 contentType 속성의 charset의 값을 사용하게 됩니다.

```
<%@page contentType="text/html";charset="EUC-KR"%>
```

그러나 jsp 페이지를 구현 할 때는 EUC-KR로 구현을 하고 응답에 대한 인코딩은 UTF-8로 하고 싶다면 다음과 같이 설정을 해야 합니다.

```
<%@page contentType="text/html";charset="UTF-8"
        pageEncoding="EUC-KR"
  %>
```

page 지시자의 예제 – errorPage, isErrorPage 속성

01 다음과 같이 처리할 jsp 페이지를 코딩하고 저장합니다.

실습 파일 : source/ch06/directive3.jsp

```
01 : <%@page contentType="text/html;charset=EUC-KR"
02 :   errorPage="error.jsp"        예외 상황이 일어나면 Error.jsp에서 처리하게끔
03 : %>                              errorPage 속성으로 지정을 하였습니다.
04 : <%
05 : int one=1;
06 : int zero=0;
07 : %>
08 : <h1>Directive Example3</h1>
09 : one과 zero의 사칙연산<p/>
10 : one+zero=<%=one+zero%><p/>
11 : one-zero=<%=one-zero%><p/>
12 : one*zero=<%=one*zero%><p/>
13 : one/zero=<%=one/zero%><p/>    0으로 숫자를 나누는 연산이 일어났기 때문에 예외가 발생하였습니다.
```

02 다음으로 예외가 처리되는 jsp 페이지 부분을 코딩하고 저장합니다.

실습 파일 : source/ch06/error.jsp

```
01 : <%@page contentType="text/html;charset=EUC-KR"
02 :   isErrorPage="true"          에러 페이지로 지정하기 위해서 isErrorPage값을 true로 설정하였습니다.
03 : %>
04 : <h1>Error Page</h1>          예외가 발생한 페이지의 예외 메시지를 호출 하였습니다.
05 : 다음과 같은 예외가 발생하였습니다.<p/>  exception은 isErrorPage 값이 true일 때만 만들어지는
06 : <%=exception.getMessage()%>   내부 객체입니다.
```

03 브라우저를 실행시켜 결과를 확인합니다.

주소는 http://localhost/myapp/ch06/directive3.jsp로 입력합니다.

▲ [그림 6-5] directive3.jsp 실행화면

01-2 include 지시자

여러 jsp 페이지에서 공통적으로 포함하는 내용이 있을 때 이러한 내용을 매번 입력하지 않고 별도의 파일을 저장해 두었다가 JSP 파일에 삽입할 수 있습니다. 이때 지정한 파일에 해당 JSP 파일을 삽입하도록 하는 것이 include 지시자입니다.

```
<%@include file="로컬URL"%>
```

include 지시자를 사용한 jsp 페이지를 컴파일하면 그 과정에서 include 되는 jsp 페이지의 소스 내용을 그대로 포함해서 컴파일하게 됩니다. 즉, 두 개의 파일이 하나의 파일로 구성이 된다는 것입니다.

두 개의 파일을 하나의 파일로 합쳐진 것과 같은 영향을 줌으로써 각각의 페이지가 따로 존재는 하지만 두 개의 페이지는 하나의 페이지처럼 프로그래밍 해야 합니다. 예를 들어 변수를 선언한다고 할 경우 각각의 페이지에 같은 이름의 변수를 선언해서 사용할 수가 없습니다. 하나의 jsp 페이지에 같은 이름의 변수를 중복해서 사용할 수 없는 것과 같습니다.

이렇게 하나로 표현할 수 있는 부분을 두 개로 구분하여 include 지시자를 사용하는 것은 모든 페이지가 공통적으로 가지는 페이지를 중복해서 작성하는 것을 피할 수 있을 뿐만 아니라 특정 내용을 포함하는 페이지를 따로 분리해서 작성함으로써 좀더 이해하기 쉬운 페이지를 구성할 수 있기 때문입니다.

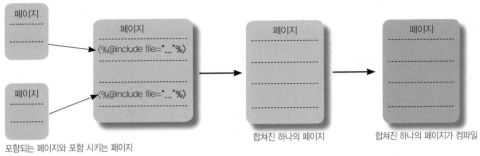

포함되는 페이지와 포함 시키는 페이지   합쳐진 하나의 페이지   합쳐진 하나의 페이지가 컴파일

▲ [그림 6-6] include 지시자의 처리 과정

TIP | include 지시자

include 지시자는 홈페이지에서 항상 공통으로 적용되는 파일을 포함시킬 때 사용이 됩니다. 예를 들어 페이지 상단에 있는 메뉴와 페이지의 밑 부분에 있는 사이트 정보, 관리자 이메일. 사이트 연락처 이런 정보들이 있는 파일은 어떠한 페이지에서도 나오는 부분이므로 JSP 파일마다 이런 부분을 포함시킨다는 것은 비효율적인 방법입니다. 이럴 때 Top.jsp(메뉴 파일)과 Bottom.jsp(사이트 정보)를 하나씩 만들어 놓고 필요한 JSP 파일에서 include를 하면 아주 효율적인 프로그래밍을 할 수가 있습니다.

---

include 지시자의 예제

01 포함시키는 jsp 페이지를 작성하고 저장합니다.

실습 파일 : source/ch06/directive4.jsp

```
01 : <%@page contentType="text/html;charset=EUC-KR"%>
02 : <h1>Directive Example4</h1>
03 : <%@include file="directiveTop.jsp"%>       Top.jsp 페이지를 include 지시자를 통해서 포함시키고 있습니다.
04 : include지시자의 Body 부분입니다.
                                               Bottom.jsp 페이지를 include 지시자를
05 : <%@include file="directiveBottom.jsp"%     통해서 포함시키고 있습니다.
```

02 첫 번째 포함되어지는 jsp 페이지를 작성하고 저장합니다.

실습 파일 : source/ch06/directiveTop.jsp

```
01 : <%@page contentType="text/html;charset=EUC-KR"%>
02 : <html>
03 : <body>
04 : include 지시자의 Top 부분입니다.
05 : <hr/>
```

TIP | Date 클래스

Date 클래스는 java.util 패키지에 있는 클래스이며 현재의 시간. 날짜 같은 정보를 제공하는 클래스로 사용이 되어 왔습니다. 그러나 JDK가 버전 업이 되면서 국제화 기능과 함께 각종 부가적인 기능이 추가된 java.util.Calendar 클래스와 java.text.DateFormat 클래스 사용을 권장하고 있습니다.

03 두 번째 포함되어지는 jsp 페이지를 작성하고 저장합니다.

실습 파일 : source/ch06/directiveBottom.jsp

```
01 : <%@page contentType="text/html;charset=EUC-KR"%>
02 : <%@page import="java.util.*"%>
03 : <%
04 :    Date date = new Date();
05 : %>
06 : <hr/>
07 : include 지시자의 Bottom 부분입니다.<p/>
08 : <%=date.toLocaleString()%>  ◀── 현재 날짜와 시간을 로컬 타입의 폼으로 출력하고 있습니다
09 : </body>
10 : </html>
```

04 브라우저를 실행시켜 결과를 확인합니다.

주소는 http://localhost/myapp/ch06/directive4.jsp로 입력합니다.

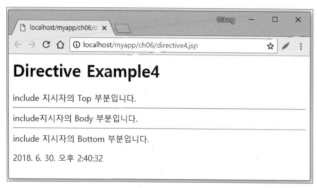

```
┌─────────────────────────────────────────────┐
│ 🗋 localhost/myapp/ch06/c ×         DiJung  ─  □  ×│
│ ← → C ⌂  ① localhost/myapp/ch06/directive4.jsp  ☆ ✎ ⋮│
│                                               │
│ Directive Example4                            │
│ include 지시자의 Top 부분입니다.               │
│ include지시자의 Body 부분입니다.              │
│ include 지시자의 Bottom 부분입니다.            │
│ 2018. 6. 30. 오후 2:40:32                      │
└─────────────────────────────────────────────┘
```

▲ [그림 6-7] directive4.jsp 실행화면

여기서 잠깐! | include 지시자 vs include 액션태그

include 지시자 외에 뒤에서 배울 include 액션 태그를 통해서도 페이지 삽입이 가능합니다. 그러나 모양도 비슷하고 또 역할도 비슷하지만 기능적으로 약간의 차이가 있습니다. include 지시자는 포함시킬 파일의 내용(소스자체) 전체를 페이지에 넣어 jsp 페이지가 Servlet 소스로 함께 변환이 됩니다. 이렇게 될 경우 포함된 페이지가 포함될 페이지의 변수들을 사용할 수 있다는 의미가 되지만 그러나 앞으로 설명할 include 액션 태그의 경우에는 코드를 포함시키는 것이 아니라 해당 시점에 결과를 호출하여 수행 결과를 포함하는 방법을 취하고 있습니다. include 액션 태그 예제에서 비교 설명하도록 하겠습니다.

02 _ 액션 태그

JSP에서 액션 태그는 스크립트 요소, 주석, 지시자와 함께 JSP 문법에 속하는 태그입니다.
액션 태그는 어떤 동작 또는 액션이 일어나는 시점에 페이지와 페이지 사이에 제어를 이동시킬 수도
있고 또 브라우저에서 자바 애플릿을 실행시킬 수도 있습니다. 또한 9장에서 배우게 될 자바 빈즈의
기능을 사용할 수 있도록 합니다.

액션 태그의 종류는 다음과 같이 6가지 종류가 있습니다.

❶ include   ❷ forward   ❸ plug-in
❹ useBean   ❺ setProperty   ❻ getProperty

02-1 include 액션 태그

include 액션 태그는 include 지시자와 함께 다른 페이지를 현재 페이지에 포함시킬 수 있는 기능
을 가지고 있습니다. 그러나 include 지시자는 단순하게 소스의 내용이 텍스트로 포함이 되지만
include 액션 태그는 포함시킬 페이지의 처리 결과를 포함시킨다는 점이 다릅니다. 포함되는 페이지
는 HTML, JSP, Servlet 모두 가능합니다.

```
<jsp:include page="로컬URL" flush="true"/>
```

include 액션 태그의 flush 속성은 포함될 페이지로 이동할 때 현재 페이지가 지금까지 출력 버퍼에 저
장한 결과를 어떻게 처리할 것인가를 결정합니다. flush 속성 값을 true로 지정하면 포함할 페이지의 내
용을 삽입하기 이전에 현재 페이지가 지금까지 버퍼에 저장한 내용을 출력하게 되는 것입니다.

▲ [그림 6-8] include 액션의 처리 과정

❍ 액션 태그
액션 태그는 XML에 기반 한 구문 형식을 가지고 있습니다. 지시자와 스크립트 요소를 살펴볼 때 주로 스크립트 형식으로만 다루었으나
지시자와 스크립트 요소도 XML 형식을 지원하고 있습니다. 그러나 현재까지는 XML 형식의 구문으로 잘 쓰이지 않기 때문에 스크립트
형식 위주로 학습하였고, 이에 비해 액션 태그는 오직 XML 형식으로만 지원을 하고 있습니다.

include 액션 태그의 예제

01 브라우저를 통하여 요청하는 html 페이지를 작성하고 저장합니다.

실습 파일 : source/ch06/includeTag1.html

```
01 : <h1>Include Tag Example1</h1>
02 : <form method="post" action="includeTag1.jsp">
03 : 이름 : <input name="name"><p/>
04 : <input type="submit" value="보내기">
05 : </form>
```

TIP | form 태그

form 태그의 method 속성에는 get 방식과 post 방식 두 가지가 있습니다. get 방식은 전송할 데이터를 URL 뒤에 덧붙여서 보내어지고 용량에 제한이 있는 속성이지만, post 방식은 전송할 데이터를 환경변수(header)에 담아서 넘기고 용량에는 제한이 없는 속성입니다.
참고로 get 방식이 먼저 나왔기 때문에 form 태그에 method의 기본값으로 설정이 되어 있고, post 방식이 나온 이유는 가면 갈수록 HTML에서 전송하는 데이터 용량이 많아져서 get 방식으로는 처리가 불가능해졌기 때문입니다.
그리고 <input type="text" name="test">랑 <input name="test">는 동일하게 브라우저에서는 반응을 합니다. 이유는 input="text"가 디폴트(default)로 지정이 되었기 때문입니다. 앞으로 모든 예제에서 type="text"는 생략 하도록 하겠습니다.

02 포함시키는 jsp 페이지를 작성하고 저장합니다.

실습 파일 : source/ch06/includeTag1.jsp

```
01 : <%@page contentType="text/html;charset=EUC-KR"%>
02 : <%
03 :    request.setCharacterEncoding("euc-kr");          Form으로부터 전송된 한글을 제대로 출력하기
                                                          위해서 필요한 코드입니다.
04 :    String name = "Korea Football";                  includeTagTop1.jsp에서 name 값은 includeTag1.html에서 입력
05 : %>                                                   받은 값으로 처리가 된 후이기 때문에 이 페이지의 name값은
06 : <html>                                              전혀 상관이 없는 값이 됩니다.
07 : <body>
08 : <h1>Include Tag Example1</h1>
09 : <jsp:include page="includeTagTop1.jsp"/>           include 액션 태그로 includeTagTop1.jsp를 포함시키고 있
10 : include ActionTag의 Body입니다.                      습니다. 포함시킬 파일로 이동하여 처리 결과의 내용만을
11 : </body>                                             가지고 다시 현재 페이지로 돌아옵니다.
12 : </html>
```

03 포함되어지는 jsp 페이지를 작성하고 저장합니다.

실습 파일 : source/ch06/includeTagTop1.jsp

```
01 : <%@page contentType="text/html;charset=EUC-KR"%>
02 : <%
03 :    String name = request.getParameter("name");     includeTag1.html에서 입력받은 name 값을 String
                                                          변수로 받아서 6라인에서 출력을 하고 있습니다.
04 : %>
```

```
05 : include ActionTag의 Top입니다.<p/>
06 : <b><%=name%> Fighting!!!</b>
07 : <hr/>
```

04 브라우저를 실행시켜 결과를 확인합니다.

주소는 http://localhost/myapp/ch06/includeTag1.html로 입력합니다.

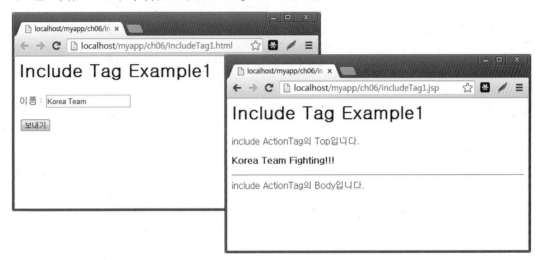

▲ [그림 6-9] includeTag1.jsp 실행화면

include 액션 태그는 포함될 jsp 페이지에 새로운 요청 파라미터를 추가적으로 지정할 수가 있습니다. include 액션 태그의 몸체 안에 〈jsp:param〉 태그를 사용하여 다음과 같은 형태로 사용이 됩니다.

```
<jsp:include page="로컬URL" flush="true">
    <jsp:param name="name_1" value="value_1"/>
    <jsp:param name="name_2" value="value_2"/>
<jsp:include>
```

〈jsp:param〉 태그의 name은 포함될 jsp 페이지 안에 사용될 파라미터의 이름을 나타내며 value 속성은 파라미터의 값을 나타냅니다. 그러면 다음의 예제를 통해서 자세히 보겠습니다.

include 액션 태그의 예제 - 새로운 요청 파라미터 추가

01 브라우저를 통하여 요청하는 html 페이지를 작성하고 저장합니다.

실습 파일 : source/ch06/includeTag2.html

```
01 : <h1>Include Tag Example2</h1>
02 : <form method="post" action="includeTag2.jsp">
03 : SITENAME : <input name="siteName"><p/>
04 : <input type ="submit" value="보내기">
05 : </form>
```

02 포함시키는 jsp 페이지를 작성하고 저장합니다.

실습 파일 : source/ch06/includeTag2.jsp

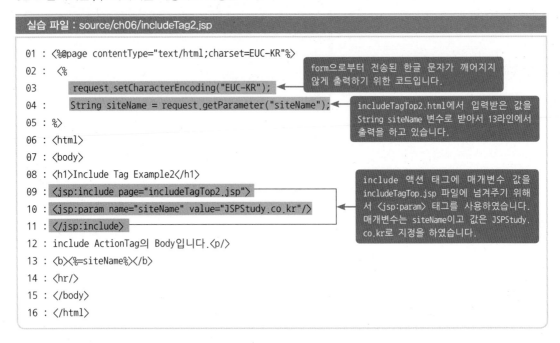

```
01 : <%@page contentType="text/html;charset=EUC-KR"%>
02 :   <%
03 :        request.setCharacterEncoding("EUC-KR");
04 :        String siteName = request.getParameter("siteName");
05 : %>
06 : <html>
07 : <body>
08 : <h1>Include Tag Example2</h1>
09 : <jsp:include page="includeTagTop2.jsp">
10 : <jsp:param name="siteName" value="JSPStudy.co.kr"/>
11 : </jsp:include>
12 : include ActionTag의 Body입니다.<p/>
13 : <b><%=siteName%></b>
14 : <hr/>
15 : </body>
16 : </html>
```

form으로부터 전송된 한글 문자가 깨어지지 않게 출력하기 위한 코드입니다.

includeTagTop2.html에서 입력받은 값을 String siteName 변수로 받아서 13라인에서 출력을 하고 있습니다.

include 액션 태그에 매개변수 값을 includeTagTop.jsp 파일에 넘겨주기 위해서 <jsp:param> 태그를 사용하였습니다. 매개변수는 siteName이고 값은 JSPStudy.co.kr로 지정을 하였습니다.

03 포함되어지는 jsp 페이지를 작성하고 저장합니다.

실습 파일 : source/ch06/includeTagTop2.jsp

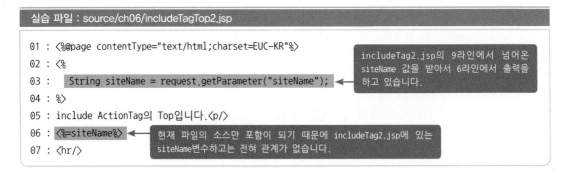

```
01 : <%@page contentType="text/html;charset=EUC-KR"%>
02 : <%
03 :     String siteName = request.getParameter("siteName");
04 : %>
05 : include ActionTag의 Top입니다.<p/>
06 : <%=siteName%>
07 : <hr/>
```

includeTag2.jsp의 9라인에서 넘어온 siteName 값을 받아서 6라인에서 출력을 하고 있습니다.

현재 파일의 소스만 포함이 되기 때문에 includeTag2.jsp에 있는 siteName변수하고는 전혀 관계가 없습니다.

04 브라우저를 실행시켜 결과를 확인합니다.

주소는 http://localhost/myapp/ch06/includeTag2.html로 입력합니다.

▲ [그림 6-10] includeTag2.jsp 실행화면

지금까지 include 액션 태그에 관해 간단히 살펴보았습니다. include 지시자와 그 쓰임새가 비슷하지만 내부적으로 동작하는 것은 많은 차이점이 있습니다. 지시자는 소스의 내용을 그대로 포함하지만 액션 태그 소스의 내용이 아니라 처리 결과물을 포함하게 됩니다. 따라서 지시자의 경우에는 이를 '정적'으로 처리된다고 표현하며, 액션태그의 경우에는 '동적'으로 처리 된다고 표현을 하게 됩니다. 두 문법의 차이점을 관련 예제를 통해 꼭 숙지하기 바랍니다.

02-2 forward 액션 태그

forward 액션 태그는 다른 페이지로 이동할 때 사용되는 태그입니다. jsp 페이지 내에 forward 액션 태그를 만나게 되면 forward 태그가 있던 jsp 페이지의 모든 내용을 버리고서 forward 태그가 지정하는 다른 페이지로 이동하게 됩니다. 따라서 사용자가 입력한 값의 조건에 의해 여러 페이지로 이동해야 할 경우 등에서 사용할 수 있는 태그입니다.

> **TIP** | forward & include
>
> forward 태그의 의미는 전환한다는 것이고, include 태그는 포함한다는 의미입니다. 그래서 forward 태그는 완전히 제어권이 넘어가고 include 태그는 출력되는 내용이 같이 포함되어서 출력이 이루어집니다.

여기서 로컬 URL로 지정된 값은 상대경로나 절대경로를 지정할 수 있고 또 직접 입력하지 않고 동적으로도 부여할 수 있습니다.

```
<jsp:forward page="로컬URL"/>
<jsp:forward page="로컬URL"></jsp:forward>
<jsp:forward page='<%=expression%>'/>
```

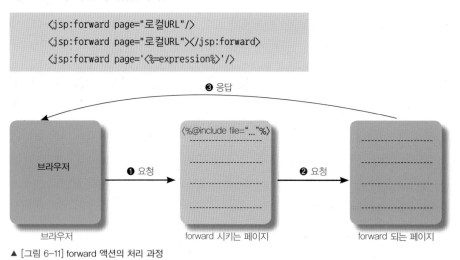

▲ [그림 6-11] forward 액션의 처리 과정

forward 액션 태그의 예제

01 브라우저를 통하여 요청하는 html 페이지를 작성하고 저장합니다.

실습 파일 : source/ch06/forwardTag1.html

```
01 : <h1>Forward Tag Example1</h1>
02 : <form method=post action="forwardTag1_1.jsp">
03 : 아이디 : <input name="id"><p/>
04 : 패스워드 : 패스워드 : <input type="password" name="pwd"><p/>
05 : <input type="submit" value="보내기">
06 : </form>
```

02 forward 시키는 jsp 페이지를 작성하고 저장합니다.

실습 파일 : source/ch06/forwardTag1_1.jsp

```
01 : <%@page contentType="text/html;charset=EUC-KR"%>
02 : <%
03 :     request.setCharacterEncoding("EUC-KR");
04 : %>
05 : <html>
06 : <body>
07 : <h1>Forward Tag Example1</h1>
08 : forward Tag의 포워딩 되기 전의 페이지입니다.        이전의 내용들은 모두 무시되기 때문에 이 내용은
                                                        출력이 되지 않습니다.
09 :     <jsp:forward page="forwardTag1_2.jsp"/>        forward 액션 태그를 통해서 forwardTag1_2.jsp로
                                                        넘어가는 부분입니다.
10 : </body>
11 : </html>
```

03 Forward 되는 jsp 페이지를 작성하고 저장합니다.

실습 파일 : source/ch06/forwardTag1_2.jsp

```
01 : <%@page contentType="text/html;charset=EUC-KR"%>
02 : <%
03 :     String id = request.getParameter("id");
04 :     String pwd = request.getParameter("pwd");
05 : %>
06 : <h1>Forward Tag Example1</h1>
07 : 당신의 아이디는<b><%=id%></b>이고<p/>
08 : 패스워드는 <b><%=pwd%></b> 입니다.
```

> forwardTag1.html에 입력한 값들을 forwardTag1_1.jsp에서 받아서 forward 액션 태그로 forwardTag1_2.jsp로 넘어올 때 요청(request)한 값들도 같이 넘어오게 됩니다.

04 브라우저를 실행시켜 결과를 확인합니다.

주소는 http://localhost/myapp/ch06/forwardTag1.html로 입력합니다.

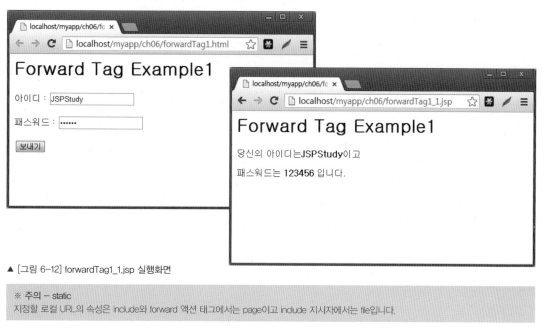

▲ [그림 6-12] forwardTag1_1.jsp 실행화면

※ 주의 – static
지정할 로컬 URL의 속성은 include와 forward 액션 태그에서는 page이고 include 지시자에서는 file입니다.

〈jsp:param〉태그는 액션을 시도하려는 페이지에서 클라이언트 요청시에 포함된 매개변수와는 별도로 추가적인 값이 생길 때 사용하는 태그입니다.

```
<jsp:forward page="로컬URL">
    <jsp:param name="name_1" value="value_1"/>
    <jsp:param name="name_2" value="value_2"/>
</jsp:forward>
```

forward 액션 태그의 예제 - 매개변수의 값 추가

01 브라우저를 통하여 요청하는 html 페이지를 작성하고 저장합니다.

> **실습 파일 : source/ch06/forwardTag2.html**

```
01 : <h1>Forward Tag Example2</h1>
02 : <form method=post action="forwardTag2_1.jsp">
03 : 혈액형별로 성격 테스트<p/>
04 : 당신의 혈액형은?<p/>
05 : <input type="radio" name="bloodType" value="A">A형<br/>
06 : <input type="radio" name="bloodType" value="B">B형<br/>
07 : <input type="radio" name="bloodType" value="O">O형<br/>
08: <input type="radio" name="bloodType" value="AB">AB형<br/>
09 : <input type="submit" value="보내기">
10 : </form>
```

02 forward 시키는 jsp 페이지를 작성하고 저장합니다.

> **실습 파일 : source/ch06/forwardTag2_1.jsp**

```
01 : <%@page contentType="text/html;charset=EUC-KR"%>
02 : <%
03 :    String name = "JSPStudy";
04 :    String bloodType = request.getParameter("bloodType");
05 : %>
06 : <h1>Forward Tag Example2</h1>
07 : <jsp:forward page='<%=bloodType + ".jsp"%>'>
08 :    <jsp:param name="name" value="<%=name%>"/>
09 : </jsp:forward>
```

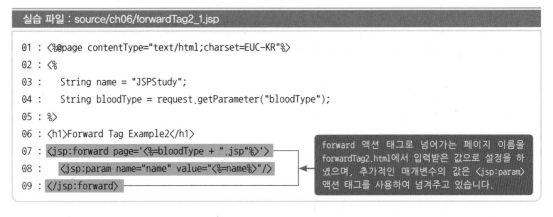

> forward 액션 태그로 넘어가는 페이지 이름을 forwardTag2.html에서 입력받은 값으로 설정을 하였으며, 추가적인 매개변수의 값은 <jsp:param> 액션 태그를 사용하여 넘겨주고 있습니다.

03 forward 되는 jsp 페이지를 코딩하고 저장합니다. 혈액별로 같은 형식이므로 AB.jsp(AB형)만 설명하도록 하겠습니다.

> **실습 파일 : source/ch06/A.jsp, B.jsp, O.jsp, AB.jsp**

```
01 : <%@page contentType="text/html;charset=EUC-KR"%>
02 : <%
03 :    String name = request.getParameter("name");
04 :    String bloodType = request.getParameter("bloodType");
05 : %>
06 : <h1>Forward Tag Example2</h1>
07 : <%=name%>님의 혈액형은
08 : <b><%=bloodType%></b>형이고<p/>
09 : 정확한 판단력을 가진 합리주의자입니다.
```

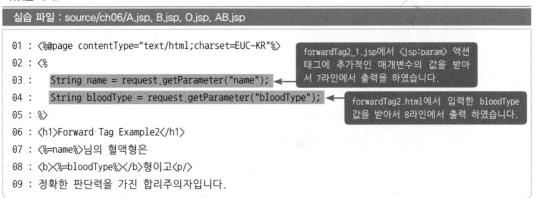

> forwardTag2_1.jsp에서 <jsp:param> 액션 태그에 추가적인 매개변수의 값을 받아서 7라인에서 출력을 하였습니다.

> forwardTag2.html에서 입력한 bloodType 값을 받아서 8라인에서 출력 하였습니다.

04 브라우저를 실행시켜 결과를 확인합니다.

주소는 http://localhost/myapp/ch06/forwardTag2.html로 입력합니다.

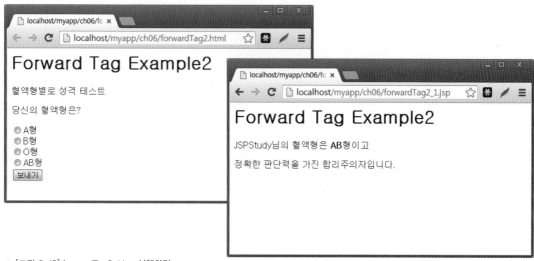

▲ [그림 6-13] forwardTag2_1.jsp 실행화면

02-3 스크립트 요소를 대체하는 액션 태그

05장 JSP 기초문법에서 설명을 드렸든 스크립트 요소와 JSP 지시자를 아래와 같은 액션 태그로 사용을 할 수가 있습니다. 그러나 현재까지는 기존의 스크립트 요소와 JSP 지시자와 비교해서 편리하거나 큰 장점이 없어 많이 사용 하지는 않습니다. 그러나 외부의 코드를 분석을 할 경우에 이러한 코드들이 나올 경우에는 어떤 액션 태그인지는 최소한 알아야 하므로 한번쯤은 테스트 해 보시기 바랍니다. 문법적인 구조는 다음과 같습니다.

```
<jsp:declaration> 코드 </jsp:declaration>
<jsp:scriptlet> 코드 </jsp:scriptlet>
<jsp:expression> 코드 </jsp:expression>
<jsp:directive.page contentType="text/html; charset=EUC-KR" />
<jsp:directive.include file="xxx.jsp" />
```

스크립트 요소를 대체하는 액션 태그의 예제

01 다음과 같이 코드를 작성하고 저장합니다.

실습 파일 : source/ch06/scriptTag.jsp

```
01 : <jsp:directive.page contentType="text/html;charset=EUC-KR" />
02 : <html>
03 : <body>          앞의 page 지시자 (<%@ page) 와 다르게 XML 기반 구분입니다.
04 : <h1>Script Tag Example</h1>
```

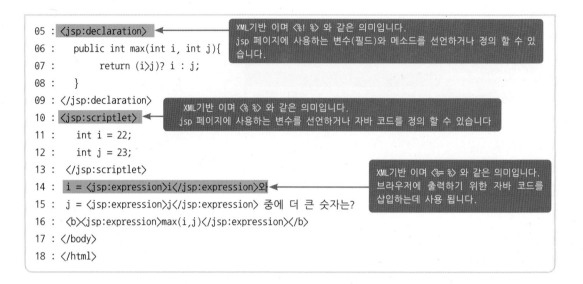

```
05 : <jsp:declaration>            XML기반 이며 <%! %> 와 같은 의미입니다.
06 :    public int max(int i, int j){   jsp 페이지에 사용하는 변수(필드)와 메소드를 선언하거나 정의 할 수 있
07 :        return (i>j)? i : j;        습니다.
08 :    }
09 : </jsp:declaration>
10 : <jsp:scriptlet>            XML기반 이며 <% %> 와 같은 의미입니다.
11 :    int i = 22;             jsp 페이지에 사용하는 변수를 선언하거나 자바 코드를 정의 할 수 있습니다
12 :    int j = 23;
13 : </jsp:scriptlet>
14 : i = <jsp:expression>i</jsp:expression>와   XML기반 이며 <%= %> 와 같은 의미입니다.
15 : j = <jsp:expression>j</jsp:expression> 중에 더 큰 숫자는?   브라우저에 출력하기 위한 자바 코드를
16 : <b><jsp:expression>max(i,j)</jsp:expression></b>   삽입하는데 사용 됩니다.
17 : </body>
18 : </html>
```

02 브라우저를 실행시켜 결과를 확인합니다.

주소는 http://localhost/myapp/ch06/sciptTag.jsp로 입력합니다.

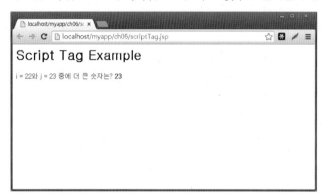

▲ [그림 6-14] scriptTag.jsp 실행화면

02-4 기타 액션 태그

■ plug-in

〈jsp:plugin〉 액션은 자바 플러그인(Java Plug-in)을 사용하여 자바 애플릿을 jsp 페이지에서 실행
할 때 사용하는 액션 태그입니다. JSP 컨테이너는 〈jsp:plugin〉 액션 태그를 브라우저에서 인식할
수 있는 태그로 변환하여 브라우저가 자바 플러그인을 사용하여 자바 애플릿을 실행하도록 만들어
줍니다.

■ useBean

useBean 액션 태그는 자바빈즈(JavaBeans)와 통신을 위해서 구현한 액션 태그입니다.
문법적인 구조는 다음과 같습니다.

```
❶ <jsp:useBean id=".." class=".." scope=".."/>
❷ <jsp:setProperty name=".." property=".." value=".."/>
❸ <jsp:getProperty name=".." property=".."/>
```

useBean 액션 태그는 추가적으로 설명할 부분이 많이 있으므로 중복을 피하기 위해서 09장 JSP와
자바빈즈에서 자세히 다루도록 하겠습니다.

지시자

JSP 지시자는 클라이언트로 전송되는 응답에 직접적인 영향을 끼치기 보다는 jsp 페이지 내에서 JSP Container(Tomcat)에게 해당 페이지를 어떻게 처리할 것인가에 대한 정보를 알려주는데 사용됩니다.

• page 지시자 : jsp 페이지에 지원되는 속성들을 정의하는 지시자

```
<%@page info="text" language="java" contentType="text/html"
    import="java.sql.*" session="true|false" buffer="8KB"
    autoFlush="true|false" isThreadSafe="true|false"
    extends="class명" errorPage="true|false" isErrorPage="true|false"
```

• include 지시자 : jsp 페이지에서 공통적으로 포함하는 내용이 있을 때 JSP 파일에 삽입시킬 수 있는 지시자

```
<%@ include file="로컬URL"%>
```

액션태그

액션 태그는 어떤 동작 또는 액션이 일어나는 시점에서 실행이 일어나는 JSP 태그입니다.

• include 액션 태그 : include 액션 태그는 다른 페이지를 현재 페이지에 포함시킬 수 있는 기능을 가지고 있으며 포함시킬 페이지의 처리 결과를 포함시키는 태그입니다.

```
<jsp:include page="로컬URL" flush="true|false" />
<jsp:include page="로컬URL" flush="true|false" >
    <jsp:param name="name_1" value="value_1" />
</jsp:include>
```

• forward 액션 태그 : forward 액션 태그는 실행 흐름을 현재 페이지에서 forward 태그가 지정한 페이지로 넘어가는 태그입니다.

```
<jsp:forward page="로컬URL" />
<jsp:forward page="로컬URL" >
    <jsp:param name="name_1" value="value_1" />
</jsp:forward>
```

1 JSP 2.2 에서 지원하는 page 지시자를 모두 쓰세요.

2 다음의 page 지시자 중에 중복이 가능한 지시자를 골라서 간단한 예제를 만드세요.

❶ contentType   ❷ import   ❸ extends   ❹ session   ❺ buffer

3 다음의 빈 칸에 들어가야 할 단어는 무엇입니까?

```
01 :   <%@ page contentType="text/html;charset=EUC-KR"%>
02 :   <%@ include ❶___="Top.jsp"%>
03 :   현재페이지의 Body 부분입니다.
04 :   <jsp:include ❷___="Bottom.jsp" />
```

4 include 액션 태그와 forward 액션 태그의 차이점을 설명하세요.

5 다음 코드의 실행 결과를 적으세요.

forwardTest6_1.jsp

```
01 :   <%@ page contentType="text/html;charset=EUC-KR" %>
02 :   <%
03 :       String hobby = "swimming";
04 :   %>
05 :       forward 액션 태그 연습문제입니다.
06 :   <jsp:forward page="forwardTest5_2.jsp">
07 :       <jsp:param name="name" value="JSPStudy" />
08 :       <jsp:param name="hobby" value="<%=hobby%>" />
09 :   </jsp:forward>
```

forwardTest6_2.jsp

```
01 :   <%@ page contentType="text/html;charset=EUC-KR" %>
02 :   <%
03 :       String name = request.getParameter("name");
04 :       String hobby = request.getParameter("hobby");
05 :   %>
06 :   <b><%=name%></b>님의<p>
07 :   취미는 <b><%=hobby%></b>입니다.
```

해답은 618 쪽 연습문제 해답을 참조하세요.

JSP의 내장 객체

jsp 페이지는 프로그래밍을 최대한 단순화시키기 위해 별다른 선언 과정과 객체 생성 없이 사용할 수 있는 9개의 객체들을 제공합니다. 이러한 객체들은 JSP 컨테이너가 제공하며, 이들을 JSP의 내부 객체(Implicit Object)라고 부릅니다.

01 _ 내부 객체란?

내부 객체란 jsp 페이지를 작성할 때 특별한 기능을 제공하는 JSP 컨테이너가 제공하는 특별한 객체(변수)를 말합니다. 이러한 객체는 지금까지 배운 JSP 문법 요소들과 함께 동작해 사용자의 요청을 적절히 처리하여 동적으로 HTML을 생성하게 됩니다. 지금까지 예제에서 보아온 "request" 라는 이름의 변수는 바로 이러한 내부 객체 중 하나로 사용자의 요청(request)에 대한 정보를 처리하기 위해 제공되어 집니다.

```jsp
<%@page contentType="text/html;charset=EUC-KR"%>
<%
    String name = request.getParameter("name");
%>
<%=name%>
```

JSP 페이지(Test..jsp)

서블릿으로
변환된 소스
(Test$jsp.java)

```java
...
public class Test$jsp extends HttpJspBase{
...
public void _jspService(HttpServletRequest request, HttpServletResponse response)
 throws java.io.IOException, ServletException{

JspFactory _jspxFactory = null;
PageContext pageContext = null;
HttpSession session = null;
ServletContext application = null;
ServletConfig config = null;
JspWriter out = null;
Object page = this;
...
response.setContextType("text/html;charset=EUC-KR");
pageContext = _jspxFactory.getPageContext(this, request, response,
            "", ture, 8192, true);

application = pageContext.getServletContext();
config = pageContext.getServletConfig();
session = pageContext.getSession();
out = pageContext.getOut();
...
String name = request.getParameter("name");
...
out.print(name);
...
  }
 }
밑줄로 선언된 내부 객체 변수들
```

▲ [그림 7-1] jsp 페이지가 서블릿 소스로 변환

TIP ▎ 내부 객체

내부 객체의 정확한 명칭은 JSP 규약에서는 implicit object입니다. 국내의 출판된 서적에서는 내장객체, 내부 객체, JSP의 기본 객체 등 조금씩 다르게 번역을 하여 표현을 하고 있습니다. 이 책에서는 내부 객체로 표현을 하겠습니다.

그림 7-1에서 보는 것처럼 내부 객체는 사용자가 직접적으로 선언하여 사용하는 것이 아닙니다. 예를 들어 String name = "홍길동" 과 같이 name 이라는 변수를 선언하고 그 선언된 변수를 사용하는 것이 아니라 내부적으로(JSP 컨테이너)가 내부 객체를 약속된 이름으로 생성해서 제공하기 때문에 우리는 단지 그냥 사용하기 위해 호출하는 것으로만 충분한 것입니다.

그럼, 이러한 JSP 컨테이너가 제공하는 내부 객체에는 어떠한 것이 있는지 알아보겠습니다.
내부 객체는 사용되는 범주에 따라 4가지 형태로 분류가 됩니다.

- jsp 페이지 입출력 관련 내부 객체
- jsp 페이지 외부 환경 정보 제공 내부 객체
- jsp 페이지 서블릿 관련 내부 객체
- jsp 페이지 예외 관련 기본 객체

이러한 내부 객체에는 모두 9개가 있으며, 주로 많이 사용하는 것이 있습니다. 이제부터 주로 많이 사용하게 될 내부 객체를 중심으로 예제를 통해 설명 드리도록 하겠습니다.
아래는 지금까지 사용해 온 request 객체를 사용한 코드의 일부분입니다.

```
String name = request.getParameter("name");
//name이라는 파라미터 값을 구하는 getParameter() 메소드는 request(특정한 객체명)으로 호출을 하였습니다.
```

여기서 잠깐!

자바의 객체는 변수와 메소드로 이루어져 있습니다. 이러한 변수와 메소드를 사용하기 위해서는 먼저 객체를 생성하고 특정한 변수(참조 변수)를 통해서 객체에 접근할 수가 있습니다.

```java
public class A{
    private String msg = "Good Luck!";
    public String message(){
        return msg;
    }
public static void main(String args[]){
    A a = new A();
    // 객체 A를 생성하고 a(참조변수)가 가리키고 있습니다.
    System.out.println(a.message());
    // a를(특정한 변수) 통해서 객체 A가 가지고 있는 message 메소드를 호출 하고 있습니다.
    }
}
```

여기서는 자바의 구조를 이해하기 보다는 위의 예와 같이 특정한 일을 수행하는 기능(메소드, 함수)을 사용하기 위해서는 직접 프로그래밍 하여 객체를 생성하고, 생성된 객체를 통해 처리해야 한다는 사실을 이해하는 것이 중요합니다. 하지만 내부 객체란 이렇게 프로그래밍하고 생성하여 사용하는 것이 아니라 이미 컨테이너에 의해 제공되는 객체라는 사실입니다.

내부 객체는 특정한 자바 클래스 또는 인터페이스의 형태를 가지고 있습니다. 각각의 특정한 변수명과 용도에 대해서 살펴보겠습니다.

| TIP | 대문자와 소문자의 사용 |

자바에서 클래스명은 대문자로 시작하고 변수와 메소드는 소문자로 시작합니다. 썬마이크로시스템즈(SUN)사에서 만들어서 배포한 클래스와 변수, 메소드들이 그렇게 만들어져 있고 또 그런 관행들을 프로그래머들이 지키고 있는 것입니다. 그러나 꼭 이렇게 해야 할 문법적인 당위성은 없습니다. 엄격하게 대소문자를 구분하지만 반드시 대소문자로 만들지 않아도 프로그램은 에러가 나지 않습니다. 그렇지만 처음 보는 사람들도 한 번에 알아볼 수 있도록 원칙을 지키는 것이 권장할 사항입니다.

내부 객체	Type	설명
request	javax.servlet.http.HttpServletRequest	파라미터를 포함한 요청을 담고 있는 객체
response	javax.servlet.http.HttpServletResponse	요청에 대한 응답을 담고 있는 객체
out	javax.servlet.jsp.JspWriter	페이지 내용을 담고 있는 출력 스트림 객체
session	javax.servlet.http.HttpSession	세션 정보를 담고 있는 객체
application	javax.servlet.ServletContext	어플리케이션 Context의 모든 페이지가 공유할 데이터를 담고 있는 객체
pageContext	javax.servlet.jsp.PageContext	페이지 실행에 필요한 Context 정보를 담고 있는 객체
page	javax.servlet.jsp.Http.JspPage	jsp 페이지의 서블릿 객체
contig	javax.servlet.ServletConfig	jsp 페이지의 서블릿 설정 데이터 초기화 정보 객체
exctption	java.lang.Throwable	jsp 페이지의 서블릿 실행 시 처리하지 못한 예외 객체

▲ [표 7-1] jsp 페이지의 내부 객체

표 7-1에서 보는 것처럼 내부 객체에는 여러 가지가 있습니다. 이러한 내부 객체 하나하나 마다 서로 각각 자신만의 기능들을 포함하고 있습니다. 이러한 각각 내부 객체마다 가지고 있는 특징적인 기능들을 충분히 이해하고 사용함으로써 하나의 완성된 JSP 프로그램이 가능하게 됩니다. 이미 설명 드린 대로 이러한 내부 객체는 JSP 컨테이너에 의해서 생성되고 제공되어 집니다.

여기서 잠깐!

스크립트 요소에서 내부 객체와 동일한 변수 명으로 선언할 수가 없습니다.
만약에 9개의 내부 객체 변수명과 동일한 이름으로 스크립트 요소에서 선언을 하였다면
    `String page = null;`
아래와 같은 에러가 발생이 됩니다.
    `Variable 'page' is already defined in this method`
    (이 메소드에는 이미 page 변수가 선언이 되었습니다.)
선언문에서는 동일한 이름으로 선언할 수는 있지만 권장할 만한 방법은 아닙니다.

※ 주의
선언문에서는 내부 객체를 사용할 수가 없습니다. 그 이유는 내부 객체는 jsp 페이지가 서블릿으로 변환이 된 소스에서 _jspService() 메소드 안에 선언이 되므로 class 안에서 선언이 되는 선언문에서는 내부 객체를 참조할 수가 없습니다.
이 부분이 이해가 잘되지 않는 분은 5장 JSP 기초문법에서 선언문이 만들어지는 위치를 참고하시기 바랍니다.

참고로 exception 내부 객체는 jsp 페이지가 에러 페이지로 지정이 될 때 만들어지는 객체 이므로 일반적인 jsp 페이지에서는 만들어지지 않습니다. 좀 더 자세한 부분은 exception 내부 객체에서 다루도록 하겠습니다.

request, session, application, pageContext 내부 객체는 임의 속성 값(attribute)을 저장 하고 읽을 수 있는 메소드를 제공하고 있습니다. 속성 값을 저장하고 읽을 수 있는 기능은 jsp 페이지들 또는 서블릿 간에 정보를 주고받을 수 있도록 해 줍니다.

메소드	설명
setAttribute(key, value)	주어진 key(이름 등)에 속성값을 연결합니다.
getAttributeNames()	모든 속성의 이름을 얻어냅니다.
getAttribute(key)	주어진 key에 연결된 속성값을 얻어냅니다.
removeAttribute(key)	주어진 key에 연결된 속성값을 제거합니다.

▲ [표 7-2] 내부 객체의 속성을 저장하고 읽어내는 공통 메소드

메소드의 파라미터 값으로 value는 Object 타입이므로 객체의 모든 타입을 저장할 수 있으며 key는 String 타입의 객체 형태를 가지고 있습니다. 앞으로 많은 예제들에서 공통 메소드를 다루게 될 것입니다.
이제부터 내부 객체에 대해 각각의 객체들이 가지고 있는 메소드의 기능과 활용 방법을 간단한 예제를 통해서 학습하겠습니다.

02 _ request, response, out 내부 객체

request, response, out 내부 객체는 jsp 페이지 입출력과 관련한 내부 객체에 해당합니다. 클라이언트로부터 jsp 페이지의 호출에 의해서 전달되는 데이터의 요청과 응답 그리고 출력의 역할을 담당하는 내부 객체들입니다.

02-1 request

request 객체는 브라우저에서 jsp 페이지로 전달되는 데이터의 묶음으로 HTTP 헤더와 HTTP 바디로 구성되어 있습니다. JSP 컨테이너는 요청된 HTTP 메시지를 통해 HttpServletRequest 객체 타입의 request 객체명으로 사용합니다.

다음은 request 객체의 요청 메소드를 정리한 것입니다.

메소드	설명
String getParameter(name)	name에 할당된 값을 반환하며 지정된 파라미터 값이 없으면 null 값을 반환합니다.
String[] getParameterValues(name)	name의 모든 값을 String 배열로 반환합니다.
Enumeration getParameterNames()	요청에 사용된 모든 파라미터 이름을 java.util.Enumeration 타입으로 반환합니다.
void setCharacterEncoding(env)	post 방식으로 요청된 문자열의 character encoding을 설정합니다.

▲ [표 7-3] request 내부 객체의 요청 파라미터 메소드

이렇게 여러 가지의 요청에 대한 정보를 제공하는 메소드를 제공함으로써 프로그래머는 자신이 처한 상황에 따라 메소드를 사용하여 폼 태그로부터 넘어오는 요청정보를 분석할 수 있게 됩니다. 예를 들어 폼 태그로부터 넘어온 파라미터의 이름을 모두 알고 싶은 경우에는 getParameterNames() 메소드를 사용합니다. 또한 폼 태그에서 체크박스와 같은 파라미터의 이름은 같지만 서로 다른 값들이 선택되어져 넘어오는 경우에는 String 타입의 배열로 값을 받을 수 있도록 getParameterValues(name) 등의 메소드가 제공되어 집니다.

일반적으로 가장 많이 사용하는 메소드는 getParameter(name)입니다.

request 예제

01 브라우저를 통하여 데이터를 요청하는 html 페이지를 작성하고 저장합니다.

실습 파일 : source/ch07/request1.html

```
01 : <h1>Request Example1</h1>
02 : <form method="post" action="request1.jsp">
03 :   성명 : <input name="name"><br/>
04 :   학번 : <input name="studentnum"><br/>
05 :   성별 : 남자 <input  type="radio" name="gender" value="man" checked>
06:           여자 <input type="radio" name="gender" value="woman"><br/>
07 : 전공 : <select name="major">
08 :         <option selected value="국문학과">국문학과</option>
09 :         <option value="영문학과">영문학과</option>
10 :         <option value="수학과">수학과</option>
11 :         <option value="정치학과">정치학과</option>
12 :         <option value="체육학과">체육학과</option>
13 :         </select><br/>
14 : <input type="submit" value="보내기">
15 : </form>
```

> **TIP** getParameter() 메소드 매개변수
>
> getParameter() 메소드의 매개변수들은 요청한 페이지의 form 안에 있는 요소들의 name 값입니다. 예를 들어 <input name="id">의 값을 반환하기 위해서 getParameter() 메소드의 매개변수는 id가 됩니다.

02 요청한 데이터를 반환하는 jsp 페이지를 작성하고 저장합니다.

실습 파일 : source/ch07/request1.jsp

```jsp
01 : <%@ page contentType="text/html;charset=EUC-KR"%>
02 : <%
03 :     request.setCharacterEncoding("EUC-KR");
04 :     String name = request.getParameter("name");
05 :     String studentNum = request.getParameter("studentNum");
06 :     String gender = request.getParameter("gender");
07 :     String major = request.getParameter("major");
08 :
09 :     if(gender.equals("man")){
10 :         gender = "남자";
11 :     }else{
12 :         gender = "여자";
13 :     }
14 : %>
15 : <h1>Request Example1</h1>
16 : 성명 : <%=name%><p/>
17 : 학번 : <%=studentNum%><p/>
18 : 성별 : <%=gender%><p/>
19 : 학과 : <%=major%>
```

> 요청된 값들의 인코딩 타입을 한글로 인식하기 위한 부분입니다.

> request1.html 페이지에서 요청한 파라미터 값들을 request 객체의 getParameter() 메소드로 반환하고 있습니다.

03 브라우저를 실행시켜 결과를 확인합니다.

주소는 http://localhost/myapp/ch07/request1.html로 입력합니다.

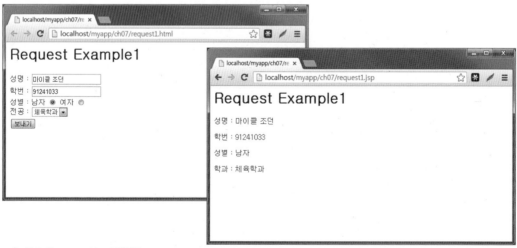

▲ [그림 7-2] request1.jsp 실행화면

request 객체는 이처럼 사용자가 입력 폼으로부터 특정한 값을 입력하거나 선택한 값을 jsp 페이지 내에서 값을 받아와 처리하기 위해서 사용할 수 있습니다. 물론 이외에도 request 객체는 다음과 같이 웹 브라우저와 웹 서버의 정보를 가져오기 위해서도 사용되어 집니다.

다음의 표는 클라이언트와 서버의 정보를 가져올 request 객체의 메소드를 정리한 것입니다.

메소드	설명
String getMethod()	요청에 사용된 요청 방식(GET, POST, PUT)을 반환합니다.
String getRequestURI()	요청에 사용된 URL로부터 URI을 반환합니다.
String getQueryString()	요청에 사용된 Query 문장을 반환합니다.
String getRemoteHost()	클라이언트의 호스트 이름을 반환합니다.
String getRemoteAddr()	클라이언트의 주소를 반환합니다.
String getProtocol()	사용 중인 프로토콜을 반환합니다.
String getServerName()	서버의 도메인 이름을 반환합니다.
int getServerPort()	서버의 주소를 반환합니다.
String getHeader(name)	HTTP 요청 헤더에 지정된 name의 값을 반환합니다.

▲ [표 7-3] request 내부 객체의 요청 파라미터 메소드

request 예제 – 웹 브라우저와 웹 서버의 정보 반환

01 요청한 데이터를 반환하는 jsp 페이지를 작성하고 저장합니다.

실습 파일 : source/ch07/request2.jsp

```
01 : <%@ page contentType="text/html;charset=EUC-KR"%>
02 : <%
03 :     String protocol = request.getProtocol();
04 :     String serverName = request.getServerName();
05 :     int serverPort = request.getServerPort();
06 :     String remoteAddr = request.getRemoteAddr();
07 :     String remoteHost = request.getRemoteHost();
08 :     String method = request.getMethod();
09 :     StringBuffer requestURL = request.getRequestURL();
10 :     String requestURI = request.getRequestURI();
11 :     String useBrowser = request.getHeader("User-Agent");
12 :     String fileType = request.getHeader("Accept");
13 : %>
14 : <h1>Request Example2</h1>
15 : 프로토콜 : <%=protocol%><p/>
16 : 서버의 이름 : <%=serverName%><p/>
```

17 : 서버의 포트 번호 :<%=serverPort%><p/>

18 : 사용자 컴퓨터의 주소 : <%=remoteAddr%><p/>

19 : 사용자 컴퓨터의 이름 : <%=remoteHost%><p/>

20 : 사용 method : <%=method%><p/>

21 : 요청 경로(URL) : <%=requestURL%><p/>

22 : 요청 경로(URI) : <%=requestURI%><p/>

23 : 현재 사용하는 브라우저 : <%=useBrowser%><p/>

24 : 브라우저가 지원하는 file의 type : <%=fileType%><p/>

TIP | 루프백 주소

루프백 주소(0:0:0:0:0:0:0:1 또는 ::1)는 루프백 인터페이스를 식별하는 데 사용되며 노드가 자신에게 패킷을 보낼 수 있도록 합니다. 이 주소는 IPv4 루프백 주소 127.0.0.1과 같습니다. 루프백 주소가 지정된 패킷은 링크에서 전송되거나 라우터에 의해 전달되면 안 됩니다. 필자의 컴퓨터에는 사용자 컴퓨터의 주소가 0:0:0:0:0:0:0:1로 표기되었지만 127.0.0.1로 표기되어 나올 수도 있습니다.

※ 주의
브라우저가 지원하는 파일 타입은 브라우저에서 직접적으로 볼 수 있는 파일이거나 또는 실행 프로그램을 호출할 수 있는 파일입니다. 만약 컴퓨터에 MS Office가 설치되어 있으면 Excel, Powerpoint, Word 지원이 가능합니다. 만약 MS Office가 설치된 분은 브라우저가 지원하는 파일타입으로 ms-excel, ms-powerpoint, ms-word가 나오므로 유의하시기 바랍니다.이 부분이 이해가 잘되지 않는 분은 5장 JSP 기초문법에서 선언문이 만들어지는 위치를 참고하시기 바랍니다.

02 브라우저를 실행시켜 결과를 확인합니다.

주소는 http://localhost/myapp/ch07/request2.jsp로 입력합니다.

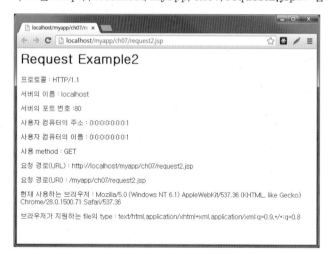

▲ [그림 7-3] request2.jsp 실행화면

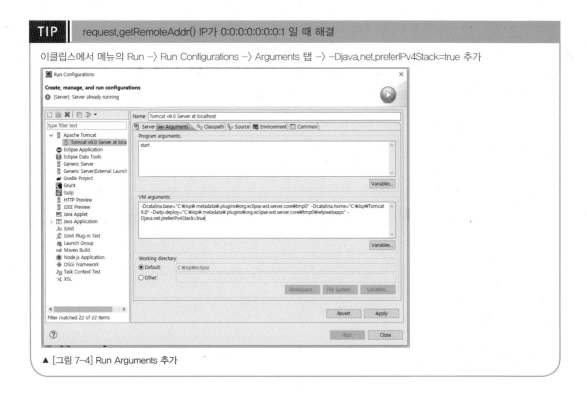

TIP | request.getRemoteAddr() IP가 0:0:0:0:0:0:0:1 일 때 해결

이클립스에서 메뉴의 Run -〉 Run Configurations -〉 Arguments 탭 -〉 -Djava.net.preferIPv4Stack=true 추가

▲ [그림 7-4] Run Arguments 추가

02-2 response

response 객체는 요청을 시도한 클라이언트로 전송할 응답을 나타내는 데이터의 묶음입니다. JSP 컨테이너는 요청된 HTTP 메시지를 통해 HttpServletResponse 객체 타입으로 사용되고 response 객체명으로 사용합니다.

다음의 표는 response 객체의 요청 메소드를 정리한 것입니다.

메소드	설명
void setHeader(name, value)	응답에 포함될 Header를 설정합니다.
void setContentType(type)	출력되는 페이지의 contentType을 설정합니다.
String getCharacterEncoding()	요청에 사용된 Query 문장을 반환합니다.
void sendRedirect(url)	지정된 URL로 요청을 재전송합니다.

▲ [표 7-5] response 내부 객체의 메소드

setHeader(name, value) 메소드는 HTTP 응답 Header 설정을 위한 메소드입니다. 브라우저가 캐시에 저장하여 사용하지 않고 매번 새로운 요청을 통해 서버로부터 전송받도록 적절한 Header 설정을 예제를 통해 알아보겠습니다.

response 예제

01 응답을 보내는 jsp 페이지를 작성하고 저장합니다.

> **실습 파일 : source/ch07/response1.jsp**

```
01 : <h1>Response Example1</h1>
02 : <%
03 :     response.sendRedirect("response1_1.jsp");
04 : %>
```

> **TIP** | Pragma와 Cache-Control
>
> Pragma와 Cache-Control은 브라우저나 프록시 서버로 하여금 요청 시에 cache된 문서 처리를 위한 헤더입니다. HTTP 1.0에서는 Pragma이고 HTTP 1.1에서는 Cache-Control 헤더에 value 값을 지정할 수 있습니다.

02 요청에 따라 서버에서 문서를 찾아 보내는 jsp 페이지를 작성하고 저장합니다.

> **실습 파일 : source/ch07/response1_1.jsp**

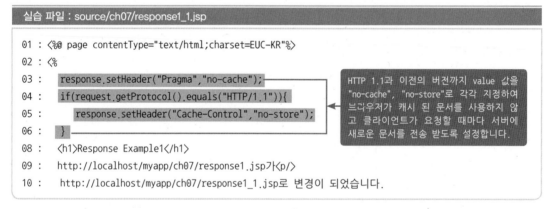

```
01 : <%@ page contentType="text/html;charset=EUC-KR"%>
02 : <%
03 :     response.setHeader("Pragma","no-cache");
04 :     if(request.getProtocol().equals("HTTP/1.1")){
05 :         response.setHeader("Cache-Control","no-store");
06 :     }
08 :     <h1>Response Example1</h1>
09 :     http://localhost/myapp/ch07/response1.jsp가<p/>
10 :     http://localhost/myapp/ch07/response1_1.jsp로 변경이 되었습니다.
```

> HTTP 1.1과 이전의 버전까지 value 값을 "no-cache", "no-store"로 각각 지정하여 브라우저가 캐시 된 문서를 사용하지 않고 클라이언트가 요청할 때마다 서버에 새로운 문서를 전송 받도록 설정합니다.

03 브라우저를 실행시켜 결과를 확인합니다.

주소는 http://localhost/myapp/ch07/response1.jsp로 입력합니다.

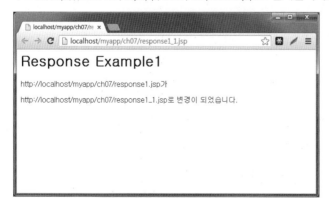

▲ [그림 7-5] response1_1.jsp 실행화면

02-3 out

out 객체는 jsp 페이지의 결과를 클라이언트에 전송해 주는 출력 스트림을 나타내며 jsp 페이지가 클라이언트에게 보내는 모든 정보는 out 객체를 통해서 전달됩니다. out 객체는 java.io.Writer 클래스를 상속받은 javax.servlet.jsp.JspWriter 클래스 타입의 객체이며, out 객체명으로 사용합니다.

```
<%
String teamName = "KOREA";
out.println(teamName);
//브라우저에 출력을 위한 out 객체가 제공하는 println 메소드
%>
```

다음의 표는 out 내부 객체가 제공하는 JSP 관련 메소드이며, 출력 버퍼에 대해서도 함께 제공하고 있습니다.

메소드	설명
boolean isAutoFlush()	출력 버퍼가 다 채워져 자동으로 flush 했을 경우는 true 반환. 그렇지 않은 경우는 false를 반환합니다.
int getBufferSize()	출력 버퍼의 전체 크기를 바이트 단위로 반환합니다.
int getRemaining()	출력 버퍼의 남은 양을 바이트 단위로 반환합니다.
void clearBuffer()	현재 출력 버퍼에 저장된 내용을 취소합니다.
String println(string)	string을 브라우저에 출력합니다.
void flush()	현재 출력 버퍼의 내용을 flush하여 클라이언트로 전송합니다.
void close()	출력 버퍼의 내용을 flush하고 스트림을 닫습니다.

▲ [표 7-6] out 내부 객체의 메소드

> **TIP** ‖ 〈%=코드%〉와 out.pritnln(코드)의 차이점?
>
> jsp 페이지가 서블릿으로 변환될 때 〈%=코드%〉 부분은 out.println(코드)로 변환이 되어 실행되므로 〈%=코드%〉와 out.println(코드)는 둘 다 브라우저에 출력시키는 똑같은 역할을 하는 것입니다. 다만 jsp 페이지에서 개발자들에게 편의성을 제공하기 위해서 표현식이 만들어진 것입니다.

out 예제

01 페이지의 buffer 상태를 출력하는 jsp 페이지를 작업하고 저장합니다.

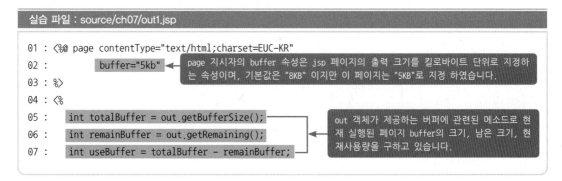

```
실습 파일 : source/ch07/out1.jsp

01 : <%@ page contentType="text/html;charset=EUC-KR"
02 :        buffer="5kb"      ◄── page 지시자의 buffer 속성은 jsp 페이지의 출력 크기를 킬로바이트 단위로 지정하
                                는 속성이며, 기본값은 "8KB" 이지만 이 페이지는 "5KB"로 지정 하였습니다.
03 : %>
04 : <%
05 :     int totalBuffer = out.getBufferSize();       out 객체가 제공하는 버퍼에 관련된 메소드로 현
06 :     int remainBuffer = out.getRemaining();    ◄── 재 실행된 페이지 buffer의 크기, 남은 크기, 현
07 :     int useBuffer = totalBuffer - remainBuffer;   재사용량을 구하고 있습니다.
```

```
08 : %>
09 : <h1>Out Example1</h1>
10 : <b>현재 페이지의 Buffer 상태</b><p/>
11 : 출력 Buffer의 전체 크기 : <%=totalBuffer%>byte<p/>
12 : 남은 Buffer의 크기 : <%=remainBuffer%>byte<p/>
13 : 현재 Buffer의 사용량 : <%=useBuffer%>byte<p/>
```

TIP ‖ 버퍼(buffer)란?

동작 속도가 크게 다른 두 장치 간의 인터페이스가 서로의 속도차를 조정하기 위해 이용되는 일시적인 기억 영역을 말합니다. 버퍼는 각 장치나 프로세스가 상대방에 의해 정체되지 않고 잘 동작할 수 있도록 해주며 효율적인 버퍼를 만들기 위해서는, 버퍼의 크기를 상황에 맞게 잘 설계하고, 데이터를 버퍼로 집어넣거나 빼내기 쉽도록 개발하는 것이 중요합니다.

02 브라우저를 실행시켜 결과를 확인합니다.

주소는 http://localhost/myapp/ch07/out1.jsp로 입력합니다.

▲ [그림 7-6] out1.jsp 실행화면

03 _ session, application, pageContext 내부 객체

session, application, pageContext 내부 객체는 현재 실행되는 페이지의 외부 환경 정보(context)와 관련된 내부 객체들입니다. session은 요청에 관한 Context를 제공하고 application은 서블릿 Context를 제공하며, pageContext는 jsp 페이지 자체의 Context를 제공합니다.

03-1 session

session 객체는 클라이언트 요청에 대한 context 정보의 세션과 관련된 정보(데이터)를 저장하고 관리하는 내부 객체입니다.

내부 객체는 jsp 페이지 내의 스크립트릿에서 묵시적으로 사용할 수가 있지만 session 객체는 page 지시자의 session 속성이 true(기본값)로 설정되어 있어야 사용할 수가 있습니다. 그러나 jsp 페이지 중에 session 객체가 필요 없는 페이지라면 session 속성을 false로 설정하는 것이 자원 활용에 조금이라도 도움이 됩니다.

다음 표는 세션 관리를 위해 제공되는 session 내부 객체의 메소드입니다.

메소드	설명
String getId()	해당 세션의 세션 ID를 반환합니다.
long getCreationTime()	세션의 생성된 시간을 반환합니다.
long getLastAccessedTime()	클라이언트 요청이 마지막으로 시도된 시간을 반환합니다.
void setMaxInactiveInterval(time)	세션을 유지할 시간을 초단위로 설정합니다.
int getMaxInactiveInterval()	string을 브라우저에 출력합니다.
boolean isNew()	클라이언트 세션 ID를 할당하지 않은 경우 true 값을 반환합니다.
void invalidate()	해당 세션을 종료 시킵니다.

▲ [표 7-7] session 내부 객체의 메소드

이제 session을 이용한 간단한 예제를 살펴보겠습니다.

session 예제

01 비밀번호와 아이디를 입력받을 html 페이지를 작성하고 저장합니다.

실습 파일 : source/ch07/session1.html

```
01 : <h1>Session Example1</h1>
02 : <form method="post" action="session1.jsp">
03 :    아이디 : <input name="id"><p/>
04 :    비밀번호 : <input type="password" name="pwd"><p/>
05 :    <input type="submit" value="로그인">
06 : </form>
```

02 session 개체의 연결을 설정하는 jsp 페이지를 작성하고 저장합니다.

TIP | Session vs Cookie?

Http 프로토콜은 상태가 없는, 즉 이전에 무엇을 했고, 지금 무엇을 했는지에 대한 정보가 없는 특징을 가지고 있습니다. 이러한 점을 보완하기 위해서 Session과 Cookie가 나왔습니다.
Session은 서버가 자신에게 접속한 클라이언트의 정보를 갖고 있는 상태를 말하고 그 반대로 쿠키는 세션과는 달리 서버에 클라이언트의 정보를 담아두지 않고 클라이언트 자신들에게 그 정보를 저장합니다.

실습 파일 : source/ch07/session1.jsp

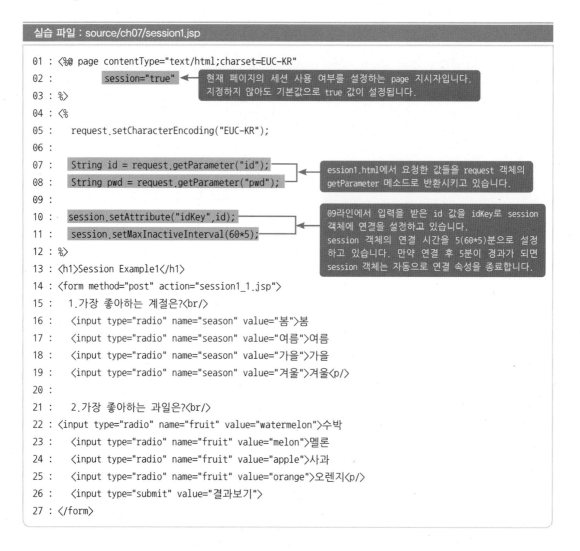

```
01 : <%@ page contentType="text/html;charset=EUC-KR"
02 :           session="true"
03 : %>
04 : <%
05 :     request.setCharacterEncoding("EUC-KR");
06 :
07 :     String id = request.getParameter("id");
08 :     String pwd = request.getParameter("pwd");
09 :
10 :     session.setAttribute("idKey",id);
11 :     session.setMaxInactiveInterval(60*5);
12 : %>
13 : <h1>Session Example1</h1>
14 : <form method="post" action="session1_1.jsp">
15 :     1.가장 좋아하는 계절은?<br/>
16 :     <input type="radio" name="season" value="봄">봄
17 :     <input type="radio" name="season" value="여름">여름
18 :     <input type="radio" name="season" value="가을">가을
19 :     <input type="radio" name="season" value="겨울">겨울<p/>
20 :
21 :     2.가장 좋아하는 과일은?<br/>
22 : <input type="radio" name="fruit" value="watermelon">수박
23 :     <input type="radio" name="fruit" value="melon">멜론
24 :     <input type="radio" name="fruit" value="apple">사과
25 :     <input type="radio" name="fruit" value="orange">오렌지<p/>
26 :     <input type="submit" value="결과보기">
27 : </form>
```

현재 페이지의 세션 사용 여부를 설정하는 page 지시자입니다. 지정하지 않아도 기본값으로 true 값이 설정됩니다.

ession1.html에서 요청한 값들을 request 객체의 getParameter 메소드로 반환시키고 있습니다.

09라인에서 입력을 받은 id 값을 idKey로 session 객체에 연결을 설정하고 있습니다.
session 객체의 연결 시간을 5(60*5)분으로 설정하고 있습니다. 만약 연결 후 5분이 경과가 되면 session 객체는 자동으로 연결 속성을 종료합니다.

---

03 요청한 값들을 반환하는 jsp 페이지를 작성하고 저장합니다.

실습 파일 : source/ch07/session1_1.jsp

```
01 : <%@ page contentType="text/html;charset=EUC-KR"%>
02 : <%
03 :     request.setCharacterEncoding("EUC-KR");
```

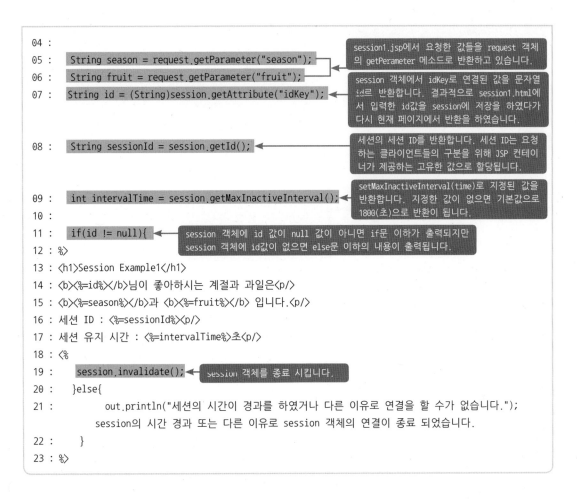

```
04 :
05 :    String season = request.getParameter("season");
06 :    String fruit = request.getParameter("fruit");
07 :    String id = (String)session.getAttribute("idKey");


08 :    String sessionId = session.getId();


09 :    int intervalTime = session.getMaxInactiveInterval();
10 :
11 :    if(id != null){
12 : %>
13 : <h1>Session Example1</h1>
14 : <b><%=id%></b>님이 좋아하시는 계절과 과일은<p/>
15 : <b><%=season%></b>과 <b><%=fruit%></b> 입니다.<p/>
16 : 세션 ID : <%=sessionId%><p/>
17 : 세션 유지 시간 : <%=intervalTime%>초<p/>
18 : <%
19 :     session.invalidate();
20 :     }else{
21 :         out.println("세션의 시간이 경과를 하였거나 다른 이유로 연결을 할 수가 없습니다.");
               session의 시간 경과 또는 다른 이유로 session 객체의 연결이 종료 되었습니다.
22 :     }
23 : %>
```

05 : session1.jsp에서 요청한 값들을 request 객체의 getPerameter 메소드로 반환하고 있습니다.

07 : session 객체에서 idKey로 연결된 값을 문자열 idzr 반환합니다. 결과적으로 session1.html에서 입력한 id값을 session에 저장을 하였다가 다시 현재 페이지에서 반환을 하였습니다.

08 : 세션의 세션 ID를 반환합니다. 세션 ID는 요청하는 클라이언트들의 구분을 위해 JSP 컨테이너가 제공하는 고유한 값으로 할당됩니다.

09 : setMaxInactiveInterval(time)로 지정된 값을 반환합니다. 지정한 값이 없으면 기본값으로 1800(초)으로 반환이 됩니다.

11 : session 객체에 id 값이 null 값이 아니면 if문 이하가 출력되지만 session 객체에 id값이 없으면 else문 이하의 내용이 출력됩니다.

19 : session 객체를 종료 시킵니다.

04 브라우저를 실행시켜 결과를 확인합니다.

주소는 http://localhost/myapp/ch07/session1.html로 입력합니다.

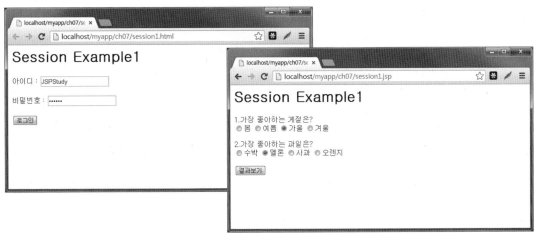

▲ [그림 7-7] session1.html과 session1.jsp 실행화면

▲ [그림 7-8] session1_1.jsp 실행화면

session은 많은 기능과 좀 더 깊은 기술적인 메커니즘이 있지만 이번 장에서는 session의 기본 개념과 메소드의 내용에 대해서만 학습하고 12장 세션과 쿠키에서는 좀 더 실무적인 예제를 통해서 학습하겠습니다.

03-2 application

application 객체는 서블릿 또는 어플리케이션 외부 환경 정보(Context)를 나타내는 내부 객체입니다. application 객체를 통해서 어플리케이션이 실행되는 서버의 정보와 서버 측 자원에 대한 정보를 얻어내거나 어플리케이션이 실행하고 있는 동안에 발생할 수 있는 이벤트 로그와 관련된 기능들을 제공합니다. application 객체는 javax.servlet.ServletContext 객체 타입으로 제공을 합니다.

다음의 표는 서블릿 서버 정보와 application 객체 관련 메소드입니다.

메소드	설명
String getServerInfo()	서블릿 컨테이너의 이름과 버전을 반환합니다.
String getMimeType(fileName)	지정한 파일의 MIME 타입을 반환합니다.
String getRealPath(url)	URL를 로컬 파일 시스템으로 변경하여 반환합니다.
void log(message)	로그 파일에 message를 기록합니다.

▲ [표 7-8] application 내부 객체의 메소드

application 예제

01 서블릿과 어플리케이션 정보를 출력하는 jsp 페이지를 작성하고 저장합니다.

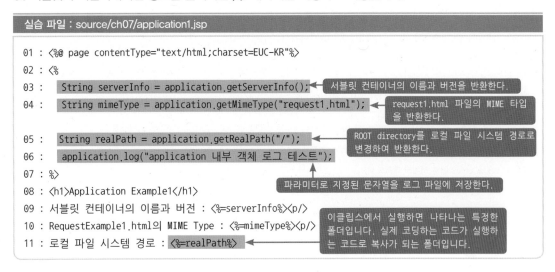

실습 파일 : source/ch07/application1.jsp

```
01 : <%@ page contentType="text/html;charset=EUC-KR"%>
02 : <%
03 :    String serverInfo = application.getServerInfo();        ← 서블릿 컨테이너의 이름과 버전을 반환한다.
04 :    String mimeType = application.getMimeType("request1.html");   ← request1.html 파일의 MIME 타입
                                                                        을 반환한다.
05 :    String realPath = application.getRealPath("/");         ← ROOT directory를 로컬 파일 시스템 경로로
06 :    application.log("application 내부 객체 로그 테스트");       변경하여 반환한다.
07 : %>                                                         ← 파라미터로 지정된 문자열을 로그 파일에 저장한다.
08 : <h1>Application Example1</h1>
09 : 서블릿 컨테이너의 이름과 버전 : <%=serverInfo%><p/>
10 : RequestExample1.html의 MIME Type : <%=mimeType%><p/>    ← 이클립스에서 실행하면 나타나는 특정한
11 : 로컬 파일 시스템 경로 : <%=realPath%>                        폴더입니다. 실제 코딩하는 코드가 실행하
                                                                는 코드로 복사가 되는 폴더입니다.
```

02 브라우저를 실행시켜 결과를 확인합니다.

주소는 http://localhost/myapp/ch07/application1.jsp로 입력합니다.

Application Example1

서블릿 컨테이너의 이름과 버전 : Apache Tomcat/9.0.8

request1.html의 MIME Type : text/html

로컬 파일 시스템 경로 : C:\Jsp\.metadata\.plugins\org.eclipse.wst.server.core\tmp0\wtpwebapps\myapp\

▲ [그림 7-9] application1.jsp 실행화면

03-3 pageContext

pageContext 객체는 현재 jsp 페이지의 Context를 나타내며, pageContext 내부 객체를 통해서 다른 내부 객체에 접근할 수가 있습니다. 예를 들어 out 내부 객체를 구하고자 할 경우의 코드는 다음과 같습니다.

```
JspWriter pageOut = pageContext.getOut();
```

그리고 pageContext 객체는 javax.servlet.jsp.PageContext 클래스 타입으로 제공되는 JSP 내부 객체입니다.

다음의 표는 다른 내부 객체에 접근할 수 있는 pageContext 내부 객체 메소드입니다.

메소드	설명
ServletRequest getRequest()	페이지 요청 정보를 담고 있는 객체를 반환합니다.
ServletResponse getResponse()	페이지 요청에 대한 응답 객체를 반환합니다.
JspWriter getOut()	페이지 요청에 대한 응답 출력 스트림을 반환합니다.
HttpSession getSession()	요청한 클라이언트의 세션 정보를 담고 있는 객체를 반환합니다.
ServletContex getServletContext()	페이지에 대한 서블릿 실행 환경 정보를 담고 있는 객체를 반환합니다.
Object getPage()	페이지의 서블릿 객체를 반환합니다.
ServletConfig getServletConfig()	페이지의 서블릿 초기 정보의 설정 정보를 담고 있는 객체를 반환합니다.
Exception getException()	페이지 실행 중에 발생되는 에러 페이지에 대한 예외 객체를 반환합니다.

▲ [표 7-9] pageContex 내부 객체의 메소드

04 _ page, config 내부 객체

page 내부 객체와 config 내부 객체를 통해서 jsp 페이지가 변환된 서블릿과 관련된 내용에 접근할 수 있도록 하는 객체들입니다. 따라서 page 내부 객체는 변환된 서블릿 객체 자체를 나타내며, config 내부 객체는 서블릿 초기 정보 설정을 위한 객체입니다.

04-1 page

page 객체는 jsp 페이지 그 자체를 나타내는 객체입니다. 그래서 jsp 페이지 내에서 page 객체는 this 키워드로 자기 자신을 참조할 수가 있습니다. 그리고 page 객체는 javax.servlet.jsp. HttpJspPage 클래스 타입으로 제공되는 JSP 내부 객체입니다.

대부분의 JSP 컨테이너는 Java만을 스크립트 언어로 지원하기 때문에 page 객체는 현재 거의 사용되지 않는 내부 객체입니다. 그러나 Java 이외의 다른 언어가 사용된다면 page 객체를 참조하는 경우가 발생합니다.

page 예제

01 페이지의 info 속성값을 반환하는 jsp 페이지를 작성하고 저장합니다.

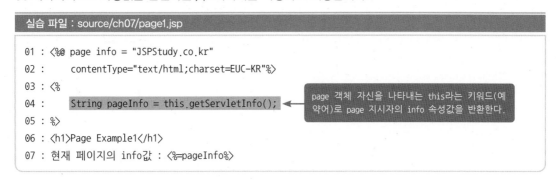

실습 파일 : source/ch07/page1.jsp

```
01 : <%@ page info = "JSPStudy.co.kr"
02 :     contentType="text/html;charset=EUC-KR"%>
03 : <%
04 :     String pageInfo = this.getServletInfo();
05 : %>
06 : <h1>Page Example1</h1>
07 : 현재 페이지의 info값 : <%=pageInfo%>
```

> page 객체 자신을 나타내는 this라는 키워드(예약어)로 page 지시자의 info 속성값을 반환한다.

TIP | 〈%=pageInfo%〉 코드

jsp 페이지에서 〈%=pageInfo%〉 코드는 서블릿으로 변환된 코드에서 out.print(pageInfo)로 변환이 됩니다. 그렇기 때문에 표현식은 스크립트릿에서 out.print()코드와 같은 기능을 하는 JSP 기본 문법입니다.

---

02 브라우저를 실행시켜 결과를 확인합니다.

주소는 http://localhost/myapp/ch07/page1.jsp로 입력합니다.

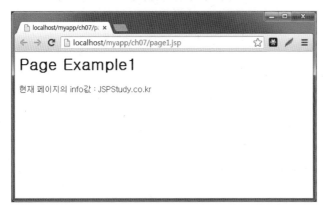

▲ [그림 7-10] page1.jsp 실행화면

04-2 config

config 객체는 javax.servlet.ServletConfig 클래스 타입의 내부 객체입니다.

ServletConfig는 Servlet에게 Servlet을 초기화하는 동안 참조해야 할 정보를 전해 주는 역할을 합니다. 다시 설명하면 서블릿이 초기화될 때 참조해야 할 다른 여러 정보를 가지고 있다가 전해 준다고 생각합니다.

다음의 표는 config 내부 객체가 제공하는 기본 메소드입니다.

메소드	설명
Enumeration getInitParameterNames()	서블릿 설정 파일에 지정된 초기 파라미터 이름을 반환합니다.
String getInitParameter(name)	지정한 name의 초기 파라미터 이름을 반환합니다.
String getServletName()	서블릿의 이름을 반환합니다.
ServletContex getServletContext()	실행하는 서블릿 ServletContext를 반환합니다.

▲ [표 7-10] config 내부 객체의 메소드

05 _ exception 내부 객체

- -

exception 내부 객체는 프로그래머가 jsp 페이지에서 발생한 예외를 처리하는 페이지를 지정한 경우
에러 페이지에 전달되는 예외 객체입니다. page 지시자의 isErrorPage 속성을 "true"로 지정한 jsp
페이지에서만 사용 가능한 내부 객체입니다. 그리고 exception 객체는 java.lang.Throwable 클래
스 타입으로 제공되는 JSP 내부 객체입니다.

다음의 표는 exception 내부 객체에서 제공하는 메소드입니다.

메소드	설명
String getMessage()	에러 메시지를 반환합니다.
String toString()	에러 실체의 클래스명과 에러 메시지를 반환합니다.

▲ [표 7-11] exception 내부 객체의 메소드

exception 예제

01 예외 처리를 설정한 jsp 페이지를 작성하고 저장합니다.

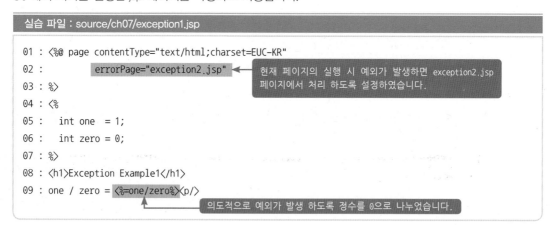

실습 파일 : source/ch07/exception1.jsp

```
01 : <%@ page contentType="text/html;charset=EUC-KR"
02 :         errorPage="exception2.jsp"      현재 페이지의 실행 시 예외가 발생하면 exception2.jsp
                                             페이지에서 처리 하도록 설정하였습니다.
03 : %>
04 : <%
05 :   int one  = 1;
06 :   int zero = 0;
07 : %>
08 : <h1>Exception Example1</h1>
09 : one / zero = <%=one/zero%><p/>
                                 의도적으로 예외가 발생 하도록 정수를 0으로 나누었습니다.
```

02 예외를 처리하는 jsp 페이지를 코딩하고 저장합니다.

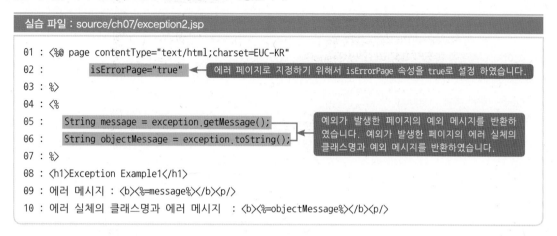

실습 파일 : source/ch07/exception2.jsp

```
01 : <%@ page contentType="text/html;charset=EUC-KR"
02 :          isErrorPage="true"  ← 에러 페이지로 지정하기 위해서 isErrorPage 속성을 true로 설정 하였습니다.
03 : %>
04 : <%
05 :     String message = exception.getMessage();
06 :     String objectMessage = exception.toString();  예외가 발생한 페이지의 예외 메시지를 반환하였습니다. 예외가 발생한 페이지의 에러 실체의 클래스명과 예외 메시지를 반환하였습니다.
07 : %>
08 : <h1>Exception Example1</h1>
09 : 에러 메시지 : <b><%=message%></b><p/>
10 : 에러 실체의 클래스명과 에러 메시지  : <b><%=objectMessage%></b><p/>
```

03 브라우저를 실행시켜 결과를 확인합니다.

주소는 http://localhost/myapp/ch07/exception1.jsp로 입력합니다.

▲ [그림 7-11] exception1.jsp 실행화면

이것으로 JSP에서 제공되는 내장객체(내부객체) 9(8+1)가지를 다루어 보았습니다. 다음 장에는 Database 연동이랑 많이 연관이 있고 또 액션 태그에서 다루지 못 했던 8장 JSP와 자바빈즈를 설명하도록 하겠습니다.

jsp 페이지 입출력에 관련된 객체(request, response, out)

request, response, out 내부 객체는 jsp 페이지 입출력 관련 내부 객체에 해당하는 것입니다.

- request 내부 객체 : request 객체는 브라우저에서 jsp 페이지로 전달되는 데이터의 묶음으로 HTTP 헤더와 HTTP 바디로 구성이 되어 있습니다.
- response 내부 객체 : response 객체는 요청을 시도한 클라이언트로 전송할 응답을 나타내는 데이터의 묶음입니다.
- out 내부 객체 : out 객체는 jsp 페이지의 결과를 클라이언트에 전송해 주는 출력 스트림 내부 객체입니다.

외부 환경 정보에 관련된 객체(session, application, pageContext)

session, application, pageContext 내부 객체는 현재 실행되는 페이지의 외부 환경 정보(context)와 관련된 내부객체들입니다.

- session 내부 객체 : session 객체는 클라이언트 요청에 관한 context 정보의 세션과 관련된 정보(데이터)를 저장하고 관리하는 내부 객체입니다.
- application 내부 객체 : application 객체는 서블릿 또는 어플리케이션 외부 환경 정보(context)를 나타내는 내부 객체입니다.
- pageContext 내부 객체 : pageContext 객체는 현재 jsp 페이지의 Context를 나타내며 pageContext 객체를 통해서 다른 내부 객체에 접근할 수 있는 객체입니다.

서블릿에 관련된 객체(page, config)

page 내부 객체와 config 내부 객체를 통해서 jsp 페이지가 변환된 서블릿과 관련된 내용에 접근할 수 있도록 하는 객체들입니다.

- page 내부 객체 : page 객체는 jsp 페이지 자체를 나타내는 객체입니다.
- config 내부 객체 : config 객체는 서블릿이 초기화될 때 참조해야 할 다른 여러 정보를 가지고 있는 내부 객체입니다.

에러 처리용 객체(exception)

- exception 내부 객체 : exception 내부 객체는 프로그래머가 jsp 페이지에서 발생한 예외를 처리할 페이지를 지정한 경우 에러 페이지에 전달되는 예외 객체입니다.

1 jsp 페이지에서 제공하는 내부 객체(Implicit Object)를 모두 쓰세요.

2 다음 프로그램을 실행하면 에러가 나는 부분의 이유를 설명하세요.

```jsp
<%@ page contentType="text/html;charset=EUC-KR" %>
<%
    String number = request.getParameter("number");
    String page = request.getParameter("page");
%>
```

3 다음의 실행 결과에 필요한 jsp 파일을 작성하세요.

---
implicitExample3.html

```
01 :  <HTML>
02 :  <BODY>
03 :  <h2>메모장</h2>
04 :  <FORM METHOD=POST ACTION="implicitExample3.jsp">
05 :  성명 : <INPUT TYPE="text" NAME="name"><p>
06 :  메모 : <INPUT TYPE="text" NAME="memo" SIZE="40"><p>
07 :  <INPUT TYPE="submit" VALUE="입력">
08 :  <INPUT TYPE="reset" VALUE="다시쓰기">
09 :  </FORM>
10 :  </BODY>
11 :  </HTML>
```

4 errorTest.jsp가 에러 페이지로 지정이 되었을 경우 다음 빈 칸을 채우세요.

```jsp
01 :  <%@ page contentType="text/html;charset=EUC-KR"
02 :        ①___="true"
03 :  %>
04 :  <%
05 :      String message = exception.②___;
06 :  %>
07 :  <h1>Exception Example1</h1>
08 :  에러 메시지 : <%=message%>
```

해답은 618 쪽 연습문제 해답을 참조하세요.

서블릿 기초 문법

서블릿은 Sun에서 웹 프로그래밍을 제공하기 위해서 JSP보다 먼저 나온 기술입니다. 순수 자바 코드를 만들어 졌기 때문에 자바의 많은 장점을 사용 가능 하지만 웹 페이지를 구성하는 HTML과 CSS, Javascript, 웹 디자인과 같이 연동하기에는 좀 어려운 점이 있습니다. 그래서 상대적으로 JSP보다는 사용 범위가 좀 제한적이었습니다. 그럼에도 불구하고 서블릿이 없어지지 않는 이유는 서블릿만의 장점이 있기 때문에 그런 것입니다. 이번 장에서는 서블릿의 기본적인 구동방식과 JSP와 비교되는 장점에 대해서 간단한 웹페이지 예제와 같이 설명하도록 하겠습니다.

01 _ 서블릿이란?

서블릿은 JSP가 나오기 이전에 썬마이크로시스템즈(Sun Microsystems)에서 동적인 웹페이지 콘텐츠를 생성하는 기술로 제공 되었습니다. 그래서 항상 JSP(2.3)보다는 서블릿(4.0)의 버전이 높습니다. 서블릿도 앞장에서 배운 JSP와 마찬가지로 웹페이지에서 호출을 하여 실행결과를 브라우저를 통해서 제공합니다. 그러나 서블릿은 자바의 많은 장점들을 사용 할 수는 있지만 HTML, CSS 및 자바스크립트 그리고 웹디자인과 연동하기에는 많은 단점이 있어 Sun에서 JSP를 새롭게 만들어 제공하게 되었습니다. 이후로는 JSP가 서블릿에 비해서 좀 더 쉽고 편하게 개발을 할 수 있기 때문에 많은 개발자들이 사용을 하게 되었습니다.

그러나 이러한 문제점과 단점이 있는 서블릿이 없어지지 않고 계속적으로 존재 할 수 있는 이유는 크게 두 가지입니다. 첫 번째는 JSP에는 없는 서버 측 프로그램의 기능이 있다는 점과 두 번째는 대기업에서 사용하는 프레임워크의 기초 기술로 사용 된다는 점입니다. 그리고 서블릿과 비슷하지만 다른 점이 있는 애플릿(Applet)은 클라이언트 브라우저에서 호출이 되면 클래스 파일이 클라이언트 PC로 다운로드 되어 실행되는 클라이언트 측 프로그램이고 서블릿(Server + Applet의 약어)은 브라우저에서 호출이 되면 WAS(Tomcat)에서 웹페이지를 동적으로 생성하여 결과를 전송해 주는 서버 측 프로그램입니다.

그럼 지금부터 본격적으로 서블릿 문법을 보기 전에 이클립스에서 간단하고 빠르게 서블릿을 예제를 먼저 만들어 보겠습니다.

01-1 이클립스로 서블릿 만들기

먼저 이번 장에서의 첫 번째 실습은 이클립스에서 제공되는 기능으로 서블릿을 아주 쉽고 간단하게 그림을 보며 따라 하기로 만들어 보겠습니다.

01 그림과 같이 Java Resources 밑에 ch08 패키지를 만들고 ch08 패키지를 선택한 후에 오른쪽 마우스를 클릭하고 Servlet를 선택합니다.

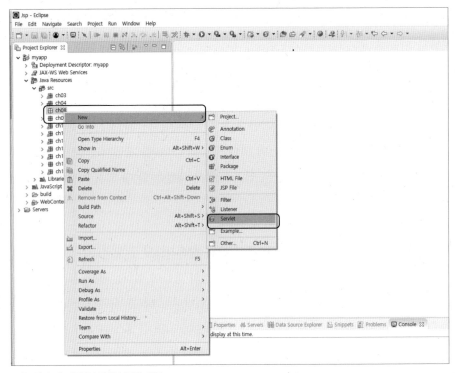

▲ [그림 8-1] 이클립스에서 서블릿 생성

02 다른 입력란은 기본으로 놔두고 Class nam에 ExampleServlet01로 입력하고 [Finish]를 하지 않고 [Next] 버튼을 클릭합니다.

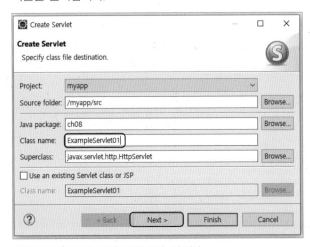

▲ [그림 8-2] 이클립스에서 서블릿 클래스명 입력

03 URL mappings에 '/ExampleServlet01' 더블클릭하면 그림과 같이 팝업창이 뜬다. 팝업창 Pattern 값에 '/ch08/exampleServlet01'을 입력하고 [OK] 버튼을 클릭한 후 또는 [Finish] 버튼을 클릭하지 않고 [Next] 버튼을 클릭합니다.

▲ [그림 8-3] 이클립스에서 서블릿 맵핑 입력

04 다음 그림처럼 다른 것은 체크를 모두 풀고 'Inherited abstract methods'와 'service'만 클릭하고 [Finish] 버튼을 클릭합니다.

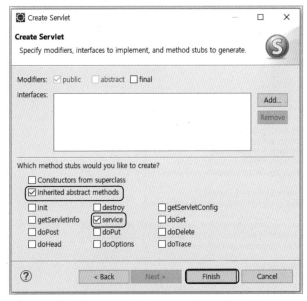

▲ [그림 8-4] 이클립스에서 서블릿 생성에 필요한 옵션 체크

05 생성된 코드 중에 필요 없는 주석이랑 브라우저 화면에 출력될 내용을 작성하고 저장합니다.

실습 파일 : source/ch08/ExampleServlet01.java

```java
01 : package ch08;

03 : import java.io.IOException;...          지면 관계상 다른 클래스의 import는 생략합니다.

12 : @WebServlet("/ch08/exampleServlet01")   ← 서블릿 호출 될 이름을 선언합니다.
13 : public class ExampleServlet01 extends HttpServlet{
14 :
15 : @Override                               블릿으로 만들기 위해서는 반드시 상속해야 클래스입니다.
16 :   protected void service(HttpServletRequest request, HttpServletResponse response) throws
ServletException, IOException {
                                             브라우저로 응답 할 때의 타입과
17 :     response.setContentType("text/html; charset=EUC-KR");   캐릭터 셋 설정합니다.
18 :     PrintWriter out = response.getWriter();   ← 브라우저에 출력하기 위한 스트림입니다.
19 :     //html 시작
20 :     out.println("<html>");
21 :     out.println("<body>");
22 :     out.println("<h1>이클립스로 서블릿 만들기</h1>");
23 :     out.println("</body>");
24 :     out.println("</html>");
25 :     //html 끝
26 :   }
27 : }
```

16 ~ 27 : service 메소드는 웹페이지(html or jsp)에서 서블릿을 호출하면 자동적으로 실행이 되는 메소드입니다. service 메소드의 매개변수는 반드시 HttpServletRequest request, HttpServletResponse resonse로 구현을 해야 합니다. 그 이유는 service 메소드는 오버라이딩(Override) 메소드이기 때문입니다. 17라인과 18라인은 웹 요청 이후에는 응답을 해야 하기 때문에 응답에 따른 세팅 및 출력 스트림을 생성을 합니다. 20라인에서 24라인은 응답 페이지에 구현 될 html 코드를 만들고 있습니다.

06 그림처럼 서블릿 코드를 선택하고 오른쪽 마우스를 클릭하고 실행(Run-as -> Run on Server)을 합니다.

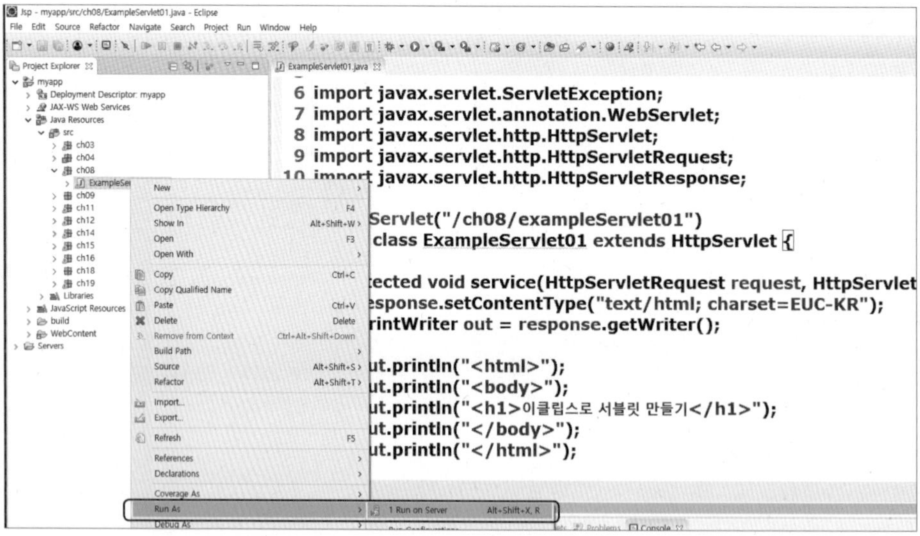

▲ [그림 8-5] 이클립스에서 서블릿 생성에 필요한 옵션 체크

07 이클립스에서 자동으로 브라우저 호출되면서 실행됩니다.

▲ [그림 8-6] 서블릿 ExampleServlet01 실행화면

> **TIP** | 서블릿 맵핑 방식
>
> 서블릿을 실행하기 위해서는 브라우저에서 url상에 표시되는 서블릿의 가상의 이름을 설정을 해야 합니다. 서블릿 맵핑을 만드는 이유는 클래스 이름으로 실행하기 위한 이름은 너무 길고 그리고 보안에 노출되어 있는 경로를 간단하게 표시하기 위해서입니다. 서블릿 맷핑은 2가지 방법이 제공 됩니다. 첫 번째는 web.xml에서 설정하는 방법이고 두 번째는 서블릿 코드에 @WebServlet(어노테이션)으로 설정하는 방법이 제공 됩니다. 이번 장에서는 두 번째 방법으로 예제를 만들 것이고 web.xml 방식에 대한 설명은 3장을 참고합니다.

01-2 서블릿의 주요 클래스

서블릿에서 제공되는 주요 클래스에 대해서 알아보겠습니다. 서블릿에서 제공되는 모든 클래스에서는 살펴 볼 수 없지만 기본적으로 알고 있어야 할 클래스에 대해서만 살펴보겠습니다.

- HttpServlet
- HttpServletRequest
- HttpServletResponse
- HttpSession

(1)HttpServlet

HttpServlet 클래스는 서블릿을 만들기 위해 반드시 상속해야 할 필수 클래스입니다. 존재 목적 자체가 서블릿을 만들기 위해서 제공되는 클래스입니다. 먼저 HttpServlet 클래스 상속 구조도를 살펴보겠습니다.

```
Servlet(인터페이스) - GenericServlet(추상클래스) - HttpServlet
```

이러한 상속 구조도 때문에 Servlet , GenericServlet 그리고 HttpServlet에서 제공되는 많은 메소드를 사용 할 수 있습니다.

메소드	설명
void init()	서블릿의 객체가 생성 될 때 호출되는 메소드
void destroy()	서블릿의 객체가 메모리에서 사라질 때 호출되는 메소드
void service(request, response)	서블릿의 요청이 있을 때 호출되는 메소드
void doGet(request, response)	html에서 form의 메소드가 get일 때 호출되는 메소드
void doPost(request, response)	html에서 form의 메소드가 pst일 때 호출되는 메소드

▲ [표 8-1] HttpServlet에서 제공되는 주요 메소드

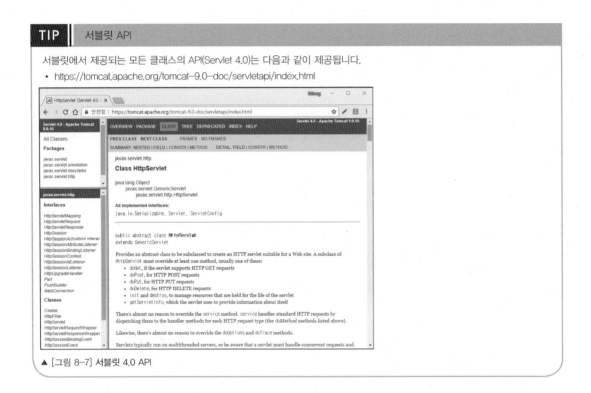

TIP ┃ 서블릿 API

서블릿에서 제공되는 모든 클래스의 API(Servlet 4.0)는 다음과 같이 제공됩니다.

• https://tomcat.apache.org/tomcat-9.0-doc/servletapi/index.html

▲ [그림 8-7] 서블릿 4.0 API

(2) HttpServletRequest

HttpServletRequest 클래스는 클라이언트가 데이터를 입력하거나 또는 클라이언트의 정보에 대한 요청 값을 가지고 있는 클래스입니다.

메소드	설명
String getParameter(name)	name에 할당된 값을 반환하며 지정된 파라미터 값이 없으면 null 값을 반환합니다.
String[] getParameterValues(name)	name의 모든 값을 String 배열로 반환합니다.
Enumeration getParameterNames()	요청에 사용된 모든 파라미터 이름을 java.util.Enumeration 타입으로 반환합니다.
void setCharacterEncoding(env)	post 방식으로 요청된 문자열의 character encoding을 설정합니다.

▲ [표 8-2] HttpServletRequest에서 제공되는 주요 메소드

(3)HttpServletResponse

HttpServletResponse 클래스는 클라이언트가 요청한 정보를 처리하고 다시 응답하기 위한 정보를 담고 있는 클래스입니다.

메소드	설명
void setHeader(name, value)	응답에 포함될 Header를 설정합니다.
void setContentType(type)	출력되는 페이지의 contentType을 설정합니다.
String getCharacterEncoding()	응답 페이지의 문자 인코딩 Type을 반환합니다.
void sendRedirect(url)	지정된 URL로 요청을 재전송합니다.

▲ [표 8-3] HttpServletResponse에서 제공되는 주요 메소드

(4)HttpSession

HttpSession 클래스는 클라이언트가 세션을 정보를 저장하고 세션 기능을 유지 하지 위해서 제공되는 클래스입니다.

메소드	설명
String getId()	해당 세션의 세션 ID를 반환합니다.
long getCreationTime()	세션의 생성된 시간을 반환합니다.
long getLastAccessedTime()	클라이언트 요청이 마지막으로 시도된 시간을 반환합니다.
void setMaxInactiveInterval(time)	세션을 유지할 시간을 초단위로 설정합니다.
int getMaxInactiveInterval()	setMaxInactiveInterval(time)로 지정된 값을 반환합니다. 기본값은 30분으로 지정됩니다.
boolean isNew()	클라이언트 세션 ID를 할당하지 않은 경우 true 값을 반환합니다.
void invalidate()	해당 세션을 종료 시킵니다.

▲ [표 8-4] HttpSession에서 제공되는 주요 메소드

01-3 서블릿의 라이프 사이클

(1) 서블릿의 라이프 사이클

서블릿은 클라이언트가 브라우저에서 서블릿으로 요청을 하면 해당 서블릿은 언제 객체가 만들어지고 언제 기존에 객체를 재활용하고 언제 종료가 되는지 따른 라이프 사이클이 존재를 합니다.

• init() : 서블릿이 처음으로 요청이 되어 객체가 생성 될 때 호출되는 메소드

• service() : 클라이언트가 요청이 있을 때 마다 호출되는 메소드

• destroy() : 서블릿 서비스의 종료 및 재시작 그리고 서블릿 코드가 수정이 될 때 호출되는 메소드

• doGet() : 클라이언트 요청 할 때 form의 method가 get 방식일 때 호출되는 메소드

• doPost() : 클라이언트 요청 할 때 form의 method가 post 방식일 때 호출되는 메소드

```
클라이언트 서블릿 요청 -> init(최초 한번 호출) ->
service, doGet, doPost(반복적 호출) -> destroy(마지막 한번 호출)
```

먼저 예제를 통해서 서블릿 라이프 사이클에 대해서 확인을 해 보겠습니다.

01 init, service, destory 포함된 서블릿 코드를 작성하고 저장합니다.

```
01: package ch08;
02:
03: import java.io.IOException;...    지면 관계상 다른 클래스의 import는 생략합니다.
11: @WebServlet("/ch08/exampleServlet02")  ◀  서블릿 맵핑 이름을 선언합니다.
12: public class ExampleServlet02 extends HttpServlet {
13:
14:     @Override
15:     public void init(ServletConfig config) throws ServletException {
16:         System.out.println("init 호출");   ◀  톰캣 서버 콘솔 화면에 출력을 합니다.
17:     }
18:     @Override
19:     public void destroy() {
20:         System.out.println("destroy 호출");   ◀  톰캣 서버 콘솔 화면에 출력을 합니다.
21:     }
22:     @Override
23:     protected void service(HttpServletRequest request, HttpServletResponse response) throws
ServletException, IOException {
24:         System.out.println("service 호출");   ◀  톰캣 서버 콘솔 화면에 출력을 합니다.
25:     }
26: }
```

15 ~ 17 : 서블릿의 객체가 생성 될 때 한번 만 호출되는 메소드입니다. 객체가 생성될 때 초기적으로 필요한 기능이 있다면 이 메소드에 구현을 합니다. 예를 들어 이 서블릿 페이지에 필요한 필드(멤버변수)가 선언된다면 좋은 예가 될 것 같습니다.

19 ~ 21 : 서블릿의 서비스가 종료되거나 또는 서블릿의 코드가 수정되어 재시작 될 때 호출되는 메소드입니다. 이 메소드는 서블릿의 서비스가 종료되기 전에 불필요한 자원들(필드 및 스트림 등등)를 해제하는 것들이 있다면 필요할 것 같습니다. 그러나 실질적으로는 사용하는 일은 잘 없습니다.

23 ~ 25 : 서블릿을 호출 할 때 마다 반복되어 호출되는 메소드입니다. init, destory 메소드보다는 좀 더 많은 역할을 하고 실질적으로 사용을 많이 하는 메소드입니다.

02 브라우저를 실행시켜 결과를 확인합니다.

주소는 http://localhost/myapp/ch08/exampleServlet02로 입력합니다.

브라우저에는 아무런 출력 내용이 없고 이클립스 콘솔 출력을 확인 하겠습니다.

```
Markers   Properties   Servers   Data Source Explorer   Snippets   Problems   Console

Tomcat v9.0 Server at localhost [Apache Tomcat] C:\Program Files\Java\jre-10.0.1\bin\javaw.exe (2018. 7. 14. 오후 6:05:50)
정보: Starting service [Catalina]
7월 14, 2018 6:05:53 오후 org.apache.catalina.core.StandardEngine startInternal
정보: Starting Servlet Engine: Apache Tomcat/9.0.8
7월 14, 2018 6:05:54 오후 org.apache.jasper.servlet.TldScanner scanJars
정보: At least one JAR was scanned for TLDs yet contained no TLDs. Enable debug
7월 14, 2018 6:05:54 오후 org.apache.catalina.util.SessionIdGeneratorBase create
경고: Creation of SecureRandom instance for session ID generation using [SHA1PR
7월 14, 2018 6:05:56 오후 org.apache.jasper.servlet.TldScanner scanJars
정보: At least one JAR was scanned for TLDs yet contained no TLDs. Enable debug
7월 14, 2018 6:05:56 오후 org.apache.coyote.AbstractProtocol start
정보: Starting ProtocolHandler ["http-nio-80"]
7월 14, 2018 6:05:56 오후 org.apache.coyote.AbstractProtocol start
정보: Starting ProtocolHandler ["ajp-nio-8009"]
7월 14, 2018 6:05:56 오후 org.apache.catalina.startup.Catalina start
정보: Server startup in 3039 ms
init 호출
service 호출
```

▲ [그림 8-8] 서블릿 ExampleServlet02 실행 했을 때 콘솔 화면

```
Markers   Properties   Servers   Data Source Explorer   Snippets   Problems   Console

Tomcat v9.0 Server at localhost [Apache Tomcat] C:\Program Files\Java\jre-10.0.1\bin\javaw.exe (2018. 7. 14. 오후 6:05:50)
정보: Starting Servlet Engine: Apache Tomcat/9.0.8
7월 14, 2018 6:05:54 오후 org.apache.jasper.servlet.TldScanner scanJars
정보: At least one JAR was scanned for TLDs yet contained no TLDs. Enable debug
7월 14, 2018 6:05:54 오후 org.apache.catalina.util.SessionIdGeneratorBase create
경고: Creation of SecureRandom instance for session ID generation using [SHA1PR
7월 14, 2018 6:05:56 오후 org.apache.jasper.servlet.TldScanner scanJars
정보: At least one JAR was scanned for TLDs yet contained no TLDs. Enable debug
7월 14, 2018 6:05:56 오후 org.apache.coyote.AbstractProtocol start
정보: Starting ProtocolHandler ["http-nio-80"]
7월 14, 2018 6:05:56 오후 org.apache.coyote.AbstractProtocol start
정보: Starting ProtocolHandler ["ajp-nio-8009"]
7월 14, 2018 6:05:56 오후 org.apache.catalina.startup.Catalina start
정보: Server startup in 3039 ms
init 호출
service 호출
service 호출
service 호출
```

▲ [그림 8-9] 실행된 브라우저를 새로고침 2번 후에 콘솔 화면

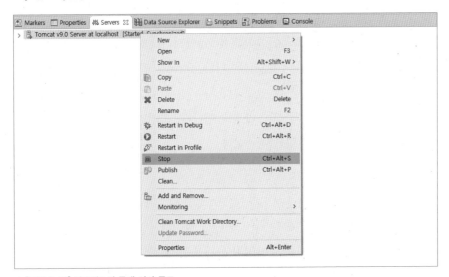

▲ [그림 8-10] 이클립스의 톰캣 서버 종료

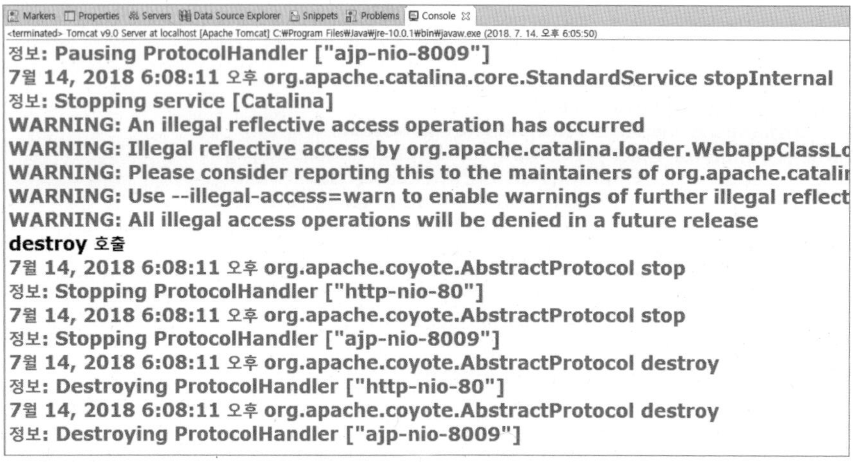

▲ [그림 8-11] 톰캣 서버 종료 후 콘솔 화면

TIP 애플릿(Applet) VS 서블릿(Servlet)

애플릿은 자바에서 개발한 응용 프로그램을 웹 페이지와 함께 사용자측으로 보내질 수 있도록 작게 만든 프로그램을 의미합니다.
서블릿은 자바에서 개발한 응용프로그램이 애플릿과 다르게 웹서버(Tomcat)에서 실행 할 수 있도록 제공 되는 프로그램을 의
미합니다. 그래서 이름도 Server + Applet 줄여서 Servlet이라고 부릅니다.

02 _ 서블릿의 요청 방식

브라우저에서 페이지 간에 통신 할 수 있는 대표적인 방법은 form에서 제공되는 get 방식과 post 방
식이 있습니다. 이 두 방식은 같은 점도 있고 다른 점도 있습니다. form을 통해서 보내는 것은 같은
점이지만 전송되는 방식은 대해서는 상이한 부분이 있습니다. get 방식은 url을 통해서 전송되지만
post는 html 헤더에 요청 정보와 같이 전달되는 점이 다른 점입니다. 그러면 get 방식과 post 방식
에 서블릿과 연동하여 예제를 각각 하나씩 만들어 보겠습니다.

02-1 get 방식

일반적으로 검색이나 조건을 다른 페이지로 전송할 때 사용하는 방식입니다. 그리고 get 방식으로
요청을 하면 url에 노출이 되는 특징이 있기 때문에 보안적인 내용은 절 때 get 방식으로는 사용 하
면 안 됩니다. 다음은 간단하게 msg 문자열을 서블릿으로 보내는 간단한 예제를 통해서 get 방식과

서블릿이 어떻게 통신 하는지 알아보겠습니다.

01 form에 method를 get으로 설정한 jsp 페이지를 작성하고 저장합니다.

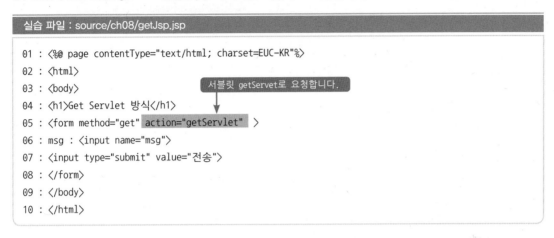

실습 파일 : source/ch08/getJsp.jsp

```
01 : <%@ page contentType="text/html; charset=EUC-KR"%>
02 : <html>
03 : <body>
04 : <h1>Get Servlet 방식</h1>
05 : <form method="get" action="getServlet" >
06 : msg : <input name="msg">
07 : <input type="submit" value="전송">
08 : </form>
09 : </body>
10 : </html>
```

서블릿 getServet로 요청합니다.

02 브라우저를 실행시켜 결과를 확인합니다.

주소는 http://localhost/myapp/ch08/getJsp.jsp로 입력합니다.

▲ [그림 8-12] getJsp.jsp 실행화면

03 getJsp.jsp에 입력한 msg를 출력하는 서블릿 코드를 작성하고 저장합니다.

실습 파일 : source/ch08/GetServlet.java

```
01 : package ch08;
02 :
03 : import java.io.IOException;...
12 : @WebServlet("/ch08/getServlet")
13 : public class GetServlet extends HttpServlet {
14 :
15 :    @Override
16 :    protected void doGet(HttpServletRequest request, HttpServletResponse response)
17 :              throws ServletException, IOException {
```

지면 관계상 다른 클래스의 import는 생략합니다.

서블릿 맵핑 이름을 선언합니다.

```
18 :
19 :        String msg = request.getParameter("msg");
20 :        response.setContentType("text/html; charset=EUC-KR");
21 :        PrintWriter out = response.getWriter();
22 :        out.println("<html>");
23 :        out.println("<body>");
24 :        out.println("<h1>Get Servlet 방식</h1>");
25 :        out.println("<h2>msg : "+msg + "</h2>");
26 :        out.println("</body>");
27 :        out.println("</html>");
28 :    }
29 : }
```

getJsp.jsp에서 입력한 msg 값의 문자열을 리턴합니다.

답하는 페이지의 ContentType과 charset을 설정합니다.

응답하는 페이지의 out 스트림을 만듭니다.

16 ~ 28 : getJsp.jsp에서 입력한 msg을 한글이 깨어지지 않게 값을 받아서 서블릿 코드로 출력을 하는 기능의 메소드입니다. getJsp.jsp에 있는 form의 method가 get이기 때문에 자동적으로 서블릿에서는 doGet이라는 메소드가 호출이 됩니다. 만약 form에 method는 설정 되어 있지 않으면 default가 get 방식입니다.

04 getJsp.jsp에 msg를 입력하고 [전송] 버튼을 클릭하면 서블릿 GetServlet 실행됩니다.

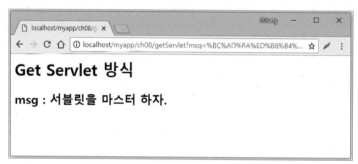

▲ [그림 8-13] 서블릿 GetServlet 실행화면

TIP │ get 방식과 post 방식의 한글처리

get와 post 방식이 다릅니다 get 방식은 요청정보 헤더의 URI에, post 방식은 요청정보 몸체에 포함되어 전달되기 때문입니다. get 방식으로 전달된 질의 문자열들은 URI에 포함되어 전달되기 때문에 URI에 대해 인코딩 처리 작업을 해야 합니다. server. xml에서 URIEncoding 속성 값으로 인코딩 문자코드를 설정 합니다.

```
62    -->
63    <Connector connectionTimeout="20000" URIEncoding="EUC-KR"
64              port="80" protocol="HTTP/1.1" redirectPort="8443"/>
65    <!-- A "Connector" using the shared thread pool-->
```

▲ [그림 8-14] server.xml에 get 방식 한글 설정

post 방식에서 한글 처리를 해주는 메소드는 HttpServletRequest의 상위객체인 ServletRequest에서 제공하는 setCharacterEncoding( ) 메소드입니다. setCharacterEncoding( ) 메소드는 클라이언트가 전달한 요청 정보 몸체에 있는 문자열들을 메소드 인자 값으로 지정한 문자코드로 인코딩해 줍니다.

request.setCharacterEncoding("EUC-KR");

02-2 post 방식

브라우저에서 게시판에 글을 입력하거나 또는 회원가입을 하는 기능으로 다른 페이지로 전송할 때
사용하는 방식입니다. post 방식은 get 방식과 다르게 url 상에 노출은 되지 않고 html 헤더 값에 같
이 전송되는 방식입니다. 일반적으로 DB 연동을 한다면 insert, update 이런 쿼리문을 실행 할 때
사용되는 방식입니다. 다음은 간단하게 id, pwd, email 세개의 문자열을 서블릿으로 보내는 간단한
예제를 통해서 post 방식과 서블릿이 어떻게 통신 하는지 알아보겠습니다.

01 form에 method를 post으로 설정한 jsp 페이지를 작성하고 저장합니다.

실습 파일 : source/ch08/postJsp.jsp

```
01 : <%@ page contentType="text/html; charset=EUC-KR"%>
02 : <html>
03 : <body>
04 : <h1>Post Servlet 방식</h1>
05 : <form method="post" action="postServlet" >    서블릿 맵핑 이름을 선언합니다.
06 : id : <input name="id"><br/>
07 : pwd : <input type="password" name="pwd"><br/>
08 : email : <input name="email"><br/>
09 : <input type="submit" value="가입">
10 : </form>
11 : </body>
12 : </html>
```

02 브라우저를 실행시켜 결과를 확인합니다.

주소는 http://localhost/myapp/ch08/postJsp.jsp로 입력합니다.

▲ [그림 8-15] postJsp.jsp 실행화면

03 postJsp.jsp에 입력한 id, pwd, email를 입력하고 가입한 내용이 출력하는 서블릿 코드를 작성하고 저장합니다.

실습 파일 : source/ch08/PostServlet.java

```
01 : package ch08;
02 :
03 : import java.io.IOException;...     지면 관계상 다른 클래스의 import는 생략합니다.
12 : @WebServlet("/ch08/PostServlet")     서블릿 매핑 이름을 선언합니다.
13 : public class PostServlet extends HttpServlet {
14 :
15 :    @Override
16 :    protected void doGet(HttpServletRequest request, HttpServletResponse response)
17 :                 throws ServletException, IOException {
18 :                                      post 방식으로 입력된 값의 인코딩 값을 EUC-KR로 설정합니다.
19 :        request.setCharacterEncoding("EUC-KR");
20 :        String id = request.getParameter("id");     postJsp.jsp에서 입력한 id 값의 문자열을 리턴합니다.
21 :        String pwd = request.getParameter("pwd");     postJsp.jsp에서 입력한 pwd 값의 문자열을 리턴합니다.
22 :        String email = request.getParameter("email");     postJsp.jsp에서 입력한 email 값의 문자열을 리턴합니다.
23 :        response.setContentType("text/html; charset=EUC-KR");     응답하는 페이지의 ContentType과
24 :        PrintWriter out = response.getWriter();     charset을 설정합니다.
25 :        out.println("<html>");
26 :        out.println("<body>");     응답하는 페이지의 out 스트립을 만듭니다.
27 :        out.println("<h1>Post Servlet 방식</h1>");
28 :        out.println("<h3>id : "+ id + "</h3>");
29 :        out.println("<h3>pwd : "+ pwd + "</h3>");
30 :        out.println("<h3>email : "+ email + "</h3>");
31 :        out.println("</body>");
32 :        out.println("</html>");
33 :    }
34 : }
```

16 ~ 33 : postJsp.jsp에서 입력한 id, pwd, email을 받아서 서블릿 코드로 출력을 하는 기능의 메소드입니다. postJsp.jsp에 있는 form의 method가 post이기 때문에 자동적으로 서블릿에서는 doPost이라는 메소드가 호출이 됩니다.

04 postJsp.jsp에 id, pwd, email 입력하고 가입 버튼을 클릭하면 서블릿 PostServlet 실행됩니다.

▲ [그림 8-16] 서블릿 PostServlet 실행화면

03 _ 서블릿에서 세션 사용하기

03-1 세션

세션은 6장과 7장에서 다룬 내용이었고 또 10장에서 다룰 내용으로 아주 중요하고 많이 사용되는 기능입니다. 웹에서 사용하는 http 프로토콜의 특징은 컨넥션을 계속 유지하지 않는 프로토콜이기 때문에 클라이언트(브라우저)와 서버(톰캣)와 통신의 연속성을 유지하기 위해 사용 되는 기술이 세션입니다. JSP에서 세션을 사용하기 때문에 당연히 서블릿에서도 세션을 많이 사용을 합니다. 세션에 대한 좀 자세한 기술은 6장, 7장, 10장을 참고 하시고 이번에는 세션을 서블릿에서 어떻게 사용하는지에 대한 예제를 만들어 보겠습니다.

JSP와 서블릿을 사용하여 간단한 로그인 및 로그아웃 기능을 만들어 보겠습니다. 아직까지는 DB연동이 안되기 때문에 이 부분은 고려를 하고 보시기 바랍니다.

로그인 및 로그아웃에 필요한 JSP 및 서블릿 리스트
- LoginServlet.java : 세션 처리 기능 있는 서블릿
- login.jsp : 로그인 입력 및 로그인 jsp 페이지
- logout.jsp : 로그아웃 처리 jsp 페이지

01 로그인 기능이 있는 jsp 페이지를 작성하고 저장합니다.

실습 파일 : source/ch08/login.jsp

```
01 : <%@ page contentType="text/html; charset=EUC-KR"%>
02 : <%
03 :    String id = (String)session.getAttribute("idKey");   ← 세션에서 idKey라는 키 값으로 id 값을 리턴합니다.
04 : %>
05 : <html>
06 : <body>
07 : <h1>Servlet 세션</h1>
08 : <%
09 :    if(id!=null){   ← 세션에서 가져온 id 값이 null이 아니라면
10 : %>
11 : <%=id%>님 반갑습니다.<p/>
12 : <a href='logout.jsp'>로그아웃</a>
13 : <%
14 :    }else{   ← 세션에서 가져온 id 값이 null 이라면
```

```
15 : %>
16 : <form method="post" action="loginServlet">
17 : id : <input name="id"><br/>
18 : pwd : <input type="password" name="pwd"><br/>
19 : <input type="submit" value="로그인">
20 : </form>
21 : <% } %>
22 : </body>
23 : </html>
```

서블릿 loginServlet을 요청합니다.

02 브라우저를 실행시켜 결과를 확인합니다.

주소는 http://localhost/myapp/ch08/login.jsp로 입력합니다.

▲ [그림 8-17] 로그인 전 login.jsp 실행화면

03 login.jsp에 입력한 id, pwd를 세션 처리를 위한 서블릿 코드를 작성하고 저장합니다.

실습 파일 : source/ch08/LoginServlet.java

```
01 : package ch08;
02 :
03 : import java.io.IOException;...        지면 관계상 다른 클래스의 import는 생략합니다.
11 : @WebServlet("/ch08/loginServlet")      서블릿으로 호출 될 이름을 선언합니다.
12 : public class LoginServlet extends HttpServlet {
13 :
14 :   @Override
15 :     protected void doPost(HttpServletRequest request, HttpServletResponse response)
16 :   throws ServletException, IOException {
17 :         String id = request.getParameter("id");     login.jsp에서 입력한 id 값의 문자열을 리턴합니다.
18 :         String pwd = request.getParameter("pwd");    login.jsp에서 입력한 pwd 값의 문자열을 리턴합니다.
19 :
20 :         if(id!=null&&pwd!=null) {
21 :             HttpSession session = request.getSession();   요청객체에서 세션을 리턴합니다.
22 :             session.setAttribute("idKey", id);      세션에 idKey라는 값으로 id 값을 저장합니다.
23 :         }
24 :         response.sendRedirect("login.jsp");    응답페이지는 login.jsp로 설정합니다.
25 :   }
26 : }
```

15 ~ 25 : login.jsp에서 입력한 id와 pwd를 받아서 만약 null값이 아니라면 세션(session)에 idKey라는 키 값으로 id 값을 저장합니다. 이렇게 세션에 저장된 값은 login.jsp에서도 공유의 목적으로 당연히 사용 할 수 있기 때문에 login. jsp에서 세션에 id값 저장 여부를 판단하여 로그인된 페이지인지 아니면 로그아웃 페이지인지를 판단합니다.

04 서블릿 LoginServlet에서 세션에 id를 저장하고 난 뒤에 login.jsp 실행화면입니다.

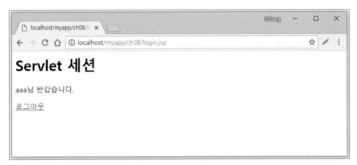

▲ [그림 8-18] 로그인 후 login.jsp 실행화면

05 로그아웃 기능을 위해서 logout.jsp를 작성합니다.

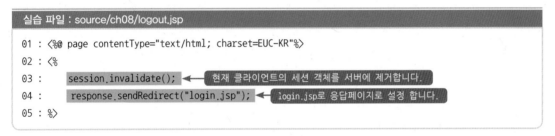

이것으로 서블릿에 대한 설명을 마치고 15장 계층형 게시판과 17장 홈페이지 구축에서 서블릿을 적용한 예제를 구현하고 추가적인 설명하도록 하겠습니다.

JSP vs Servlet

- JSP와 서블릿은 자바 기반으로 만들어진 웹 프로그래밍 언어입니다. 서블릿이 자바 코드에 의존적이라면 JSP는 덜 의존적이라 프로그래밍하기가 쉽고 편합니다.
- JSP는 페이지 요청이 있을 시에 최초에 한 번 자바 코드로 변환 된 후 서블릿 클래스로 컴파일이 됩니다.
- 일반적으로 서블릿은 동적인 처리를 위한 부분으로 사용되며, JSP에서는 정적인 부분을 담당하고 있습니다.
- JSP는 주로 사용자용 뷰(view)의 구현에 사용되고, 서블릿은 사용자의 뷰와 프로그램 로직 사이를 제어해주는 역할을 주로 합니다.

서블릿에 주요 클래스

- HttpServlet : 서블릿을 만들기 위해 반드시 상속해야 할 필수 클래스입니다.
- HttpServletRequest : 클라이언트가 데이터를 입력하거나 또는 클라이언트의 정보에 대한 요청 값을 가지고 있는 클래스입니다.
- HttpServletResponse : 클라이언트가 요청한 정보를 처리하고 다시 응답하기 위한 정보를 담고 있는 클래스입니다.
- HttpSession : 클라이언트가 세션을 정보를 저장하고 세션 기능을 유지 하기 위해서 제공되는 클래스입니다.

서블릿의 라이프 사이클

- init() : 서블릿이 처음으로 요청이 되어 객체가 생성 될 때 호출되는 메소드
- service() : 클라이언트가 요청이 있을 때 마다 호출되는 메소드
- destroy() : 서블릿 서비스의 종료 및 재시작 그리고 서블릿 코드가 수정이 될 때 호출되는 메소드
- doGet() : 클라이언트 요청 할 때 form의 method가 get 방식일 때 호출되는 메소드
- doPost() : 클라이언트 요청 할 때 form의 method가 post 방식일 때 호출되는 메소드

1 서블릿을 만들기 위해서는 반드시 HttpServlet를 상속을 해야 합니다. 그럼 HttpServlet 클래스의 상위를 클래스를 차례대로 기술 하세요?

2 다음의 서블릿에서 빈 칸에 들어가는 코드는 무엇입니까?

```
❶_____("/ch08/testServlet2")
public class TestServlet2 extends ❷_____ {

    @Override
    protected void service(HttpServletRequest request, HttpServletResponse response)
            throws ServletException, IOException {
    }
}
```

3 서블릿을 실행하기 위해서 가상의 이름을 설정을 해야 합니다. 두 가지 방법은 무엇입니까?

4 다음의 실행 결과에 필요한 서블릿(TestServlet4.java)을 작성하세요.

```
est4.html
01 : <html>
02 : <body>
03 : <h2>계산기</h2>
04 : <form method="post" action="testServlet4">
05 : 숫자1 : <input name="num1"><br/>
06 : 숫자2 : <input name="num2"><br/>
07 : <input type="submit" value="계산">
08 : </form>
09 : </body>
10 : </html>
```

계산기

10 + 20 = 30

해답은 619 쪽 연습문제 해답을 참조하세요.

JSP
& Servlet

이번 파트에서는 JSP를 통해서 실무적인 코딩 전에 응용기술을 익히는 파트입니다. 자바빈즈는 JSP 와 Database 연동을 위한 기술이고 또 기본적으로 Database 연동을 위해서는 Database 설치 및 SQL문 학습이 선행이 되어야 합니다. 마지막으로 http 프로토콜의 약점을 보완한 기술인 세션과 쿠키를 마지막 장에서 학습하게 됩니다.

JSP 응용기술 익히기

JSP와 자바빈즈

JSP에는 좀더 효율적인 프로그래밍을 할 수 있도록 지원하는 기술들이 있습니다. 그것들 중 하나가 바로 자바빈즈(JavaBeans)를 이용하는 것입니다. 특정한 일만을 수행하는 하나의 프로그램을 작성해 두고서 JSP에서 호출해서 사용할 수 있도록 하는 것입니다. 이번 장에서는 기초적인 자바 프로그래밍을 이해해야 하기 때문에 조금은 어려워 보이겠지만 천천히 따라해 본다면 쉽게 정복할 수 있으리라 생각됩니다.

01 _ 자바빈즈(JavaBeans)란?

지금까지 jsp 페이지 내에서 사용할 수 있는 여러 가지의 기술을 통해 쉽고 간단하게 JSP 프로그래
밍을 할 수 있었습니다. 하지만 여기에는 다음과 같은 단점이 있습니다.

첫 번째로 jsp 페이지에 HTML을 제외한 다른 많은 JSP 코드들이 있으므로 해서 jsp 페이지를 이해
하기 어려워진다는 점입니다. 이런 경우 여러분이 작성한 jsp 페이지를 디자이너가 디자인하기에는
복잡하고 어려울 수밖에 없습니다. 결국 디자이너와 프로그래머가 서로 독립적으로 작업을 하는 것
이 아니라 디자이너가 이해하지 못하는 부분을 항상 프로그래머는 설명해 주어야 하고 또 다시 프로
그래머는 디자이너에게 프로그램에서 필요한 부분을 이해시켜야 하는 것입니다. 하지만 프로젝트의
능률적인 진행을 위해서는 가능한 독립적으로 작업을 할 수 있어야만 합니다.

○ 자바빈즈(JavaBeans)
빈은 번역하면 콩이란 뜻입니다. "Know Beans"라는 숙어를 살펴보면 "무엇이든 알고 있다." 라는 뜻이 됩니다. 특별히 연관성은 없는 이야
기이지만 빈이란 이렇게 뭔지 할 수 있는 능력을 가지고 있는 소프트웨어 덩어리라고 생각하면 좋을 듯합니다.

두 번째로는 jsp 페이지 내에 작성된 프로그램 코드는 다시 사용하기가 어렵습니다. 한마디로 코드
조각에 불과합니다(snippet). 프로그램을 하다보면 프로그램의 성격이 전혀 다르더라도 기본적인 구
조는 항상 같을 수밖에 없습니다. 예를 들어 Database에 연결하는 일, 에러 처리를 위해 로그를 남
기도록 하는 일, 사용자의 정보를 관리하는 등의 일은 모든 웹 프로그래밍에 있어 반복적으로 이루
어지는 일이라는 것입니다. 이런 반복적인 일을 피하기 위해서는 jsp 페이지 내에 있는 반복적인 코
드를 따로 작성하여 재사용할 필요가 있습니다.

이렇게 jsp 페이지가 복잡한 자바코드로 구성되는 것을 가능한 피하고 jsp 페이지에는 HTML과 같
은 쉽고 간단한 코드만을 구성하도록 하는 것이 자바빈즈를 사용하는 목적입니다.
자바빈즈는 JSP에 안의 수많은 자바코드들이 담당했던 일들을 독립적으로 처리하기 위한 부품과도
같습니다. 이렇게 부품을 만들어 놓고서 JSP에서 간단히 호출해서 사용하자는 것입니다. 마치 컴퓨
터를 조립하기 위해서 필요한 부품을 사서 조립하는 것처럼 말입니다. 이렇게 특별한 기능을 수행할
부품을 만들어 두게 되면 언제든지 필요할 때마다 재사용할 수가 있는 것입니다.

TIP	컴포넌트

부품을 다른 말로 컴포넌트라고 부릅니다. 이렇게 부품을 만들어 놓으면 필요한 곳에 그 부품을 이용해서 제품을 만들 수 있듯
이 소프트웨어를 작성하는 것도 이와 비슷한 원리로 컴포넌트를 만들어 재사용하게 됩니다.

이렇게 JSP 프로그래밍에서는 복잡한 로직을 jsp 페이지 내에 넣지 않고 자바빈즈와 같은 컴포넌트 기술을 이용하여 작성할 수 있게 하여 효율성, 재사용성 등의 측면에서 많은 장점을 가지게 됩니다. 앞으로 배우게 될 사용자 태그와 같은 JSP 기술도 바로 이러한 측면에서 많이 사용되고 있는 기술입니다. 아래 그림은 이러한 자바빈즈의 역할을 나타내고 있습니다.

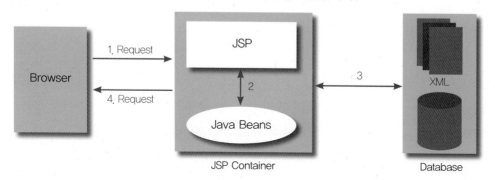

▲ [그림 9-1] 자바빈즈를 이용한 JSP 프로그래밍

| TIP | 빈은 클래스입니다. |

자바에서 프로그래밍을 하는 기본 단위를 클래스라고 표현합니다. 모든 자바프로그래밍은 이러한 클래스를 민들어 가는 과정이라고 말할 수 있습니다. 이 장에서 배우는 "빈"이라는 것도 자비의 글래스입니다. 결국 빈을 만드는 과정은 간단한 자바 프로그래밍이라고 생각합니다.

자바빈즈(JavaBeans)는 자바로 작성되어진 컴포넌트들을 일반적으로 일컫는 말입니다. 이러한 컴포넌트들을 하나하나 개별적으로 부를 때는 그냥 "빈"이라고 말합니다. 뭔가 대단하게 들릴지는 모르지만 알고 보면 자바빈즈를 이용하는 것은 그리 어렵지 않습니다.

02 _ 자바빈즈 만들기

간단히 자바빈즈를 이용한 JSP 프로그래밍을 하도록 하겠습니다. 먼저 빈을 만들기 위해서는 빈을 작성하는 규칙을 알아야 합니다. 우리가 사용하는 제품에도 일정한 규격이 있어 호환이 되듯이 소프트웨어 부품, 다시 말해 빈을 만드는 데도 규격과 같은 것이 있기 때문입니다. 그럼 먼저 빈을 작성하는 방법에 대해 알아보겠습니다.

02-1 빈 작성

❶ 정보를 저장하는 변수는 모두 private로 선언합니다.

↓

❷ private로 선언된 변수의 값을 저장하는 메소드를 만듭니다. 메소드의 이름은 setXxx() 형식으로 만듭니다. Xxx는 변수의 이름과 같으며 첫 글자는 대문자입니다.

↓

❸ private로 선언된 변수의 값을 가져오는 메소드를 만듭니다. 메소드의 이름은 getXxx() 형식으로 만듭니다. Xxx는 변수의 이름과 같으며 첫 글자는 대문자입니다.

↓

❹ setXxx() 메소드와 getXxx() 메소드를 public으로 선언하여 둡니다.

여기서 잠깐! public, protected, private

자바에서는 접근제한자(Access Modifier)라고 하는 것이 있습니다. 바로 public, protected, private를 말합니다. 이렇게 접근제한자가 필요한 이유는 다음과 같습니다.

클래스란 하나만 만들어 사용하는 것이 아니라 여러 개를 만들어 사용할 수 있습니다. 필요하다면 얼마든지 서로 다른 기능을 하는 부품을 만들어 사용할 수 있는 것처럼 말입니다. 이러한 부품은 단독으로 제 기능을 발휘하지 못하는 것이 대부분이며, 부품들 사이에서 서로 도와가면서 하나의 동작을 이루어 냅니다.

이처럼 클래스(빈)를 여러 개 만들어 사용할 때 클래스들 사이에 서로 도와가면서 동작을 하게 되는데 이런 경우 클래스들끼리 자신의 기능에 대해서 서로 사용할 수 있는 권한을 부여하게 됩니다. 마치 빌딩 내부에서 "관계자 외 출입금지"라고 적힌 곳에는 일반인이 출입을 할 수 없듯이 말입니다.

이러한 접근제한의 의미를 간략히 정의해 보면 다음과 같습니다.

❶ "모든 클래스는 나의 기능을 사용할 수 있습니다"(public)
❷ "나와 특별한 관계가 있는 클래스만 나의 기능을 사용할 수 있습니다"(protected)
❸ 나는 어떠한 클래스도 사용할 수 없고 오로지 나 자신만이 사용할 수 있습니다"(private)

보기 1 : 클래스 형식(빈즈의 형식)

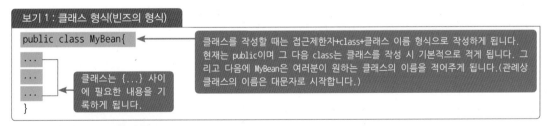

```
public class MyBean{
    ...
    ...
    ...
}
```

클래스는 {...} 사이에 필요한 내용을 기록하게 됩니다.

클래스를 작성할 때는 접근제한자+class+클래스 이름 형식으로 작성하게 됩니다. 현재는 public이며 그 다음 class는 클래스를 작성 시 기본적으로 적게 됩니다. 그리고 다음에 MyBean은 여러분이 원하는 클래스의 이름을 적어주게 됩니다.(관례상 클래스의 이름은 대문자로 시작합니다.)

보기 2 : 이름을 저장할 빈즈 만들기

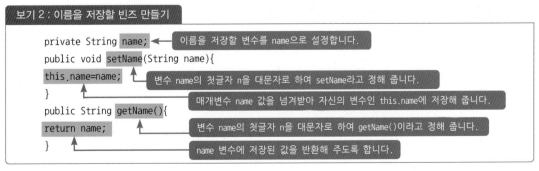

```
    private String name;
    public void setName(String name){
    this.name=name;
    }
    public String getName(){
    return name;
    }
```

이름을 저장할 변수를 name으로 설정합니다.

변수 name의 첫글자 n을 대문자로 하여 setName라고 정해 줍니다.

매개변수 name 값을 넘겨받아 자신의 변수인 this.name에 저장해 줍니다.

변수 name의 첫글자 n을 대문자로 하여 getName()이라고 정해 줍니다.

name 변수에 저장된 값을 반환해 주도록 합니다.

```
public class MyBean{
private String name;
public void setName(String name){
 this.name=name;
}
public String getName(){
 return name;
}
}
```

어떤가요? 생각보다는 간단하지 않습니까? 물론 이런 자바 파일의 구조를 정확히 이해한다는 것은
자바 프로그래밍을 공부하지 않은 상태에서는 어려울 수밖에 없습니다. 다만 JSP에서 앞으로 간단
히 빈을 이용하기 위해서는 이 정도의 규칙을 아는 것으로 충분합니다. 참고로 이러한 setXxx() 메
소드를 setter라고 부르며 getXxx() 메소드를 getter라고 부릅니다.
빈을 이용한 간단한 JSP 프로그래밍을 통하여 빈의 구성을 알아보겠습니다.

빈을 이용한 간단한 JSP 프로그래밍

앞에서 학습한 JSP 파일들은 이클립스에서 WebContent 폴더에서 작업을 하였는데 java 파일은
WebContent가 아닌 아래 그림에서도 보이는 Java Resources/src 위치에서 작성을 합니다.

01 아래와 같은 경로로 패키지를 생성합니다.

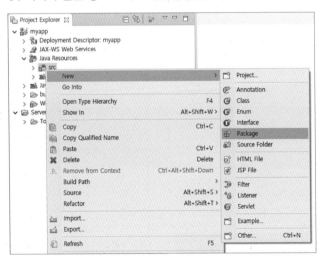

▲ [그림 9-2] 패키지 생성 경로

02 다음과 같이 소스를 src의 ch09 package에 작성하고 저장합니다.

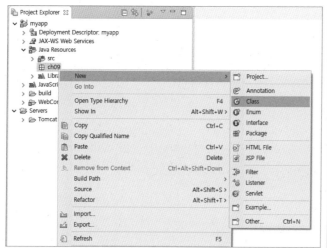

▲ [그림 9-3] JAVA 소스 파일 생성 및 경로

실습 파일 : src/ch09/SimpleBean.java

```
01 :    package ch09;
02 :
03 :    public class SimpleBean {
04 :
05 :      private String message = "";
06 :
07 :      public String getMessage() {
08 :        return message;
09 :      }
10 :
11 :      public void setMessage(String message) {
12 :        this.message = message;
13 :      }
14 :    }
```

TIP ‖ package

여러분의 컴퓨터를 들여다보면 여러 개의 폴더로 이루어져 있습니다. 이 폴더들은 관련성이 있는 파일을 함께 모아 둔 곳입니다. 이처럼 클래스 파일을 폴더 구조처럼 잘 정리하여 둔다고 생각합니다.

---

01 : package란 꾸러미를 이야기합니다. 일상생활 속에서도 같은 종류나 연관성이 있는 물품들은 하나의 꾸러미로 묶어 둡니다. 이처럼 클래스도 묶어 두어 서로 연관성이 있는 클래스들을 함께 보관하게 됩니다. 현재 8장과 관련되었다는 의미에서 패키지 이름을 ch09로 하여 두었습니다.

03 : 클래스 이름을 SimpleBean으로 하고 다른 클래스들이 SimpleBean이라는 클래스를 언제든지 참조해서 사용할 수 있음을 나타냅니다. 현재 SimpleBean이라는 클래스는 public으로 선언했기 때문에 외부 클래스 누구든지 자신을 사용할 수 있는 것입니다. 여기서는 특별히 생각할 필요 없이 대부분 이처럼 public을 사용하면 된다는 것 정도만 알면 빈즈 프로그래밍을 하는데 충분합니다.

private로 선언하게 되면 외부에서 직접적으로 변수에 값을 지정하는 것은 할 수 없게 됩니다. 예를 들어 나이를 나타내는 age 라는 변수가 선언되어 있다고 할 경우 만일 외부에서 나이에 대한 정보를 직접 저장할 수 있도록 public로 선언하게 되면 잘못된 값(예를 들어 -10살)이 저장될 수 있다는 것입니다. 따라서 값을 저장하고자 한다면 반드시 setXxx() 형식과 같은 메소드를 통해서 입력하도록 유도하고 메소드는 이렇게 입력되는 정보가 올바른지 검사한 후에 저장하도록 하는 것입니다. 예제에서는 특별히 검사하는 기능은 포함하고 있지는 않습니다만 중요한 정보를 다루어야 할 경우에는 반드시 필요한 구조입니다.

05 : 변수를 선언합니다. 변수는 어떠한 값을 담을 수 있는 역할을 합니다. 변수 이름이 message라는 것을 통해 어떤 메시지를 담을 것인가를 알 수 있습니다. String은 문자열을 담기 위해서 선언해 주어야 하는 부분입니다. 그래서 message라는 변수는 어떤 문자열을 담을 변수라는 것을 알 수 있습니다. 여기서는 private를 선언하였기 때문에 절대 외부 클래스에서 message 변수에 직접적으로 접근해서 사용할 수 없게 되는 것입니다. 정리하자면 문자열을 담을 변수 message를 외부의 클래스에서는 직접적으로 사용할 수 없도록 권한을 부여하여 선언해 두고 있습니다.

07 ~ 13 : 실제로 동작을 정의하는 곳입니다. 수학시간에 배운 함수라는 것을 생각해 보면 쉽게 이해할 수 있습니다. 함수란 어떤 값을 입력하면 입력된 값을 처리한 후에 마지막 결과물을 돌려주는 역할을 합니다. 이처럼 클래스에서 기능을 정의하고 있는 것을 메소드(Method)라고 부릅니다. 메소드는 특정한 역할을 수행하고 결과물을 돌려주거나 혹은 돌려 줄 필요가 없는 경우에는 그냥 동작만을 수행합니다. 이렇게 메소드를 만들 때에도 public, protected, private을 사용하여 권한을 표시하게 됩니다.

07 ~ 09 : public 다음에 오는 String은 이 메소드를 호출하게 되면 그 결과값으로 String, 즉 문자열을 결과값으로 반환해 준다는 의미입니다. 메소드의 내부를 보면 단지 message 값을 반환(return)해 주도록 되어 있습니다. 즉 변수 message에 담겨진 내용을 반환해 주는 것입니다.

11 ~ 13 : public 다음에 오는 void는 이 메소드를 호출하면 특별히 반환해 주는 값이 없음을 말합니다. 이 메소드를 사용하려면 먼저 메소드에게 넘겨주는 값이 있어야 합니다. 함수에 어떤 값을 넘겨주어야 하는데 메소드는 이러한 값을 받아서 처리하는 것처럼 현재 메소드를 사용하기 위해서는 어떤 값을 넘겨주어야 하는데 메소드는 이러한 값을 받아서 처리하도록 작성되어 있는 것입니다.

this.message = message의 의미는 메소드 자신이 넘겨받은 값을 자신(SimpleBean)의 변수인 message에 값을 저장한다는 뜻입니다. 여기서 메소드의 값으로 넘겨받는 변수 message를 매개변수라고 말합니다. 즉 매개변수 message에 담겨진 문자열을 자신의 변수인 message에 담아 둔다는 의미입니다. 이러한 매개변수는 임시적으로 데이터를 저장할 임시변수라고 생각합니다. 그러므로 매개변수인 message와 자신의 변수인 message는 이름만 같을 뿐 전혀 다른 변수입니다. 그런데 이름이 같기 때문에 구분을 해 주어야 하는데 이런 경우 사용할 수 있는 것이 this라는 단어(키워드)입니다. 자바에서 자기 자신의 클래스(객체)를 지칭할 때 this라는 단어를 이용합니다. 이것이 혼동스러운 분은 변수의 이름을 처음부터 달리하여 두면 됩니다.

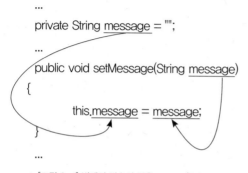

```
...
private String message = "";
...
public void setMessage(String message)
{
        this.message = message;
}
...
```

▲ [그림 9-4] 빈에서 변수의 사용

02-2 빈 컴파일

컴파일(Compile)이란 우리가 작성한 순수 자바 파일을 컴퓨터 내부에서 실질적으로 사용 할 수 있도록 하기 위해서 하는 작업입니다. 이렇게 순수한 자바 파일을 컴파일 하는 과정을 거치게 되면 이제 빈즈 프로그램에서 사용할 작업이 모두 완료된 것입니다. 앞에서 자바 파일을 생성 및 작성 했는데 그 자바파일이 이클립스에서 어떤 방식으로 컴파일 되는지 작성한 SimpleBean.java 파일을 통해 알아보겠습니다.

이클립스에서 컴파일

이클립스는 java 파일 작성 후 저장 시 오류나 에러가 없다면 자동으로 컴파일 되어 class파일을 생성합니다. 이와 같은 기능으로 편리하기 때문에 이클립스는 널리 사용되고 있는 툴입니다.

> **TIP** │ 자바 전용 개발 툴이 있나요?
>
> 자바 전용 개발 툴에서는 대표적으로 Eclipse(이클립스), Jbuilder, Visual Age for Java, Visual Cafe, IntelliJ IDEA 등이 있습니다.

이 밖에도 간단한 프로젝트에서는 도스창에서 javac를 이용하거나 에디터 플러스를 통해서도 컴파일을 합니다. 프로젝트의 규모가 크다면 전용 개발 툴을 사용하면 편리한데 그 중 대표적인 툴이 우리가 지금 사용하는 이클립스입니다.

아래는 앞에서 작성한 SimpleBean.java 파일이 컴파일되어 SimpleBean.class라는 파일이 생성된 모습입니다.

우리가 사용하는 myapp프로젝트 폴더의 bulid/classes/ch09 경로에 class파일이 생성됩니다.

▲ [그림 9-2] 클래스 파일 생성 확인

02-3 빈을 이용하는 JSP 파일 작성

6장에서 학습한 내용 중에는 액션 태그가 있었습니다. JSP에서 특별한 행동을 하도록 해 주는 내부적으로 지원하는 태그입니다. 바로 이러한 액션 태그 중에는 빈을 사용하기 위해 따로 제공하는 태그가 있습니다. 이를 보통 빈 태그라 부르는데, JSP에서는 이렇게 빈을 이용 할 수 있도록 3가지의 관련 태그를 제공하고 있습니다.

빈 관련 태그	내용
⟨jsp:useBean id="..." class="..." scope="..."/⟩	빈을 생성하여 둡니다.
⟨jsp:setProperty name="..." property="..." value="..."/⟩	빈에 값을 저장합니다.
⟨jsp:getProperty name="..." property="..."/⟩	빈의 값을 가져옵니다.

▲ [표 9-1] 빈 태그

JSP에서 빈을 이용하기 위해서는 우리가 알아야 할 것은 위 3가지의 태그뿐입니다. 태그의 이름에서도 알 수 있듯이 빈을 사용함을 선언하고, 빈에 값을 넣고, 그리고 담겨진 값을 가져오는 것으로 구성되어 있습니다.

보기 1 : 빈을 생성하기

```
<jsp:useBean id="myBean" class="ch09.SimpleBean" scope="page"/>
...
...
```

보기 2 : 빈에 값을 넣기

```
<jsp:useBean id="myBean" class="ch09.SimpleBean" scope="page"/>
<jsp:setProperty name="myBean" property="*"/>
...
...
```

보기 3 : 빈의 저장된 값을 가져오기

```
<jsp:useBean id="myBean" class="ch09.SimpleBean" scope="page"/>
<jsp:setProperty name="myBean" property="*"/>
<jsp:getProperty name="myBean" property="name"/>
...
...
```

JSP에서 빈을 사용하기 위해서는 〈jsp:useBean...〉 태그를 사용하게 됩니다. 이 태그 속에는 생성하고자 하는 빈의 이름(id)과 생성을 위해 필요한 클래스(class)의 이름을 지정하게 됩니다. 또한 필요에 따라서 생성한 빈이 살아있는(또는 유효한) 영역(scope)을 지정하기도 합니다. 자세한 설명은 "9장 세션과 쿠키"의 쉬어가는 페이지를 참고하기 바랍니다.

종류	설명
page	해당 jsp 페이지 내에서만 존재합니다.
request	사용자의 요청(request)을 처리하는 동안 존재합니다.
session	사용자가 최초에 접속하여 접속이 종료되기까지 존재합니다.
application	해당 어플리케이션이 살아 있는 동안 함께 존재합니다.

▲ [표 9-2] scope의 종류

이제 〈jsp:setProperty ...〉를 이용하여 빈에 값을 넣어 주어야 합니다. 빈에 값을 저장하기 위해서는 생성된 빈을 지정해 줍니다. 이때 생성된 빈을 지정해 주기 위해 name 요소를 사용하게 됩니다. name 요소의 값은 〈jsp:useBean id="..."〉에서 id값과 정확히 일치해야 합니다.

다음으로 값을 저장할 빈의 변수(속성, 프로퍼티)를 선택합니다. 빈을 작성할 때 setXxx()라는 메소드를 작성했습니다. 이 메소드를 property 요소의 값과 일치시켜 값을 저장하게 됩니다. 예를 들어 property="age" 라고 한다면 JSP 컨테이너는 빈의 setAge(...) 메소드를 찾아서 값을 저장하게 됩니다. 이외에도 setProperty에는 value, param 등의 요소를 더 추가할 수 있습니다.

마지막으로 〈jsp:getProperty ...〉를 이용하여 저장된 값을 가져옵니다. setProperty와 동일하게 name 요소를 통해 생성된 빈을 지정해 주며, property 요소를 통해 필요한 값이 저장된 변수(속성, 프로퍼티)를 지정하여 값을 가져오게 됩니다. 이때에도 역시 JSP 컨테이너는 getXxx() 메소드를 통해 정보를 가져오게 되는 것입니다.

이제 빈을 사용하기 위해 간단히 JSP 파일을 작성해 보겠습니다.

빈을 이용한 JSP 파일 예제

01 빈을 사용하는 jsp 파일을 작성하고 저장합니다.

실습 파일 : source/ch09/simpleBean.jsp

```
01 : <%@ page contentType="text/html;charset=EUC-KR" %>
02 : <jsp:useBean id="test" class="ch09.SimpleBean" scope="page" />
03 : <jsp:setProperty name="test" property="message" value="빈을 쉽게 정복하자!" />
04 : <html>
05 : <body>
06 : <h1>간단한 빈 프로그래밍</h1>
07 : <br/>
08 : Message: <jsp:getProperty name="test" property="message" />
09 : </body>
10 : </html>
```

page 지시자입니다. 현재 페이지의 타입과 페이지의 인코딩을 지시하고 있습니다.

02 : ⟨jsp:useBean id="빈 이름" class="빈 클래스" scope="범위지정"/⟩

빈을 사용하기 위해 필요한 태그입니다. class 속성은 빈 클래스의 이름을 말합니다. 만일 패키지로 구성되어 있다면 당연히 패키지명.클래스명으로 호출해야 합니다. 이렇게 생성된 빈을 호출하려면 빈의 이름이 필요합니다. 왜냐하면 빈의 이름을 호출하여 정보를 저장 혹은 가져 오도록 해야 하기 때문입니다. 그래서 이러한 이름은 id라는 속성으로 지정해 줍니다. 자바 프로그래밍에서는 객체명이라고 할 수 있습니다.

예제에서는 ch09.SimpleBean을 호출하고 있으며, 이 빈의 이름을 test라고 해 두었습니다. 이름은 여러분이 편한대로 정해 주어도 됩니다. 마지막으로 scope는 현재 빈이 살아있는 영역을 말합니다. 예제에서는 page라고 해 두었는데 현재 이 simpleBean.jsp 파일을 호출하는 동안에만 test 빈이 살아 있다는 뜻입니다.

03 : ⟨jsp:setProperty name="빈 이름" property="빈의 변수 이름" value="저장할 값"/⟩

빈을 생성하였다면 이제 빈에 정보값을 넣을 차례입니다. 빈에 정보를 저장하기 위해서는 먼저 빈이 생성되어 있어야 합니다. 우리는 이미 useBean을 이용하여 test라는 빈을 생성해 두었습니다. 따라서 test라는 빈의 변수의 message에 정보를 저장할 것입니다. 이를 위해 setProperty 태그를 이용하여 저장하게 됩니다. setProperty 태그에서 name은 이미 생성된 빈의 이름을 지정해 주어야 합니다. 또한 property는 빈이 어떤 빈의 변수(프로퍼티)에 값을 저장할 지를 지정해 주게 됩니다. 그 다음 value에는 저장될 값을 입력하게 됩니다. 예제에서는 test라는 빈의 message 변수(프라퍼티)에 "빈을 쉽게 정복하자"라는 문자열을 저장하도록 하고 있습니다. 실질적으로 JSP 컨테이너는 우리가 만들어둔 setMessage() 메소드를 이용하여 "빈을 쉽게 정복하자!" 라는 값을 저장하게 되는 것입니다.

08 : ⟨jsp:getProperty name="빈 이름" property="빈의 변수 이름"/⟩

빈을 생성한 후 정보를 저장하였다면 이제 정보값을 가져 올 수 있습니다. 빈의 정보를 가져오기 위해서는 getProperty 태그를 사용합니다. getProperty에서도 마찬가지로 이미 생성된 빈의 이름을 name의 속성으로 지정해 주어야 합니다. 그리고 property를 지정해서 원하는 정보를 담고 있는 변수(프로퍼티)를 지정해 주게 됩니다. 예제에서는 test라는 빈의 message 변수(프로퍼티)에 있는 정보를 가져와 화면에 출력하도록 하고 있습니다.

※ 주의 – id와 name
빈 태그를 작성하다보면 많이 실수하는 부분이 빈을 생성할 때 빈의 이름을 id라는 속성으로 지정해 주는 반면에 이렇게 생성된 빈을 사용할 때는 name이라는 속성으로 지정해 주게 되는 점입니다. 생성할 때는 id, 사용할 때는 name이라는 점 꼭 기억하세요.

---

02 이제 JSP 파일과 빈을 모두 작성하여 필요한 곳에 적절히 위치까지 해 두었습니다. 이제 마지막으로 브라우저를 통해 제대로 결과값이 나오는지 확인해 봅시다.

주소는 http://localhost/myapp/ch09/simpleBean.jsp로 입력합니다.

▲ [그림 9-6] 간단한 빈을 이용한 프로그래밍

지금까지 빈을 이용한 JSP 프로그래밍의 전체적인 모습에 대해서 살펴보았습니다. 빈을 작성하고 컴파일한 후 jsp 페이지에서 빈 태그를 사용하여 빈을 사용하는 일은 그리 복잡한 일은 아닙니다. 하지만 빈을 사용하는 목적을 생각해 본다면 과연 꼭 필요한가를 프로그래밍하기 전에 생각해 보는 것도 필요할 것 같습니다. 자, 이제 간단한 회원가입의 예제를 통해 빈에 대해서 좀 더 상세히 알아보겠습니다.

03 _ 빈을 이용한 회원가입 양식 작성하기

지금부터 회원가입 양식을 빈을 이용해 보겠습니다. 아마도 대부분의 분들이 여러 사이트를 통해 회원가입을 경험해 보셨을 것입니다. 회원가입에서 중요한 부분은 DB에 회원에 관해 정보를 저장해야한다는 점입니다. 하지만 아직 JSP에서 데이터베이스를 사용하는 법을 배우지 않았기 때문에 여기서는 회원가입을 빈을 이용해 어떻게 처리하는지에 대한 설명에 중점을 두겠습니다.

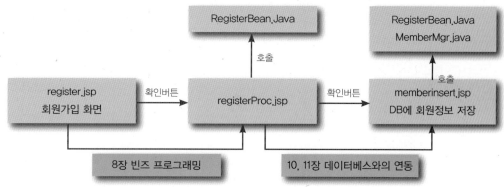

▲ [그림 9-7] 회원가입 프로세스

03-1 회원가입 입력 폼 작성

회원가입을 위해서는 회원으로부터 필요한 정보를 입력받아야 합니다. 따라서 여기서는 먼저 회원으로부터 입력받을 화면인 register.jsp를 만들어 보겠습니다. register.jsp는 회원으로부터 정보를 입력받을 수 있도록 입력 폼을 제공합니다. 소스 내부에는 JSP관련 태그는 전혀 없으며, 현재 간단히 몇 가지만 입력받도록 되어 있습니다. 10, 11장에서는 이러한 정보를 데이터베이스에 저장하는 방법을 배우게 되며, 13장에서 회원가입의 항목을 세분화하여 작성해 보겠습니다.

회원가입 입력 폼 부분

01 회원으로부터 입력받을 폼을 만들기 위한 jsp 페이지를 작성하고 저장합니다.

실습 파일 : source/ch09/member.jsp

```
01 : <%@ page contentType="text/html; charset=EUC-KR" %>
02 : <html>
03 : <head>
04 : <title>회원가입</title>
05 : <link href="style.css" rel="stylesheet" type="text/css">
06 : <script language="JavaScript" src="script.js"></script>
07 : </head>
```

```
08 :
09 : <body bgcolor="#996600">
10 : <table width="80%" align="center" border="0" cellspacing="0" cellpadding="5" >
11 :   <tr>
12 :     <td align="center" valign="middle" bgcolor="#FFFFCC">
13 :     <table width="90%" border="1" cellspacing="0" cellpadding="2"  align="center">
14 :       <form name="regForm" method="post" action="registerProc.jsp">
15 :        <tr align="center" bgcolor="#996600">
16 :          <td colspan="3"><font color="#FFFFFF"><b>회원 가입</b></font></td>
17 :          </tr>
18 :          <tr>
19 :            <td width="100">아이디</td>
20 :             <td width="200"><input name="id" size="15"></td>
21 :            <td width="200">아이디를 적어 주세요.</td>
22 :          </tr>
23 :          <tr>
24 :            <td>패스워드</td>
25 :            <td><input type="password" name="pwd" size="15"></td>
26 :            <td>패스워드를 적어주세요.</td>
27 :          </tr>
28 :          <tr>
29 :            <td>패스워드 확인</td>
30 :            <td><input type="password" name="repwd" size="15"></td>
31 :            <td>패스워드를 확인합니다.</td>
32 :          </tr>
33 :          <tr>
34 :            <td>이름</td>
35 :            <td><input name="name" size="15"></td>
36 :            <td>고객실명을 적어주세요.</td>
37 :          </tr>
38 :          <tr>
39 :            <td>생년월일</td>
40 :            <td><input name="birthday" size="27"></td>
41 :            <td>생년월일을 적어주세요.</td>
42 :          </tr>
43 :          <tr>
44 :            <td>이메일</td>
45 :            <td><input name="email" size="20"></td>
46 :            <td>이메일을 적어주세요.</td>
47 :          </tr>
48 :          <tr>
49 :            <td colspan="3" align="center">
50 :            <input type="button" value="회원가입" onclick="inputCheck()"> 
51 :            <input type="reset" value="다시쓰기">
52 :          </td>
```

입력값을 서버로 전송하기 위해 폼 태그를 사용합니다.

회원가입 버튼을 누르게 되면 자바스크립트의 함수인 inputCheck()를 호출하게 됩니다. 만일 모든 내용이 정상적으로 입력되었다면 memberProc.jsp로 전송하게 됩니다.

```
53 :        </tr>
54 :      </form>
56 :    </table>
57 :  </td>
58 : </tr>
59 : </table>
60 : </body>
61 : </html>
```

❍ 스타일 시트(css)란?

웹 페이지의 글꼴, 폰트 크기 등 다양한 정보를 미리 정의해 둠으로써 웹 페이지의 전체적인 디자인을 일관성 있게 쉽게 설계, 수정할 수 있도록 도와주는 기술규약입니다.

04 : 외부에 있는 스타일 시트 파일을 사용합니다. 좀 더 깔끔한 화면을 사용자에게 보여주기 위해서 스타일 시트를 사용 하였습니다. 스타일 시트 파일은 소스파일 source/ch09/style.css에 있습니다. 그대로 복사해서 WebContent/ch09에 넣어두시면 됩니다.

05 : 외부에 있는 자바스크립트 파일을 사용합니다. 입력값이 정확히 기록되어 있는지 확인하기 위해 자바스크립트를 사용하였습니다. 자바스크립트 파일은 소스파일 source/ch09/script.js에 있습니다. 그대로 복사해서 WebContent/ch09에 넣어두시면 됩니다.

TIP | 자바스크립트 vs 자바

자바스트립트와 자바는 그 이름이 비슷하지만 결론적으로 말씀드리면 둘은 아무런 상관이 없습니다. 자바스크립트는 넷스케이 프사에서 개발한 브라우저에서 인식하는 스크립트 언어이며 자바는 네트워크 환경에 적합한 범용 개발언어입니다.

---

02 제 브라우저를 통해 우리가 작성한 입력 폼을 확인해 보겠습니다. 주소는 http://localhost/myapp/ch09/member.jsp로 입력합니다(소스를 실행하기 전에 소스에서 source/ch09/style.css, script.js 파일을 WebContent/ch09에 복사해 놓습니다).

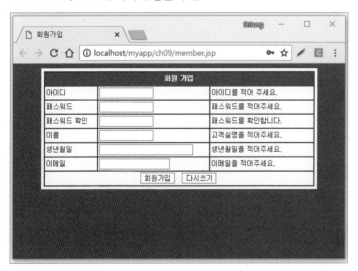

▲ [그림 9-8] 회원가입

03-2 회원정보를 처리하기 위한 빈 작성

사용자로부터 입력 받은 값을 처리하기 위해 빈을 작성합니다. 빈을 구성하고 있는 변수를 살펴보면 한 가지 특별한 점을 볼 수 있습니다. 바로 member.jsp에서 사용자로부터 입력받는 파라미터의 이름과 setXxx() 메소드의 이름이 그대로 일치한다는 점입니다. 예를 들어 사용자의 이름은 〈input name="name" …〉으로 구성되어 있습니다. 여기서 파라미터 "name"은 빈 내부의 setName(..)과 그대로 일치하게 됩니다. 이처럼 이름을 일치하도록 함으로써 좀 더 간단히 JSP 프로그래밍이 가능하게 됩니다. 자세한 설명은 memberProc.jsp에서 설명 드리겠습니다.

(1)회원정보 처리 부분

01 이제 회원정보 처리를 위한 빈을 작성하고 저장합니다.

> **TIP** | package의 연관성
>
> 앞서 설명 드린 것처럼 package는 서로 연관성 있는 클래스들을 함께 묶어 두기 위함입니다. 따라서 현재 9장과 관련해서 SimpleBean.java와 MemberBean.java는 같은 패키지에 위치하게 됩니다.

실습 파일 : source/ch09/MemberBean.java

```java
01 :   package ch09;
02 :
03 : public class MemberBean {
04 :
05 :     private String id;
06 :     private String pwd;
07 :     private String name;
08 :     private String birthday;
09 :     private String email;
10 :
11 :     public String getId() {
12 :         return id;
13 :     }
14 :     public void setId(String id) {
15 :         this.id = id;
16 :     }
17 :     public String getPwd() {
18 :         return pwd;
19 :     }
20 :     public void setPwd(String pwd) {
21 :         this.pwd = pwd;
22 :     }
23 :     public String getName() {
24 :         return name;
25 :     }
```

```
26 :    public void setName(String name) {
27 :        this.name = name;
28 :    }
29 :    public String getBirthday() {
30 :        return birthday;
31 :    }
32 :    public void setBirthday(String birthday) {
33 :        this.birthday = birthday;
34 :    }
35 :    public String getEmail() {
36 :        return email;
37 :    }
38 :    public void setEmail(String email) {
39 :        this.email = email;
40 :    }
41 :
```

05 ~ 09 : 사용자 입력정보를 담을 변수를 선언합니다. member.jsp의 필드 이름과 정확히 일치합니다. 다만 사용자의 비밀번호 재확인과 관련해서는 변수가 없습니다. 이는 특별히 저장할 필요가 없는 변수이기 때문입니다. 사용자의 정보를 전송할 때 스크립트 함수로 비밀번호가 같은지만 확인하면 충분하기 때문입니다.

11 ~ 41 : 사용자의 정보를 저장할 메소드입니다. 이들을 setter라고 부릅니다. 사용자의 정보를 가져올 메소드입니다. 이들을 getter라고 부릅니다.

02 작성을 완료한 java 파일을 저장합니다(이클립스의 자동 컴파일 기능으로 인하여 저장만 하시면 됩니다).

03-3 회원입력 정보확인 페이지 작성

memberProc.jsp 파일은 회원가입 폼에서 [확인] 버튼을 눌렀을 때 요청되는 페이지입니다. 이 페이지는 사용자가 입력한 정보를 다시 한 번 확인해 주는 역할을 합니다. 그리고 만일 사용자가 입력한 정보가 정확하면 DB에 정보를 저장하며, 그렇지 못한 경우에는 다시 입력 폼으로 돌려주게 됩니다.

회원입력 정보확인 부분

01 마지막으로 사용자가 입력한 정보를 화면에 출력하는 memberProc.jsp 파일을 코딩하고 저장합니다.

실습 파일 : source/ch09/memberProc.jsp

```
01 : <%@ page contentType="text/html; charset=EUC-KR" %>          page 지시자입니다. 현재 페이지의 타입과
02 : <%                                                            페이지의 인코딩을 지시하고 있습니다.
03 : request.setCharacterEncoding("EUC-KR");          사용자가 입력한 한글문자를 처리하기 위해 설정합니다.
04 : %>
05 : <jsp:useBean id="regBean" class="ch09.MeberBean" scope="page" />          MemberBean을 생성합니다.
06 : <jsp:setProperty name="regBean" property="*"  />          생성된 빈(MemberBean)에 id, name등등
07 :                                                             요청한 정보를 저장합니다.
08 : <html>
09 : <head>
```

```
10 : <title>회원가입 확인</title>
11 : <link href="style.css" rel="stylesheet" type="text/css">
12 : </head>
13 : <body bgcolor="#996600">
14 : <table width="80%"align="center" border="0" cellspacing="0" cellpadding="5" >
15 :   <tr>
16 :     <td align="center" valign="middle" bgcolor="#FFFFCC">
17 :    <table width="90%" border="1" cellspacing="0" cellpadding="2"  align="center">
18 :        <form name="regForm" method="post" action="memberInsert.jsp">
19 :          <tr align="center" bgcolor="#996600">
20 :            <td colspan="3"><font color="#FFFFFF"><b>
21 :              <jsp:getProperty name="regBean" property="name" />
22 :              회원님이 작성하신 내용입니다. 확인해 주세요</b></font></td>
23 :          </tr>
24 :          <tr>
25 :            <td width="24%">아이디</td>
26 :            <td width="41%"><jsp:getProperty name="regBean" property="id" /></td>
27 :          </tr>
28 :          <tr>
29 :            <td>패스워드</td>
30 :          <td> <jsp:getProperty name="regBean" property="pwd" /> </td>
31 :          </tr>
32 :          <tr>
33 :            <td>이름</td>
34 :            <td> <jsp:getProperty name="regBean" property="name" /> </td>
35 :          </tr>
36 :          <tr>
37 :            <td>생년월일</td>
38 :            <td> <jsp:getProperty name="regBean" property="birthday" /> </td>
39 :          </tr>
40 :          <tr>
41 :            <td>이메일</td>
42 :            <td> <jsp:getProperty name="regBean" property="email" /> </td>
43 :          </tr>
44 :          <tr>
45 :            <td colspan="2" align="center">
                 <input type="button" value="확인완료"> 
46 :              <input type="button" value="다시쓰기" onClick="history.back()">
47 :            </td>
48 :          </tr>
49 :        </form>
50 :      </table>
51 :      </td>
52 :    </tr>
53 : </table>
54 : </body>
55 : </html>
```

> 이번 장에서는 memberInsert.jsp까지 구현은 하지 않습니다.

02 ~ 04 : 브라우저로부터 전송된 내용 중에 한글이 있을 경우 한글을 깨어지지 않고 제대로 출력하기 위해서 필요한 내용입니다. 브라우저를 통해 사용자가 입력한 내용을 [회원가입] 버튼을 눌러 memberProc.jsp에 전송하면 memberProc.jsp에서 요청(request)에 저장되어 있는 문자열을 한글로 인코딩하게 됩니다.

05 : MemberBean 객체를 생성합니다. 이름은 regBean으로 선언을 하였습니다. 자바에서 객체를 생성하고 생성한 객체를 사용하기 위한 레퍼런스 변수라고 생각을 합니다.

06 : regBean 빈의 변수에 회원의 정보를 저장하게 됩니다. member.jsp에서 회원 아이디, 이름, 이메일 등 여러 가지의 정보를 전송 받았습니다. 이렇게 빈의 변수에 정보를 저장하는 것은 여러 가지로 나누어 생각해 볼 수 있지만 가장 간단히 적용할 수 있는 방법은 다음과 같습니다.

> ❶ 폼 태그로부터 넘겨지는 모든 파라미터의 이름과 빈의 setXxx( ) 메소드의 이름과 일치시킵니다.
> ❷ 〈jsp:setProperty name="빈 이름" property="*"/〉 형식으로 빈의 변수에 넘어온 값을 저장합니다.

폼 태그로부터 사용자의 정보가 전송된 경우 파라미터의 이름과 빈의 setXxx()의 메소드 이름과 정확이 일치할 경우에는 빈의 변수에 사용자 정보를 저장하기 위해서는 ❷의 한 줄 코드로 충분합니다. 이것은 JSP 컨테이너가 ❷와 같이 변수(프로퍼티)에 사용자로부터 전송된 값을 저장할 경우에 파라미터 이름과 일치하는 빈의 메소드를 찾아서 스스로 알아서 모든 전송된 값을 저장해 주기 때문입니다. 따라서 빈을 작성하는 시점에서부터 jsp 페이지에서 전송될 파라미터의 이름을 생각해서 작성해 주는 것이 좋습니다.

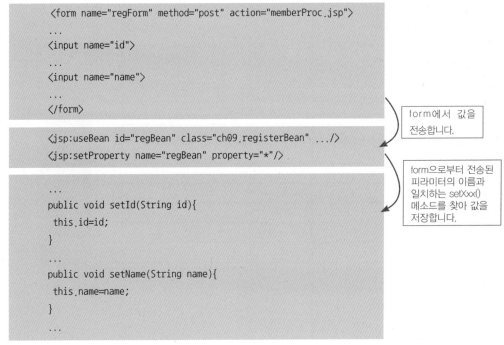

```
<form name="regForm" method="post" action="memberProc.jsp">
...
<input name="id">
...
<input name="name">
...
</form>
```
form에서 값을 전송합니다.

```
<jsp:useBean id="regBean" class="ch09.registerBean" .../>
<jsp:setProperty name="regBean" property="*"/>
```
form으로부터 전송된 피라미터의 이름과 일치하는 setXxx() 메소드를 찾아 값을 저장합니다.

```
...
public void setId(String id){
  this.id=id;
}
...
public void setName(String name){
  this.name=name;
}
...
```

▲ [그림 9-9] 폼으로부터 전송된 값 저장하기

10 : member.jsp에서 마찬가지로 css 파일을 참조합니다.

20 ~ 42 : 사용자가 입력한 정보를 보여주기 위해 빈에 저장된 값을 가져와 〈jsp:getProperty .../〉를 사용하여 보여주고 있습니다.

45 ~ 46 : 사용자가 입력한 정보가 정확하다면 memberInsert.jsp로 이동하여 회원정보를 데이터베이스에 저장하게 됩니다. 만일 잘못된 정보가 있다면 member.jsp로 돌아가서 다시 수정할 수 있도록 memberInsert.jsp는 14장에서 공부하게 됩니다.

이름이 일치하지 않는 경우에는 이름이 일치하는 것에 한해서만 빈의 프로퍼티에 저장하게 됩니다. 이름이 다르다고 해서 에러를 발생하지는 않는다는 점 기억하세요. 만일 파라미터의 이름과 빈의 setXxx()의 이름이 다른 경우에는 다음과 같이 폼으로부터 넘겨받은 값을 저장할 수 있습니다.

예를 들어 〈input type="text" name="my_name"〉를 통해 사용자의 이름이 전송되었다고 가정해 보겠습니다. 그런데 빈의 setXxx() 메소드 중에는 setMy_name()으로 되어 있지 않고 setName()으로 작성되어 있다고 하면 이럴 경우 다음과 같이 빈에 값을 지정해 줄 수 있습니다.

```
<jsp:setProperty name="beans" property="name" param="my_name"/>
```

차이점이 무엇인지 아시겠습니까? setName() 메소드에 값을 저장하기 위해 property="name"으로 하였습니다. 그리고 파라미터의 이름이 name이 아니라 my_name이므로 param이라는 속성을 사용하여 파라미터 my_name으로부터 넘겨받은 값을 setName() 메소드를 이용하여 값을 저장하도록 하는 것입니다. param 속성은 파라미터의 이름과 setXxx() 메소드의 이름이 다른 경우 이처럼 지정하여 사용할 수가 있습니다.

02 이제 브라우저를 통해 사용자가 자신의 정보를 입력하고 전송했을 때의 화면을 보겠습니다. http://localhost/myapp/ch09/member.jsp을 실행하여 내용을 입력한 후 [회원가입] 버튼을 누르면 memberProc.jsp가 실행 된 화면이 나옵니다.

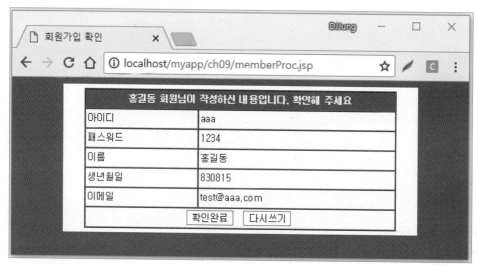

▲ [그림 9-10] 회원이력 정보 확인

지금까지 빈의 작성법과 JSP에서 빈 태그를 이용하여 빈을 사용하는 방법에 대해서 간단한 예제를 통해서 배웠습니다. 아직까지 굳이 빈을 이용해 JSP 프로그래밍을 해야 하는지 의문이 생길지도 모르겠습니다. 하지만 데이터베이스와의 연동을 통해서 빈을 이용할 경우 훨씬 더 JSP 프로그래밍이 간결하고 효율적임을 느껴보실 수가 있습니다. 앞으로 남은 장들을 배워가면서 빈을 설계하고 작성하여 사용하는 고급적인 기술에 이르기까지 계속적으로 연습해 보겠습니다. 이를 통해 JSP 프로그래밍이 추구하는 설계적인 측면에서 좀 더 나은 프로그래밍 방식을 스스로 이해하고 배워갈 수 있었으면 합니다.

빈즈 없이도 JSP 프로그래밍이 가능하지 않나요?

최근에는 JSP를 이용한 웹 프로그래밍이 많이 확산되고 있는 듯합니다. 그런 영향인지 본서를 비롯한 다양한 JSP 관련 책들이 출간되고 있습니다. 웹 프로그래밍은 여러분이 아시는 것처럼 JSP 언어만으로 할 수 있는 것은 아닙니다. 그렇기 때문에 웹 프로그래밍 언어 중에 대체적으로 가장 까다롭게 여겨지는 분야가 바로 JSP입니다. 이렇게 JSP가 다른 언어보다 좀 더 까다로울 수밖에 없는 이유 중 하나가 바로 이번 장에서 함께 공부한 자바빈즈(JavaBeans)라는 기술이 JSP의 중요한 부분을 이루고 있기 때문입니다.

웹 프로그래밍은 특성상 쉽게 개발할 수 있어야 하고 그 결과를 개발과정에서 바로 확인할 수 있어야 합니다. 그래서 ASP, PHP 등은 아주 다양한 내장 함수 등을 지원하여 결과물을 어렵지 않게 구성하고 생성해 낼 수 있도록 하고 있습니다.(JSP와 비교했을 때 그렇다는 이야기입니다.)
반면 JSP는 간단히 사용할 수 있는 스크립트 내장 함수와 같은 기능적인 부분에 있어서는 다소 부족한 편입니다. 왜냐하면 자바코드로 필요한 기능을 만들어 사용하도록 해 두었기 때문입니다. 기본적인 처리 이외에 좀 더 세부적인 처리가 필요하다면 당연히 JSP에서 자바 코드로 스크립트릿(scriptlet) 영역 속에서 처리를 해야만 하는 것입니다. 이렇게 스크립트릿을 구성하는 것은 역시 자바를 알아야 하는 일이므로 JSP를 이용한 웹 개발은 부담스러운 일이 될 수도 있습니다.

여기서 ASP나 PHP처럼 JSP 개발에 있어서도 내장 함수를 많이 지원하면 되지 않을까 하는 의문이 생길 수 있습니다. 바로 이렇게 JSP에서의 내장 함수가 사용 가능하도록 하는 것이 자바빈즈라는 기술입니다. ASP나 PHP처럼 내장 함수가 아니더라도 누군가 기능을 잘 정의해서 만들어 두면 그냥 그 기능을 불러다 사용할 수 있다는 이론입니다.
이렇게 되면 JSP를 이용한 웹 개발자는 굳이 어렵게 JSP 내에서 자바코드를 많이 사용하지 않고도 간단히 자바빈즈를 통해 함수를 불러다 사용하면 되므로 쉽고 빠르게 개발할 수 있게 되는 것입니다. 따라서 어떤 면에서 JSP 웹 프로그래머란 JSP에서 빈즈를 호출하여 이미 작성된 빈즈의 기능을 사용할 수 있는 정도의 실력을 갖추면 되는 것입니다. 마치 ASP에서 내장 함수를 규칙에 따라서 사용하는 것처럼 말입니다. 물론 자바빈즈는 웹 프로그래머가 개발하는 것이 아니라 자바 개발자가 개발을 하는 것입니다.

자, 이렇게 되면 결국 jsp 페이지를 개발하는 프로그래머도 훨씬 부담이 적고 쉽고도 빠르게 개발을 이루어 낼 수 있을 것입니다. 바로 이러한 역할분담을 이루어 낼 수 있다는 것이 JSP의 아주 큰 장점 중 하나입니다. 하지만 안타깝게도 국내 개발자의 실정으로 jsp 페이지 개발자, 자바빈즈 개발자 이렇게 구분하여 업무가 주어지는 것은 아닙니다. 당연히 jsp 페이지 개발자는 세부적인 처리(자바빈즈)까지 모두 구현할 수 있기를 요구합니다.
이런 상황 속에서 요즘에는 자바빈즈를 몰라도 다시 말해 자바를 전혀 모르더라도 오직 JSP만을 이용해 개발을 시도하는 일이 많아지는 듯합니다. 빠르게 개발은 해야 하고 혼자서 다 배우고 공부하기에는 다소 부담스럽기에 그런 듯합니다. 하지만 교양으로 프로그래머를 하는 분이 아니라면 어렵지만 차근차근 빈즈를 개발할 수 있도록 자바의 기초를 배우고 또한 JSP에서 간단히 빈즈를 어떻게 사용할 수 있는지 배워 나가는 것이 중요하다고 봅니다. 왜냐하면 무엇보다도 자바빈즈는 JSP에서 핵심기술이면서 흔히들 말하는 표현하는 부분(Presentation)과 구현하는 부분(Business Logic)을 나눌 수 있도록 도와주는 중요기술이기 때문입니다. 이렇게 잘 정의된 구조 속에서 웹 개발을 하고자 하는 것이 바로 JavaServerPage의 핵심기술이며 앞으로 공부하는 사용자 태그와 같은 기술 또한 바로 같은 맥락에서 이해하면 되는 것입니다.

이번 장에서부터 앞으로 배울 모든 장은 이렇게 빈을 이용하여 모든 예제를 진행하도록 하겠습니다. 어렵지만 기초적인 자바 언어학습과 함께 JSP만의 특화된 장점들을 배울 수 있기를 바랍니다.

빈이란? :

자바에서 사용되는 컴포넌트를 말한다. 컴포넌트란 부품을 말합니다. 정리하자면 빈은 자바에서 컴포넌트를 이용하기 위해 만들어 놓은 기술입니다. 컴포넌트를 사용하면 좋은 이유는 부품이 필요할 때마다 가져다가 사용할 수 있다는 점입니다. 이렇게 JSP에서 자바의 컴포넌트를 이용해서 JSP 프로그래밍을 하는 것을 빈즈 프로그래밍이라 합니다.

빈 작성 규칙

❶ 필요한 변수를 설계한 후에 변수를 모두 private로 선언해 둡니다.

예
```
private String name;
```

❷ 변수의 이름과 일치하는 setXxx() 메소드를 public 선언하여 만듭니다. Xxx는 변수의 이름입니다.

예
```
public void setName(String name){
this.name = name;
{
```

❸ 변수의 이름과 일치하는 getXxx() 메소드를 public 선언하여 만듭니다. Xxx는 변수의 이름입니다.

예
```
public String getName(){
return name;
}
```

컴파일 : 빈은 자바 파일입니다. 자바 프로그래밍을 할 때 작성하는 소스 코드입니다. 이러한 소스 코드를 컴퓨터가 이해할 수 있도록 하기 위해서 컴파일이라는 과정을 거치게 됩니다. 이클립스를 사용하지 않고 자바 파일을 컴파일하기 위해서는 javac 명령어를 이용합니다.

```
javac [옵션] [자바소스파일]
```

• 옵션 : 자바 파일을 컴파일 할 때는 다양한 옵션을 주어 컴파일을 할 수 있습니다.

예 -d 디렉토리 경로 : 주어진 디렉토리 경로에 패키지 구조대로 폴더를 생성하여 자바 파일을 컴파일합니다.

빈 태그 : JSP에서 빈을 이용할 수 있도록 제공하는 태그가 있습니다. 이를 빈 태그라고 하며 3가지가 있습니다.

❶ 〈jsp:useBean id=".." class=".." scope=".." /〉

• id : 생성될 빈의 이름을 지정해 줍니다.

• class : 빈을 생성하기 위해 빈 클래스를 지정해 줍니다.

• scope : 빈을 사용할 수 있는 범위를 지정해 줍니다.

❷ 〈jsp:setProperty name=".." property=".." value=".." param=".." /〉

• name : 사용할 빈의 이름을 지정해 줍니다.

• property : 값을 저장할 빈의 변수를 지정해 줍니다.

• value : 변수의 값을 지정해 줍니다.

• param : 폼으로 넘어온 파라미터의 이름을 지정해 줍니다.

❸ 〈jsp:getProperty name=".." property=".." /〉

• name : 사용할 빈의 이름을 지정해 줍니다.

• property : 값을 가져올 빈의 변수를 지정해 줍니다.

다음 소스는 사용자로부터 정보를 입력받는 내용 중 일부분입니다. 다음 소스를 참고로 하여 아래의 질문에 답하세요.

```
...
<form name="favorite" action="myFavorite.jsp" method="post">
당신이 가장 좋아하는 색깔은? <input name="color"><br/>
당신이 가장 좋아하는 꽃은? <input name="flower"><br/>
당신이 가장 좋아하는 음악은? <input name="music"><br/>
<input type="submit">
</form>
...
```

1 위 소스의 정보를 담을 빈을 아래처럼 만든다고 가정할 때 다음 소스의 내용을 완성해 보세요.

실습 파일 : FavoriteBean.java

```
package sample;
public class FavoriteBean {

    ❶___ String color;
    ❶___ String flower;
    ❶___ String ❷___;

    public ❸___ setColor (String color) { ❹___ = color; }
    public ❸___ set❺___ (String flower) { ❻___ = flower; }
    public ❸___ setMusic (String music) { ❼___ = music; }

    public ❽___ getColor(){ return ❾___; }
    public ❽___ getFlower(){ return ❿___; }
    public ❽___ get⓫___(){ return music; }
}
```

2 사용자로부터 색깔, 꽃, 음악을 입력받아 처리하는 JSP 파일을 1에서 작성한 빈을 이용하여 다음과 같이 작성한다고 할 때에 다음 소스를 완성하세요.

실습파일 : myFavorite.jsp

```
<%@ page contentType="text/html; charset=EUC-KR" %>
<% request.setCharacterEncoding("EUC-KR");%>
<jsp:❶___ id="bean" class="❷___" scope="page" />

<jsp:setProperty name="❸___" property="*" />

당신이 좋아하는 색깔은 <jsp:❹___ name="❺___" property="❻___" />입니다.<br/>
당신이 좋아하는 꽃은 <jsp:❹___ name="❺___" property="❼___" />입니다.<br/>
당신이 좋아하는 음악은 <jsp:❹___ name="❺___" property="❽___" />입니다.<br/>
```

3 1에서 작성한 빈을 컴파일 하고자 합니다. 만일 소스가 있는 현재 디렉토리에 패키지 구조대로 컴파일을 하고자 할 경우 컴파일 명령어를 적어보세요.

해답은 620 쪽 연습문제 해답을 참조하세요.

데이터베이스 설치 및 기본 SQL문

많은 자료들을 특정한 규칙에 맞게 대용량의 저장장치에 보관하여 필요한 업무에 사용될 수 있는 것을 데이터베이스라고 할 수 있습니다. 프로그래밍에 있어 데이터베이스에 있는 자료를 검색하고 가공하고 저장할 수 있는 능력은 꼭 필요한 부분입니다. 이번 장은 데이터베이스에 대한 기본적인 이해를 통해서 필요한 자료를 검색하고, 가공하고, 저장하며 자바에서의 데이터베이스 연결 기술인 JDBC 개념과 JSP에서 JDBC를 사용하여 데이터베이스를 연동한 웹 어플리케이션을 작성하는 방법에 대해 알아봅시다.

01 _ 데이터베이스란

01-1 데이터베이스 & DBMS

업무가 다양화되고 복잡해지고 그런 업무를 처리하기 위한 프로그램도 같이 복잡하게 되었습니다. 그리고 그 프로그램에서 다루는 데이터의 양도 많아지게 되었습니다. 이렇게 많은 데이터를 저장하기 위해서 데이터베이스가 필요하게 되었는데, 데이터베이스는 이러한 데이터를 저장하는 장소입니다. 그리고 데이터베이스 안에 있는 데이터를 관리하는 것이 DBMS(DataBase Management System)입니다.

데이터베이스에 저장되는 데이터는 특정한 규칙에 맞게 저장되어 있습니다. 이 규칙에 맞게 저장된 데이터를 읽고, 변경하고, 추가하고, 삭제할 수 있게 해주는 것이 DBMS라고 말할 수 있습니다. DBMS의 종류에는 Oracle, MS-SQL, My-SQL, DB2, PostGreSQL, Informix 등이 있습니다. 데이터베이스 안의 데이터를 처리해 주는 것이 바로 여러분이 많이 들어본 위에 열거한 DBMS입니다.

예를 들어 전화번호 목록을 검색한다고 했을 때 전화번호 목록은 데이터베이스라는 저장장치에 저장되어 있고, DBMS라는 프로그램을 통해서 데이터베이스 안에 저장되어 있는 전화번호를 읽고, 쓰고, 삭제하고, 변경할 수 있습니다. 그리고 DBMS는 다른 프로그램과 연동이 되어서 데이터베이스에 접근할 수 있는 것입니다. 이렇게 해서 'DBMS는 DBMS에서 자체적으로 데이터베이스에 접근할 수 있고, 또 다른 프로그램과 연동이 되어서 그 프로그램에서 데이터베이스의 데이터에 접근할 수 있게 한다.' 라고 정리할 수 있습니다.

❖ 데이터베이스의 종류
데이터베이스에 저장되는 데이터들은 특정한 규칙에 따라 저장이 된다고 했습니다. 그 규칙이란 것은 저장될 데이터들이 상호간에 어떤 연관을 갖고 있는가를 말하는 것입니다. 그러한 연관관계는 관계형, 네트워크형, 계층형, 객체지향형 등으로 분류할 수 있습니다. 그 중 관계형 데이터베이스가 주류를 이루고 있습니다.

TIP | 데이터베이스 vs DBMS

데이터베이스, DBMS가 차이가 있는 것은 분명하지만, 보통 'DBMS는 Oracle 또는 MS_SQL을 사용한다... DBMS는 무엇이다...' 라고 말하지 않고 '데이터베이스는 Oracle, MS_SQL을 사용한다... 또는 데이터베이스는 무엇이다...'라는 식으로 말합니다. 하지만 두 용어에는 차이가 있다는 것을 알고 계시면 됩니다.

01-2 데이터베이스 설치

(1) DBMS 설치하기

MySQL은 그렇게 크지 않은 규모의 사이트에서 사용됩니다. Oracle이나 MS-SQL만큼 덩치가 크지 않아서 개발용이나 상용으로 많이 사용됩니다. MySQL은 개발용으로는 무료이지만 상용으로 사용될 때는 제품을 구입해서 사용하여야 합니다.

MySQL 설치

01 필요한 파일을 다운로드 받기 위해 https://dev.mysql.com/downloads/windows/installer/5.7.html에 접속한 다음 371.M용 [Download] 버튼을 클릭합니다.

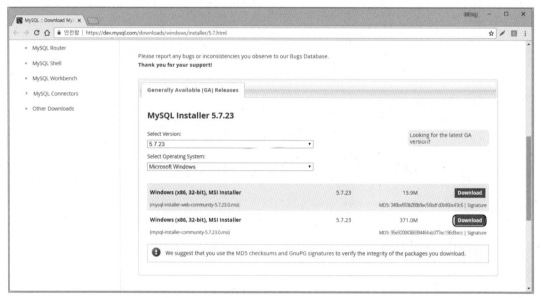

▲ [그림 10-1] https://dev.mysql.com/downloads 사이트 접속

TIP

특정한 규칙에 따라 저장되어 있다는 의미를 보다 쉽게 이해하기 위해서 사전을 떠올려 보겠습니다. 사전에는 아주 많은 단어들이 수록되어 있습니다. 이들 단어들은 한글이라면 가나다순으로 저장이 되어 있고, 영어라면 ABC...순으로 저장이 되어 있습니다. 만약 이런 사전들이 아무런 규칙 없이 수록이 되어 있다면 필요한 단어를 찾는데 아주 많은 시간이 소요될 것입니다. 하지만 특정한 규칙에 따라 단어들이 수록되어 있다면 그 규칙에 따라 필요한 단어를 쉽게 찾아 낼 수 있습니다. 데이터베이스에 저장된 데이터들도 사전처럼 특정한 규칙에 따라 저장되어 있습니다.
따라서 그런 규칙에 따라 데이터에 빠르고 쉽게 접근할 있게 되는 것입니다.

02 MySQL을 다운을 받습니다.

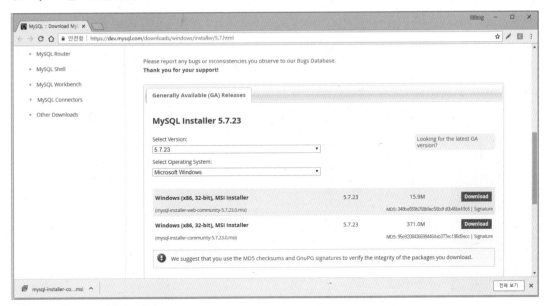

▲ [그림 10-2] MySQL 다운로드 과정

TIP

많은 자료를 저장하기 위해서 처음에는 파일로 기록을 했습니다. 파일에 필요한 정보를 기록하여 파일로 저장하고 그리고 파일을 읽어서 저장된 정보를 읽어오곤 했습니다. 하지만 이렇게 파일에 정보를 기록해서 사용하기에는 불편함이 있었습니다. 파일은 처음부터 끝까지 순서대로 읽습니다. 이렇게 읽어서 필요한 정보가 저장된 위치까지 이동한 다음 정보를 가져옵니다. 또한 파일에는 똑같은 데이터가 여러 번 중복되어서 저장이 되기 때문에 비효율적이었습니다.
그래서 이런 문제들을 해결하기 위해서 데이터베이스가 개발이 되었습니다. 원하는 정보를 질의를 던져서 해당 정보를 바로 읽어오고, 중복된 데이터를 배제할 수가 있게 된 것입니다.

03 https://downloads.mysql.com/archives/c-j/에 접속을 하여 MySQL 자바 드라이브인 'mysql-connector-java-5.1.45.zip'를 다운로드 합니다.

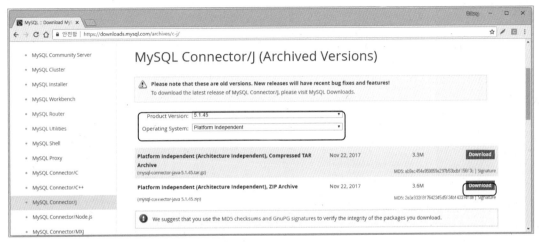

▲ [그림 10-3] MySQL 자바 드라이버 다운로드

04 다운로드받은 파일 중 'mysql-installer-community-5.7.22.1.msi'을 실행하면 초기화면이 나오는데 'Install MySQL Products'를 클릭하여 MySQL 설치를 시작합니다. 약관에 동의한 후 [Next] 버튼을 클릭하면 Oracle에 Support 받을지 물어 봅니다. 지금 당장은 필요가 없기 때문에 No 설정하고 [Next] 버튼을 클릭합니다.

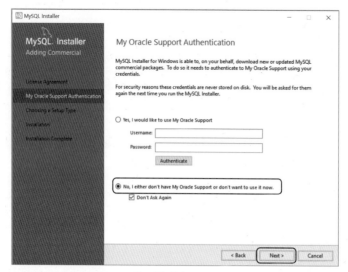

▲ [그림 10-4] Oracle Support 체크여부 설정

05 설치 타입은 'Server only'를 선택하고 [Next] 버튼을 클릭합니다.

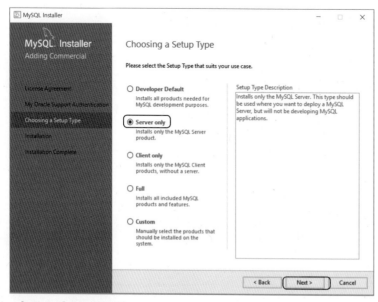

▲ [그림 10-5] 설치 타입 설정

06 설치할 구성요소들을 보여주는 화면입니다. [Execute]를 눌러 설치를 시작하고 계속해서 [Next] 버튼을 클릭하여 모든 구성요소를 설치합니다.

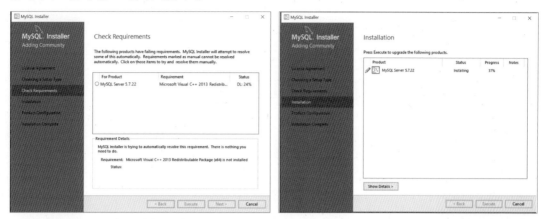

▲ [그림 10-6] MySQL 구성요소 설치

TIP

Windows용 MySQL 설치를 위해서는 Microsoft Visual C++ 2013 이상의 버전이 필요합니다. 설치에 관한 부분은 아래의 주소를 참고합니다.

https://www.microsoft.com/ko-kr/download/details.aspx?id=40784

07 Config Type와 Port를 설정하는 부분입니다. 기본값으로 설정하고 다음으로 넘어갑니다.

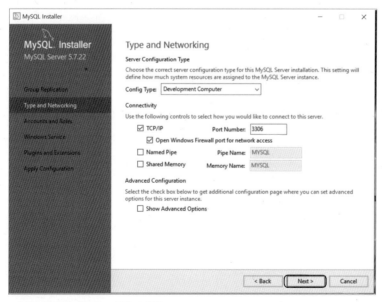

▲ [그림 10-7] Config Type와 Port 설정

08 MySQL에서 최고 권한을 가지는 super admin 계정인 'root'의 비밀번호를 설정해주는 화면입니다. 세 개의 칸에 모두 '1234'로 기입하고 다음으로 넘어갑니다.

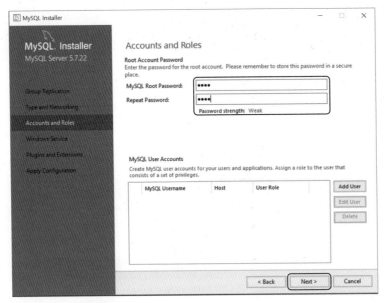

▲ [그림 10-8] root 계정 비밀번호 설정

09 윈도우 서비스에 표시될 MySQL의 서비스이름을 설정하는 부분입니다. 기본값으로 설정하고 다음으로 넘어갑니다.

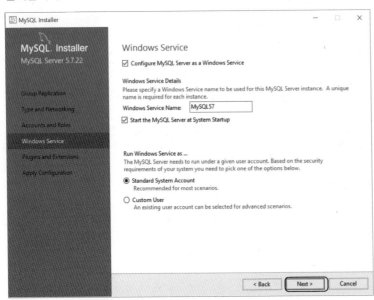

▲ [그림 10-9] 윈도우 서비스 이름 설정

10 계속해서 [Next] 버튼을 누르면 설치가 완료됩니다. [Finish] 버튼을 클릭하여 설치를 끝냅니다.

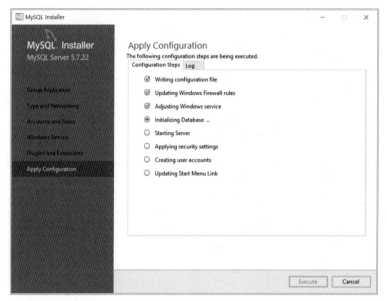

▲ [그림 10-10] MySQL 설치 완료 진행 중

☼ CS(Client/Server)

클라이언트와 서버의 개념은 서비스를 요구하는 입장과 그 요구를 서비스해 주는 입장으로 정의할 수 있습니다. 이 클라이언트 서버의 구조는 웹 브라우저와 웹서버 간의 관계에서 쉽게 알 수 있습니다. 그리고 데이터베이스 서버와 데이터베이스를 이용하는 클라이언트에서도 동일한 개념이 적용됩니다. 그래서 데이터베이스를 사용하기 위해 필요한 데이터베이스(정확히 말하면, 데이터베이스 서버)를 설치하는 것입니다.

> **TIP**
>
> MySQL 서버를 이미 설치한 컴퓨터에서 다시 MySQL 서버를 새로 설치해야 하는 경우가 발생할 수 있습니다. 이때는 MySQL 서버가 가동 중이어서는 안 됩니다. MySQL 서버가 중지되어 실행이 되지 않는 것을 확인한 후에 [제어판]의 프로그램 수정/삭제를 통해서 기존에 설치된 MySQL 서버를 제거하고 난 뒤 새롭게 MySQL 서버를 설치하여야 오류가 발생하지 않고 정상적으로 설치가 됩니다.

(2) 데이터베이스 외부 관리 툴 설치하기

MySQL 자체에서 제공하는 비주얼한 툴도 있기는 하지만 보다 쉬운 HeidiSQL를 통해서 MySQL을 다루도록 하겠습니다. 사용 기한에 제한이 없고 누구나 사용 가능한 툴이기 때문에 개인 개발자에게는 아주 적합한 툴이라고 생각합니다. 다운을 받기 위해서 해당 사이트(https://www.heidisql.com/)에 방문합니다.

홈페이지에서 다운로드받은 'HeidiSQL_9.5.0.5196_Setup.exe' 파일

01 https://www.heidisql.com/download.php로 이동해서 'Installer, 32/64 bit combined' 클릭해서 다운로드 받아 실행합니다. 라이센스에 동의하고 [Next] 버튼을 클릭합니다.

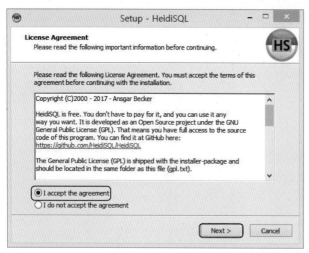

▲ [그림 10-11] HeidiSQL 설치 시작

02 약관에 동의하고 다음으로 넘어가면 경로설정화면이 나옵니다. 그림과 같이 설정하고 [Next] 버튼을 눌러 설치를 완료합니다.

▲ [그림 10-12] 경로 설정 후 설치완료

(3) 데이터베이스 접속하기

· 터미널을 통한 접속

터미널을 통하여 MySQL Server로 접속하도록 하기 위해서는 [윈도우키]+[R] 단축키를 누르면 나오는 실행 창에서 'cmd'를 입력해서 도스창을 엽니다.

도스창이 열리면 그림처럼 'cd C:\Program Files\MySQL\MySQL Server 5.7\bin' 명령어를 입력해서 해당 경로로 이동합니다. bin 폴더 안에는 MySQL에 접속할 수 있는 명령어들이 있습니다.

```
C:\Program Files\MySQL\MySQL Server 5.7\bin> mysql -u root -p Enter
 Enter password : **** <- (1234 입력)
```

라고 입력한 후 엔터를 칩니다. 다음 그림의 경우처럼 mysql>의 프롬프트가 나타나면서 MySQL에 접속된 것을 확인할 수 있습니다.

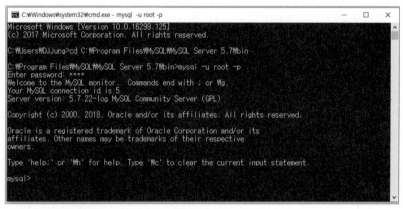

▲ [그림 10-13] 명령프롬프트에서 MySQL 접속

MySQL에서 제공하는 MySQL 서버로 접속하기 위한 터미널입니다. 이렇게 접속된 상태에서 MySQL을 다룰 수가 있습니다.

· HeidiSQL 에서의 접속

기본적으로 MySQL 자체에서 제공하는 비주얼한 툴도 있기는 하지만 보다 쉬운 HeidiSQL 를 통해서 MySQL을 다루도록 하겠습니다. 설치를 마친 HeidiSQL은 바탕화면에 바로가기 아이콘이 생성되기 때문에 아이콘을 더블 클릭하여 실행합니다.

TIP

HeidiSQL은 MySQL이라는 데이터베이스 서버로 접속해서 데이터베이스를 쉽게 다루기 위한 툴입니다. HeidiSQL로 MySQL 데이터베이스 서버로 접속하려면 당연히 MySQL 데이터베이스 서버가 가동되어 있어야 하겠죠? 이 책에서는 MySQL 데이터베이스 서버를 사용하니까 신호등이 파란 불이 켜져 있는지를 확인하세요!

HeidiSQL를 실행시키고 먼저 왼쪽 아래의 '신규'를 클릭하고 사용자명은 'root'를 입력하고 암호에는 '1234' 입력한 후 [열기] 버튼을 누르면 MySQL에 접속을 할 수 있습니다. '네트워크 유형'과 '호스트/ IP'는 그림과 같이 기본값으로 설정하고 접속해야 합니다.

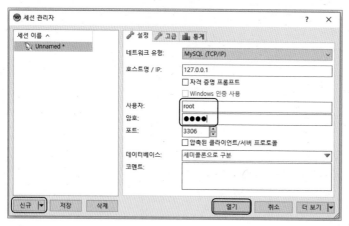

▲ [그림 10-14] HeidiSQL에서 MySQL 접속

이렇게 해서 MySQL 서버로 접속하는 방법에 대해서 알아보았습니다. 일반적으로 DBMS 자체에서 데이터베이스로 접근할 수 있는 전용 터미널을 제공합니다. 이 터미널을 통해서 데이터베이스에 접근할 수도 있고, 외부의 다른 툴을 이용하여 접근할 수도 있습니다.

02 _ MySQL 질의문을 이용한 회원테이블 데이터베이스 작성하기

데이터베이스에 저장된 데이터들을 다루기 위한 명령어들에 대해 하나씩 알아보겠습니다. 먼저 데이터베이스에 저장될 데이터들은 칼럼(Column), 레코드(Record), 테이블(Table), 데이터베이스(DataBase)로 나타내어집니다.

02-1 데이터베이스의 구성 '도서관'

도서관에는 수많은 책들이 있습니다. 그들 책은 하나하나 책이름과 저자, 출판사라는 특징을 가지고 있습니다. 좀 더 구체적으로 'JSP 입문'이란 책을 생각해 볼까요? 이 책은 '앤써북'이라는 출판사에서 출판하였고, 저자는 '정, 김, 정' 이렇게 세 가지 특징을 갖고 있습니다. 이 외에도 이 도서관에는 다양한 제목을 가진 책이 많이 있습니다.

◑ SQL이란

Structured Query Language의 약어로 구조화된 질의어로 데이터베이스의 데이터들을 조작하는 명령들입니다.

예 select id, name, email, from tblRegister

select는 어떤 데이터를 가져온다는 의미입니다. 그리고 from 뒤에 있는 부분은 어떤 공간을 지정합니다. 그래서 어떤 공간으로부터 select 하는데, select하는 부분들은 id, name, email, 이니까 이 부분을 select 하라는 의미입니다.

TIP

데이터베이스는 하나의 창고와 같습니다. 많은 자료를 저장할 창고가 됩니다. 이 창고를 만들고 이 창고 안에 테이블을 생성하고, 그리하여 이 테이블에 자료를 저장합니다. 이것이 가장 기본적인 데이터베이스, 테이블의 사용 순서가 된다고 하겠습니다.

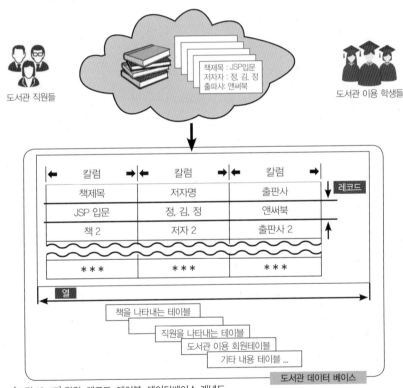

▲ [그림 10-15] 칼럼, 레코드, 테이블, 데이터베이스 개념도

• 열, 속성(Attribute)

속성은 위의 예에서 책제목, 저자명, 출판사명 등이 될 수 있습니다. 실제 데이터베이스에서 책제목은 책제목이 들어갈 열에 저장되고, 저자명은 저자명이 들어갈 열에 저장되는 식으로 각 열에 맞는 값들이 들어가게 됩니다. 그림에서 각각의 세로로 구분되는 부분입니다.

여기서 하나의 행은 다수의 속성들로 이루어진다는 것을 알 수 있으며 여러 행들 중 각각의 행들을 구별할 수 있는 칼럼은 그 테이블의 키(key)가 됩니다.

• 레코드

'JSP 입문'이란 책은 'JSP 입문'이라는 책제목, '정, 김, 정'이란 저자명, '앤써북'이라는 출판사명을 가지는데 이렇게 여러 연관된 속성의 집합이 레코드가 됩니다. 'JSP 입문', '정, 김, 정', '앤써북'이 'JSP 입문'이라는 한 권의 책을 나타내는 한 레코드가 됩니다. 마찬가지로 'JAVA2 JDK 10'을 나타내는 속성들로 구성된 레코드도 있을 것입니다. 결국 하나의 책은 하나의 레코드에 대응이 될 수 있습니다. 그림에서 가로의 행에 해당되는 부분입니다.

> **TIP** | Entity, Attribute에 대하여...
>
> 실제로 데이터베이스에 있어서 한 개체(Entity)는 하나의 테이블로 표현됩니다. 개체는 바로 책, 직원, 회원들이 됩니다. 다른 예를 든다면, 개체는 학생, 교수, 강좌 등 독립적으로 존재하는 대상을 말합니다. 하나의 개체는 자신의 특성을 가집니다. 이런 특성을 개체의 속성이라고 합니다. 좀 더 데이터베이스적인 용어를 빌려서 말한다면, '하나의 개체는 하나 이상의 속성을 가지고 있다'라고 할 수 있습니다.

◐ 관계형 데이터베이스

관계형 데이터베이스는 모든 데이터들을 테이블과 같은 형태로 나타내어 저장하는 데이터베이스입니다. 즉 행과 열로써 데이터를 표현하는 데이터베이스입니다. 결국 우리가 사용하는 '표'의 개념을 이용한 데이터베이스입니다.

◐ 주키(Primary Key)

관계형 데이터베이스에서 주키는 아주 중요합니다. 그림의 책 테이블의 경우에는 그림 상으로는 책이름이 주키가 되고(중복된 책이름이 없는 경우), 도서관 직원 테이블의 경우의 주키는 직원 하나하나를 구별할 수 있는 칼럼(예를 들면 직원번호 정도가 될 것입니다.)을 주키로 정하고, 도서관 이용 회원 테이블의 경우는 회원의 ID를 주키로 정하면 될 것입니다.

• 테이블

도서관에 보관되어 있는 책은 그 수가 아주 많다는 것을 쉽게 알 수 있습니다. 그리고 그 각각의 책들은 하나하나의 속성이 모인 레코드로 표현할 수 있다는 것을 알았습니다. 각각의 책들은 책꽂이에 꽂혀져 있습니다. 이 책꽂이가 바로 테이블이 됩니다.

• 데이터베이스

책, 책꽂이가 있는 거대한 공간이 바로 도서관인데, 이 도서관이 바로 데이터베이스가 되는 것입니다.

도서관에는 소장된 책, 도서관 직원, 도서관 이용 회원들을 위한 테이블이 있습니다. 그 중 책을 나타내는 테이블에 대한 개념을 나타내었습니다. 책제목, 저자명, 출판사를 칼럼으로 표현할 수 있는 책 테이블은 도서관에 소장되어 있는 책 권수만큼의 레코드를 가지게 됩니다.

또한 도서관 직원, 도서관 이용회원에 대한 테이블도 그들을 표현할 수 있는 속성을 가질 수 있습니다. 이렇게 해서 도서관에 관계되는 여러 테이블이 모여서 전체적으로 도서관 데이터베이스를 구성하게 되는 것입니다.

테이블은 복수 개의 레코드로 구성이 되는데 그들 각각의 레코드를 구별하기 위해 쓰이는 주키 (Primary Key)라는 개념이 있어 복수 개의 레코드를 구별할 수 있다고 했습니다. 즉 중복되는 책이름을 가진 책들이 있다고 해도 주키 값으로 그들 각각을 구별할 수 있습니다. 그림에는 책제목으로 각각의 레코드를 구별할 수 있도록 되어 있습니다. 하지만 중복되는 책이름이 있는 경우도 있습니다. 이 경우에는 책 각권이 일련번호를 부여하는 식으로 유일한 주키 값을 배정할 수가 있습니다.

여기서 잠깐! | 관계형 데이터베이스에서 나타나는 여러 관계

관계형 데이터베이스는 말 그대로 테이블 간의 관계를 포함하고 있습니다.
이러한 관계에서 나타날 수 있는 경우는

❶ one to one (1:1) 관계 : 한 테이블에 있는 하나의 데이터는 다른 테이블에 있는 하나의 데이터와 연관
예 회원테이블과 주민번호테이블. 이때는 회원테이블에 있는 한 회원이 가지는 주민번호는 주민번호테이블에 있는 하나의 주민번호와 연관이 됩니다.

❷ one to N (1:N) 관계 : 한 테이블에 있는 하나의 데이터는 다른 테이블에 있는 여러 개의 데이터에 연관됩니다.
예 회원테이블과 주문테이블. 이 경우는 한 회원이 주문한 상품은 하나 이상이 될 수 있는 것을 말합니다. 가장 흔한 관계가 이 경우입니다.

❸ N to N (N:N) 관계 : 복수 개의 데이터는 복수 개의 데이터에 연관이 됩니다. 이 경우는 비정상적인 관계가 됩니다. 그래서 N : N 관계는 1 : N, N : 1의 관계를 가질 수 있게 하나의 테이블을 더 만들어야 합니다.
예 회원테이블과 동호회테이블 : 한 회원은 복수 개의 동호회에 해당될 수 있고, 한 동호회는 복수의 회원에 대한 정보를 가질 수 있습니다. 회원 테이블 1 : 동호회테이블 N, 동호회테이블 1 : 회원테이블 N인 경우가 합해지면, N : N 관계가 되어 버립니다. 해결책은 회원테이블 : 회원동호회테이블 : 동호회테이블 식을 구성이 되어서 1 : N : 1의 식으로 테이블이 구성되어야 합니다.

• 데이터형

테이블을 구성하는 하나하나의 칼럼들 중에는 앞서 말했던 책제목이나 저자명, 출판사명처럼 문자로 된 부분이 있을 수 있고, 직원테이블에서 각각의 직원의 나이나, 몸무게 등 수치상의 정보가 있을 것입니다. 또한 출판년도 처럼 날짜형의 정보가 있을 수 있습니다. 이렇게 문자형태, 숫자형태, 날짜형태에 맞게끔 칼럼의 속성을 지정하는 것입니다. 데이터형의(정수형, 실수형, 문자형, 날짜형)은 다음과 같은 것들이 있습니다.

	데이터형	저장공간 크기	설명 및 특징
숫자형	INT(size)	4 bytes	숫자형 칼럼(정수)
	FLOAT	4 bytes	숫자형 칼럼(실수)
	DOUBLE	8 byte	숫자형 칼럼(실수)
	REAL	8 byte	숫자형 칼럼(실수)
날짜형	DATETIME	8 byte	날짜형 칼럼
	DATE	3 byte	날짜형 칼럼
	TIMESTAMP	4 byte	날짜형 칼럼
문자형	CHAR	1~255까지 저장	문자형 칼럼
	VARCHAR	1~255까지 저장	문자형 칼럼
	BOLB	최대길이 65536	문자형 칼럼

▲ [표 9–1] MySQL 데이터형

02-2 회원테이블 만들기

개념을 실제로 MySQL에서 구현을 해보겠습니다. 앞으로는 이 책에서 사용하기 위한 데이터베이스 이름은 'mydb'로 정하고, 이 책의 후반부에 나오는 실전예제에서 사용하기 위한 데이터베이스로서 mydb에 들어갈 테이블은 회원테이블, 게시판테이블 등이 있습니다만, 우선 이들 중 사이트에 가입하는 회원에 대한 내용을 저장하기 위한 회원테이블을 먼저 만들어 보기로 하겠습니다.

우선 MySQL 서버를 가동하는 것이 첫 번째로 해야 할 일입니다. 데이터베이스에 연동이 되는 프로그램을 만들기 위해서는 반드시 데이터베이스를 가동해야 합니다. 그런 다음 mydb라는 이름의 데이터베이스를 생성하도록 하겠습니다.

> ※ 주의
> 실제 개발 시에는 데이터베이스용 서버를 따로 두어 서비스를 하고 있는 경우가 많습니다. 이 때도 데이터베이스 서버로 접속을 할 경우 그 서버가 구동중인지를 먼저 확인한 후에 데이터베이스 서버로 접속해야 합니다.

❖ 데이터 모델링

실제 프로젝트에는 데이터 모델이 필수입니다. 데이터 모델이 없이 프로젝트가 진행될 수는 없습니다. 그만큼 모델링은 프로젝트에서 중요하고, 많은 부분을 차지하고 있습니다. 이 모델링 단계를 거쳐서 각 개체(테이블) 간의 관계가 정의된 다이어그램이 작성되어집니다. 그런 다음에 이 모델을 토대로 프로그램 작업이 수행이 되어 집니다. 프로그램이 아무리 중요하다고 해도 모델이 없다면, 프로젝트는 수행될 수 없는 정도입니다.

(1) 데이터베이스 생성에서 테이블 생성까지

회원정보를 담아둘 회원테이블을 생성해야 할 차례입니다. 회원테이블의 구성에 대해서 생각해 보겠습니다. 여러분들이 사이트에서 회원가입을 할 때 입력했던 그런 내용들이 회원테이블의 속성이 될 수 있습니다. 우선 각각의 회원들이 사용할 아이디가 있어야 하고, 패스워드, 회원이름, 주민등록번호, 이메일, 전화번호, 주소, 직업 등이 있을 수 있습니다. 물론 상세한 정보를 담아두기 위해서 이보다 더 많은 속성을 두어서 회원에 대한 정보를 담을 수 있습니다.

결혼여부, 결혼기념일, 관심분야, 취미 등등 여러 가지가 있을 수 있습니다. 여기서는 기본 정보만을 담아 두도록 하겠습니다. 이렇게 하면 위에 말했던 속성을 가진 테이블이 구성됩니다. 테이블을 그림으로 나타내어 보겠습니다.

회원테이블	tblRegister
회원아이디	id: VARCHAR(20)
패스워드	pwd: VARCHAR(20)
이름	name: VARCHAR(20)
주민등록번호앞자리	num1: CHAR(6)
주민등록번호 뒷자리	num2: CHAR(7)
이멘일	email: VARCHAR(30)
전화번호	phone: VARCHAR(30)
우편번호	zipcode: CHAR(5)
주소	address: VARCHAR(30)
직업	job: VARCHAR(30)

▲ [표 9-2] 회원테이블 표

그림은 회원테이블에 들어갈 속성들을 나타내는 그림입니다. 왼쪽의 '회원테이블'은 논리적으로 테이블에 들어갈 속성을 나타낸 부분이고, 오른쪽의 'tblRegister'는 실제 데이터베이스에 만들어진 속성들과 각각의 속성들이 가질 크기, 혹은 길이를 정의한 실제의 테이블입니다.

데이터베이스를 생성하기 위해서 필요한 질의문은 다음과 같습니다.

데이터베이스 생성

CREATE DATABASE [DATABASE_NAME]
설명 : [DATABASE_NAME]의 부분에 만들어질 데이터베이스 이름을 적습니다.
예제 CREATE DATABASE myDB

TIP

MySQL 서버는 리눅스, 유닉스, 윈도우용이 있습니다. 이때 MySQL이 내부적으로 동작하는 방식은 운영체제와 연관이 되어 있습니다. 윈도우 계열의 운영체제는 대소문자를 구별하지 않기 때문에 MySQL에서 사용되는 쿼리문(Query) 등은 대소문자를 구별하지 않습니다.

HeidiSQL을 이용해 DB의 테이블 생성

MySQL이 가동되었는지 다시 한 번 확인한 후, 효율적인 작업을 위해서 HeidiSQL을 실행합니다. 이미 HeidiSQL이 실행 중이라면 재실행 할 필요는 없습니다.

01 사용자명, 암호는 기본적으로 'root'와 공백으로 설정되어 있습니다. 서버 IP주소는 자신의 컴퓨터 주소를 입력합니다. 'localhost', '127.0.0.1' 둘 중 하나를 입력합니다. 포트, 데이터베이스는 기본 설정 값 그대로 사용합니다.

▲ [그림 10-16] HeidiSQL 실행

※ 주의
연결 창에서 나오는 'MYSQL'이라는 데이터베이스는 MySQL에서 시스템 사용을 위해 만들어져 있는 데이터베이스입니다. 또한 'test'라는 데이터베이스도 이미 생성되어 있습니다.

02 정상적으로 접속이 되었다면 'mydb'라는 데이터베이스를 생성하기 위해서 다음과 같이 입력합니다.

```
create database mydb
collate utf8_general_ci; 한글을 인식하기 위한 설정
```

한번 실행할 명령의 단위에 ';'를 붙입니다. 입력이 끝났다면 'F9' 키나 ▶를 누릅니다.

▲ [그림 10-17] HeidiSQL로 'mydb' 데이터베이스 생성

03 HeidiSQL의 왼쪽의 공간에서 오른쪽 마우스를 클릭하고 '새로고침'을 누르면 왼쪽 위에에 database 리스트에 'mydb'가 보이면 정상적으로 데이터베이스가 생성이 되었습니다.

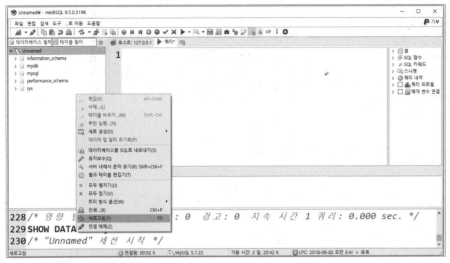

▲ [그림 10-18] HeidiSQL로 데이터베이스 생성 확인

새로 생성한 데이터베이스를 사용하기 위해서 USE DATABASE_NAME의 형식인 'USE' 명령을 통해서 mydb라는 데이터베이스를 사용하거나, HeidiSQL을 새롭게 가동합니다.(왼쪽 위에 있는 체인 해제 모양의 메뉴에 있는 '연결해제'를 하면 '세션 관리자' 창이 뜹니다.) 이때 '데이터베이스: 세미콜론으로 구분' 옆에 화살표를 선택하고 접속하고자 하는 데이터베이스를 선택합니다.

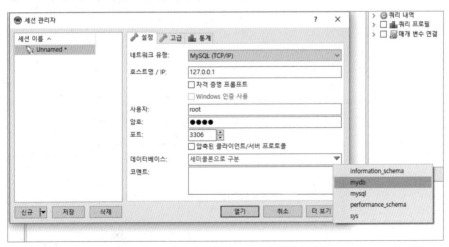

▲ [그림 10-19] HeidiSQL로 데이터베이스 선택 접속

USE [DATABASE_NAME]
설명 : [DATABASE_NAME] 사용할 데이터베이스 이름을 입력합니다.

이 명령은 여러 데이터베이스를 사용할 때 필요한 명령입니다. 다른 데이터베이스에 있는 테이블을 사용할 때 USE 명령을 사용해서 사용할 테이블이 있는 데이터베이스를 먼저 지정하고 그 다음 테이블을 사용하면 됩니다.

현재는 mydb란 이름의 데이터베이스만 존재할 뿐 다른 테이블은 없습니다. use mydb 또는 mydb로 로그인을 했다면 현재 사용하는 데이터베이스는 mydb란 데이터베이스입니다.

04 이제 'tblRegister'란 이름을 가진 테이블을 생성하도록 하겠습니다. HeidiSQL에서 다음 질의문을 입력하고 난 뒤 실행을 시킵니다. 만약 오타나 잘못된 부분이 있을 경우 에러가 발생하므로 주의해서 입력하길 바랍니다.

테이블 생성 명령

```
CREATE TABLE [TABLE_NAME](
  [COL_NAME1 TYPE][PRIMARY KEY][NOT NULL/NULL],
  [COL_NAME2 TYPE2],
  [COL_NAME1 TYPE3]...)
```

설명 : [TABLE_NAME] 테이블 이름을 입력합니다.
　　　　[PRIMARY KEY]는 만들어질 테이블의 키를 설정합니다.
　　　　[NOT NULL/NULL]테이블의 속성(칼럼)에 들어갈 값 중에 NULL 값을 허용/비허용을 설정하는 부분입니다.

```
01 :    CREATE TABLE tblRegister(
02 :    id          VARCHAR(20) NOT NULL,
03 :    pwd         VARCHAR(20) NOT NULL,
04 :    name        CHAR(6) NULL,
05 :    num1        CHAR(6) NULL,
06 :    num2        CHAR(7) NULL,
07 :    email       VARCHAR(30) NULL,
08 :    phone       VARCHAR(30) NULL,
09 :    zipcode     CHAR(5) NULL,
10 :    address     VARCHAR(60) NULL,
11 :    job         VARCHAR(30) NULL
12 :    );
```

02 : 회원의 아이디를 저장할 칼럼입니다. ID가 들어갈 공간은 20자 정도면 저장할 수 있기 때문에 VARCHAR(20)으로 설정하고, 아이디는 꼭 필요하기 때문에 NOT NULL로 설정합니다.

03 : 패스워드 또한 20자 정도로 설정하고, 꼭 필요하기 때문에 NOT NULL로 설정합니다.

04 : 이름은 최대 6자로 설정합니다. 회원테이블에서 꼭 필요한 부분이 아이디와 패스워드입니다. 나머지는 저장될 값이 없어도 가능한 NULL로 설정합니다.

05 : 주민등록번호 중 앞부분 6자리가 들어갈 부분입니다.

06 : 주민등록번호 중 뒷부분 7자리가 들어갈 부분입니다.

07 : 이메일 주소가 들어갈 자리는 30자로 설정합니다. VARCHAR 타입의 경우는 실제로 들어갈 값이 설정된 크기보다 클 때는 실제 값만큼 길이가 증가합니다. 30자가 넘는 이메일 주소가 있을 경우를 대비해서 VARCHAR로 설정합니다.

08 : 전화번호가 저장될 칼럼을 설정합니다.

09 : 우편번호 '12345' 5자리가 저장될 칼럼을 설정합니다.

10 : 주소를 저장할 칼럼을 설정합니다.

11 : 작업을 저장할 칼럼을 설정합니다.

여기서 잠깐!

데이터 타입들에 있어서 CHAR형과 VARCHAR형은 다음 표와 같은 다른 점이 있습니다.

문자열	CHAR(4)		VARCHAR(4)	
	저장된 값	저장시 사용되는 공간	저장된 값	저장시 사용되는 공간
''	' '	4 BYTES	''	2 BYTES
'123'	'123'	4 BYTES	'123'	4 BYTES
'12345'	'1234'	4 BYTES	'1234'	5 BYTES

CHAR의 경우 저장될 값(문자, 문자열)의 길이가 확실한 경우에 설정합니다. 우편번호처럼 그 길이가 고정된 값일 경우에 사용합니다. 이 칼럼에 값이 저장될 때 남는 공간은 칼럼 길이에 맞게 공백이 채워집니다.
VARCHAR는 실제로 저장될 값의 길이(문자열 길이)가 변동적일 경우에 사용합니다. 주어진 길이보다 적은 길이의 문자열이 올 때 사용되는 공간은 〈문자열크기 + 1 BYTES〉만 사용됩니다. 결국, 실제 저장될 값의 길이에 따라 저장되는 형태가 다르다는 것입니다. 하지만 주의할 점은 CHAR나 VARCHAR 둘 다 처음에 설정한 길이보다 길이가 더 긴 값이 들어올 경우 넘어가는 길이만큼 뒷부분의 문자는 제거되어 저장된다는 것을 꼭 기억하세요.

05 입력한 뒤에 ' F9 ' 키나 ▶를 눌러 질의를 실행시킵니다. 에러가 없다면 다음과 같이 테이블이 생성될 것입니다.

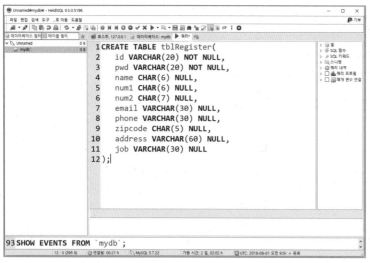

▲ [그림 10-20] tblRegister 테이블 생성

06 왼쪽에 있는 'mydb' 데이터베이스를 클릭하면 생성된 'tblRegister' 테이블이 보입니다.

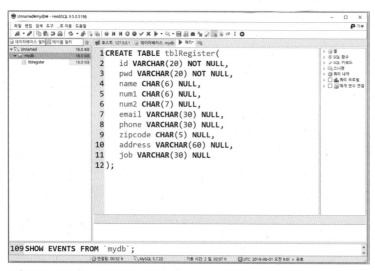

▲ [그림 10-21] tblRegister 테이블 생성 확인

(2) 생성된 테이블 관리하기

데이터베이스 생성 후에 생성한 데이터베이스에 테이블을 생성했습니다. 현재의 데이터베이스에 어떤 테이블들이 있는가 하는 명령은 SHOW TABLES입니다. 이 명령어를 실행시켜보면 현재 데이터베이스에 생성되어 있는 테이블을 볼 수 있습니다.

테이블 전체 보기 명령

```
SHOW TABLES;
```

이상 없이 테이블이 생성되었다면 다음의 명령을 사용하여 테이블 속성을 확인합니다.

테이블 속성 보기 명령

```
DESC [TABLE_NAME]
설명 : [TABLE_NAME]에 원하는 테이블 이름을 입력합니다.
```

만약 테이블을 생성했는데 데이터 타입을 바꾸고자 할 때, 특정 칼럼에 주키를 부여할 때에 사용되는 명령어에 대해서 알아보겠습니다.

테이블구조 변경 명령(특정 칼럼에 키를 부여할 때)

```
ALTER TABLE [TABLE_NAME]
ADD PRIMARY KEY(COL_NAME);
설명 : [TABLE_NAME] 구조를 변경할 테이블 명을 입력합니다.
        COL_NAME 구조를 변경할 칼럼명을 입력합니다.
```

위의 명령을 사용해서 tblRegister 테이블 칼럼 중에 'ID'라는 칼럼을 주키로 설정하겠습니다. 앞에서 설명한 것처럼 주키란 테이블 안에 있는 여러 행들과 구분하기 위한 것이라고 했습니다.

테이블 구조 명령을 HeidiSQL을 통해서 입력한 후 실행시킵니다.

```
001   ALTER TABLE tblRegister
002      ADD PRIMARY KEY (ID);
```

TIP | ALTER 명령

ALTER 명령은 새로운 칼럼을 추가하거나 삭제 또는 데이터 형을 변경하고자 할 때 사용하는 명령어입니다. 만약 칼럼 하나하나에 대한 변경이 불가능하다면 테이블을 삭제하고 다시 만들어야 하는 불편함이 있겠죠?
참고로 테이블을 삭제하는 명령어는 DROP TABLE [TABLE_NAME]입니다. 삭제 명령을 사용할 경우 삭제한 테이블은 복구가 불가능하기 때문에 잘 생각해서 사용하시기 바랍니다.

HeidiSQL을 사용할 때 이전에 입력했던 질의들은 삭제한 후 새로운 질의를 작성하시길 바랍니다. 만약 이전에 입력되어 있던 질의문 이후에 새로운 질의를 작성하게 되면, 질의 수행시 현재의 창에 있는 모든 질의문이 수행됩니다. 이때 오류가 발생할 여지가 있습니다. 그래서 이전에 입력이 되어 있던 질의는 삭제한 후 새로운 질의를 입력하든지, 아니면 파일 메뉴의 '새로 만들기'를 통해서 새 창에서 새로운 질의를 입력한 후 실행시킵니다.

또 하나의 방법은 현재의 창에서 실행할 질의문만 마우스로 드래그해서 해당 질의문만 실행하도록 합니다.

예
```
drop table tblRegister;
create table tblRegister(.....
);
alter table tblRegister
    add primary key(id);
```

이렇게 여러 개의 질의가 있을 때 필요한 질의만을 수행시키고자 한다면, 해당 질의를 마우스로 드래그해서 실행합니다.

예

```
drop table tblRegister;
create table tblRegister(.....
);
alter table tblRegister
add primary key(id);
```
실행할 질의만 마우스 드래그를 통해 지정 후 실행

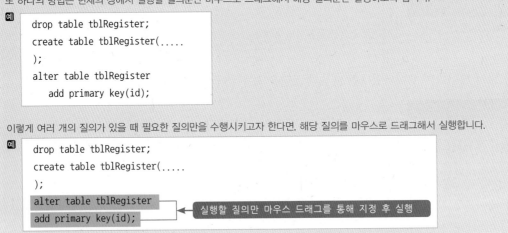

▲ [그림 10-22] tblRegister 테이블에 id를 주키로 변경

실행이 완료된 후 테이블의 구조가 바뀐 모습을 확인하도록 하겠습니다.

ALTER 질의가 수행되기 전의 테이블의 구조를 왼쪽 그림에 나타내었고, 오른쪽에는 ALTER 질의를 통해서 id 칼럼에 열쇠모양의 아이콘인 PK(주키)를 부여한 후의 테이블 구조를 나타내고 있습니다.

▲ [그림 10-23] 테이블 구조 변경

ALTER 명령으로 테이블의 구조가 변경된 모습을 DESC [TABLE_NAME] 명령으로 알아보면 그림과 같습니다.

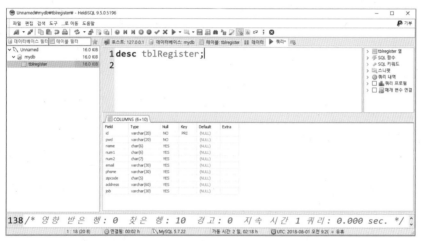

▲ [그림 10-24] 테이블 구조

(3) 데이터를 조회하는 명령

테이블 안에 있는 데이터를 조회하기 위한 명령입니다.

TIP ┃ 데이터 조회 명령

❶ select * from table_name

❷ select col_nm1, col_nm2, col_nm3... from table_name

❶, ❷는 실행결과가 똑같습니다. 실제로 어떤 테이블에 있는 레코드를 조회하기 위한 명령어로 ❶, ❷ 질의를 사용해서 실행시켜 본 결과는 동일합니다.

하지만, 실제로 ❷ 질의가 수행이 빠릅니다. 프로그램 작성 시 전체 칼럼을 뜻하는 '*'보다, 칼럼 이름을 직접 기입하는 것이 더 좋습니다.

```
SELECT * FROM [TABLE_NAME]
설명 : '*'은 모든 칼럼을 불러온다는 뜻입니다. 필요한 칼럼만 불러올 경우에는 칼럼명을 입력하고
중간에 ','를 사용해서 구분합니다.
[TABLE_NAME]에 조회대상 테이블이름을 입력합니다.
예 SELECT ID, PWD, JOB, FROM tblRegister
```

```
001    SELECT * FROM tblRegister;
```

위 명령을 실행하면 현재 테이블 안에는 아무런 데이터가 없기 때문에 칼럼 이름만 표시되고 안의
데이터는 공백으로 표시됩니다.

(4) 데이터 입력 명령

테이블에 실제 데이터를 입력하기 위한 명령입니다.

```
INSERT INTO [TABLE_NAME] (COL_NAME1, COL_NAME2...)
        VALUES(INPUT_VALUE1, INPUT_VALUE2...);
```
설명 : [TABLE_NAME] 데이터를 입력할 대상 테이블이름을 입력합니다.
　　　　[COL_NAMEn] 데이터가 입력될 칼럼이름을 입력합니다.
　　　　[INPUT_VALUEn] 실제 데이터를 입력합니다.

VALUES 절 안에 실제로 입력될 데이터들이 있는데 이들 중 문자(문자열)의 경우는 ('문자열') 형식
으로 감싸야 합니다. 하지만 숫자형의 경우는 "으로 감싸면 안 됩니다.

INSERT 명령에서 중요한 것은 칼럼이름과 대응한 데이터들의 개수와 순서가 같아야 하는 것입니
다. 만약 모든 칼럼에 들어갈 데이터라면 INSERT INTO TABLE_NAME 다음에 칼럼명은 생략해
도 됩니다. 이때 VALUES 다음에 나오는 데이터들은 전체 칼럼 개수와 같아야 합니다.(전체 칼럼에
데이터를 입력할 경우에는 테이블이름 다음에 칼럼 명을 적는 부분을 생략해도 됩니다.)

또한, 전체 칼럼에 입력하는 경우가 아닌 몇 개의 칼럼에 대해서 데이터를 저장할 경우에는 칼럼 명
을 분명히 적어주어야 합니다. 이때 칼럼 개수와 순서에 맞게 데이터를 입력해야 합니다. INTO 명
령어는 생략 가능합니다. 구 버전에서 사용했던 명령어이지만 지금은 생략해도 무방합니다.

아래의 명령을 입력하고 나서 실행합니다.

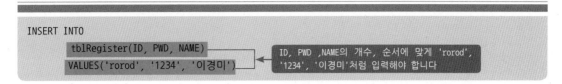

```
INSERT INTO
        tblRegister(ID, PWD, NAME)
        VALUES('rorod', '1234', '이경미')
```

ID, PWD ,NAME의 개수, 순서에 맞게 'rorod', '1234', '이경미'처럼 입력해야 합니다

다음은 INSERT 명령을 통해서 필요한 데이터를 입력하고 다시 테이블에 있는 데이터를 조회하기 위해서 SELECT 명령을 사용한 것입니다. MySQL은 각 명령어가 끝나면 뒤에 ';'를 붙여서 명령의 끝을 알려줘야 합니다. 하지만 HeidiSQL에서는 필요한 명령어를 드래그해서 실행을 시키면 드래그된 부분만 실행을 합니다.(그림에서 INSERT 명령 후 SELECT 명령을 드래그해서 실행시킨 결과임. 만약 드래그하지 않고 실행할 경우 INSERT 명령부터 전체의 명령을 실행시키게 됨.)

```
001    INSERT INTO
002        tblRegister(ID, PWD, NAME, NUM1, NUM2, EMAIL, PHONE,
003              ZIPCODE, ADDRESS, JOB)
004    VALUES('rorod', '1234', '이경미', '1234567', '1234567',
005           'rorod@jspstudy.co.kr', '010-1111-1111', '1234', '부산 연제구',
006           '프로그래머');
```

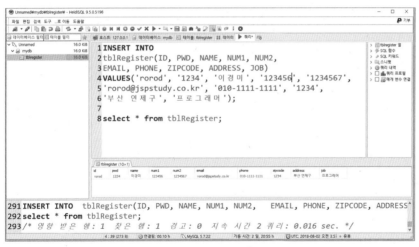

▲ [그림 10-25] 테이블에 데이터 입력 및 출력

도스창의 형태로 제공되는 MySQL 터미널에서 명령을 실행시킬 때는 명령문 끝에 ';'를 반드시 입력해야 합니다. 앞에서 잠깐 언급했는데 ';'는 한번에 실행할 명령의 단위로 생각합니다.

터미널에서 실행할 때는 ';'를 붙이지 않으면 다른 행으로 넘어가면서 ';' 입력을 기다립니다.

그림을 보면, mysql 프롬프트에서 ';'이 입력될 때까지 계속 입력을 기다리게 됩니다. ';'가 입력이 되면 질의를 수행합니다. 터미널을 통한 접속 중 접속 해제를 위한 명령은 'quit' 또는 'exit'이며 명령어를 입력하면 터미널에서 빠져나옵니다.

▲ [그림 10-26] MySQL 터미널 상에서 질의 수행

(5) 데이터 변경 명령

데이터를 수정할 필요가 있는 경우에 사용되는 명령입니다.

데이터 변경 명령

UPDATE [TABLE_NAME] SET[COL_NAME1] = [VALUE1],..... WHERE [조건];
설명 : [TABLE_NAME] 데이터를 바꿀 칼럼을 가지고 있는 테이블 명을 입력합니다.
　　　[COL_NAMEn]은 데이터를 바꿀 칼럼 명을 지정합니다.
　　　[VALUEn]은 실제 변경할 데이터를 입력합니다.
　　　[조건] WHERE문 다음에 나오는 조건은 데이터를 바꿀 조건을 지정하는 것입니다. 해당 조건이 맞는
　　　　　행만 값이 바뀌게 됩니다. 만약 WHERE문이 주어지지 않은 경우라면 테이블의 모든 행에 있는
　　　　　칼럼 값이 바뀌게 됩니다.

※ 주의
update문의 where절에서 지정한 조건에 맞는 행을 찾아서 값을 변경합니다. 이때 where절에서 정의한 조건에 해당되는 행이 없을 경우 update는 아무런 행에 영향을 미치지 않습니다.
예 UPDATE tblRegister SET PWD='4321' WHERE ID='simba'
ID가 'simba'인 행이 없기 때문에 UPDATE는 아무런 행에도 영향을 미치지 않습니다.

실제로 HeidiSQL에서 다음처럼 입력하여 실행한 뒤 SELECT 명령으로 데이터의 변경 여부를 확인해 보기 바랍니다.

```
001  UPDATE tblRegister SET PWD = '4321'
002  WHERE ID='rorod';
```

이 명령은 ID가 'rorod'인 행에서 PWD 칼럼의 값을 '4321'로 변경한다는 뜻의 명령어입니다.

(6) 데이터 삭제 명령

저장되어 있는 데이터 중에 더 이상 필요 없거나, 삭제할 필요가 있는 데이터를 삭제하기 위한 명령입니다.

데이터 변경 명령

DELETE FROM [TABLE_NAME] WHERE [조건];
 설명 : [TABLE_NAME] 데이터를 삭제할 필요가 있는 테이블 명을 입력합니다.
         [조건] WHERE절에 있는 조건문은 이 조건에 만족하는 행에 대해서 데이터를 삭제하기 위한 조건입니다. 만약 WHERE문이 주어지지 않는다면 테이블에 입력되어 있는 모든 행들이 삭제가 됩니다.

실제로 데이터를 삭제하기 위해서 다음을 HeidiSQL에서 입력하여 실행 해 봅니다. 그런 다음 SELECT 명령을 통해서 데이터 삭제 여부를 확인해 보도록 하세요.

```
001   DELETE FROM tblRegister WHERE ID='rorod';
```

> ※ 주의
> delete문에서 where절에 정의한 조건에 맞는 행이 없을 경우 삭제되는 행은 없습니다. 이는 다른 질의문 select, update문에서 where절에 정의한 조건에 해당되는 행이 없는 경우 행을 조회하거나, 변경하는 행이 없는 것과 동일합니다.

현재 tblRegister라는 테이블에는 하나의 행(id가 'rorod'인 행)만이 저장되어 있습니다만, 실제 테이블에서 아주 많은 행들이 저장되어 있을 때, 그들 중 id가 'rorod'인 행을 삭제한다는 뜻입니다.

데이터베이스

많은 자료들을 특정한 규칙에 맞게 대용량의 저장장치에 보관하여 필요한 업무에 사용하는 자료의 저장 창고
입니다.

DBMS

데이터베이스 안에 있는 데이터를 관리하는 것. 데이터를 읽고 변경하고 추가하고 삭제할 수 있게 해줍니다.
🄰 Oracle, MS-SQL, MySQL 등...

질의문

용도	질의문
데이터베이스 생성	CREATE DATABASE DB_NAME
데이터베이스 삭제	DROP DATABASE DB_NAME
테이블 생성	CREATE TABLE TABLE_NAME
테이블 삭제	DROP TABLE TABLE_NAME
테이블구조 변경 명령	ALTER TABLE [TABLE_NAME]...
데이터 입력	INSERT INTO TABLE_NAME (COL_NAME, ...) VALUES (VALUES, ...)
데이터 전체 조회	SELECT * FROM TABLE_NAME
조건에 맞는 데이터 조회	SELECT * FROM TABLE_NAME WHERE [조건]
데이터 변경	UPDATE TABLE_NAME SET COL_NAME=VALUES...
데이터 삭제	DELETE FROM TABLE_NAME WHERE ...

1 특정한 규칙에 따라서 데이터를 저장장치에 저장한 것을 _____라고 합니다.

2 저장장치에 들어가 있는 데이터를 관리하기 위한 프로그램을 _____라고 합니다.

3 데이터베이스에 저장된 데이터들을 다루기 위한 명령문들 중 기본적인 네 가지는
❶____, **❷**____, **❸**____, **❹**____가 있습니다.

4 '도서관'이라는 데이터베이스를 생각해 볼 때, 도서관 데이터베이스에는 여러 테이블이 있을 수 있습니다. 우선 책을 나타내는 book이라는 테이블이 있습니다. 이 테이블은 도서관에 소장되어 있는 책들에 대한 정보를 담기 위한 테이블입니다. 이 테이블에 각 권에 대한 정보를 담으려 합니다. 그리하여 이 테이블에서 책제목이나 저자명 또는, 출판사나 출판년도에 대한 정보를 이용하고자 합니다. 이때 테이블이 가져야 할 속성을 정의하세요. 단 각각의 속성을 포함한 레코드를 구분할 PK(주키)로 사용될 속성은 일련번호입니다.

5 4번의 예제에서 사용된 테이블에 저장된 정보는 100권에 대한 정보가 저장되어 있습니다. 이 테이블 이름이 book이라고 할 때 이 테이블의 전체 레코드를 가져올 수 있는 질의문을 작성하세요.

6 4번의 예제에서 사용된 book 테이블에는 100권의 책에 대한 정보가 있습니다. 이들 100권들 중에는 일련번호가 38인 책을 테이블에서 삭제하려고 합니다. 이때 사용될 질의문을 작성하세요. 단 이때의 일련번호에 대한 칼럼명은 int 형의booknum이라는 이름입니다.

7 6번의 예제에서 테이블에 있는 전체 레코드를 삭제하기 위한 질의문을 작성하세요.

해답은 620 쪽 연습문제 해답을 참조하세요.

JDBC로 데이터베이스 연동

앞부분에서 데이터베이스를 다루기 위한 기본적인 명령들에 대해서 알아보았습니다. 이제 여러분은 데이터베이스와 연동한 프로그램에서 데이터베이스를 다루기 위한 방법들에 대해서 알아볼 차례입니다. 실제로 데이터베이스만으로 어떠한 업무에 사용하지는 않습니다. 일반적으로 프로그램에서 데이터베이스와 연동하여 프로그램 내에서 데이터베이스에 접근하여 업무를 처리합니다. 프로그램에서 데이터베이스를 연동하기 위한 자바의 기술인 JDBC에 대해서 알아보겠습니다.

01 _ JDBC

JDBC는 데이터베이스를 다루기 위한 자바 API(Application Programming Interface)입니다. 자바를 기반으로 하는 프로그램을 작성할 때 프로그래머에게 데이터베이스를 쉽게 다룰 수 있도록 해주는 것입니다.

앞서 말했듯이 DBMS의 종류는 많습니다. DBMS를 만든 회사들은 내부적으로 작동되는 방식이 서로 상이합니다. 이렇게 많은 DBMS에 연동하기 위해서 프로그래머는 각각의 DBMS내부 작동방식을 이해해서 그 방식에 맞게 질의문을 던져야 원하는 데이터를 받아 올 수 있습니다. 이런 방법은 DBMS가 달라질 경우 새롭게 프로그램을 작성해야 합니다. 또한 특정 DBMS의 내부적인 작동방식을 이해해서 그 내부 구조에 맞게 프로그램을 작성하려면 너무도 많은 노력과 시간이 걸립니다.

이런 방법보다 DBMS에 접근하기 위해서 특정한 도구를 만들어 두고서 이 도구만 적절히 사용하면 서로 다른 회사에서 나온 DBMS 중에 어떤 것이라도 사용할 수 있게 하는 것이 훨씬 빠르고 간편한 일일 것입니다. 그런 경우 프로그래머는 그 도구만 사용하면 각각의 DBMS의 내부까지 신경을 쓰지 않아도 되기 때문에 정말 필요한 업무를 위한 프로그램작성에만 신경을 쓸 수 있습니다.

이것이 자바에서의 JDBC라고 말하는 기술입니다. JDBC를 통해서 어떠한 DBMS일지라도 질의문을 던져서 데이터를 가져올 수 있는 것입니다.

❏ JDBC
– 구성 : JDBC 인터페이스 + JDBC 드라이버
– 목적 : 데이터베이스 연동 자바 프로그램시 인터페이스의 사용만으로 데이터베이스를 다루기 위함.

❏ 인터페이스
윈도우라는 운영체제는 GUI(Graphic User Interface)라는 인터페이스를 가지고 있습니다. 아이콘을 더블클릭하면 프로그램이 실행되고 파일을 가리키는 아이콘을 드래그해서 필요한 폴더에 위치를 시키면 파일이 복사되는 등의 편리한 환경을 제공합니다. 이 부분들이 바로 인터페이스입니다. 윈도우 내부의 동작은 알 필요 없이 정의된 인터페이스만 따르게 되면 원하는 작업을 실행시킬 수 있게 되는 것입니다. 마찬가지로 JDBC 인터페이스를 사용하면, 내부적인 동작까지는 알 필요 없이 필요한 데이터를 관리할 수 있는 작업을 할 수 있게 되는 것입니다.

01-1 JDBC Driver

내부적으로 이 JDBC는 자바 파일들로 작성되어져 있는데, JDBC 인터페이스와 JDBC 드라이버로 구성이 되어 있습니다. JDBC 인터페이스는 프로그래머에게 쉬운 데이터베이스와 연동되는 프로그램을 작성할 수 있게 하는 도구가 될 것이고, JDBC 드라이버는 JDBC 인터페이스를 구현하여 실제로 DBMS를 작동시켜서 질의를 던지고 결과를 받습니다.

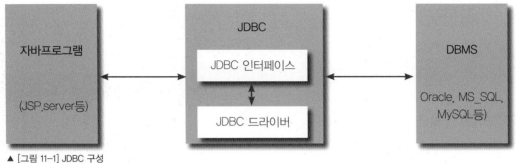

▲ [그림 11-1] JDBC 구성

JDBC를 통해서 DBMS에 질의를 던져 그 질의에 맞는 결과를 얻어내기 위해서 우선 JDBC 드라이버를 여러분의 컴퓨터에 설치해야 합니다. JDBC 드라이버는 DBMS를 제작한 회사에서 드라이버로 제공됩니다.

(1) JDBC Driver Type

JDBC 드라이버들은 일반적으로 4가지 종류로 나누어집니다.

■ **타입1 :** JDBC-ODBC 브릿지+ODBC 드라이버(JDBC-ODBC Bridge Plus ODBC Driver)

JDK에서 제공하는 드라이버로서 JDBC 뿐만 아니라 ODBC를 같이 이용하여 데이터베이스에 접근하는 방법입니다. 데이터베이스와 연결되었다면 모든 문제는 ODBC에 달려있게 되는 것입니다. 이 방법의 이점으로는 기존에 존재하는 ODBC에 연결할 수 있다는 것이고, 약점이라면 ODBC라는 통신을 한 번 더 이용하기 때문에 속도가 JDBC 드라이버를 이용했을 때보다 느리다는 것입니다.

■ **타입2 :** 네이티브-API 부분적인 자바드라이버(Native-API Partly-Java Driver)

이 방식은 로컬에 설치된 원시 라이브러리를 이용해 데이터베이스와 연결된다는 것입니다. 원시 라이브러리는 거의 'C'로 작성되어 있습니다. 즉 어플리케이션이 데이터베이스에 JDBC로 요청을 하면 이 요청을 원시 라이브러리의 메소드 호출로 변환하여 요청을 하는 것입니다.

■ **타입3 :** JDBC-Net 순수 자바 드라이버(JDBC-Net Pure Java Driver)

이 방식은 타입2와 거의 비슷한 방식입니다. 단지 차이점이라고는 타입2가 로컬에 원시 라이브러리가 있어서 이 원시 라이브러리를 이용한다는 것이고, 타입3은 원시 라이브러리가 원격 서버에 있어서 원격 서버에서 원시 라이브러리를 이용한다는 것입니다. 그러므로 원시 라이브러리의 호출이 로컬에서 이루어지는 것이 아니라 원격 서버에서 이루어지므로 인터넷에 연결되어져 있다면 어디서든지 원시 라이브러리를 이용하여 연결되어질 수 있다는 이점이 있습니다.

■ 타입4 : 네이티브-프로토콜 순수 자바 드라이버(Native-Protocol Pure Java Driver)

이 방식은 그동안 설명했던 방식과 차이점을 가지고 있는데, 가장 중요한 차이점은 바로 순수 자바로 만들어졌다는 것입니다. 순수 자바로 만들어졌으므로 ODBC나 원시 라이브러리를 이용하지 않고 곧바로 데이터베이스에 연결되어진다는 이점이 있습니다. 거의 모든 벤더에서 JDBC를 위한 드라이버를 만들어 놓고 있으며, 그동안 끝까지 드라이버를 만들지 않고 있었던 MS-SQL에서도 현재 베타2까지 내놓은 상태입니다.

4가지 드라이버 타입들 중 이 책에서는 타입4에 해당하는 JDBC 드라이버를 사용합니다. 타입4의 드라이버는 순수 자바로 제공되어서 이식성이 좋습니다.

(2) JDBC Driver 설치

MySQL용 드라이버를 설치하기 위해서 MySQL 사이트(http://www.mysql.com/downloads/) 에 접속합니다.

MySQL용 드라이버를 설치 | 설치 파일 | 출판사 홈페이지에서 배포 mysql-connector-java-5.1.45.zip

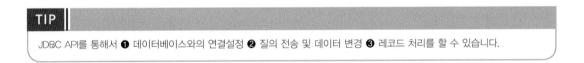

TIP

JDBC API를 통해서 ❶ 데이터베이스와의 연결설정 ❷ 질의 전송 및 데이터 변경 ❸ 레코드 처리를 할 수 있습니다.

01 사이트에 접속후 10장에서 MySQL을 다운로드받았던 페이지에서 'MySQL Connector/J 5.1.45 ZIP for portable Java binaries'를 다운로드합니다.

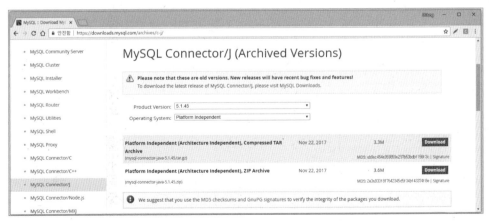

▲ [그림 11-2] MySQL JDBC Driver 다운로드

02 다운로드 받은 'mysql-connector-java-5.1.45.zip'를 적당한 경로에 압축 해제하면 'mysql-connector-java-5.1.45-bin.jar' 파일이 있습니다.

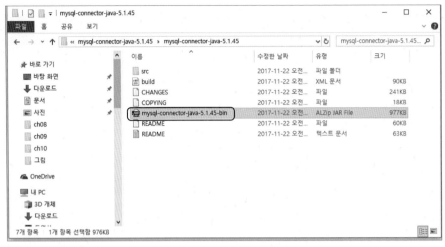

▲ [그림 11-3] MySQL JDBC Driver 파일

03 'mysql-connector-java-5.1.45-bin.jar' 파일을 드래그해서 이클립스의 'myapp'프로젝트-WebContent-WEB-INF-lib 경로에 복사합니다.

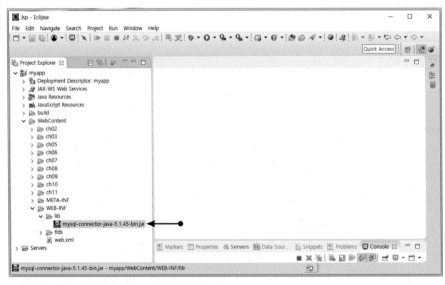

▲ [그림 11-4] MySQL JDBC Driver 파일 이클립스에 복사

04 파일을 복사한 뒤 'myapp' 프로젝트를 오른쪽 마우스로 클릭하여 'Properties'로 들어갑니다.

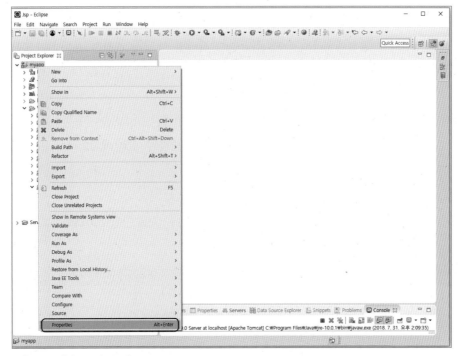

▲ [그림 11-5] 'myapp' 프로젝트 Properties

05 Java Build Path – Libraries – Web App Libraries를 클릭하면 'mysql-connector-java-5.1.45-bin.jar'가
있는 것이 확인 됩니다.

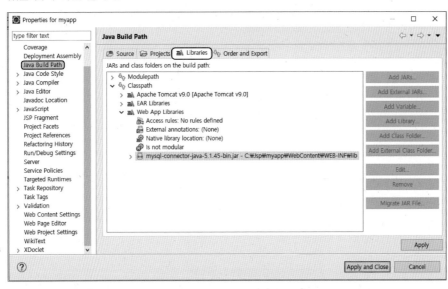

▲ [그림 11-6] 'myapp' 프로젝트 라이브러리에 MySQL 드라이버 확인

01-2 JDBC를 통한 MySQL과의 연동 테스트

앞서 설명한 DBMS에서 지원하는 터미널이나 HeidiSQL과 같은 외부 툴을 사용한 직접적인 데이터베이스로의 연결이 아닌 프로그램에서 DBMS에 접근하는 간단한 예제를 통해서 JDBC를 통한 MySQL과 연동이 되는지를 테스트해 볼 수 있도록 하겠습니다.

이 예제는 드라이버명과 데이터베이스의 URL을 상황에 맞게 설정하면 다른 DBMS를 사용한다고 해도 그 DBMS에 맞는 드라이버 설치 후 정확한 연동이 되는지를 쉽게 테스트할 수 있는 예제입니다.

JDBC를 통한 MySQL과 연동 테스트

01 먼저 이클립스에서 'myapp'프로젝트의 Java Resources – src에 'ch11' 패키지를 만들고 아래의 소스를 작성합니다.

실습 파일 : source/ch11/DriverTest.java

```
01 : package ch11;
02 :
03 : import java.sql.*;
04 :
05 : public class DriverTest{
06 :    public static void main(String args[]){
07 :        Connection con;
08 :
09 :        try{
10 :            Class.forName("org.gjt.mm.mysql.Driver").newInstance();
11 :            con=DriverManager.getConnection("jdbc:mysql://localhost:3306/mydb", "root", "1234");
12 :            System.out.println("Success");
13 :        }
14 :        catch(SQLException ex){ System.out.println("SQLException" + ex);}
15 :        catch(Exception ex){ System.out.println("Exception:" + ex);}
16 :    }
17 : }
```

> org.gjt.mm.mysql.Driver는 MySQL JDBC Driver 이름입니다.

> 결과
> Success

11 : 'jdbc:mysql://localhost:3306/'은 MySQL의 URL입니다. 'mydb'는 앞서 만들어 두었던 데이터베이스 이름입니다. 'root' 는 계정이름입니다. '1234'는 계정에 대한 패스워드입니다.
성공적으로 연동이 된다면 위와 같이 "Success"라는 메시지가 나옵니다. 이소스는 순수 자바 파일이기 때문에 Run On Server로 실행을 하면 안 되고 반드시 Java Application으로 실행을 해야 합니다.

TIP | DriveTest.java 파일

DriverTest.java 파일은 JDBC 드라이버를 로딩해서 데이터베이스와 정상적인 연결이 되는지를 테스트하는 파일입니다. MySQL 이 아닌 다른 데이터베이스 연동에 있어서도 테스트할 수 있는 간단한 예제입니다. 다른 데이터베이스 연동 시에는 해당 JDBC 드라이버 이름과 URL, 계정, 패스워드만 수정해 컴파일해서 실행하면 간단히 테스트할 수 있습니다.

02 _ 데이터베이스 조작을 위한 자바 라이브러리

○ JDBC API

데이터베이스 연결, 질의 전송, 결과 처리 등의 과정들이 데이터베이스 연동 프로그램시 많이 사용되는 과정들입니다. 이때 쓰이는 인터페이스들은 JDBC API에 존재합니다. 즉 위에 열거된 과정들에 쓰이는 도구들이 JDBC API에 있습니다.

02-1 JDBC API

JDBC를 사용함에 있어서 전체적인 흐름은 데이터베이스에 연결하기, 질의 던지기, 그리고 질의에 대한 결과를 받아오는 과정, 마지막으로 연결해제의 단계를 가지고 있습니다. 이런 과정에서 핵심적으로 쓰이는 API들은 다음과 같습니다.

JDBC API에 대한 전체적인 내용은 java.sql 패키지에 담겨져 있습니다. 이는 JDK 1.7에 대한 문서를 참고합니다.

- Driver : 모든 드라이버 클래스들이 구현해야 하는 인터페이스입니다.
- DriverManager : 드라이버를 로드하고 데이터베이스에 연결할 수 있게 됩니다.
- Connection : 특정 데이터베이스와의 연결을 말합니다.
- Statement : SQL문을 실행해 작성된 결과를 돌려줍니다.
- PreparedStatement : 사전에 컴파일 된 SQL문을 실행합니다.
- ResultSet : SQL문에 대한 결과를 얻어냅니다.

중요한 몇 가지만 나열해 보았습니다. 보다 상세한 내용은 문서를 참조하기 바랍니다. 앞으로 JDBC 프로그램에 있어서 많은 참고를 해야 하는 부분입니다. 꼭 JDK의 문서를 통해서 보다 상세한 내용을 확인하기 바랍니다.

02-2 JDBC에서의 한글 처리

MM.mysql 문서를 참조하면 JDBC URL의 기본 구조를 알 수 있습니다.

```
jdbc:mysql://[hostname][:port]/dbname[?param1=value1][&param2=value2]...
```

위의 구조에서 뒤에 들어갈 파라미터의 종류는 다음과 같습니다.

파라미터 이름	사용 용도	기본 설정값
user	데이터베이스 사용 user 지정	none
password	user의 패스워드 지정	none
autoReconnect	연결이 해제되었을 때 자동 재연결 설정 여부	false
maxReconnects	autoReconnect가 true로 설정되었을 때 재연결까지에 대한 설정(몇 번의 연결시도를 할 것인지)	3
initialTimeout	auto0Reconnect가 true로 설정되었을 때 재연결까지 대기시간 설정(초)	2
maxRows	반환받는 최대 행 개수 지정(0이면 모든 행을 반환)	0
useUnicodde	유니코드 문자 인코딩 사용 여부 지정 should the driver use Unicode character encodings when handling strings? (true/false)	false
characterEncoding	useUnicode가 true로 설정되었을 때. 인코딩 종류 지정	none

▲ [표 10-1] JDBC URL Parameter

이들 중 한글 깨어짐을 막기 위해서 JDBC URL에 다음과 같이 파라미터를 부여해서 사용하면 한글 깨어짐을 방지할 수 있습니다. MySQL과 Tomcat 연동에 있어서 한글이 깨어지는 경우 다음과 같이 사용합니다.

JDBC URL 사용 예

```
...
Connection C = DriverManager.getConnection(
    "jdbc:mysql://localhost/test?useUnicode=true&characterEncoding=EUC-KR");
...
```

03 _ JSP와 데이터베이스 연동

JSP에서 JDBC를 통해서 데이터베이스와 연동을 하는 예제와 자바빈(JavaBean)과 JDBC를 사용해서 데이터베이스에 연결하는 부분을 분리시킨 방법 등이 있습니다. 전자의 경우는 데이터베이스에 관련된 프로그램 코드들이 jsp 페이지에 포함되어 있다는 것이고 후자의 경우는 jsp 페이지가 아닌 자바 빈에 분리시킨 것입니다.

어느 쪽이든 JDBC를 통한 데이터베이스의 연동은 기본적으로 다음의 단계를 따르게 됩니다.

❶ JDBC 드라이버의 인스턴스 생성

```
Class.forName("Driver_Name");
```

⬇

❷ JDBC 드라이버 인스턴스를 통해 DBMS에 대한 연결 생성

```
Connection con = DriverManager.getConnection("DBURL","Account ID","Account PW");
```

⬇

❸ Statement 생성

```
Statement stmt = conn.createStatement();
```

⬇

❹ 질의문 실행/ResultSet으로 결과 받음

```
ResultSet rs = stmt.executeQuery("select * from ...");
```

⬇

❺ ResultSet 해지

```
rs.close();
```

⬇

❻ Statement 해지

```
stmt.close();
```

⬇

❼ 데이터베이스와 연결 해지

```
conn.close();
```

위의 단계를 통해서 JDBC를 통한 데이터베이스 연동을 프로그래밍을 할 수 있습니다.

03-1 JSP 스크립트릿으로의 데이터베이스 연동

jsp 페이지에서 JDBC를 통해서 직접 데이터베이스를 연동하는 방법에 대해서 알아보겠습니다. 웹 프로그래밍에서 데이터베이스와의 연동을 함께 있어 기본적인 사용방법을 이해하고자 하는데 그 목적을 두고 있기 때문에 JSP 스크립트릿 형태로 데이터베이스와 연동했을 때의 경우를 빌어 코드를 분석하고 작동방식을 알아보겠습니다.

다음 그림은 jsp 페이지 내부에서 직접 데이터베이스를 연동한 경우를 도식화한 그림입니다. 그림으로는 간단한 구성이지만, jsp 페이지 내에서 직접 데이터베이스 관련 코드가 혼재되어 있어 추후 페이지 변경 등의 작업이 있을 때 유리하지 못한 점이 있습니다.

▲ [그림 11-7] JSP와 데이터베이스의 직접적인 연동

JSP 스크립트릿으로 데이터베이스를 연동하여 tblRegister 테이블에 있는 레코드를 조회

01 다음과 같이 프로그램을 작성하고 저장합니다.

실습 파일 : source/ch11/usingJDBCJsp.jsp

```
01 : <%@ page contentType="text/html;charset=EUC-KR" import="java.sql.*"%>
02 : <%@ page import="java.util.*, ch11.*"%>
03 : <%
04 :    Class.forName("org.gjt.mm.mysql.Driver");
05 :    Connection conn = null;
06 :    Statement stmt = null;
07 :    ResultSet rs = null;
08 :
09 :    String id = "",
10 :          pwd = "",
11 :         name = "",
12 :         num1 = "",
13 :         num2 = "",
14 :        email = "",
15 :        phone = "",
16 :      zipcode = "",
17 :      address = "",
18 :          job = "";
19 :    int counter = 0;
20 :    try {
21 :        conn = DriverManager.getConnection("jdbc:mysql://localhost:3306/mydb", "root", "1234");
//Connection 생성
22 :        stmt = conn.createStatement();
23 :        rs = stmt.executeQuery("SELECT * FROM tblRegister");
```

페이지 지시자를 통해서 한글을 지정합니다. JDBC를
사용하기 위해 java.sql 패키지를 임포트합니다.

Statement 생성

질의실행결과를 ResultSet에 담는다.

TIP | style.css

style.css는 HTML로 실행되어진 웹 페이지에 대한 스타일을 지정하는 파일입니다. 웹 페이지가 브라우저에 표현되었을 때 나타나는 형태나, 색깔 등에 대한 지정을 한 파일입니다. 교재 소스에 각 장에서 사용되는 style.css가 있으니 복사해서 사용하시면 됩니다.

```jsp
24 : %>
25 : <html>
26 : <head>
27 : <title>JSP에서 데이터베이스 연동</title>
28 : <link href="style.css" rel="stylesheet" type="text/css">
29 : </head>
30 : <body bgcolor="#FFFFCC">
31 :     <h2>JSP 스크립트릿에서 데이터베이스 연동 예제</h2><br/>
32 :     <h3>회원정보</h3>
33 :     <table bordercolor="#0000ff" border="1">
34 :         <tr>
35 :             <td><strong>ID</strong></td>
36 :             <td><strong>PWD</strong></td>
37 :             <td><strong>NAME</strong></td>
38 :             <td><strong>NUM1</strong></td>
39 :             <td><strong>NUM2</strong></td>
40 :             <td><strong>EMAIL</strong></td>
41 :             <td><strong>PHONE</strong></td>
42 :             <td><strong>ZIPCODE/ADDRESS</strong></td>
43 :             <td><strong>JOB</strong></td>
44 :         </tr>
45 :         <%
46 :         if (rs != null) {
47 :
48 :                     while (rs.next()) {
49 :                             id = rs.getString("id");
50 :                             pwd = rs.getString("pwd");
51 :                             name = rs.getString("name");
52 :                             num1 = rs.getString("num1");
53 :                             num2 = rs.getString("num2");
54 :                             email = rs.getString("email");
55 :                             phone = rs.getString("phone");
56 :                             zipcode = rs.getString("zipcode");
57 :                             address = rs.getString("address");
58 :                             job = rs.getString("job");
59 :         %>
60 :         <tr>
61 :             <td><%=id%></td>
62 :             <td><%=pwd%></td>
63 :             <td><%=name%></td>
64 :             <td><%=num1%></td>
65 :             <td><%=num2%></td>
66 :             <td><%=email%></td>
67 :             <td><%=phone%></td>
```

> ※ 주의 – <%.%>, <%=.%>
> JSP에서 '<%.%>'는 내부에 필요한 JSP코드를 기입하기 위한 스크립트릿
> 이고, '<%=.%>'는 표현식입니다. '<%=.%>'는 스크립트릿 내부에서 사용되
> 지 않고 정적인 부분 즉 HTML 이 위치하는 곳에 필요한 값을 출력하기
> 위해 사용됩니다. 기억이 잘 나지 않는다면 5장을 참고하시길 바랍니다.

```
68 :             <td><%=zipcode%>/<%=address%></td>
69 :             <td><%=job%></td>
70 :             <%
71 :                 counter++;
72 :                             }//end while
73 :                     }//end if
74 :             %>
75 :         </tr>
76 :     </table>
77 :     <br/>
78 :     total records : <%=counter%>
79 :     <%
80 :         } catch (SQLException sqlException) {
81 :             System.out.println("sql exception");
82 :         } catch (Exception exception) {
83 :             System.out.println("exception");
84 :         } finally {
85 :             if (rs != null)
86 :                 try {rs.close();}
87 :                 catch (SQLException ex) {}
88 :             if (stmt != null)
89 :                 try {stmt.close();}
90 :                 catch (SQLException ex) {}
91 :             if (conn != null)
92 :                 try {conn.close();}
93 :                 catch (Exception ex) {}
94 :         }
95 :     %>
```

46   : 결과셋이 "null"이 아닐 때 if문 안의 내용을 수행합니다.

48   : 반복문 while을 통해서 ResultSet에 담겨진 레코드의 수만큼, 즉 받아온 행의 수만큼 while문을 반복합니다.
'while(rs.next())'에서 'next()' 메소드는 현재의 레코드가 있는지를 'boolean' 형태로 반환하고 다음 레코드로 이동
합니다.

만약에 레코드의 수가 3개라면, 첫 번째 레코드가 있음을 'boolean'으로 알려주고(true 반환), 다음 레코드로 이
동한 후, 두 번째 while문 수행시 두 번째 레코드가 있음을 'boolean'으로 알려주고(true 반환), 다음 레코드로 이
동합니다. 세 번째 while문 수행시 역시 세 번째 레코드가 있음을 'boolean'으로 알려주고(true 반환) 다음 레코
드로 이동합니다.

네 번째 while문 수행시 더 이상 레코드가 없기 때문에 레코드가 없음을 알려주고(false 반환) while문의 조건
절에서 결과가 "false"이기 때문에 while문 수행을 멈추고 벗어납니다.

49 ~ 58 : 매번 반복할 때 칼럼이름을 통해서 한 레코드에 있는 칼럼을 하나씩 받아와서 해당 변수에 넣습니다.

71   : int형의 'counter' 변수는 매번 while문이 반복될 때 마다 하나씩 값을 증가시킵니다. 역시 3개의 레코드가 있을
때 3번의 값 증가가 이루어집니다. 이 변수의 용도는 전체 레코드 개수를 파악할 수 있는 변수로 이용됩니다.

80 ~ 94 : 예외처리를 위한 문장들입니다.

02 작성이 끝나면 이클립스에서 'Ctrl+F11' 또는 화살표(실행) 버튼을 클릭해서 프로그램을 실행합니다.

▲ [그림 11-8] 테이블에 레코드가 없는 경우의 실행 결과

▲ [그림 11-9] 테이블에 레코드가 있는 경우 실행결과

TIP | 수정 결과 확인

JSP는 수정 후 그 수정결과를 브라우저에서 실행시켜 바로 확인할 수 있습니다. 하지만 브라우저는 캐시에 담겨진 내용을 표시하는 경우가 있어서 수정된 결과가 표시가 안 될 수도 있습니다. 수정한 결과가 반영이 안 된다고 판단 될 때는 브라우저를 종료한 후 새로 브라우저를 띄워서 JSP를 실행시켜 보시기 바랍니다.

03-2 자바빈즈를 이용한 데이터베이스 연동

JSP 스크립트릿을 이용해서 데이터베이스를 연동한 예제에서 이제는 데이터베이스에 관련된 코드를 jsp 페이지로부터 분리한 예제를 알아보겠습니다. 자바빈즈 프로그래밍에서 자바빈즈를 사용함으로 얻어지는 장점을 살린 데이터베이스와 연동한 JSP 프로그램을 구현하겠습니다.

JSP에서 사용된 JDBC 코드들을 RegisterMgr.java에 분리해서 넣어두고 RegisterBean.java을 통해서 레코드들을 RegisterBean에 담아서 보다 깔끔한 jsp 페이지를 작성할 수 있습니다.

이러한 관계를 도식화하면 다음 그림과 같습니다.

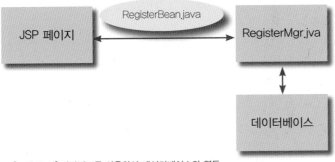

▲ [그림 11-11] 자바빈즈를 사용하여 데이터베이스와 연동

TIP | 자바빈즈를 사용한 데이터베이스 연동은 JSP 스크립트릿과 거의 똑같다.

자바빈즈를 사용했다고 해서 데이터베이스와의 연결방법에서 달라진 점은 없습니다. 다만 jsp 페이지에 있는 데이터베이스 관련 코드들이 자바빈즈에 분리되어진 것 뿐 입니다. 빈즈의 재사용을 위해 보다 더 자바 프로그램의 형식을 가졌기 때문에 jsp 페이지에서 연동했던 형식과 구성만 다를 뿐 데이터베이스 연동 과정이나 명령은 동일합니다.

자바빈즈를 사용한 데이터베이스 연동

01 빈즈를 이용한 예제를 실행하기 위해서는 RegisterBean.java 파일이 같이 필요합니다. 그 이유는 JDBC 연동을 위한 예제에서 회원에 대한 정보를 담을 빈이 사용되었기 때문입니다. 그러므로 먼저 RegisterBean. java 파일을 작성하고 저장합니다.

실습 파일 : source/ch11/RegisterBean.java

```
01 : package ch11;
02 :
03 : public class RegisterBean{
04 :
05 :     private String id;
06 :     private String pwd;
07 :     private String name;
08 :     private String num1;
09 :     private String num2;
10 :     private String email;
11 :     private String phone;
12 :     private String zipcode;
13 :     private String address;
14 :     private String job;
15 :
16 :     public void setId (String id){
17 :         this.id = id;
18 :     }
19 :      public void setPwd (String pwd){
20 :         this.pwd = pwd;
21 :     }
22 :     public void setName (String name){
23 :         this.name = name;
24 :     }
25 :     public void setNum1 (String num1){
26 :         this.num1 = num1;
27 :     }
28 :     public void setNum2 (String num2){
29 :         this.num2 = num2;
30 :     }
31 :     public void setEmail (String email){
32 :         this.email = email;
33 :     }
34 :     public void setPhone (String phone){
35 :         this.phone = phone;
36 :     }
37 :     public void setZipcode (String zipcode){
38 :         this.zipcode = zipcode;
```

```
39 :     }
40 :     public void setAddress (String address){
41 :         this.address = address;
42 :     }
43 :     public void setJob (String job){
44 :         this.job = job;
45 :     }
```

TIP | setter, getter 규약

빈즈 프로그램 작성에 있어서 setter, getter에 대한 규약을 잘 지켜서 작성하시기 바랍니다. 예를 들어 id에 대한 setter는 setId(String id), getter는 getId()라고 두 번째 단어는 대문자를 사용하여야 합니다.(set + Id, get+Id).

```
46 :     public String getId(){
47 :         return id;
48 :     }
49 :     public String getPwd(){
50 :         return pwd;
51 :     }
52 :     public String getName(){
53 :         return name;
54 :     }
55 :     public String getNum1(){
56 :         return num1;
57 :     }
58 :     public String getNum2(){
59 :         return num2;
60 :     }
61 :     public String getEmail(){
62 :         return email;
63 :     }
64 :     public String getPhone(){
65 :         return phone;
66 :     }
67 :     public String getZipcode(){
68 :         return zipcode;
69 :     }
70 :     public String getAddress(){
71 :         return address;
72 :     }
73 :     public String getJob(){
74 :         return job;
75 :     }
76 : }
```

RegisterBean.java에 대한 소스 설명은 9장의 자바빈즈를 참고하면 됩니다.

02 RegisterMgr.java 파일을 작성하고 저장합니다. RegisterMgr.java는 실제로 데이터베이스에 연동되어 질의를 수행해서 결과를 받는 등의 작업을 수행할 파일입니다. RegisterMgr.java는 질의 수행 결과를 자바빈즈에 담습니다. 그래서 RegisterMgr.java는 앞서 작성한 RegisterBean을 사용합니다.

TIP ‖ MySQL에서의 JDBC 드라이버 이름

MySQL을 사용함에 있어 JDBC Driver 이름은 org. gjt.mm.mysql.Driver입니다. JDBC_URL 형식은 JDBC:mysql://serverIP 또는 serverName:portNumber/ dbName입니다.

실습 파일 : source/ch11/RegisterMgr.java

```
01 : package ch11;          ← 패키지 설정을 합니다. 패키지 이름은 ch11입니다.
02 : import java.util.*;     ← java.sql 패키지를 임포트하고 다른 클래스는 지면상 생략합니다.
09 :
10 : public class RegisterMgr {
11 :
12 :   private final String JDBC_DRIVER = "org.gjt.mm.mysql.Driver";
13 :   private final String JDBC_URL = "jdbc:mysql://localhost:3306/mydb";
14 :   private final String USER = "root";
15 :   private final String PASS = "1234
16 :
17 :   public RegisterMgr() {
18 :     try{
19 :        Class.forName(JDBC_DRIVER);     ← JDBC_Driver를 로딩합니다.
20 :     }catch(Exception e){
21 :         System.out.println("Error : JDBC 드라이버 로딩 실패");
22 :     }
23 :     }
24 :
25 :   public Vector<RegisterBean> getRegisterList() {   ← 회원정보를 가지고 올 메소드를 정의합니다.
                                                            반환형은 Vector입니다.
26 :      Connection conn = null;
27 :      Statement stmt = null;
28 :     ResultSet rs = null;
29 :     Vector<RegisterBean> vlist = new Vector<RegisterBean>();
30 :       try {
31 :          conn = DriverManager.getConnection(JDBC_URL,USER,PASS);  ← connection을 얻어옵니다.
32 :          String strQuery = "select * from tblRegister";   ← 질의를 String 변수에 지정합니다.
33 :          stmt = conn.createStatement();    ← Statement를 생성합니다.
34 :          rs = stmt.executeQuery(strQuery);  ← stmt를 통해 질의를 수행하고, 수행 결과를 rs에 받아옵니다.
35 :          while (rs.next()) {      ← 레코드 개수만큼 while문 내부를 반복 수행합니다.
36 :              RegisterBean regBean = new RegisterBean();
37 :                regBean.setId (rs.getString("id"));
38 :                regBean.setPasswd (rs.getString("pwd"));
39 :                regBean.setName (rs.getString("name"));
40 :                regBean.setNum1 (rs.getString("num1"));
41 :                regBean.setNum2 (rs.getString("num2"));
42 :                regBean.setEmail (rs.getString("email"));
43 :                regBean.setPhone (rs.getString("phone"));
```

while문 내부가 수행하는 첫 라인에서 빈을 생성합니다. 매번 while문이 실행되면서 레코드에 담긴 칼럼 하나하나를 빈즈에 셋팅하게 됩니다.

● 불린
boolean 형은 'true, false'의 값을 가지는 자바 기본형 데이터 타입입니다. boolean 형으로 선언된 변수는 오직 'true, false' 두 가지 값만을 가질 수 있습니다.

```
44 :              regBean.setZipcode (rs.getString("zipcode"));
45 :              regBean.setAddress (rs.getString("address"));
46 :              regBean.setJob (rs.getString("job"));
47 :              vlist.add(regBean);
48 :          }
49 :      } catch (Exception ex) {
50 :          System.out.println("Exception" + ex);
51 :      } finally {
52 :          if(rs!=null)   try{rs.close();}  catch(SQLException e){}
53 :          if(stmt!=null) try{stmt.close();}catch(SQLException e){}
54 :          if(conn!=null) try{conn.close();}catch(SQLException e){}
55 :      }
56 :      return vlist;
57 :    }
58 : }
```

finally 구문을 통해서 예외가 발생되었을 때에도 반드시 실행해야 할 명령을 코딩합니다.

rs가 null이 아니면, close() 메소드를 통해서 rs를 닫습니다. 이때 SQLException 예외 처리를 합니다.

stmt가 null이 아니면, close() 메소드를 통해서 stmt를 닫습니다. 이때, SQLException 예외 처리를 합니다.

conn이 null이 아니면, close() 메소드를 통해서 conn을 닫습니다. 이때, SQLException 예외 처리를 합니다.

getRegisterList() 메소드에 대한 반환 결과를 Vector로 반환합니다.

10 : RegisterMgr 클래스를 정의합니다.

12 ~ 15 : 필요한 변수를 정의합니다. JDBC_DRIVER, JDBC_URL, USER, PASS에 JDBC 드라이버이름, JDBC URL, 계정명, 비밀번호 등을 선언합니다.

19 : RegisterMgr()에서 JDBC 드라이버를 로딩합니다.

25 : 레코드를 가져온 다음. 각 레코드에 포함된 칼럼들을 비즈에 담기 위한 메소드입니다. 복수 개의 레코드를 빈즈에 담기 때문에 레코드 개수만큼 빈을 생성해서 각각의 칼럼을 빈에 셋팅합니다.

37 ~ 46 : 칼럼에 있는 값들을 빈즈의 setter를 통해서 담습니다.

47 : while문이 매번 반복될 때마다 하나의 레코드에 포함된 칼럼들은 하나의 빈에 세팅이 됩니다. 이 빈을 벡터에 하나씩 담게 됩니다. while문 수행이 끝나면 while문은 레코드가 있는 동안 반복되기 때문에 벡터에는 하나의 레코드에 포함된 칼럼들을 가진 빈들이 포함되게 됩니다. 즉, 한 번 반복에 하나의 빈을 벡터에 담고, 또 한 번 반복에 하나의 또 하나의 빈을 벡터에 차곡차곡 담게 됩니다.

여기서 잠깐! | 주석문의 활용

if문과 else문으로 각각의 블록이 구성된 부분이 많을 때는 각각의 블록이 끝날 때 주석문을 이용해서 표시를 해 두면 프로그램을 쉽게 읽을 수 있습니다.

```
if(
    ...
}else{
    ...
        if(
          ...
        }else{
          ...
        } //inner if end 주석문을 이용해서 하나의 if문 블록이 끝남을 표시해 둡니다.
} //outer if end 주석문을 이용해서 하나의 if문 블록이 끝남을 표시해 둡니다.
```

이런 식으로 프로그램을 작성하면 추후에 다시 프로그램을 읽을 경우 보다 쉽게 읽을 수 있습니다. 즉 프로그램의 가독성을 높이게 되는 것입니다.

03 데이터베이스와 연동하는 jsp 페이지를 만듭니다.

TIP | *.css와 *.js

style.css 파일은 웹 페이지에 표시될 때 글자의 폰트나 HTML의 속성에 대한 내용을 포함한 파일입니다. 이 파일이 없다고 해도 실행에 지장은 없습니다. 이 파일은 웹 페이지를 보다 정교하게 표시하기 위한 파일입니다.

script.js 파일은 현재의 웹 페이지에서 실행될 때 사용하는 자바스크립트에 대한 내용을 포함한 파일입니다. 자바스크립트는 사용자의 브라우저에서 실행되는 스크립트 언어입니다. 정적이기만한 웹 페이지를 보다 대화형으로 구성하기 위해 자바스크립트를 많이 사용합니다.

자바스크립트는 보통 값을 입력받는 폼 요소들에 대한 체크를 위해 많이 사용됩니다.

실습 파일 : source/ch11/usingJDBCBean.jsp

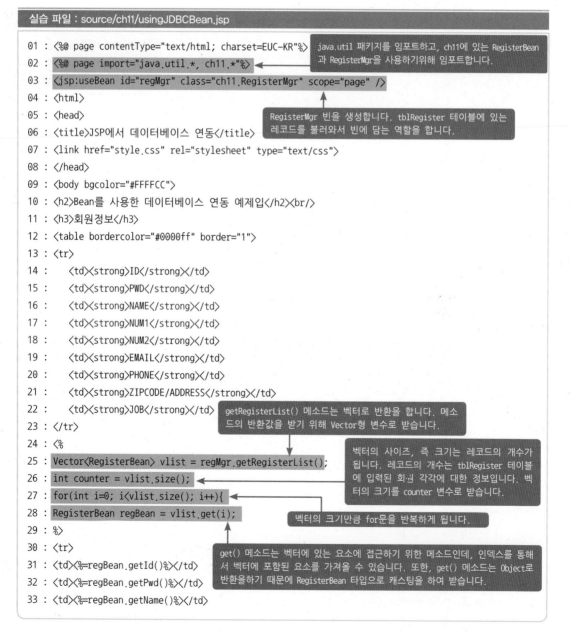

```
01 : <%@ page contentType="text/html; charset=EUC-KR"%>
02 : <%@ page import="java.util.*, ch11.*"%>
03 : <jsp:useBean id="regMgr" class="ch11.RegisterMgr" scope="page" />
04 : <html>
05 : <head>
06 : <title>JSP에서 데이터베이스 연동</title>
07 : <link href="style.css" rel="stylesheet" type="text/css">
08 : </head>
09 : <body bgcolor="#FFFFCC">
10 : <h2>Bean를 사용한 데이터베이스 연동 예제입</h2><br/>
11 : <h3>회원정보</h3>
12 : <table bordercolor="#0000ff" border="1">
13 : <tr>
14 :    <td><strong>ID</strong></td>
15 :    <td><strong>PWD</strong></td>
16 :    <td><strong>NAME</strong></td>
17 :    <td><strong>NUM1</strong></td>
18 :    <td><strong>NUM2</strong></td>
19 :    <td><strong>EMAIL</strong></td>
20 :    <td><strong>PHONE</strong></td>
21 :    <td><strong>ZIPCODE/ADDRESS</strong></td>
22 :    <td><strong>JOB</strong></td>
23 : </tr>
24 : <%
25 : Vector<RegisterBean> vlist = regMgr.getRegisterList();
26 : int counter = vlist.size();
27 : for(int i=0; i<vlist.size(); i++){
28 : RegisterBean regBean = vlist.get(i);
29 : %>
30 : <tr>
31 : <td><%=regBean.getId()%></td>
32 : <td><%=regBean.getPwd()%></td>
33 : <td><%=regBean.getName()%></td>
```

java.util 패키지를 임포트하고, ch11에 있는 RegisterBean과 RegisterMgr를 사용하기위해 임포트합니다.

RegisterMgr 빈을 생성합니다. tblRegister 테이블에 있는 레코드를 불러와서 빈에 담는 역할을 합니다.

getRegisterList() 메소드는 벡터로 반환을 합니다. 메소드의 반환값을 받기 위해 Vector형 변수로 받습니다.

벡터의 사이즈, 즉 크기는 레코드의 개수가 됩니다. 레코드의 개수는 tblRegister 테이블에 입력된 회원 각각에 대한 정보입니다. 벡터의 크기를 counter 변수로 받습니다.

벡터의 크기만큼 for문을 반복하게 됩니다.

get() 메소드는 벡터에 있는 요소에 접근하기 위한 메소드인데, 인덱스를 통해서 벡터에 포함된 요소를 가져올 수 있습니다. 또한, get() 메소드는 Object로 반환을하기 때문에 RegisterBean 타입으로 캐스팅을 하여 받습니다.

```
34 : <td><%=regBean.getNum1()%></td>
35 : <td><%=regBean.getNum2()%></td>
36 : <td><%=regBean.getEmail()%></td>
37 : <td><%=regBean.getPhone()%></td>
38 : <td><%=regBean.getZipcode()%>/<%=regBean.getAddress()%></td>
39 : <td><%=regBean.getJob()%></td>
40 : <%
41 :     }
42 : %>
43 : </tr>
44 : </table>
45 : <br/>
46 : total records : <%= counter %>
47 : </body>
48 : </html>
```

27   : 매번의 for문 수행을 통해서 벡터에 담긴 빈을 하나씩 꺼내옵니다. 벡터 안에는 여러 요소가 담겨져 있는데,
         이들 요소에 접근할 수 있는 메소드는 get()입니다. 이 메소드 안에 인덱스를 통해서 벡터 안에 담겨진 요소를
         가져올 수 있습니다. 벡터에는 여러 요소가 담겨져 있는데, 첫 번째 요소에 대한 인덱스는 0, 두 번째는 1...의
         형태가 됩니다. 인덱스는 i변수를 통해서 지정을 하였는데, for문 수행 시 i값이 0부터 하나씩 증가되어 벡터에
         담긴 첫 번째 요소부터, 마지막 요소까지 하나씩 가져올 수 있게 됩니다.

31 ~ 39 : get() 메소드를 통해서 가져온 벡터의 요소는 빈입니다. 빈 안에는 하나의 레코드에 포함된 칼럼들이 있습니다. 빈
         의 getter 메소드를 통해서 각각의 칼럼을 가져옵니다. 그리고 표현식을 사용해서 브라우저에 출력합니다.

04 작성이 끝나면 'usingJDBCBean.jsp'파일을 실행합니다. 실행결과는 tblRegister 테이블에 삽입되어 있는
전체 레코드를 출력하는 페이지입니다. 현재 한 개의 레코드가 tblRegister 테이블에 있기 때문에 1건의 레코
드가 출력됩니다.

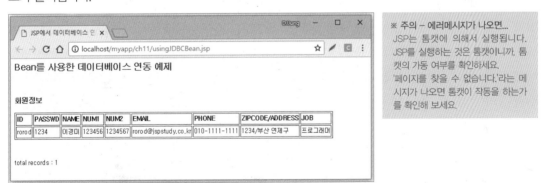

▲ [그림 11-11] usingJDBCBean.jsp 실행결과

JSP 스크립트릿으로 JDBC를 통하여 데이터베이스에 연결한 경우보다 프로그램 코드가 확실히 줄
어들고 보다 간결해 졌다는 것을 쉽게 볼 수 있을 것입니다. 자바빈즈 전용 태그를 사용했을 뿐 JSP
에서 데이터베이스 연결에 필요한 모든 명령어들이 있는 페이지의 결과와 다름이 없다는 것을 실행
결과를 통해서 알 수 있습니다.

04 _ ConnectionPool을 사용한 데이터베이스 연결 기능 향상

웹은 그 자체로 이미 많 사용자를 위한 것이라고 생각할 수 있습니다. 웹은 많은 사용자에게 빠른 시간에 응답을 제공할 수 있어야 합니다. 웹 프로그램은 실질적으로 데이터베이스에 연결하고, 질의를 던지고, 결과를 받아오는 부분에서 많은 시간으로 소요하게 됩니다. 많은 시간을 소요한다는 것은 서버 쪽에 많은 부하를 안겨준다는 사실을 뜻하기도 합니다.

결국 데이터베이스 연동과 관련되는 시간이 사용자에게 응답을 제공하기까지 전체적으로 걸린 시간에 많은 연관이 되어 있습니다. 이에 따라 보다 빠르고, 보다 부하가 적게 걸리기 위한 방법이 요구되는데, ConnectionPool을 사용해서 보다 효율적으로 데이터베이스에 연동할 수 있습니다. 이번에는 ConnectionPool에 대해서 알아보겠습니다.

04-1 Pooling 기법

데이터베이스에 연결하기 위한 Connection은 객체입니다. 이 객체는 새롭게 만들어질 때 많은 시스템 자원을 요구합니다. 객체는 메모리에 적재가 되는데, 메모리에 객체를 할당할 자리를 만들고 또 객체가 사용할 여러 자원들에 대한 초기화 작업을 합니다. 그리고 이 객체가 필요 없게 되면 객체를 거두어 들여야 하는 작업 등이 요구됩니다. 이렇듯 객체의 생성작업은 많은 비용을 요구합니다.

데이터베이스에 한 번 연결하기 위한 작업이 매번 새로운 데이터베이스 연결에 대한 요청이 들어올 때마다 수행해야 한다면, 많은 부담이 될 것이라는 것은 느낌으로도 알 수 있을 것입니다. 결론부터 말하자면, 사용하기 위해 생성한 객체를 일회용으로 하지 않고 재사용한다는 것입니다.

많은 비용이 드는 데이터베이스 연결 객체를 매번 생성, 사용, 해제하는 단계를 밟지 말고 처음 만들어둔 데이터베이스 연결 객체를 계속 사용하자는 것입니다. 또한 데이터베이스는 웹 서버와 같이 복수의 클라이언트를 위한 것입니다. 즉 한 사람의 업무를 위해 존재하는 것이 아니고 복수의 사용자에게 만족을 줘야 합니다. 보다 효율적으로 복수의 사용자에게 서비스하기 위해 미리 데이터베이스 연결을 위한 객체들을 만들어 둔다는 것입니다.

"물을 가득 담은 풀장 안에 튜브를 일정개수 만들어 띄워 둡니다. 그리고 필요한 사람은 하나를 건져서 사용하도록 하고, 그런 다음 사용이 끝나면 다시 풀에 튜브를 반납합니다. 미리 여러 개를 만들어 두었기 때문에 여러 사람이 한 번에 입장해서 튜브를 필요로 한다고 해도 하나씩 바람을 집어넣을 필요가 없습니다. 만약 미리 만들어 둔 튜브가 모두 다 대여됐다고 하면 그때 필요한 개수만큼 새롭게 바람을 불어서 대여를 합니다.

만약 미리 만들어둔 튜브가 없다고 하면 튜브를 대여하는 관리자는 튜브가 필요한 사람이 올 때마다 힘겹게 바람을 불어 넣어서 대여를 해야 합니다. 하지만 이미 튜브를 만들어 두었으니 많은 사람에게 대여하기가 용이합니다."

이렇게 함으로써 사용자에게 필요한 응답을 주는데 걸리는 시간을 단축하고 시스템에 있어서는 부하를 줄이자는 것이 되겠죠.

04-2 ConnectionPool을 사용한 데이터베이스 연결

웹 어플리케이션에 있어서 다중 사용자에 대한 서비스의 중요성은 더 이상 말하지 않아도 실감하실 것입니다.

ConnectionPool을 통해서 기존에 연결되어 있는 커넥션 객체를 사용하는 것은 직접 데이터베이스와 연결했을 때보다 효율적이게 됩니다. 그림에서 보는 것처럼 jsp 페이지에서 직접 데이터베이스에 연결하는 것이 아니고 DBConnectionMgr에 있는 미리 생성되어져 있는 커넥션 객체를 사용합니다. 그리고 사용 후 커넥션 객체를 다시 DBConnectionMgr에 반환하면 다른 페이지에서도 커넥션을 새로 생성시키지 않고 회수된 커넥션들을 재사용할 수 있어 자원 운용이 효율적이게 됩니다.

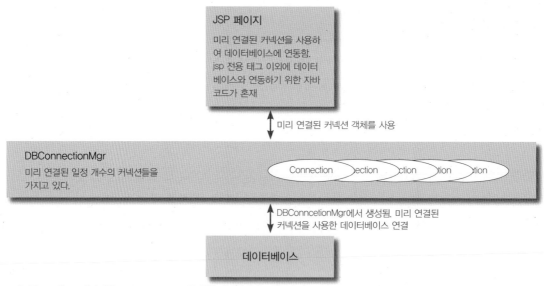

JSP 페이지

미리 연결된 커넥션을 사용하여 데이터베이스에 연동함.
jsp 전용 태그 이외에 데이터베이스와 연동하기 위한 자바 코드가 혼재

↕ 미리 연결된 커넥션 객체를 사용

DBConnectionMgr

미리 연결된 일정 개수의 커넥션들을 가지고 있다.

Connection) ection) ction) tion) tion

↕ DBConncetionMgr에서 생성됨. 미리 연결된 커넥션을 사용한 데이터베이스 연결

데이터베이스

▲ [그림 11–12] jsp 페이지와 DBConnectionMgr을 통한 데이터베이스 연동

앞서의 회원가입에 관련된 코드를 통해서 ConnectionPool을 적용해 보겠습니다.

ConnectionPool을 이용한 데이터베이스 프로그램

01 아래의 소스는 공개용 풀 관리자입니다. 출판사 홈페이지에서 다운로드받을 수 있습니다. 해당 폴더로 옮겨서 저장합니다.

> 실습 파일 : source/ch11/DBConnectionMgr.java

```
01 : /**
02 :  * Copyright(c) 2001 iSavvix Corporation (http://www.isavvix.com/)
03 :  *
04 :  *                    All rights reserved
05 :  *
06 :  * Permission to use, copy, modify and distribute this material for
07 :  * any purpose and without fee is hereby granted, provided that the
08 :  * above copyright notice and this permission notice appear in all
09 :  * copies, and that the name of iSavvix Corporation not be used in
10 :  * advertising or publicity pertaining to this material without the
11 :  * specific, prior written permission of an authorized representative of
12 :  * iSavvix Corporation.
13 :  *
14 :  * ISAVVIX CORPORATION MAKES NO REPRESENTATIONS AND EXTENDS NO WARRANTIES,
15 :  * EXPRESS OR IMPLIED, WITH RESPECT TO THE SOFTWARE, INCLUDING, BUT
16 :  * NOT LIMITED TO, THE IMPLIED WARRANTIES OF MERCHANTABILITY AND
17 :  * FITNESS FOR ANY PARTICULAR PURPOSE, AND THE WARRANTY AGAINST
18 :  * INFRINGEMENT OF PATENTS OR OTHER INTELLECTUAL PROPERTY RIGHTS.  THE
19 :  * SOFTWARE IS PROVIDED "AS IS", AND IN NO EVENT SHALL ISAVVIX CORPORATION OR
```

```
20 :   * ANY OF ITS AFFILIATES BE LIABLE FOR ANY DAMAGES, INCLUDING ANY
21 :   * LOST PROFITS OR OTHER INCIDENTAL OR CONSEQUENTIAL DAMAGES RELATING
22 :   * TO THE SOFTWARE.
```

TIP

11장에서 사용될 예제는 커넥션 풀을 사용합니다. ch11이라는 패키지 명으로 기술하여 11장에서 사용되는 자바파일을 함께 패키지로 관리합니다.

```
23 :   *
24 :   */
25 : package ch11;
26 :
27 : import java.sql.*;
28 : import java.util.Properties;
29 : import java.util.Vector;
30 :
31 : /**
32 :   * Manages a java.sql.Connection pool.
33 :   *
34 :   * @author   Anil Hemrajani
35 :   */
36 : public class DBConnectionMgr {
37 :     private Vector connections = new Vector(10);
38 :     private String _driver = "org.gjt.mm.mysql.Driver",
39 :     _url = "jdbc:mysql://127.0.0.1:3306/mydb?useUnicode=true&characterEncoding=EUC-KR",
40 :     _user = "root",
41 :     _password = "1234";
42 :     private boolean _traceOn = false;
43 :     private boolean initialized = false;
44 :     private int _openConnections = 10;
45 :     private static DBConnectionMgr instance = null;
46 :
47 :     public DBConnectionMgr() {
48 :     }
49 :
50 :     /** Use this method to set the maximum number of open connections before
51 :      unused connections are closed.
52 :      */
53 :
54 :     public static DBConnectionMgr getInstance() {
55 :         if (instance == null) {
56 :             synchronized (DBConnectionMgr.class) {
57 :                 if (instance == null) {
58 :                     instance = new DBConnectionMgr();
59 :                 }
60 :             }
```

```
61 :        }
62 :        return instance;
63 :    }
64 :
65 :    public void setOpenConnectionCount(int count) {
66 :        _openConnections = count;
67 :    }
68 :
69 :    public void setEnableTrace(boolean enable) {
70 :        _traceOn = enable;
71 :    }
72 :
73 :    /** Returns a Vector of java.sql.Connection objects */
74 :    public Vector getConnectionList() {
75 :        return connections;
76 :    }
77 :
78 :    /** Opens specified "count" of connections and adds them to the existing pool */
79 :    public synchronized void setInitOpenConnections(int count)
80 :            throws SQLException {
81 :        Connection c = null;
82 :        ConnectionObject co = null;
83 :
84 :        for (int i = 0; i < count; i++) {
85 :            c = createConnection();
86 :            co = new ConnectionObject(c, false);
87 :            connections.addElement(co);
88 :             trace("ConnectionPoolManager: Adding new DB connection to pool (" + connections.
size() + ")");
89 :        }
90 :    }
91 :
92 :    /** Returns a count of open connections */
93 :    public int getConnectionCount() {
94 :        return connections.size();
95 :    }
96 :
97 :    /** Returns an unused existing or new connection.  */
98 :    public synchronized Connection getConnection()
99 :            throws Exception {
100 :       if (!initialized) {
101 :           Class c = Class.forName(_driver);
102 :           DriverManager.registerDriver((Driver) c.newInstance());
103 :           initialized = true;
104 :       }
```

```
105 :            Connection c = null;
106 :            ConnectionObject co = null;
107 :            boolean badConnection = false;
108 :
109 :            for (int i = 0; i < connections.size(); i++) {
110 :                co = (ConnectionObject) connections.get(i);
111 :                // If connection is not in use, test to ensure it's still valid!
112 :                if (!co.inUse) {
113 :                    try {
114 :                        badConnection = co.connection.isClosed();
115 :                        if (!badConnection)
116 :                            badConnection = (co.connection.getWarnings() != null);
117 :                    } catch (Exception e) {
118 :                        badConnection = true;
119 :                        e.printStackTrace();
120 :                    }
121 :                    // Connection is bad, remove from pool
122 :                    if (badConnection) {
123 :                        connections.removeElementAt(i);
124 :                        trace("ConnectionPoolManager: Remove disconnected DB connection #" + i);
125 :                        continue;
126 :                    }
127 :                    c = co.connection;
128 :                    co.inUse = true;
129 :                    trace("ConnectionPoolManager: Using existing DB connection #" + (i + 1));
130 :                    break;
131 :                }
132 :            }
133 :
134 :        if (c == null) {
135 :            c = createConnection();
136 :            co = new ConnectionObject(c, true);
137 :            connections.addElement(co);
138 :            trace("ConnectionPoolManager: Creating new DB connection #" + connections.size());
139 :        }
140 :        return c;
141 :    }
142 :
143 :    /** Marks a flag in the ConnectionObject to indicate this connection is no longer in use
*/
```

```
144 :     public synchronized void freeConnection(Connection c) {
145 :         if (c == null)
146 :             return;
147 :
148 :         ConnectionObject co = null;
149 :
150 :         for (int i = 0; i < connections.size(); i++) {
151 :             co = (ConnectionObject) connections.get(i);
152 :             if (c == co.connection) {
153 :                 co.inUse = false;
154 :                 break;
155 :             }
156 :         }
157 :
158 :         for (int i = 0; i < connections.size(); i++) {
159 :             co = (ConnectionObject) connections.get(i);
160 :             if ((i + 1) > _openConnections && !co.inUse)
161 :                 removeConnection(co.connection);
162 :         }
163 :     }
164 :
165 :     public void freeConnection(Connection c, PreparedStatement p, ResultSet r) {
166 :         try {
167 :             if (r != null) r.close();
168 :             if (p != null) p.close();
169 :             freeConnection(c);
170 :         } catch (SQLException e) {
171 :             e.printStackTrace();
172 :         }
173 :     }
174 :
175 :     public void freeConnection(Connection c, Statement s, ResultSet r) {
176 :         try {
177 :             if (r != null) r.close();
178 :             if (s != null) s.close();
179 :             freeConnection(c);
180 :         } catch (SQLException e) {
181 :             e.printStackTrace();
182 :         }
183 :     }
184 :
185 :     public void freeConnection(Connection c, PreparedStatement p) {
186 :         try {
187 :             if (p != null) p.close();
188 :             freeConnection(c);
189 :         } catch (SQLException e) {
```

```
190 :            e.printStackTrace();
191 :        }
192 :    }
193 :
194 :    public void freeConnection(Connection c, Statement s) {
195 :        try {
196 :            if (s != null) s.close();
197 :            freeConnection(c);
198 :        } catch (SQLException e) {
199 :            e.printStackTrace();
200 :        }
201 :    }
202 :
203 : /** Marks a flag in the ConnectionObject to indicate this connection is no longer in use */
204 :    public synchronized void removeConnection(Connection c) {
205 :        if (c == null)
206 :            return;
207 :
208 :        ConnectionObject co = null;
209 :        for (int i = 0; i < connections.size(); i++) {
210 :            co = (ConnectionObject) connections.get(i);
211 :            if (c == co.connection) {
212 :                try {
213 :                    c.close();
214 :                    connections.removeElementAt(i);
215 :                    trace("Removed " + c.toString());
216 :                } catch (Exception e) {
217 :                    e.printStackTrace();
218 :                }
219 :                break;
220 :            }
221 :        }
222 :    }
223 :
224 :    private Connection createConnection()
225 :            throws SQLException {
226 :        Connection con = null;
227 :
228 :        try {
229 :            if (_user == null)
230 :                _user = "";
231 :            if (_password == null)
232 :                _password = "";
233 :
234 :            Properties props = new Properties();
235 :            props.put("user", _user);
```

```
236 :            props.put("password", _password);
237 :
238 :            con = DriverManager.getConnection(_url, props);
239 :        } catch (Throwable t) {
240 :            throw new SQLException(t.getMessage());
241 :        }
242 :        return con;
243 :    }
244 :
245 :    /** Closes all connections and clears out the connection pool */
246 :    public void releaseFreeConnections() {
247 :        trace("ConnectionPoolManager.releaseFreeConnections()");
248 :
249 :        Connection c = null;
250 :        ConnectionObject co = null;
251 :
252 :        for (int i = 0; i < connections.size(); i++) {
253 :            co = (ConnectionObject) connections.get(i);
254 :            if (!co.inUse)
255 :                removeConnection(co.connection);
256 :        }
257 :    }
258 :
259 :    /** Closes all connections and clears out the connection pool */
260 :    public void finalize() {
261 :        trace("ConnectionPoolManager.finalize()");
262 :
263 :        Connection c = null;
264 :        ConnectionObject co = null;
265 :
266 :        for (int i = 0; i < connections.size(); i++) {
267 :            co = (ConnectionObject) connections.get(i);
268 :            try {
269 :                co.connection.close();
270 :            } catch (Exception e) {
271 :                e.printStackTrace();
272 :            }
273 :            co = null;
274 :        }
275 :        connections.removeAllElements();
276 :    }
277 :
278 :    private void trace(String s) {
279 :        if (_traceOn)
280 :            System.err.println(s);
281 :    }
```

> **❍ if문**
>
> if문은 조건에 맞는 경우 '{}'로 둘러싸인 명령들을 실행합니다. 이때 한 라인일 경우 '{}'를 생략해도 가능한데, 될 수 있으면 한 라인일지라도 '{}'를 써서 if문의 블록을 명확하게 명시해 두는 것이 좋은 프로그래밍 습관입니다.

```
282 : }
283 :
284 : class ConnectionObject {
285 :     public java.sql.Connection connection = null;
286 :     public boolean inUse = false;
287 :
288 :     public ConnectionObject(Connection c, boolean useFlag) {
289 :         connection = c;
290 :         inUse = useFlag;
291 :     }
292 : }
```

38 ~ 41 : 위 파일은 데이터베이스 연결에 대한 pool을 관리합니다. 실제로 데이터베이스를 연결하는 부분은 DBConnectionMgr이 관리하게 되는 것입니다. 그럼 이 DBConnectionMgr을 이용해서 ConnectionPooling을 통한 데이터베이스 연결을 적용해 보겠습니다. 아래의 코드는 MySQL에 접근하기 위한 데이터베이스 URL, 계정명, 계정에 대한 패스워드를 설정한 부분입니다.

ConnectionPool을 통해서 여러분의 컴퓨터에 설치되어 있는 MySQL에 연동하기 위해서 다음과 같이 설정합니다.

38 : private String_driver = "org.gjt.mm.mysql.Driver";
39 : _url =
         "jdbc:mysql://127.0.0.1:3306/mydb?useUnicode=true&characterEncoding=EUC–KR";
40 : _user = "root";
41 : _password = "1234";
165 : public void freeConnection(Connection c, PreparedStatement p, ResultSet r)
          Connection이 반환되며, PreparedStatement와 ResultSet를 해제하는 메소드입니다.
175 : pubilc void freConnection(Connecion c, Statement s, ResultSet r)
          Connection이 반환되며, Statement와 ResuleSet을 해제하는 메소드입니다.
185 : public void freeConnection(Connection c, PreparedStatement p)
          Connection이 반환되며, PrepareStatement를 해제하는 메소드입니다.
194 : public void freeConnection(Connection c, Statement s)
          Connection이 반환되면, Statement를 해제하는 메소드입니다.

02 다음의 세 단계를 이용한 데이터베이스 연결을 적용해 보겠습니다. 먼저 jsp 페이지에서 적용을 해보겠습니다. usingJDBCPooljsp.jsp 파일을 코딩하고 저장합니다.

ConnectionPool을 통한 데이터베이스 연결방법

```
DBConnectionMgr pool = DBConnectionMgr.getInstance();
//데이터베이스 연결 풀 객체를 얻습니다.
conn = pool.getConnection();
//얻어진 풀로 Connection을 얻습니다. 주어진 Connection을 통해서 데이터베이스
//에 필요한 질의를 던지고 받는 등의 업무를 처리합니다.
pool.freeConnection(conn);
//마지막으로 사용된 Connection을 반환합니다. 이는 얻어진 풀 객체를 재사용하기
//위해서 닫지 않고 그냥 풀에 반환을 합니다.
```

```
01 : <%@ page contentType="text/html;charset=EUC-KR" import="java.sql.*, ch11.*" %>
02 : <%
03 :     DBConnectionMgr pool = DBConnectionMgr.getInstance();
04 :
05 :     Connection conn = null;
06 :     Statement stmt = null;
07 :     ResultSet rs = null;
08 :
09 :     String id = "",
10 :            pwd = "",
11 :            name = "",
12 :            num1 = "",
13 :            num2 = "",
14 :            email = "",
15 :            phone = "",
16 :            zipcode = "",
17 :            address = "",
18 :            job = "";
19 :     int counter = 0;
20 :     try{
21 :         conn = pool.getConnection();
22 :         stmt = conn.createStatement();
23 :         rs = stmt.executeQuery("select * from tblRegister");
24 : %>
25 : <html>
26 : <head>
27 : <title>JSP에서 데이터베이스 연동</title>
28 : <link href="style.css" rel="stylesheet" type="text/css">
29 : </head>
30 : <body bgcolor="#FFFFCC">
31 : <h2>JSP 스크립틀릿에서 Connection Pool을 이용한 데이터베이스 연동 예제</h2>
32 : <br/>
33 : <h3>회원정보</h3>
34 : <table bordercolor="#0000ff" border="1">
35 : <tr>
36 :     <td><strong>ID</strong></td>
37 :     <td><strong>PWD</strong></td>
38 :     <td><strong>NAME</strong></td>
39 :     <td><strong>NUM1</strong></td>
40 :     <td><strong>NUM2</strong></td>
41 :     <td><strong>EMAIL</strong></td>
42 :     <td><strong>PHONE</strong></td>
43 :     <td><strong>ZIPCODE/ADDRESS</strong></td>
44 :     <td><strong>JOB</strong></td>
45 : </tr>
```

※ 주의 – 데이터베이스 연동 프로그램시 단계
드라이버 로딩, 커넥션 연결, 질의 전송, 결과 처리의 단계가 있습니다.
하지만, 커넥션 풀을 사용하면, 커넥션 풀에서 드라이버 로딩과 커넥션에 대한 관리를 맡아서 해주기 때문에 커넥션 풀을 통해 커넥션을 얻어오기만 합니다. 그리고 나중에 얻어진 커넥션을 다시 풀에 반환합니다. 우선, 풀로부터 커넥션을 얻고 나서 질의를 전송하고, 결과를 받아서 처리를 하는 작업이 행해져야 합니다.

얻어진 풀로 Connection을 얻습니다.

```
46 : <%
47 :        if(rs!=null){
48 :            while(rs.next()){
49 :                id = rs.getString("id");
50 :                pwd = rs.getString("pwd");
51 :                name = rs.getString("name");
52 :                num1 = rs.getString("num1");
53 :                num2 = rs.getString("num2");
54 :                email = rs.getString("email");
55 :                phone = rs.getString("phone");
56 :                zipcode = rs.getString("zipcode");
57 :                address = rs.getString("address");
58 :                job = rs.getString("job");
59 : %>
60 : <tr>
61 : <td><%= id %></td>
```

TIP

'counter++;'은 'counter = counter + 1;'과 같은 문장입니다.

```
62 : <td><%= passwd %></td>
63 : <td><%= name %></td>
64 : <td><%= num1 %></td>
65 : <td><%= num2 %></td>
66 : <td><%= email %></td>
67 : <td><%= phone %></td>
68 : <td><%= zipcode %>/<%= address %></td>
69 : <td><%= job %></td>
70 : <%
71 :                counter++;
72 :            }//end while
73 :        }//end if
74 : %>
75 : </tr>
76 : </table><br/>
77 : total records : <%= counter %>
78 : <%
79 :    }catch(SQLException sqlException){
80 :        System.out.println("sql exception");
81 :    }catch(Exception exception){
82 :        System.out.println("exception");
83 :    }finally{
84 :        if( rs != null )
85 :            try{ rs.close(); }
```

```
86 :            catch(SQLException ex) {}
87 :        if( stmt != null )
88 :            try { stmt.close(); }
89 :            catch(SQLException ex) {}
90 :        if( conn != null )
91 :            try{ pool.freeConnection(conn); }
92 :            catch(Exception ex){}
93 :    }
94 : %>
```

> **Connection을 반환합니다. 이는 얻어진 풀 객체를 재사용하기 위해서 닫지 않고 그냥 풀에 반환하는 것입니다.**

01 : java.sql 패키지를 임포트하고, DBConnectionMgr을 임포트합니다.

03 : ConnectionPool을 사용하기 위해 DBConnectionMgr를 반환하는 코드입니다.

21 : usingJDBCJsp.jsp의 경우와 달라진 점입니다. 전에 예제는 Connection을 사용하기 위해서는 여러 가지 코드가 필요했지만 ConnectionPool은 이렇게 간단하게 사용합니다.

91 : usingJDBCJsp.jsp의 경우와 달라진 점입니다.(usingJDBCJsp.jsp와 usingJDBCPoolJsp.jsp와 비교).

03 usingJDBCPoolJsp.jsp을 실행하여 결과를 확인합니다. usingJDBCJsp.jsp와 usingJDBCPoolJsp.jsp의 실행을 상호 비교해보면 실행결과에서 다른 점이 없을 것입니다. 실제의 업무에서 ConnectionPool을 사용하는 사례는 아주 많습니다.

TIP | 404에러

URL에서 입력한 파일명에 해당되는 jsp 페이지가 없는 경우 404 에러가 발생합니다. 이런 에러를 만난다면 정확하게 JSP 파일이 호출되었는지 URL 주소란을 잘 확인하시기 바랍니다. 404에러는 해당되는 페이지를 찾을 수 없는 에러입니다. 파일명에 대한 잘못된 입력, 또는 잘못된 경로를 통한 JSP 파일 호출 등으로 발생하게 되는 것입니다.

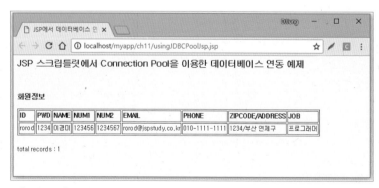

▲ [그림 11-13] usingJDBCPoolJsp.jsp 실행결과

04-3 ConnectionPool과 Bean을 이용한 데이터베이스 연결

jsp 페이지에서 데이터베이스 관련 코드를 RegisterMgrPool에 분리해서 데이터베이스 관련 코드를 이용한 질의를 수행하는 등의 작업을 합니다. 이때 RegisterMgrPool은 데이터베이스에 연결할 때 미리 생성되어져 있는 커넥션 객체를 하나 빌려서 사용을 하고, 사용 후에는 반환을 하는 식의 효율적인 구성이 됩니다. 그리고 RegisterMgrPool에서 수행된 질의에 대한 결과는 자바빈즈에 담겨져서 JSP 파일에서 이용할 수 있습니다. 이 빈즈를 사용하는 jsp 페이지에는 JSP 전용 태그로서 빈즈 값을 얻어올 수 있기 때문에 데이터베이스 관련 코드가 없고 전용 태그가 사용됩니다. 그래서 태그 중심의 간략한 페이지를 작성할 수 있게 됩니다. 추후 페이지 디자인 변경 등의 작업이 요구될 때에도 데이터베이스 관련 로직이 변하지 않는다면 jsp 페이지를 쉽게 변경할 수 있습니다.

> **TIP**
>
> 데이터베이스 연동관련 코드를 사용하는 프로그램에서 jsp 페이지에 데이터베이스 관련 코드가 있는 것보다 데이터베이스 관련 코드들은 자바빈즈 등의 자바 파일로 분리해서 프로그램을 구현하는 것이 좋습니다. 그리하여 JSP에서는 자바빈을 사용만 하는 식의 구성이 좋습니다.

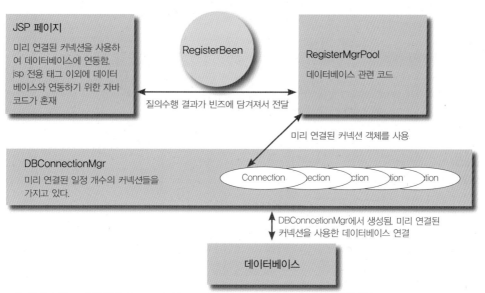

▲ [그림 11-14] jsp 페이지와 DBConnectionMgr, RegisterBean, RegisterMgrPool을 사용한 연동

이제 앞에서 만들었던 RegisterMgr.java와 JSP 파일을 변형시켜서 사용하겠습니다.

ConnectionPool과 Bean을 이용한 연결 프로그램

01 아래의 소스를 작성 후 저장합니다.

TIP

RegisterMgrPool.java는 커넥션 풀을 사용해서 커넥션을 얻어옵니다. 또한 regBean을 사용해서 데이터베이스에 질의를 던져서 얻어진 결과를 빈에 채워서 이 빈을 JSP에서 사용하게 함으로써 jsp 페이지에는 '보이기 위한' 부분에 관련된 코드만 있게 되어 프리젠테이션, 즉 디자인 요소가 가미되어 있는 jsp 페이지에 자바 관련 코드가 줄어들게 됩니다. 이런 구성은 개발자와 페이지 디자이너 양쪽 모두 효율적인 분업이 되도록 합니다.

실습 파일 : source/ch11/RegisterMgrPool.java

```
01 : package ch11;
02 :
03 : import java.util.*;          ◀ java.sql 패키지를 임포트하고 다른 클래스는 지면상 생략합니다.
07 :
08 : public class RegisterMgrPool {
09 :
10 :     private DBConnectionMgr pool = null;
11 :
12 :     public RegisterMgrPool() {
13 :       try{
14 :         pool = DBConnectionMgr.getInstance();    ◀ 데이터베이스 커넥션 풀 객체를 얻습니다.
15 :       }catch(Exception e){
16 :           System.out.println("Error : 커넥션 얻어오기 실패");
17 :       }
18 :     }
19 :
20 :     public Vector<RegisterBean> getRegisterList() {
21 :       Connection conn = null;
22 :       Statement stmt = null;
23 :       ResultSet rs = null;
24 :       Vector<RegisterBean> vlist = new Vector<RegisterBean>();
25 :        try {
26 :           conn = pool.getConnection();     ◀ 풀을 통해서 Connection을 얻습니다.
27 :           String strQuery = "select * from tblRegister";
28 :           stmt = conn.createStatement();
29 :           rs = stmt.executeQuery(strQuery);
30 :           while (rs.next()) {
31 :                 RegisterBean regBean = new RegisterBean();
32 :               regBean.setId (rs.getString("id"));
33 :                regBean.setPwd (rs.getString("pwd"));
34 :                regBean.setName (rs.getString("name"));
35 :                regBean.setNum1 (rs.getString("num1"));
```

```
36 :              regBean.setNum2 (rs.getString("num2"));
37 :              regBean.setEmail (rs.getString("email"));
38 :              regBean.setPhone (rs.getString("phone"));
39 :              regBean.setZipcode (rs.getString("zipcode"));
40 :              regBean.setAddress (rs.getString("address"));
41 :              regBean.setJob (rs.getString("job"));
42 :                  vlist.add(regBean);
43 :          }
44 :      } catch (Exception ex) {
45 :          System.out.println("Exception" + ex);
46 :      } finally {
47 :          pool.freeConnection(conn);
48 :      }
49 :      return vlist;
50 :  }
51 : }
```

> conn.stmt.rs를 freeConnection() 메소드에 인자로 전달합니다.
> stmt, rs가 null이 아닐 경우 close() 메소드를 통해 자원을 해제
> 하게 됩니다. Connection은 풀에 반환됩니다. 이는 풀을 통해 얻어
> 진 Connection을 재사용하기 위해서 사용 후 풀을 반환하는 것입니
> 다. 이렇게 반환된 Connection은 다른 곳에서 재사용됩니다. 데이터
> 베이스 연동에 있어 사용된 자원은 어떠한 경우에도 자원이 해제되어
> 야 합니다. 그래서 자원을 해제하거나, 풀에 반환하기 위한 메소드를
> finally 구문에 포함시켜 반드시 실행되게 합니다.

TIP | freeConnection(conn, stmt, rs)

DBConnectionMgr.java에 추가된 메소드입니다. 이전의 jsp 페이지에서 각각의 자원을 해제하기 위하여 rs, stmt에 대한 null 체크 후에, null이 아닐 경우 close() 메소드를 통해서 자원을 해제하게 하였습니다.
이 예제에서는 freeConnection(conn, stmt, rs) 메소드를 이용해서 rs, stmt에 대한 자원을 해제하고, conn을 풀에 반환할 수 있도록 하는 메소드를 사용하였습니다.

※ 주의 - executeQuery() vs executeUpdate()

JDBC를 사용하게 되면 항상 작성하게 되는 두 개의 메소드입니다. 둘의 차이점은 DB로부터 정보를 가져올(select ...) 경우에는 executeQuery() 메소드를 사용하고 DB 정보를 수정하거나 삭제하는 등의 정보를 변경하는 경우에는 executeUpdate()를 사용한다는 점입니다. 또한 executeQuery()를 실행한 후에는 실행된 정보를 ResultSet에 담아 반환되지만 executeUpdate()를 수행한 후에는 실제로 수정된 레코드의 개수(int)가 반환됩니다.
따라서 executeUpdate()를 실행한 후에는 반환된 개수를 판단하여 제대로 수행된 것인지를 판별 해야만 합니다. executeUpdate() 메소드는 추후에 살펴볼 예제를 통해서 실습해 보겠습니다.

---

02 RegisterMgrPool을 사용하는 jsp 페이지도 변경해 주어야 합니다. 아래는 앞에서 작성한 usingJDBCBean.jsp 파일에서 변경한 파일로 usingJDBCPoolBean.jsp는 RegisterBean.java, RegisterMgrPool.java를 사용한 예제입니다.

실습 파일 : source/ch11/usingJDBCPoolBean.jsp

```
01 : <%@ page contentType="text/html; charset=EUC-KR"%>
02 : <%@ page import="java.util.*, ch11.*"%>
03 : <jsp:useBean id="regMgr" class="ch11.RegisterMgrPool" scope="page" />
04 : <html>
05 : <head>
06 : <title>JSP에서 데이터베이스 연동</title>
07 : <link href="style.css" rel="stylesheet" type="text/css">
```

> 풀을 통해 커넥션을 얻어온 RegisterMgrPool
> 의 빈을 생성합니다.

```
08 : </head>
09 : <body bgcolor="#FFFFCC">
10 : <h2>Bean과 커넥션 풀을 사용한 데이터베이스 연동 예제</h2><br/>
11 : <h3>회원정보</h3>
12 : <table bordercolor="#0000ff" border="1">
13 : <tr>
14 :    <td><strong>ID</strong></td>
15 :    <td><strong>PWD</strong></td>
16 :    <td><strong>NAME</strong></td>
17 :    <td><strong>NUM1</strong></td>
18 :    <td><strong>NUM2</strong></td>
19 :    <td><strong>EMAIL</strong></td>
20 :    <td><strong>PHONE</strong></td>
21 :    <td><strong>ZIPCODE/ADDRESS</strong></td>
22 :    <td><strong>JOB</strong></td>
23 : </tr>
24 : <%
25 :    Vector<RegisterBean> vlist = regMgr.getRegisterList();
26 :    int counter = vlist.size();
27 :    for(int i=0; i<vlist.size(); i++){
28 :        RegisterBean regBean = ()vlist.get(i);
29 : %>
30 : <tr>
31 : <td><%=regBean.getId()%></td>
32 : <td><%=regBean.getPasswd()%></td>
33 : <td><%=regBean.getName()%></td>
34 : <td><%=regBean.getNum1()%></td>
35 : <td><%=regBean.getNum2()%></td>
36 : <td><%=regBean.getEmail()%></td>
37 : <td><%=regBean.getPhone()%></td>
38 : <td><%=regBean.getZipcode()%>/<%=regBean.getAddress()%></td>
39 : <td><%=regBean.getJob()%></td>
40 : <%
41 :    }
42 : %>
43 : </tr>
44 : </table>
45 : <BR>
46 : <BR>
47 : total records : <%= counter %>
48 : </body>
49 : </html>
```

03 usingJDBCPoolBean.jsp을 실행합니다. 이전의 usingJDBCBean.jsp와 usingJDBCPoolBean.jsp의 실행을 비교해서 결과가 같은지를 확인해 보기 바랍니다.

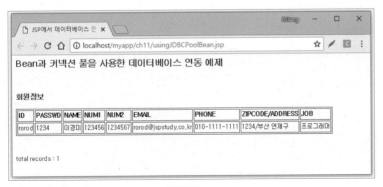

▲ [그림 11-15] usingJDBCPoolBean.jsp 실행결과

ConnectionPool을 통한 데이터베이스 연결, 그리고 자바빈즈를 사용해서 데이터베이스 관련 코드를 분리시킨 방법은 실무에서 적용하기에 가장 바람직한 형태라고 할 수 있습니다.

JSP에서 JDBC를 통한 데이터베이스 연동

설명	명령
1. JDBC 드라이버의 인스턴스 생성	Class.forName("Driver_Name")
2. JDBC 드라이버 인스턴스를 통해 DBMS에 대한 연결 생성	Connection conn = DriverManager.getConnection("DBURL", "Account ID", "Account PW")
3. Statement 생성	Statement stmt = conn.createStatement()
4. 질의문 실행/ResultSet으로 결과 받음	ResultSet rs = stmt.executeQuery("select * from ...")
5. ResultSet 해제	rs.close()
6. Statement 해제	stmt.close()
7. 데이터베이스와 연결 해제	conn.close()

ConnectionPool을 통한 데이터베이스 연동

설명	명령
데이터베이스 연결 풀 객체 얻기	DBConnectionMgr pool = DBConnectionMgr.getInstance()
얻어진 풀로 Connection을 얻기	conn = pool.getConnection()
사용된 Connection을 반환	pool.freeConnection(conn)

1 JDBC 드라이버의 객체를 로드하는 명령어는 무엇입니까?

2 members 테이블에 있는 전체 레코드를 불러오는 질의를 실행하고 실행결과로 레코드 셋을 받는 명령어입니다. 다음 코드를 완성하세요.

❶____ rs = stmt.**❷**____("**❸**____");

3 ConnectionPool을 이용한 JSP 스크립트릿을 이용해서 특정한 아이디(vbass)를 가진 레코드를 출력하기 위한 부분 프로그램입니다. 다음 소스를 완성하세요(단 테이블 이름은 members).

```
DBConnectionMgr pool = DBConnectionMgr.getInstance();
❶_____ conn = pool.getConnection();
❷_____ stmt = conn.createStatement();
❸_____ rs = stmt._____("SELECT * FROM MEMBERS ❹_____ ID = 'rorod' ");
```

해답은 620 쪽 연습문제 해답을 참조하세요.

세션(session)과 쿠키(cookie)

웹 프로그램에 있어 세션과 쿠키 사용에 대해 알아봅니다. 여러분은 온라인 쇼핑몰에서 물건을 구매한 경험이 있을 것입니다. 일반적으로 온라인 쇼핑몰은 장바구니라는 것을 제공하는데 이런 장바구니를 통해서 여러분은 상품의 리스트를 보면서 필요한 물품을 장바구니에 담아 두어서 쇼핑이 끝나면 장바구니에 담겨진 물품을 구매합니다. 이때 적용되는 웹 프로그래밍이 세션과 쿠키입니다.

01 _ 세션(Session)과 쿠키(Cookie)

TIP | FTP서비스와 HTTP서버 차이점

FTP 서비스를 사용해 보신 경험이 있다면, 서버와 클라이언트 간의 연결 지속에 대해서 감이 올 것입니다. FTP 서비스를 이용하기 위해 FTP 서비스 프로그램을 사용해서 파일을 업로드하거나 다운로드 했을 것입니다. FTP는 파일 전송을 위한 프로토콜을 사용하고 있습니다. FTP는 처음에 FTP 서버에 접속을 하면 접속을 한 사용자와의 연결을 계속 가지고 있습니다.

반면 HTTP 서버(웹 서버)는 한 사용자와의 연결을 계속 가지고 있지 않는 방식을 취하고 있기 때문에 사용자의 요청에 대한 응답을 처리한 후 연결을 해제합니다.

01-1 세션

온라인 쇼핑몰에서 쇼핑을 하면서 구매하기를 원하는 물품들을 장바구니에 넣어둡니다. 이 장바구니에 물품을 새로 추가할 수도 있고, 장바구니에 있던 물품을 삭제시킬 수도 있습니다. 아마 여러분들은 이런 장바구니를 온라인이나 오프라인에서 많이 사용한 경험이 있을 것입니다.

장바구니를 들고 다니면서 필요한 물품을 그 안에 넣어두고 다시 새로운 물품을 넣고, 필요 없는 물품은 다시 뺄 수도 있는 장바구니는 세션을 사용함으로 가능하게 됩니다.

여러분이 이용하는 인터넷은 HTTP 프로토콜을 사용합니다. 이 HTTP 프로토콜은 상태가 없는 프로토콜이라고 하는데, 사용자의 브라우저와 서버 간의 상태에 대한 보존 없이 매 순간 순간 새로운 연결을 하고, 요청에 대한 응답을 서버가 전송하고 나면 모든 연결이 끊어지게 됩니다. 이렇게 연결이 끊어지게 되면 지금 어떤 사람이 로그인되어 있는지에 대한 내용도 모두 잃어버리게 됩니다. 또한 그 사람이 담아두었던 장바구니의 물품 정보 또한 잃어버리게 되겠죠?

이렇게 상태가 없는 프로토콜을 이용하면서 상태에 대한 보전을 위해서 세션을 사용합니다. 그럼 세션을 뭐라고 이해할 수 있을까요? 사용자의 브라우저와 서버 간의 논리적인 연결이라고 생각합니다. 클라이언트가 서버로 요청을 할 때 보내지는 정보에는 그 클라이언트에 대한 정보도 포함이 되어서 전송됩니다. 서버에서는 요청에 실려져온 브라우저에 대한 정보를 알 수 있습니다. 이 정보를 세션에 이용하는 것입니다.

특정한 클라이언트에서 서버로 요청을 보냈다면 서버는 이 클라이언트가 보낸 요청에 함께 존재하는 그 클라이언트의 정보를 가지고 있다가 다시 그 클라이언트로부터 또 다른 요청이 왔을 때는 이미 가지고 있던 정보를 비교해서 동일한 브라우저인지를 판단하게 되는 것입니다. 마치 한 번 본 개미에게 일련번호가 적혀 있는 꼬리표를 달아서 다음에 발견했을 때 꼬리표의 번호를 읽어서 '이전에 한번 봤던 개미다' 라고 인식을 하게 되는 것과 같은 원리입니다.

이렇게 서버가 자신에게 접속한 클라이언트의 정보를 갖고 있는 상태를 '세션' 이라고 합니다.

01-2 쿠키

HTTP 프로토콜은 상태가 없는, 즉 이전에 무엇을 했고, 지금 무엇을 했는지에 대한 정보가 없는 것이라고 했습니다. 이런 상태에 대한 지속적인 연결이 없기 때문에 이런 부분을 해결하기 위해서 서버 측에 클라이언트의 정보를 저장해서 이후에 계속 되는 클라이언트의 요청 속에 있는 클라이언트의 정보와 서버에 저장되어 있는 각각의 클라이언트에 대한 정보를 비교해서 동일한 클라이언트로부터 온 요청을 판단할 수 있다고 했습니다.

마찬가지로 쿠키 역시 상태가 없는 프로토콜을 위해 상태를 지속시키기 위한 방법입니다. 쿠키는 세션과는 달리 서버에 클라이언트의 정보를 담아두지 않고 클라이언트 자신들에게 그 정보를 저장하게 합니다. 그래서 이후에 서버로 전송되는 요청에는 쿠키가 담아둔 정보를 포함해 전송이 되면, 요청 속에 포함되어 있을 쿠키를 읽어서 새로운 클라이언트인지 이전에 요청을 했던 클라이언트인지를 판단할 수가 있는 것입니다.

❍ 쿠키
쿠키를 먹을 때 쿠키 부스러기가 남습니다. 정확한지 아닌지는 모르지만 어떤 사이트에 접속했을 때 그 사이트에 접속했던 클라이언트에 대한 정보가 과자 부스러기처럼 남는다고 해서 쿠키란 이름이 붙여졌다고도 합니다. 쿠키는 Netscape사에서 처음 만들어 졌습니다. 그리하여 쿠키는 클라이언트에 대한 상태를 지속시키기 위한 방법으로 많이 사용되고 있습니다.

브라우저를 통해서 특정 사이트에 접속하면 클라이언트 측에 쿠키가 저장됩니다. 이 부분이 세션과 큰 차이점인데, 세션은 서버 측에 정보를 남겨두는 것이고 쿠키는 클라이언트 측에 정보를 남기게 됩니다. 그러나 클라이언트에서 '쿠키를 사용하지 않는 것으로 설정이 되면 쿠키는 저장이 되지 않는다.'라는 것이 세션과의 차이점입니다.

여기서 잠깐!

세션은 클라이언트와 서버 간에 상태에 대한 연결이 지속되고 있는 상태를 말합니다. 이 장에 설명될 세션은 자바에 있어서 사용되는 세션 즉, javax.servlet.http 패키지의 HttpSession 인터페이스를 통해서 사용되는 세션입니다. 이름이 같음으로 해서 혼동의 여지가 있습니다.
쿠키와 비교되어 거론되는 세션은 바로 HttpSession을 말하는 것입니다. 일반적인 세션은 서버와 클라이언트간의 연결 상태를 말하는 것입니다.
쿠키를 사용하건, HttpSession을 사용하건 클라이언트와의 상태 보존이 지속되는 것을 '세션' 이라고 합니다. FTP 프로토콜에서도 세션의 용어는 상태에 대한 지속을 의미합니다. 그러나 프로그램에서 사용되는 세션이란 용어는 쿠키와 함께 거론되는 세션을 말합니다. 즉 쿠키는 Cookie 클래스를 이용해서 생성되는 객체, 세션은 HttpSession 인터페이스를 통해서 생성되는 객체로 생각합니다.

02 _ HTTP 프로토콜에서 상태를 지속시키기 위한 방법

로그인을 해도 새로운 페이지가 실행된다면 상태가 없는 Http 프로토콜에서는 새로운 페이지가 실행되었을 때는 로그인한 사용자의 정보가 남아 있지 않습니다. 이렇게 상태가 지속되지 않는 부분을 극복하여 지속적인 상태를 유지할 수 있게 하는 방법에 대해서 알아보겠습니다.

로그인한 후 그 사이트 내에서 로그인한 상태를 계속 가지고 갈 필요가 있습니다. 이런 기능이 제공이 되지 않는다면, 매번 페이지를 이동할 때마다 사용자의 정보를 계속 물어야 합니다. 여러분은 어떤 사이트에 가입을 하기 위해서 많은 정보를 입력한 적이 있을 것입니다. 이름, 나이, 주민등록번호, 주소, 우편번호를 검색해서 입력하고, 그 외 몇 가지의 자기 정보를 힘들게 입력하고 난 뒤 [회원가입] 버튼을 누릅니다.

이때 정상적인 입력으로 회원가입이 된다면 다행이지만, 입력 오류로 인해서 회원가입이 바로 처리되지 않고 방금 입력한 화면으로 다시 되돌아온 경험이 있을 것입니다. 다시 로드된 페이지는 이전에 입력했던 정보가 남아있지 않고 깨끗하게 비어있는 텍스트 박스로 구성된 페이지를 보고 귀찮아한 적이 많이 있을 것입니다. 이것이 바로 상태가 없다는 단적인 예가 될 수 있습니다. 상태가 보존이 된다면 이전에 입력했던 정보를 남아있어서 입력 오류가 난 부분만 수정해서 다시 등록을 하면 훨씬 효율적일 것입니다. 이런 식으로 상태를 지속시키기 위한 방법에 대해서 알아보겠습니다.

TIP 　세션은 이렇게 쓰이곤 합니다.

인터넷 서핑 중 회원으로 가입하여 로그인한 후 얼마동안의 시간이 지난 뒤 그 사이트를 이용하려고 할 때 '로그인 하시오' 라는 메시지를 본 적이 있을 것입니다. 또는 '세션이 만료되었습니다. 새로 로그인 하세요' 라는 식의 메시지를 보여주고, 로그인 창으로 화면이 바뀌는 경험을 하셨을 것입니다. 세션은 서버에서 사용자의 브라우저로부터 일정기간 동안 아무런 반응(요청)이 없으면 해제해 버립니다. 로그인한 후이지만, 일정기간 동안 아무런 입력이나 클릭이 없을 때 다시 로그인 창으로 이동되는 경우가 바로 이 경우에 해당됩니다.

02-1 URL 새로쓰기(URL Rewriting, URL 재작성)

매번 페이지가 실행될 때 그 페이지의 URL에 파라미터를 붙여서 실행이 되게끔 하는 방법입니다. 로그인 화면을 거친 회원 아이디를 URL 뒤에 붙여서 다음에 실행될 페이지에서 이 값을 받아서 '로그인된 아이디이다'라고 인식시키는 방법이 있습니다.

```
<a href="/ApplicationName/***.jsp?sessionid=%24859900f4c....">메뉴</a>
```

앞의 형태로 다음에 실행될 페이지에 파라미터를 붙여서 로그인한 사용자의 아이디를 붙여주면 request 객체를 통해서 로그인된 사용자의 아이디를 확인할 수 있습니다.

즉 request.getParameter("sessionid")로 값을 뽑아내어서 값이 있다면 로그인을 거쳤다는 것을 알게 되는 것입니다. 여기서 매 페이지마다 보내는 sessionid는 세션 ID입니다. 이 부분은 HttpSession에서 설명드리겠습니다.

이 방법은 URL에 정보가 노출이 되기 때문에 보안상 문제가 발생할 수도 있습니다.

02-2 숨겨진 필드(Hidden Form Variable)

form 데이터를 전송할 때 Hidden type을 이용해서 값을 넘길 수도 있습니다.

```
<form name="frmName" method="post" action="***.jsp">
...
<input type="hidden" name="confirmId" value="<%=loginId%>">
...
</form>
```

이 방법은 URL에 직접적인 정보가 노출이 되지는 않지만 이 페이지가 실행이 되었을 때 브라우저에서 소스 보기를 통해서 정보가 노출될 수 있습니다.

> **TIP** | 쿠키는 이렇게 쓰이곤 합니다.
>
> 이전에 방문한 사이트에서 로그인하고 난 후, 브라우저 메뉴들 중에 '아이디 기억'의 형태로 제공되는 메뉴를 클릭하거나 지정하면, 브라우저를 종료하고 시간이 지난 후에 다시 그 사이트를 방문하면, 이미 아이디 입력창에 이전에 입력했던 아이디가 입력되어 있는 경우를 경험하셨을 것입니다. 이때 사용되는 것이 쿠키입니다.
>
> 쿠키에 아이디를 저장해 둡니다. 이 쿠키는 여러분의 컴퓨터 속에 저장되어 있습니다. 이후에 그 사이트를 방문하면, 쿠키에 담겨져 있던 아이디가 사용되어 입력되어 있게 되는 것입니다.

02-3 쿠키를 구현할 수 있는 쿠키 클래스

javax.servlet.http 패키지에 있는 Cookie 클래스를 이용하는 방법입니다. 서블릿에서 만들어져 클라이언트의 브라우저에 의해 쿠키는 저장이 됩니다. 이 쿠키 안에는 각각의 브라우저를 판별할 수 있는 정보가 포함되어 있습니다. 이렇게 쿠키가 클라이언트에 한 번 저장이 된 후에 다시 서버로 요청을 할 때는 클라이언트에 저장된 쿠키 안의 정보가 같이 요청에 포함되어져 서버로 전송이 됩니다. 서버는 이 쿠키 값을 읽어서 같은 브라우저로부터 온 요청이라는 것을 인식하게 됩니다. 이렇게 해서 각각의 클라이언트와 이전의 상태를 지속 시킬 수 있는 것입니다.

가판대 안에서 표를 판매하는 서버(Server)는 표를 구입하기 위해 창구로 손을 내미는 하나 하나의 손님(클라이언트)을 구별할 수 없습니다. 하지만 한사람씩 표를 구입하는 사람에게 일련 번호를 부여한 꼬리표를 붙여줍니다. 이렇게 하면 이후에 다시 손을 내미는 손님(클라이언트)의 손목에 붙여져 있는 꼬리표를 확인하여 이전에 한 번 방문했던 손님 이라는 것을 알 수 있는 것 입니다. 그래서 서버는 이 꼬리표에 이 손님이 매번 구입할 때 각각의 상품에 대한 정보를 적어두면 서버는 그 손님에게 무엇 무엇을 팔았는지에 대해서 기억할 필요 없이, 단지 손님이 구입을 요청할 때 내미는 손목에 달려있는 꼬리표만 본다면 이전에 무엇을 구입했는지에 대한 정보를 잘 알 수 있게 됩니다. '아... 손님 이전에 이러 이러한 물건을 구입하셨군요...' 라고 그 손님에게만 해당 되는 정보를 파악할 수 가 있게 되는 것입니다.

이렇게 꼬리표를 붙이고 그 꼬리표에 필요한 정보를 붙이는 등 각각의 사용자를 식별할 수 있게 해주는 방법들이 javax.servlet.http 패키지 안의 Cookie 클래스에 있는 메소드들을 사용함으로써 가능하게 됩니다. 그럼 쿠키를 사용하기 위해 Cookie 클래스의 메소드들을 어떻게 사용하는지를 알아보겠습니다.

■ 쿠키 생성(꼬리표 만들기)

```
Cookie myCookie = new Cookie("CookieName", "What a Delicious Cookie it is!");
```

Cookie 클래스의 생성자는 스트링 타입의 인자 두 개를 받는 형식을 가지고 있습니다. 각각의 인자들 중 Cookiename은 생성되어지는 쿠키에 대한 이름을 말하는 것이고 두 번째, What a Delicious Cookie it is!은 이 쿠키의 값을 말하는 것입니다.

■ 쿠키 셋팅(꼬리표에 정보 기록하기)

```
myCookie.setValue("Wow!");
```

쿠키 생성 시 이름에 대응하는 값을 새롭게 지정할 때 사용합니다. 즉, myCookie라는 이름을 가진 쿠키를 생성할 때의 값을 새롭게 지정하기 위해서 사용됩니다. 이 메소드가 수행되면 초기에 생성된 쿠키의 값은 이 메소드에 지정한 스트링 타입의 인자로 변경됩니다.

■ 쿠키 전달(꼬리표 붙이기)

```
response.addCookie(myCookie);
```

응답객체, 즉 response 객체에 지정한 쿠키를 전달합니다. 이렇게 함으로써 클라이언트에 크키가 저장됩니다.

■ 쿠키 읽기(꼬리표 읽기)

```
request.getCookies();
```

클라이언트의 요청과 함께 전달되어져 온 response.addCookie(String cookieName)으로 클라이언
트에 저장된 쿠키를 읽습니다. 이 메소드는 클라이언트에 저장된 쿠키를 모두 읽어 옵니다. 반환형
은 Cookie[] 타입으로 반환합니다.

■ 쿠키 수명주기

```
cookie.setMaxAge(int expiry);
```

expiry는 초 단위로 쿠키의 초대 수명을 설정합니다. 처음 쿠키가 생성된 뒤로 여기서 설정 한 초만
큼만 쿠키는 유효하게 됩니다. 이 시간을 벗어난 쿠키는 사용기간이 만료된 쿠키로 분류됩니다.

즉 쿠키의 유효시간이 만료된 것으로 인정을 하고 더 이상 쿠키를 사용하지 않습니다. 예를 들어 쿠
키의 생성을 일주일로 설정하기 위해서는 cookie.setMaxAge(7*24*60*60);로 설정합니다. 이는
7:7일, 24:24시간(하루), 60:60분(1시간), 60:60초(1분)라는 뜻입니다.

이상의 API를 참고로 해서 쿠키를 만들고 사용하는 방법에 대한 전체적인 절차는 이러합니다. 우선
쿠키생성 과정에 대한 절차는 다음과 같습니다.

❶쿠키를 생성합니다.

⬇

❷ 쿠키에 필요한 설정을 합니다. 예를 들면 쿠키의 유효시간(즉 쿠키의 유통기한을 말하는 것입니다), 쿠키
에 대한 설명 등을 적용하고, 도메인, 패스, 보안, 새로운 값 설정 등을 합니다.

⬇

❸ 클라이언트에 생성된 쿠키를 전송합니다.

쿠키생성	Cookie myCookie = new Cookie(String, String)
생성된 쿠키에 대한 설정	myCookie.setValue(String)
설정이 완료된 쿠키 전송	response.addCookie(myCookie)

▲ [표 12-1] Cookie 생성 과정

이렇게 생성된 쿠키를 사용하는 절차는 다음과 같습니다.

❶ 클라이언트의 요청에서 쿠키를 얻습니다.

⬇

❷ 쿠키는 이름, 값의 쌍으로 되어 있습니다. ❶의 단계에서 얻어온 쿠키들에서 쿠키이름을 가져옵니다.

⬇

❸받아온 쿠키이름을 통해서 해당 쿠키에 설정된 값을 추출합니다.

요청에 포함된 쿠키 가져오기	Cookie[] cookies = request.getCookies()
쿠키 이름을 읽기	cookies[i].getName()
얻어진 이름을 통해 정보 사용	cookies[i].getValue()

▲ [표 12-2] Cookie 사용 과정

다음은 Cookie를 사용한 예제들입니다. 쿠키를 생성하는 페이지, 생성한 쿠키를 이용하는 페이지 두 개의 페이지에 걸쳐 쿠키를 적용한 예를 보이고 있습니다. 먼저 쿠키를 생성하는 페이지를 작성한 뒤에 쿠키를 이용하는 페이지를 차례로 작성해 보겠습니다.

Cookie 사용 예제

01 쿠키를 생성하는 페이지를 작성하고 저장합니다.

실습 파일 : source/ch12/cookCookie.jsp

```
01 : <%@ page contentType="text/html; charset=EUC-KR" %>
02 : <html>
03 : <head>
04 :     <title>Cook Cookie</title>
05 : </head>
06 : <%
07 :     String cookieName = "myCookie";
08 :     Cookie cookie = new Cookie(cookieName, "Apple");
09 :     cookie.setMaxAge(60); //One minute
10 :     cookie.setValue("Melone");
11 :     response.addCookie(cookie);
12 : %>
13 : <body>
14 : <h1>Example Cookie</h1>
15 : 쿠키를 만듭니다.<br/>
16 : 쿠키 내용은 <a href="tasteCookie.jsp">여기로</a>!!!
17 : </body>
18 : </html>
```

07 : cookieName이란 String 타입의 변수에 사용할 쿠키이름을 넣어둡니다.
08 : cookie를 생성하기 위한 명령입니다. cookie의 이름은 "myCookie"가 되고, myCookie라고 불리는 쿠키값은 "Apple"이
됩니다.

09 : 쿠키가 60초의 생성을 가지도록 쿠키 속성을 지정합니다.

10 : 쿠키에 "Melone"이란 값을 설정합니다.

11 : 클라이언트로 쿠키를 전송합니다.

16 : 쿠키를 확인하는 페이지로 이동하기 위한 링크입니다.

02 생성한 쿠키를 이용하는 페이지를 작성하고 저장합니다.

실습 파일 : source/ch12/tasteCookie.jsp

```jsp
01 : <%@ page contentType="text/html; charset=EUC-KR" %>
02 : <html>
03 : <head>
04 :   <title>Taste Cookie</title>
05 : </head>
06 : <body>
07 : <h1>Example Cookie</h1>
08 : <%
09 :   Cookie[] cookies = request.getCookies();
10 :   if(cookies!=null){
11 :       for(int i=0; i<cookies.length;++i){
12 :           if(cookies[i].getName().equals("myCookie")){
13 : %>
14 :               Cookie Name : <%=cookies[i].getName()%><br/>
15 :               Cookie Value : <%=cookies[i].getValue()%><br/>
16 : <%
17 :           }
18 :       }
19 :   }
20 : %>
21 : </body>
22 : </html>
```

TIP │ if문을 생략하면......

만약 if문을 생략해서 모든 쿠키에 해당되는 이름과 값을 출력한다면 JSESSIONID와 6AD1A8F...처럼 알 수 없는 영문자와 숫자가 혼합된 값이 출력되는 것을 확인할 수 있습니다.
JSESSIONID와 특별한 문자열은 뒤에서 설명하겠습니다.

---

09   : getCookies() 메소드는 클라이언트가 서버로 보내는 요청에 포함된 모든 쿠키를 반환합니다.

11   : 쿠키가 쌓여있는 배열의 크기만큼 반복 수행을 합니다.

12   : "myCookie" 라는 이름을 가진 쿠키가 있는 경우 if문 내부를 수행합니다.

14 ~ 15 : "myCookie" 라는 이름을 가진 쿠키의 이름을 출력하고, 값을 출력합니다. 12라인의 if문 조건에서 "myCookie" 라고 지정을 했기 때문에 현재의 쿠키이름을 출력하면 "myCookie"가 출력이 되고 cookCookie.jsp에서 setValue() 메소드에서 지정한 값이 출력이 됩니다.

03 http://localhost/myapp/ch12/cookCookie.jsp을 실행시켜 쿠키가 생성되면 "여기로"라는 링크된 텍스트를 누릅니다. cookCookie.jsp에서 쿠키를 생성할 때 지정한 이름과 값에 대한 정보를 tasteCookie.jsp를 실행한 화면에서 확인할 수 있습니다.

▲ [그림 12-1] cookCookie.jsp와 tasteCookie.jsp 실행화면

TIP ┃ 폼과 쿠키

폼에 입력된 값을 submit을 시키면 폼에 액션 속성으로 지정된 페이지에서 폼에 담겨진 값을 읽어올 수 있습니다. 이때는 request 객체와 getParameter() 메소드를 사용해서 폼 요소들의 이름을 인자로 주어서 해당 값을 뽑아 올 수 있었습니다.
예)request.getParameter(paramname)
쿠키를 사용한 예제는 쿠키 안에 담겨진 값을 읽어서 브라우저에 표시하는 예제입니다. 폼을 통해 입력되는 값은 없습니다.

02-4 세션 인터페이스

javax.servlet.http 패키지의 HttpSession 인터페이스를 통해서 세션을 사용할 수 있습니다. 앞서 설명한 것처럼 쿠키는 클라이언트에 저장이 되어 서버가 쿠키 정보를 읽어서 사용하는 경우였습니다. 하지만, 클라이언트에 저장된 쿠키를 열어볼 수 가 있기 때문에 중요한 정보를 쿠키에 저장할 경우 보안에 문제가 될 우려가 있습니다.

서버와 관련된 정보를 노출시키지 않기 위해서 쿠키를 사용하는 것보다 HttpSession 인터페이스를 이용한 세션의 상태관리가 더욱 효율적입니다.

서버에서는 각각의 클라이언트로부터 발생한 요청에 대해서 특정한 ID를 부여합니다. 이 ID를 이후에 클라이언트에서 발생한 요청들과 비교해서 같은 ID인지를 구별할 수 있습니다. 또한 이 ID라는 식별자에 특정한 값을 넣을 수도 있습니다. 이렇게 ID를 다루는 것이 세션이라고 할 수 있습니다. 여기서 사용되는 유일한 값인 식별자는 클라이언트에 저장됩니다. 클라이언트에 저장되는 것은 식별자만이 저장되고 나머지는 서버에 저장됩니다.

이번 절에서는 서버 측에서 상태관리를 위한 세션을 다루는 방법에 대해서 알아보겠습니다. Session 객체에서 많이 사용되는 메소드에 대한 정리는 7장 JSP의 내장객체 중 Session객체에 설명이 되어 있습니다. 다시 한 번 배운 내용을 확인하는 의미에서 Session 객체에 사용되는 메소드들에 대해서 간략히 설명을 드리겠습니다.

Session 객체의 메소드에 대해 보다 자세히 알고 싶은 분은 서블릿 API에서 javax.servlet.http 패키지의 HttpSession 인터페이스를 참조합니다.

TIP │ void

메소드는 함수로 생각합니다. y=f(x)라는 함수표현을 떠올려 보세요. f()에 어떤 값 x를 넣어서 내부적으로 처리한 결과가 y입니다. 여기서 f가 함수, 메소드입니다. 자바에서는 메소드는 반환형을 가지는데 이 반환형은 메소드 내부에서 처리된 결과에 대한 데이터형(int, char, boolean, 그리고 객체형)을 말합니다. 예를 들면 request.getParameter()에서 getParameter()는 메소드입니다. 이 메소드는 반환형이 String 인데, getParameter() 메소드 내부에서 처리된 결과는 String 이기 때문에 이 메소드의 반환형을 String이라고 하는 것입니다. 하지만 void라는 반환형을 가진 메소드는 메소드 수행결과로 반환해 주는 것이 없기 때문에 다른 어떤 것으로도 받을 수가 없습니다.

메소드 이름	설명
Object getAttribute(String name)	name이란 이름에 해당되는 속성값을 Object 타입으로 반환합니다. 해당되는 이름이 없을 경우에는 null을 반환합니다.
Enumeration getAttributeNames()	속성의 이름들을 Enumeration 타입으로 반환합니다.
long getCreationTime()	1970년 1월 1일 자정을 기준으로 하여 현재 세션이 생성된 시간까지 지난 시간을 계산하여 밀리세컨드로 반환합니다.
String getId()	세션에 할당된 유일한 식별자(ID)를 String 타입으로 반환합니다.
int getMaxInactiveInterval()	현재 생성된 세션을 유지하기 위해 설정된 최대 시간을 정수형으로 반환합니다.
void invalidate()	현재 생성된 세션을 무효화시킵니다.
void removeAttribute(java.lang.String name)	name으로 지정한 속성의 값을 지웁니다.
void setAttribute(java.lang.String name, java.lang.Object value)	name으로 지정한 이름에 value 값을 할당합니다.
void setMaxInactiveInterval(int interval)	세션의 최대 유지시간을 초 단위로 설정합니다.

▲ [표 12-3] Session 객체의 메소드들

여기서 잠깐! │ Enumeration 이야기

'줄줄이 사탕'을 떠올려 보세요. 사탕이 줄줄이 이어져 있습니다. 사탕을 객체로 대체하면 그것이 바로 Enumeration입니다. 일련의 객체, 즉 객체가 죽 이어져 있는 것입니다.

봉지를 열어서 사탕이 있는지 없는지를 먼저 확인하고, 있으면 연속으로 이어져 있는 사탕 하나하나를 가져 올 수 있습니다. 같은 개념으로 hasMoreElements() 메소드를 사용해서 객체가 있는지 없는지 확인합니다. 있으면 true라고 대답하고 없으면, false라고 대답합니다. 있다면 nextElement() 메소드를 통해서 객체를 꺼내옵니다. 이 메소드의 대답은 사탕, 즉 객체를 꺼내어 줍니다. 하지만 '몇 번째 위치에 있는 객체를 달라'에 대한 명령을 수행할 수 있는 메소드는 없습니다. 객체가 있는 동안, 처음부터 순서대로 하나씩 꺼내는 방법만을 제공합니다.

세션 생성

```
session.setAttribute("mySession", "session value");
```

mySession이란 이름을 가진 세션에 session value란 값을 설정합니다. 이렇게 해서 mySession이라는 이름을 가진 세션 객체가 생성이 됩니다.

세션의 유지시간 설정

```
session.setMaxInactiveInterval(60*5);//세션 유지시간을 5분으로 설정합니다.
```

생선 된 세션의 유지시간을 설정합니다. 세션은 기본적으로 유지시간은 30분입니다. 사용자 접속 후 세션이 생성되었을 때 이후에 아무런 동작이 없는 동안 세션을 유지하는 최대 시간을 설정하는 부분입니다. 만약 사용자가 5분 동안 아무런 동작이 없는 경우, 세션의 최대 지속시간은 5분으로 설정되었기 때문에 세션은 자동으로 종료가 됩니다.

세션 속성 삭제

```
session.removeAttribute("mySession");
```

mySession이란 이름을 가진 세션에 부여된 값을 삭제합니다.

세션 삭제

```
session.invalidate();
```

생성된 세션을 삭제합니다.

쿠키와 마찬가지로 세션의 사용절차는 간단합니다. 세션을 생성하고, 속성을 설정하고, 이름과 값이 쌍으로 생성된 형태의 세션에 대한 정보를 이용합니다.

그럼 다음의 세션을 생성하고 세션에 할당된 이름과 값을 확인할 수 있는 예제를 통해서 세션이 어떻게 구현되는지를 살펴보겠습니다. 이 예제는 두 개의 파일로 세션을 생성하고 생성된 세션을 확인할 수 있는 페이지로 구성됩니다. HttpSession 인터페이스에 있는 메소드들 중에서 가장 기본적인 메소드를 사용했습니다. API를 참조하면서 작성해 보기 바랍니다.

톰캣에서 세션은 기본적으로 30분으로 설정이 되어 있습니다. 즉 세션유지 기간은 30분입니다. 기본값으로 설정된 세션을 사용했을 때, 브라우저로부터 아무런 요청이 없다면, 그리고 이 아무런 요청이 없는 시간이 30분 이상이 되면, 이 브라우저에 연결된 세션은 해제가 됩니다.

세션을 통해 로그인 서비스를 구현했을 때, 로그인 후 30분간 아무런 요청이 없게 되면, 톰캣은 이 브라우저와의 세션을 해제해 버리게 됩니다. 30분경과 후 로그인 정보가 사라지게 되는 것입니다.

세션 사용 예제

01 세션을 생성하는 페이지를 작성하고 저장합니다.

실습 파일 : source/ch12/createSession.jsp

```
01 : <%@ page contentType="text/html; charset=EUC-KR" %>
02 : <html>
03 : <head>
04 :    <title>세션사용예제(세션생성)</title>
05 : </head>
06 : <body>
07 : <%
08 :    String id = "rorod";
09 :    String pwd = "1234";
10 :
11 :    session.setAttribute("idKey", id);
12 :    session.setAttribute("pwdKey", pwd);
13 : %>
14 : 세션이 생성되었습니다.<br/>
15 : <a href="viewSessionInfo.jsp">세션정보를 확인하는 페이지로 이동</a>
16 : </body>
17 : </html>
```

11 : setAttribute(java.lang.Strinig name, java.lang.Object value) 메소드의 형태로 session을 생성합니다. idKey 이름을 가진 session의 값은 id 변수에 해당되는 값이 할당됩니다.

12 : 11라인과 마찬가지의 형태로 pwdKey 이름에는 pwd 변수에 해당되는 값이 할당됩니다.

15 : 생성된 세션에 대한 정보를 확인하는 화면으로 이동하기 위해서 링크를 걸었습니다.

02 세션에 할당된 이름과 값을 확인하기 위한 jsp 페이지를 작성하고 저장합니다.

실습 파일 : source/ch12/viewSessionInfo.jsp

```
01 : <%@ page contentType="text/html; charset=EUC-KR" %>
02 : <%@ page import="java.util.*" %>
03 : <html>
04 : <head>
05 :    <title>세션사용예제(세션확인)</title>
06 : </head>
07 : <body>
```

```
08 : <%
09 :    Enumeration en = session.getAttributeNames();
10 :    while(en.hasMoreElements()){
11 :        String name = (String)en.nextElement();
12 :        String value = (String)session.getAttribute(name);
13 :        out.println("session name : " + name + "<br/>");
14 :        out.println("seesion value " + value + "<br/>");
15 :    }
16 : %>
17 : </body>
18 : </html>
```

02 : getAttributeNames()의 반환형은 Enumeration입니다. Enumeration Interface를 사용하기 위해서 java.util 패키지를 임포트 합니다.

09 : getAttributeNames()의 수행 결과를 받기 위해서 Enumeration 타입의 en에 getAttributenames() 메소드 수행 결과를 받습니다.

10 : Enumeration에 담겨진 값을 추출하기 위해서 반복문 while문을 사용했습니다. 즉, Enumeration안에 요소들이 있는 만큼 반복수행을 합니다.

11 : nextElement() 메소드를 통해서 요소 하나 하나를 추출합니다. session.getAttributeNames() 메소드는 세션이름 들을 배열형태로 갖고 있습니다. 배열 형태로 쌓여있는 세션이름들을 차례대로 추출하기 위해서 nextElement() 메소드를 사용했습니다. 세션이름들이 쌓여있는 Enumeration에서 값을 하나 추출했기 때문에 String 타입의 name 변수에는 세션이름을 받습니다. String 타입에 맞게 (String)으로 캐스팅을 해서 name 변수가 받을 수 있게 합니다.

12 : getAttribute(String name) 메소드는 String 타입의 변수를 인자로 받습니다. 이 인자는 세션의 이름입니다. 이 인자로 주어진 이름을 통해서 세션에 할당된 값을 추출할 수 있습니다. 그래서 09라인에서의 name을 getAttribute() 메소드의 인자로 사용했습니다. String 타입의 value 변수는 session 생성 시 할당했던 값을 받습니다.

13 ~ 14 : name과 value 변수에 담겨진 값을 출력합니다.

03 http://localhost/myapp/ch12/createSession.jsp을 실행시켜 세션이 생성되면 "세션정보를 확인하는 페이지로 이동" 이라는 링크된 텍스트를 누릅니다. CreateSession.jsp에서 세션을 생성할 때 지정한 이름과 값에 대한 정보를 viewSessionInfo.jsp를 실행한 화면에서 확인할 수 있습니다.

▲ [그림 12-2] createSession.jsp와 viewSessionInfo.jsp 실행화면

02-5 Cookie와 Session 비교

Http 프로토콜에서 상태를 지속하지 않음으로 웹을 통한 효율적인 서비스를 할 수 있지만, 그런 특징으로 인해 상태정보에 대한 지속적인 보전이 어렵게 되어 쿠키나 세션을 사용하게 되었다고 이미 설명했습니다.

쿠키와 세션에 있어서 가장 큰 특징은 어디에 존재하는가에 대한 차이가 가장 두드러집니다. 쿠키는 클라이언트에 저장이 된다는 점과 세션은 서버 측에 저장이 되어 있다는 사실입니다. 그래서 클라이언트 측에 있는 사용자는 저장된 쿠키를 열어 볼 수 있습니다. 하지만 서버 측에 있는 세션에 관한 정보는 클라이언트 측에서 접근할 수 없는 영역에 있게 되어 보안에 유리합니다.

다음 그림을 통해서 쿠키와 세션의 차이점에 대해서 알아보겠는데, 먼저 쿠키에 대한 내용입니다.

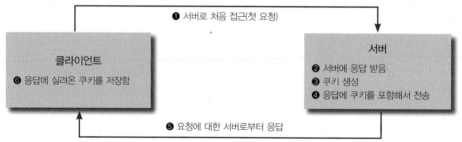

▲ [그림 12-3] 쿠키생성 후 저장 위치

그림에서 보는 것처럼 클라이언트에서 서버로 첫 요청을 할 때는 쿠키는 아직 존재하지 않습니다. 하지만 요청을 받은 서버는 현재 접속한 클라이언트가 첫 요청을 한 클라이언트인지 여러 번 접속을 한 클라이언트인지를 알 수 없습니다. 다만 요청에 쿠키 정보가 있는지 없는지를 알아본 후에 쿠키에 대한 정보가 없다면 쿠키를 서버에서 우선 생성합니다. 그리고 쿠키에 필요한 값을 넣어둔 후 클라이언트로 응답할 때 쿠키를 같이 전송합니다. 클라이언트에서는 서버로부터 받은 요청에 쿠키를 뽑아내서 자신의 저장 공간에 쿠키를 저장합니다.

다음으로 저장된 쿠키를 사용하는 그림을 보겠습니다.

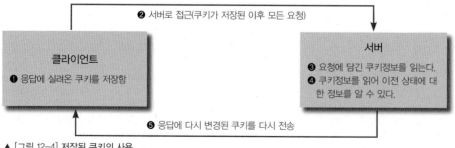

▲ [그림 12-4] 저장된 쿠키의 사용

첫 요청에 대한 응답을 받은 클라이언트는 쿠키를 갖고 있습니다. 이후에 서버로 요청을 할 때는 쿠키 정보를 실어 요청을 합니다.

요청을 받은 서버는 요청에 쿠키정보가 있는지 없는지를 조사합니다. 만약 쿠키정보가 있다면 그 쿠키에 필요한 정보를 쓰거나, 새로운 쿠키를 생성할 수도 있습니다. 물론 새로 생성된 쿠키나 새로 변경된 값은 요청한 클라이언트로 넘겨주기 위함입니다. 요청에 대한 응답을 받은 클라이언트는 그 속에 포함된 쿠키정보를 읽어 새로운 쿠키가 있으면 저장하고 기존의 쿠키값을 변경시켜 저장하게 됩니다.

이렇게 저장되는 쿠키는 서버의 저장 공간을 사용하지 않음으로 해서 서버 측의 부하를 덜어 낼 수 있습니다. 각각의 쿠키는 4KB(4×1024 Bytes)를 넘을 수 없고, 하나의 사이트 당 20개의 쿠키만 사용될 수 있고, 클라이언트에 저장된 쿠키의 총 개수는 300개를 넘을 수 없습니다. 300개를 넘는 경우 가장 오래된 쿠키부터 삭제한 후 새로운 쿠키를 저장합니다. 즉 저장할 수 있는 최대 쿠키개수는 300개입니다.

이제 세션의 경우입니다.

클라이언트가 서버에 접속되어 요청을 합니다. 각각의 클라이언트의 브라우저에 임의의 값을 부여해서 서버가 갖고 있습니다. 이후에 들어오는 요청에 대해 서버가 갖고 있는 브라우저 정보와 비교를 해서 동일한 클라이언트인지를 판별하게 되는데, 쿠키와 반대로 특정 클라이언트의 정보는 서버에 저장이 되어 있습니다. 첫 요청 발생 시 서버에서는 ID를 생성합니다. 그런 후 쿠키가 저장되는 방식과 마찬가지로 클라이언트에 ID만이 저장됩니다. 이후의 요청이 발생되었던 ID만이 서버로 보내는 요청에 포함이 됩니다.

이 ID정보를 읽어서 서버는 이전에 있는 값을 바꾸거나 새로운 값을 적을 수 있습니다. 다만 클라이언트에서는 ID에 붙이는 이름과 ID의 실제 값만을 저장하고 있고 나머지 값은 서버에 저장이 됩니다. 쿠키는 문자열 값만을 쿠키 내에 저장할 수 있었지만, 세션은 자바의 객체를 담을 수 있습니다. 세션에 담을 수 있는 정보의 양은 쿠키와는 달리 제한이 없습니다. 하지만 서버의 자원을 많이 소모하게 되니까 많은 세션 사용은 서버에 부하를 증가시킵니다.

다음의 예제는 첫 요청 발생 시 서버에서 부여된 각각의 클라이언트를 식별하는 ID를 알아내기 위한 예제입니다. 이 예제는 쿠키에서 사용되는 메소드와 세션에서 사용되는 메소드가 사용됩니다. 세션 예제에서 만들었던 createSession.jsp와 viewSessionInfo.jsp 페이지를 약간 수정해서 새로 페이지를 만들도록 하겠습니다.

각각의 클라이언트를 식별하는 ID를 알아내는 예제

01 세션을 생성하기 위한 jsp 페이지를 작성하고 저장합니다.

실습 파일 : source/ch12/createSession2.jsp

```
01 : <%@ page contentType="text/html; charset=EUC-KR" %>
02 : <html>
03 : <head>
04 :    <title>세션사용예제(세션생성)</title>
05 : </head>
06 : <body>
07 : <%
08 :        String id = "rorod";
09 :        String pwd = "1234";
10 :
11 :        session.setAttribute("idKey", id);
12 :        session.setAttribute("pwdKey", pwd);
13 : %>
14 : 세션이 생성되었습니다.<br/>
15 : <a href="viewCookieSessionInfo.jsp">쿠키 및 세션정보를 확인하는 페이지로 이동</a>
16 : </body>
17 : </html>
```

08 ~ 12 : idKey, pwdKey 란 이름을 가진 세션에 각각 "rorod", "1234" 라는 값이 설정된 세션을 생성했습니다.
15   : 쿠키 및 세션을 확인하는 페이지로 이동하기 위한 링크입니다.

02 세션 정보를 확인하고 쿠키의 이름과 값을 출력하는 페이지를 작성하고 저장합니다.

실습 파일 : source/ch12/viewCookieSessionInfo.jsp

```
1 : <%@ page contentType="text/html; charset=EUC-KR" %>
02 : <%@ page import="java.util.*" %>
03 : <html>
04 : <head>
05 :    <title>세션사용예제(세션확인)</title>
06 : </head>
07 : <body>
08 : <%
09 :    Enumeration en = session.getAttributeNames();
10 :    while(en.hasMoreElements()){
11 :        String name = (String)en.nextElement();
12 :        String value = (String)session.getAttribute(name);
13 :        out.println("session name : " + name + "<br/>");
14 :        out.println("seesion value " + value + "<br/>");
15 :    }
16 : %>
17 : -----------------------------------------------------<br/>
```

```
18 : <%
19 :    Cookie[] cookies = request.getCookies();
20 :    if(cookies!=null){
21 :         for(int i=0; i<cookies.length;++i){
22 : %>
23 :                    Cookie Name : <%=cookies[i].getName()%><br/>
24 :                    Cookie Value : <%=cookies[i].getValue()%><br/>
25 : <%
26 :         }
27 :    }
28 : %>
29 : </body>
30 : </html>
```

TIP	쿠키의 유효성

기본적으로 쿠키는 사용자가 브라우저를 종료하는 순간 쿠키의 유효성이 없어지게 됩니다. 쿠키의 정보가 사용자의 컴퓨터에 남아있기는 하지만, 쿠키에 대한 특별한 설정(쿠키의 유효성 지속기간)이 없는 경우 브라우저가 실행되고 있는 동안만 쿠키의 정보가 유효합니다.

09 ~ 15 : viewSessioninfo.jsp 의 경우와 마찬가지입니다. 모든 세션을 가지고 와서 이름을 뽑아내고 그 이름을 통해서 세션 값을 뽑아내는 과정입니다.

19　　 : 쿠키를 확인하는 예제 페이지에서 사용한 것처럼 클라이언트에서 사용되는 모든 쿠키를 가져옵니다.

23　　 : 쿠키이름을 출력합니다.

24　　 : 쿠키값을 출력합니다.

03 http://localhost/myapp/ch12/createSession2.jsp를 실행시켜 세션이 생성되면 "세션정보를 확인하는 페이지로 이동" 이라는 링크된 텍스트를 누릅니다. createSession2.jsp에서 세션을 생성할 때 지정한 이름과 값에 대한 정보 그리고 클라이언트에서 사용되는 쿠키의 이름과 값(각각의 클라이언트를 구별하기 위한 식별자인 Session id와 값)을 viewCookieSessionInfo.jsp를 실행한 화면에서 확인할 수 있습니다.

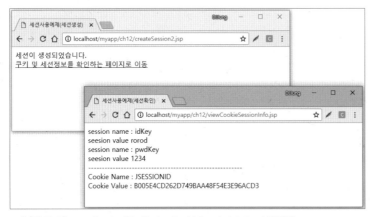

▲ [그림 12-5] createSession2.jsp와 viewCookieSessionInfo.jsp 실행화면

세션정보를 확인하는 페이지에서 idKey, pwdKey란 세션을 확인해서 그 안에 담긴 값을 확인 할 수 있습니다. 여기까지는 viewSessioninfo.jsp와 틀린 부분은 없습니다.

다만 모든 쿠키정보를 가져와서 쿠키이름과 값을 출력하는 '――――――――――――――――'이후의 부분이 달라진 점입니다.

```
Cookie Name : JSESSIONID
Cookie Value : B005E4CD26....
```

TIP ▎ Form의 hidden 속성

JSESSIONID 값이 문자와 숫자가 혼합된 문자열이라는 것을 확인할 수 있었을 것입니다. URL Rewriting이나 폼의 hidden 속성을 사용하여 상태를 지속하는 방법에서 바로 이 SESSIONID를 사용해서 매 페이지로 넘겨지는 파라미터로 SESSIONID 값을 URL에 붙여서 보냅니다. 앞부분에서 설명한 URL Rewriting, Form의 hidden 속성을 이용한 방법이 바로 SESSIONID를 사용하는 방법입니다.

영문자와 숫자의 혼합으로 이루어진 문자열이 있습니다. 이 JSESSIONID와 값이 바로 세션아이디에 해당되는 부분입니다. 세션 인터페이스에 있는 getID() 메소드를 통해서 session id를 출력해 보면 위와 같다는 것을 알 수 있습니다. 이 문자열은 바로 각각의 클라이언트를 구별하기 위한 식별자인 sessionid라는 것을 말하고 있습니다. 이 문자열만이 클라이언트에 저장된다는 것입니다. 즉 JSESSIONID에 해당되는 값(실행결과에서 볼 때 1528AC73...)이 바로 세션 ID입니다.

세션도 결국 쿠키를 이용한다고 할 수도 있습니다. 하지만 이 세션 아이디만 클라이언트에 저장될 뿐 나머지 세션에 대한 정보는 서버에 존재하게 됩니다. 또한 JSESSIONID란 이름을 가진 쿠키는 서버에서 사용하는 것이기 때문에 클라이언트에서 직접 파일로 확인할 수 없습니다.

03 _ 웹 어플리케이션에 있어서 세션과 쿠키의 사용

이번에는 쿠키와 세션을 직접 다루어보는 예제를 작성해 보겠습니다. 쿠키와 세션의 대표적인 실제 사례는 아마 로그인, 로그아웃을 구현한 서비스에 가장 많은 사용이 될 것입니다. 또한 장바구니 등의 서비스를 구현한 사이트에서 많이 사용이 됩니다. 이 절에서 보이는 예는 데이터베이스와 연동하여 로그인 페이지를 거친 사용자가 회원인지 아닌지에 따라 회원일 경우 로그인 처리가 완료되어 로그인된 페이지로 이동합니다. 만약 회원이 아니라면 회원테이블에 입력한 아이디와 패스워드가 없기 때문에 다시 로그인 페이지로 이동됩니다.

회원일 경우 테이블에 회원 아이디와 패스워드가 있기 때문에 입력받은 아이디와 패스워드가 일치할 경우 로그인 완료된 페이지로 이동을 합니다. 테이블에 회원 아이디가 존재할 경우는 회원을 의미하는 것이기 때문에 이후 방문할 페이지는 회원이 볼 수 있게끔 회원 아이디를 쿠키나 세션에 저장해서 어떤 페이지에서도 회원에 대한 아이디를 참조할 수 있습니다.

03-1 쿠키와 세션에 공통적으로 사용할 자바빈즈 작성

먼저 11장에서 배운 DBConnectionMgr.java 파일은 패키지명(ch12)만 변경하고 그대로 사용을 하고 RegisterMgr.java 파일은 11장에서 사용한 RegisterMgr.java 파일을 참고해서 작성하여 컴파일 하겠습니다.(두 파일은 쿠키나 세션을 사용한 예제에서 공통적으로 사용하기 때문에 먼저 작성해서 컴파일 합니다.)
먼저 DBConnectionMgr.java 파일을 컴파일 한 후 RegisterMgr.java 파일을 컴파일 하도록 합니다.

쿠키와 세션 예제에서 공통적으로 사용할 자바빈즈 컴파일

01 DBconnectionMgr.java 파일을 이클립스로 copy합니다. 그리고 저장을 한후 DBConnectionMgr.class가 classes/ch12 폴더에 생성되었는지를 확인해봅니다.

▶ 실습 파일 : source/ch12/DBConnectionMgr.java

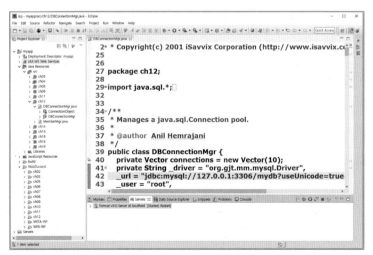

▲ [그림 12-6] DBConnectionMgr.java 복사 및 컴파일

02 RegisterMgr.java 파일을 작성하고 저장합니다.

TIP ‖ 커넥션 풀을 통한 데이터베이스 연결

데이터베이스 연동에 있어서 필요시 매번 데이터베이스와의 연결, 해제는 많은 시스템의 자원을 소모하게 됩니다. 다중 사용의 서비스를 제공해야 하는 웹 서버로서는 데이터베이스에 직접 연결하고, 사용 후 연결을 해제하는 작업이 많은 부담을 가져다주게 됩니다.
데이터베이스 연결에 있어 보다 효율적인 연결을 위해 커넥션 풀을 사용합니다.

실습 파일 : source/ch12/RegisterMgr.java

```java
01 : package ch12;
02 :
03 : import java.sql.*;
04 :
05 : public class RegisterMgr{
06 :
07 :     private DBConnectionMgr pool;
08 :
09 :     public RegisterMgr(){
10 :         try{
11 :             pool = DBConnectionMgr.getInstance();
12 :         }catch(Exception e){
13 :             System.out.println("Error : 커넥션 연결 실패");
14 :         }
15 :     }
16 :
17 :     public boolean loginRegister(String id, String pwd) {
18 :         Connection con = null;
19 :         PreparedStatement pstmt = null;
20 :         ResultSet rs = null;
21 :         boolean loginCon = false;
22 :         try {
23 :             con = pool.getConnection();
24 :             String query = "select count(*) from tblRegister where id = ? and pwd = ?";
25 :             pstmt = con.prepareStatement(query);
26 :             pstmt.setString(1, id);
27 :             pstmt.setString(2, pwd);
28 :             rs = pstmt.executeQuery();
29 :             if(rs.next()&&rs.getInt(1)>0)
30 :                 loginCon =true;
31 :         }catch(Exception ex) {
32 :             System.out.println("Exception" + ex);
33 :         }finally{
34 :             pool.freeConnection(con,pstmt,rs);
35 :         }
36 :         return loginCon;
37 :     }
38 : }
```

TIP	PreparedStatement

Statement 보다 약간 진보된 형태입니다. 질의문을 미리 컴파일 하여 둡니다. 그래서 필요할 때 인자만을 던져주는 식으로 해서 질의를 처리하게 됩니다. PreparedStatement는 질의문 수행 속도에 있어 Statement를 통한 질의 수행과 비교했을 때 더 빨라 속도면에서 유리합니다. 또한 코딩 시 질의에 포함되는 변수 등을 '?'로 대치하여 표시하기 때문에 코딩에 있어서도 편리한 점이 있습니다.

07 : RegisterMgr()에서 DBConnectionMgr 인스턴스(객체)를 얻습니다.

17 ~ 37 : loginRegister 메소드는 아이디와 패스워드를 인자로 받아서 tblRegister 테이블에 인자로 받은 아이디와 패스워드가 있는지 없는지를 체크해서 있는 경우에 true를, 없는 경우에 false를 반환합니다. 즉 테이블에 아이디와 패스워드가 존재한다는 것은 이미 회원으로 등록되었다는 의미입니다. 반면 테이블 내에 인자로 받은 아이디와 패스워드가 없다는 것은 원으로 등록이 안 되어 있다는 의미입니다.

03 RegisterMgr.java 파일을 저장합니다.

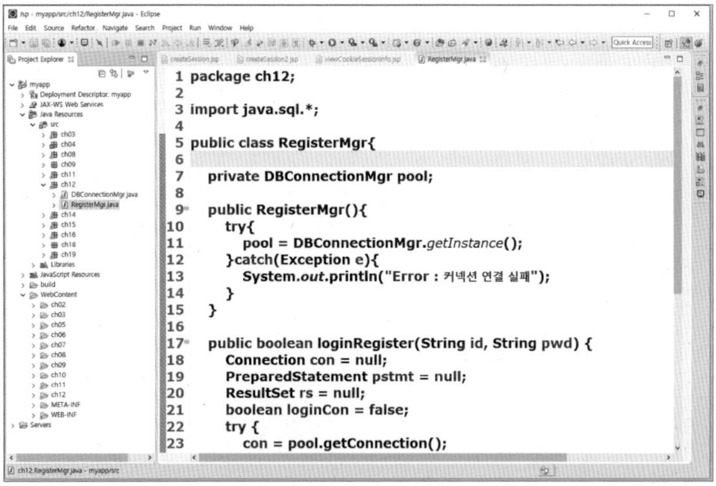

▲ [그림 12-7] RegisterMgr.java 저장 및 컴파일

03-2 쿠키를 사용한 로그인

회원 아이디와 패스워드를 입력받아 테이블에 입력되어 있는 레코드를 검사하여 아이디와 패스워드가 있는지를 확인한 후 있다면 아이디를 쿠키에 저장하고 로그인 완료된 페이지로 이동합니다. 입력한 아이디와 패스워드가 없다면 다시 로그인 창으로 이동하게 되는 예제입니다.

아이디와 패스워드를 입력받아서(cookieLogin.jsp) 등록된 회원인지 아닌지를 체크 하는 페이지(cookieLoginProc.jsp)로 전송을 합니다. 이 페이지에는 RegisterMgr.java에 있는 loginRegister() 메소드를 사용해서 전송받은 아이디와 패스워드가 테이블에 등록되어 있는지를 체크하여 회원인지 아닌지를 구분합니다. 회원이 맞으면 회원 로그인이 완료된 페이지(cookieLoginOK.jsp)로 이동한 뒤에 로그인 완료를 알려줍니다. 로그인이 완료된 페이지에는 로그아웃의 개념이 있기 때문에 이 페이지에서 로그아웃을 위한 페이지(cookieLogout.jsp)로 이동합니다. 로그아웃 처리를 담당하는 페이지에서는 쿠키에 저장된 정보를 지운 후 다시 로그인 페이지로 이동하게 됩니다.

다음 그림은 쿠키를 사용하여 로그인 처리를 위한 흐름도를 나타낸 것입니다.

TIP ‖ 콘텐츠의 추상화

웹 사이트 구현 시 많은 수의 웹 페이지가 이어져서 하나의 사이트를 이루게 됩니다. 프로젝트 코딩작업 전에 설계, 분석의 단계에서 사이트에서 요구되는 페이지를 미리 생성해 둡니다. 실제로 표시되어야 할 데이터가 없는 임시 페이지를 스토리 보드 형식으로 만들어 둡니다. 이렇게 템플릿 페이지들을 만들어 두면, 구현되어야 할 페이지들을 가시적으로 확인해 가면서 개발할 수 있고 전체적인 사이트의 흐름을 알 수 있습니다. 즉 사이트 전체에 대한 콘텐츠를 추상화한다는 것입니다.

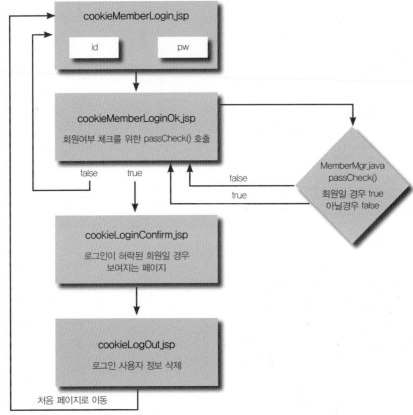

▲ [그림 12-8] 쿠키를 사용한 로그인 처리 흐름도

쿠키 사용 로그인 예제

01 아이디와 패스워드를 입력받을 로그인 페이지를 만들기 위해서 아래의 코드를 작성하고 저장합니다.

실습 파일 : source/ch12/cookieLogin.jsp

```
01 : <%@ page contentType="text/html; charset=EUC-KR"%>
02 : <%
03 :    String cookieName = "";
04 :    String id = "";
05 :    Cookie[] cookies = request.getCookies();
06 :    if (cookies != null) {
07 :        for (int i = 0; i < cookies.length; i++) {
08 :            if (cookies[i].getName().equals("idKey")) {
09 :                cookieName = cookies[i].getName();
10 :                id = cookies[i].getValue();
11 :            }
12 :        }
13 :        if (!id.equals("")) {
14 : %>
15 : <script>
16 :    alert("로그인 되었습니다.");
17 :    location.href = "cookieLoginOK.jsp";
18 : </script>
19 : <%
20 :    }
21 : }
22 : %>
23 : <html>
24 : <head>
25 : <title>Cookie 로그인</title>
26 : <link href="style.css" rel="stylesheet" type="text/css">
27 : </head>
28 : <body>
29 :    <h2 align="center">Cookie 로그인</h2>
30 :    <form method="post" action="cookieLoginProc.jsp">
31 :        <table width="300" border="1" align="center" bgcolor="#FFFF99">
32 :            <tr bordercolor="#FFFF66">
33 :                <td colspan="2" align="center"><b>Log in</b></td>
34 :            </tr>
35 :            <tr>
36 :                <td width="47%" align="center">ID</td>
37 :                <td width="53%" align="center"><input name="id"></td>
38 :            </tr>
39 :            <tr>
40 :                <td align="center">PWD</td>
41 :                <td align="center"><input name="pwd"></td>
```

```
42 :              </tr>
43 :              <tr>
44 :                  <td colspan="2" align="center">
45 :                      <input type="submit" value="login">
46 :                      <input type="reset" value="reset">
47 :                  </td>
48 :              </tr>
49 :          </table>
50 :      </form>
51 : </body>
52 : </html>
```

TIP | form 요소

폼 요소에는 text, check box, radio button, select, textarea, hidden, button 등등의 요소들이 있습니다. 이런 요소들이 폼을 전송(submit)하게 되었을 때 폼에 담겨져 전송이 되는 것입니다.

---

05 : 생성 된 쿠키들을 가져옵니다.

06 : 생성된 쿠키들이 있는 경우에 if문 내부를 수행합니다.

07 : 쿠키가 쌓여있는 쿠키배열의 크기만큼 for문을 반복수행합니다.

08 : idKey란 이름을 가진 쿠키가 있는 경우 if문 내부를 수행합니다.

09 : idKey란 이름을 가진 쿠키의 값을 id에 담습니다.

13 : id 변수의 값이 공백이 아닐 경우 if문 내부를 수행합니다. id 변수는 공백으로 초기화했습니다. 그런데 06 ~ 11 라인을 수행했을 경우 id 변수의 값은 변경이 되었습니다. 06 ~ 11라인은 기존에 생성된 쿠키가 살아 있을 경우 그리고 그렇게 살아있는 쿠키중에서 idKey란 쿠키가 있는 경우에 id 변수에는 idKey 쿠키값이 담겨져 있기 때문에 로그아웃 이전의 상태를 말하는 것입니다.

15 ~ 18 : idKey 쿠키가 살아있는 경우 쿠키에는 id 값이 담겨져 있습니다. 이는 로그인한 사용자의 아이디가 아직 존재한다는 것이므로 로그인한 이후의 페이지로 이동할 수 있도록 하는 자바 스크립트입니다.

30 : 폼 내부의 파라미터를 action으로 지정된 페이지에 전송합니다.

02 RegisterMgr.java에 있는 메소드를 사용하여 아이디, 패스워드를 인자로 받아서 테이블에 아이디와 패스워드가 존재하는지의 여부를 체크하는 jsp 페이지를 작성하고 저장합니다.

실습 파일 : source/ch12/cookieLogInProc.jsp

```
01 : <%@ page contentType="text/html; charset=EUC-KR" %>
02 : <jsp:useBean id="regMgr" class="ch12.RegisterMgr" />
03 : <%
04 :     String id = "";
05 :     String pwd = "";
06 :     if(request.getParameter("id") != null)
07 :         id = request.getParameter("id");
08 :     if(request.getParameter("pwd") != null)
09 :         pwd = request.getParameter("pwd");
```

```
10 :     if(regMgr.loginRegister(id, pwd)){
11 :         Cookie cookie = new Cookie("idKey", id);
12 :         response.addCookie(cookie);
13 : %>
14 :     <script>
15 :         alert("로그인 되었습니다.");
16 :         location.href="cookieLoginOK.jsp";
17 :     </script>
18 : <% }else{ %>
19 :     <script>
20 :       alert("로그인 되지 않았습니다.");
21 :         location.href="cookieLogin.jsp";
22 :     </script>
23 : <%}%>
```

> regMgr.loginRegister() 메소드는 RegisterMgr.java 파일에 있는 메소드입니다. 이 메소드는 아이디와 패스워드를 받아서 tblRegister 테이블에 해당되는 아이디와 패스워드가 존재하는지를 체크해서 있다면 true를 반환하고, 없다면 false를 반환하는 메소드입니다.

> 생성된 쿠키를 클라이언트로 전송합니다.

02 : jsp 페이지를 작성하기 이전에 컴파일 했던 RegisterMgr.java를 사용하기 위한 useBean 명령입니다. RegisterMgr.java은 아이디, 패스워드를 인자로 받아서 테이블에 아이디와 패스워드가 존재하는지의 여부를 체크해서 있는 경우 true, 없는 경우 false를 반환하는 메소드를 갖고 있습니다.

04 ~ 09 : cookieLogin.jsp에서 받은 두 개의 파라미터 즉, 아이디와 패스워드를 받습니다. request.getParameter("id")와 request.getParameter("pwd")가 null이 아닐 때 id와 pwd에 request 객체를 통해서 얻은 파라미터의 값들을 넣습니다.

10 : id, pwd를 RegisterMgr.java의 loginRegister() 메소드의 인자로 전달합니다. 이미 말한 바와 같이 loginRegister는 아이디와 패스워드를 조회한 후 테이블에 존재하는 경우 true를 반환하기 때문에 loginRegister() 메소드 수행 후 반환되는 값이 true일 경우 if문 내부를 수행하게 됩니다.

11 : id를 쿠키에 담습니다. 이때의 쿠키이름은 "idKey"입니다. 완전하게 로그인이 된 경우 로그인을 위한 아이디를 쿠키에 담아 로그인을 거친 회원임을 알 수 있게 합니다.

14 ~ 17 : if문의 조건절에서 결과가 true인 경우에 실행되는 부분입니다. 16라인에서 쿠키를 생성한 후 로그인이 완료되었다는 cookieLoginOK.jsp로 이동하는 자바스크립트입니다.

19 ~ 22 : if문 조건절 결과가 false이면 다시 로그인 화면으로 이동하는 자바스크립트입니다.

03 아이디가 없는 경우 로그인 페이지로 이동하고 아이디가 있는 경우 로그아웃 시킬 수 있는 jsp 페이지를 작성하고 저장합니다.

실습 파일 : source/ch12/cookieLoginOK.jsp

```
01 : <%@ page contentType="text/html; charset=EUC-KR"%>
02 : <%
03 :     String id = "";
04 :     Cookie[] cookies = request.getCookies();
05 :     if (cookies != null) {
06 :         for (int i = 0; i < cookies.length; i++) {
07 :             if (cookies[i].getName().equals("idKey")) {
08 :                 id = cookies[i].getValue();
09 :             }
10 :         }
11 :         if (id.equals("")) {
```

```
12 : %>
13 : <script>
14 :     alert("로그인 되지 않았습니다.");
15 :     location.href = "cookieLogin.jsp";
16 : </script>
17 : <%
18 :    }
19 : }
20 : %>
21 : <html>
22 : <head>
23 : <title>Cookie 로그인</title>
24 : <link href="style.css" rel="stylesheet" type="text/css">
25 : </head>
26 : <body>
27 :    <h2 align="center">Cookie 로그인</h2>
28 :    <table width="300" border="1" align="center" bgcolor="#FFFF99">
29 :        <tr bordercolor="#FFFF66">
30 :            <td colspan="2" align="center"><b>Log On Page</b></td>
31 :        </tr>
32 :        <tr>
33 :            <td align="center"><b><%=id%></b>님이 로그인 하셨습니다.</td>
34 :            <td align="center"><a href="cookieLogout.jsp">로그아웃</a></td>
35 :        </tr>
36 :    </table>
37 : </body>
38 : </html>
```

TIP │ 피라미터 전송

일반적으로 폼 요소들은 폼 속성 중 action으로 지정된 페이지로 전송이 됩니다. 또한 〈a〉 태그를 통해서도 파라미터를 전송할 수 있습니다.

예
```
<a href="nextPage.jsp?param1=<%=value1%>&param2=<%=value2%>">
NextPage</a>
```

이 예는 nextPage.jsp에서 param1, param2라는 이름으로 value1, value2의 변수 값을 넘기는 경우가 됩니다.

---

03   : id 변수를 선언합니다.

04   : 클라이언트에 있는 모든 쿠키를 읽습니다.

05 ~ 10 : 클라이언트에 있는 쿠키 배열의 크기만큼 for문 내부를 반복 수행하게 됩니다. 반복수행하면서 쿠키이름이 idKey 인 쿠키가 있을 때 그 쿠키에 포함된 값을 id 변수에 담습니다.

11   : id에 값이 ""인 경우(초기화된 값 그대로) 쿠키에 담긴 아이디가 없다는 의미이므로 다시 로그인 창으로 이동시키기 위해서 id 값을 체크합니다.

13 ~ 16 : id값이 ''인 경우 로그인 창으로 페이지를 이동시키는 자바스크립트입니다.

21 ~ 38 : id값이 ''이 아닌 경우는 쿠키 안에 id 값이 있는 경우이므로 이 경우는 로그인을 거쳤다는 의미가 되므로 21 ~ 38 라인에 해당되는 코드를 실행시켜서 회원 로그인 완료를 알립니다.

04 쿠키를 만료시켜 로그아웃이 되었다는 메시지가 나오는 페이지를 작성하고 저장합니다.

실습 파일 : source/ch12/cookieLogout.jsp

```
01 : <%@ page contentType="text/html; charset=EUC-KR" %>
02 : <%
03 :    Cookie[] cookies = request.getCookies();        클라이언트의 모든 쿠키를 가져옵니다.
04 :    if(cookies!=null){
05 :        for(int i=0; i<cookies.length; i++){
06 :            if(cookies[i].getName().equals("idKey")){
07 :                cookies[i].setMaxAge(0);
08 :                response.addCookie(cookies[i]);
09 :            }
10 :        }
11 :    }
12 : %>
13 : <script>
14 :    alert("로그아웃 되었습니다.");
15 :    location.href = "cookieLogin.jsp";
16 : </script>
```

TIP | 자바스크립트에서 메시지 창

자바스크립트에서 메시지 창을 띄우는 함수는 alert()입니다. alert() 함수에 메시지 창에 표시될 값을 인자로 전달하면, 자바스크립트가 실행될 때, alert() 함수를 만나면, 인자로 받은 내용을 메시지창에 표시합니다.

예 lert("hello"); 이면, hello라는 문자열을 포함한 메시지 창이 뜹니다.

04 ~ 11 : setMaxAge(0)는 idKey라는 이름을 가진 쿠키가 있으면 그 쿠키의 생명주기를 '0'으로 만들어 쿠키가 만료된 것으로 설정합니다. 그리고 response.setMaxAge()는 만료된 쿠키를 응답으로 실어 보냅니다. 이렇게 되면 클라이언트에 새로 저장되는 쿠키는 만료가 된 쿠키가 저장이 되어 의미 없는 쿠키가 됩니다. 그래서 쿠키에 담긴 아이디 또한 사용되지 않습니다.

13 ~ 16 : '로그아웃 되었습니다.' 라는 메시지를 출력한 후 로그인 창으로 페이지를 이동시키는 자바스크립트입니다.

05 이제 작성한 예제의 실행결과를 확인하도록 하겠습니다.

먼저 http://localhost/myapp/ch12/cookieLogin.jsp을 실행시킵니다. ID와 PWD란에 tblRegister 테이블에 있는 회원 아이디와 패스워드를 입력합니다. 필자의 tblRegister 테이블에는 rorod, 1234의 아이디와 패스워드를 포함한 레코드가 있습니다. 그래서 ID는 'rorod', PWD는 '1234'를 입력한 후 [login] 버튼을 누릅니다.

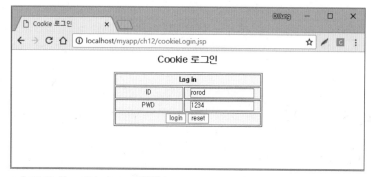

▲ [그림 12-9] cookieLogin.jsp 실행화면

06 정상적으로 로그인이 되면 '로그인 되었습니다.' 라는 메시지 창이 뜹니다. [확인] 버튼을 누르면 로그인이 완료된 페이지로 이동을 합니다.

▲ [그림 12-10] cookieLoginProc.jsp 실행화면

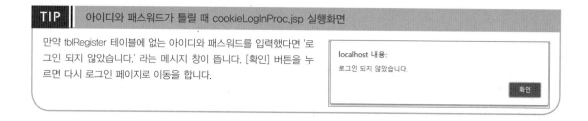

TIP 아이디와 패스워드가 틀릴 때 cookieLoginProc.jsp 실행화면

만약 tblRegister 테이블에 없는 아이디와 패스워드를 입력했다면 '로그인 되지 않았습니다.' 라는 메시지 창이 뜹니다. [확인] 버튼을 누르면 다시 로그인 페이지로 이동을 합니다.

07 로그인이 완료된 페이지입니다. 정상적으로 로그인된 사용자가 볼 수 있는 화면입니다. 로그아웃을 위해 Log Out을 링크를 클릭합니다.

▲ [그림 12-11] cookieLoginConfirm.jsp 실행화면

08 '로그아웃 되었습니다.' 라는 메시지 창이 뜹니다. [확인] 버튼을 클릭하면 로그인 페이지로 이동을 합니다.

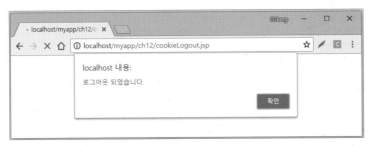

▲ [그림 12-12] cookieLogout.jsp 실행화면

03-3 세션을 사용한 로그인

회원 아이디와 패스워드를 입력받아 테이블에 입력되어 있는 레코드를 검사하여 아이디와 패스워드가 있는지를 확인한 후 있다면 아이디를 세션에 저장하고 로그인 완료된 페이지로 이동합니다. 입력한 아이디와 패스워드가 없다면 다시 로그인 창으로 이동하게 되는 예제입니다.

쿠키를 사용한 로그인 처리와 같은 단계를 거칩니다. 다른 점이 있다면 쿠키가 아닌 세션을 사용하여 로그인 처리를 구현한다는 점입니다.

아이디와 패스워드를 입력받아서(sessionMemberLogIn.jsp) 등록된 회원인지 아닌지를 체크하는 페이지(sessionMemberLogInOK.jsp)로 전송을 합니다. 이페이지에는 MemberMgr.java에 있는 PassCheck() 메소드를 사용해서 전송받은 아이디와 패스워드가 테이블에 등록되어 있는지를 체크하여 회원인지 아닌지를 구분합니다. 회원이 맞다면, 회원 로그인이 완료된 페이지(sessionLogInConfirm.jsp)로 이동한 뒤에 로그인 완료를 알려줍니다. 로그인이 완료된 페이지에는 로그아웃의 개념이 있기 때문에 이 페이지에서 로그아웃을 위한 페이지(sessionLogOut.jsp)로 이동합니다. 로그아웃 처리를 담당하는 페이지에서는 세션에 저장된 정보를 지운 후 다시 로그인 페이지로 이동하게 됩니다. 아래는 세션을 사용하여 로그인 처리를 위한 흐름도입니다.

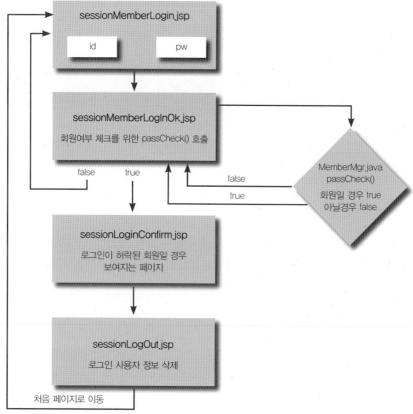

▲ [그림 12-13] 세션을 사용한 로그인 처리 흐름도

세션 사용 로그인 예제

01 아이디와 패스워드를 입력받을 로그인 페이지를 만들기 위해서 아래의 코드를 작성하고 저장합니다.

실습 파일 : source/ch12/sessionLogin.jsp

```
01 : <%@ page contentType="text/html; charset=EUC-KR" %>
02 : <%
03 :        String id = (String)session.getAttribute("idKey");
04 :        if(id!=null){
05 : %>
06 :   <script>
07 :     alert("로그인 되었습니다");
08 :     location.href = "sessionLoginOK.jsp";
09 :   </script>
10 : <% } %>
11 : <html>
12 : <head>
13 : <title>Simple LogIn</title>
14 : <link href="style.css" rel="stylesheet" type="text/css">
15 : </head>
16 : <body bgcolor="#996600" topmargin="100">
```

```
17 : <h2 align="center">Session 로그인</h2>
18 : <table width="75%" border="1" align="center" bordercolor="#660000" bgcolor="#FFFF99">
19 :   <tr bordercolor="#FFFF99">
20 :     <td height="190" colspan="7">
21 :       <form method="post" action="sessionLoginProc.jsp">
22 :         <table width="50%" border="1" align="center" cellspacing="0" cellpadding="0">
23 :           <tr bordercolor="#FFFF66">
24 :             <td colspan="2"><div align="center">Log in</div></td>
25 :           </tr>
26 :           <tr >
27 :             <td width="47%"><div align="center">ID</div></td>
28 :             <td width="53%"><div align="center"><input name="id"></div></td>
29 :           </tr>
30 :           <tr>
31 :             <td><div align="center">PWD</div></td>
32 :             <td><div align="center"><input name="pwd"></div></td>
33 :           </tr>
34 :           <tr>
35 :             <td colspan="2"><div align="center">
36 :                 <input type="submit" value="login"> 
37 :                 <input type="reset" value="reset">
38 :             </div></td>
39 :           </tr>
40 :         </table>
41 :       </form></td>
42 :   </tr>
43 : </table>
44 : </body>
45 : </html>
```

03 : (String)session.getAttribute("idKey")에서 getAttribute() 메소드는 세션이름을 인자로 받아서 세션에 설정된 값을 반환합니다. 이때 반환타입은 Object이므로 String 변수에 담기 위해 String으로 캐스팅합니다. 이 값을 id 변수에 담습니다.

04 ~ 10 : 로그인 페이지를 로드할 때 만일 사용자가 이미 로그인한 사용자라면(id != null) 다시 로그인 하지 않도록 하기 위해서 스크립트를 통해 이미 로그인한 사용자를 알리게 되며 sessionLoginOK.jsp 페이지로 이동하게 됩니다. 이렇게 사용자가 로그인한 정보는 세션에 남게 되는데 이러한 정보는 다음에 설명하게 될 sessionLoginProc.jsp에서 구체적으로 적용되어져 있습니다. 이렇게 사용자가 로그인한 정보는 세션이 끊어지기 전까지는 항상 남아 있으므로 사용자가 로그인한 사용자인지 아닌지를 구별하는 것이 가능하게 되는 것입니다.

02 RegisterMgr 빈을 사용하여 아이디, 패스워드를 인자로 받아서 테이블에 아이디와 패스워드가 존재하는
지의 여부를 체크하는 jsp 페이지를 작성하고 저장합니다.

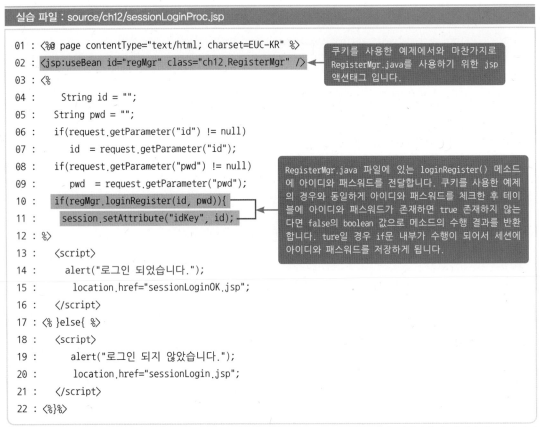

실습 파일 : source/ch12/sessionLoginProc.jsp

```
01 : <%@ page contentType="text/html; charset=EUC-KR" %>
02 : <jsp:useBean id="regMgr" class="ch12.RegisterMgr" />
03 : <%
04 :    String id = "";
05 :    String pwd = "";
06 :    if(request.getParameter("id") != null)
07 :       id  = request.getParameter("id");
08 :    if(request.getParameter("pwd") != null)
09 :       pwd  = request.getParameter("pwd");
10 :    if(regMgr.loginRegister(id, pwd)){
11 :       session.setAttribute("idKey", id);
12 : %>
13 :    <script>
14 :      alert("로그인 되었습니다.");
15 :       location.href="sessionLoginOK.jsp";
16 :    </script>
17 : <% }else{ %>
18 :    <script>
19 :      alert("로그인 되지 않았습니다.");
20 :       location.href="sessionLogin.jsp";
21 :    </script>
22 : <%}%>
```

쿠키를 사용한 예제에서와 마찬가지로
RegisterMgr.java를 사용하기 위한 jsp
액션태그 입니다.

RegisterMgr.java 파일에 있는 loginRegister() 메소드
에 아이디와 패스워드를 전달합니다. 쿠키를 사용한 예제
의 경우와 동일하게 아이디와 패스워드를 체크한 후 테이
블에 아이디와 패스워드가 존재하면 true 존재하지 않는
다면 false의 boolean 값으로 메소드의 수행 결과를 반환
합니다. ture일 경우 if문 내부가 수행이 되어서 세션에
아이디와 패스워드를 저장하게 됩니다.

04 ~ 09 : 아이디와 패스워드를 받을 변수를 설정하고 request 객체를 통해서 이전의 페이지에서 넘겨져 온 파라미터
　　　　　에 대한 값을 추출합니다.
　　　　　request.getParameter("id"), request.getParameter("pwd");
10　　　: Register.java의 loginRegister() 메소드에 아이디와 패스워드를 인자로 전달하여 테이블에 아이디와 패스워드
　　　　　가 존재하는지를 체크합니다. 존재할 경우 true, 없는 경우 false를 반환합니다.
13 ~ 16 : 아이디와 패스워드를 세션에 저장하고 난 후 로그인 완료 페이지로 페이지를 이동시키는 자바스크립트입니
　　　　　다.
17　　　: loginRegister() 메소드의 반환결과가 false일 경우, 즉 아이디와 패스워드가 데이터베이스의 테이블 내에 존재
　　　　　하지 않을 경우 else문 이후를 수행합니다.
19 ~ 21 : else문 이후에 실행될 내용으로 입력한 아이디와 패스워드가 없는 경우 회원이 아니므로 다시 로그인 페이지
　　　　　로 이동하는 자바스크립트입니다.

03 아이디가 없는 경우 로그인 페이지로 이동하고 아이디가 있는 경우 로그아웃 시킬 수 있는 jsp 페이지를 작성하고 저장합니다.

> **실습 파일 : source/ch12/sessionLoginOK.jsp**

```
01 : <%@ page contentType="text/html; charset=EUC-KR" %>
02 : <%
03 :         String id = (String)session.getAttribute("idKey");
04 :         if(id == null){
05 : %>
06 : <script>
07 :     alert("로그인 되지 않았습니다.");
08 :     location.href="sessionLogin.jsp";
09 : </script>
10 : <% }    %>
11 : <html>
12 : <head>
13 : <title>Simple LogIn</title>
14 : <link href="style.css" rel="stylesheet" type="text/css">
15 : </head>
16 : <body bgcolor="#996600" topmargin="100">
17 : <table width="75%" border="1" align="center" cellpadding="1" cellspacing="1"
bordercolor="#660000" bgcolor="#FFFF99">
18 :   <tr bordercolor="#FFFF99">
19 :     <td height="190" colspan="7">
20 :       <table width="50%" border="1" align="center" cellspacing="0" cellpadding="0">
21 :         <tr bordercolor="#FFFF66">
22 :           <td colspan="2"><div align="center">Log On Page</div></td>
23 :         </tr>
24 :         <tr >
25 :           <td><div align="center">
26 :             <strong><%=id%></strong>      ◀── id 변수를 출력문을 사용해서 페이지에 출력합니다.
27 :                님이 로그인 하셨습니다.
28 :             </div></td>
29 :           <td><div align="center">
30 :             <a href="sessionLogout.jsp"><strong>LOG OUT</strong></a>
31 :             </div></td>
                                  ↑
                      Log Out 페이지로 이동하기 위한 링크입니다.
32 :         </tr>
33 :       </table>
34 :     </td>
35 :   </tr>
36 : </table>
37 : </body>
38 : </html>
```

03 : String id = (String)session.getAttribute("idKey")에서 session.getAttribute(name)으로 세션에 담긴 값을 추출할 수 있습니다. 이때 반환되는 값은 Object 타입이기 때문에 String 타입의 변수에 담기 위해서 String으로 캐스팅했습니다. 즉 Object 크기의 값을 String에 맞게 깎아서 String 타입의 id라는 변수에 담는다는 말입니다.

04 ~ 09 : id에 null이라면 세션에 id값이 없는 경우입니다. 이 경우는 로그인 페이지를 거친 후 일정시간(default 30분)이 경과할 동안 브라우저에서 아무런 반응이 없는 경우 세션은 해제(또는 제거)되어 버립니다. 이때 페이지를 다시 실행하면 세션은 해제(또는 제거)가 되어 있기 때문에 id에 null값이 적용 됩니다. 사용자의 아이디를 담아둔 세션이 해제되었기 때문에 페이지를 다시 로그인 페이지로 이동시킵니다.

04 세션을 해제시켜 로그아웃이 되었다는 메시지가 나오는 페이지를 작성하고 저장합니다.

> **실습 파일 : source/ch12/sessionLogout.jsp**

```
01 : <%@ page contentType="text/html; charset=EUC-KR" %>
02 : <% session.invalidate(); %>
03 : <script>
04 :    alert("로그아웃 되었습니다.");
05 :    location.href="sessionLogin.jsp";
06 : </script>
```

02 : 현재 사이트에서 생성된 모든 세션을 해제(또는 제거)합니다. 세션에 담아두었던 사용자의 아이디 값 또한 삭제됩니다. invalidate()는 생성된 모든 세션을 해제(또는 제거)하는 메소드입니다.

03 ~ 06 : 세션을 해제(또는 제거)한 후 로그인 페이지로 페이지를 이동시키는 자바스크립트입니다.

TIP | **쿠키와 세션의 사용 팁**

쿠키와 세션의 사용은 로그인 서비스에만 국한되는 것이 아니고, 장바구니 등 많은 분야에 응용이 됩니다. 특히 쿠키는 '몇 번째 방문입니다' 라는 식의 사용자를 식별하기 위한 메뉴에서 잘 사용됩니다.

---

05 이제 작성한 예제의 실행결과를 확인하도록 하겠습니다. 먼저 http://localhost/myapp/ch12/sessionLogin.jsp을 실행시킵니다. ID와 PWD란에 tblRegister 테이블에 있는 회원 아이디와 패스워드를 입력합니다. 필자의 tblRegister 테이블에는 rorod, 1234의 아이디와 패스워드를 포함한 레코드가 있습니다. 그래서 ID는 'rorod', PWD는 '1234'를 입력한 후 [login] 버튼을 누릅니다.

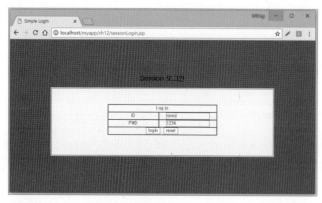

▲ [그림 12-14] sessionLogin.jsp 실행화면

06 테이블에 있는 아이디와 패스워드를 입력했다면 '로그인 되었습니다.' 라는 메시지 창이 뜹니다. [확인] 버튼을 누르면 다음 화면으로 이동합니다.

▲ [그림 12-15] sessionLoginProc.jsp 실행화면

07 정상적인 로그인 완료 페이지입니다. 로그아웃을 위하여 LOG OUT 링크를 클릭합니다.

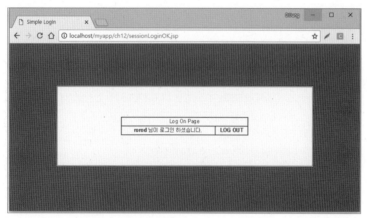

▲ [그림 12-16] sessionLoginOK.jsp 실행화면

08 '로그아웃 되었습니다.' 라는 메시지 창이 나타나고 [확인] 버튼을 클릭하면 다시 로그인 페이지로 이동을 합니다. 이 페이지에서 모든 세션을 해제합니다.

▲ [그림 12-17] sessionLogout.jsp 실행화면

Cookie와 Session

http protocol은 Stateless protocol입니다. 결국 로그인 서비스를 제공하기 위해서 지속적인 상태관리가 필요합니다. 상태관리를 위해서 Cookie, Session 등을 이용해서 지속적인 상태관리를 할 수 있습니다.

Cookie 클래스의 주요 API

메소드 이름	설명
int getMaxAge()	Cookie의 최대 지속 시간을 초 단위로 지정합니다. -1일 경우 브라우저가 종료되는 쿠키를 만료
String getName()	Cookie의 이름을 스트링으로 반환합니다.
String getValue()	Cookie의 값을 스트링으로 반환합니다.
void setMaxAge(int expiry)	Cookie의 만료시간을 초 단위로 설정합니다.
void setValue(String newValue)	Cookie에 새로운 값을 설정할 때 사용합니다.

Session 클래스의 주요 API

메소드 이름	설명
Object getAttribute(String name)	name이란 이름에 해당되는 속성 값을 Object 타입으로 반환합니다. 해당되는 이름이 없을 경우에는 null을 반환합니다.
Enumeration getAttributeNames()	속성의 이름들을 Enumeration 타입으로 반환합니다.
long getCreationTime()	속성의 이름들을 Enumeration 타입으로 반환합니다.
String getId()	세션에 할당된 유일한 식별자(ID)를 String 타입으로 반환합니다.
int getMaxInactiveInterval()	현재 생성된 세션을 유지하기 위해 설정된 최대 시간을 정수형으로 반환합니다.
void invalidate()	현재 생성된 세션을 무효화시킵니다.
void removeAttribute(String name)	name으로 지정된 속성 값을 지웁니다.
void setAttribute(String name, Object value)	name으로 지정한 이름에 value 값을 할당합니다.
void setMaxInactiveInterval(int interval)	세션의 최대 유지시간을 초 단위로 설정합니다.

Cookie와 Session의 차이

	Cookie	Session
사용 class 및 Interface	Cookie class	httpSession Interface
저장되는 값	문자열 형태만 저장 가능	자바에서 사용되는 모든 객체 저장 가능
저장 장소	클라이언트에 저장	SessionID만 클라이언트에 저장실제적인 값은 서버에 저장

1 Http protocol의 특징

Http protocol은 _____프로토콜입니다. 그래서 상태를 지속하지 않습니다.

2 상태관리를 위해서 대표적으로 사용되는 것 두 가지는 무엇입니까? (❶), (❷)

3 Cookie 클래스에서 대표 API를 참고해서 "myCookie"라는 이름을 가진 쿠키를 생성하기 위한 명령입니다. 그리고 쿠키에 설정될 값은 "chocolate cookie"입니다. 다음을 완성하세요.

```
Cookie cookie = new Cookie(❶_____, ❷_____);
```

4 Session 클래스에서 API를 참고해서 "mySession"이라는 이름을 가진 세션을 생성하고 "hello"라는 값을 설정하는 다음 명령을 완성하세요.(단 jsp 페이지에서 세션 생성임)

해답은 620 쪽 연습문제 해답을 참조하세요.

JSP
& Servlet

이번 파트에서는 앞 장에서 배웠든 JSP 및 서블릿 기술을 통해서 실전에서 직접 사용 할 수 있는 예제를 만듭니다. 기초적인 문법만 가지고는 실전에 사용 할 수 있는 코딩이 쉽지 않기 때문에 실전에서도 직접 사용 할 수 있는 대표적인 예제를 중심적으로 익히는 파트입니다. 그리고 17장은 앞 장에서 만든 예제를 모두 합쳐서 하나의 홈페이지로 구축합니다.

JSP & 서블릿
실전 프로그래밍 익히기

파일 업로드

게시판, 자료실, 메일 등의 서비스를 구현한 사이트들에서 첨부 파일과 함께 새로운 글을 등록한 경험은 이미 많을 것이라 생각됩니다. 많은 사이트에서 다양한 서비스들이 단순한 텍스트만 전송하는 것이 아닌 바이너리 코드 형태의 파일을 사용하는 서비스를 제공합니다. 이번 장에서는 파일을 전송하여 서버로 업로드하는 자료실 형태의 폼을 학습해 보겠습니다.

01 _ 파일 업로드의 기본적인 폼

웹 브라우저를 통해서 파일을 전송하기 위한 폼(form) 구성에 대해서 알아보겠습니다. HTML에서 form 태그의 속성들 중 input 태그들이 있습니다. 이들 중 〈input type="file"〉 태그는 파일을 선택할 수 있는 창을 호출합니다. 호출된 창에서 선택된 파일을 전송하기 위해서 반드시 form 태그의 속성들 중 method와 enctype을 다음과 같이 지정해야 합니다.

파일을 전송해서 업로드하기 위해서 필요한 form 태그와 input 태그를 지정하는 방법은 다음과 같습니다.

```
<form name="frmName" method="post" enctype="multipart/form-data">

<input type="file" name="selectFile">
```

> **TIP** 바이너리 코드 & 아스키 코드
>
> 바이너리 코드는 아스키 코드와 반대되는 의미로 사용되기도 합니다. 아스키 코드는 보통 텍스트(글자)를 나타내기 위해서 사용됩니다. 우리가 흔히 텍스트 파일이라고 하는 것이 바로 아스키 코드로 구성되어 있는 것입니다. 반면에 바이너리 코드는 그 안에 포함하고 있는 것이 텍스트(글자)가 아니라, 프로그램이나 그림 파일, 워드 프로세서 파일 등을 말합니다.

또한 폼 태그에 속하는 input 태그들 중에서 파일을 전송하기 위해서 간단하게 페이지를 구성한다면 다음과 같은 형태가 됩니다.

```html
<html>
<body>
  <form name="frmName" method="post" enctype="multipart/form-data">
    <input name="title">
  <input type="file" name="selectFile">
  <input type="submit" name="OK">
</form>
</body>
</html>
```

위에 보이는 간단한 HTML 코드처럼 form 태그 속성에 method는 post 방식이며 enctype은 multipart/form-data로 반드시 지정해야 합니다. 그리고 원하는 파일을 선택하기 위해 input 태그에서 type을 file로 지정해야 합니다.

그럼 위의 코드를 참고해서 실제로 파일을 선택할 수 있는 페이지를 작성하겠습니다.

파일 선택 페이지

01 파일을 선택하는 페이지를 만들기 위해서 아래의 코드를 작성하고 저장합니다.

실습 파일 : source/ch13/fileSelect.jsp

```
01 : <%@ page contentType="text/html;charset=EUC-KR"%>
02 : <html>
03 : <body>
04 : <form name="frmName" method="post" enctype="multipart/form-data"
05 :    action="viewPage.jsp">
06 :    user<br/>
07 :    <input name="user"><br/>
08 :    title<br/>
09 :    <input name="title"><br/>
10 :    file<br/>
11 :    <input type="file" name="uploadFile"><br/>
12 :    <input type="submit" value="UPLOAD"><br/>
13 : </form>
14 : </body>
15 : </html>
```

02 브라우저를 실행시켜 결과를 확인합니다. 실행 주소는 http://localhost/myapp/ch13/fileSelect.jsp로 입력합니다. 그리고 [찾아보기] 버튼을 클릭합니다. 파일선택 대화상자가 나타납니다.

▲ [그림 13-1] fileSelect.jsp 실행화면

▲ [그림 13-2] fileSelect.jsp 파일선택

그림에서 보는 것처럼 파일을 선택할 수 있는 파일선택 창이 뜹니다. 원하는 파일을 선택한 후에 [열기] 버튼을 누르면 선택한 파일정보가 입력됩니다. ⟨form method="post"⟩의 형태로 전송한 폼에 담겨진 파라미터들은 request 객체를 통해서 이름에 해당되는 값을 얻어낼 수 있습니다.

하지만 이렇게 ⟨form name="frmName" method="post" enctype="multipart/form-data" action="viewPage.jsp"⟩에서 enctype="multipart/form-data"로 지정된 폼을 전송했을 때 viewPage.jsp에서는 request 객체로 전송된 파라미터의 값을 얻어낼 수 없습니다.

그래서 enctype="multipart/form-data"로 전송한 폼에 담겨진 파라미터들에 대한 이름과 값을 얻어내기 위해 그리고 ⟨input type="file"⟩로 지정된 파일을 서버상의 한 폴더에 업로드 하기 위해서 특별한 컴포넌트가 필요합니다. 파일 업로드를 위한 컴포넌트는 종류가 몇 가지가 있지만 여기에서는 www.servlets.com에서 제공하는 cos.jar 파일을 사용하도록 하겠습니다. 이 컴포넌트를 다운받기 위해서 해당 사이트로 이동하겠습니다.

02 _ 파일을 업로드하고 폼 데이터를 분석하는 cos.jar

02-1 cos.jar 파일 다운받기

파일을 업로드하거나 폼 데이터를 분석하는 컴포넌트인 cos.jar 파일을 www.servlets.com에서 다운받아 설치해 보겠습니다.

TIP

파일업로드 및 폼 데이터를 파싱하는 컴포넌트로 cos.jar 이외에도 많은 컴포넌트가 사용되고 있습니다.

여기서 잠깐!

http://www.servlets.com/cos/faq.html 문서를 보면 사용방법에 대해서 설명되어 있습니다.

▲ [그림 13-3] cos.jar에 대한 도움말

cos.jar 파일 설치 ▶ 실습 파일 : program/cos-26Dec2008.zip

01 www.servlets.com 사이트에 접속하여 왼쪽 메뉴에서 com.oreilly.servlet 링크를 클릭합니다.

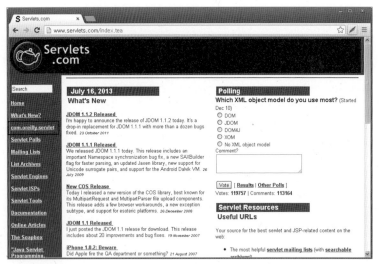

▲ [그림 13-4] www.servlets.com 사이트

> **TIP**
>
> java.sun.com 등 소프트웨어를 제공하는 사이트의 경우 계속적인 기술의 업데이트로 웹페이지가 변경되는 경우는 다반사입니다. 지속적인 관심을 갖고 웹사이트를 방문하여 기술에 대한 변경 소식을 접하는 것도 기술 변화의 흐름에 뒤떨어지지 않는 하나의 방법입니다. www.servlets.com 사이트 역시 업데이트가 되기 때문에 웹 페이지가 많이 바뀌고 있습니다.

02 화면의 하단부에 cos-26Dec2008.zip 파일이 링크 되어 있습니다. 링크를 클릭하여 파일을 다운로드 받습니다.

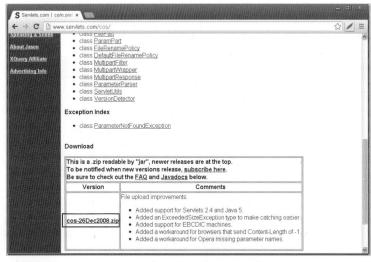

▲ [그림 13-5] cos-26Dec2008.zip 다운로드

03 그림과 같이 다운로드 받은 파일을 압축을 해제 합니다. 그러면 3개의 폴더와 텍스트 파일로 구성된 것을 알 수 있습니다. doc 폴더 밑에 필요한 API 문서가 있습니다. 그리고 lib 폴더에는 cos.jar 파일이 있습니다.

이 cos.jar 파일만 있으면 파일 업로드와 enctype="multipart/form-data"로 넘겨오는 파라미터에 대한 이름과 값을 얻어낼 수 있게 됩니다.

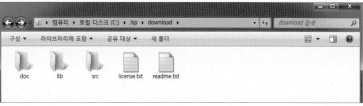

▲ [그림 13-6] cos-26Dec2008.zip 압축해제 후 폴더구조

04 사용되는 클래스 파일을 압축한 cos.jar 파일을 다음의 위치에서 복사를 합니다. 복사한 cos.jar 파일은 그림13-7과 같이 이클립스의 myapp₩WebContent₩WEB-INF₩lib 폴더에 복사를 합니다.

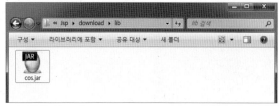

▲ [그림 13-7] cos.jar

TIP cos.jar를 myapp₩WEB-INF₩lib 폴더에 복사하는 이유

JSP에서 파일 업로드 기능을 위해 cos.jar의 패키지를 이용하게 됩니다. 이때 cos.jar는 Tomcat에 기본적으로 내장되어 있지 않은 외부의 패키지입니다. 외부의 패키지는 WEB-INF₩lib 폴더에 위치해야 되지만 WEB-INF는 각각의 웹 어플리케이션에 이 폴더가 존재합니다. 여러분이 작성하는 모든 예제는 myapp로 이름 지어진 웹 어플리케이션이므로 외부의 모든 패키지는 myapp₩WEB-INF₩lib 폴더에 복사를 해야 합니다. 대표적인 외부 패키지는 파일업로드 패키지와 데이터베이스 드라이버 패키지가 있습니다.

05 본 교재는 이클립스에서 학습하는 기준으로 진행을 하고 있기 때문에 cos.jar를 아래의 그림과 같이 myapp₩WebContent₩WEB-INF₩lib에 저장하겠습니다.

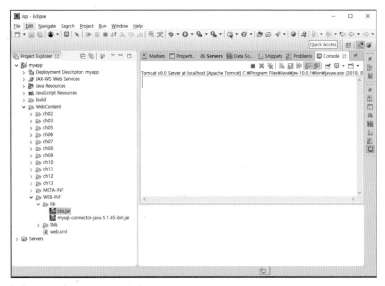

▲ [그림 13-8] cos.jar가 이클립스에 저장된 모습

06 그림에서 보는 것처럼 filestorage란 폴더를 만들어서 업로드 되는 파일들이 이 폴더에 저장 될 수 있게 합니다. 폴더 이름은 자유롭게 지정해도 상관이 없습니다.

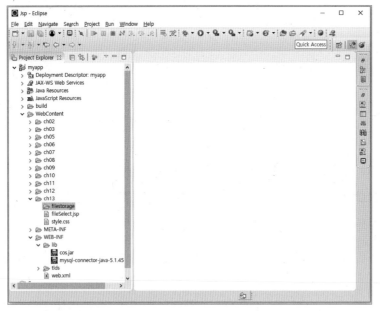

▲ [그림 13-9] 업로드된 파일이 저장될 폴더 (폴더명 : filestorage)

02-2 파일 업로드 및 폼 요소 처리를 위한 MultipartRequest 클래스

cos.jar 내부는 그림에서 보는 것처럼 패키지로 구성된 클래스 파일들이 압축되어 있는 파일입니다. cos.jar 파일을 압축해제하면 그림에서 보는 폴더 구조대로 압축이 해제됩니다.

하지만 cos.jar 파일을 lib 폴더에 넣어두고 필요한 클래스 파일을 임포트(import)만 해주면 자동적으로 해당 클래스 파일을 사용 할 수 있기 때문에 꼭 압축을 해제 할 필요는 없습니다. 그리고 압축을 해제해서 WEB-INF/classes 폴더 밑에 위치시켜서 사용해도 됩니다.

> **TIP**
>
> 클래스 파일의 묶음으로 압축된 cos.jar 파일은 패키지 형태로 압축되어 있습니다.

▲ [그림 13-10] cos.jar 구성

cos.jar 파일의 comWoreillyWservlet 폴더를 보면 MultipartRequest 클래스가 있는데 이 클래스에서 제공되는 API와 함께 파일업로드 및 폼 요소 구현에 필요한 클래스 및 메소드에 대해서 학습하도록 하겠습니다.

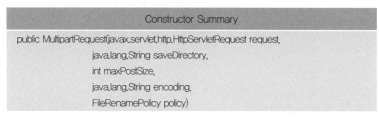

Constructor Summary
public MultipartRequest(javax.servlet.http.HttpServletRequest request, 　　　　　　java.lang.String saveDirectory, 　　　　　　int maxPostSize, 　　　　　　java.lang.String encoding, 　　　　　　FileRenamePolicy policy)

▲ [표 12-1] MultipartRequest의 생성자

TIP

MultipartRequest 생성자는 8가지가 제공되지만 여기서는 이 교재에서 가장 많이 사용되는 생성자만을 표기하도록 하겠습니다.

Method Summary	
java.lang.String	getContentType(java.lang.String name) – 업로드 된 파일의 컨텐트 타입을 반환하고 업로드된 파일이 없으면 null을 반환합니다.
java.io.File	getFile(java.lang.String name) – 서버 상에 업로드된 파일의 객체를 반환하고 업로드 된 파일 없으면 null을 반환합니다.
java.util.Enumeration	getFileNames() – 폼 요소 중 input 태그 속성이 file로 된 파라미터의 이름들을 반환하고 업로드된 파일이 없으면 비어있는 Enumeration 객체를 반환합니다.
java.lang.String	getFilesystemName(java.lang.String name) – 사용자가 지정해서 서버에 실제로 업로드된 파일명을 반환합니다.
java.lang.String	getOriginalFileName(java.lang.String name) – 사용자가 지정해서 서버에 업로드된 파일명을 반환하고 이 때의 파일명은 파일 중복을 고려한 파일명 변경 전의 이름을 반환합니다.
java.lang.String	getParameter(java.lang.String name) – 스트링으로 주어진 이름에 대한 값을 반환하고 값 없이 파라미터가 전송되었거나 해당되는 이름의 파라미터가 전송이 안 되었을 경우 null 값을 반환합니다.
java.util.Enumeration	getParameterNames() – 모든 파라미터의 이름을 Enumeration 객체로 반환합니다.
java.lang.String[]	getParameterValues(java.lang.String name) – 주어진 이름에 대한 값을 스트링 배열로 반환하고 파라미터가 전송되지 않았을 때는 null 값을 반환합니다.

▲ [표 12-1] MultipartRequest의 생성자

TIP

cos-26Dec2008.zip 파일을 압축해제 했을 때 생성된 폴더 중에 doc 폴더에 API문서가 있습니다. 이 문서를 참고하면 제공되는 메소드에 대해 자세히 알 수 있습니다.

MultipartRequest 클래스의 생성자 및 메소드에 대한 내용을 담은 API입니다. Multipart Request를 통한 파일 업로드 구현을 위해서 많이 사용되는 API이므로 눈여겨 보기 바랍니다.

가장 첫 번째로 해야 할 부분은 폼 enctype 속성을 multipart/form-data로 지정한 폼에 담겨진 파라미터를 읽어오기 위해서 MultipartRequest의 객체를 생성해야 합니다. 이 객체를 통해서 파일 업로드를 구현 할 수 있습니다.

MultipartRequest 객체를 생성한 후 객체를 통해서 MultipartRequest 클래스에서 제공하는 메소드들을 사용하면 쉽게 파일 업로드와 파라미터를 읽어올 수 있습니다.

MultipartRequest 객체를 생성한 뒤 메소드 사용의 예를 들어 파일 업로드와 파라미터에 대한 처리를 위한 절차를 설명하겠습니다.

■ MultipartRequest의 생성자

MultipartRequest의 생성자는 종류가 많습니다. cos.jar에 있는 MultipartRequest 클래스의 생성자 중 다음의 생성자는 한글 인코딩, 업로드 되는 파일이 기존의 파일과 중복될 때의 단점을 해결한 생성자입니다.

그래서 이 생성자를 사용하여 MultipartRequest의 객체를 생성합니다.

```
MultipartRequest multi = new MultipartRequest(request,
                                              folderDirectory,
                                              1024*10,
                                              "EUC-KR",
                                               new DefaultFileRenamePolicy());
```

첫 번째 인자는 request 객체이고 두 번째 인자는 업로드 파일이 저장될 파일폴더 경로입니다. 세 번째 인자는 업로드 파일의 최대 크기입니다.(1024=1024bytes,즉 1024*10 = 10KB) 네 번째 인자는 인코딩 타입, 다섯 번째 인자는 업로드 될 파일명이 기존에 업로드 파일명과 같은 경우 덮어쓰기를 방지하기 위해 설정하는 부분입니다. 이 객체가 오류 없이 생성되면서 폼에서 지정된 업로드 파일이 서버의 지정된 폴더에 저장이 됩니다.

■ getParameterNames() 메소드

```
Enumeration params = multi.getParameterNames();
```

multi라는 이름을 가지는 객체를 통해서 MultipartRequest 클래스에 있는 메소드를 사용 할 수 있는데 getParameterNames() 메소드는 폼에서 전송한 파라미터들의 이름을 Enumeration 타입으로 반환합니다. 폼에 있는 input 태그 중 file 속성이 아닌 모든 파라미터들의 이름을 반환하는 메소드입니다.

■ getParameter() 메소드

```
String paramValue = multi.getParameter(String name);
```

getParameter() 메소드는 request 객체에서 사용되는 getParameter() 메소드처럼 파라미터의 이름을 인자로 받아서 그 파라미터의 값을 반환하는 메소드입니다. 이 메소드에 전달될 인자는 getParameterNames() 메소드를 통해서 얻어온 파라미터 이름을 인자로 주면 그 파라미터에 담긴 값을 반환합니다.

■ getFileNames() 메소드

```
Enumeration  files = multi.getFileNames();
```

getFileNames() 메소드는 폼 요소 중 file 속성으로 지정된 input 태그의 이름이다. 즉 file 속성을 가진 파라미터의 이름을 Enumeration 객체 타입으로 반환합니다. 예를 들면 〈input type="file" name="uploadFile"〉 태그가 폼 요소에 있었다면 getFileNames() 메소드는 uploadFile이란 파라미터의 이름이 담긴 Enumeration을 반환합니다.

■ getFileSystemNames() 메소드

```
String filename = multi.getFilesystemName(String name));
```

file 속성으로 지정된 input 태그에 의해 서버에 실제로 저장된 업로드 파일 이름을 Stirng 타입으로 반환합니다. 이 메소드가 반환하는 파일명은 file 속성을 가진 input 태그에서 사용자가 지정한 파일 이름이 아니고 사용자가 선택한 파일이 실제 서버에 폴더에 저장 되었을 때의 파일명을 반환합니다. 아래의 getOriginalFileName() 메소드에서 비교 설명하겠습니다.

■ getOriginalFileName() 메소드

```
String original = multi.getOriginalFileName(String name));
```

getOriginalFileName() 메소드는 사용자가 직접 지정한 파일명을 반환합니다. MultipartRequest 의 생성자 중 중복된 파일을 덮어쓰는 것을 방지하기 위해 사용되는 FileRenamePolicy 인터페이스 를 구현한 DefaultFileRenamePolicy에 의해서 파일명이 변경되기 전의 파일명을 반환합니다. getFileSystemNames() 메소드는 기존에 업로드 파일명들 중에 새로 업로드 할 파일명이 중복될 경 우 파일명 뒤에 filename1.***, filename2.*** 식으로 변경된 이름을 반환합니다. 중복되는 경우 가 없다면 당연히 원래의 파일명을 반환합니다.
요약하면 getOriginalFileName() 메소드는 사용자가 지정해서 업로드 되는 파일명을 반환하고 getFileSystemNames() 메소드는 파일명이 중복되는 경우 변경된 파일명을 반환합니다.

■ getContentType() 메소드

```
String type= multi.getContentType(String name));
```

getContentTytpe() 메소드는 업로드 파일의 컨텐츠 타입을 반환합니다.

■ getFile() 메소드

```
File file = multi.getFile(String name));
```

getContentTytpe() 메소드는 서버에 업로드 파일에 대한 파일 객체를 반환합니다.

03 _ 폼 데이터 분석 및 파일 업로드 페이지 구현

파일 업로드를 구현하기 위한 기본 예제를 작성해 보겠습니다. 이미 작성해 둔 fileSelect.jsp에서 user, title에 입력한 내용과 선택한 파일의 폼 데이터를 브라우저에 출력하고 지정한 파일은 업로드 하기 위한 페이지를 작성하도록 하겠습니다.

파일 업로드 예제

01 폼 데이터를 분석하고 파일 업로드를 구현할 페이지를 작성하고 저장합니다.

실습 파일 : source/ch13/viewPage.jsp

```jsp
01 : <%@page contentType="text/html; charset=EUC-KR" %>
02 : <%@page import="com.oreilly.servlet.MultipartRequest" %>
03 : <%@page import="com.oreilly.servlet.multipart.DefaultFileRenamePolicy"%>
04 : <%@page import="java.util.*,java.io.*"%>
05 : <%
06 :     String saveFolder = "C:/Jsp/myapp/WebContent/ch13/filestorage";
07 :     String encType = "EUC-KR";
08 :     int maxSize = 5 * 1024 * 1024;
09 :     try {
10 :         MultipartRequest multi = null;
11 :         multi = new MultipartRequest(request, saveFolder, maxSize,
12 :                     encType, new DefaultFileRenamePolicy());
13 :         Enumeration params = multi.getParameterNames();
14 :
15 :         while (params.hasMoreElements()) {
16 :             String name = (String) params.nextElement();
17 :             String value = multi.getParameter(name);
18 :             out.println(name + " = " + value + "<br/>");
19 :         }
20 :
21 :         Enumeration files = multi.getFileNames();
22 :         while (files.hasMoreElements()) {
23 :             String name = (String) files.nextElement();

24 :             String filename = multi.getFilesystemName(name);
25 :             String original = multi.getOriginalFileName(name);
26 :             String type = multi.getContentType(name);
```

[02행 설명] 파일 업로드 위한 MultipartRequest 클래스를 임포트 합니다.

[06~08행 설명] 로드 파일의 실제경로, 인코딩 타입, 업로드 하는 파일의 최대 크기를 지정하기 위해서 변수로 선언 하였습니다.

[13행 설명] Enumeration은 여러 요소들이 배열 형태로 구성되어 있는 형태입니다. Enumeration을 사용하기 위해 java.util 패키지를 임포트 하였습니다.

[18행 설명] while문에 의해서 반복 수행이 되면서 name, value 변수에 담긴값을 브라우저에 출력합니다.

[22행 설명] java.util.Enumeration 인터페이스에 있는 메소드입니다. Enumeration에 요소가 있는지 없는지 체크합니다. 하나가 있다고 했을 때 그 다음 요소가 있는지 없는지를 체크하는 메소드입니다.

[23행 설명] java.util.Enumeration 인터페이스에 있는 메소드로 Enumeration에 요소가 있을 때 요소를 추출해서 Object(객체) 타입으로 반환하는 메소드입니다. 그래서 이 메소드의 반환 결과를 특정 타입의 변수에 담으려면 그 변수 타입에 맞게 캐스팅을 해주어야 합니다.

```
27 :            File f = multi.getFile(name);
```
File 클래스는 java.io 패키지에 있습니다. getFile() 메소드에 File 타입으로 결과를 반환하기 때문에 반환형에 맞게 결과를 받기 위해서 File 타입의 f로 getFile()에 대한 결과를 받습니다

```
28 :            out.println("파라미터 이름 : " + name + "<br/>");
29 :            out.println("실제 파일 이름 : " + original + "<br/>");
30 :            out.println("저장된 파일 이름 : " + filename + "<br/>");
31 :            out.println("파일 타입 : " + type + "<br/>");
32 :            if (f != null) {
```

27라인에서 얻어진 File 객체가 null이 아니라면 if문 내부를 실행합니다.

```
33 :                out.println("크기 : " + f.length()+"바이트");
```

File 클래스에 있는 length() 메소드를 통해서 업로드 파일의 크기를 알아냅니다.

```
34 :                out.println("<br>");
35 :            }
36 :        }
37 :    } catch (IOException ioe) {
```

MultipartRequest 클래스의 생성자는 IOException 예외를 던집니다. 업로드 할 파일이 지정한 최대 크기보다 크거나 페이지를 읽을 때 문제가 발생될 경우 IOException 예외를 던집니다. 그래서 catch문으로 예외를 처리 하였습니다.

```
38 :        System.out.println(ioe);
39 :    } catch (Exception ex) {
40 :        System.out.println(ex);
41 :    }
42 : %>
```

그 외에 발생되는 예외를 처리하기 위해 Excpetion 클래스를 통해서 예외를 처리합니다.

TIP

File 클래스는 java.io 패키지에 있습니다. File 클래스를 사용하기 위해 java.io 패키지를 임포트 해야 합니다.

03 : 파일 업로드 시 기존의 파일과 동일한 파일이 있을 때 덮어쓰기를 방지하기 위해 DefaultFileRenamePolicy 클래스를 임포트 하였습니다.

04 : java.util 패키지의 클래스를 사용하기 위해 임포트 하였습니다.

06 : 서버에 filestorage 폴더의 위치를 지정하기 위해 SaveFolder라는 변수로 선언하였습니다.

07 : 업로드 할 파일의 인코딩 타입을 지정하기 위해서 encType이란 변수로 선언하였습니다.

08 : 업로드 할 파일의 최대 크기를 지정합니다. 1024*1024*5는 5메가(mega)가 됩니다.

10 : MultipartRequest 객체를 생성합니다.

13 : getParameterNames() 메소드는 파라미터의 이름들을 Enumeration 타입으로 반환합니다. 그래서 Enumeration 변수로 getParameterNames() 메소드의 반환값을 받습니다.

15 : while (params.hasMoreElements());
13라인에서 메소드의 반환 형태가 Enumeration입니다. Enumeration 인터페이스의 hasMoreElements() 메소드를 사용해서 포함된 요소들이 있는지를 검사합니다. 그래서 15라인의 while문을 사용해서 요소들이 포함되어 있는 동안 반복 수행하게 합니다.

16 : String name = (String) params.nextElement();
nextElement() 메소드는 Enumeration에 있는 메소드입니다. 이 메소드는 Enumeration에 하나 이상의 요소가 있다면 현재의 요소를 반환하고 다음 요소가 있는 위치로 이동합니다.

17 : String value = multi.getParameter(name);
16라인에서 얻어진 이름을 getParameter() 메소드에 인자로 전달해서 해당되는 이름에 담긴 값을 얻어옵니다. getParameter() 메소드는 request 객체에서 사용되는 메소드와 같은 역할을 합니다. <input type="text"

name="txtName")이 포함된 폼을 전송받고 request.getParameter("txtName") 메소드를 사용해서 텍스트박스에서 입력한 값을 받는 예제를 많이 보았을 겁니다. 이 메소드는 enctype="multipart/form-data"로 지정된 폼에 담긴 파라미터의 이름을 통해서 값을 얻기 위해 사용되는 메소드입니다.

18 : name과 value를 out 내장객체를 사용해서 브라우저에 출력합니다.

21 : enctype="multipart/form-data"로 지정된 폼 요소 중 〈input type="file"〉 속성으로 지정된 폼 요소의 이름을 Enumeration 타입으로 반환하는 메소드입니다. selectFile.jsp의 폼 요소 중 〈input type="file" name="uploadFile"〉 이 하나가 있기 때문에 Enumeration에 담긴 값은 uploadFile이란 이름으로 담겨져 있습니다.

22 : 15라인처럼 while문을 사용해서 포함된 요소가 있는 동안 while문 내부를 반복 수행합니다. 물론 현재 Enumeration에는 하나의 요소만이 포함되어 있습니다.

23 : name 변수에는 nextElement() 메소드 수행결과로 파라미터의 이름이 담겨집니다.

24 : 23라인 수행을 통해서 얻어진 파라미터의 이름을 getFilesystemName() 메소드의 인자로 전달하여 메소드의 반환결과를 filename 변수에 담습니다. getFilesystemName() 메소드는 서버에 실제로 저장된 파일의 이름을 반환하게 됩니다. 사용자가 파일선택 창을 통해서 선택한 파일이 서버의 폴더에 업로드 될 때 기존에 업로드되어 있던 파일들 중 파일명이 중복되는 경우가 있으면 현재의 파일명을 변경합니다. 변경되는 파일명은 xxx1.xxx, xxx2.xxx, xxx3.xxx... 형식으로 확장자를 제외한 파일명 뒤쪽에 순서대로 번호를 붙여 파일명을 변경합니다.

25 : getOriginalFileName() 메소드는 실제 파일명을 반환합니다. original 변수에는 본래 사용자가 파일선택 창을 통해서 선택한 파일의 이름이 담겨집니다. 중복되는 파일이 있을 경우 변경된 파일 이름을 반환하는 getFilesystemName() 메소드와 달리 파일선택 창을 통해 선택되었던 파일명을 반환합니다.

26 : getContextType() 메소드는 업로드 된 파일의 컨텍스트 타입을 반환합니다.

27 : getFile() 메소드의 반환값은 타입은 File 타입입니다. getFile() 메소드를 통해서 얻어진 File 객체를 통해서 업로드 된 파일에 대한 정보를 알아낼 수 있습니다.

28~34 : while문에 의해서 반복수행이 되면서 변수에 담겨진 값을 출력합니다.

02 먼저 앞에서 작성한 fileSelect.jsp 파일을 실행합니다. user와 title에 값을 입력을 한 후 [찾아보기] 버튼을 클릭해서 업로드할 파일을 선택합니다. 그리고 [UPLOAD] 버튼을 클릭합니다.

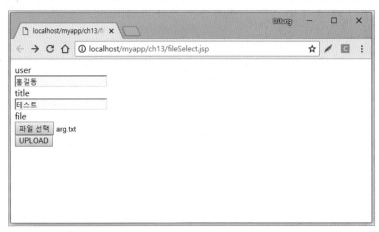

▲ [그림 13-11] fileSelect.jsp에 데이터 입력화면

03 실행화면에서 보는 것처럼 정상적으로 파라미터에 대한 이름과 값이 파싱되었고 실제 파일 이름과 저장된 파일 이름, 파일 타입, 파일 크기를 보여주고 있습니다.

▲ [그림 13-12] viewPage.jsp의 실행결과

04 fileSelect.jsp 페이지에서 선택한 파일이 서버의 폴더에 정확하게 업로드 되었는지를 확인해 보기 위해서 탐색기를 통해서 파일의 유무를 확인하고 있습니다.

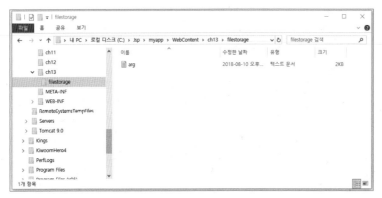

▲ [그림 13-13] 서버의 폴더에 업로드된 arg.txt 파일

05 그림에서 filestorage 폴더 안에 JSPSyntax.pdf 파일이 정상적으로 업로드되어서 폴더에 저장된 것을 확인 할 수 있습니다. fileSelect.jsp에서 다시 한 번 동일한 파일을 선택해서 업로드를 하면 filestorage 폴더에는 다음과 같은 이름의 파일이 저장됩니다.

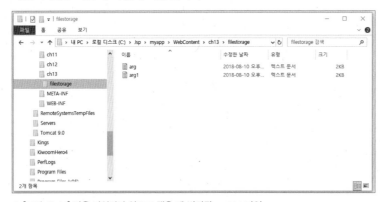

▲ [그림 13-14] 같은 파일명이 업로드 됐을 때 변경된 arg1.txt 파일

> ※ 주의
> 실제로 파일 업로드 기능을 구현했을 때 파일 업로드는 PDS 등의 자료실 형태의 서비스에 많이 사용됩니다. 이때 여러 사람이 많은 파일을 업로드 할 때 각각의 사용자들의 업로드 하는 파일명들이 제각기 다를 수만은 없습니다. 그래서 각각의 파일명들이 중복되는 경우 덮어쓰기를 피하기 위한 방법으로 사용됩니다. 위의 예제는 자료실 등의 서비스 구현 시 적용하면 효과적입니다.

그림에서 확인되는 것처럼 실제 파일 이름에는 사용자가 선택한 파일 이름이 표시가 되지만 서버에 실제로 저장된 파일 이름은 원래의 파일에 xxxxx1.xxx가 붙어 있습니다. 물론 이 파일들은 같은 파일이지만 파일명이 중복되는 경우가 발생했기 때문에 나중에 업로드 파일의 이름이 변경되어 기존의 파일에 덮어쓰기가 되지 않고 새롭게 저장된 경우입니다.

앞에서 배운 내용을 요약하면 폼(form)에서 enctype 속성이 "multipart/form-data"로 지정되어 파일 전송을 위해서 이제껏 사용했던 HttpServletRequest의 객체를 사용해서는 파라미터를 얻어올 수 없다는 것입니다.

일반적인 폼 데이터는 HttpServletRequest 객체를 이용해서 쉽게 가져올 수 있지만 (예 request. getParameter("name")) "multipart/form-data" 속성으로 넘겨져 온 폼에 있는 데이터(파라미터 이름과 값들)를 읽기 위해서 넘겨져 온 폼 데이터는 특별한 처리를 요구합니다. 그래서 이런 특별한 처리를 담당할 MultipartRequest를 통해서 폼 데이터를 받아오고 폼 데이터에 있는 파일을 업로드 하는 것입니다.

여기서 잠깐!

이클립스에서 업로드 파일이 안 보이는 이유는 window 탐색기랑 동기화가 되어 있지 않기 때문에 업로드 폴더를 새로고침 하게 되면 업로드 파일이 보일 것입니다. 그리고 이클립스는 자바 전용 통합개발환경(IDE-Integrated Development Environment) 이므로 개발 종료 후에 WAS서버에서 프로그램을 실행하게 되면 위와 같은 현상은 일어나지 않습니다.

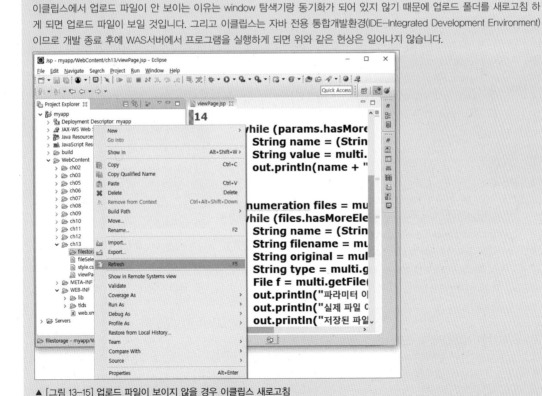

▲ [그림 13-15] 업로드 파일이 보이지 않을 경우 이클립스 새로고침

04 _ 여러 개의 파일 업로드

앞에서 배운 내용을 토대로 복수 파일을 업로드 하는 예제를 만들어 보겠습니다. 이번 예제는 복수 개의 파일을 업로드 하는 예제입니다. 먼저 폼에 텍스트 형식의 값을 입력하고 복수 개의 파일을 선택 할 수 있는 페이지를 만들도록 하겠습니다.

복수 파일 업로드 예제

01 파일을 원하는 만큼 선택 받을 수 있게 페이지를 동적으로 생성하는 페이지를 작성하고 저장합니다.

> **실습 파일 : source/ch13/fileSelectPage.jsp**

```
01 : <%@page contentType="text/html; charset=EUC-KR" %>
02 : <%!
03 :    public String getParam(HttpServletRequest request, String paramName){
04 :        if(request.getParameter(paramName)!=null){
05 :            return request.getParameter(paramName);
06 :        }else{
07 :            return "";
08 :        }
09 :    }
10 : %>
11 : <%
12 :    request.setCharacterEncoding("EUC-KR");
13 :    int filecounter = 0;
14 :    if(request.getParameter("addcnt")!=null){
15 :        filecounter = Integer.parseInt(request.getParameter("addcnt"));
16 :    }
17 : %>
18 : <html>
19 : <head>
20 : <title>File Select Page</title>
21 : <link href="style.css" rel="stylesheet" type="text/css">
22 : <script language="JavaScript">
23 : function inputValue(form1, param, form2, idx){
24 :     var paramValue = form1.elements[idx].value;
25 :     form2.elements[idx].value = paramValue;
26 :     return;
27 : }
28 : function addFile(formName){
29 :     if(formName.addcnt.value==""){
30 :         alert("입력할 파일 개수를 입력하고 확인버튼을 눌러주세요");
```

> request 객체에 담겨진 데이터 대한 인코딩을 지정합니다. 한글 처리를 위해 EUC-KR로 지정합니다.

> 스타일을 지정한 파일입니다. 현재의 jsp 페이지가 저장되는 폴더에 동일한 곳에 저장하면됩니다. 스타일 시트 파일은 단지 브라우저에 보여 지는 글자 폰트, 색상, 스타일 등만을지정하기 때문에 만약 없더라도 페이지 실행에 지장은 없습니다.
> (실습 파일 : source/ch13/style.css)

> ※ 주의 – 효율적인 JSP 페이지 작성법
> 효율적인 JSP 페이지 작성법
> fileSelectPage.jsp 페이지는 자바스크립트가 많이 사용 되었습니다. 모든 부분을 JSP로 코딩을 하면 보안에 있어서 보다 유리 하지만 서버에서 동작하는 jsp 페이지이기 때문에 서버에 부하를 경감하기 위해서는 보안에 우려할 만한 사항이 없다면 클라이언트에서 작동하는 자바스크립트의 효용성을 빌려서 페이지를 작성하는 것도 하나의 방법이 될 수 있습니다.

```
31 :          formName.addcnt.focus();
32 :          return;
33 :      }
34 :    formName.submit();
35 : }
36 :
```

TIP

폼을 전송하기 위해서 〈input type="submit"〉을 사용하자만 폼 요소에 대한 처리를 필요로 하는 경우 〈input type="button"〉
으로 지정을 하고 이 버튼(button)이 클릭될 때 발생되는 이벤트를 이용하여 특별한 처리를 합니다. 이때 발생되는 이벤트
를 이용하여 자바스트립트에서 필요한 처리를 합니다.

```
37 : function elementCheck(formName){
38 :    paramIndex = 1;
39 :    for(idx=0; idx<formName.elements.length; idx++){
40 :        if(formName.elements[idx].type == "file"){
41 :          if(formName.elements[idx].value==""){
42 :            var message = paramIndex +" 번째 파일정보가 누락되었습니다.\n 업로드할 파일을 선택해 주세요";
43 :              alert(message);
44 :              formName.elements[idx].focus();
45 :              return;
46 :          }
47 :          paramIndex++;
48 :        }
49 :    }
50 :    formName.action = "fileInfoView.jsp";
51 :    formName.submit();
52 : }
53 : </script>
54 : </head>
55 : <body topmargin="100">
56 : <div align="center"><font color="#0000ff" size="2">
57 : 복수개의 파일의 업로드를 위하여 파일 갯수를 입력한 후<br>
58 : 확인 버튼을 눌러주세요!!!<br>
59 : 입력이 완료되면 DONE 버튼을 눌러주세요</font></div><br>
60 : <form name="frmName1" method="post">
61 : <table width="75%" border="1" align="center" cellpadding="1" cellspacing="1"
     bordercolor="#660000" bgcolor="#FFFF99">
62 : <tr bgcolor="#FFCC00">
63 :    <td width="10%"><div align="right">user</div></td>
64 : <td><input name="user" onkeyup="inputValue(this.form,user,frmName2,0)" value="<%=getParam(request,
   "user")%>"></td>
```

> 자바스크립트가 실행이 되면서 메시지 창에 표시 되는 문자열입니다. \n은 라인을 바꾸기 위해서 사 용되는 특수문자 종류 중 하나입니다.

> onkeyup 이벤트는 키입력을 위한 키보드가 눌려졌다가 다시 올라오는 순간 이벤트가 발생합니다. 키보드가 눌려졌 다가 올라오면서 발생하는 이벤트로 inputValue()라는 자바스크립트 함수(function)가 호출 됩니다.

```
65 :    <td width="10%"><div align="right">title</div></td>
```

```
66 :     <td><input tname="title" onkeyup="inputValue(this.form,title,frmName2,1)" value="<%=getParam(request,
         "title")%>"></td>
67 : </tr>
68 : <tr bgcolor="#FFCC00">
69 :     <td width="15%"><div align="right">content</div></td>
70 :     <td width="50%" colspan="3">
71 :     <textarea name="content" cols="40" onkeyup="inputValue(this.form,content, frmName2,2)">
         <%=getParam(request,"content")%></textarea>
72 :     </td>
73 : </tr>
74 : <tr>
75 :     <td colspan="4"><div align="center">
76 :     <font size="-2">추가할 파일 수 입력</font>
77 :     <input name="addcnt">
78 :     <input type="button" value=" 확인 " onclick="addFile(this.form)">
79 :     </div>
80 :     </td>
81 : </tr>
82 : </table>
```

TIP

하나의 웹 페이지에는 여러 개의 폼이 존재 할 수 있습니다. 하지만 폼 내부에 또 다른 폼이 존재할 수는 없습니다. 복 수 개의 폼이 존재할 수 있는 것은 그들 각각의 폼들이 중첩이 안 되어야 한다는 것입니다. 또한 한 번에 전송될 수 있는 폼 은 하나입니다. 복수 개의 폼이 존재한다고 해도 실제 전송되는 폼은 여러 폼들 중 하나만이 전송됩니다.

```
83 : </form>
84 :
85 : <form name="frmName2" method="post" enctype="multipart/form-data">
86 : <table width="75%" border="1" align="center" cellpadding="1" cellspacing="1"
        bordercolor="#660000" bgcolor="#FFFF99">
87 : <tr bgcolor="#FFCC00">
88 :     <td width="40%">
89 :     <input type="hidden" name="user" value="<%=getParam(request,"user")%>">
90 :     <input type="hidden" name="title" value="<%=getParam(request, "title")%>">
91 :     <input type="hidden" name="content" value="<%=getParam(request,"content")%>">
92 :     <%   for(int i=0; i<filecounter; i++){%>
93 :     <input type="File" size="50" name="selectFile<%=i%>"><br/>
94 :     <%   }%>
95 :     </td>
96 :     <td><input type="button" value="DONE" onclick="elementCheck(this.form)"></td>
97 : </tr>
98 : </table>
99 : </form>
100 : </body>
101 : </html>
```

fileSelectPage.jsp 페이지는 두 개의 폼으로 구성되어 있습니다. 이 폼은 실제적으로 사용자로부터 입력받 는 필드들이 있는 폼입니다. 즉 text, textarea 등의 필드에 값을 입력 받아서 아래에 있는 폼에 값을 입력 하고 필요한 만큼 파일선택 창을 만들기 위해 사용되는 폼입니다. 이 폼의 액션은 현재의 페이지로서 이전 에 전송된 값을 다시 현재의 폼 요소들 각각의 필드에 표시해서 폼에 입력된 값들을 유지하게 합니다.

라우저에 보이지는 않지만 필요한 값을 담기 위해서 hidden 속성으로 지정하였습니다.

button 속성을 가진 폼 요소는 onclick이라는 이벤트를 발생 시킬 수 있습니다. 그래서 이 버튼이 눌러 질 때 이벤트가 발생합니다. 이벤트는 어떤 신호라고 생각하면됩니다. 버튼이 눌러질 때 어떤 신호가 발생이 되어서 elementCheck() 라는 자바스크립트 함수를 호출해서 이 함수가 실행이 되게끔 합니다.

02 : 〈%!, %〉는 선언부입니다. 이 선언부에서 이 페이지 전체에서 사용될 변수나 메소드를 정의할 수 있습니다.

03 : String 타입을 반환하는 getParam() 메소드를 정의합니다. 이 함수는 request, paramName을 인자로 전달받아서 현재 폼 요소들 중 paramName으로 지정된 부분에 입력된 값을 보존하기 위한 메소드입니다. 그리고 현재의 폼을 전송합니다. 폼의 액션을 자신의 페이지로 하고 이 폼이 전송되면 다시 현재의 페이지가 불러집니다. 이때 입력되어 있던 값들은 모두 없어집니다. 마치 텍스트 필드에 어떤 값을 입력하고 난 뒤, 페이지를 [새로고침]해서 다시 실행시키면 입력되었던 값이 없어지는 것처럼 현재의 페이지를 다시 현재 페이지로 전송하면 이전에 입력한 값들은 모두 사라집니다. 앞장에서 배운 상태에 대한 보전이 없기 때문에 한 번 전송이 완료된 페이지는 이전의 페이지와 상관없는 새로운 페이지일 뿐입니다. 그래서 이전에 입력한 값들을 보전하기 위해 정의한 메소드입니다.

04 : request.getParameter(paramName)!=null는 이 페이지가 처음에 실행될 때는 request.getParameter()로 받아오는 값이 없기 때문에 이 부분이 null인지 아닌지를 체크합니다.

05 : if 조건에 있는 부분이 null이 아닐 때, 즉 이 페이지를 전송한 경우입니다. 이 페이지를 전송한 경우에는 이름과 값의 쌍으로 이루어진 파라미터(폼 요소들)를 가져올 수 있습니다. 그래서 파라미터 이름으로 가져온 값을 getParam() 메소드의 결과값으로 반환합니다.

06 : if 조건에 있는 부분이 null일 경우에 수행됩니다. null일 경우는 이 페이지가 이전에 실행이 된 것이 아니고 처음 실행되었기 때문에 request 객체에 담겨진 파라미터(폼 요소)는 없습니다. 그래서 null이 되어서 이 else 부분이 실행됩니다.

07 : null일 때는 getParam() 메소드의 수행 결과의 반환값은 ""(공백)입니다.

12 : request 객체에 있는 setCharacterEncoding() 메소드를 사용해서 request 객체에 담겨진 값들에 대해서 한글 처리를 합니다.

13 : 정수형 변수를 선언합니다. 스크립트릿(〈%.%〉)에서 정의되는 변수는 반드시 초기화가 필요합니다. 그래서 정수형 변수이므로 초기값을 0으로 설정합니다.

14 : 76라인의 '추가할 파일 수 입력' 부분에서 77라인에 있는 input 태그에 파일 수를 입력한 뒤, [확인] 버튼을 누르면 현재의 페이지가 전송됩니다. [확인] 버튼을 눌러 전송하는 폼은 다시 현재의 페이지로 폼을 전송하게 되는데 이때 addcnt에 입력된 파일 개수를 뽑아옵니다. 만약에 이 페이지가 처음 실행되었다면 이 페이지의 폼(FileSelectPage.jsp에는 폼이 두 개입니다. 여기서는 frmName1의 이름을 가진 폼을 뜻합니다.)에 담긴 데이터가 없기 때문에 null이 되어서 if문 내부를 수행하지 않습니다만, [확인] 버튼을 클릭해서 이 폼을 전송하였을 경우는 addcnt에 담긴 값이 있기 때문에 이 addcnt에 담긴 값을 filecounter라는 정수형 변수에 담았습니다. 이때 request.getParameter() 메소드는 그 반환값이 String 형태이므로 정수형 변수에 담기 위해서 Integer.parseInt() 메소드를 통해서 정수형으로 바꾸어서 담습니다. 그러면 filecounter에는 사용자가 입력한 파일 개수가 입력되어 있습니다.

23 : 자바스크립트 함수로 폼 이름, 폼에 있는 요소의 이름(예 〈input name="txtField"〉에서 "txtField"), 폼 요소의 인덱스(예 〈input name...〉〈input name=...〉으로 폼 요소들이 있다면 첫 번째의 인덱스는 0, 두 번째는 1...)을 인자로 받습니다.

TIP

폼 요소들은 그 배치된 순서대로 인덱스를 가집니다. 가장 첫 번째의 요소가 가지는 인덱스는 0, 두 번째는 1이 됩니다. 즉, 0부터 그 인덱스가 지정이 되는 것입니다.

---

24 : paramValue이라는 자바스크립트 변수에 폼 요소들 중 첫 번째 요소의 값을 담습니다. 즉, frmName1의 usr에 입력된 값이 paramValue 변수에 담겨집니다.

25 : paramValue에 담겨진 값을 frmName2의 hidden 속성으로 지정된 user에 담는 부분입니다.

26 : return문을 사용해서 함수 수행을 마칩니다.

28 : addFile() 자바스크립트 함수는 폼 이름을 인자로 받습니다.

| 29 | : 폼 요소 중 addcnt에 입력된 값이 공백(아무것도 입력하지 않은 상태)이면 다음 라인을 실행합니다. |

29 : 폼 요소 중 addcnt에 입력된 값이 공백(아무것도 입력하지 않은 상태)이면 다음 라인을 실행합니다.

30 : alert() 메소드는 브라우저에 메시지 창을 띄우는 자바스크립트 내장함수입니다. 인자는 문자열입니다. 인자로 받은 문자열을 포함해서 메시지 창을 띄웁니다.

31 : formName.add.focus()는 커서를 addcnt라는 이름을 가진 폼 요소에 위치시킵니다.

32 : return문으로 함수를 끝냅니다.

34 : 29라인의 formName.addcnt.value==''이 아닐 경우, 공백이 아닌 어떤 값이 입력되었을 경우에는 if문 내부를 실행하지 않습니다. if문 내부를 수행하게 되면 32라인의 return문을 만나서 함수실행이 끝나게 되어서 이후에 있는 명령들을 실행하지 않습니다. 반면 어떤 값이 입력되어 있는 경우일 때는 if문 내부를 실행하지 않기 때문에 현재의 라인을 실행합니다. formName.submit()은 폼을 전송하는 명령입니다. 이 명령이 실행되면 이 폼이 전송됩니다.

37 : function elementCheck(formName) 메소드는 폼 이름을 인자로 받는 자바스크립트 메소드입니다. 이 메소드의 역할은 파일선택 부분에 아무런 값이 입력되지 않았을 때, 파일선택을 하라는 메시지를 메시지 창으로 띄운 후 파일선택을 하게 하는 메소드입니다. 파일 선택란에 파일이 선택이 되었을 때는 인자로 받은 폼을 전송하게 됩니다.

38 : paramIndex = 1에서 paramIndex 변수는 파일선택 창 인덱스를 가리키는 변수입니다.

39 : 이 반복문은 폼에 있는 전체 폼 요소들의 개수만큼 반복 수행하게 합니다.

40 : 폼 요소들 중 인덱스로 지정되는 폼 요소의 type이 file인지 아닌지를 체크하는 부분입니다. 즉, 이 부분은 폼 요소의 처음부터 〈input type="file" name=...〉으로 지정된 폼 요소를 찾아내는 부분입니다.

41 : file로 지정된 폼 요소가 맞다면 이 폼 요소에 입력된 값이 공백인지 아닌지를 체크합니다.

42 : 이 폼 요소에 입력된 값이 없는 경우 메시지 창에 표시할 문자열을 지정합니다.

43 : 이 폼 요소에 입력된 값이 없는 경우 42라인에서 지시한 문자열이 alert() 메소드를 통해서 메시지 창에 포함되어 표시됩니다.

44 : 1021메시지 창이 표시되고 난 후 커서를 현재의 폼 요소로 이동시킵니다. 즉 파일을 선택할 수 있는 input 태그로 커서를 이동시키는 것입니다.

45 : 커서가 이동된 후 메소드 수행을 끝냅니다.

47 : paramIndex++는 paramIndex를 하나 증가시켜서 다음 반복문 수행 시 file이란 속성으로 지정된 부분에 아무런 값이 입력되지 않았을 경우, 그 폼 요소의 순번을 지시하기 위함입니다. 실행을 통해서 쉽게 알게 되겠지만, 파일선택 창이 여러 개일 경우에 파일 정보가 누락된 부분이 있는 경우, 누락된 파일선택 창 번호를 표시하기 위한 부분입니다.

50 : elementCheck() 자바스크립트 함수에 전달 된 인자인 폼의 action을 지정합니다.

51 : 지정한 action 페이지로 해당 폼을 전송시킵니다.

64 : text로 지정된 폼 요소는 onkeyup이란 이벤트를 발생시킬 수 있습니다. 그래서 user라는 이름을 가진 텍스트 박스에 값 입력을 위한 키보드 입력이 완료되는 순간 이벤트가 발생되어 inputValue()라는 자바스크립트 함수를 호출합니다. 이 함수는 현재의 폼에서 받은 값을 다른 폼에 있는 요소에 입력하는 함수입니다. 또한 이전에 입력했던 값을 받아와서 텍스트 박스에 표시하기 위해 getParam() 메소드를 호출합니다.

66 : 역시 텍스트 박스에 값 입력을 위한 키보드의 입력이 완료되는 순간 이벤트가 발생하여 inputValue()라는 자바스크립트 함수를 호출합니다. 64라인처럼 인자만을 달리해서 같은 함수를 호출하면, 인자에 따라 현재 폼의 인자로 지정한 요소의 값을 다른 폼에 있는 요소에 입력하는 메소드입니다. getParam() 메소드를 통해서 이전에 이 필드에 입력했던 값을 가져와서 표시합니다.

71 : textarea 속성으로 지정된 폼 요소 역시 text 속성으로 지정된 부분처럼, 발생되는 이벤트를 통해서 다른 폼 요소에 값을 입력하고, 이전의 값을 표시하기 위해서 getParam() 메소드를 사용합니다.

64, 66, 71 : text, textarea에 해당되는 각각의 필드에 입력된 값이 다른 폼의 hidden 속성으로 지정된 폼 요소에 입력되는 것입니다.

76 ~ 78 : 업로드할 파일 개수를 입력하는 부분입니다. 이 폼 요소의 값만큼 파일선택 창이 생성됩니다. [확인] 버튼을 클릭하면 이벤트가 발생되어서 addFile() 자바스크립트 함수를 호출합니다. 아무런 값 입력(파일 개수 입력)이 없다면, 메시지를 띄워서 파일 개수를 입력하게 포커스가 이동됩니다.

83 : 하나의 폼이 끝납니다. 이 폼의 이름은 frmName1인데 이 폼의 역할은 단순히 사용자의 입력을 받기 위한 필드들만을 갖고 있을 뿐입니다. 그래서 각각의 필드에 입력된 값들을 frmName2라는 이름을 가진 폼에 입력이 될 수 있게 자바스크립트 함수를 호출하고, 또 파일 개수를 입력하여 frmName2에 파일선택 창을 여러 개 생성할 수 있게 하는 폼입니다. 이렇게 폼을 두 개로 나눈 이유는 파일 업로드를 위해서 사용되는 폼의 enctype 속성이 multipart/form-data로 지정이 되어서 request 객체를 통해서 폼 데이터를 처리할 수가 없기 때문에, 동적으로 파일선택 창을 생성하기 위해서는 특별히 폼을 따로 만들어야 합니다. 동적으로 파일선택 창을 생성하여 복수 개의 파일을 입력받는 폼의 file 속성을 가진 요소를 포함한 폼을 만들고, 그 폼 안에 hidden 속성으로 필요한 부분을 지정하여 다른 폼에서 받은 값들을 가질 수 있게 하였습니다.

TIP

폼 요소들 중 브라우저에 표시가 되지 않고 숨어있는 기능을 사용하고 싶을 때, hidden 속성을 사용합니다. 브라우저에는 표시되지 않지만, 소스보기를 통하면 hidden으로 지정된 태그를 볼 수 있습니다.

---

85 : frmName2 폼은 multipart/form-data로 지정된 폼입니다. 이 폼을 통해서 파일 업로드를 위한 파일 정보를 받습니다.

89 ~ 91 : hidden 속성으로 부여된 폼 요소들입니다. user, title, content라는 각각의 필드들은 frmName1의 텍스트 필드에서 값이 입력될 때, 발생한 이벤트를 통해서 호출된 자바스크립트 함수의 결과로 frmName1의 텍스트 필드에 입력된 값이 담겨집니다. 그리고 이 페이지가 frmName1을 통해서 전송이 되면 다시 현재의 페이지가 로드되는데, 이때 이전에 담겨진 값을 보존하기 위해서 value에 지정될 값을 getParam() 메소드를 사용해서, 이전의 값을 가질 수 있게 합니다.

92 : 업로드 할 파일 수를 입력받았을 때, 그 수만큼 파일선택 창을 생성하는 부분입니다. for문에 지정된 조건이 성립하는 동안 for문 내부를 수행합니다. 그래서 file 선택 창을 동적으로 생성할 수 있습니다.

93 : for문에 의해서 동적으로 생성되는 파일선택 창 부분입니다. 파일선택 창은 하나 이상 생성될 때 file 속성을 가진 이름을 동적으로 생성시키는 부분입니다. name="selectFile(%=i%)"을 해서 실제 브라우저에서 실행되었을 때는 name="selectFile0", name="select1"식으로 생성이 됩니다. 이렇게 해서 각각의 파일 필드를 구별할 수 있습니다.

96 : button 속성은 버튼이 눌러질 때 이벤트를 발생시킵니다. 이벤트가 발생할 때 elementCheck()라는 자바스크립트 함수를 호출해서, frmName2에 속한 폼 요소들의 필드에 누락된 부분을 체크하는 함수입니다. 누락된 부분이 있으면 메시지를 표시하고 그 부분으로 포커스를 이동시킵니다. 현재의 폼은 파일선택 창을 통해서 파일 정보를 입력받는 부분이 있기 때문에, 필요한 만큼 생성되어 있는 파일선택 창에 파일이 선택되지 않을 경우 메시지 창을 표시합니다.

02 동적으로 생성이 된 파일선택 창을 통해서 파일을 선택하고 실행을 하면 전송된 3개의 필드들과 여러 개의 업로드 파일을 처리하는 내용을 작성하고 저장하겠습니다.

실습 파일 : source/ch13/fileInfoView.jsp

```
01 : <%@page contentType="text/html; charset=EUC-KR" %>
02 : <%@page import="com.oreilly.servlet.MultipartRequest,
03 :             com.oreilly.servlet.multipart.DefaultFileRenamePolicy,
04 :             java.util.*,     ← Enumeration을 사용하기 위해 임포트합니다.
05 :             java.io.*"       ← IOException으로 예외를 받기 위해 임포트합니다.
06 : %>
```

```jsp
07 : <%
08 : String saveFolder = "C:/Jsp/myapp/WebContent/ch13/filestorage/";
09 : String encType = "EUC-KR";
10 : int maxSize = 10*1024*1024;//10M
11 :
12 : ServletContext context = getServletContext();
13 : ArrayList saveFiles = new ArrayList();
14 : ArrayList origFiles = new ArrayList();
15 :
16 : String user = "";
17 : String title= "";
18 : String content = "";
19 :
```

10 : `int maxSize = 10*1024*1024;//10M` → 0*1024*1024=10*1K*1K=10*1M=10M의 최대 크기를 지정합니다.

13~14 : 사용자가 선택한 파일이름들을 저장하기 위한 ArrayList 객체를 생성합니다.

TIP | 예외 처리를 위한 구문

```
try{
}catch
```

try를 사용해서 예외가 발생될 수 있는 부분들을 {}(중괄호 블록)로 묶어 try 블록을 구성합니다. 그리고 필요한 예외에 대한 처리를 catch를 통해서 처리합니다. jsp 페이지 호출시 오류가 나타나는 경우가 많이 있습니다. 이때 오류 메시지 중 try 없는 catch로 인해 발생 되었다는 메시지가 있습니다. 이때는 try{}에서 사용되는 {}와 다른 메소드에서 {}에 대해서 잘 살펴보시기 바랍니다. {}는 반드시 한 쌍으로 열기, 닫기로 이루어져 있습니다.

```jsp
20 : try{
21 :     MultipartRequest multi = new MultipartRequest( request, saveFolder, maxSize,encType,new
        DefaultFileRenamePolicy());
22 :
23 :     user = multi.getParameter("user");
24 :     title = multi.getParameter("title");
25 :     content = multi.getParameter("content");
26 :
27 :     Enumeration files = multi.getFileNames();
28 :     while(files.hasMoreElements()){
29 :         String name = (String)files.nextElement();
30 :         saveFiles.add(multi.getFilesystemName(name));
31 :         origFiles.add(multi.getOriginalFileName(name));
32 :     }
33 : %>
34 : <html>
35 : <head>
36 : <title>File Info Page</title>
37 : <link href="style.css" rel="stylesheet" type="text/css">
38 : </head>
39 : <body>
```

23~25 : multi.getParameter() 메소드를 이용할 때 이름을 알고 있으며 이렇게 파라미터의 값을 가져올 수 있습니다.

27~31 : 파라미터의 이름을 모를 경우 모든 이름을 가져와서 가져온 이름을 통해서 파라미터의 값을 가져올 수 있습니다.

```
40 : <table width="75%" border="1" align="center" cellpadding="1" cellspacing="1"bordercolor="#660000"
        bgcolor="#FFFF99">
41 : <tr>
42 :    <td width="10%" bgcolor="#FFCC00"><div align="right">
             <strong>user</strong></div></td>
43 :    <td width="30%"><%=user%></td>
44 :    <td width="10%" bgcolor="#FFCC00"><div align="right">
             <strong>title</strong></div></td>
45 :    <td width="30%"><%=title%></td>
46 : </tr>
47 : <tr>
48 :    <td width="10%" bgcolor="#FFCC00"><div align="right">
             <strong>content</strong></div></td>
49 :    <td width="50%" colspan="3">
50 :    <textarea cols="50" rows="5" disabled><%=content%></textarea>
51 :    </td>
52 : </tr>
53 : <tr><td colspan="4" bgcolor="#ffffff"> </td></tr>
54 : <tr>
55 :    <td colspan="4"><strong>업로드된 파일들입니다.</strong></td>
56 : </tr>
57 : <%for(int i=0; i<saveFiles.size();i++){%>
58 : <tr bgcolor="#FFCC00">
59 :    <td colspan="4">
```

> ArrayList에 있는 메소드로 ArrayList의 크기를 정수형으로 반환합니다.
> ArrayList의 크기는 ArrayList에 담겨진 요소의 개수입니다.

TIP

jsp 페이지를 브라우저에서 호출시 URL을 통해 호출합니다. 이때 대소문자에 유의하시기 바랍니다. Tomcat은 대소문자를 구별하기 때문에 같은 페이지 이름일지라도 대소문자가 다르면 다른 페이지로 인식합니다. 대소문자를 틀리게 해서 호출한 경우 또는 호출한 페이지의 이름을 가진 페이지가 없는 경우 JSP 에러메세지 404에러를 브라우저에 표시하게 됩니다.

```
60 :    <a href="<%="./filestorage/"+saveFiles.get(i)%>"> <strong><%=origFiles.get(i)%></strong></a>
61 :    </td>
62 : </tr>
```

> 원래의 파일명에 걸린 링크는 서버의 폴더에 저장된 파일로 링크가 걸려 있습니다.

```
63 : <%}%>
64 : </table>
65 : </body>
66 : </html>
```

> MultipartRrequest 생성자에서 던져지는 java.io.IOException 예외를 받기 위한 부분입니다.

```
67 : <%
68 : }catch(IOException ioe){
69 :    System.out.println(ioe);
70 : }catch(Exception ex){
```

> 모든 예외 사항을 받기 위한 부분입니다.

```
71 :    System.out.println(ex);
72 : }
73 : %>
```

02 : MultipartRequest, DefaultFileRenamePolicy, java.util, java.io 패키지를 임포트합니다.

08 ~ 10 : 파일이 저장될 폴더와 인코딩 타입, 업로드될 파일의 최대 크기를 지정할 변수 등을 정의합니다.

12 : getServletContext() 메소드를 이용해서 ServletContext() 객체를 얻어 saveFolder의 실제 경로를 얻어옵니다.

13 : 배열형 자료 구조인 ArrayList 객체를 생성합니다. ArrayList는 다수의 배열형 요소를 저장할 수 있습니다. 이렇게 배열형 자료 구조를 사용하는 이유는 앞 페이지에서 하나 이상의 파일이 업로드 될 때 하나 이상의 파일에 대한 정보를 담기 위해서 배열형인 ArrayList를 사용했습니다. 쉽게 말하면 배열형 자료 구조는 하나의 이름에 여러 값을 저장할 수 있는 구조입니다.

16 ~ 18 : 앞 페이지에서 user, title, abstract에 입력한 값을 담을 변수를 정의합니다.

21 : MultipartRequest 객체를 생성합니다. 인자가 다섯 개인 생성자에 각각 요청에 담겨진 request, 저장할 폴더, 파일 최대 크기, 인코딩 타입, 파일 중복 시 파일명 변경설정의 인자를 전달해서 객체를 생성합니다.

23 ~ 25 : MultipartRequest의 객체인 multi의 getParameter() 메소드를 사용, 파라미터의 이름을 통해서 직접 값을 얻어올 수 있습니다. 앞 페이지에서 입력되었던 값을 가져오는 부분입니다.

27 : getFileNames()는 file 속성으로 지정된 태그의 이름들을 불러옵니다.

28 ~ 31 : file 속성으로 지정된 태그의 이름을 리턴 받아서 업로드 파일 이름, 본래의 파일 이름을 ArrayList에 하나씩 저장합니다. saveFiles.add(), origFile.add에서 add() 메소드는 ArrayList에 있는 메소드로 전달된 인자에 해당되는 요소를 ArrayList에 넣는 메소드입니다. add() 메소드에 전달되는 인자의 타입은 객체형 입니다. 자바에서 사용되는 모든 객체를 집어넣을 수 있습니다.

43 : user 변수를 통해서 출력합니다. user는 user = multi.getParameter("user")에서 user에 입력된 값을 user로 받았습니다.

45 : title 변수를 통해서 출력합니다. title은 title = multi.getParameter("title")에서 title에 입력된 값을 title로 받았습니다.

50 : content 변수를 통해서 출력합니다. content = multi.getParameter("content")에서 content에 입력된 값을 content로 받았습니다.

57 : ArrayList의 객체인 savaFile의 size() 메소드를 사용해서 ArrayList의 크기만큼, 즉 ArrayList에 요소들이 포함된 수만큼 for문 내부를 반복 수행하게 합니다.

60 : saveFile.get() 메소드는 인자에 해당되는 인덱스(주소, 방 번호)로 그 위치에 있는 값을 가져오는 메소드입니다. 이때 반환되는 타입은 객체형 입니다. add() 메소드에서 객체형을 저장할 수 있기 때문에 당연히 들어가 있는 값을 빼올 때 반환되는 타입도 객체형 입니다.

origFiles.get() 메소드를 사용해서 마찬가지로 ArrayList에 담겨져 있는 값들 중 인자로 주어진 인덱스가 가르치는 위치에 있던 요소를 가져와서 반환합니다.

그래서 이 라인의 실행결과는 실제 사용자가 선택한 파일 이름이 표시되고 이 이름에 걸려있는 링크는 실제 업로드 파일로 링크가 됩니다. 만약 사용자가 a.***라는 파일을 선택해서 업로드 했다고 가정합니다. 기존에 a.***라는 파일과 서버에 업로드 파일이 저장될 폴더에 같은 이름이 없다면, a.***은 그대로 저장이 되지만 같은 파일이 있을 경우 a1.***의 형태로 파일명이 바뀌게 됩니다.

67 ~ 72 : 예외를 처리하기 위한 부분입니다.

03 이 페이지는 앞 페이지에서 폼 필드들에 입력한 값을 출력하고 복수 개 파일들을 업로드 하기 위한 페이지입니다. fileSelectPage.jsp가 처음 실행된 모습입니다. user, title, content에 각각 값을 입력합니다.

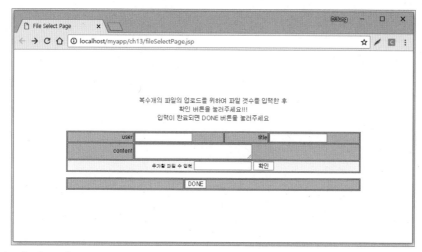

▲ [그림 13-16] fileSelectPage.jsp의 실행모습

04 파일을 업로드하고 싶은 경우 '추가할 파일 수 입력' 필드에 숫자를 적고 [확인] 버튼을 누릅니다. 버튼을 누르고 나면 입력한 수만큼 파일 선택 창이 생성됩니다.

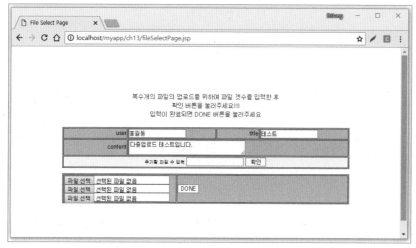

▲ [그림 13-17] fileSelectPage.jsp에서 파일선택 창이 생성된 모습

05 생성된 파일선택 창에 파일을 선택해서 [DONE] 버튼을 누르면 현재의 페이지가 전송됩니다. 만약 파일 선택이 하나라도 누락 되어 있다면 '몇 번째 파일정보가 누락되었습니다...'라는 메시지가 뜹니다. 해당 위치에서 누락된 파일을 선택한 뒤 다시 [DONE] 버튼을 누르면 페이지가 전송됩니다.

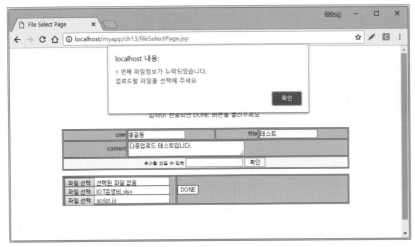

▲ [그림 13-18] fileSelectPage.jsp에서 누락된 파일체크 모습

06 복수 개의 파일이 업로드되어서 각각의 파일로 링크가 걸린 모습을 보여주는 fileInfoView.jsp의 실행모습입니다. 이전의 페이지에서 입력했던 값들도 정상적으로 파싱(원하는 형태의 자료를 받는 것)되어 보여 지고 있고 복수 개의 파일도 완전하게 업로드되어 있는 것을 볼 수 있습니다.

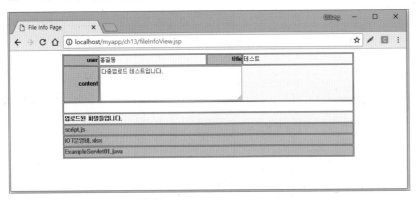

▲ [그림 13-20] fileInfoView.jsp 실행화면

TIP

웹 브라우저에서 지원되는 파일은 브라우저에서 바로 열리게 됩니다. 하지만 브라우저에서 지원되지 않는 파일의 경우(Ex:압축 파일 .zip, .jar...) 다운로드 창이 뜹니다.

07 이클립스 프로젝트 탐색기를 통해서 실제로 업로드 파일을 확인해 보겠습니다. 앞에서 Tip으로 설명한 것처럼 업로드 폴더를 새로고침 해야 합니다.

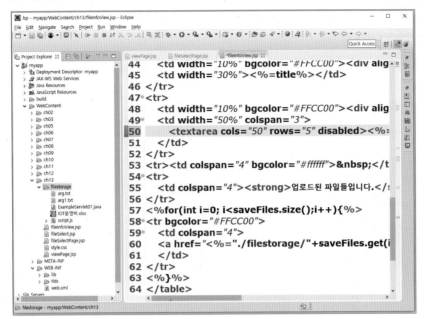

▲ [그림 13–21] 이클립스 프로젝트 탐색기를 통해서 확인한 업로드 파일들

파일 업로드를 위한 폼 ENCTYPE 속성 지정

```
<form method="post" enctype="multipart/form-data">
```

파일 업로드 및 폼 데이터 분석을 위한 단계

MultipartRequest의 객체 생성	MultipartRequest multi = new MultiPartRequest(request, folderDirectory, maxSize, "EUC-KR", new DefaultFileRenamePolicy();
파라미터 이름 추출	Enumeration params = multi.getParameterNames();
파라미터 이름을 통한 값 추출	String paramValue = multi.getParameter(java.lang.String name);
파일속성 파라미터 이름 추출	Enumeration files = multi.getFileNames();
파일이름 추출(실제 저장된 파일명)	String filename = multi.getFilesystemName(name);
파일이름 추출(실제 파일명)	String original = multi.getOriginalFileName(name);
컨텐트 타입 반환	String type = multi.getContentType(name);
파일 객체 반환	File f = multi.getFile(name);

1 파일 업로드를 위한 페이지 중 코드의 일부입니다. 빈칸을 채우세요.

```
<form name="formName" enctype="❶_____">
      <input name="txt1">
      <input name="txt2">
      <input type="❷_____" name="filename">
      <input type="submit">
</form>
```

2 파일 업로드를 수행하는 페이지 중 코드의 일부입니다. 빈 칸을 채우세요.

```
String dir = "uploadFolder";
int size = 10*1024;//10KB
String enctype = "EUC-KR";
MultipartRequest mr = new MultipartRequest(❶_____, ❷_____, ❸_____, ❹_____,
                      new DefaultFileRenamePolicy());
```

3 cos.jar을 사용하기 위한 절차입니다.
현재 프로젝트 이름이 'myapp'라고 할 때 프로젝트에서 cos.jar을 위치시켜야 할 곳은 어디입니까? 또한 서블릿이나 자바 파일에서 사용하기 위한 설정은 어떻게 합니까?

4 MultipartRequest 클래스에서 제공되는 메소드 중 실제 업로드 된 파일의 이름을 반환해주는 메소드는 무엇입니까?

5 MultipartRequest 클래스에서 제공되는 메소드 중 실제 사용자가 선택한 파일이름을 반환해주는 메소드는 무엇입니까?

해답은 621 쪽 연습문제 해답을 참조하세요.

회원가입 및 로그인

이번 장에서는 회원 인증 및 가입 프로그램을 구현하도록 하겠습니다. 회원 인증을 통해서 회원만의 특별한 기능을 제공하고 회원가입은 ID중복체크, 우편번호 검색 등의 기능 구현을 통해서 JSP의 기본 Scripting Element와 JDBC 기술 그리고 세션의 의미를 명확히 하는데 더욱 친숙해지는 학습의 기회가 되었으면 합니다.

회원 인증 및 가입의 전체적인 구조

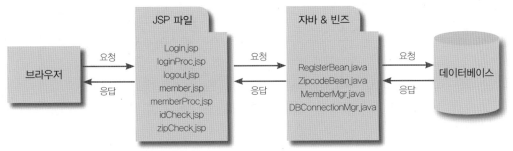

▲ [그림 14-1] 회원 인증 및 가입 전체 구조도

앞으로 전개될 회원 인증 및 가입, 게시판, 쇼핑몰은 JSP와 빈즈를 이용하여 구현하도록 해보겠습니다. JSP는 사용자가 보게 될 화면출력 부분을 구성하며 그 외의 DB와 연결하는 작업 등과 같은 데이터 처리를 위한 작업은 빈즈를 이용하여 구성하도록 하겠습니다. 이미 설명한 것처럼 빈즈는 자바프로그래밍과 다를 바가 없습니다. 따라서 자바공부와 함께 JSP를 학습해 나가시길 권해 드립니다.

자 그럼 게시판을 구성하는 파일들을 알아보겠습니다.

소스목록

```
JSP   • login.jsp (로그인 페이지)
      • loginProc.jsp (로그인 처리 페이지)
      • logout.jsp (로그아웃 처리 페이지)
      • member.jsp (회원가입 페이지)
      • memberProc.jsp (회원가입 처리 페이지)
      • idCheck.jsp (중복 아이디 체크 페이지)
      • zipSearch.jsp (우편번호 검색 페이지)
----------------------------------------------------------------------
기타  • script.css (스타일 시트 파일)
      • script.js (자바스크립트 처리 파일)
----------------------------------------------------------------------
자바와 빈즈
  ❶ MemberBean.java (회원가입 자바빈즈)
  ❷ ZipcodeBean.java (우편번호 및 주소 자바빈즈)
  ❸ MemberMgr.java (회원 인증 및 가입과 우편번호 처리 자바 파일)
  ❹ DBConnectionMgr.java (데이터베이스 연결 connectionpool 자바 파일)(컴파일 순서 : ❶➡❷➡❸➡❹)
```

회원인증 및 가입의 기능

- 회원가입 폼으로 회원의 정보를 회원테이블에 저장합니다.
- 회원 가입 시 ID 중복 검사 기능이 있습니다.
- 주민등록번호 인증 검사 기능이 있습니다.
- 이메일 형식 확인 기능이 있습니다.
- 우편번호 검색 후 자동으로 주소 저장 기능이 있습니다.
- 회원인증(로그인) 후 회원만의 제한적인 기능을 이용할 수 있습니다.

01 _ 데이터베이스 설계

먼저 프로그래밍에 앞서 필요한 테이블을 만들어 보겠습니다. 회원 인증 및 가입에 필요한 테이블은 2개입니다. 첫 번째 테이블은 회원들의 정보가 저장이 되는 회원테이블이고 두 번째 테이블은 전국의 우편번호와 주소가 저장되어 있는 우편번호 테이블입니다.

01-1 회원테이블 만들기

칼럼명	데이터타입	설명
id	varchar(20) - primary key	회원의 ID를 저장하는 칼럼입니다. ID값은 유일한 값이므로 주키(primary key)로 지정하였습니다.
pwd	varchar(20)	회원의 비밀번호를 저장하는 칼럼입니다.
name	varchar(20)	회원의 이름을 저장하는 칼럼입니다.
gender	char(1)	회원의 성별을 저장하는 칼럼입니다.
email	varchar(30)	회원의 이메일을 저장하는 칼럼입니다.
birthday	varchar(6)	회원의 생년월일을 저장하는 칼럼입니다.
zipcode	char(5)	회원의 우편번호를 저장하는 칼럼입니다.
address	varchar(50)	회원의 주소를 저장하는 칼럼입니다.
hobby	char(5)	회원의 취미를 저장하는 칼럼입니다.
job	varchar(20)	회원의 직업을 저장하는 칼럼입니다.

▲ [표 13-1] 회원테이블

TIP | primary key(기본키)의 역할은?

데이터베이스에서 테이블을 만들 때에 primary key로 지정되는 칼럼은 여러 가지 기능들을 가지고 있지만 여기서는 유일성에 대해서만 언급하도록 하겠습니다.

primary key로 지정된 칼럼에 입력되는 값들은 유일성이 보장되므로 중복된 값은 입력할 수 없습니다.

예를 들어 id라는 칼럼에 primary key로 지정을 한다면 id 칼럼에는 중복된 값의 입력을 허용하지 않습니다. 만약 중복된 값을 입력하게 되면 유일성에 위배되므로 입력을 허용하지 않습니다.

※ 주의
primary key는 테이블에서 한 번 밖에 사용 할 수가 없습니다.

위의 명세표를 보고 다음과 같이 쿼리(query)를 작성하고 F9 키를 눌러 9장에서 만들어 놓은 mydb 라는 데이터베이스에 tblMember 테이블을 만듭니다.

※ 주의
tblMember 테이블은 10장에서 생성한 tblRegister 테이블과는 비슷한 칼럼으로 구성되어 있지만 구분이 되는 테이블입니다.

▶ 실습 파일 : source/ch14/table.sql

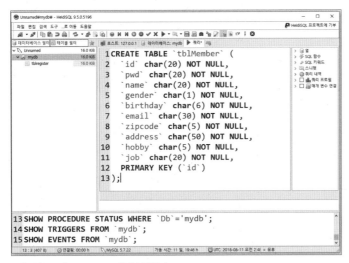

```
1 CREATE TABLE `tblMember` (
2   `id` char(20) NOT NULL,
3   `pwd` char(20) NOT NULL,
4   `name` char(20) NOT NULL,
5   `gender` char(1) NOT NULL,
6   `birthday` char(6) NOT NULL,
7   `email` char(30) NOT NULL,
8   `zipcode` char(5) NOT NULL,
9   `address` char(50) NOT NULL,
10  `hobby` char(5) NOT NULL,
11  `job` char(20) NOT NULL,
12  PRIMARY KEY (`id`)
13 );
```

```
13 SHOW PROCEDURE STATUS WHERE `Db`='mydb';
14 SHOW TRIGGERS FROM `mydb`;
15 SHOW EVENTS FROM `mydb`;
```

▲ [그림 14-2] tblMember 테이블 만들기

01-2 우편번호 테이블 만들기

칼럼명	데이터타입	설명
zipcode	char(5)	우편번호를 저장하는 칼럼입니다.
area1	char(20)	도시 또는 도를 저장하는 칼럼입니다.
area2	varchar(20)	도시 또는 구, 군을 저장하는 칼럼입니다.
area3	char(40)	도로 명을 저장하는 칼럼입니다.

▲ [표 13-2] 우편번호 테이블

위의 명세표를 보고 다음과 같이 쿼리를 작성하고 F9 키를 눌러 zipcode 테이블을 만듭니다.

▶ 실습 파일 : source/ch14/table.sql

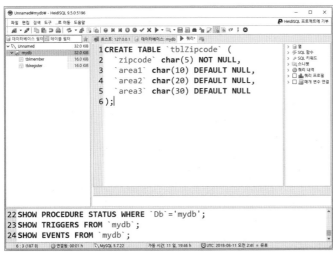

```
1 CREATE TABLE `tblZipcode` (
2   `zipcode` char(5) NOT NULL,
3   `area1` char(10) DEFAULT NULL,
4   `area2` char(20) DEFAULT NULL,
5   `area3` char(30) DEFAULT NULL
6 );
```

```
22 SHOW PROCEDURE STATUS WHERE `Db`='mydb';
23 SHOW TRIGGERS FROM `mydb`;
24 SHOW EVENTS FROM `mydb`;
```

▲ [그림 14-3] tblZipcode 테이블 만들기

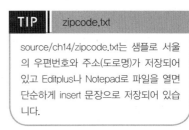

TIP zipcode.txt

source/ch14/zipcode.txt는 샘플로 서울의 우편번호와 주소(도로명)가 저장되어 있고 Editplus나 Notepad로 파일을 열면 단순하게 insert 문장으로 저장되어 있습니다.

mydb 데이터베이스의 tblZipcode 테이블에 전국의 우편번호와 주소를 자동으로 입력하기 위해서 zipcode.txt 파일을 열어 안의 텍스트들을 복사하고 HeidiSQL에서 쿼리 편집기를 열어 실행을 합니다.

실행을 하면 차례로 데이터가 tblZipcode 테이블에 들어갑니다. 데이터가 많기 때문에 시간이 조금 소요되니 앞에서 언급한 내용을 공부하면서 기다리시기 바랍니다. 참고로 필자는 10분정도 소요가 되었습니다.

▶ 실습 파일 : source/ch14/zipcode.txt

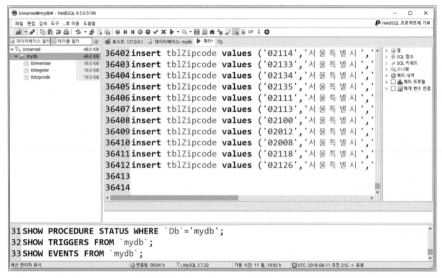

▲ [그림 14-4] zipcode 테이블 자료 입력하기

02 _ 설계 및 구현

회원가입 및 인증 프로그램은 회원가입, ID중복 체크, 우편번호 검색, 회원 인증 등의 기능들이 있습니다. 회원가입 및 인증 프로그램을 2단계로 나누어서 첫 번째는 회원가입, ID 중복체크, 우편번호 검색을 구현하고 두 번째는 회원 인증을 단계적으로 구현하겠습니다.

02-1 회원가입 만들기

회원가입 기능 페이지에서는 회원가입과 ID중복체크, 우편번호 검색 기능을 구현하겠습니다. member.jsp 페이지에서 회원 정보를 입력하고 memberProc.jsp에서 데이터베이스에 저장되는 부분을 처리합니다.

idCheck.jsp 페이지는 member.jsp의 회원가입 폼에서 데이터베이스에 중복된 ID여부를 검사하여 처리하는 페이지입니다. 그리고 zipSearch.jsp 페이지는 우편번호와 주소 검색을 담당하는 페이지입니다. 지금부터 흐름을 잘 생각하면서 본격적으로 회원가입을 구현하겠습니다.

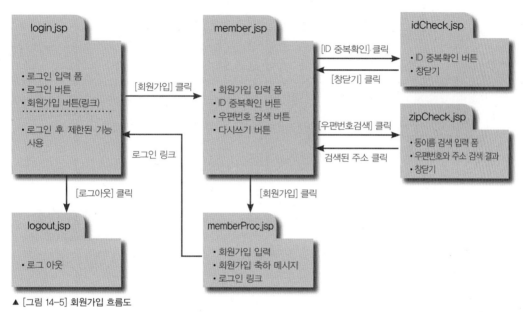

▲ [그림 14-5] 회원가입 흐름도

TIP │ 회원가입의 부가기능

회원가입 및 인증은 다른 프로그램과 연동시키지 않는다면 큰 의미가 없는 프로그램입니다. 회원을 가입시키고 로그인을 하면 회원만의 특별한 기능을 제공하기 위해서 프로그램을 만들지만 여기서는 간단하게 회원가입과 인증만 되도록 구현하고, 17장 홈페이지구축에서 회원만의 특별한 기능이 부가되는 종합적인 프로그램을 구현하겠습니다.

회원가입 부분

01 회원가입 폼을 위한 페이지를 작성하고 저장합니다.

실습 파일 : source/ch14/member.jsp

```
01 : <%@ page contentType="text/html; charset=EUC-KR"%>
02 : <html>
03 : <head>
04 : <title>회원가입</title>
05 : <link href="style.css" rel="stylesheet" type="text/css">
```

```
06 : <script type="text/javascript" src="script.js"></script>
07 : <script type="text/javascript">
08 :  function idCheck(id) {
09 :   frm = document.regFrm;
10 :   if (id == "") {
11 :    alert("아이디를 입력해 주세요.");
12 :    frm.id.focus();
13 :    return;
14 :   }
15 :   url = "idCheck.jsp?id=" + id;
16 :   window
17 :    .open(url, "IDCheck", "width=300,height=150");
18 : }
19 :
20 :  function zipCheck() {
21 :   url = "zipSearch.jsp?check=n";
22 :   window
23 :    .open(url, "ZipCodeSearch",
24 :     "width=500,height=300,scrollbars=yes");
25 : }
26 : </script>
27 : </head>
28 : <body bgcolor="#FFFFCC" onLoad="regFrm.id.focus()">
29 :  <div align="center">
30 :   <br /><br />
31 :   <form name="regFrm" method="post" action="memberProc.jsp">
32 :    <table align="center" border="0" cellspacing="0" cellpadding="5">
33 :     <tr>
34 :      <td align="center" valign="middle" bgcolor="#FFFFCC">
35 :       <table border="1" cellspacing="0" cellpadding="2" align="center" width="600">
36 :        <tr align="center" bgcolor="#996600">
37 :         <td colspan="3"><font color="#FFFFFF"><b>회원 가입</b></font></td>
38 :        </tr>
39 :        <tr>
40 :         <td width="20%">아이디</td>
41 :         <td width="50%"><input name="id" size="15">
42 :          <input type="button" value="ID중복확인"
43 :          onClick="idCheck(this.form.id.value)"></td>
44 :         <td width="30%">아이디를 적어 주세요.</td>
45 :        </tr>
46 :        <tr>
47 :         <td>패스워드</td>
48 :         <td><input type="password" name="pwd" size="15"></td>
49 :         <td>패스워드를 적어주세요.</td>
50 :        </tr>
51 :        <tr>
```

페이지 로딩 및 새로고침이 발생되면 포커스가 ID 입력란으로 위치합니다.

```
52 :        <td>패스워드 확인</td>
53 :        <td><input type="password" name="repwd" size="15"></td>
54 :        <td>패스워드를 확인합니다.</td>
55 :      </tr>
56 :      <tr>
57 :        <td>이름</td>
58 :        <td><input name="name" size="15">
59 :        </td>
60 :        <td>이름을 적어주세요.</td>
61 :      </tr>
62 :      <tr>
63 :        <td>성별</td>
64 :        <td>남<input type="radio" name="gender" value="1"
65 :        checked="checked"> 여<input type="radio" name="gebder"
66 :        value="2">
67 :        </td>
68 :        <td>성별을 선택 하세요.</td>
69 :      </tr>
70 :      <tr>
71 :        <td>생년월일</td>
72 :        <td><input name="birthday" size="6">
73 :        ex)830815</td>
74 :        <td>생년월일을 적어 주세요.</td>
75 :      </tr>
76 :      <tr>
77 :        <td>Email</td>
78 :        <td><input name="email" size="30">
79 :        </td>
80 :        <td>이메일을 적어 주세요.</td>
81 :      </tr>
82 :      <tr>
83 :        <td>우편번호</td>
84 :        <td><input name="zipcode" size="5" readonly>
85 :        <input type="button" value="우편번호찾기" onClick="zipCheck()">
86 :        </td>
87 :        <td>우편번호를 검색하세요.</td>
88 :      </tr>
89 :      <tr>
90 :        <td>주소</td>
91 :        <td><input name="address" size="45"></td>
92 :        <td>주소를 적어 주세요.</td>
93 :      </tr>
94 :      <tr>
95 :        <td>취미</td>
96 :        <td>인터넷<input type="checkbox" name="hobby" value="인터넷">
97 :        여행<input type="checkbox" name="hobby" value="여행"> 게임<input
```

```
98  :          type="checkbox" name="hobby" value="게임"> 영화<input
99  :          type="checkbox" name="hobby" value="영화"> 운동<input
100 :           type="checkbox" name="hobby" value="운동">
101 :       </td>
102 :       <td>취미를 선택 하세요.</td>
103 :       </tr>
104 :       <tr>
105 :       <td>직업</td>
106 :       <td><select name=job>
107 :        <option value="0" selected>선택하세요.
108 :        <option value="회사원">회사원
109 :        <option value="연구전문직">연구전문직
110 :        <option value="교수학생">교수학생
111 :        <option value="일반자영업">일반자영업
112 :        <option value="공무원">공무원
113 :        <option value="의료인">의료인
114 :        <option value="법조인">법조인
115 :        <option value="종교,언론,예술인">종교.언론/예술인
116 :        <option value="농,축,수산,광업인">농/축/수산/광업인
117 :        <option value="주부">주부
118 :        <option value="무직">무직
119 :        <option value="기타">기타
120 :       </select></td>
121 :       <td>직업을 선택 하세요.</td>
122 :       </tr>
123 :       <tr>
124 :       <td colspan="3" align="center"><input type="button"
125 :        value="회원가입" onclick="inputCheck()">     <input
126 :        type="reset" value="다시쓰기">    <input
127 :        type="button" value="로그인"
128 :        onClick="javascript:location.href='login.jsp'"></td>
129 :       </tr>
130 :       </table>
131 :       </td>
132 :       </tr>
133 :     </table>
134 :    </form>
135 :   </div>
136 : </body>
137 : </html>
```

05 ~ 06 : 이 페이지에 관련된 스타일과 자바스크립트를 각각 style.css와 script.js에서 처리를 할 수 있도록 지정을 하였습니다.

8 ~ 18 : idCheck(id)는 [ID중복확인] 버튼을 클릭하면 호출되는 함수입니다. 버튼을 클릭했을 때 회원가입 폼에 아이디 값이 없으면 경고 메시지가 뜨지만 정상적으로 입력하면 ID중복체크(idCheck.jsp)로 아이디 값과 함께 넘어갑니다.

20 ~ 25 : zipCheck()는 [우편번호찾기] 버튼을 클릭하면 호출되는 함수입니다. 버튼을 클릭하면 우편번호검색 (zipSearch.jsp) 페이지의 새로운 창이 만들어 지면서 y라는 check값을 가지고 넘어갑니다.

41 ~ 43 : 아이디 입력 후 [ID중복확인] 버튼을 클릭하면 idCheck() 함수가 호출되면서 ID중복검색 창(idCheck.jsp)이 하나 뜹니다. ID중복검색 창에서는 폼에서 입력한 ID와 회원테이블의 ID를 중복 체크합니다. idCheck.jsp는 소스 설명을 참고하기 바랍니다

85 : [우편번호찾기] 버튼을 클릭하면 zipCheck() 함수가 호출되면서 우편검색 창(zipSearch.jsp)이 뜹니다. 우편검 색 창에서는 도로 명으로 우편번호와 주소를 검색하고 검색한 결과 값을 클릭하면 다시 회원가입 폼으로 우 편번호와 주소가 자동으로 입력됩니다. zipSearch.jsp 소스 설명을 참고하기 바랍니다.

96 ~ 100 : 다른 컬럼 값들과 다르게 취미는 텍스트타입이 아닌 체크박스로 구성이 되어 있습니다. 그래서 Bean에서 String 배열로 선언이 되어 있습니다. 체크한 부분은 DB에 '0'과 '1'의 값으로 저장하여 취미를 구분하게 되고 좀 더 자세한 기능적인 설명은 뒤의 MemberBean.java 소스 설명을 참고하기 바랍니다.

124 – 125 : [회원가입] 버튼을 클릭하면 inputCheck() 함수가 호출되면서 회원가입 폼에 입력한 값들과 함께 memberProc.jsp 페이지로 이동합니다. inputCheck() 함수의 자세한 설명은 script.js 소스 설명을 참고하기 바랍니다.

02 다음으로 ID 중복 확인 페이지를 작성하고 저장합니다.

실습 파일 : source/ch14/idCheck.jsp

```
01 : <%@ page contentType="text/html; charset=EUC-KR"%>
02 : <jsp:useBean id="mMgr" class="ch14.MemberMgr" />
03 : <%
04 :     request.setCharacterEncoding("EUC-KR");
05 :     String id = request.getParameter("id");
06 :     boolean result = mMgr.checkId(id);
07 : %>
08 : <html>
04 : <head>
10 : <title>ID 중복체크</title>
11 : <link href="style.css" rel="stylesheet" type="text/css">
12 : </head>
13 : <body bgcolor="#FFFFCC">
14 :     <div align="center">
15 :         <br /><b><%=id%></b>
16 :         <%
17 :             if (result) {
18 :                 out.println("는 이미 존재하는 ID입니다.<p/>");
19 :             } else {
20 :                 out.println("는 사용 가능 합니다.<p/>");
21 :             }
22 :         %>
23 :         <a href="#" onClick="self.close()">닫기</a>
24 :     </div>
25 : </body>
26 : </html>
```

02 : usesBean 액션 태그로 MemberMgr 객체를 생성하고 있습니다. 그리고 생성한 객체를 가르치고 있는 변수, 즉 레퍼런스 변수는 mMgr입니다.

04 : 다른 페이지에서 요청 받은 한글 값을 깨어지지 않는 역할을 합니다.

11 : 이 페이지에 관련된 스타일을 style.css에서 처리 할 수 있도록 지정 하였습니다.

23 : 현재의 창이 닫히는 역할을 하는 스크립트 함수입니다.

05 ~ 06 : 페이지에서 입력한 ID 값과 기존의 회원가입 테이블에 입력되어 있는 ID값과 중복 검사 유무를 위해서 MemberMgr 클래스에 있는 checkId() 메소드를 호출하고 있습니다. 중복 값이 있다면 check 변수의 값이 true로 반환되며, 중복된 ID 값이 없다면 false로 반환됩니다. 그리고 checkId() 메소드의 자세한 설명은 MemberMgr.java 클래스 소스 설명을 참고하기 바랍니다.

17 ~ 21 : if문을 이용해서 check 변수가 반환되는 값에 따라서 실행되는 내용을 다르게 출력하고 있습니다. check 변수의 값이 true이면 이미 존재하는 아이디라는 메시지가 담긴 실행화면이 출력되고 false 값이면 사용 가능한 아이디라는 메시지가 실행화면에 출력됩니다.

03 우편번호 검색 페이지를 다음과 같이 작성하고 저장합니다.

> **TIP**
>
> 자바에서 메소드를 선언할 때 반환형을 정의하고 메소드를 호출하면, 결과 값을 반환받아야 합니다. zipcodeRead 메소드의 결과 값을 Vector 타입인 vlist로 받은 것은 zipcodeRead 메소드의 반환형이 Vector로 선언되어 있기 때문입니다. 그리고 반환형이 없는 메소드의 정의는 void 선언을 합니다.

실습 파일 : source/ch14/zipSearch.jsp

```
01 : <%@ page contentType="text/html; charset=EUC-KR" %>
02 : <%@page import="ch14.ZipcodeBean"%>
03 : <%@page import="java.util.Vector"%>
04 : <jsp:useBean id="mMgr" class="ch14.MemberMgr" />
05 : <%
06 :     request.setCharacterEncoding("EUC-KR");          요청된 값들의 인코딩 타입을 한글로 처리하기
07 :     String check = request.getParameter("search");   위해서 선언한 부분입니다.
08 :     String area3 = null;
09 :     Vector<ZipcodeBean> vlist = null;
10 :     if (check.equals("y")) {
11 :         area3 = request.getParameter("area3");
12 :         vlist = mMgr.zipcodeRead(area3);
13 :     }
14 : %>
15 : <html>
16 : <head>
17 : <title>우편번호 검색</title>
18 : <link href="style.css" rel="stylesheet" type="text/css">
19 : <script type="text/javascript">
20 : function loadSearch() {
21 :     frm = document.zipFrm;
22 :     if (frm.area3.value == "") {
23 :     alert("도로명을 입력하세요.");
24 :     frm.area3.focus();
25 :     return;
26 :     }
27 :         frm.action = "zipSearch.jsp";
```

```
28 :        frm.submit();
29 :    }
30 :
31 : function sendAdd(zipcode, adds) {
32 :    opener.document.regFrm.zipcode.value = zipcode;
33 :    opener.document.regFrm.address.value = adds;
34 :    self.close();
35 : }
36 : </script>
37 : </head>
38 : <body bgcolor="#FFFFCC">
39 :    <div align="center">
40 :    <br/>
41 :    <form name="zipFrm" method="post">
42 :    <table>
43 :      <tr>
44 :        <td><br/>도로명 입력 : <input name="area3">
45 :                <input type="button" value="검색" onclick="loadSearch();">
46 :        </td>
47 :      </tr>
48 :      <!-- 검색결과 시작 -->
49 :      <%
50 :        if (search.equals("y")) {
51 :          if (vlist.isEmpty()) {
52 :      %>
53 :      <tr>
54 :        <td align="center"><br/>검색된 결과가 없습니다.</td>
55 :      </tr>
56 :      <%
57 :        } else {
58 :      %>
59 :      <tr>
60 :        <td align="center"><br/>※검색 후, 아래 우편번호를 클릭하면 자동으로 입력됩니다.</td>
61 :      </tr>
62 :      <%
63 :        for (int i = 0; i < vlist.size(); i++) {
64 :                ZipcodeBean bean = vlist.get(i);
65 :                String rZipcode = bean.getZipcode();
66 :                String rArea1 = bean.getArea1();
67 :                String rArea2 = bean.getArea2();
68 :            String rArea3 = bean.getArea3();
69 :                String adds = rArea1 + " " + rArea2 + " " + rArea3 + " ";
70 :      %>
71 :      <tr>
72 :        <td><a href="#"
```

```
73 :        onclick="javascript:sendAdd('<%=rZipcode%>', '<%=adds%>')">
74 :          <%=rZipcode%> <%=adds%></a></td>
75 :      </tr>
76 :      <%
77 :          }//for
78 :        }//if
79 :      }//if
80 :      %>
81 :      <!-- 검색결과 끝 -->
82 :      <tr>
83 :        <td align="center"><br />
84 :        <a href="#" onClick="self.close()">닫기</a></td>
85 :      </tr>
86 :    </table>
87 :    <input type="hidden" name="search" value="y">
88 :    </form>
89 :    </div>
90 : </body>
91 : </html>
```

여기서 잠깐!

HTML이나 자바스크립트의 큰따옴표(") 안에 속성 값으로 JSP의 표현식이 들어간다면 작은따옴표(')로 묶어주기 바랍니다. 그럼 다음의 예제를 보기 바랍니다.

```
<%
        String name1 = "마시";
        String name2 = "마로";
%>
<script>
function boo(first,second){
  alert(first+second);
}
</script>
<body onLoad="boo('<%=name1%>', '<%=name2%>")>
</body>
```

> 자바스크립트 함수의 매개변수의 표현식을 작은따옴표로 묶었습니다.

02 ~ 03 : ZipcodeBean(64라인) 클래스와 Vector 클래스를 사용하기 위해서 각각 ch14.ZipcodeBeanj와 java.util.Vector와 import 하였습니다.

04　　　 : useBean 액션 태그로 MemberMgr 객체를 생성하고 있습니다. 그리고 생성한 객체를 가르치고 있는 변수, 즉 레퍼런스 변수는 mMgr입니다.

07 ~ 08 : [검색] 버튼 클릭 후에 요청한 search 값과 area3 값을 받는 String 변수들입니다.

11 ~ 12 : 요청한 area3 값의 매개변수로 MemberMgr 클래스의 zipcodeRead() 메소드를 호출하여 반환되는 값을 Vector 타입의 vlist로 반환 받습니다.

20 ~ 29 : 자바 스크립트 loadSearch() 함수는 입력된 도로명 값을 가지고 자신의 페이지(zipSearch.jsp)를 호출합니다. form문에서는 넘어가고자 하는 페이지, 즉 action 값을 지정하지 않으면 자신의 페이지를 호출하지만 여기서는 명시적으로 zipSearch.jsp로 지정하였습니다.

31 ~ 35 : sendAddress() 함수는 도로명으로 검색된 우편번호와 주소의 값들을 가지고 자신을 오픈 시킨 페이지(member.jsp)로 넘어가면서 창을 닫는 자바스크립트 함수입니다.

51 ~ 57 : 검색란에 도로명을 입력하고 검색을 클릭하면 hidden 타입의 search 값이 y로 넘어 오면서 54라인부터의 내용들을 출력합니다. 만약 조건에 맞는 우편번호와 주소가 없다면 54라인의 내용이 출력되고 검색된 내용들이 있다면 60라인 이하부터 출력이 됩니다.

63 ~ 69 : 12라인의 결과 값을 Vector의 크기만큼 for문 루프를 돌려서 우편번호와 주소의 결과 값을 ZipcodeBean 타입으로 반환하고 있습니다. 참고적으로 Vector의 반환 타입은 Object 이지만 zipcodeRead() 메소드의 변환 타입은 Vector⟨ZipcodeBean⟩ 타입으로 제네릭 선언을 했기 때문에 변환없이 바로 ZipcodeBean 타입으로 반환을 받습니다.

65 ~ 69 : ZipcodeBean 객체가 가지고 있는 변수의 값들을 getXxx() 메소드를 호출하면서 각각의 값들을 String 객체로 반환하였습니다. area1, area2 및 area3의 주소 값을 adds String 변수로 선언을 합니다.

72 ~ 74 : 검색한 결과의 우편번호와 주소를 표현식으로 페이지(zipSearch.jsp)에 출력을 하고 출력된 주소 값을 자바스크립트 sendAdd() 함수를 호출하여 우편번호와 주소를 member.jsp 페이지의 우편번호 란과 주소 란에 자동으로 입력합니다. 입력된 후에는 zipSearch.jsp는 페이지 자동으로 닫힙니다.

04 회원가입 내용을 tblMember 테이블에 입력 기능 페이지를 다음과 같이 작성하고 저장합니다.

실습 파일 : source/ch14/memberProc.jsp

```
01 : <%@page contentType="text/html; charset=EUC-KR" %>
02 : <%request.setCharacterEncoding("EUC-KR");%>
03 : <jsp:useBean id="mgr" class="ch14.MemberMgr"/>
04 : <jsp:useBean id="bean" class="ch14.MemberBean"/>
05 : <jsp:setProperty property="*" name="bean"/>
06 : <%
07 :        boolean result = mgr.insertMember(bean);
08 :        String msg = "회원가입에 실패 하였습니다.";
09 :        String location = "member.jsp";
10 :        if(result){
11 :            msg = "회원가입을 하였습니다.";
12 :            location = "login.jsp";
13 :        }
14 : %>
15 : <script>
16 :    alert("<%=msg%>");
17 :    location.href = "<%=location%>";
18 : </script>
```

03   : 회원가입을 위한 insertMember() 메소드(07라인)를 사용하기 위해서 MemberMgr 객체를 생성하였습니다.

04 ~ 05 : member.jsp에서 작성한 회원가입 내용들을 bean 변수가 가르치고 있는 MemberBean 객체를 생성하고 ⟨jsp:setProperty⟩ 액션 태그를 통해서 setXxx 메소드를 호출하여 MemberBean 객체가 가지고 있는 private 변수에 입력한 값들을 세팅(저장) 합니다.

07 : MemberBean 타입의 매개변수로 MemberMgr.java 클래스의 insertMember() 메소드를 호출하여 반환되는 boolean 타입의 값을 result 변수로 받습니다. 입력이 성공적으로 되었다면 result 값은 true를 반환시키지만 여러 가지 이유에 의해서 입력이 되지 않았다면 false 값으로 반환됩니다. insertMember() 메소드의 자세한 설명은 MemberMgr.java 클래스 설명을 참고하기 바랍니다.

08 ~ 18 : boolean 타입의 result 값이 true이면 회원가입 축하 메시지와 로그인 페이지(login.jsp) 화면으로 전환되지만 result 값이 false 값이면 재가입 입력 메시지와 회원가입 페이지(member.jsp) 화면으로 전환됩니다.

05 자바스크립트 처리를 위한 페이지를 다음과 같이 작성하고 저장합니다.

실습 파일 : source/ch14/script.js

```
01 : function inputCheck(){
02 :     if(document.regFrm.id.value==""){
03 :         alert("아이디를 입력해 주세요.");
04 :         document.regFrm.id.focus();
05 :         return;
06 :     }
07 :     if(document.regFrm.pwd.value==""){
08 :         alert("비밀번호를 입력해 주세요.");
09 :         document.regFrm.pwd.focus();
10 :         return;
11 :     }
12 :     if(document.regFrm.repwd.value==""){
13 :         alert("비밀번호를 확인해 주세요");
14 :         document.regFrm.repwd.focus();
15 :         return;
16 :     }
17 :     if(document.regFrm.pwd.value != document.regFrm.repwd.value){
18 :         alert("비밀번호가 일치하지 않습니다.");
19 :         document.regFrm.repwd.value="";
20 :         document.regFrm.repwd.focus();
21 :         return;
22 :     }
23 :     if(document.regFrm.name.value==""){
24 :         alert("이름을 입력해 주세요.");
25 :         document.regFrm.name.focus();
26 :         return;
27 :     }
28 :     if(document.regFrm.birthday.value==""){
29 :         alert("생년월일을 입력해 주세요.");
30 :         document.regFrm.birthday.focus();
31 :         return;
32 :     }
33 :     if(document.regFrm.email.value==""){
34 :         alert("이메일을 입력해 주세요.");
35 :         document.regFrm.email.focus();
```

> 입력한 비밀번호와 확인 비밀번호가 맞지 않으면 경고 메시지가 출력됩니다.

```
36 :        return;
37 :    }
38 :    var str=document.regFrm.email.value;
39 :    var atPos = str.indexOf('@');
40 :    var atLastPos = str.lastIndexOf('@');
41 :    var dotPos = str.indexOf('.');
42 :    var spacePos = str.indexOf(' ');
43 :    var commaPos = str.indexOf(',');
44 :    var eMailSize = str.length;
45 :    if (atPos > 1 && atPos == atLastPos &&
46 :      dotPos > 3 && spacePos == -1 && commaPos == -1
47 :      && atPos + 1 < dotPos && dotPos + 1 < eMailSize);
48 :    else {
49 :        alert('E-mail주소 형식이 잘못되었습니다.\n\r다시 입력해 주세요!');
50 :        document.regFrm.email.focus();
51 :        return;
```

이메일 형식을 검사하는 부분입니다.

이메일 형식을
검사하는 부분
입니다.

```
52 :    }
53 :    if(document.regFrm.zipcode.value==""){
54 :        alert("우편번호를 검색해 주세요.");
55 :        return;
56 :    }
57 :    if(document.regFrm.job.value=="0"){
58 :        alert("직업을 선택해 주세요.");
59 :        document.regFrm.job.focus();
60 :        return;
61 :    }
62 :    document.regFrm.submit();
63 : }
64 :
65 : function win_close(){
66 :    self.close();
67 : }
```

01 ~ 63 : inputCheck()는 member에서 [회원가입] 버튼을 클릭하면 호출되는 함수입니다. 버튼을 클릭했을 때 회원가입 폼에 입력하지 않은 값이 있으면 경고 메시지가 뜨지만 정상적으로 입력했으면 회원가입이 이루어집니다. 그리고 이메일 값이 형식에 맞지 않으면 또한 경고 메시지가 호출됩니다.

65 ~ 67 : win_close()를 호출하면 현재의 창이 닫히는 역할을 하는 함수입니다.

02-2 회원인증 만들기

두 번째로 회원인증 기능을 구현하도록 하겠습니다.

login.jsp 페이지에서 로그인 인증 폼에 ID와 비밀번호를 입력하면 loginProc.jsp 페이지에서 데이터베이스에 저장되어 있는 ID와 비밀번호 유효성을 체크한 후 login.jsp 페이지로 이동합니다.

회원인증 기능은 단독으로 사용되는 것보다 다른 프로그램과 연동하여 사용하는 경우가 많습니다. 우리가 만드는 예제는 회원만의 차별화된 내용을 제공하여 로그인 후에 제한된 기능들을 사용할 수 있게끔 구현할 것입니다. 회원인증 기능에서도 흐름을 항상 생각하면서 구현하기 바랍니다. 그리고 아무리 복잡한 프로그램도 확실한 기초가 바탕이 되지 않으면 가면 갈수록 힘들어 지므로 기초부터 확실하게 체크하기 바랍니다.

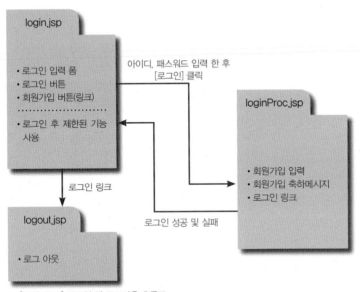

▲ [그림 14-6] 로그인 및 로그아웃 흐름도

회원인증 부분

01 회원인증 폼을 위한 페이지를 다음과 같이 작성하고 저장합니다.

실습 파일 : source/ch14/login.jsp

```
01 : <%@ page contentType="text/html; charset=EUC-KR" %>
02 : <%
03 :     request.setCharacterEncoding("EUC-KR");
04 :     String id = (String)session.getAttribute("idKey");
05 : %>
06 : <html>
07 : <head>
08 : <title>로그인</title>
```

```
09 : <link href="style.css" rel="stylesheet" type="text/css">
10 : <script type="text/javascript">
11 :    function loginCheck() {
12 :        if (document.loginFrm.id.value == "") {
13 :            alert("아이디를 입력해 주세요.");
14 :            document.loginFrm.id.focus();
15 :            return;
16 :        }
17 :        if (document.loginFrm.pwd.value == "") {
18 :            alert("비밀번호를 입력해 주세요.");
19 :            document.loginFrm.pwd.focus();
20 :            return;
21 :        }
22 :        document.loginFrm.submit();
23 :    }
24 : </script>
25 : </head>
26 : <body bgcolor="#ffffcc">
27 : <div align="center"><br/><br/>
28 : <%if (id != null) {%>
29 : <b><%=id%></b>님 환영 합니다.
30 : <p>제한된 기능을 사용 할 수가 있습니다.<p/>
31 : <a href="logout.jsp">로그아웃</a>
32 : <%} else {%>
33 : <form name="loginFrm" method="post" action="loginProc.jsp">
34 : <table>
35 :   <tr>
36 :      <td align="center" colspan="2"><h4>로그인</h4></td>
37 :   </tr>
38 :   <tr>
39 :      <td>아 이 디</td>
40 :      <td><input tname="id"></td>
41 :   </tr>
42 :   <tr>
43 :      <td>비밀번호</td>
44 :      <td><input type="password" name="pwd"></td>
45 :   </tr>
46 :   <tr>
47 :   <td colspan="2">
48 :      <div align="right">
49 :        <input type="button" value="로그인" onclick="loginCheck()"> 
50 :          <input type="button" value="회원가입" onClick="javascript:location.href='member.
jsp'">
51 :      </div>
52 :   </td>
53 :   </tr>
54 :   </table>
```

```
55 : </form>
56 : <%}%>
57 : </div>
58 : </body>
59 : </html>
```

04 : 세션에 저장되어 있는 'idKey' 키 값을 반환합니다. 로그인을 하지 않았다면 null 값이 반환되지만 만약 로그인을 되어 있다면 id 값이 'idKey' 키 값으로 세션에 저장되어 있습니다.

28 ~ 32 : 세션에 저장되어 있는 'idKey' 값이 null 값이 아니면 로그인 후에는 if문 블록이 실행되면서 제한적인 기능들의 사용이 가능 할 수 있도록 표현되지만 로그인이 되어 있지 않으면 'idKey' 키 값이 null이므로 else문 이하의 블록이 실행되면서 로그인 입력 폼이 실행됩니다.

33 ~ 53 : 아이디와 비밀번호 입력 후에 로그인 버튼을 클릭하면 입력한 값들과 함께 loginProc.jsp로 이동합니다. [회원가입] 버튼을 클릭하면 member.jsp로 이동합니다.

02 로그인 처리 페이지를 다음과 같이 작성하고 저장합니다.

실습 파일 : source/ch14/loginProc.jsp

```
01 : <%@ page contentType="text/html; charset=EUC-KR" %>
02 : <jsp:useBean id="mMgr" class="ch14.MemberMgr"/>
03 : <%
04 :     request.setCharacterEncoding("EUC-KR");
05 :     String id = request.getParameter("id");
06 :     String pwd = request.getParameter("pwd");
07 :     String url = "login.jsp";
08 :     String msg = "로그인에 실패 하였습니다.";
09 :
10 :     boolean result = mMgr.loginMember(id, pwd);
11 :     if(result){
12 :        session.setAttribute("idKey", id);
13 :        msg = "로그인에 성공 하였습니다.";
14 :     }
15 : %>
16 : <script>
17 :    alert("<%=msg%>");
18 :    location.href="<%=url%>";
19 : </script>
```

> useBean 액션 태그로 MemberMgr 객체를 생성하고 있습니다. 그리고 생성한 객체를 가리키고 있는 변수, 즉 레퍼런스 변수는 mMgr입니다.

05 ~ 06 : login.jsp에서 입력받은 아이디와 비밀번호인 id와 pwd를 각각 String 객체로 반환합니다.

10 : id와 pwd의 매개변수로 loginMember() 메소드를 호출합니다. loginMember() 메소드의 반환 값은 boolean 타입의 result 변수입니다. result 변수의 반환되는 값이 true이면 아이디와 비밀번호가 일치되어 로그인이 성공되지만 아이디와 비밀번호가 일치하지 않으면 false값을 반환하여 로그인에 성공하지 못합니다.

11 ~ 14 : 로그인에 loginMember() 변수 값이 true이면 세션 객체의 setAttribute() 메소드를 호출하여 id 값을 idKey라는 key값으로 저장시킵니다. 그리고 msg 변수에 '로그인에 성공하였습니다.'라는 문자열로 선언합니다.

03 로그아웃 페이지를 다음과 같이 작성하고 저장합니다.

> **실습 파일 : source/ch14/logout.jsp**

```
01 : <%@ page contentType="text/html; charset=EUC-KR"%>
02 : <%
03 :      session.invalidate();
04 : %>
05 : <script>
06 :    alert('로그아웃 되었습니다.');
07 :    location.href="login.jsp";
08 : </script>
```

session.invalidate() 메소드는 현재의 세션에 저장 되어 있는 데이터를 완전히 삭제를 한 후에 자바스크립트로 '로그아웃 되었습니다.'라고 메시지를 띄우고 login.jsp 페이지로 이동합니다.

02-3 회원 인증 및 가입에 필요한 자바와 빈즈 만들기

MemberBean 빈즈의 사용은 여러 가지가 있지만 가장 큰 흐름은 JSP에서 입력받은 회원 가입의 내용들을 setXxx 메소드로 MemberBean 빈즈에 저장합니다.

MemberMgr에서는 MemberBean에 저장되어 있는 회원가입의 내용들을 getXxx 메소드로 가져와서 데이터베이스에 저장합니다. 그리고 데이터베이스에 저장되어 있는 회원의 정보를 MemberMgr에서 가져와서 setXxx 메소드로 MemberBean 빈즈에 저장하고, JSP에서는 MemberBean 빈즈에 저장되어있는 내용들을 getXxx 메소드로 반환받아서 브라우저에 보여주게 되는 것입니다.

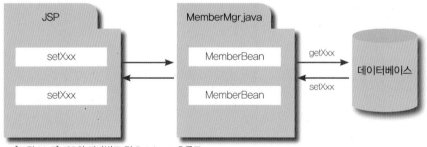

▲ [그림 14-7] JSP와 자바빈즈 및 Database 흐름도

회원 인증 및 가입에 필요한 자바와 빈즈

01 회원가입의 내용을 저장하는 자바 빈즈를 다음과 같이 작성하고 저장합니다.

실습 파일 : source/ch14/MemberBean.java

```java
01 : package ch14;
02 :
03 : public class MemberBean {
04 :
05 :     private String id;          // 회원 ID를 저장할 변수
06 :     private String pwd;         // 회원 비밀번호를 저장할 변수
07 :     private String name;        // 회원 이름을 저장할 변수
08 :     private String gender;      // 회원의 성별을 저장할 변수
09 :     private String birthday;    // 회원의 생년월일을 저장할 변수
10 :     private String email;       // 회원의 이메일을 저장할 변수
11 :     private String zipcode;     // 회원의 우편번호를 저장할 변수
12 :     private String address;     // 회원의 주소를 저장할 변수
13 :     private String hobby[];     // 회원의 취미를 저장할 변수
14 :     private String job;  // 회원의 직업을 저장할 변수
15 :
16 :     public String getId() {
17 :         return id;
18 :     }
19 :
20 :     public void setId(String id) {
21 :         this.id = id;
22 :     }
23 :
24 :     public String getPwd() {
25 :         return pwd;
26 :     }
27 :
28 :     public void setPwd(String pwd) {
29 :         this.pwd = pwd;
30 :     }
31 :
32 :     public String getName() {
33 :         return name;
34 :     }
35 :
36 :     public void setName(String name) {
37 :         this.name = name;
38 :     }
39 :
40 :     public String getGender() {
41 :         return gender;
42 :     }
```

```
43 :
44 :    public void setGender(String gender) {
45 :        this.gender = gender;
46 :    }
47 :
48 :    public String getBirthday() {
49 :        return birthday;
50 :    }
51 :
52 :    public void setBirthday(String birthday) {
53 :        this.birthday = birthday;
54 :    }
55 :
56 :    public String getEmail() {
57 :        return email;
58 :    }
59 :
60 :    public void setEmail(String email) {
61 :        this.email = email;
62 :    }
63 :
64 :    public String getZipcode() {
65 :        return zipcode;
66 :    }
67 :
68 :    public void setZipcode(String zipcode) {
69 :        this.zipcode = zipcode;
70 :    }
71 :
72 :    public String getAddress() {
73 :        return address;
74 :    }
75 :
76 :    public void setAddress(String address) {
77 :        this.address = address;
78 :    }
79 :
80 :    public String[] getHobby() {
81 :        return hobby;
82 :    }
83 :
84 :    public void setHobby(String[] hobby) {
85 :        this.hobby = hobby;
86 :    }
87 :
88 :    public String getJob() {
```

다른 변수들과 다르게 반환형이 String 배열입니다.

String 배열을 인자 값으로 받습니다.

```
89 :        return job;
90 :    }
91 :
92 :    public void setJob(String job) {
93 :        this.job = job;
94 :    }
95 : }
```

회원가입에 필요한 자바 빈즈입니다. 빈즈의 규칙을 준수한 private으로 선언한 변수들과 setXxx와 getXxx 메소드들입니다.

> **TIP** ┃ 자바빈즈의 문법
>
> - 변수 : 접근제어를 private로 선언하여 외부 클래스에서 직접 참조하지 못하도록 선언을 합니다.
> - setXxx() : 외부 클래스에서 직접 참조하지 못하게 private로 선언한 변수를 setXxx() 메소드를 통해서 값을 세팅합니다.
> - getXxx() : 외부 클래스에서 직접 참조하지 못하게 private로 선언한 변수를 setXxx() 메소드를 통해서 값을 세팅합니다.
> - getXxx() : 외부 클래스에서 직접 참조하지 못하게 private로 선언한 변수를 getXxx() 메소드를 통해서 값을 리턴 받습니다.
>
> ```
> class TestBean{
>     private String zoo;
>     public void setZoo(zoo){ this.zoo = zoo; }
>     public String getZoo(){ return zoo; }
> }
> ```

02 우편번호 및 주소를 저장하는 자바 빈즈를 다음과 같이 작성하고 저장합니다.

실습 파일 : source/ch14/ZipcodeBean.java

```
01 : package ch14;
02 :
03 : public class ZipcodeBean {
04 :
05 :    private String zipcode;      // 우편번호를 저장할 변수
06 :    private String area1;        // 도시 또는 도를 저장할 변수
07 :    private String area2;        // 구 또는 소도시를 저장할 변수
08 :    private String area3;        // 도로 명을 저장할 변수
09 :
10 :    public String getZipcode() {
11 :        return zipcode;
12 :    }
13 :
14 :    public void setZipcode(String zipcode) {
15 :        this.zipcode = zipcode;
16 :    }
17 :
18 :    public String getArea1() {
```

```
19 :        return area1;
20 :    }
21 :
22 :    public void setArea1(String area1) {
23 :        this.area1 = area1;
24 :    }
25 :
26 :    public String getArea2() {
27 :        return area2;
28 :    }
29 :
30 :    public void setArea2(String area2) {
31 :        this.area2 = area2;
32 :    }
33 :
34 :    public String getArea3() {
35 :        return area3;
36 :    }
37 :
38 :    public void setArea3(String area3) {
39 :        this.area3 = area3;
40 :    }
41 : }
```

우편번호와 주소 값에 필요한 자바빈즈 입니다. 빈즈의 규칙을 준수한 private으로 선언한 변수들과 setXxx 메소드와 getXxx 메소드입니다.

03 회원 인증 및 가입과 우편번호 처리 자바 소스를 다음과 같이 작성하고 저장합니다.

실습 파일 : source/ch14/MemberMgr.java

```
01 : package ch14;
02 :
03 : import java.sql.Connection;
04 : import java.sql.PreparedStatement;
05 : import java.sql.ResultSet;
06 : import java.util.Vector;
07 :
08 : public class MemberMgr {
09 :
10 :     private DBConnectionMgr pool;
11 :
12 :     public MemberMgr() {
13 :         try {
14 :             pool = DBConnectionMgr.getInstance();
15 :         } catch (Exception e) {
```

```
16 :            e.printStackTrace();
17 :        }
18 :    }
19 :
20 :    // ID 중복확인
21 :    public boolean checkId(String id) {
22 :        Connection con = null;
23 :        PreparedStatement pstmt = null;
24 :        ResultSet rs = null;
25 :        String sql = null;
26 :        boolean flag = false;
27 :        try {
28 :            con = pool.getConnection();          ◄── DBConnectionMgr pool 객체를 통해서 Mysql에 연결합니다.
29 :            sql = "select id from tblMember where id = ?";
30 :            pstmt = con.prepareStatement(sql);   ◄── SQL문을 DB에 보내기 위한 PreparedStatement를
31 :            pstmt.setString(1, id);                   생성합니다.
32 :            flag = pstmt.executeQuery().next();
33 :        } catch (Exception e) {
34 :            e.printStackTrace();                 ◄── 예외가 발생하면 예외 내용을 String형식으로 출력합니다.
35 :        } finally {
                                                     Connection 객체를 재사용하기 위해서 닫지
36 :            pool.freeConnection(con, pstmt, rs); ◄── 않고 pool(풀)에 반납 합니다.
37 :        }
38 :        return flag;
39 :    }
40 :
41 :    // 우편번호 검색
42 :    public Vector<ZipcodeBean> zipcodeRead(String area3) {
43 :        Connection con = null;
44 :        PreparedStatement pstmt = null;
45 :        ResultSet rs = null;
46 :        String sql = null;
47 :        Vector<ZipcodeBean> vlist = new Vector<ZipcodeBean>();  ◄── Vector 객체를 생성합니다.
48 :        try {
49 :            con = pool.getConnection();
50 :            sql = "select * from tblZipcode where area3 like ?";
51 :            pstmt = con.prepareStatement(sql);
52 :            pstmt.setString(1, "%" + area3 + "%");
53 :            rs = pstmt.executeQuery();
54 :            while (rs.next()) {
55 :                ZipcodeBean bean = new ZipcodeBean();
56 :                bean.setZipcode(rs.getString(1));
57 :                bean.setArea1(rs.getString(2));
58 :                bean.setArea2(rs.getString(3));       ◄── SQL문 결과 값을 bean에 저장합니다.
59 :                bean.setArea3(rs.getString(4));
60 :                vlist.addElement(bean);
```

```
61 :            }
62 :        } catch (Exception e) {
63 :            e.printStackTrace();
64 :        } finally {
65 :            pool.freeConnection(con, pstmt, rs);
66 :        }
67 :        return vlist;        ← vlist 객체를 반환 값으로 지정합니다.
68 :    }
69 :
70 :    //회원가입
71 :    public boolean insertMember(MemberBean bean){
72 :        Connection con = null;
73 :        PreparedStatement pstmt = null;
74 :        String sql = null;
75 :        boolean flag = false;    ← 반환 변수 boolean형을 선언합니다.
76 :        try {
77 :         con = pool.getConnection();
78 :         sql = "insert tblMember(id,pass,name,gender,birthday,email,zipcode,
79 :         address,hobby,job)values(?,?,?,?,?,?,?,?,?,?)";
80 :         pstmt = con.prepareStatement(sql);
81 :            pstmt.setString(1, bean.getId());    ← 매개변수로 받은 MemberBean 객체를 79라인의 ?에 대입.
                                                       1에서 10은 ?의 순서를 의미합니다.
82 :         pstmt.setString(2, bean.getPass());
83 :         pstmt.setString(3, bean.getName());
84 :         pstmt.setString(4, bean.getGender());
85 :         pstmt.setString(5, bean.getBirthday());
86 :         pstmt.setString(6, bean.getEmail());
87 :         pstmt.setString(7, bean.getZipcode());
88 :         pstmt.setString(8, bean.getAddress());
89 :         String hobby[] = bean.getHobby();    ← hobby는 String 배열로 선언이 되어 있습니다.
90 :         char hb[] ={'0','0','0','0','0'};    ← DB에 저장할 hb 배열을 0으로 초기화 합니다.
91 :         String lists[] = {"인터넷","여행","게임","영화","운동"};    ← String 배열 lists에 취미 5개를
                                                                        배열로 선언 합니다.
92 :          for(int i=0;i<hobby.length;i++){
93:             for (int j = 0; j < lists.length; j++) {    ← 각 배열의 길이만큼 반복 수행합니다.
94 :               if(hobby[i].equals(lists[j]))
95 :                 hb[j] = '1';    ← SQL 결과 값이 저장 된 hobby[] 배열의 값과 lists[]
                                       배열의 값이 같은지 비교합니다. 같으면 체크가 된 것
96 :               }                  이므로 처음 '0'으로 초기화 된 hb[]배열의 hb[j]값을
97 :              }                   '1'로 저장 합니다. 결과적으로 '인터넷 게임 운동'을
98 :         pstmt.setString(9, new String(hb));    체크를 했다면 '10101'로 DB에 저장이 됩니다.
99 :         pstmt.setString(10, bean.getJob());
100 :        if(pstmt.executeUpdate() == 1)
101           flag = true;
102 :     } catch (Exception e) {
103 :         e.printStackTrace();
104 :     } finally {
105 :         pool.freeConnection(con, pstmt);
```

```
106 :        }
107 :        return flag;
108 :   }
109 :
110 :   //로그인
111 :   public boolean loginMember(String id, String pwd){
112 :        Connection con = null;
113 :        PreparedStatement pstmt = null;
114 :        ResultSet rs = null;
115 :        String sql = null;
116 :        boolean flag = false;
117 :        try {
118 :            con = pool.getConnection();
119 :            sql = "select id from tblMember where id = ? and pwd = ?";
120 :            pstmt = con.prepareStatement(sql);
121 :            pstmt.setString(1, id);
122 :            pstmt.setString(2, pwd);
123 :            rs = pstmt.executeQuery();
124 :            flag = rs.next();
125 :        } catch (Exception e) {
126 :            e.printStackTrace();
127 :        } finally {
128 :            pool.freeConnection(con, pstmt, rs);
129 :        }
130 :        return flag;
131 :   }
132 : }
```

TIP | hb[] 배열

hb[]배열의 {'0','0','0','0','0'}의 의미는 체크 유무를 구분하는 것입니다. 회원가입에서 취미를 '인터넷, 게임, 운동'을 체크했다면 최종 hb[] 배열의 값은 {'1','0','1','0','1'}이 됩니다.

---

12 ~ 18 : MemberMgr 생성자 내부에 DBConnectionMgr 클래스의 객체 생성을 위해서 getInstance() 메소드를 호출하였습니다. MemberMgr 객체를 생성하면 DBConnectionMgr 객체가 생성되면서 10라인에 선언한 DBConnectionMgr 객체 변수로 반환합니다.

21 ~ 39 : checkId 메소드 (IdCheck.jsp의 06라인에 사용)
checkId() 메소드의 매개변수는 String 객체이고 반환형은 boolean 타입 입니다. checkId() 메소드의 역할은 회원가입 폼(member.jsp)에서 아이디(id)의 중복 여부를 체크합니다. 회원가입 폼에서 입력받은 아이디를 매개변수로 회원테이블(tblMember)에서 검색 후 같은 아이디가 존재하면 true 값을 반환하고, 같은 아이디가 존재하지 않으면 false 값을 반환하는 메소드입니다.

42 ~ 68 : zipcodeRead 메소드 (zipSearch.jsp의 12라인에 사용)
zipcodeRead() 메소드의 매개변수는 String(도로명) 객체이고 반환형은 Vector 타입 입니다. zipcodeRead() 메소드의 역할은 회원가입 폼(member.jsp)에서 우편번호를 검색하기 위해 [우편번호 찾기] 버튼을 클릭하면 zipSearch.jsp 페이지 창이 뜹니다. 이 페이지에서 우편번호와 주소 검색을 위해 입력받은 도로명을 매개변수로 우편번호 테이블(tblZipcode)에서 검색한 결과 값을 ZipcodeBean으로 받은 후에 하나 또는 여러 개의 빈즈들을 Vector에 담은 후에 이 Vector를 반환하는 메소드입니다.

71 ~ 108 : insertMember 메소드 (memberProc.jsp의 07라인에 사용)

insertMember() 메소드의 매개변수는 MemberBean 객체이고 반환형은 boolean 타입 입니다. insertMember() 메소드의 역할은 회원가입 폼(member.jsp)에서 입력받은 회원가입 내용들을 memberProc.jsp 페이지에서 MemberBean 객체에 저장시킨 후 MemberBean 매개변수로 회원테이블(tblMember)에 저장합니다. 만약 여러 가지 이유로 입력되지 않았다면 false 값을 반환하고, 입력이 정상적으로 처리가 되었다면 true 값을 반환하는 메소드입니다.

111 ~ 132 : loginMember 메소드 (loginProc.jsp의 10라인에 사용)

loginMember() 메소드의 매개변수는 String 객체가 두 개이며, 반환형은 boolean 타입입니다. loginMember() 메소드의 역할은 login.jsp에서 입력받은 아이디와 비밀번호를 매개변수로, 회원테이블(tblMember)에서 검색 후에 아이디와 비밀번호가 일치하면 true 값을 반환하고 일치하지 않으면 false 값을 반환하는 메소드입니다.

> ※ 주의
> DBConnectionMgr.java는 11장에서 설명한 소스 이므로 중복을 피하기 위해서 여기서는 설명하지 않겠습니다. 이해가 잘 안되시는 분은 11장을 참고하시기 바랍니다.

03 _ 회원 인증 및 가입 페이지 실행

- -

회원 인증 및 가입 페이지를 처음부터 실행해 보겠습니다.

회원 인증 및 가입 실행 부분

01 브라우저를 실행시켜 결과를 확인합니다. 주소는 http://localhost/myapp/ch14/member.jsp로 입력합니다.

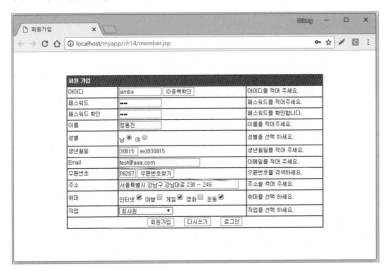

▲ [그림 14-8] member.jsp 실행화면

02 member.jsp에서 ID를 입력하고 [중복확인] 버튼을 클릭하면 새로운 창이 뜨면서 처리 결과를 보여줍니다.

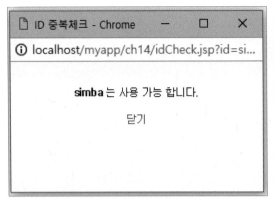

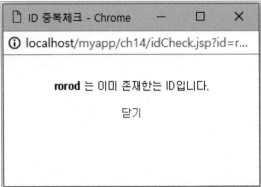

▲ [그림 14-9] idCheck.jsp 실행화면 – 중복된 ID가 있을 경우   ▲ [그림 14-10] idCheck.jsp 실행화면 – 중복된 ID가 있을 경우

03 member.jsp에서 [우편번호찾기] 버튼을 클릭하면 새로운 검색창을 보여줍니다. 검색할 동이름을 입력하고 [검색] 버튼을 클릭하면 검색 결과를 보여줍니다.

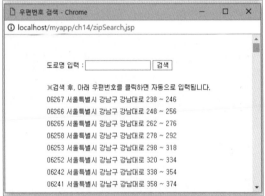

▲ [그림 14-11] zipSearch.jsp 실행화면   ▲ [그림 14-12] [검색] 버튼을 누른 화면

04 member.jsp에서 회원가입 내용 입력 후에 [회원가입] 버튼을 클릭하면 memberProc.jsp가 수행되어 '회원가입을 하였습니다.'라고 메시지창이 뜨고 login.jsp의 실행화면을 볼 수 있습니다.

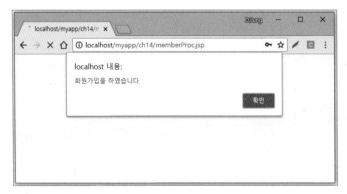

▲ [그림 14-13] 회원가입 버튼을 누른 화면 – 회원가입 성공 메세지창

▲ [그림 14-14] login.jsp 실행화면

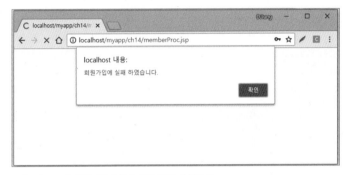

▲ [그림 14-15] 회원가입에 실패 했을 경우 메시지 창

05 회원가입이 완료되었 다면 회원가입 시 입력한 id와 비밀번호를 이용하여 로그인을 합니다.

▲ [그림 14-16] 아이디와 비밀번호를 입력한 login.jsp 실행화면

06 login.jsp에서 입력한 id와 비밀번호가 loginProc.jsp에서 확인 작업을 거친 후에 일치를 한다면 login.jsp에서 '로그인에 성공 하였습니다.'라는 메시지 창을 띄운 후 로그인이 된 화면으로 넘어가고 일치하지 않을 경우 '로그인에 실패 하였습니다.'라는 메시지 창을 띄우고 로그인 페이지로 이동합니다.

▲ [그림 14-17] id와 비밀번호가 일치한 login.jsp 실행화면

▲ [그림 14-17] id와 비밀번호가 일치하지 않은 loginProc.jsp 실행화면

07 로그아웃 버튼을 누르면 '로그아웃 되었습니다.' 라는 메시지 창을 띄우고 로그인 페이지로 이동합니다.

▲ [그림 14-19] logout.jsp 실행화면

MemberBean의 setXxx 메소드의 활용

빈즈는 자바에서 여러 가지 기능을 하는 컴포넌트입니다. 특히 JSP에서 빈즈는 프로그램을 쉽고 간결하게 표현하기 위해서 만든 문법적인 기술입니다. 회원가입 및 인증에서 사용되었던 소스로 빈즈 태그를 사용하지 않은 프로그래밍과 사용한 프로그래밍을 비교해 봅시다.

memberProc.jsp에서 빈즈 태그를 사용하지 않은 프로그래밍

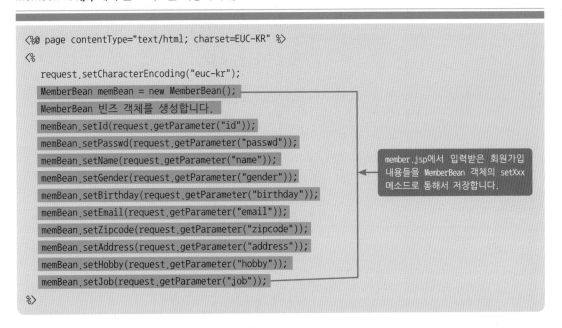

```
<%@ page contentType="text/html; charset=EUC-KR" %>
<%
    request.setCharacterEncoding("euc-kr");
    MemberBean memBean = new MemberBean();
    MemberBean 빈즈 객체를 생성합니다.
    memBean.setId(request.getParameter("id"));
    memBean.setPasswd(request.getParameter("passwd"));
    memBean.setName(request.getParameter("name"));
    memBean.setGender(request.getParameter("gender"));
    memBean.setBirthday(request.getParameter("birthday"));
    memBean.setEmail(request.getParameter("email"));
    memBean.setZipcode(request.getParameter("zipcode"));
    memBean.setAddress(request.getParameter("address"));
    memBean.setHobby(request.getParameter("hobby"));
    memBean.setJob(request.getParameter("job"));
%>
```

member.jsp에서 입력받은 회원가입 내용들을 MemberBean 객체의 setXxx 메소드로 통해서 저장합니다.

memberProc.jsp에서 빈즈 태그를 사용한 프로그래밍

```
<%@ page ContentType="text/html; charset=EUC-KR" %>
<%
    request.characterEncoding("EUC-KR");
%>
<jsp:useBean id="memBean" class="ch14.MemberBean"/>
<jsp:setProperty  name="memBean" property="*"/>
...
```

useBean 액션 태그로 MemberBean 빈즈 객체를 생성합니다.

setProperty 액션 태그로 member.jsp에서 입력받은 회원가입 내용들을 MemberBean 객체의 setXxx 메소드로 값을 넣고 있습니다.

빈즈 태그를 사용하지 않은 jsp 프로그래밍과 빈즈 태그를 사용한 jsp 프로그래밍은 서로 작동하는 부분에서 전혀 차이가 없지만 프로그램을 쉽고 간결하게 표현하기 위한 부분에는 많은 차이가 있습니다. 그리고 빈즈는 이 기능뿐만 아니라 더 많은 기능들을 가지고 있는 자바의 컴포넌트입니다.

로그인과 Session의 관계

프로토콜(protocol) http의 특성상 연결을 계속 유지할 수가 없습니다. 그렇기 때문에 로그인이나 장바구니 같은 기능들을 위해서 사용되는 것이 Session 객체입니다. 회원인증 프로그래밍에서 Session은 로그인의 정보를 계속 유지할 때 사용이 됩니다.

- loginProc.jsp 중에서

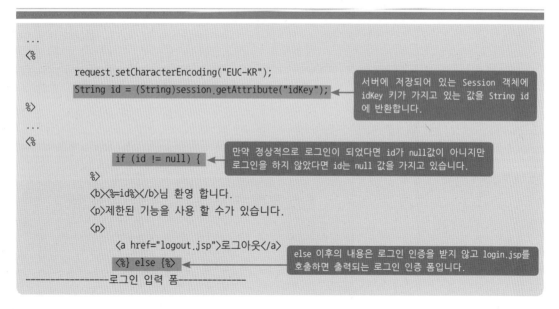

```
...
  if(result){
        session.setAttribute("idKey", id);      ◄── 서버에 있는 Session 객체의 idKey에 id값을 설정합니다.
        msg = "로그인에 성공 하였습니다.";
      }
%>
...
```

- login.jsp 중에서

```
...
<%
        request.setCharacterEncoding("EUC-KR");
        String id = (String)session.getAttribute("idKey");      ◄── 서버에 저장되어 있는 Session 객체에 idKey 키가 가지고 있는 값을 String id 에 반환합니다.
%>
...
<%
        if (id != null) {      ── 만약 정상적으로 로그인이 되었다면 id가 null값이 아니지만 로그인을 하지 않았다면 id는 null 값을 가지고 있습니다.
%>
      <b><%=id%></b>님 환영 합니다.
      <p>제한된 기능을 사용 할 수가 있습니다.
      <p>
          <a href="logout.jsp">로그아웃</a>
          <%} else {%>      ◄── else 이후의 내용은 로그인 인증을 받지 않고 login.jsp를 호출하면 출력되는 로그인 인증 폼입니다.
----------------로그인 입력 폼--------------
```

1 다음과 같이 스크립트릿에서 선언한 객체 생성을 useBean 액션 태그로 바꾸어 보세요.

```
<%
    MemberMgr memMgr = new MemberMgr();
%>
```

2 다음의 설명을 보고 로그인 실행 시 session에 필요한 메소드를 빈 칸에 채우세요.

- id의 값을 idKey라는 key 값으로 session에 저장합니다.

  session.❶_____("idKey", id);

- session에 저장되어 있는 "idKey" 값을 리턴합니다.

  String id = (String)session.❷_____("idKey");

3 MemberMgr.java 코드의 일부입니다. 빈 칸에 필요한 메소드를 채우고 의미를 적으세요.

```
...
public boolean loginMember(String id,String pwd){
        Connection con = null;
        PreparedStatement pstmt = null;
        ResultSet rs = null;
        String sql = null;
        boolean flag = false;
        try {
            con = pool.getConnection();
            sql = "select id from tblMember where id = ? and pwd = ?";
            pstmt = con.prepareStatement(sql);
            pstmt.❶_____(1, id);
            pstmt.❷_____(2, pwd);
            rs = pstmt.executeQuery();
            flag = rs.next();
        } catch (Exception e) {
            e.printStackTrace();
        } finally {
            pool.freeConnection(con, pstmt, rs);
        }
        return flag;
    }
...
```

4 3번 문제의 빈칸 뒤에 있는 숫자의 의미는 무엇입니까? (ex : pstmt._____(1, id);)

5 3번의 예문 PreparedStatement 객체를 Statement 객체로 바꾸고 다른 코드도 알맞게 바꾸어 보세요.

해답은 621 쪽 연습문제 해답을 참조하세요.

계층형 게시판

이번 장에서는 계층형 게시판 프로그램을 구현을 하도록 하겠습니다. 게시판은 그 나름대로의 의미도 있겠지만 게시판에서 구현되는 내용들은 다른 프로그램에 많이 사용됩니다. 예를 들어 글쓰기, 읽기, 삭제하기, 수정하기, 답변하기는 데이터를 조작하는 기본 SQL문이 모두 사용되므로 이와 비슷한 기능들을 하는 프로그램들은 쉽게 접근을 해서 프로그래밍을 할 수가 있습니다. 그리고 Database 처리는 8장에서 배운 서블릿 기반으로 구현을 하였습니다. 지금부터 계층형 게시판을 구현하도록 하겠습니다.

계층형 게시판의 전체적인 구조

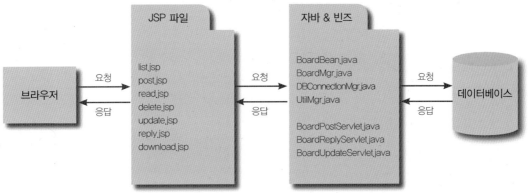

▲ [그림 15-1] 게시판 전체 구조도

JSP	• list.jsp (리스트 페이지)
	• post.jsp (쓰기 페이지)
	• read.jsp (읽기 페이지)
	• download.jsp (첨부파일 다운로드 페이지)
	• delete.jsp (삭제 페이지)
	• update.jsp (수정 페이지)
	• reply.jsp (답변 페이지)

서블릿	• BoardPostServlet.java (쓰기 처리 서블릿)
	• BoardUpdatetServlet.java (수정 처리 서블릿)
	• BoardReplyServlet.java (답변 처리 서블릿)

기타 파일	• style.css (스타일 시트 파일)

자바와 빈즈	❶ BoardBean.java (게시판 자바 빈즈)
	❷ BoardMgr.java (게시판 SQL문 처리 자바 파일)
	❸ DBConnectionMgr.java (데이터베이스 연결 Connectionpool 자바 파일)
	❹ UtilMgr.java (유틸 자바 파일)
	(컴파일 순서 : ❶ ➡ ❷ ➡ ❸ ➡ ❹)

게시판의 기능

• 게시물의 리스트를 보여줍니다.
• 게시판의 글을 읽습니다.
• 게시물의 첨부파일을 다운로드 받습니다.
• 게시판에 글을 올립니다.
• 게시물을 수정합니다.
• 게시물을 삭제합니다.
• 게시물에 답변을 합니다.
• 게시판의 글을 검색합니다.
• 게시물의 리스트를 페이지와 블럭을 설정하여 보여줍니다.

01 _ 데이터베이스 설계

먼저 프로그래밍에 앞서 필요한 SQL 테이블을 만들어 보겠습니다. 게시판에 필요한 테이블은 1개입니다. 작성자의 이름과 이메일, 홈페이지, 제목, 본문내용, 날짜, 조회수 등이 저장되는 테이블입니다.

칼럼명	데이터 타입	설명
num	int(11)	게시물의 유일성을 보장하는 게시번호를 저장하는 칼럼입니다. num 값은 유일한 값이므로 주키(primary key)와 자동적으로 증가하는 auto_increment 속성으로 지정하였습니다.
name	varchar(20)	게시물의 작성자 이름을 저장하는 칼럼입니다.
subject	varchar(50)	게시물의 제목을 저장하는 칼럼입니다.
content	text	게시물의 본문 내용을 저장하는 칼럼입니다.
pos	smallint(7) unsigned	게시물의 상대적인 위치 값을 저장하여 화면에 순서대로 뿌려주는 역할을 담당하는 칼럼입니다.
ref	smallint(7)	게시물이 답변 글일 경우 소속된 부모 글을 가리키는 번호를 저장하는 칼럼입니다.
depth	smallint(7) unsigned	게시물이 작성된 날짜를 저장하는 칼럼입니다.
regdate	date	회원의 주소를 저장하는 칼럼입니다.
pass	varchar(15)	게시물 작성자의 패스워드를 저장하는 칼럼입니다.
ip	varchar(15)	게시물을 저장할 때 작성자의 IP주소를 저장하는 칼럼입니다.
count	smallint(7) unsigned	게시물의 조회수를 저장하는 칼럼입니다.
filename	varchar(30)	업로드 된 파일의 이름을 저장하는 칼럼입니다.
filesize	int(11)	업로드 된 파일의 크기를 저장하는 칼럼입니다.

▲ [표 15-1] 게시판 테이블

여기서 잠깐! | AUTO_IN CREMENT(자동증가)?

mysql에서 정수형으로 선언된 칼럼의 값이 한 행이 입력이 될 때마다 자동적으로 증가하여 저장이 되는 속성입니다. 기본값은 초기 값이 1이고 증가 값도 1입니다. AUTO_INCREMENT 속성으로 지정된 테이블은 INSERT문에서 칼럼을 지정하지 않아도 자동으로 입력됩니다.

만약 tblEmpBoard 테이블에 id와 name 칼럼이 있고, id는 AUTO_INCREMENT 속성이라면 다음과 같은 두 개의 SQL문은 같은 결과를 저장합니다.

예) INSERT INTO tblEmpBoard(id, name) VALUES(1, '삐약이');
INSERT INTO tblEmpBoard(name) VALUES('최아름');

위의 명세표대로 다음과 같이 쿼리를 작성하고 F9 키를 누르면 10장에서 만들어 놓은 mydb 데이터베이스에 tblBoard 테이블이 생성됩니다.

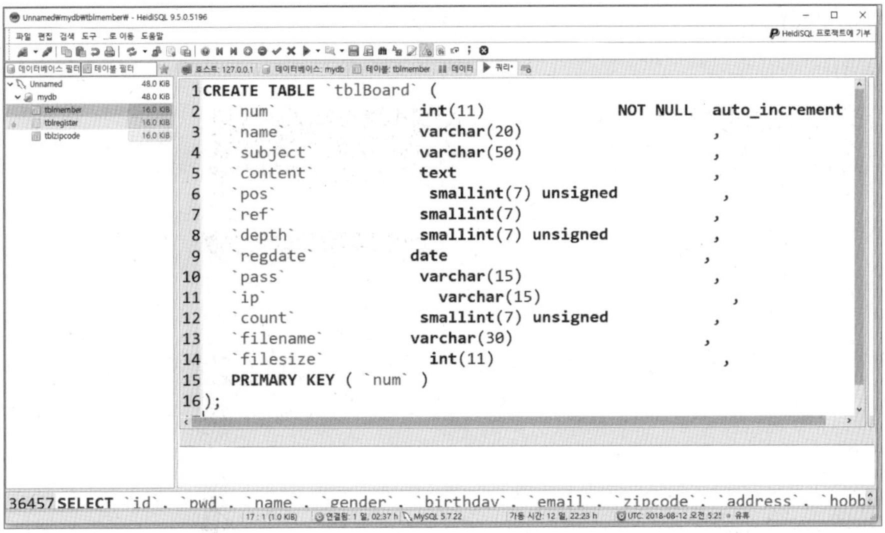

▲ [그림 15-2] 게시판 테이블 만들기

02 _ 설계 및 구현

계층형 게시판은 쓰기, 읽기, 삭제, 수정, 답변 등의 기능들이 있습니다. 한꺼번에 모든 기능들을 구현하는 것보다는 단계적으로 흐름에 맞게 구현하는 것이 처음 JSP 프로그램을 하시는 분들께는 좋은 방법이라고 생각합니다. 지금부터 2단계로 나누어서 첫 번째는 쓰기, 읽기, 삭제를 구현하고 두 번째는 수정, 답변을 단계적으로 구현하겠습니다.

02-1 게시물의 쓰기, 읽기, 삭제 만들기

게시판의 가장 기본적인 기능은 쓰기, 읽기, 삭제입니다. 첫 번째 단계에서 이러한 기본적인 기능들을 잘 구현한다면 두 번째 단계 수정, 답변도 결코 어렵지는 않을 겁니다.

먼저 게시판의 쓰기 기능입니다. post.jsp 페이지에서 게시물을 입력하고 BoardPostServlet.java 서블릿에서 데이터베이스에 저장되는 부분을 처리합니다. BoardPostServlet.java 서블릿에서는 게시물의 저장이 완료되면 자동적으로 게시판 읽기 기능을 담당하는 list.jsp 페이지로 이동합니다.

list.jsp 페이지는 게시물을 가져오는 역할 뿐만 아니라 검색 기능과 페이징 및 블럭 처리 부분을 담당하는 페이지입니다.

list.jsp 페이지에서 게시물의 제목을 클릭하면 게시판의 읽기 기능을 담당하는 read.jsp 페이지로 이동합니다. read.jsp 페이지에서는 삭제, 수정, 답변의 기능들을 담당하는 페이지의 링크가 있지만 첫 번째 단계에서는 삭제만 다루도록 하겠습니다. read.jsp 페이지에서 삭제를 클릭하여 delete.jsp 페이지로 이동하면 게시물의 비밀번호 입력란이 나옵니다. 입력한 비밀번호가 일치하면 데이터베이스에 저장되어 있는 게시물은 삭제되고 list.jsp 페이지로 이동합니다. 그러나 일치하지 않으면 다시 비밀번호를 묻습니다. 여기까지가 첫 번째 단계에서 구현할 흐름입니다. 지금부터 흐름을 잘 생각하면서 본격적으로 게시판을 구현하겠습니다.

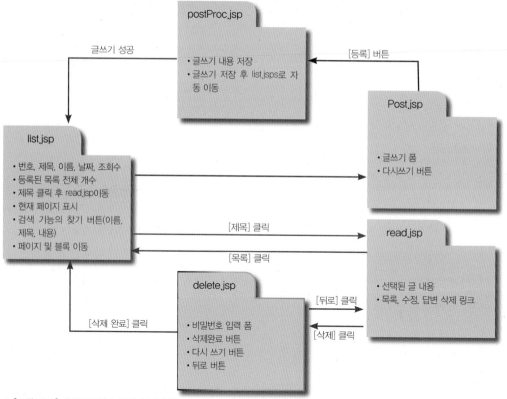

▲ [그림 15-3] 게시물의 쓰기, 읽기, 삭제 흐름도

게시판에 사용되는 리스트, 쓰기, 읽기, 첨부파일 다운로드, 삭제 페이지 부분

• Preview – list.jsp 페이지

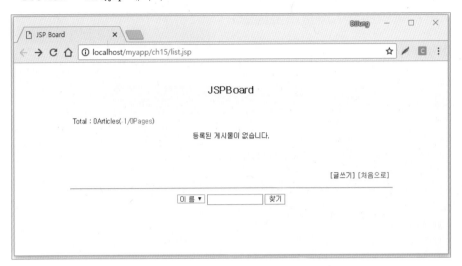

01 게시물 리스트 페이지를 다음과 같이 작성하고 저장합니다.

실습 파일 : source/ch15/list.jsp

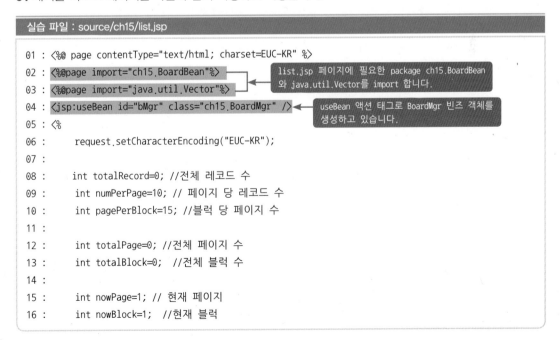

```
01 : <%@ page contentType="text/html; charset=EUC-KR" %>
02 : <%@page import="ch15.BoardBean"%>          list.jsp 페이지에 필요한 package ch15.BoardBean
03 : <%@page import="java.util.Vector"%>         와 java.util.Vector를 import 합니다.
04 : <jsp:useBean id="bMgr" class="ch15.BoardMgr" />   useBean 액션 태그로 BoardMgr 빈즈 객체를
05 : <%                                                 생성하고 있습니다.
06 :     request.setCharacterEncoding("EUC-KR");
07 :
08 :     int totalRecord=0; //전체 레코드 수
09 :     int numPerPage=10; // 페이지 당 레코드 수
10 :     int pagePerBlock=15; //블럭 당 페이지 수
11 :
12 :     int totalPage=0; //전체 페이지 수
13 :     int totalBlock=0;  //전체 블럭 수
14 :
15 :     int nowPage=1; // 현재 페이지
16 :     int nowBlock=1;  //현재 블럭
```

```
17 :
18 :     int start=0; //tblBoard 테이블의 select 시작번호
19 :     int end=10; //시작번호로 부터 가져올 select 개수
20 :
21 :     int listSize=0; //현재 읽어온 게시물의 수
22 :
23 :   String keyWord = "", keyField = "";
24 :   Vector<BoardBean> vlist = null;
25 :   if (request.getParameter("keyWord") != null) {
26 :       keyWord = request.getParameter("keyWord");
27 :       keyField = request.getParameter("keyField");
28 :   }
29 :   if (request.getParameter("reload") != null){
30 :       if(request.getParameter("reload").equals("true")) {
31 :           keyWord = "";
32 :           keyField = "";
33 :       }
34 :   }
35 :
36 :   if (request.getParameter("nowPage") != null) {
37 :       nowPage = Integer.parseInt(request.getParameter("nowPage"));
38 :   }
39 :     start = (nowPage * numPerPage)-numPerPage;
40 :     end = numPerPage;
41 :
42 :   totalRecord = bMgr.getTotalCount(keyField, keyWord);
43 :   totalPage =(int)Math.ceil((double)totalRecord / numPerPage);   //전체페이지수
44 :   nowBlock= (int)Math.ceil((double)nowPage/pagePerBlock); //현재블럭 계산
45 :
```

게시물을 가져오는 쿼리문인 select문의 마지막에 limit를 사용하면 한 페이지에 필요한 만큼의 게시물만을 가져올 수 있습니다. limit에 가져올 게시물의 개수를 지정하기 위해 start와 end 변수를 선언하였습니다.

getBoardList() 메소드의 리턴타입을 Vector<BoardBean>으로 선언합니다.

전체 페이지 개수를 계산하는 부분입니다. 만약 122개의 레코드가 있다면 122/10의 결과값인 12.2를 절상(소수점이 나오면 무조건 올림)을 시켜 13개의 페이지가 만들어지는 것입니다. 제일 마지막 페이지는 2개의 레코드를 가지고 있는 겁니다.

TIP | java.lang.Math 클래스

java.lang.Math 클래스에는 절상, 절하, 반올림 등 여러 가지 계산을 위한 메소드가 있습니다. 절상(ceil)은 무조건 올림을 하며 절하(floor)는 무조건 내림을 하고 반올림은 실수의 소수점이 0.5 이상이면 올림이고 0.5 미만이면 내림을 하는 계산 메소드들입니다.

doubled = 22.7;

절상 - Math.ceil(d); -> 23.0
절하 - Math.floor(d); -> 22.0
반올림 - Math.round(d); -> 23

```
46 :   totalBlock =(int)Math.ceil((double)totalPage / pagePerBlock);   //전체블럭계산
47 : %>
48 : <html>
49 : <head>
50 : <title>JSPBoard</title>
51 : <link href="style.css" rel="stylesheet" type="text/css">
52 : <script type="text/javascript">
```

전체 블럭 수를 계산하는 부분입니다. 전체 블럭의 개수는 전체 페이지의 개수를 블록 당 페이지 수로 나누어서 계산을 합니다. 원리는 전체 페이지 개수를 구하는 방법과 같습니다.

이 페이지에 관련된 스타일시트를 style.css에서 처리를 할 수 있도록 지정을 하였습니다.

```
53 :    function list() {
54 :        document.listFrm.action = "list.jsp";
55 :        document.listFrm.submit();
56 :    }
57 :
58 :    function pageing(page) {
59 :        document.readFrm.nowPage.value = page;
60 :        document.readFrm.submit();
61 :    }
62 :
63 :    function block(value){
64 :         document.readFrm.nowPage.value=<%=pagePerBlock%>*(value-1)+1;
65 :         document.readFrm.submit();
66 :    }
67 :
68 :    function read(num){
69 :        document.readFrm.num.value=num;
70 :        document.readFrm.action="read.jsp";
71 :        document.readFrm.submit();
72 :    }
73 :
74 :    function check() {
75 :        if (document.searchFrm.keyWord.value == "") {
76 :      alert("검색어를 입력하세요.");
77 :      document.searchFrm.keyWord.focus();
78 :      return;
79 :        }
80 :      document.searchFrm.submit();
81 :      }
82 : </script>
83 : </head>
84 : <body bgcolor="#FFFFCC">
85 : <div align="center">
86 :    <br/>
87 :    <h2>JSPBoard</h2>
88 :    <br/>
89 :    <table align="center" border="0" width="80%">
90 :          <tr>
91 :                <td>Total : <%=totalRecord%>Articles(<font color="red">
92 :                <%=nowPage%>/<%=totalPage%>Pages</font>)</td>
93 :          </tr>
94 :    </table>
95 :    <table align="center" width="80%" border="0" cellspacing="0" cellpadding="3">
96 :       <tr>
97 :           <td align="center" colspan="2">
98 :           <%
```

```
 99 :                     vlist = bMgr.getBoardList(keyField, keyWord, start, end);
100 :                     listSize = vlist.size();//브라우저 화면에 나타날 게시물 개수
101 :                         if (vlist.isEmpty()) {
102 :                             out.println("등록된 게시물이 없습니다.");
103 :                         } else {
104 :             %>
105 :               <table border="0" width="100%" cellpadding="2" cellspacing="0">
106 :               <tr align="center" bgcolor="#D0D0D0" height="120%">
107 :                             <td>번 호</td>
108 :                             <td>제 목</td>
109 :                             <td>이 름</td>
110 :                             <td>날 짜</td>
111 :                             <td>조회수</td>
112 :                     </tr>
113 :           <%
114 :                 for (int i = 0;i<numPerPage; i++) {
115 :                 if (i == listSize) break;
116 :             BoardBean bean = vlist.get(i);
117 :             int num = bean.getNum();
118 :             String name = bean.getName();
119 :             String subject = bean.getSubject();
120 :             String regdate = bean.getRegdate();
121 :             int depth = bean.getDepth();
122 :             int count = bean.getCount();
123 :           %>
124 :                     <tr>
125 :                         <td align="center">
126 :  <%=totalRecord-((nowPage-1)*numPerPage)-i%>
127 :                     </td>
128 :                     <td>
129 :                     <%
130 :                         if(depth>0){
131 :                             for(int j=0;j<depth;j++){
132 :                             out.println("  ");
133 :                                     }
134 :                                 }
135 :                     %>
136 :           <a href="javascript:read('<%=num%>')"><%=subject%></a>
137 :                     </td>
138 :                     <td align="center"><%=name%></td>
139 :                     <td align="center"><%=regdate%></td>
140 :                     <td align="center"><%=count%></td>
141 :                     </tr>
142 :                     <%}//for%>
143 :                     </table> <%
144 :             }//if
```

페이지별 뿌려줄 게시물의 시작 번호부터 페이지 당 레코드 수 만큼 FOR문이 반복됩니다.

FOR문 수행 중에 페이지별 뿌려줄 게시물의 시작번호가 전체 게시물과 같다면 FOR문을 빠져 나옵니다.

게시물이 저장되어 있는 BoardBean에서 빈즈의 getXxx 메소드로 반환합니다.

페이지 및 블럭 처리를 위해서 전체 게시물 수, 페이지 당 게시물 수, 현재 페이지 계산, 페이지별 게시물의 시작번호 계산, 전체 페이지 수, 블럭 당 표시될 페이지 수, 현재 블럭 계산, 전체 블럭 계산을 위한 선언 및 계산식 입니다. 이러한 선언과 계산식으로 구해진 값들은 페이징 처리와 블럭 설정에서 사용되어 지는 것들입니다. 페이징 처리와 블럭 설정 부분은 삭제 페이지 설명을 하고 난 뒤 따로 설명을 하겠습니다. 게시번호를 보여줍니다.

```
145 :            %>
146 :                </td>
147 :            </tr>
148 :            <tr>
149 :                <td colspan="2"><br /><br /></td>
150 :            </tr>
151 :            <tr>
152 :                <td>
153 :                    <!-- 페이징 및 블럭 처리 Start-->
154 :                    <%
155 :    int pageStart = (nowBlock -1)*pagePerBlock + 1 ; //하단 페이지 시작 번호
156 :    int pageEnd = ((pageStart + pagePerBlock ) < totalPage) ?  (pageStart + pagePerBlock): totalPage+1;
157 :                    //하단 페이지 끝 번호
158 :                    if(totalPage !=0){
159 :                    if (nowBlock > 1) {%>
160 :    <a href="javascript:block('<%=nowBlock-1%>')">prev...</a><%}%> 
161 :    <%for ( ; pageStart < pageEnd; pageStart++){%>
162 :    <a href="javascript:pageing('<%=pageStart %>')">
163 :    <%if(pageStart==nowPage) {%><font color="blue"> <%}%>
164 :                [<%=pageStart %>]
165 :                <%if(pageStart==nowPage) {%></font> <%}%></a>
166 :                <%}//for%> 
167 :                <%if (totalBlock > nowBlock ) {%>
168 :    <a href="javascript:block('<%=nowBlock+1%>')">.....next</a>
169 :                <%}%> 
170 :                <%}%>
171 :                    <!-- 페이징 및 블럭 처리 End-->
172 :                </td>
173 :                <td align="right">
174 :                    <a href="post.jsp">[글쓰기]</a>
175 :                    <a href="javascript:list()">[처음으로]</a>
176 :                </td>
177 :            </tr>
178 :        </table>
179 : <hr width="80%"/>
180 : <form  name="searchFrm"  method="post" action="list.jsp">
181 : <table border="0" width="527" align=center cellpadding="4" cellspacing="0">
182 :        <tr>
183 :                <td align="center" valign="bottom">
184 :                    <select name="keyField" size="1" >
185 :                    <option value="name"> 이 름</option>
186 :                    <option value="subject"> 제 목</option>
187 :                    <option value="content"> 내 용</option>
188 :                    </select>
189 :                    <input size="16" name="keyWord">
```

위 코드는 페이징과 블럭에 관련되어 prev...[1] [2]...[10].....next 등을 보여주기 위한 코드입니다. 이전 블럭은 현재 블럭 값이 1 이상이 되어야만 나타나며, 페이지 링크를 16개씩 출력하도록 하였습니다. 만약 루프를 돌다가 총 페이지 링크의 개수와 현재 뿌려줄 페이지 번호가 같아지면 루프를 벗어나도록 하였습니다. 그리고 [다음 16개]가 출력되기 위해서는 현재 블럭을 기준으로 현재 블럭의 값이 총 블럭의 개수보다 작아야만 다음 블럭이 나타나도록 하였습니다.

```
190 :        <input type="button"  value="찾기" onClick="javascript:check()">
191 :              <input type="hidden" name="nowPage" value="1">
192 :                 </td>
193 :        </tr>
194 :    </table>
195 :    </form>
196 :    <form name="listFrm" method="post">
197 :        <input type="hidden" name="reload" value="true">
198 :        <input type="hidden" name="nowPage" value="1">
199 :    </form>
200 :    <form name="readFrm" method="get">
201 :        <input type="hidden" name="num">
202 :        <input type="hidden" name="nowPage" value="<%=nowPage%>">
203 :        <input type="hidden" name="keyField" value="<%=keyField%>">
204 :        <input type="hidden" name="keyWord" value="<%=keyWord%>">
205 :    </form>
206 : </div>
207 : </body>
208 : </html>
```

06   : 브라우저로부터 전송된 내용 중에 한글이 있을 경우, 한글이 깨지지 않고 제대로 출력하기 위해서 필요한 내용입니다. 브라우저를 통해 요청(request)에 담거저 있는 문자열을 힌글로 인코딩하게 됩니다.

08 ~ 24 : 페이지 및 블럭 처리와 검색에 필요한 검색 필드명과 검색어, 한 페이지 당 출력할 게시물의 개수 그리고 전체 게시물을 리턴 받을 Vector를 선언문에서 선언하였습니다. request 객체로부터 가져올 page 값과 nowBlock 값이 없기 때문에 변수 초기화 과정에서 둘 다 0이 들어가게 되어 있습니다. 그래서 가장 첫 페이지의 값과 가장 첫 페이지의 블럭은 0이 됨을 명심하시기 바랍니다.

25 ~ 28 : 검색을 위해서 호출 받은 keyWord() 값이 null 값이 아니면 요청받은 keyWord 값과 keyField 값을 받아서 검색을 처리합니다.

29 ~ 34 : 검색을 하고 다시 모든 리스트를 보기 위해서 175라인에 [처음으로]를 클릭하면 197라인의 form에 hidden 타입의 reload 값을 true 값으로 요청하여 검색을 위해서 선언한 keyWord 값과 keyField 값을 공백 값으로 처리합니다.

36 ~ 46 : 페이지 및 블럭 처리를 위해서 전체 게시물 수, 페이지 당 게시물 수, 현재 페이지 계산, 페이지별 게시물의 시작번호 계산, 전체 페이지 수, 블럭 당 표시될 페이지 수, 현재 블럭 계산, 전체 블럭 계산을 위한 선언 및 계산식입니다. 이러한 선언과 계산식으로 구해진 값들은 페이징 처리와 블럭 설정에서 사용되어지는 것들입니다. 페이징 처리와 블럭 설정 부분은 삭제 페이지 설명을 하고 난 뒤 따로 설명을 하겠습니다.

91 ~ 92 : 전체 게시물 수와 현재 페이지와 전체 페이지 수를 보여줍니다.

99   : 전체 게시물을 리턴하기 위해서 BoardMgr 클래스에 있는 getBoardList() 메소드를 호출합니다. getBoardList() 메소드의 매개변수는 한 페이지 당 출력할 게시물의 개수를 지정하는 start와 end 그리고 검색을 위해서 넘겨받은 keyWord 값과 keyField 값입니다. 만약 검색하지 않고 전체 게시물을 리턴 한다면 keyWord 값과 keyField 값은 공백 값으로 처리가 됩니다. 그리고 getBoardList() 메소드의 자세한 설명은 BoardMgr.java 클래스 소스 설명을 참고하기 바랍니다.

101 ~ 102 : 등록된 게시물이 없거나 검색 후에 조건에 맞는 결과 값이 없으면 실행되는 부분입니다.

114 ~ 122 : 99라인에서 Vector(BoardBean) 타입으로 반환한 tblBoard 테이블게시물을 boardList에서 get() 메소드를 이용하여 BoardBean 클래스 타입으로 반환하였습니다. BoardBean 객체를 getXxx 메소드로 저장되어 있는 각각의 칼럼 값으로 반환하였습니다.

130 ~ 134 : 만약 가져온 게시물이 답변 글이라면(depth가 0보다 클 경우) 제목 앞에 스페이스( ) 값을 주어 약간 뒤쪽에 제목을 출력하고 답변 글임을 표시합니다.

158 ~ 160 : 전체 페이지가 1개 이상이고 또 이전 블록이 있다면 이전 블록 링크를 화면에 보여주는 부분입니다.

161 ~ 166 : 페이징을 처리하는 부분입니다.

167 ~ 169 : 다음 블록이 있다면 다음 블록 링크를 화면에 보여주는 부분입니다.

180 ~ 195 : 게시물 검색을 위한 form입니다. 먼저 select box에서 검색하고자 하는 목록을 선택하고 검색어를 입력한 후에 [찾기] 버튼을 클릭하면 hidden 타입의 page의 value 값은 정수 0의 값을 안고 현재의 페이지로 호출 되면서 검색한 게시물을 보여줍니다.

196 ~ 205 : 게시물 검색을 하고 난 후에 [처음으로]를 클릭하면 함께 넘어가는 값들을 hidden 타입으로 함께 넘기는 form 입니다.

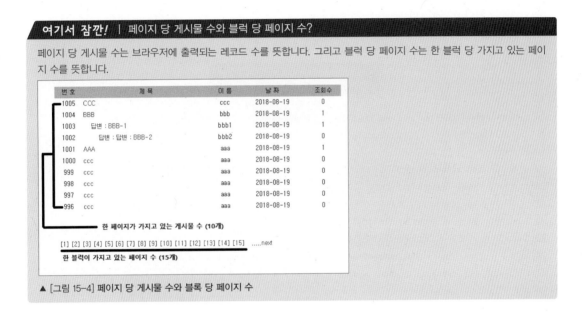

여기서 잠깐! | 페이지 당 게시물 수와 블록 당 페이지 수?

페이지 당 게시물 수는 브라우저에 출력되는 레코드 수를 뜻합니다. 그리고 블록 당 페이지 수는 한 블록 당 가지고 있는 페이지 수를 뜻합니다.

▲ [그림 15-4] 페이지 당 게시물 수와 블록 당 페이지 수

02 게시물 쓰기 페이지를 다음과 같이 작성하고 저장합니다.

- Preview – post.jsp 페이지

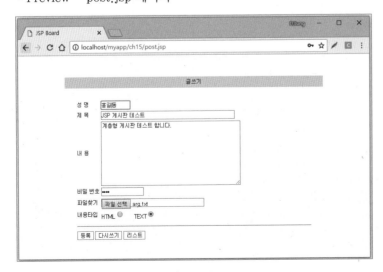

```
01 : <%@ page contentType="text/html; charset=EUC-KR"%>
02 : <html>
03 : <head>
04 : <title>JSP Board</title>
05 : <link href="style.css" rel="stylesheet" type="text/css">
06 : </head>
07 : <body bgcolor="#FFFFCC">
08 : <div align="center">
09 : <br/><br/>
10 : <table width="600" cellpadding="3">
11 :    <tr>
12 :        <td bgcolor="84F399" height="25" align="center">글쓰기</td>
13 :    </tr>
14 : </table>
15 : <br/>
16 : <form name="postFrm" method="post" action="boardPost" enctype="multipart/form-data">
17 : <table width="600" cellpadding="3" align="center">
18 :    <tr>
19 :        <td align=center>
20 :        <table align="center">
21 :            <tr>
22 :                <td width="10%">성 명</td>
23 :                <td width="90%">
24 :                <input name="name" size="10" maxlength="8"></td>
25 :            </tr>
26 :            <tr>
27 :                <td>제 목</td>
28 :                <td>
29 :                <input name="subject" size="50" maxlength="30"></td>
30 :            </tr>
31 :            <tr>
32 :                <td>내 용</td>
33 :                <td><textarea name="content" rows="10" cols="50"></textarea></td>
34 :            </tr>
35 :            <tr>
36 :                <td>비밀 번호</td>
37 :                <td><input type="password" name="pass" size="15" maxlength="15"></td>
38 :            </tr>
39 :            <tr>
40 :             <tr>
41 :                <td>파일찾기</td>
42 :                <td><input type="file" name="filename" size="50" maxlength="50"></td>
43 :            </tr>
44 :            <tr>
45 :                <td>내용타입</td>
```

서블릿 BoardPostServlet의 매핑으로
설정된 boardPost를 호출을 합니다.

input 타입 파일(file)은 파일 불러오기
창을 띄우는 기능을 제공합니다.

```
46 :                         <td> HTML<input type=radio name="contentType" value="HTTP" >   
47 :                         TEXT<input type=radio name="contentType" value="TEXT" checked>
48 :                         </td>
49 :                 </tr>
50 :                 <tr>
51 :                         <td colspan="2"><hr/></td>
52 :                 </tr>
53 :                 <tr>
54 :                         <td colspan="2">
55 :                                 <input type="submit" value="등록">
56 :                                 <input type="reset" value="다시쓰기">
57 :                                 <input type="button" value="리스트" onClick="javascript:location.href='list.jsp'">
58 :                         </td>
59 :                 </tr>
60 :         </table>
61 :         </td>
62 :     </tr>
63 : </table>
64 : <input type="hidden" name="ip" value="<%=request.getRemoteAddr()%>">
65 : </form>
66 : </div>
67 : </body>
68 : </html>
```

> 게시물을 등록한 사용자의 IP 주소를 가져옵니다.

TIP | request 내부 객체?

jsp 페이지를 호출하면 자동적으로 JSP 컨테이너가 제공하는 내부 객체 중에 하나인 request 내부 객체는 브라우저에서 jsp 페이지로 요청되는 모든 데이터의 묶음(HTTP 헤더와 HTTP 바디)으로 구성이 되어 있습니다.

• Preview – 게시물을 저장하고 list.jsp로 이동

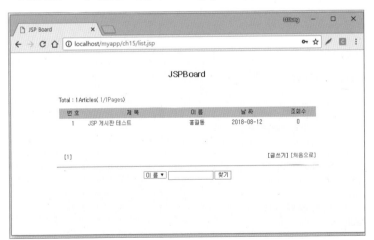

TIP | request 내부 객체?

- **@WebServlet** : 서블릿 클래스의 요청을 위한 URL 매핑을 보다 쉽게 자바 클래스에서 설정할 수 있도록 제공되는 어노테이션입니다.
- **어노테이션** : 어노테이션은 문장이나 문서에 추가적인 정보를 기입하는 것을 말합니다. 자바 프로그램에 영향을 주는 것이 아니라 컴파일 할 때 환경설정을 변경해 줄 것을 알려주는 주석 형태를 의미합니다.
  예 @Override, @Deprecated, @WebServlet)
- **URL Mapping** : 서블릿을 동작시키기 위해서 실제 자바 클래스 명(HelloServlet)을 사용하는 대신 서블릿을 요청하기 위한 문자열을 클래스와 매핑 시키는 것을 의미합니다.

03 게시물 쓰기 처리 서블릿을 다음과 같이 작성하고 저장합니다.

실습 파일 : source/ch15/BoardPostServlet.java

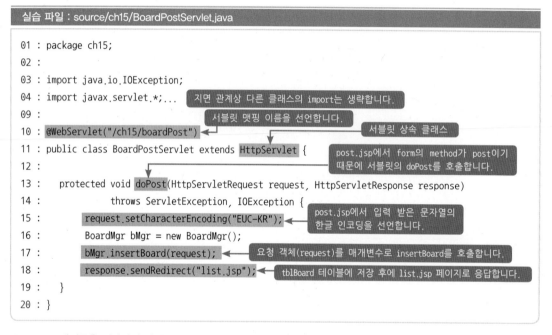

```
01 : package ch15;
02 :
03 : import java.io.IOException;
04 : import javax.servlet.*;...        지면 관계상 다른 클래스의 import는 생략합니다.
09 :                          서블릿 맵핑 이름을 선언합니다.
10 : @WebServlet("/ch15/boardPost")                          서블릿 상속 클래스
11 : public class BoardPostServlet extends HttpServlet {
12 :                                  post.jsp에서 form의 method가 post이기
                                       때문에 서블릿의 doPost를 호출합니다.
13 :    protected void doPost(HttpServletRequest request, HttpServletResponse response)
14 :             throws ServletException, IOException {
15 :        request.setCharacterEncoding("EUC-KR");           post.jsp에서 입력 받은 문자열의
                                                              한글 인코딩을 선언합니다.
16 :        BoardMgr bMgr = new BoardMgr();
17 :        bMgr.insertBoard(request);           요청 객체(request)를 매개변수로 insertBoard를 호출합니다.
18 :        response.sendRedirect("list.jsp");    tblBoard 테이블에 저장 후에 list.jsp 페이지로 응답합니다.
19 :    }
20 : }
```

16 : 게시물을 저장하기 위해 BoardMgr 객체를 생성합니다.

17 ~ 18 : BoardMgr의 insertBoard() 메소드를 호출하여 게시물을 저장합니다. 게시물의 저장이 끝나면 list.jsp로 이동합니다.

04 게시물 읽기 페이지를 다음과 같이 작성하고 저장합니다.

- Preview - read.jsp 페이지

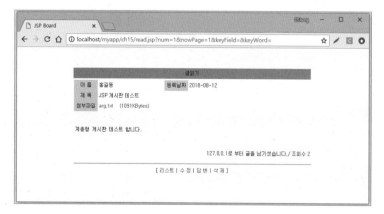

```jsp
01 : <%@ page contentType="text/html; charset=EUC-KR" %>
02 : <%@page import="ch15.BoardBean"%>
03 : <jsp:useBean id="bMgr" class="ch15.BoardMgr" />
04 : <%
05 :       request.setCharacterEncoding("EUC-KR");
06 :       int num = Integer.parseInt(request.getParameter("num"));
07 :       String nowPage = request.getParameter("nowPage");
          list.jsp에서 넘어온 num 값과 nowPage 값을 받습니다.
08 :       String keyField = request.getParameter("keyField");
09 :       String keyWord = request.getParameter("keyWord");
10 :       bMgr.upCount(num);
11 :       BoardBean bean = bMgr.getBoard(num);
12 :       String name = bean.getName();
13 :       String subject = bean.getSubject();
14 :       String regdate = bean.getRegdate();
15 :       String content = bean.getContent();
16 :       String filename = bean.getFilename();
17 :       int filesize = bean.getFilesize();
18 :       String ip = bean.getIp();
19 :       int count = bean.getCount();
20 :       session.setAttribute("bean", bean);
21 : %>
22 : <html>
23 : <head>
24 : <title>JSPBoard</title>
25 : <link href="style.css" rel="stylesheet" type="text/css">
26 : <script type="text/javascript">
27 :     function list(){
28 :         document.listFrm.submit();
29 :     }
30 :
31 :     function down(filename){
32 :         document.downFrm.filename.value=filename;
33 :         document.downFrm.submit();
34 :     }
35 : </script>
36 : </head>
37 : <body bgcolor="#FFFFCC">
38 : <br/><br/>
39 : <table align="center" width="70%" border=0 cellspacing="3" cellpadding="0">
40 :   <tr>
41 :    <td bgcolor="#9CA2EE" height="25" align="center">글읽기</td>
42 :   </tr>
43 :   <tr>
```

주석 설명

- 06~07라인: list.jsp에서 넘어온 num 값과 nowPage 값을 받습니다.
- 10라인: 게시물이 읽어 오기 전에 조회수를 증가합니다.
- 11라인: 요청한 게시물을 빈즈 단위로 가져옵니다.
- 20라인: 세션에 읽어 온 게시물을 'bean'라는 키 값으로 빈즈 객체를 저장 합니다.
- 31라인: 60라인에서 down 자바스크립트를 호출함과 동시에 전달받는 매개변수입니다. 매개변수는 첨부파일명입니다.
- 32라인: 전달받은 매개변수를 88라인에 있는 히든 값 filename에 할당해줍니다.
- 33라인: 97라인이 downFrm폼을 submit 시킴으로써 해당 폼이 가리키는 download.jsp 파일로 폼 내부의 값을 넘깁니다.

```
44 :    <td colspan="2">
45 :    <table border="0" cellpadding="3" cellspacing="0" width=100%>
46 :     <tr>
47 :    <td align="center" bgcolor="#DDDDDD" width="10%"> 이 름 </td>
48 :    <td bgcolor="#FFFFE8"><%=name%></td>
49 :    <td align="center" bgcolor="#DDDDDD" width=10%> 등록날짜 </td>
50 :    <td bgcolor="#FFFFE8"><%=regdate%></td>
51 :    </tr>
52 :    <tr>
53 :      <td align="center" bgcolor="#DDDDDD"> 제 목</td>
54 :      <td bgcolor="#FFFFE8" colspan="3"><%=subject%></td>
55 :    </tr>
56 :     <tr>
57 :      <td align="center" bgcolor="#DDDDDD">첨부파일</td>
58 :      <td bgcolor="#FFFFE8" colspan="3">
59 :      <% if( filename !=null && !filename.equals("")) {%>
60 :        <a href="javascript:down('<%=filename%>')"><%=filename%></a>
61 :            <font color="blue">(<%=filesize%>KBytes)</font>
62 :        <%} else{%> 등록된 파일이 없습니다.<%}%>
63 :      </td>
64 :    </tr>
65 :     <tr>
66 :      <td colspan="4"><br/><pre><%=content%></pre><br/></td>
67 :    </tr>
68 :     <tr>
69 :      <td colspan="4" align="right">
70 :       <%=ip%>로 부터 글을 남기셨습니다./  조회수  <%=count%>
71 :     </td>
72 :    </tr>
73 :    </table>
74 :    </td>
75 :   </tr>
76 :   <tr>
77 :    <td align="center" colspan="2">
78 :    <hr/>
79 :    [ <a href="javascript:list()" >리스트</a> ¦
80 :    <a href="update.jsp?nowPage=<%=nowPage%>&num=<%=num%>" >수 정</a> ¦
81 :    <a href="reply.jsp?nowPage=<%=nowPage%>" >답 변</a> ¦
82 :    <a href="delete.jsp?nowPage=<%=nowPage%>&num=<%=num%>">삭 제</a> ]<br/>
83 :    </td>
84 :   </tr>
85 : </table>
86 :
87 : <form name="downFrm" action="download.jsp" method="post">
88 :    <input type="hidden" name="filename">
89 : </form>
```

> 첨부파일을 클릭하면 31라인에 선언한 down 자바스크립트를 호출하면서 파일명을 매개변수 filename으로 전달합니다.

> 32라인에 있는 down 자바 스크립트에서 downFrm 폼을 submit함으로써 폼 내부의값들을 action="download.jsp"로 넘깁니다. downFrm 폼 내부에 히든값을 배치함으로써 사용자가 다운로드 할 첨부파일의 이름이 넘어가게 되는 것입니다.

```
90 :
91 : <form name="listFrm" method="post" action="list.jsp">
92 :    <input type="hidden" name="nowPage" value="<%=nowPage%>">
93 :    <%if(!(keyWord==null || keyWord.equals(""))){ %>
94 :    <input type="hidden" name="keyField" value="<%=keyField%>">
95 :    <input type="hidden" name="keyWord" value="<%=keyWord%>">
96 :    <%}%>
97 : </form>
98 : </body>
99 : </html>
```

11   : 게시번호(num)를 매개변수로 insertBoard() 메소드를 통해서 BoardBean 타입으로 리턴 받습니다.

12 ~ 19 : 게시물이 내용이 저장되어 있는 BoardBean에서 빈즈의 getXxx 메소드로 반환합니다.

48 ~ 70 : 게시물 BoardBean에서 가져온 여러 가지 게시물 내용들을 표현식<%=..%>으로 브라우저에 보여줍니다.

80 ~ 82 : 현재 페이지(nowPage) 값과 게시번호(num) 값을 가지고 목록, 수정, 답변, 삭제 페이지로 이동합니다.

93 ~ 96 : list.jsp에서 검색한 결과의 게시물을 읽었다면 keyWord와 keyField가 null이 아니지만 반대로 검색한 결과가 아닌 게시물을 읽었다면 이 두 개의 값은 null이기 때문에 다시 list.jsp로 넘어 갈 때는 이 두 개의 값을 가지고 불필요한 값입니다. 이런 코드를 구현한 부분입니다.

TIP   request.getRemoteAddr() IP가 0:0:0:0:0:0:0:1 일 때 해결

이클립스에서 메뉴의 Run –> Run Configurations –> Arguments 탭 –> "–Djava.net.preferIPv4Stack=true" 추가
반드시 앞에 추가된 옵션 값이랑 한 칸 띄우고 입력을 해야 합니다.

예 ...0₩wtpwebapps" –Djava.net.preferIPv4Stack=true

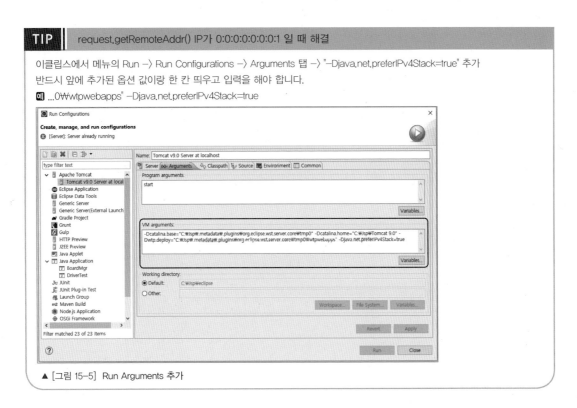

▲ [그림 15-5] Run Arguments 추가

05 게시물 첨부파일 다운로드 페이지를 다음과 같이 작성하고 저장합니다.

- Preview – download.jsp 페이지

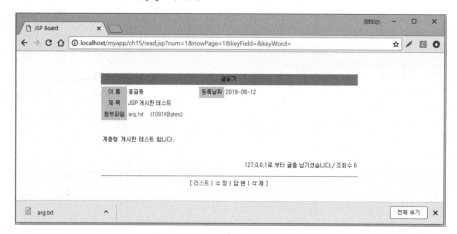

실습 파일 : source/ch15/download.jsp

```
01 : <%@ page contentType="application;charset=EUC-KR" %>
02 : <jsp:useBean id="bMgr" class="ch15.BoardMgr" />
03 : <%
04 :      bMgr.downLoad(request, response, out, pageContext);
05 : %>
```

04 : BoardMgr.java에 있는 downLoad() 메소드를 호출합니다. 클릭한 첨부 파일은 다운로드가 진행됩니다. 단 브라우저
마다 다운로드 형식과 모양은 조금씩 다를 수 있습니다.

06 게시물 삭제 페이지를 다음과 같이 작성하고 저장합니다.

- Preview – delete.jsp 페이지

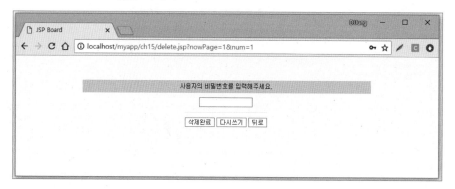

```
01 : <%@ page contentType="text/html; charset=EUC-KR"%>
02 : <%@page import="ch15.BoardBean"%>
03 : <jsp:useBean id="bMgr" class="ch15.BoardMgr" />
04 : <html>
05 : <head>
06 : <title>JSP Board</title>
07 : <link href="style.css" rel="stylesheet" type="text/css">
08 : <%
09 :    request.setCharacterEncoding("EUC-KR");
10 :    String nowPage = request.getParameter("nowPage");
11 :    int num = Integer.parseInt(request.getParameter("num"));
12 :    if (request.getParameter("pass") != null) {
13 :        String inPass = request.getParameter("pass");
14 :        BoardBean bean = (BoardBean) session.getAttribute("bean");
15 :        String dbPass = bean.getPass();
16 :        if (inPass.equals(dbPass)) {
17 :            bMgr.deleteBoard(num);
18 :            String url = "list.jsp?nowPage=" + nowPage;
19 :            response.sendRedirect(url);
20 :        } else {
21 : %>
22 : <script type="text/javascript">
23 :    alert("입력하신 비밀번호가 아닙니다.");
24 :    history.back();
25 : </script>
26 : <%}
27 :    } else {
28 : %>
29 : <script type="text/javascript">
30 :    function check() {
31 :        if (document.delFrm.pass.value == "") {
32 :            alert("패스워드를 입력하세요.");
33 :            document.delFrm.pass.focus();
34 :            return false;
35 :        }
36 :        document.delFrm.submit();
37 :    }
38 : </script>
39 : </head>
40 : <body bgcolor="#FFFFCC">
41 :    <div align="center">
42 :        <br/><br/>
43 :        <table width="600" cellpadding="3">
44 :            <tr>
```

- delete.jsp에서 입력한 pass 값을 받습니다. *(13행)*
- read.jsp에서 세션에 저장한 게시물을 가져옵니다. *(14행)*
- 세션에 저장한 게시물의 pass 값을 반환합니다. *(15행)*
- 게시번호(num)를 통해서 게시물을 삭제합니다. *(17행)*

```
45 :                    <td bgcolor=#dddddd height="21" align="center">
46 :                        사용자의 비밀번호를 입력해주세요.
47 :                    </td>
48 :                </tr>
49 :            </table>
50 :            <form name="delFrm" method="post" action="delete.jsp">
51 :                <table width="600" cellpadding="2">
52 :                    <tr>
53 :                        <td align="center">
54 :                        <table>
55 :                        <tr>
56 :                        <td align="center">
57 :                        <input type="password" name="pass" size="17" maxlength="15">
58 :                        </td>
59 :                        </tr>
60 :                        <tr>
61 :                        <td><hr size="1" color="#eeeeee"/></td>
62 :                        </tr>
63 :                        <tr>
64 :                        <td align="center">
65 :                            <input type="button" value="삭제완료" onClick="check()">
66 :                            <input type="reset" value="다시쓰기">
67 :                            <input type="button" value="뒤로" onClick="history.go(-1)">
68 :                        </td>
69 :                        </tr>
70 :                        </table>
71 :                    </td>
72 :                </tr>
73 :            </table>
74 :        <input type="hidden" name="nowPage" value="<%=nowPage%>">
75 :        <input type="hidden" name="num" value="<%=num%>">
76 :        </form>
77 :    </div>
78 :    <%}%>
79 : </body>
80 : </html>
```

10 ~ 11 : read.jsp에서 넘겨준 현재 페이지 값과 게시번호 값을 request 내부 객체의 getParameter 메소드로 받아서 nowPage, num에 각각 반환합니다.

12 : delete.jsp에서 입력한 패스워드 값이 null이 아닐 경우 inPass 문자열 변수에 값을 반환합니다.

16 : session에 저장한 BoardBean의 pass 값과 delete.jsp에서 직접 입력한 inPass 변수를 비교 합니다.

17 ~ 26 : 입력한 pass 값과 BoardBean 객체의 pass 값이 일치한다면 tblBoard 테이블에서 게시물을 삭제한 후 바로 list.jsp로 이동하고 일치하지 않는다면 경고 창을 보여줍니다. deleteBoard() 메소드는 BoardMgr 클래스 설명을 참고하기 바랍니다.

74 ~ 75 : [삭제 완료] 버튼을 클릭하면 입력한 비밀번호와 현재 페이지 값과 게시번호 값을 자기 자신의 페이지(delete. jsp)로 호출을 해야 합니다. 그래서 현재 페이지 값과 게시번호 값을 hidden 타입으로 지정 하였습니다.

02-2 게시판 수정, 답변 만들기

두 번째 단계는 게시판 수정, 답변 기능입니다.

수정 기능은 list.jsp 페이지에서 게시물의 제목을 클릭하면 read.jsp 페이지로 이동합니다. read. jsp 페이지에 삭제, 수정, 답변의 기능을 수행하는 페이지의 링크가 있고 수정을 클릭하면 update. jsp 페이지로 이동합니다. 이동한 update.jsp 페이지에서 수정할 게시물의 내용을 수정하고 비밀번호를 입력한 후에 BoardUpdateServlet.java 서블릿에서 수정한 게시물의 내용을 tblBoard 테이블에 수정을 합니다. 물론 비밀번호 값이 틀리면 수정은 되지 않습니다. 마지막으로 답변 기능입니다. read.jsp 페이지에서 답변을 클릭하면 reply.jsp 페이지로 이동합니다. 답변할 게시물의 내용을 입력하고, 저장을 클릭하면 BoardReplyServlet.java 서블릿에서 답변한 게시물을 tblBoard 테이블에 저장합니다.

지금까지 두 번째 단계에 대한 흐름의 설명입니다. 첫 번째 단계를 잘 이해하셨다면 두 번째 단계도 쉽게 구현할 수 있을 것입니다.

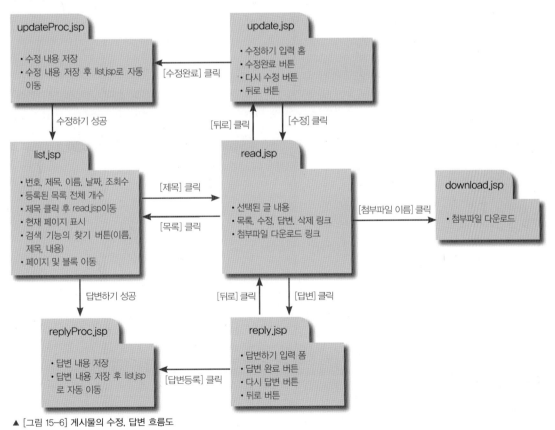

▲ [그림 15-6] 게시물의 수정, 답변 흐름도

게시판에 사용되는 수정, 답변 페이지 부분

01 게시물 수정 페이지를 다음과 같이 작성하고 저장합니다.

• Preview – update.jsp 페이지

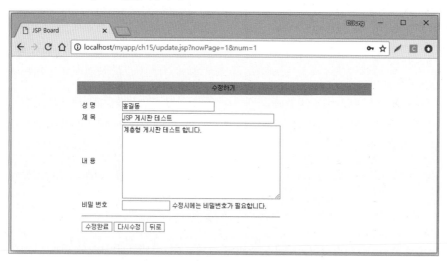

실습 파일 : source/ch15/update.jsp

```
01 : <%@ page contentType="text/html; charset=EUC-KR" %>
02 : <%@ page import="ch15.BoardBean"%>
03 : <%
04 :     int num = Integer.parseInt(request.getParameter("num"));
05 :     String nowPage = request.getParameter("nowPage");
06 :     BoardBean bean = (BoardBean)session.getAttribute("bean");
07 :     String subject = bean.getSubject();
08 :     String name = bean.getName();
09 :     String content = bean.getContent();
10 : %>
11 : <html>
12 : <head>
13 : <title>JSPBoard</title>
14 : <link href="style.css" rel="stylesheet" type="text/css">
15 : <script>
16 :     function check() {
17 :       if (document.updateFrm.pass.value == "") {
18 :         alert("수정을 위해 패스워드를 입력하세요.");
19 :         document.updateFrm.pass.focus();
20 :         return false;
21 :       }
22 :       document.updateFrm.submit();
23 :     }
24 : </script>
25 : </head>
```

세션에 저장되어 있는 게시물을 'bean'이라는 키 값으로 가져옵니다.

bean에 저장되어 있는 값들을 반환합니다.

수정할 내용을 입력하고 비밀번호 입력 여부를 체크하는 자바스크립트 함수입니다.

```
26 : <body bgcolor="#FFFFCC">
27 : <div align="center"><br/><br/>
28 : <table width="460" cellspacing="0" cellpadding="3">
29 :   <tr>
30 :    <td bgcolor="#FF9018"  height="21" align="center">수정하기</td>
31 :   </tr>
32 : </table>
33 : <form name="updateFrm" method="post" action="boadUpdate" >
34 : <table width="70%" cellspacing="0" cellpadding="7">
35 :   <tr>
36 :    <td align="center">
37 :     <table>
38 :      <tr>
39 :       <td width="20%">성 명</td>
40 :       <td width="80%">
41 :       <input name="name" value="<%=name%>" size="30" maxlength="20">
42 :      </td>
43 :     </tr>
44 :     <tr>
45 :       <td>제 목</td>
46 :       <td>
47 :       <input name="subject" size="50" value="<%=subject%>" maxlength="50">
48 :      </td>
49 :     <tr>
50 :       <td>내 용</td>
51 :       <td>
52 :       <textarea name="content" rows="10" cols="50"><%=content%></textarea>
53 :      </td>
54 :     </tr>
55 :     <tr>
56 :       <td>비밀 번호</td>
57 :       <td><input type="password" name="pass" size="15" maxlength="15">
58 :        수정 시에는 비밀번호가 필요합니다.</td>
59 :     </tr>
60 :     <tr>
61 :       <td colspan="2" height="5"><hr/></td>
62 :     </tr>
63 :     <tr>
64 :       <td colspan="2">
65 :        <input type="button" value="수정완료" onClick="check()">
66 :        <input type="reset" value="다시수정">
67 :        <input type="button" value="뒤로" onClick="history.go(-1)">
68 :      </td>
69 :     </tr>
70 :    </table>
71 :   </td>
```

서블릿 BoardUpdateServlet의 매핑으로 설정된 boardUpdate를 호출을 합니다.

```
72 :    </tr>
73 :    </table>
74 :    <input type="hidden" name="nowPage" value="<%=nowPage %>">
75 :    <input type='hidden' name="num" value="<%=num%>">
76 :    </form>
77 :    </div>
78 :    </body>
79 :    </html>
```

04 ~ 05 : read.jsp에서 넘겨준 현재 페이지 값과 게시번호 값을 request 내부 객체의 getParameter 메소드로 받아서 String nowPage, num에 각각 반환합니다.

74 ~ 75 : 현재 페이지 값과 게시번호 값을 자기 수정 처리 서블릿(BoardUpdateServlet.java)로 호출해야 합니다. 그래서 폼의 내용들과 같이 넘기기 위해서 현재 페이지 값과 게시번호 값을 hidden 타입으로 지정을 하였습니다.

02 게시물 수정 처리 서블릿을 다음과 같이 작성하고 저장합니다.

실습 파일 : source/ch15/BoardUpdateServlet.java

```
01 : package ch15;
02 :
03 : import java.io.IOException;...        지면 관계상 다른 클래스의 import는 생략합니다.
13 : @WebServlet("/ch15/boardUpdate")      서블릿 매핑 이름을 선언합니다.
14 : public class BoardUpdateServlet extends HttpServlet {
15 :
16 :     protected void doPost(HttpServletRequest request, HttpServletResponse response)
17 :                 throws ServletException, IOException {
18 :
19 :         request.setCharacterEncoding("EUC-KR");
20 :         response.setContentType("text/html; charset=EUC-KR");
21 :                                         요청 객체(request)에서 세션 객체를 리턴 받습니다.
22 :         HttpSession session = request.getSession();
23 :         PrintWriter out = response.getWriter();      브라우저에 출력을 위해 출력 객체를 응답
24 :                                                      객체에서 리턴 받습니다.
25 :         BoardMgr bMgr = new BoardMgr();
26 :         BoardBean bean = (BoardBean) session.getAttribute("bean");    read.jsp에서 현재 읽은
27 :         String nowPage = request.getParameter("nowPage");             게시물을 세션에 저장을
28 :                                                                       했던 게시물을 세션에서
                 update.jsp에서 넘긴 값을 nowPage 문자열 변수로 받습니다.    다시 가져옵니다.
29 :         BoardBean upBean = new BoardBean();
30 :         upBean.setNum(Integer.parseInt(request.getParameter("num")));
31 :         upBean.setName(request.getParameter("name"));
32 :         upBean.setSubject(request.getParameter("subject"));    num 값은 정수 타입 이므로 때
33 :         upBean.setContent(request.getParameter("content"));    문에 정수로 변환을 해서 빈즈
34 :         upBean.setPass(request.getParameter("pass"));          에 저장합니다.
35 :         upBean.setIp(request.getParameter("ip"));
36 :
37 :         String upPass = upBean.getPass();      update.jsp에서 입력한 비밀번호입니다.
```

```
38 :        String inPass = bean.getPass();      ◀ 세션에 저장을 했던 비밀번호입니다.

39 :

40 :        if (upPass.equals(inPass)) {     ◀ upPass와 inPass의 값이 같다면 수정을 실행하기 위한 if 문입니다.

41 :            bMgr.updateBoard(upBean);         tblBoard 테이블에 수정이 실행합니다.

42 :            String url = "read.jsp?nowPage=" + nowPage + "&num=" + upBean.getNum();

43 :            response.sendRedirect(url);   ◀ 매개변수 url로 페이지로 갑니다.            수정 후에 read.
                                                                                         jsp로 넘어갈 때
44 :        } else {        upPass와 inPass의 값이 다르면 실행하기                          nowPage와 num값을
                            위한 else 문입니다.                                           가지고 갑니다.

45 :            out.println("<script>");

46 :            out.println("alert('입력하신 비밀번호가 아닙니다.');");

47 :            out.println("history.back();");    ◀ uppdate.jsp 페이지로 뒤로 보내는
                                                      스크립트 명령어입니다.
48 :            out.println("</script>");

49 :        }

50 :    }

51 : }
```

29 ~ 35 : update.jsp에서 입력한 게시물의 내용들을 저장하기 위해 BoardBean 객체를 생성하고 생성된 빈즈 객체에 요청되는 이름(num, name, subject, content 등등)으로 각각 저장합니다.

37 ~ 38 : update.jsp에서 입력한 비밀번호(upPass)와 read.jsp에서 읽어온 게시물의 비밀번호(inPass)를 각각 문자열 변수로 받습니다.

40 ~ 43 : upPass와 inPass 비밀번호가 일치해서 수정이 성공적으로 완료되면 nowPage(현재 페이지), num(게시물 번호)을 값을 가지고 read.jsp로 페이지로 넘어 갑니다.

44 ~ 49 : 사용자가 틀린 비밀번호를 입력하였을 경우 경고 메시지를 띄우고 게시물 수정 페이지(update.jsp)로 돌아갑니다.

03 게시물 답변 페이지를 다음과 같이 작성하고 저장합니다.

• Preview – reply.jsp 페이지

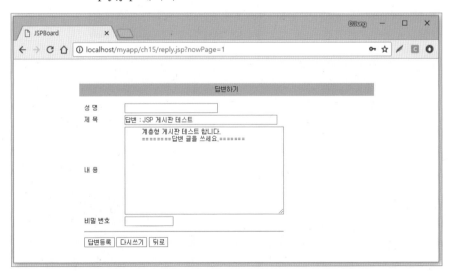

실습 파일 : source/ch15/reply.jsp

```
01 : <%@ page contentType="text/html; charset=EUC-KR" %>
02 : <jsp:useBean id="bean" class="ch15.BoardBean" scope="session"/>
03 : <%
04 :      String nowPage = request.getParameter("nowPage");
05 :      String subject = bean.getSubject();
06 :      String content = bean.getContent();
07 : %>
08 : <html>
09 : <head>
10 : <title>JSPBoard</title>
11 : <link href="style.css" rel="stylesheet" type="text/css">
12 : </head>
13 : <body bgcolor="#FFFFCC">
14 : <div align="center">
15 : <br><br>
16 :  <table width="460" cellspacing="0" cellpadding="3">
17 :   <tr>
18 :    <td bgcolor="#CCCC00" height="21" align="center">답변하기</td>
19 :   </tr>
20 : </table>
21 : <form method="post" action="boardReply" >
22 : <table width="600" cellpadding="7">
23 :  <tr>
24 :   <td align="center">
25 :    <table border="0">
26 :     <tr>
27 :      <td width="20%">성 명</td>
28 :      <td width="80%">
29 :      <input name="name" size="30" maxlength="20"></td>
30 :     </tr>
31 :     <tr>
32 :      <td width="20%">제 목</td>
33 :      <td width="80%">
34 :      <input name="subject" size="50" value="답변 : <%=subject%>" maxlength="50"></td>
35 :     </tr>
36 :     <tr>
37 :      <td>내 용</td>
```

> read.jsp에서 세션에 저장한 게시물 객체를 세션에서 다시 가져옵니다. 이때 반드시 저장한 id 값이 bean으로 선언을 해야 합니다.

> 서블릿 BoardReplyServlet의 매핑으로 설정된 boardReply를 호출을 합니다.

> 답변하고자 하는 게시물의 제목을 보여줍니다.

```
38 :      <td>
39 :    <textarea name="content" rows="12" cols="50">
40 :        <%=content %>
41 :        ======답변 글을 쓰세요.======
42 :       </textarea>
43 :      </td>
44 :   </tr>
45 :   <tr>
46 :    <td width="20%">비밀 번호</td>
47 :    <td width="80%">
48 :    <input type="password" name="pass" size="15" maxlength="15"></td>
49 :   </tr>
50 :   <tr>
51 :    <td colspan="2" height="5"><hr/></td>
52 :   </tr>
53 :   <tr>
54 :    <td colspan="2">
55 :    <input type="submit" value="답변등록" >
56 :     <input type="reset" value="다시쓰기">
57 :     <input type="button" value="뒤로" onClick="history.back()"></td>
58 :   </tr>
59 :   </table>
60 :   </td>
61 :  </tr>
62 : </table>
63 : <input type="hidden" name="ip" value="<%=request.getRemoteAddr()%>" >
64 : <input type="hidden" name="nowPage" value="<%=nowPage%>">
65 : <input type="hidden" name="ref" value="<%=bean.getRef()%>">
66 : <input type="hidden" name="pos" value="<%=bean.getPos()%>">
67 : <input type="hidden" name="depth" value="<%=bean.getDepth()%>">
68 : </form>
69 : </div>
70 : </body>
71 : </html>
```

답변하고자 하는 게시물의 내용을 보여줍니다. (40행)

04 ~ 06 : read.jsp에서 넘겨준 현재 페이지 값을 request 내부 객체의 getParameter 메소드로 받아서 nowPage에 반환합니다. 또한 세션에서 가져온 bean 객체를 통해 원 글의 제목과 내용을 가져와 subject, content에 각각 할당합니다.

55 : 답변의 내용을 입력하고 [답변등록] 버튼을 클릭하면 21라인의 form의 action 값으로 설정된 boardReply(BoardReplyServlet.java)로 이동합니다. 이후의 코드는 수정 페이지(update.jsp)와 거의 같은 코드입니다. 앞부분을 잘 이해했다면 어려운 내용은 없을 것입니다.

04 게시물 답변 처리 서블릿을 다음과 같이 코딩하고 저장합니다.

• Preview – 답변을 저장한 후 list.jsp로 이동

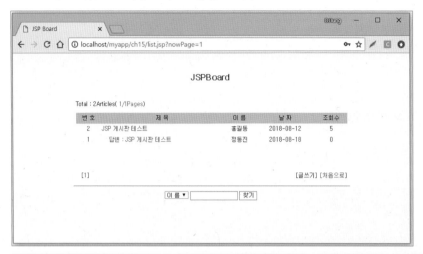

실습 파일 : source/ch15/BoardReplyServlet.java

```java
01 : package ch15;
02 :
03 : import java.io.IOException;...        지면 관계상 다른 클래스의 import는 생략합니다.
10 : @WebServlet("/ch15/boardReply")    ◀━ 서블릿 매핑 이름을 선언합니다.
11 : public class BoardReplyServlet extends HttpServlet {
12 :
13 :     protected void doPost(HttpServletRequest request, HttpServletResponse response)
14 :             throws ServletException, IOException {
15 :         request.setCharacterEncoding("EUC-KR");
16 :
17 :         BoardMgr bMgr = new BoardMgr();
18 :         BoardBean reBean = new BoardBean();
19 :         reBean.setName(request.getParameter("name"));
20 :         reBean.setSubject(request.getParameter("subject"));
21 :         reBean.setContent(request.getParameter("content"));
22 :         reBean.setRef(Integer.parseInt(request.getParameter("ref")));
23 :         reBean.setPos(Integer.parseInt(request.getParameter("pos")));
24 :         reBean.setDepth(Integer.parseInt(request.getParameter("depth")));
25 :         reBean.setPass(request.getParameter("pass"));
26 :         reBean.setIp(request.getParameter("ip"));
27 :                                                         답변하고자 하는 게시물 이전에
28 :         bMgr.replyUpBoard(reBean.getRef(), reBean.getPos()); ◀━ 있는 게시물의 상대적인 위치 값
29 :         bMgr.replyBoard(reBean);  ◀━ 답변 게시물을 tblBoard 테이블에 저장합니다.  을 수정합니다.
30 :
31 :         String nowPage = request.getParameter("nowPage");   답변 게시물을 저장하고 list.jsp
32 :         response.sendRedirect("list.jsp?nowPage="+nowPage);  ◀━ 로 현재의 페이지 값(nowPage)을
33 :     }                                                        가지고 이동합니다.
34 : }
```

18 ~ 26 : reply.jsp에서 입력한 답변 게시물의 내용들을 저장하기 위해 BoardBean 객체를 생성하고 생성된 빈즈 객체
에 요청되는 이름(num, name, subject, content 등등)으로 각각 저장합니다.

28 : 게시물의 상대적인 위치 값을 수정하기 위해서 매개변수는 답변하고자 하는 게시물의 ref와 pos 값입니
다. 여기서 ref는 답변 글이 소속되어 있는 원 글의 번호이며 pos는 원 글 밑에 답변 글을 출력할 때의 순서
를 나타냅니다. 만약 다수의 답변 글 중간에 답변을 추가해야 한다면 추가하려는 답변 글보다 아래에 있는 답
변 글들의 pos 값을 1씩 증가시켜서 밑으로 밀어냅니다. 간단하게 굴러온 돌이 중간에 끼어들기 위해 박혀
있던 돌들을 한 칸 씩 밀어낸다고 생각하시면 됩니다. replyBoard()와 replyUpBoard()에 대한 자세한 설명은
BoardMgr.java에서 하겠습니다.

32 : 답변의 상대적인 위치 글 증가와 답변을 처리 후에 nowPage 값을 가지고 list.jsp 페이지로 넘어 갑니다.

02-3 게시판에 필요한 자바와 빈즈

BoardBean의 사용은 여러 가지가 있지만 가장 큰 흐름은 JSP에서 입력 받은 게시물의 내용들
을 setXxx 메소드로 빈즈에 저장합니다. BoardMgr.java에서는 저장되어 있는 게시물의 내용을
getXxx 메소드로 가져와서 tblBoard 테이블에 저장합니다.

그리고 tblBoard 테이블에 저장되어 있는 게시물은 BoardMgr.java에서 가져와서 setXxx 메소드
로 BoardBean에 저장을 하고, JSP에서는 빈즈에 저장되어 있는 내용들을 getXxx 메소드로 반환을
받아서 브라우저에 보여주게 되는 것입니다.

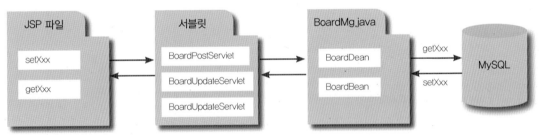

▲ [그림 15-7] JSP와 서블리쇼 그리고 빈즈의 사용 흐름도

게시판 자바와 빈즈 부분

01 먼저 게시판의 내용을 저장할 자바 빈즈를 다음과 같이 작성하고 저장합니다.

실습 파일 : source/ch15/BoardBean.java

```
01 : package ch15;
02 :
03 : public class BoardBean {
04 :
05 :     private int num;
06 :     private String name;
07 :     private String subject;
08 :     private String content;
09 :     private int pos;
```

```
10 :    private int depth;
11 :    private int ref;
12 :    private String regdate;
13 :    private String pass;
14 :    private String  ip;
15 :    private int count;
16 :    private String filename;
17 :    private int filesize;
18 :
19 :    public int getNum() {
20 :        return num;
21 :    }
22 :    public void setNum(int num) {
23 :        this.num = num;
24 :    }
25 :    public String getName() {
26 :        return name;
27 :    }
28 :    public void setName(String name) {
29 :        this.name = name;
30 :    }
31 :    public String getSubject() {
32 :        return subject;
33 :    }
34 :    public void setSubject(String subject) {
35 :        this.subject = subject;
36 :    }
37 :    public String getContent() {
38 :        return content;
39 :    }
40 :    public void setContent(String content) {
41 :        this.content = content;
42 :    }
43 :    public int getPos() {
44 :        return pos;
45 :    }
46 :    public void setPos(int pos) {
47 :        this.pos = pos;
48 :    }
49 :    public int getDepth() {
50 :        return depth;
51 :    }
52 :    public void setDepth(int depth) {
53 :        this.depth = depth;
54 :    }
```

```
55 :    public int getRef() {
56 :        return ref;
57 :    }
58 :    public void setRef(int ref) {
59 :        this.ref = ref;
60 :    }
61 :    public String getRegdate() {
62 :        return regdate;
63 :    }
64 :    public void setRegdate(String regdate) {
65 :        this.regdate = regdate;
66 :    }
67 :    public String getPass() {
68 :        return pass;
69 :    }
70 :    public void setPass(String pass) {
71 :        this.pass = pass;
72 :    }
73 :    public String getIp() {
74 :        return ip;
75 :    }
76 :    public void setIp(String ip) {
77 :        this.ip = ip;
78 :    }
79 :    public int getCount() {
80 :        return count;
81 :    }
82 :    public void setCount(int count) {
83 :        this.count = count;
84 :    }
85 :    public String getFilename() {
86 :        return filename;
87 :    }
88 :    public void setFilename(String filename) {
89 :        this.filename = filename;
90 :    }
91 :    public int getFilesize() {
92 :        return filesize;
93 :    }
94 :    public void setFilesize(int filesize) {
95 :        this.filesize = filesize;
96 :    }
97 : }
```

게시판에 필요한 자바 빈즈입니다. 빈즈의 규칙을 준수하여 private로 선언한 변수들과 setXxx와 getXxx 메소드들입니다. 이클립스에서는 자동으로 getter와 setter를 만들어 주는 기능이 있습니다. 직접 코딩을 하다보면 오타의 위험성이 있기 때문에 반드시 이 기능을 사용해서 빈즈를 구현하시길 바랍니다.
(소스 - Source - Generate Getters and Setters...)

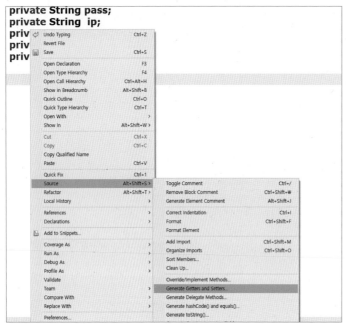

▲ [그림 15-8] 이클립스에서 제공되는 Getter와 Setter 만들어 주는 기능

02 빈즈에 저장된 게시판 내용의 처리를 관리하는 자바 파일을 다음과 같이 작성하고 저장합니다.

실습 파일 : source/ch15/BoardMgr.java

```java
01 : package ch15;
02 :
03 : import java.io.File;...        지면 관계상 다른 클래스의 import는 생략합니다.
16 :
17 : import com.oreilly.servlet.MultipartRequest;           파일 업로드 기능에 필요한
18 : import com.oreilly.servlet.multipart.DefaultFileRenamePolicy;   클래스들입니다.
19 :
20 : public class BoardMgr {          DBConnectionMgr 변수를 선언합니다.
21 :
22 :     private DBConnectionMgr pool;
23 :     private static final String  SAVEFOLDER = "C:/Jsp/myapp/WebContent/ch15/fileupload";
24 :     private static final String ENCTYPE = "EUC-KR";
25 :     private static int MAXSIZE = 5*1024*1024;        파일 업로드 기능에 파일이 저장될 폴더 위치입니다.
26 :
27 :     public BoardMgr() {
28 :         try {
29 :             pool = DBConnectionMgr.getInstance();      getInstance() 메소드로 DBConnectionMgr 객체를
30 :         } catch (Exception e) {                         선언합니다.
```

```
31 :                e.printStackTrace();
32 :            }
33 :        }
34 :
35 :    // 게시판 리스트
36 :    public Vector<BoardBean> getBoardList(String keyField, String keyWord,
37 :                int start, int end) {
38 :        Connection con = null;
39 :        PreparedStatement pstmt = null;
40 :        ResultSet rs = null;
41 :        String sql = null;
42 :        Vector<BoardBean> vlist = new Vector<BoardBean>();
43 :        try {
44 :            con = pool.getConnection();
45 :            if (keyWord.equals("null") || keyWord.equals("")) {
46 :            sql = "select * from tblBoard order by ref desc, pos limit ?, ?";
47 :                pstmt = con.prepareStatement(sql);
48 :                pstmt.setInt(1, start);
49 :                pstmt.setInt(2, end);
50 :            } else {
51 :            sql = "select * from  tblBoard where " + keyField + " like ? ";
52 :                sql += "order by ref desc, pos limit ? , ?";
53 :                pstmt = con.prepareStatement(sql);
54 :                pstmt.setString(1, "%" + keyWord + "%");
55 :                pstmt.setInt(2, start);
56 :                pstmt.setInt(3, end);
57 :            }
58 :            rs = pstmt.executeQuery();
59 :            while (rs.next()) {
60 :                BoardBean bean = new BoardBean();
61 :                bean.setNum(rs.getInt("num"));
62 :                bean.setName(rs.getString("name"));
63 :                bean.setSubject(rs.getString("subject"));
64 :                bean.setPos(rs.getInt("pos"));
65 :                bean.setRef(rs.getInt("ref"));
66 :                bean.setDepth(rs.getInt("depth"));
67 :                bean.setRegdate(rs.getString("regdate"));
68 :                bean.setCount(rs.getInt("count"));
69 :                vlist.add(bean);
70 :            }
71 :        } catch (Exception e) {
72 :            e.printStackTrace();
73 :        } finally {
74 :            pool.freeConnection(con, pstmt, rs);
75 :        }
76 :        return vlist;
```

DBConnectionMgr pool 객체를 통해서 DB(mysql)에 연결합니다.

모든 게시물을 가져오기 위한 SQL문입니다.

keyField 컬럼에 keyWord 단어를 검색하기 위한 SQL문입니다.

SQL문을 실행하고 결과 값을 ResultSet 객체 타입으로 반환합니다.

SQL문 결과 값을 bean 객체에 저장합니다.

예외(exception)가 발생할 경우 String으로 출력합니다.

Connection 객체를 재사용하기 위해서 닫지 않고 pool(풀)에 반환하고 pstmt와 rs를 close합니다.

```
77 :    }
78 :
79 :    //총 게시물수
80 :    public int getTotalCount(String keyField, String keyWord) {
81 :        Connection con = null;
82 :        PreparedStatement pstmt = null;
83 :        ResultSet rs = null;
84 :        String sql = null;
85 :        int totalCount = 0;
86 :        try {
87 :            con = pool.getConnection();
88 :            if (keyWord.equals("null") || keyWord.equals("")) {
89 :                sql = "select count(num) from tblBoard";          모든 게시물의 개수를 구하는
90 :                pstmt = con.prepareStatement(sql);                 SQL문입니다.
91 :            } else {
92 :   sql = "select count(num) from  tblBoard where " + keyField + " like ? ";
93 :                pstmt = con.prepareStatement(sql);
94 :                pstmt.setString(1, "%" + keyWord + "%");           검색된 게시물의 개수를 구하는
95 :            }                                                      SQL문입니다.
96 :            rs = pstmt.executeQuery();
97 :            if (rs.next()) {
98 :                totalCount = rs.getInt(1);
99 :            }
100 :        } catch (Exception e) {
101 :            e.printStackTrace();
102 :        } finally {
103 :            pool.freeConnection(con, pstmt, rs);
104 :        }
105 :        return totalCount;
106 :    }
107 :
108 :    // 게시판 입력
109 :    public void insertBoard(HttpServletRequest req) {
110 :        Connection con = null;
111 :        PreparedStatement pstmt = null;
112 :        ResultSet rs = null;
113 :        String sql = null;
114 :        MultipartRequest multi = null;
115 :        int filesize = 0;
116 :        String filename = null;
117 :        try {
118 :            con = pool.getConnection();
119 :            sql = "select max(num)  from tblBoard";
120 :            pstmt = con.prepareStatement(sql);
121 :            rs = pstmt.executeQuery();
122 :            int ref = 1;
```

```
123 :            if (rs.next())
124 :                    ref = rs.getInt(1) + 1;
125 :            File file = new File(SAVEFOLDER);
126 :            if (!file.exists())
127 :                    file.mkdirs();
128 :        multi = new MultipartRequest(req, SAVEFOLDER,MAXSIZE, ENCTYPE,
129 :                    new DefaultFileRenamePolicy());
130 :
131 :            if (multi.getFilesystemName("filename") != null) {
132 :                    filename = multi.getFilesystemName("filename");
133 :                    filesize = (int) multi.getFile("filename").length();
134 :            }
135 :            String content = multi.getParameter("content");
136 :        if (multi.getParameter("contentType").equalsIgnoreCase("TEXT")) {
137 :                    content = UtilMgr.replace(content, "<", "&lt;");
138 :            }
139 :        sql = "insert tblBoard
(name,content,subject,ref,pos,depth,regdate,pass,count,ip,filename,filesize)";
140 :            sql += "values(?, ?, ?, ?, 0, 0, now(), ?, 0, ?, ?, ?)";
141 :            pstmt = con.prepareStatement(sql);
142 :            pstmt.setString(1, multi.getParameter("name"));
143 :            pstmt.setString(2, content);
144 :            pstmt.setString(3, multi.getParameter("subject"));
145 :            pstmt.setInt(4, ref);
146 :            pstmt.setString(5, multi.getParameter("pass"));
147 :            pstmt.setString(6, multi.getParameter("ip"));
148 :            pstmt.setString(7, filename);
149 :            pstmt.setInt(8, filesize);
150 :            pstmt.executeUpdate();
151 :        } catch (Exception e) {
152 :            e.printStackTrace();
153 :        } finally {
154 :            pool.freeConnection(con, pstmt, rs);
155 :        }
156 :    }
157 :
158 :    // 게시물 리턴
159 :    public BoardBean getBoard(int num) {
160 :        Connection con = null;
161 :        PreparedStatement pstmt = null;
162 :        ResultSet rs = null;
163 :        String sql = null;
164 :        BoardBean bean = new BoardBean();
165 :        try {
166 :            con = pool.getConnection();
167 :            sql = "select * from tblBoard where num=?";
```

> 매개변수로 받은 BoardBean 객체를 getXxx 메소드로 140라인의 ?에 대입합니다. 괄호 안에 있는 1에서 10은 ?의 순서를 지정합니다.

> SQL문의 결과를 저장하기 위해서 BoardBean 객체 생성

```
168 :            pstmt = con.prepareStatement(sql);
169 :            pstmt.setInt(1, num);          매개변수로 받은 num 값을 167라인의 ?에 대입
170 :            rs = pstmt.executeQuery();     SQL문을 실행하고 결과값을 ResultSet 객체 타입으로 반환
171 :            if (rs.next()) {
172 :                bean.setNum(rs.getInt("num"));
173 :                bean.setName(rs.getString("name"));
174 :                bean.setSubject(rs.getString("subject"));
175 :                bean.setContent(rs.getString("content"));
176 :                bean.setPos(rs.getInt("pos"));
177 :                bean.setRef(rs.getInt("ref"));
178 :                bean.setDepth(rs.getInt("depth"));          SQL문 결과 값을 setXxx 메소
179 :                bean.setRegdate(rs.getString("regdate"));   드로 bean 객체에 저장
180 :                bean.setPass(rs.getString("pass"));
181 :                bean.setCount(rs.getInt("count"));
182 :                bean.setFilename(rs.getString("filename"));
183 :                bean.setFilesize(rs.getInt("filesize"));
184 :                bean.setIp(rs.getString("ip"));
185 :            }
186 :        } catch (Exception e) {
187 :            e.printStackTrace();
188 :        } finally {
189 :            pool.freeConnection(con, pstmt, rs);
190 :        }
191 :        return bean;
192 :    }
193 :
194 :    // 조회수 증가
195 :    public void upCount(int num) {
196 :        Connection con = null;
197 :        PreparedStatement pstmt = null;
198 :        String sql = null;
199 :        try {
200 :            con = pool.getConnection();
201 :            sql = "update tblBoard set count=count+1 where num=?";   읽은 게시물의 count 값
202 :            pstmt = con.prepareStatement(sql);                        을 증가
203 :            pstmt.setInt(1, num);          매개변수로 받은 num 값을 201라인의 ?에 대입
204 :            pstmt.executeUpdate();
205 :        } catch (Exception e) {
206 :            e.printStackTrace();
207 :        } finally {
208 :            pool.freeConnection(con, pstmt);
209 :        }
210 :    }
211 :
212 :    // 게시물 삭제
213 :    public void deleteBoard(int num) {
```

```
214 :        Connection con = null;
215 :        PreparedStatement pstmt = null;
216 :        String sql = null;
217 :        ResultSet rs = null;
218 :        try {
219 :            con = pool.getConnection();
220 :            sql = "select filename from tblBoard where num = ?";    ◀ 게시물 삭제를 위한 SQL문 선언
221 :            pstmt = con.prepareStatement(sql);
222 :            pstmt.setInt(1, num);    ◀ 매개변수로 받은 num 값을 220라인의 ?에 대입
223 :            rs = pstmt.executeQuery();
224 :            if (rs.next() && rs.getString(1) != null) {
225 :                if (!rs.getString(1).equals("")) {
226 :            File file = new File(SAVEFOLDER + "/" + rs.getString(1));
227 :                    if (file.exists())
228 :            UtilMgr.delete(SAVEFOLDER + "/" + rs.getString(1));
229 :                }
230 :            }
231 :            sql = "delete from tblBoard where num=?";
232 :            pstmt = con.prepareStatement(sql);
233 :            pstmt.setInt(1, num);
234 :            pstmt.executeUpdate();
235 :        } catch (Exception e) {
236 :            e.printStackTrace();
237 :        } finally {
238 :            pool.freeConnection(con, pstmt, rs);
239 :        }
240 :    }
241 :
242 :    // 게시물 수정
243 :    public void updateBoard(BoardBean bean) {
244 :        Connection con = null;
245 :        PreparedStatement pstmt = null;
246 :        String sql = null;
247 :        try {                              게시물 수정을 위한 SQL문 선언
248 :            con = pool.getConnection();                   ▼
249 :            sql = "update tblBoard set name=?,subject=?,content=? where num=?";
250 :            pstmt = con.prepareStatement(sql);
251 :            pstmt.setString(1, bean.getName());               매개변수로 받은 bean 객체를 getXxx
252 :            pstmt.setString(2, bean.getSubject());     ◀    메소드로 250라인의 ?에 대입합니다.
253 :            pstmt.setString(3, bean.getContent());            1에서 4는 ?의 순서를 지정합니다.
254 :            pstmt.setInt(4, bean.getNum());
255 :            pstmt.executeUpdate();
256 :        } catch (Exception e) {
257 :            e.printStackTrace();
258 :        } finally {
259 :            pool.freeConnection(con, pstmt);
```

```
260 :         }
261 :     }
262 :
263 :     // 게시물 답변
264 :     public void replyBoard(BoardBean bean) {
265 :         Connection con = null;
266 :         PreparedStatement pstmt = null;
267 :         String sql = null;
268 :         try {
269 :             con = pool.getConnection();
270 :             sql = "insert tblBoard (name,content,subject,ref,pos,depth,regdate,pass,count,ip)";
271 :             sql += "values(?,?,?,?,?,?,now(),?,0,?)";
272 :             int depth = bean.getDepth() + 1;
273 :             int pos = bean.getPos() + 1;
274 :             pstmt = con.prepareStatement(sql);
275 :             pstmt.setString(1, bean.getName());
276 :             pstmt.setString(2, bean.getContent());
277 :             pstmt.setString(3, bean.getSubject());
278 :             pstmt.setInt(4, bean.getRef());
279 :             pstmt.setInt(5, pos);
280 :             pstmt.setInt(6, depth);
281 :             pstmt.setString(7, bean.getPass());
282 :             pstmt.setString(8, bean.getIp());
283 :             pstmt.executeUpdate();
284 :         } catch (Exception e) {
285 :             e.printStackTrace();
286 :         } finally {
287 :             pool.freeConnection(con, pstmt, rs);
288 :         }
289 :     }
290 :
291 :     // 답변에 위치값 증가
292 :     public void replyUpBoard(int ref, int pos) {
293 :         Connection con = null;
294 :         PreparedStatement pstmt = null;
295 :         String sql = null;
296 :         try {
297 :             con = pool.getConnection();
298 :         sql = "update tblBoard set pos = pos + 1 where ref=? and pos > ?";
299 :             pstmt = con.prepareStatement(sql);
300 :             pstmt.setInt(1, ref);
301 :             pstmt.setInt(2, pos);
302 :             pstmt.executeUpdate();
303 :         } catch (Exception e) {
304 :             e.printStackTrace();
305 :         } finally {
```

답변 게시물을 저장하기 위한 SQL문 선언

매개변수로 받은 depth값에 1을 증가

매개변수로 받은 pos 값에 1을 증가

매개변수로 받은 bean 객체를 getXxx 메소드로 273라인의 ?에 대입합니다. 1에서 10은 ?의 순서를 뜻합니다.

매개변수로 받은 ref와 ref 값이 같은 게시물 중 매개변수로 받은 pos값 보다 게시물의 pos 값이 큰 게시물은 pos 값을 1씩 증가

```
306 :            pool.freeConnection(con, pstmt, rs);
307 :        }
308 :    }
309 :
310 : //파일 다운로드
311 :    public void downLoad(HttpServletRequest req, HttpServletResponse res,
310 :            JspWriter out,PageContext pageContext) {
312 :        try {
313 :            String filename = req.getParameter("filename");
314 :            File file = new File(UtilMgr.con(SAVEFOLDER + File.separator
315 :                    + filename));
```

매개변수로 받은 req 요청 객체에서 getParameter( ) 메소드를 이용하여 filename 파라미터 값을 String filename에 할당합니다

SAVEFOLDER는 다운로드받을 파일의 원본 경로이며 File.separator는 플랫폼이 윈도우일 경우 '\'를 유닉스일 경우 '/'로 경로 구분자를 유동적으로 삽입하는 메소드입니다. 이렇게 다운로드받을 파일의 경로와 경로 구분자를 지정하고 마지막에 filename를 넣어서 UtilMgr.java 파일의 con( ) 메소드에 매개변수로 전달하면 con( )는 한글로 된 경로와 파일명이 깨지지 않도록 다운로드받을 파일의 경로와 파일명의 인코딩방식을 한글 완성형 표준 인코딩방식인 ksc5601로 변환시킵니다.

```
316 :            byte b[] = new byte[(int) file.length()];
```
응답 객체 res 헤더필드 Accept-Ranges에 bytes 단위로 설정한다.

```
317 :            res.setHeader("Accept-Ranges", "bytes");
```
요청객체인 req에서 클라이언트의 User-Agent 정보를 리턴 받는다.

```
318 :            String strClient = req.getHeader("User-Agent");
```
브라우저의 버전과 정보를 구분해서 각각 res 헤더필드와 contentType을 설정한다.

```
319 :            if (strClient.indexOf("MSIE6.0") != -1) {
320 :                res.setContentType("application/smnet;charset=euc-kr");
321 :                res.setHeader("Content-Disposition", "filename=" + filename + ";");
322 :            } else {
323 :                res.setContentType("application/smnet;charset=euc-kr");
324 :                res.setHeader("Content-Disposition", "attachment;filename=" + filename + ";");
325 :            }
326 :            out.clear();
327 :            out=pageContext.pushBody();
```
파일 존재 여부에 따라 스트링 방식으로 브라우저로 파일을 전송한다.

```
328 :            if (file.isFile()) {
329 :                BufferedInputStream fin = new BufferedInputStream(
330 :                            new FileInputStream(file));
331 :                BufferedOutputStream outs = new BufferedOutputStream(
332 :                            res.getOutputStream());
333 :                int read = 0;
334 :                while ((read = fin.read(b)) != -1) {
335 :                    outs.write(b, 0, read);
336 :                }
337 :                outs.close();
338 :                fin.close();
339 :            }
340 :        } catch (Exception e) {
341 :            e.printStackTrace();
342 :        }
343 :    }
```

```
344 :
345 :    //페이징 및 블럭 테스트를 위한 게시물 저장 메소드
346 :    public void post1000(){
347 :        Connection con = null;
348 :        PreparedStatement pstmt = null;
349 :        String sql = null;
350 :        try {
351 :            con = pool.getConnection();
352 :            sql = "insert tblBoard
(name,content,subject,ref,pos,depth,regdate,pass,count,ip,filename,filesize)";
353 :    sql+="values('aaa', 'bbb', 'ccc', 0, 0, 0, now(), '1111',0, '127.0.0.1', null, 0);";
354 :            pstmt = con.prepareStatement(sql);
355 :            for (int i = 0; i < 1000; i++) {
356 :                pstmt.executeUpdate();
357 :            }
358 :        } catch (Exception e) {
359 :            e.printStackTrace();
360 :        } finally {
361 :            pool.freeConnection(con, pstmt);
362 :        }
363 :    }
364 :
365 :    //main
366 :    public static void main(String[] args) {
367 :        new BoardMgr().post1000();
368 :        System.out.println("SUCCESS");
369 :    }
370 : }
```

22　　　　: DBConnectionMgr pool 변수를 선언하였습니다.

27 ~ 33 : BoardMgr 생성자 내부에 DBConnectionMgr 클래스의 객체 생성을 위해서 getInstance() 메소드 호출
을 하였습니다. BoardMgr 객체 생성을 하면 DBConnectionMgr 객체가 생성되면서 22라인에 선언한
DBConnectionMgr 객체 변수로 반환합니다.

36 ~ 77 : getBoardList 메소드(list.jsp의 99라인에 사용)
　　getBoardList() 메소드의 매개변수는 두 개의 String 객체이고 반환형은 Vector〈BoardBean〉타입입니
다.getBoardList() 메소드의 역할은 list.jsp에서 전체 게시물을 가져오는 역할을 담당하는 메소드입니다. 검색을
하기 위해서 검색 키워드와 검색 단어 두 개의 매개변수로 51~52라인의 SQL문이 실행되고 만약 검색으로
하지 않고 모든 게시물을 호출할 때는 31라인의 SQL문이 실행됩니다. 검색한 결과 값들은 BoardBean에 담
아 두었다가 Vector 객체에 저장하고 이 Vector를 반환하는 메소드입니다.

80 ~ 106 : getTotalCount 메소드(list.jsp의 44라인에 사용)
　　getTotalCount() 메소드의 매개변수는 keyField, keyWord이며 반환하는 값은 totalCount입니다.
getTotalCount() 메소드는 list.jsp에서 전체 페이지 수를 계산하는데 필요한 전체 게시물 수를 반환하는 역할
을 수행합니다. 매개변수인 keyField와 keyWord가 null값일 때는 tblBoard 테이블에 등록되어 있는 모든 게시
물의 개수를 반환하고 사용자가 검색어를 입력해서 매개변수인 keyField와 keyWord에 값이 넘어왔을 때는
SQL문에서 where절을 사용하여 이 값에 해당하는 게시물의 개수만 반환합니다.

109 ~ 156 : insertBoard 메소드(BoardPostServlet.java의 17라인에서 사용)

insertBoard() 메소드의 매개변수는 HttpServletRequest형의 req 객체이며 void 타입 메소드이기 때문에 반환 값은 없습니다. insertBoard() 메소드의 역할은 게시물 입력 폼(post.jsp)에서 입력받은 게시물의 내용을 BoardPostServlet.java 서블릿 통해 tblBoard 테이블에 저장하는 역할을 하는 메소드입니다. 매개변수로 받은 HttpServletRequest req에 담겨져서 넘어온 입력 값들을 insert문의 values 값에 대입하여 tblBoard 테이블에 입력합니다.

159 ~ 192 : getBoard 메소드(read.jsp의 11라인에서 사용)

getBoard() 메소드의 매개변수 int 형의 변수이고 반환형은 BoardBean 객체입니다. list.jsp에서 제목을 클릭하면 read.jsp로 이동하면서 넘겨받은 num 값으로 tblBoard 테이블에서 읽고자 하는 게시물을 반환합니다. SQL문을 실행한 결과값을 setXxx 메소드로 BoardBean에 저장하였다가 이 빈즈를 반환합니다.

195 ~ 210 : upCount 메소드(read.jsp의 10라인에서 사용)

upCount() 메소드의 매개변수는 int 형의 변수이며, 반환형은 반환하는 값이 없는 void입니다. 조회수 증가를 위한 upCount() 메소드는 list.jsp에서 글 제목을 클릭하여 read.jsp로 이동하면 자동적으로 호출되는 메소드입니다. 조회하는 게시물의 num 값을 매개변수로 받아서 SQL문의 조건 값으로 쓰이며 해당 게시물의 count 값을 1씩 증가시킵니다.

213 ~ 240 : deleteBoard 메소드(delete.jsp의 17라인에서 사용)

deleteBoard() 메소드의 매개변수는 int 형의 변수이며, void 타입 메소드이므로 반환 값은 없습니다. deleteBoard() 메소드는 삭제하고 싶은 게시물의 num 값을 매개변수로 받아서 SQL문의 조건 값으로 쓰여 집니다. 게시물을 삭제하기 이전에 num 값으로 tblBoard 테이블의 filename 필드를 조회하여 filename이 있을 경우 첨부파일을 삭제합니다.

243 ~ 261 : updateBoard 메소드(BoardUpdateServlet.java의 41라인에서 사용)

uploadBoard() 메소드의 매개변수는 BoardBean 객체이며, 반환형은 반환하는 값이 없는 void입니다. uploadBoard() 메소드는 수정하고 싶은 게시물의 num 값을 매개변수로 받아서 SQL문의 조건 값으로 쓰여 집니다.

264 ~ 289 : replyBoard 메소드(BoardReplyServlet.java의 29라인에서 사용)

replyBoard() 메소드의 매개변수는 BoardBean 객체이며, 반환형은 값이 없는 void입니다. replyBoard() 메소드는 매개변수로 받은 BoardBean 객체에 답변 게시물의 내용을 담고 있으며 pos 값과 depth 값은 답변하고자 하는 게시물의 값을 가져왔기 때문에, 각각 1씩 증가시킨 값으로 tblBoard 테이블에 저장합니다.

292 ~ 308 : replyUpBoard 메소드(BoardReplyServlet.java의 28라인에서 사용)

replyUpBoard() 메소드의 매개변수는 두 개의 int형 변수이며, 반환형은 반환하는 값이 없는 void입니다. replyUpBoard() 메소드는 답변 게시물을 저장하기 전에 원 글에 소속된 답변 글 중 답변하고자 하는 게시물보다 pos 값이 큰 게시물의 pos 값을 1씩 증가시키는 역할을 합니다. BoardReplyServlet.java에서 설명 드렸던 굴러온 돌이 중간에 끼어들기 위해 박혀있던 돌들을 한 칸 씩 밀어내는 작업입니다. 매개변수로 받은 ref는 답변 글이 소속될 원 글을 뜻하며 pos는 원 글에 소속된 답변 글 사이의 순서를 뜻합니다.

310 ~ 343 : downLoad 메소드(download.jsp의 4라인에서 사용)

downLoad() 메소드의 매개변수는 HttpServletRequest, HttpServletResponse, JspWriter, PageContext 타입의 객체입니다. downLoad() 메소드는 사용자가 read.jsp에서 첨부파일을 클릭했을 때 넘겨받은 파일명을 매개변수로 하여 사용자가 해당 파일을 다운로드 할 수 있도록 제공해 주는 역할을 합니다.

페이징처리 테스트를 위해 자동으로 1000개의 게시물을 tblBoard 테이블에 입력하는 메소드입니다.
앞에서 작성한 list.jsp의 페이징처리 부분에서 한 화면에 출력되는 페이지 링크는 한 블록 당 15페이지입니다. 블록 당 15개의
페이지 링크가 정상적으로 출력되는지 확인하기 위해서는 160개의 게시물을 작성해야 하는데 이러한 작업을 직접 하려면 번거
롭기 때문에 자동으로 1000개의 게시물을 입력 해주는 post1000() 메소드를 구현하였습니다. 그리고 BoardMgr.java의 367라인
에 있는 main() 메소드에서 post1000() 메소드를 호출하도록 구현하였습니다.
따라서 이클립스의 프로젝트 탐색기에서 BoardMgr.java를 오른쪽 마우스로 클릭한 뒤 Run As – Java Application을 클릭하여
실행하면 main() 메소드에 기술한 post1000() 메소드가 호출되면서 tblBoard 테이블에 1000개의 게시물이 입력됩니다.

```
349     String sql = null;
350     try {
351       con = pool.getConnection();
352       sql = "insert tblBoard(name,content,subject,ref,pos,d                    ip,filename,filesi
353       sql+="values('aaa', 'bbb', 'ccc', 0, 0, 0, now(), '1111',
354       pstmt = con.prepareStatement(sql);
355       for (int i = 0; i < 1000; i++) {
356         pstmt.executeUpdate();
357       }
358     } catch (Exception e) {
359       e.printStackTrace();
360     } finally {
361       pool.freeConnection(con, pstmt);
362     }
363   }
364
365   //main
366   public static void main(String[] args) {
367     new BoardMgr().post1000();
368     System.out.println("SUCCESS");
369   }
370 }
```

▲ [그림 15-9] 이클립스에서 BoardMgr.java를 Java Application으로 실행

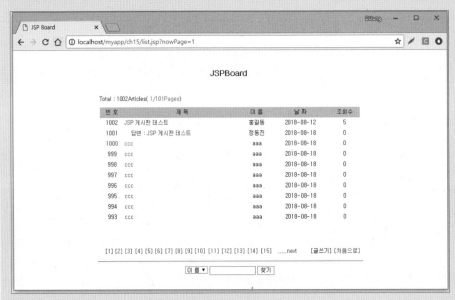

▲ [그림 15-10] post1000() 메소드를 이용한 1000개 게시물 작성

입력이 완료된 후 그림 15-10처럼 정상적으로 15개의 페이징 링크가 출력되는 것을 확인했다면 ch15/source/table.sql 파일
에 있는 쿼리문을 HediSQL에 붙여넣기 하여 실행합니다. 쿼리를 실행하면 기존에 있던 tblBoard 테이블은 삭제되고 새로운
tblBoard 테이블을 생성하면서 게시판의 내용이 초기화됩니다.

03 게시판 유틸 관련 자바 파일을 다음과 같이 작성하고 저장합니다.

실습 파일 : source/ch15/UtilMgr.java

```java
01 : package ch15;
02 :
03 : import java.io.File;
04 : import java.util.StringTokenizer;
05 :
06 : public class UtilMgr {
07 :
08 :        public static String replace(String str, String pattern, String replace) {
09 :              int s = 0, e = 0;
10 :              StringBuffer result = new StringBuffer();
11 :
12 :              while ((e = str.indexOf(pattern, s)) >= 0) {
13 :                    result.append(str.substring(s, e));
14 :                    result.append(replace);
15 :                    s = e + pattern.length();
16 :              }
17 :              result.append(str.substring(s));
18 :              return result.toString();
19 :        }
20 :
21 :        public static void delete(String s) {
22 :              File file = new File(s);
23 :              if (file.isFile()) {
24 :                    file.delete();
25 :              }
26 :        }
27 :
28 :        public static String con(String s) {
29 :              String str = null;
30 :              try {
31 :                    str = new String(s.getBytes("8859_1"), "ksc5601");
32 :              } catch (Exception e) {
33 :                    e.printStackTrace();
34 :              }
35 :              return str;
36 :        }
37 : }
```

08 ~ 19 : replace() 메소드(BoardMgr.java의 137라인에서 사용)

replace() 메소드는 세 개의 문자열 타입의 변수를 매개변수로 받습니다. 첫 번째 매개변수로 받은 str의 문자열 중 두 번째 매개변수인 pattern에 해당되는 부분을 찾아서 세 번째 매개변수인 replace로 바꾸는 역할을 합니다. 우리가 문서 편집 프로그램에서 흔히 사용하는 찾아 바꾸기 기능이라고 생각하시면 됩니다. str이 문서, pattern이 문서에서 찾을 내용, replace가 바꿀 내용이 되는 것이죠.

21 ~ 26 : delete() 메소드(BoardMgr.java의 228라인에서 사용)

delete() 메소드는 하나의 문자열 타입의 변수를 매개변수로 받습니다. 사용자가 게시물을 삭제할 때 삭제할 게시물에 첨부파일이 있을 경우 매개변수로 넘어온 파일명에 해당하는 파일을 삭제하는 역할을 합니다.

28 ~ 35 : con() 메소드(BoardMgr.java의 315라인에서 사용)

con() 메소드는 하나의 문자열 타입의 변수를 매개변수로 받습니다. 첨부파일을 다운로드할 때 파일에 대한 경로와 파일명이 필요한데 여기서 한글이 깨지지 않도록 기존의 8859-1 인코딩방식을 한글 완성형 표준 인코딩 방식인 ksc5601로 변환시키는 역할을 합니다.

02-4 게시판 페이지 실행

앞에서 만든 게시판을 실행시켜 모든 기능을 테스트 해보겠습니다.

게시물 쓰기, 읽기, 첨부파일 다운로드, 삭제하기, 수정 및 답변하기

01 이클립스에서 list.jsp를 실행시켜 결과를 확인합니다.

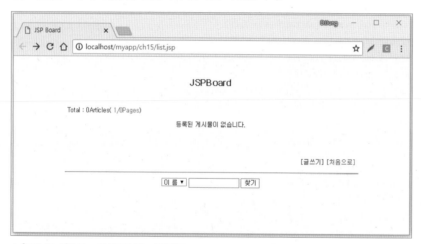

▲ [그림 15-11] list.jsp 게시물이 없는 실행화면

02 글쓰기 페이지인 post.jsp에서 게시물을 입력하고 [등록] 버튼을 클릭합니다.

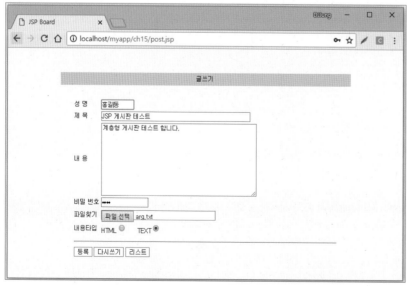

▲ [그림 15-12] list.jsp post.jsp 실행화면

03 BoardPostServlet.java 서블릿에서 tblBoard 테이블에 저장을 하고 난 후에 list.jsp로 이동을 합니다.

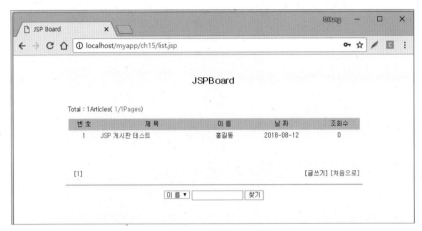

▲ [그림 15-13] list.jsp 게시물이 있는 실행화면

04 list.jsp에서 읽고 싶은 게시물의 제목을 클릭하면 read.jsp에서 글의 세부적인 내용을 보여줍니다.

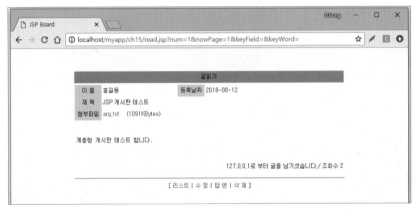

▲ [그림 15-14] read.jsp 실행화면

05 read.jsp에서 첨부파일을 클릭하면 download.jsp 페이지에서 파일 다운로드 창이 생성됩니다.

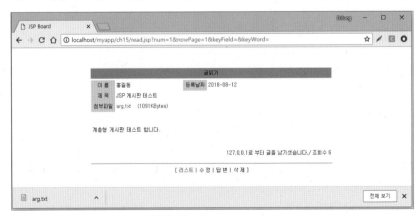

▲ [그림 15-15] download.jsp를 통한 첨부파일 다운로드

06 read.jsp에서 삭제를 클릭하면 delete.jsp에서 비밀번호 입력란이 나타납니다.

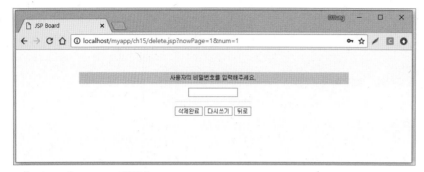

▲ [그림 15-16] delete.jsp 실행화면

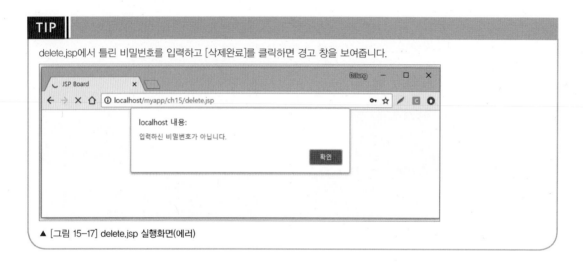
07 read.jsp에서 수정을 클릭해 보겠습니다. update.jsp 페이지가 나타납니다. 수정한 후 [수정완료] 버튼을
클릭하면 BoardUpdateServlet.java 서블릿에서 tblBoard 테이블에 저장하고 read.jsp로 이동합니다.

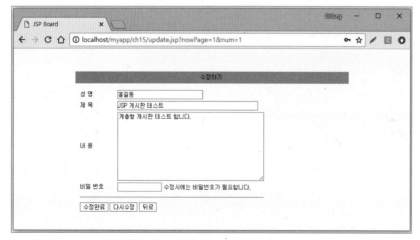

▲ [그림 15-18] update.jsp 실행화면그림15-18 | update.jsp 실행화면

08 read.jsp에서 [답변] 버튼을 클릭하면 reply.jsp 페이지를 보여줍니다.

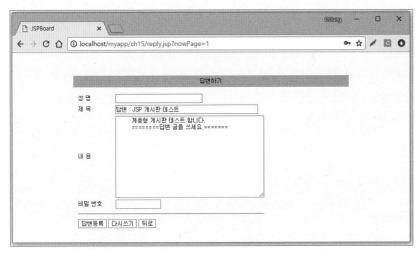

▲ [그림 15-19] reply.jsp 실행화면

09 reply.jsp에서 답변 게시물을 입력하고 [답변등록] 버튼을 클릭하면 BoardReplyServlet.java 서블릿에서 tblBoard 테이블에 저장하고 난 후에 list.jsp로 이동합니다.

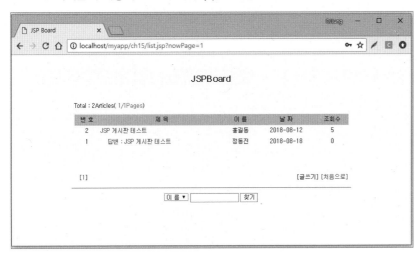

▲ [그림 15-20] 답변 후에 list.jsp 실행화면

이것으로 계층형 게시판의 설명을 다 마치고 답변 기능을 위한 상대적인 위치 값에 변화의 내용과 list.jsp의 페이징 및 블록 처리 설명은 핵심정리에 설명하도록 하겠습니다.

• 페이징 및 블럭 처리 테스트

페이징과 블럭 처리는 게시판에서 아주 중요하면서도 조금은 난해한 작업입니다. 그러나 한 번만 개념을 잘 이해하고 넘어간다면 결코 어려운 부분이 아닙니다. 지금부터 본문에서 이해하지 못한 분들 또는 대충 이해만 하신 분들은 이번 기회에 확실히 이해를 하시길 바랍니다.

페이징 및 블럭 처리 테스트

01 레코드 값을 입력하는 폼 페이지를 작성하고 저장합니다.

> 실습 파일 : source/ch15/pageView.html

```
01 : <html>
02 : <head>
03 : <meta http-equiv="Content-Type" content="text/html; charset=EUC-KR" />
04 : <title>페이징 & 블럭 처리 테스트</title>
05 : <link href="style.css" rel="stylesheet" type="text/css">
06 : <body bgcolor="#FFFFCC">
07 :    <div align="center"><br/><br/>
08 :        <h2>페이징 & 블럭 처리 테스트</h2>
09 :        <form method="get" action="pageView.jsp">
10 :            총 레코드 값 :
11 :            <input name="totalRecord">    ← 테스트하고 싶은 정수(레코드 값)를 입력합니다.
12 :            <input type="submit" value="보내기">
13 :        </form>
14 :    </div>
15 : </body>
16 : </html>
```

총 레코드 값 입력란에 테스트하고 싶은 정수값을 입력하고 [보내기] 버튼을 클릭하면 totalRecord 값을 가지고 pageView.jsp로 이동합니다.

02 페이지와 블럭을 처리하는 pageView.jsp 페이지를 다음과 같이 작성하고 저장합니다.

> 실습 파일 : source/ch15/pageView.html

```
01 : <%@ page contentType="text/html; charset=EUC-KR" %>
02 : <%
03 :     request.setCharacterEncoding("EUC-KR");
04 :     int totalRecord = Integer.parseInt(request.getParameter("totalRecord"));
05 :     int numPerPage = 10; // 페이지당 레코드 수
06 :     int pagePerBlock = 15;  //블럭당 페이지수
07 :     int totalPage = 0; //전체 페이지 수
08 :     int totalBlock = 0;   //전체 블럭수
```

```
09 :      int nowPage = 1; // 현재페이지
10 :      int nowBlock = 1;   //현재블럭
11 :
12 :      int start=0; //디비의 select 시작번호
13 :      int end=10; //시작번호로 부터 가져올 select 갯수
14 :
15 :      int listSize=0; //현재 읽어온 게시물의 수
16 :
17 :      if (request.getParameter("nowPage") != null) {
18 :          nowPage = Integer.parseInt(request.getParameter("nowPage"));
19 :      }
20 :      start = (nowPage * numPerPage)-numPerPage;
21 :      end = numPerPage;
22 :
23 :      totalPage =(int)Math.ceil((double)totalRecord / numPerPage);//전체페이지수
24 :      nowBlock= (int)Math.ceil((double)nowPage/pagePerBlock);//현재블럭 계산
25 :
26 :      totalBlock =(int)Math.ceil((double)totalPage / pagePerBlock);//전체블럭계산
27 : %>
28 : <html>
29 : <head>
30 : <title>페이징 & 블럭 처리 테스트</title>
31 : <link href="style.css" rel="stylesheet" type="text/css">
32 : <script type="text/javascript">
33 :   function pageing(page) {
34 :       document.readFrm.nowPage.value = page;
35 :       document.readFrm.submit();
36 :   }
37 :
38 :   function block(value){
39 :       document.readFrm.nowPage.value=<%=pagePerBlock%>*(value-1)+1;
40 :       document.readFrm.submit();
41 :   }
42 : </script>
43 : </head>
44 : <body bgcolor="#FFFFCC">
45 :   <div align="center">
46 :   <br/>
47 :   <h2>페이징 & 블럭 처리 테스트</h2>
48 :   <br/>
49 :      <table width="600">
50 :              <tr align="center">
```

전체 페이지 개수를 계산하는 부분입니다. 만약 122개의 레코드가 있다면 122/10의 결과 값인 12.2를 절상(소수점일 경우 반올림)시켜서 13개의 페이지가 만들어지는 것입니다. 제일 마지막 페이지는 2개의 레코드를 가지고 있는 것입니다.

현재 블럭을 계산하는 부분입니다. 현재 블럭은 현재 페이지를 블럭 당 페이지 수로 나누어서 계산합니다. totalPage와 마찬가지로 소수점일 경우 반올림합니다.

전체 블럭 수를 계산하는 부분입니다. 전체 블럭의 개수는 전체 페이지의 개수를 블럭 당 페이지 수로 나누어서 계산합니다. 원리는 전체 페이지 개수를 구하는 방법과 같습니다.

```
51 :            <td>Total : <%=totalRecord%>Articles(<font color="red">
52 :            <%=nowPage%>/<%=totalPage%>Pages</font>)</td>
53 :            </tr>
54 :    </table>
55 :    <table>
56 :    <tr>
57 :        <td>게시물 번호 :  </td>
58 :        <%
59 :            listSize = totalRecord-start;
60 :            for(int i = 0;i<numPerPage; i++){
61 :                if (i == listSize) break;
62 :        %>
63 :        <td align="center">
64 :            <%=totalRecord-((nowPage-1)*numPerPage)-i%> 
65 :        </td>
66 :        <%}//for%>
67 :        <td align="center"> </td>
68 :    </tr>
69 : </table>
70 : <!-- 페이징 및 블럭 -->
71 : <table>
72 :    <tr>
73 :        <td>
74 : <!-- 페이징 및 블럭 처리 Start-->
75 :            <%
76 :    int pageStart = (nowBlock -1)*pagePerBlock + 1 ; //하단 페이지 시작번호
77 :    int pageEnd = ((pageStart + pagePerBlock ) <= totalPage) ?  (pageStart + pagePerBlock): totalPage + 1;
78 :            //하단 페이지 끝번호
79 :            if(totalPage !=0){
80 :            if (nowBlock > 1) {%>
81 : <a href="javascript:block('<%=nowBlock-1%>')">prev...</a><%}%> 
82 :
83 : <%for ( ; pageStart < pageEnd; pageStart++){%>
84 : <a href="javascript:pageing('<%=pageStart %>')">
85 : <%if(pageStart==nowPage) {%><font color="blue"> <%}%>
86 :    [<%=pageStart %>]
87 :    <%if(pageStart==nowPage) {%></font> <%}%></a>
88 :    <%}//for%> 
89
90 :    <%if (totalBlock > nowBlock ) {%>
91 :    <a href="javascript:block('<%=nowBlock+1%>')">.....next</a>
92 :                    <%}%> 
93 :                    <%}%>
94 :        <!-- 페이징 및 블럭 처리 End-->
95 :        </td>
96 :    </tr>
```

```
97  : </table>
98  : <hr width="45%"/>
99  : <form name="readFrm">
100 :   <input type="hidden" name="totalRecord" value="<%=totalRecord%>">
101 :   <input type="hidden" name="nowPage" value="<%=nowPage%>">
102 : </form>
103 : <b>
104 : totalRecord : <%=totalRecord%> 
105 : numPerPage : <%=numPerPage%> 
106 : pagePerBlock : <%=pagePerBlock%> 
107 : totalPage : <%=totalPage%> <br>
108 : totalBlock : <%=totalBlock%> 
109 : nowPage : <%=nowPage%> 
110 : nowBlock : <%=nowBlock%> </b>
111 : <p/>
112 : <input type="button" value="TotalRecord 입력폼" onClick="javascript:location.href='pageView.html'">
113 : </div>
114 : </body>
115 : </html>
```

33 ~ 36 : 84라인에서 호출하는 자바스크립트 함수입니다. 매개변수는 페이지 시작 번호입니다. 이 함수는 현재 페이지번호를 pageView.jsp의 101라인에 있는 히든타입 nowPage에 할당해주는 역할을 합니다.

38 ~ 41 : 81라인과 91라인에서 호출하는 자바스크립트 함수입니다. block() 함수는 prev 또는 next를 클릭하여 페이지 블럭을 이동한 다음 위치할 페이지를 계산하는 역할을 합니다. block() 함수를 호출하면 넘어갈 페이지 블럭 값이 매개변수 value로 넘어가는데 이 값을 받아서 블럭이 넘어간 다음 블럭의 첫 페이지로 페이지를 이동하도록 계산식을 작성하였습니다.

58 ~ 62 : numPerPage(페이지 당 레코드 수 10개로 지정)만큼 게시물 번호를 보여줍니다. 만약 시작 번호가 230이면 마지막 번호는 14가 됩니다.. 그리고 요청되는 nowPage 값에 따라서 뿌려지는 게시물 번호는 변하게 됩니다. 62라인은 totalRecord에서 start를 뺀 값인 listSize가 i값과 같다면 for문을 빠져나옵니다. 더 이상 뿌려질 게시물 번호가 없기 때문입니다.

77 : pageEnd는 조건식을 이용하여 totalPage가 pageStart+pagePerBlock의 값보다 크거나 같을 경우 pageStart+pagePerBlock 값을 pageEnd에 할당하고 작을 경우 totalPage+1 값을 pageEnd에 할당합니다.

79 : totalPage가 0이 아닐 경우 if문 이후의 코드가 실행됩니다. totalPage가 0이면 페이지 링크가 출력되지 않습니다.

80 : 현재의 블럭 값이 1보다 큰 값일 때 활성화 됩니다. 만약 현재의 블럭 값이 10이면 이전 블럭은 존재하지 않으므로 활성화가 되지 않고, 페이지 값은 이전 블럭의 첫 번째 페이지 값을 가지고 있습니다.

83 : for문을 이용하여 nowBlock 곱하기 pagePerBlock값이 할당된 pageStart를 시작으로 pageEnd값이 될 때까지 15개의 페이지가 뿌려집니다. 마지막 블럭 일 경우 남은 페이지 개수만큼 반복합니다.

85 ~ 87 : 만약 pageStart의 값이 nowPage라면(페이지 링크를 클릭했을 경우)해당 페이지링크를 <font color="blue"> 태그를 이용하여 파란색으로 출력합니다.

90 ~ 92 : totalBlock이 nowBlock보다 클 경우 다음 블럭이 있다는 것을 의미하므로 다음 페이지 블럭으로 넘어갈 수 있는 ...next 링크를 출력합니다.

99 ~ 102 : 다른 페이지 및 다른 블럭을 호출할 때 넘어가는 폼입니다. hidden type의 현재 페이지(nowPage)와 총 게시물 수(totalRecord) 값과 함께 요청됩니다.

03 결과를 확인하기 위해 이클립스에서 pageView.html을 실행하고 '500'을 입력합니다.

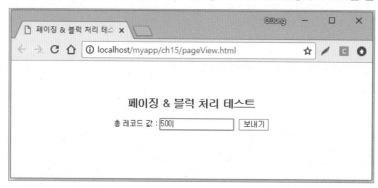

▲ 총 레코드 수 입력화면

04 페이징 & 블럭 처리된 화면이 나타납니다. 페이지 당 10개의 게시물을 확인할 수 있습니다. 또한 한 블럭 당 15 개의 페이지로 묶여 있는 것을 확인할 수 있습니다.

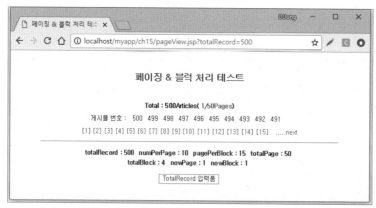

▲ 페이징 & 블럭 처리된 첫 페이지 화면

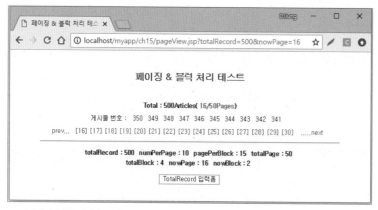

▲ 페이징 & 블럭 처리된 중간 페이지

▲ 페이징 & 블럭 처리된 마지막 페이지 화면

• 게시물의 상대적인 위치값 알기

답변이 없는 게시판이라면 입력된 게시물의 반대 순서대로 뿌려주면 되지만 답변이 있을 경우는 그렇지가 않습니다. 답변이 있는 게시판은 답변할 게시물 밑에 뿌려줘야 하므로 조금은 연구를 하면서 구현을 해야 합니다. 답변이 있는 게시판을 구현하기 위해서는 여러 가지 방법들이 있겠지만 여기서는 pos(상대적인 위치) 값과 ref(원글의 위치) 값 중심으로 게시물을 출력하는 방법을 한 번 더 학습하도록 합니다. 이 방법을 잘 이해한다면 여러분 나름대로의 방법들을 연구해 보기 바랍니다.

1.게시물이 한 개일 경우

게시물을 저장하고 테이블에서 게시물의 num 값과 pos 값을 확인해 보기 바랍니다.

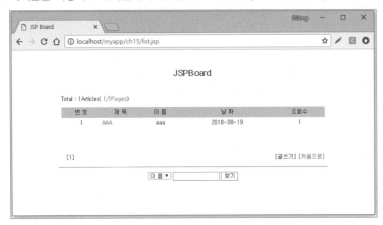

▲ 게시물이 한 개 있는 게시판

```
1 select num, pos, ref, subject from tblboard;
```

tblboard (4×1)

num	pos	ref	subject
1	0	1	AAA

▲ 한 개 게시물의 num값과 pos 값

num(게시물 번호)	pos(상대적 위치)	ref(원글의 위치)	subject(제목)
1	0	1	AAA

2. 게시물이 세 개일 경우

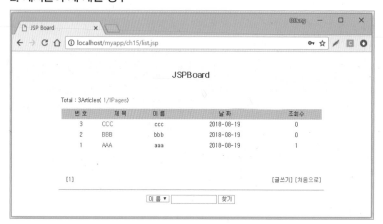

▲ 게시물이 세 개 있는 게시판

```
1 select num, pos, ref, subject from tblboard;
```

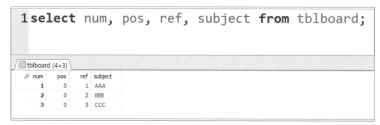

▲ 세 개 게시물의 num과 pos 값

num(게시물 번호)	pos(상대적 위치)	ref(원글의 위치)	subject(제목)
1	0	1	AAA
2	0	2	BBB
3	0	3	CCC

3. 네 개의 게시물 중에 한 개가 답변 글일 경우

다음의 BBB-1은 제목이 BBB인 게시물을 답변한 게시물입니다. BBB-1의 게시물 번호(num)는 최신의 글(CCC)보다 1이 증가한 값이지만 pos 값은 1로 저장되었고 ref 값은 2로 저장되었습니다. 그 이유는 답변할 경우에는 답변할 원글의 ref과 동일한 ref값이 저장되고 이 ref 값이 같은 게시물끼리의 순서를 나타내는 값이 pos이기 때문입니다. 따라서 답변글이 아닐 경우에는 pos값은 사용되지 않습니다. BBC-1의 ref값이 2라는 것은 ref 값이 2인 게시물에 소속된 답변이라는 뜻이고 pos가 1이라는 것은 ref가 2인 게시물의 답변 중 첫 번째 답변이라는 뜻입니다.

▲ 답변을 포함한 네 개의 게시물이 있는 게시판

```
1 select num, pos, ref, subject from tblboard;
```

tblboard (4×4)

num	pos	ref	subject
1	0	1	AAA
2	0	2	BBB
3	0	3	CCC
4	1	2	답변 : BBB-1

▲ 답변을 포함한 네 개 게시물의 num과 pos 값

num(게시물 번호)	pos(상대적 위치)	ref(원글의 위치)	subject(제목)
1	0	1	AAA
2	0	2	BBB
3	0	3	CCC
4	1	2	답변 : BBB-1

4. 다섯 개의 게시물 중에 한 개가 답변 글이고 한 개는 답변의 답변 글일 경우

다음의 BBB-2는 제목이 BBB-1인 게시물에 답변한 게시물입니다. BBB-2의 게시물 번호는 시점 상 가장 최신의
글(답변 : BBB-1)보다 1 증가한 값이지만 pos 값은 2로 저장되었습니다. 그 이유는 한 게시물에 다수의 답변을 할
경우에는 원글 밑에 출력될 답변의 순서를 지정할 필요가 있는데 이 순서를 나타내는 값이 pos이기 때문입니다.
기존에 있던 (답변 : BBB-1)글의 밑에 답변을 하였기 때문에 두 번째를 나타내는 2가 pos 값으로 할당되었습니다.

▲ 답변의 답변을 포함한 다섯 개의 게시물이 있는 게시판

```
1 select num, pos, ref, subject from tblboard;
```

tblboard (4×5)

num	pos	ref	subject
1	0	1	AAA
2	0	2	BBB
3	0	3	CCC
4	1	2	답변 : BBB-1
5	2	2	답변 : 답변 : BBB-2

▲ 답변의 답변을 포함한 다섯 개 게시물의 num과 pos 값

num(게시물 번호)	pos(상대적 위치)	ref(원글의 위치)	subject(제목)
1	0	1	AAA
2	0	2	BBB
3	0	3	CCC
4	1	2	답변 : BBB-1
5	2	2	답변 : 답변 : BBB-2

pos = 원글에 소속된 답변글 끼리의 순서
ref = 답변 글이 어떤 게시물에 소속되어 있는지를 나타내는 값

결론적으로 ref는 답변 글이 소속되어 있는 원 글의 번호이며 pos는 원 글 밑에 답변 글을 출력할 때의 순서를 나
타냅니다. 만약 다수의 답변 글 중간에 답변을 추가해야 한다면 추가하려는 답변 글보다 아래에 있는 답변 글들의
pos 값을 1씩 증가시켜서 밑으로 밀어냅니다. 간단하게 굴러온 돌이 중간에 끼어들기 위해 박혀있던 돌들을 한 칸
씩 밀어낸다고 생각하시면 됩니다.

❶ 다음의 그림처럼 list.jsp 페이지에서 브라우저에 뿌려지는 한 페이지에 레코드 수는 15개이고 한 블럭에 페이지 수는 5개로 코드를 변경하세요.

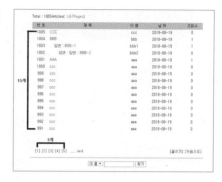

❷ 다음은 BoardMgr.java에서 선택한 게시물을 읽어오는 메소드입니다. 아래의 코드를 완성하세요.

```java
public BoardBean getBoard(int num) {
        Connection con = null;
        PreparedStatement pstmt = null;
        ResultSet rs = null;
        String sql = null;
        BoardBean bean = new BoardBean();
        try {
            con = pool.getConnection();
            sql = "select * from tblBoard where num=?";
            pstmt = con.prepareStatement(sql);
            ❶(                    );
            rs = ❷(              );
            if (rs.next()) {
                    bean.setNum(rs.getInt("num"));
                    bean.setName(rs.getString("name"));
                    bean.setSubject(rs.getString("subject"));
                    bean.setContent(rs.getString("content"));
                    bean.setPos(rs.getInt("pos"));
                    bean.setRef(rs.getInt("ref"));
                    bean.setDepth(rs.getInt("depth"));
                    bean.setRegdate(rs.getString("regdate"));
                    bean.setPass(rs.getString("pass"));
                    bean.setCount(rs.getInt("count"));
                    bean.setFilename(rs.getString("filename"));
                    bean.setFilesize(rs.getInt("filesize"));
                    bean.setIp(rs.getString("ip"));
            }
        } catch (Exception e) {
            e.printStackTrace();
        } finally {
            ❸(                          );
        }
        return bean;
    }
```

해답은 622 쪽 연습문제 해답을 참조하세요.

투표 프로그램

이번 장에서는 17장의 홈페이지에 들어갈 기능 중 하나인 투표 프로그램을 구현해 보겠습니다. 앞에서 배운 자바 빈즈와 데이터베이스를 이용하여 구현되며 데이터베이스에서 투표의 데이터를 저장하고 조회를 합니다. 프로그램의 기능으로는 단일 투표 및 다중 투표 지정이 가능합니다. 그리고 투표의 결과를 그래프로 확인할 수 있는 프로그램입니다.

01 _ 투표 프로그램 정의

01-1 기능정의

> **투표 프로그램**
>
> • 투표 설문 리스트 출력
> • 투표 설문 작성
> • 투표하기
> • 투표 결과 출력

01-2 jsp 페이지 및 클래스 정의

구분	jsp 페이지	관련 클래스
설문 리스트	pollList.jsp	PollListBean.java PollMgr.java
설문 추가	pollInsert.jsp pollInsertProc.jsp	PollListBean.java PollItemBean.java PollMgr.java
투표하기	pollForm.jsp pollFormProc.jsp	PollListBean.java PollMgr.java
투표 결과 확인	pollView.jsp	PollListBean.java PollItemBean.java PollMgr.java

▲ [표 16-1] 페이지 및 클래스 정의

기타 관련 클래스

DBConnectionMgr.java (11장에서 구현한 클래스를 패키지만 수정해서 사용합니다.)

01-3 데이터베이스 설계

투표 프로그램을 구현하기 위해서 필요한 2개의 테이블은 투표 리스트(tblPolllist), 투표 아이템 (tblPollitem) 입니다.

(1) 투표 리스트 테이블

투표 프로그램의 설문 목록이 저장되는 테이블입니다.

칼럼명	데이터 타입	설명
num	smallint(6)	설문 번호
question	varchar(200)	설문 내용
sdate	date	투표 시작 날짜
edate	date	투표 종료 날짜
wdate	date	설문 작성 날짜
type	smallint(6)	중복투표 허용 여부
active	smallint(6)	설문 활성화 여부

▲ [표 16-2] tblPollList 테이블 명세서

(2) 투표 아이템 테이블

투표 프로그램의 아이템 목록과 아이템에 대한 투표수가 저장되는 테이블입니다.

칼럼명	데이터 타입	설명
listnum	smallint(6)	투표된 설문 번호
itemnum	smallint(6)	아이템 번호
item	varchar(50)	아이템 내용
count	smallint(6)	투표수

▲ [표 16-3] tblPollItem 테이블 명세서

▶ 실습 파일 : source/ch16/table.sql

```
1 DROP TABLE IF EXISTS tblPollList;
2
3 CREATE TABLE `tblPollList` (
4   `num` smallint(6) NOT NULL AUTO_INCREMENT,
5   `question` varchar(200) NOT NULL DEFAULT '',
6   `sdate` date DEFAULT NULL,
7   `edate` date DEFAULT NULL,
8   `wdate` date DEFAULT NULL,
9   `type` smallint(6) NOT NULL DEFAULT '1',
10  `active` smallint(6) DEFAULT '1',
11  PRIMARY KEY (`num`)
12 );
13
14 DROP TABLE IF EXISTS tblPollItem;
15
16 CREATE TABLE `tblPollItem` (
17  `listnum` smallint(6) NOT NULL,
18  `itemnum` smallint(6) NOT NULL DEFAULT '0',
19  `item` varchar(50) NOT NULL DEFAULT '',
20  `count` smallint(6) NOT NULL DEFAULT '0',
21  PRIMARY KEY (`listnum`,`itemnum`)
22 );
```

▲ [그림 16-1] 테이블 만들기

02 _ 투표 프로그램 구현

이번 장에서 만들 투표 프로그램의 기본적인 틀은 pollForm.jsp, pollFormProc.jsp, pollInsert.
jsp, pollInsertProc.jsp, pollList.jsp, pollView.jsp 다섯 개의 JSP 파일로 구성되어 있습니다.
pollList.jsp에서 투표 프로그램의 모든 기능인 투표의 설문폼과 설문리스트, 설문작성, 투표, 투표
결과로 연결되어있습니다. pollInsert.jsp에서 새로운 투표 설문을 작성할 수 있고 pollInsertProc.
jsp는 pollInsert.jsp에서 새롭게 작성한 투표설문을 처리하는 페이지입니다.

pollForm.jsp는 리스트에서 선택한 설문폼이 나오며 투표가 가능합니다. 투표할 항목을 선택하고
투표 버튼을 누르면 pollFormProc.jsp에서 투표한 항목을 처리합니다.

그리고 마지막으로 pollView.jsp에서 리스트에서 선택된 투표 설문의 투표한 결과를 그래프로 확인
할 수 있습니다.

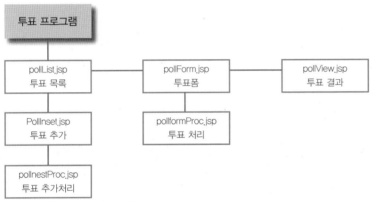

▲ [표 16-2] 투표 프로그램 흐름도

02-1 투표 프로그램 기본 틀 작성

투표 프로그램의 기본 틀은 pollList.jsp에 작성되어 있습니다. 페이지의 위쪽에 설문리스트에서 선
택한 투표 설문 폼이 나타나는데 이것이 pollForm.JSP 파일이며 include되어 있습니다. 그리고 그
아래에 설문리스트가 위치해 있습니다. 맨 밑은 설문작성하기가 있는데 이것을 누르면 pollInsert.
jsp 페이지로 이동하게 됩니다. 나머지 2개 파일인 pollFormProc.jsp, pollInsertProc.jsp은 처리페
이지로 데이터의 저장 성공, 실패 메시지와 작성한 데이터를 데이터베이스에 저장하는 처리페이지
입니다. 그럼 이 다섯 개의 파일을 순차적으로 작성해 보겠습니다.

• Preview – pollList.jsp

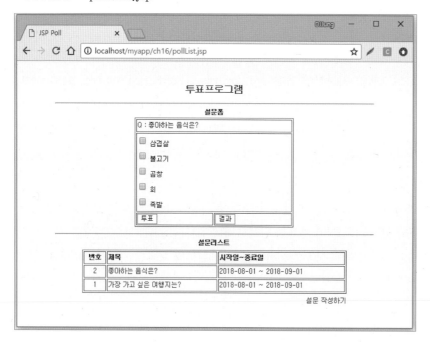

투표 프로그램

01 투표 프로그램의 메인이라 할 수 있는 페이지를 다음과 같이 작성하고 저장합니다.

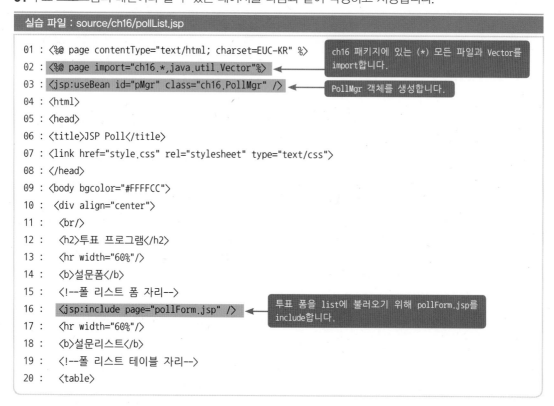

실습 파일 : source/ch16/pollList.jsp

```
01 : <%@ page contentType="text/html; charset=EUC-KR" %>
02 : <%@ page import="ch16.*,java.util.Vector"%>
03 : <jsp:useBean id="pMgr" class="ch16.PollMgr" />
04 : <html>
05 : <head>
06 : <title>JSP Poll</title>
07 : <link href="style.css" rel="stylesheet" type="text/css">
08 : </head>
09 : <body bgcolor="#FFFFCC">
10 :  <div align="center">
11 :   <br/>
12 :   <h2>투표 프로그램</h2>
13 :   <hr width="60%"/>
14 :   <b>설문폼</b>
15 :   <!--폴 리스트 폼 자리-->
16 :   <jsp:include page="pollForm.jsp" />
17 :   <hr width="60%"/>
18 :   <b>설문리스트</b>
19 :   <!--폴 리스트 테이블 자리-->
20 :   <table>
```

ch16 패키지에 있는 (*) 모든 파일과 Vector를 import합니다.

PollMgr 객체를 생성합니다.

투표 폼을 list에 불러오기 위해 pollForm.jsp를 include합니다.

```
21 :    <tr>
22 :      <td>
23 :       <table width="500" border="1">
24 :        <tr>
25 :         <td align="center"><b>번호</b></td>
26 :         <td><b>제목</b></td>
27 :         <td><b>시작일~종료일</b></td>
28 :        </tr>
29 :        <%
30 :          Vector<PollListBean> vlist = pMgr.getAllList();
31 :
32 :          int count = vlist.size();
33 :          for (int i = 0; i < vlist.size(); i++) {
34 :          PollListBean plBean = vlist.get(i);
35 :          int num = plBean.getNum();
36 :          String question = plBean.getQuestion();
37 :          String sdate = plBean.getSdate();
38 :          String edate = plBean.getEdate();
39 :
40 :          out.println(" <tr><td align='center'>" + count + "</td>");
41 :          out.println("<td><a href='pollList.jsp?num=" + num + "'>"
42 :            + question + "</a></td>");
43 :          out.println("<td>" + sdate +" ~ "+ edate + "</td></tr>");
44 :          count = count - 1;
45 :          }
46 :        %>
47 :       </table>
48 :      </td>
49 :     </tr>
50 :     <tr>
51 :      <td align="right"><a href="pollInsert.jsp">설문 작성하기</a></td>
52 :     </tr>
53 :    </table>
54 :   </div>
55 : </body>
56 : </html>
```

모든 설문 리스트를 Vector의 vlist 변수에 담습니다.

vlist 변수에 담긴 값을 PollListBean의 plBean변수에 담습니다.

설문 작성하기 버튼입니다. 클릭시 pollInsert.jsp로 이동 합니다.

15 ~ 16 : 투표 설문 리스트에서 선택한 설문의 투표 내용이 나오는 투표 폼(pollForm.jsp)을 include 합니다.

19 ~ 47 : 투표 설문 리스트를 DB에서 불러와 화면에 출력 시켜주는 부분입니다. pMgr.getAllList(); 함수를 통해 모든 설문 리스트를 Vector에 받고 Vector내용을 plBean 빈즈에 세팅합니다. 그리고 각 num, question, sdate, edate 변수에 plBean의 내용을 get하여 저장합니다. 마지막으로 out.println로 실제 리스트 내용을 화면에 출력합니다.

50 ~ 52 : <a href> 태그를 통해 설문 작성하기를 누르면 pollInsert.jsp로 이동합니다.

• Preview − pollForm.jsp

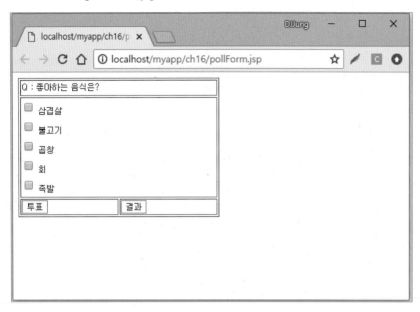

02 투표 프로그램의 설문 폼을 다음과 같이 작성하고 저장합니다.

실습 파일 : source/ch16/pollForm.jsp

```
01 : <%@ page contentType="text/html; charset=EUC-KR" %>
02 : <%@ page import="ch16.*,java.util.Vector"%>              ← ch16 패키지에 있는 (*) 모든 파일과
                                                                 Vector를 import합니다.
03 : <jsp:useBean id="pMgr" class="ch16.PollMgr"/>            ← PollMgr 객체를 생성합니다.
04 : <%
05 :     int num = 0;
06 :
07 : if(!(request.getParameter("num")==null || request.getParameter("num").equals(""))){
08 :     num = Integer.parseInt(request.getParameter("num"));  ← num 값을 int형으로 형변환 합니다.
09 :     }
10 :
11 :     PollListBean plBean = pMgr.getList(num);              ← num 값에 의한 getList결과를 plBean에 저장합니다.
12 :     Vector<String> vlist = pMgr.getItem(num);            ← num 값에 의한 getItem결과를 vlist에 저장합니다.
13 :
14 :     String question = plBean.getQuestion();
15 :     int type = plBean.getType();
16 :     int active = plBean.getActive();
17 : %>
18 : <link href="style.css" rel="stylesheet" type="text/css">
19 : <form method="post" action="pollFormProc.jsp">          ← 투표 버튼을 눌렀을 때 값을 pollFormProc.jsp로
                                                                 post 방식으로 넘깁니다.
20 : <table border="1" width="300">
21 :   <tr>
22 :   <td colspan="2">Q : <%=question%></td>
23 :   </tr>
```

```
24 :   <tr>
25 :    <td colspan="2">
26 :     <%
27 :      for(int i=0; i<vlist.size(); i++){
28 :        String itemList = vlist.get(i);          ← itemList 변수에 vlist값을 담습니다.
29 :        if(type==1){
30 :         out.println("<input type=checkbox name='itemnum' value='"+i+"'>");
31 :        }else{
32 :         out.println("<input type=radio name='itemnum' value='"+i+"'>");
33 :        }
34 :        out.println(itemList+"<br>");
35 :      }//for end
36 :     %>
37 :    </td>
38 :   </tr>
39 :   <tr>
40 :    <td>
41 :     <%
42 :      if(active==1){
43 :        out.println("<input type='submit' value='투표'>");
44 :      }else{
45 :        out.println("투표");
46 :      }
47 :     %>
48 :    </td>
49 :    <td>
50 :    <input type="button" value="결과"
51 :      onclick="javascript:window.open('pollView.jsp?num=<%=num%>',
52 :               'PollView','width=500, height=350')">
53 :    </td>
54 :   </tr>
55 : </table>
56 : <input type="hidden" name="num" value="<%=num%>">
57 : </form>
```

> `window.open` 자바스크립트 코드로 인해 새창에서 pollView.JSP 파일이 실행됩니다. num 값을 받아오고 창크기는 가로500, 높이 350입니다.

> num 값을 이용하기 위해 hidden속성으로 선언 하였습니다.

04 ~ 08 : num 값을 통해 선택한 리스트를 pollForm에 출력하는데 그 num 값을 처리하는 부분입니다. num 값을 초기화하고 num 값이 null이거나 ""비어있지 않으면 num 값을 int형으로 형 변환하여 num변수에 저장합니다.

11 ~ 17 : 선택한 투표 설문의 데이터를 받아오는 부분입니다. 구한 num 값을 이용하여 pMgr.getList(num)를 통해 plBcan에 저장하고 pMgr.getItem(num)를 통해 투표의 항목을 vlist에 저장합니다. 그리고 각 값을 각 필요 변수에 저장합니다.

19 ~ 57 : 투표 버튼을 눌렀을 때 체크한 투표항목의 값을 넘겨주기 위해 form method는 post 방식으로 action은 pollFormProc.jsp로 선언하였습니다. 투표 버튼을 누르면 submit을 통해 pollFormProc.jsp 페이지에서 투표한 항목을 DB에 세팅합니다.

26 ~ 36 : 앞 라인에서 저장한 plBean과 vlist값, 각 변수 값을 이용해 out.println로 투표 데이터 항목을 화면에 출력시켜 주는 부분입니다.

03 설문 폼의 처리페이지를 작성하고 저장합니다.

실습 파일 : source/ch16/pollFormProc.jsp

```
01 : <%@ page contentType="text/html; charset=EUC-KR" %>
02 : <jsp:useBean id="pMgr" class="ch16.PollMgr" />
03 : <%
04 :    request.setCharacterEncoding("EUC-KR");
05 :    int num = Integer.parseInt(request.getParameter("num"));    ← num 값을 받아 int형으로 형변환 합니다.
06 :    String[] itemnum = request.getParameterValues("itemnum");
07 :    boolean flag = pMgr.updatePoll(num, itemnum);    ← pMgr.updatePoll()의 반환값
08 :    String msg = "투표가 등록되지 않습니다.";             을 flag변수에 저장합니다.
09 :    if (flag) {
10 :        msg = "투표가 정상적으로 등록되었습니다.";
11 :    }
12 : %>
13 : <script>
14 :    alert("<%=msg%>");
15 :    location.href="pollList.jsp?num=<%=num%>";
16 : </script>
```

05   : request.getParameter를 통해 받은 num값을 Integer.parseInt() 메소드로 int형으로 형 변환하여 int형 변수 num
변수에 저장합니다.

06   : request.getParameterValues를 통해 itemnum값을 String 배열 itemnum에 저장합니다.

07 ~ 11 : DB에 값을 세팅하는 부분입니다. pMgr.updatePoll() 메소드를 통해 수행이 제대로 됐다면 true 값이 넘어와서
flag값에 저장되어 "투표가 정상적으로 등록되었습니다." 라는 메시지가 msg변수에 저장되고 수행이 제대로 안
되었다면 false 값이 flag변수에 저장되어 "투표가 등록되지 않습니다."라는 메시지가 msg변수에 저장됩니다.

13 ~ 16 : 앞 라인에서 설명한 메시지가 들어있는 msg변수에 저장된 값을 메시지박스로 띄워 사용자에게 어떻게 수행
되었는지를 알려주고 location.href를 통해 num의 구분으로 원래 선택된 설문 폼으로 이동합니다.

• Preview - pollInsert.jsp

04 새로운 투표를 작성하는 페이지를 다음과 같이 작성하고 저장합니다.

실습 파일 : source/ch16/pollInsert.jsp

```jsp
01 : <%@ page contentType="text/html; charset=EUC-KR" %>
02 : <html>
03 : <head>
04 : <title>JSP Poll</title>
05 : <link href="style.css" rel="stylesheet" type="text/css">
06 : </head>
07 : <body bgcolor="#FFFFCC">
08 :  <div align="center">
09 :   <br />
10 :   <h2>투표 프로그램</h2>
11 :   <hr width="60%" />
12 :   <b>설문작성</b>
13 :   <hr width="60%" />
14 :   <form method="post" action="pollInsertProc.jsp">
15 :    <table border="1" width="500">
16 :     <tr>
17 :      <td><b>질문</b></td>
18 :      <td colspan="2"><input type="text" name="question" size="30"></td>
19 :     </tr>
20 :     <tr>
21 :      <td rowspan="10"><b>항목</b></td>
22 :      <%
23 :       for (int i = 1; i <= 4; i++) {
24 :        out.println("<td>" + (i * 2 - 1)
25 :          + ": <input type='text' name='item'></td>");
26 :        out.println("<td>" + (i * 2)
27 :          + ": <input type='text' name='item'></td>");
28 :        out.println("</tr>");
29 :        if (i == 9) {
30 :         out.println("");
31 :        } else {
32 :         out.println("<tr>");
33 :        }
34 :       }//for end
35 :      %>
36 :     <tr>
37 :      <td>시작일</td>
38 :      <td colspan="2"><select name="sdateY">
39 :       <option value="2018">2018
40 :       <option value="2019">2019
41 :      </select>년 <select name="sdateM">
42 :       <%
43 :        for (int i = 1; i <= 12; i++) {
44 :         out.println("<option value='" + i + "'>" + i);
45 :        }
46 :       %>
```

pollInsertProc.jsp 페이지에 post 방식으로 값을 넘깁니다

```
47 :         </select>월 <select name="sdateD">
48 :          <%
49 :           for (int i = 1; i <= 31; i++) {
50 :            out.println("<option value='" + i + "'>" + i);
51 :           }
52 :          %>
53 :         </select>일</td>
54 :       </tr>
55 :       <tr>
56 :       <td>종료일</td>
57 :       <td colspan=2><select name="edateY">
58 :        <option value="2018">2018
59 :        <option value="2019">2019
60 :       </select>년 <select name="edateM">
61 :          <%
62 :           for (int i = 1; i <= 12; i++) {
63 :            out.println("<option value='" + i + "'>" + i);
64 :           }
65 :          %>
66 :       </select>월 <select name="edateD">
67 :          <%
68 :           for (int i = 1; i <= 31; i++) {
69 :            out.println("<option value='" + i + "'>" + i);
70 :           }
71 :          %>
72 :       </select>일</td>
73 :       </tr>
74 :       <tr>
75 :       <td>복수투표</td>
76 :       <td colspan=2>
77 :         <input type="radio" name="type" value="1" checked>yes
78 :         <input type="radio" name="type" value="0">no
79 :       </td>
80 :       </tr>
81 :       <tr>
82 :       <td colspan=3>
83 :         <input type="submit" value="작성하기">
84 :         <input type="reset" value="다시쓰기">
85 :          <input type="button" value="리스트" onClick="javascript:location.href='pollList.jsp'">
86 :       </td>
87 :       </tr>
88 :      </table>
89 :     </form>
90 :    </div>
91 : </body>
92 : </html>
```

> 작성하기 버튼을 누르면 submit으로 인하여 form에서 action에 정의한 페이지로 값이 넘어 갑니다.

14 : form이 정의 되어 있습니다. method는 post 방식이고 밑의 83라인의 type이 submit인 작성하기를 누르면 action값으로 지정된 pollInsertProc.jsp로 작성한 데이터 값이 넘어가게 됩니다.

15 ~ 36 : input에서 type이 생략이 되어 있으면 디폴트로는 text 방식입니다. 질문 폼(question)과 항목(item) 폼을 정의해 주는 소스 코드입니다. 반복되는 폼들을 for문을 통해 구현하였습니다.

37 ~ 72 : 시작일과 종료일을 select박스로 구성한 폼 소스 코드입니다. 년, 월, 일 전부 정할 수 있으며 for문으로 코드 가 구성되어 있습니다.

77 ~ 78 : 복수투표 폼입니다. 라디오 박스로 구성되어 있으며 "yes"일 때는 value값이 "1"을 가지고 "no"일 때는 value값 이 "0"이 됩니다.

83 ~ 85 : 작성하기 버튼과 다시쓰기 버튼, 리스트 버튼의 구성 폼입니다. 작성하기 버튼은 type이 submit이므로 클릭 시 post 방식으로 입력한 모든 데이터를 가지고 pollInsertProc.jsp 페이지로 action이 일어나 처리를 합니다. 다 시쓰기 버튼은 type이 reset으로 입력한 데이터를 비워줍니다. 리스트 버튼은 클릭 시 pollList.jsp 페이지로 가 게 됩니다.

05 새로운 투표를 작성하는 페이지의 처리 페이지를 다음과 같이 작성하고 저장합니다.

실습 파일 : source/ch16/pollInsertProc.jsp

```
01 : <%@ page contentType="text/html; charset=EUC-KR" %>
02 : <%request.setCharacterEncoding("EUC-KR");%>
03 : <jsp:useBean id="pMgr" class="ch16.PollMgr"/>
04 : <jsp:useBean id="plBean" class="ch16.PollListBean"/>
05 : <jsp:setProperty property="*" name="plBean"/>
06 : <jsp:useBean id="piBean" class="ch16.PollItemBean"/>
07 : <jsp:setProperty property="*" name="piBean"/>
08 : <%
09 :       String sdate = request.getParameter("sdateY")+"-"+
10 :                  request.getParameter("sdateM")+"-"+
11 :                  request.getParameter("sdateD");
12 :       String edate = request.getParameter("edateY")+"-"+
13 :                  request.getParameter("edateM")+"-"+
14 :                  request.getParameter("edateD");
15 :       plBean.setSdate(sdate);
16 :       plBean.setEdate(edate);
17 :       boolean flag = pMgr.insertPoll(plBean,piBean);
18 :       String msg = "설문 추가에 실패 하였습니다.";
19 :       String url = "pollInsert.jsp";
20 :       if(flag){
21 :            msg = "설문이 추가 되었습니다.";
22 :            url = "pollList.jsp";
23 :       }
24 : %>
25 : <script>
26 :     alert("<%=msg%>");
27 :     location.href="<%=url%>";
28 : </script>
```

> pollInsert.jsp에 입력한 설문에 관한 내용을 받아서 plBean 빈즈에 저장합니다.

> pollInsert.jsp에 입력한 아이템에 관한 내용을 받아서 piBean 빈즈에 저장합니다.

> insertPoll() 메소드의 결과 값을 리턴 받아 flag 변수에 저장합니다.

> flag값에 따라 보여주는 메시지 값인 msg 값이 달라집니다.

09 ~ 16 : request.getParameter을 통해 불러온 sdateY, sdateM, sdateD, edateY, edateM, edateD, 를 "-" 문자와 합쳐 sdate와 edate 변수에 각각 값을 저장합니다. 그리고 bean에 그 값을 다시 저장합니다.

17 : PollMgr의 insertPoll() 메소드를 수행하여 return 되는 값을 flag 변수에 저장합니다.

18 ~23 : msg 변수에 "설문 추가에 실패 하였습니다."를 저장하고 url변수에 "pollInsert.jsp"를 저장합니다. if문을 통해 flag값이 true이면 설문추가가 제대로 수행 된 것 이므로 msg에 "설문이 추가 되었습니다."를 저장하고 url에 "pollList.jsp"를 저장합니다. flag값이 false이면 설문 추가에 실패한 것이므로 if문 안의 구문을 실행하지 않아 처음 저장한 값이 그대로 저장 되어있습니다.

25 ~ 28 : 앞에서 저장한 msg, url 변수의 값을 통해 script수행을 하는 소스 코드입니다. alert를 통해 msg에 저장되어 있는 값을 메시지 알림 창으로 띄우고 location.href를 통해 url에 저장되어 있는 값으로 페이지를 이동합니다.

• Preview - pollView.jsp.jsp

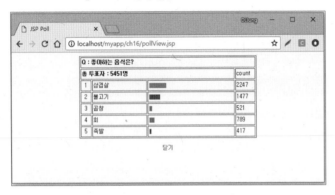

06 투표의 결과를 확인할 수 있는 페이지를 다음과 같이 작성하고 저장합니다.

실습 파일 : source/ch16/pollView.jsp

```
01 : <%@ page contentType="text/html; charset=EUC-KR" %>
02 : <%@ page import="ch16.*,java.util.*"%>
03 : <jsp:useBean id="pMgr" class="ch16.PollMgr" />
04 : <%
05 :     request.setCharacterEncoding("EUC-KR");
06 :     int num = 0;
07 :     if (request.getParameter("num") != null) {
08 :         num = Integer.parseInt(request.getParameter("num"));
09 :     }
10 :     int sum = pMgr.sumCount(num);
11 :     Vector<PollItemBean> vlist = pMgr.getView(num);
12 :     PollListBean plBean = pMgr.getList(num);
13 :     String question = plBean.getQuestion();
14 :     Random r = new Random();
15 : %>
16 : <html>
17 : <head>
18 : <title>JSP Poll</title>
19 : <link href="style.css" rel="stylesheet" type="text/css">
20 : </head>
```

요청되는 페이지에서 num값이 넘어오면 그 값을 받지만 만약 넘어오지 않으면 디폴트 값이 0으로 처리됩니다.

총 투표수를 구하여 sum변수에 저장합니다.

그래프의 색상을 랜덤으로 보여주기 위해 필요한 Random 객체를 생성합니다.

```
21 : <body bgcolor="#FFFFCC">
22 : <div align="center">
23 : <table border="1" width="400">
24 :    <tr>
25 :        <td colspan="4"><b>Q : <%=question%></b></td>
26 :    </tr>
27 :    <tr>
28 :        <td colspan="3"><b>총 투표자 : <%=sum%>명</b></td>
29 :        <td width="40">count</td>
30 :    </tr>
31 :    <%
32 :    for (int i = 0; i < vlist.size(); i++) {
33 :        PollItemBean piBean = vlist.get(i);
34 :    String[] item = piBean.getItem();//아이템 ex)김태희
35 :    int rgb = r.nextInt(255 * 255 * 255);    ◄── nextInt 메소드를 이용하여 rgb값을 구합니다.
36 :    String rgbt = Integer.toHexString(rgb);
37 :    String hRGB = "#" + rgbt;
38 :    int count = piBean.getCount();//투표수
39 :    int ratio = (new Double(Math.ceil((double) count / sum * 100))).intValue();
40 :    %>
41 :    <tr>
42 :        <td width="20" align="center"><%=i+1%></td>
43 :        <td width="120"><%=item[0]%></td>
44 :        <td>
45 :            <table width="<%=ratio%>" height="15">
46 :                <tr>
47 :                    <td bgcolor="<%=hRGB%>"></td>
48 :                </tr>
49 :            </table>
50 :        </td>
51 :        <td width="40"><%=count%></td>
52 :    </tr>
53 :    <%} //for%>
54 : </table>
55 : <p />
56 : <a href="javascript:window.close()">닫기</a>    ◄── javascript 코드인 windows.close는 현재의
                                                          창을 닫는 기능을 합니다.
57 : </div>
58 : </body>
59 : </html>
```

07 ~ 09 : request.getParameter를 통해 num값이 null이 아니면 num값을 int형으로 형 변환 하여 int형 변수 num에 저장
합니다.

10　　　: 총 투표자 수를 구하는 sumCount() 메소드를 호출하여 sum변수에 저장합니다.

11　　　: getView() 메소드를 호출하여 투표의 결과를 DB에서 가져옵니다.

12　　　: getList() 메소드를 호출하여 선택된 투표의 데이터를 DB에서 가져옵니다.

13　　　: getQuestion()로 투표 주제를 가져와 String형 question변수에 저장합니다.

14 : 투표 결과를 랜덤한 색상 막대바로 표시하기 위해 Random 객체를 생성합니다.

25, 28 : 투표 질문과 총 투표수를 브라우저에 출력합니다.

32 ~ 53 : 각 투표 항목의 값들을 가져와서 수에 따라 막대 바로 화면에 표시합니다. 앞에 랜덤 값을 이용하여 각 항목은 색깔로 구분되며 실행 시마다 색이 랜덤으로 바뀝니다.

투표 프로그램에 필요한 자바와 빈즈

01 투표 프로그램의 설문 목록을 저장하는 자바 빈즈를 다음과 같이 작성하고 저장합니다.

실습 파일 : source/ch16/PollListBean.java

```
01 : package ch16;
02 :
03 : public class PollListBean {
04 :
05 :     private int num; // 설문 번호
06 :     private String question; // 설문 내용
07 :     private String sdate; // 투표 시작 날짜
08 :     private String edate; // 투표 종료 날짜
09 :     private String wdate; // 설문 작성 날짜
10 :     private int type; // 중복투표 허용 여부
11 :     private int active; // 설문 활성화 여부
12 :
13 :     public int getNum() {
14 :         return num;
15 :     }
16 :     public void setNum(int num) {
17 :         this.num = num;
18 :     }
19 :     public String getQuestion() {
20 :         return question;
21 :     }
22 :     public void setQuestion(String question) {
23 :         this.question = question;
24 :     }
25 :     public String getSdate() {
26 :         return sdate;
27 :     }
28 :     public void setSdate(String sdate) {
29 :         this.sdate = sdate;
30 :     }
31 :     public String getEdate() {
32 :         return edate;
33 :     }
34 :     public void setEdate(String edate) {
35 :         this.edate = edate;
36 :     }
37 :     public String getWdate() {
```

```
38 :        return wdate;
39 :    }
40 :    public void setWdate(String wdate) {
41 :        this.wdate = wdate;
42 :    }
43 :    public int getType() {
44 :        return type;
45 :    }
46 :    public void setType(int type) {
47 :        this.type = type;
48 :    }
49 :    public int getActive() {
50 :        return active;
51 :    }
52 :    public void setActive(int active) {
53 :        this.active = active;
54 :    }
55 : }
```

설문에 대한 데이터를 저장하는 자바 빈즈입니다. 빈즈의 규칙을 준수한 private으로 선언한 변수들과 setXxx와 getXxx 메소드들 입니다.

02 투표 프로그램의 아이템 목록과 아이템에 대한 투표수를 저장하는 자바 빈즈를 다음과 같이 작성하고 저장합니다.

실습 파일 : source/ch16/PollItemBean.java

```
01 : package ch16;
02 :
03 : public class PollItemBean {
04 :
05 :    private int listnum; // 설문 번호
06 :    private int itemnum; // 아이템 번호
07 :    private String [] item; // 아이템 내용
08 :    private int count; // 투표수
09 :
10 :    public int getListnum() {
11 :        return listnum;
12 :    }
13 :    public void setListnum(int listnum) {
14 :        this.listnum = listnum;
15 :    }
16 :    public int getItemnum() {
17 :        return itemnum;
18 :    }
19 :    public void setItemnum(int itemnum) {
```

```
20 :          this.itemnum = itemnum;
21 :     }
22 :     public String[] getItem() {
23 :          return item;
24 :     }
25 :     public void setItem(String[] item) {
26 :          this.item = item;
27 :     }
28 :     public int getCount() {
29 :          return count;
30 :     }
31 :     public void setCount(int count) {
32 :          this.count = count;
33 :     }
34 : }
```

아이템 목록과 아이템에 대한 투표수를 저장하는 자바 빈즈입니다. 빈즈의 규칙을 준수한 private으로 선언한 변수들과 setXxx와 getXxx 메소드들입니다.

03 투표 프로그램이 데이터베이스에서 설문 추가 및 조회 처리를 할 수 있는 메소드가 선언된 자바파일을 다음과 같이 작성하고 저장합니다.

실습 파일 : source/ch16/PollMgr.java

```
01 : package ch16;
02 :
03 : import java.sql.Connection;
04 : import java.sql.PreparedStatement;
05 : import java.sql.ResultSet;
06 : import java.util.Vector;
07 :
08 : public class PollMgr {
09 :
10 :   private DBConnectionMgr pool;
11 :
12 :   public PollMgr() {
13 :     try {
14 :       pool = DBConnectionMgr.getInstance();
15 :     } catch (Exception e) {
16 :       e.printStackTrace();
17 :     }
18 :   }
19 :
20 :   public int getMaxNum() {
21 :     Connection con = null;
22 :     PreparedStatement pstmt = null;
23 :     ResultSet rs = null;
24 :     String sql = null;
```

```
25 :    int maxNum = 0;
26 :    try {
27 :     con = pool.getConnection();
28 :     sql = "select max(num) from tblPollList";        설문리스트 테이블에서 가장 큰 num 값을
                                                          구하기 위한 sql문입니다.
29 :     pstmt = con.prepareStatement(sql);
30 :     rs = pstmt.executeQuery();
31 :     if (rs.next())
32 :      maxNum = rs.getInt(1);// 가장 높은 num 값
33 :    } catch (Exception e) {
34 :     e.printStackTrace();
35 :    } finally {
36 :     pool.freeConnection(con, pstmt, rs);
37 :    }
38 :    return maxNum;
39 :  }
40 :
41 : public boolean insertPoll(PollListBean plBean, PollItemBean piBean) {
42 :   Connection con = null;
43 :   PreparedStatement pstmt = null;
44 :   boolean flag = false;
45 :   String sql = null;
46 :   try {
47 :    con = pool.getConnection();
48 :    sql = "insert tblPollList(question,sdate,edate,wdate,type)"
49 :     + "values(?,?,?,now(),?)";
50 :    pstmt = con.prepareStatement(sql);
51 :    pstmt.setString(1, plBean.getQuestion());
52 :    pstmt.setString(2, plBean.getSdate());
53 :    pstmt.setString(3, plBean.getEdate());
54 :    pstmt.setInt(4, plBean.getType());
55 :    int result = pstmt.executeUpdate();
56 :    if (result == 1) {
57 :     sql = "insert tblPollItem values(?,?,?,?)";
58 :     pstmt = con.prepareStatement(sql);
59 :     String item[] = piBean.getItem();
60 :     int itemnum = getMaxNum();
61 :     int j = 0;
62 :     for (int i = 0; i < item.length; i++) {
63 :      if (item[i] == null || item[i].equals(""))    item[i]값이 null이거나 비어있으면
64 :       break;                                        break를 통해 for문을 끝냅니다.
65 :      pstmt.setInt(1, itemnum);
66 :      pstmt.setInt(2, i);
67 :      pstmt.setString(3, item[i]);
68 :      pstmt.setInt(4, 0);
69 :      j = pstmt.executeUpdate();
70 :     }
71 :     if (j > 0)
72 :      flag = true;
73 :    }
74 :   } catch (Exception e) {
```

```
75 :      e.printStackTrace();
76 :    } finally {
77 :      pool.freeConnection(con, pstmt);
78 :    }
79 :    return flag;
80 :  }
81 :
82 :  public Vector<PollListBean> getAllList() {
83 :    Connection con = null;
84 :    PreparedStatement pstmt = null;
85 :    ResultSet rs = null;
86 :    String sql = null;
87 :    Vector<PollListBean> vlist = new Vector<PollListBean>();
88 :    try {
89 :      con = pool.getConnection();
90 :      sql = "select * from tblPollList order by num desc";
91 :      pstmt = con.prepareStatement(sql);
92 :      rs = pstmt.executeQuery();
93 :      while (rs.next()) {
94 :        PollListBean plBean = new PollListBean();
95 :        plBean.setNum(rs.getInt("num"));
96 :        plBean.setQuestion(rs.getString("question"));
97 :        plBean.setSdate(rs.getString("sdate"));
98 :        plBean.setEdate(rs.getString("edate"));
99 :        vlist.add(plBean);
100 :      }
101 :    } catch (Exception e) {
102 :      e.printStackTrace();
103 :    } finally {
104 :      pool.freeConnection(con, pstmt, rs);
105 :    }
106 :    return vlist;
107 :  }
108 :
109 :  public PollListBean getList(int num) {
110 :    Connection con = null;
111 :    PreparedStatement pstmt = null;
112 :    ResultSet rs = null;
113 :    String sql = null;
114 :    PollListBean plBean = new PollListBean();
115 :    try {
116 :      con = pool.getConnection();
117 :      if (num == 0)
118 :        sql = "select * from tblPollList order by num desc";
119 :      else
120 :        sql = "select * from tblPollList where num=" + num;
121 :      pstmt = con.prepareStatement(sql);
122 :      rs = pstmt.executeQuery();
123 :      if (rs.next()) {
124 :        plBean.setQuestion(rs.getString("question"));
```

90번 줄 주석: tblPollList를 desc(내림차순)으로 가져오는 sql문입니다.

120번 줄 주석: 기본키 값인 num값을 매개변수로 받아 조건으로 사용한 sql문입니다.

```
125 :    plBean.setType(rs.getInt("type"));
126 :    plBean.setActive(rs.getInt("active"));
127 :   }
128 :  } catch (Exception e) {
129 :   e.printStackTrace();
130 :  } finally {
131 :   pool.freeConnection(con, pstmt, rs);
132 :  }
133 :  return plBean;
134 : }
135 :
136 : public Vector<String> getItem(int num) {
137 :  Connection con = null;
138 :  PreparedStatement pstmt = null;
139 :  ResultSet rs = null;
140 :  String sql = null;
141 :  Vector<String> vlist = new Vector<String>();
142 :  try {
143 :   con = pool.getConnection();
144 :   if (num == 0)
145 :      num = getMaxNum();
146 :   sql = "select item from tblPollItem where listnum = ?";
147 :   pstmt = con.prepareStatement(sql);
148 :   pstmt.setInt(1, num);          ← 146라인의 ?에 들어가는 값입니다.
149 :   rs = pstmt.executeQuery();
150 :   while (rs.next()) {
151 :    vlist.add(rs.getString(1));
152 :   }
153 :  } catch (Exception e) {
154 :   e.printStackTrace();
155 :  } finally {
156 :   pool.freeConnection(con, pstmt, rs);
157 :  }
158 :  return vlist;
159 : }
160 :
161 : public boolean updatePoll(int num, String[] itemnum) {
162 :  Connection con = null;
163 :  PreparedStatement pstmt = null;
164 :  boolean flag = false;
165 :  String sql = null;
166 :  try {
167 :   con = pool.getConnection();
168 :   sql = "update tblPollItem set count = count+1 where listnum = ? and itemnum = ?";
169 :   pstmt = con.prepareStatement(sql);
170 :   if (num == 0)
171 :    num = getMaxNum();
172 :   for (int i = 0; i < itemnum.length; i++) {
173 :    if (itemnum[i] == null || itemnum[i].equals(""))
174 :     break;
```

```
175 :     pstmt.setInt(1, num);          168라인의 첫 번째 ?에 들어가는 값입니다.
176 :     pstmt.setInt(2, Integer.parseInt(itemnum[i]));   168라인의 두 번째 ?에 들어가는 값입니다.
177 :     int j = pstmt.executeUpdate();
178 :     if (j > 0)
179 :      flag = true;
180 :     }
181 :   } catch (Exception e) {
182 :    e.printStackTrace();
183 :   } finally {
184 :    pool.freeConnection(con, pstmt);
185 :   }
186 :   return flag;
187 :  }
188 :
189 :  public Vector<PollItemBean> getView(int num) {
190 :   Connection con = null;
191 :   PreparedStatement pstmt = null;
192 :   ResultSet rs = null;
193 :   String sql = null;
194 :   Vector<PollItemBean> vlist = new Vector<PollItemBean>();
195 :   try {
196 :    con = pool.getConnection();
197 :    sql = "select item,count from tblPollItem where listnum=?";
198 :    pstmt = con.prepareStatement(sql);
199 :    if (num == 0)
200 :     pstmt.setInt(1, getMaxNum());
201 :    else
202 :     pstmt.setInt(1, num);
203 :    rs = pstmt.executeQuery();
204 :    while (rs.next()) {
205 :     PollItemBean piBean= new PollItemBean();
206 :     String item[] = new String[1];
207 :     item[0] = rs.getString(1);
208 :     piBean.setItem(item);
209 :     piBean.setCount(rs.getInt(2));
210 :     vlist.add(piBean);
211 :    }
212 :   } catch (Exception e) {
213 :    e.printStackTrace();
214 :   } finally {
215 :    pool.freeConnection(con, pstmt, rs);
216 :   }
217 :   return vlist;
218 :  }
219 :
220 :  public int sumCount(int num) {
221 :   Connection con = null;
222 :   PreparedStatement pstmt = null;
223 :   ResultSet rs = null;
224 :   String sql = null;
```

```
225 :    int count = 0;
226 :    try {
227 :     con = pool.getConnection();
228 :     sql = "select sum(count) from tblPollItem where listnum=?";
229 :     pstmt = con.prepareStatement(sql);
230 :     if (num == 0)
231 :      pstmt.setInt(1, getMaxNum());
232 :     else
233 :      pstmt.setInt(1, num);
234 :     rs = pstmt.executeQuery();
235 :     if (rs.next())
236 :      count = rs.getInt(1);
237 :    } catch (Exception e) {
238 :     e.printStackTrace();
239 :    } finally {
240 :     pool.freeConnection(con, pstmt);
241 :    }
242 :    return count;
243 :   }
244 : }
```

20 ~ 39 : getMaxNum 메소드 (PollMgr.java에 60, 145, 171, 200라인에 사용)

getMaxNum() 메소드는 최대의 num값을 DB의 tblPollList 테이블에서 조회해서 얻는 메소드입니다. PollMgr.java에서 각 메소드들이 최대 num 값이 필요할 때 변수에 저장하여 사용 되어 집니다.

41 ~ 80 : insertPoll 메소드 (pollInsertProc.jsp의 17라인에 사용)

insertPoll() 메소드는 새로운 설문을 추가하는 메소드로 pollInsertProc.jsp 17라인에서 호출하여 사용됩니다. 메소드의 첫 번째 sql문은 tblPollList 테이블에 내용을 추가하고 두 번째 sql문은 그 설문에 관한 item들을 tblPollItem 테이블에 추가 합니다. 추가가 성공적으로 되면 flag 값을 true값으로 반환하고 실패하면 false값을 반환합니다.

82 ~ 107 : getAllList 메소드 (pollList.jsp 30라인에 사용)

getAllList() 메소드는 모든 등록된 투표 설문을 얻는 메소드입니다. pollList.jsp 30라인에서 호출하여 사용되고 order by 부분을 num desc로 해주어 num 값이 큰 수부터 출력되게 되어 있습니다. pollList.jsp를 실행 시 밑의 폼에 투표 설문을 모두 불러올 때 사용됩니다.

109 ~ 134 : getList 메소드 (pollForm.jsp의 11라인에 사용)

getList() 메소드는 위의 getAllList 메소드처럼 모든 투표 설문을 얻는 것이 아니라 num 값에 의해서 선택된 투표 설문을 얻기 위한 메소드입니다. pollForm.jsp의 11라인에서 호출되어 사용되며 num 값이 0이 아닐 때 num 값에 맞는 투표 데이터를 tblPollList 테이블에서 읽어옵니다.

136 ~ 159 : getItem 메소드 (pollForm.jsp의 12라인에 사용)

getItem() 메소드는 num 값에 의한, 즉 선택 된 투표 설문의 항목을 tblPollItem 테이블에서 읽어오기 위한 메소드입니다. pollForm.jsp에서 11라인의 getList() 메소드 호출 후 12라인에 이어서 사용됩니다.

161 ~ 187 : updatePoll 메소드 (pollFormProc.jsp의 7라인에 사용)

updatePoll() 메소드는 사용자가 한 투표를 반영 할 때 사용되는 메소드입니다. pollFormProc.jsp의 7라인에서 호출되며 선택된 투표의 num 값을 통해 구분되어 tblPollItem 테이블에 투표 데이터를 update합니다.

189 ~ 218 : getView 메소드 (pollView.jsp 11라인에 사용)

getView() 메소드는 투표한 결과를 보여줄 때 사용되는 메소드입니다. pollView.jsp 11라인에서 호출되며 선택된 투표 num 값을 통해 각 항목의 투표수 데이터를 tblPollItem 테이블에서 가져옵니다.

220 ~ 243 : sumCount 메소드 (pollView.jsp의 10라인에 사용)

sumCount() 메소드는 총 투표자 수를 구할 때 사용되는 메소드입니다. pollView.jsp의 10라인에서 호출되며 이 메소드도 num 값을 통해 투표를 구분합니다.

03 _ 투표 프로그램 실행

투표 프로그램이 정상적으로 작동하는지 실행해 봅시다.

01 이클립스에서 pollList.JSP 파일을 실행하여 투표 프로그램의 리스트 화면을 실행시킵니다.

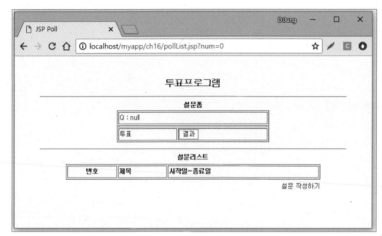

※ 주의
첫 실행 시에는 데이터베이스에 데이터가 없기 때문에 설문 폼에는 null이라는 값이 표시되어있으며 또한 투표 버튼이 활성화 되어있지 않습니다. 그리고 설문리스트에서는 아무것도 나타나있지 않습니다.

▲ [그림 16-3] 설문 리스트

02 설문 작성하기를 누릅니다.

▲ [그림 16-4] 설문 작성폼

03 설문작성 각각의 폼에 해당되는 데이터들을 채워 넣고 작성하기를 클릭합니다.

▲ [그림 16-5] 투표 설문 작성하기

04 설문 작성을 정상적으로 완료하면 다음과 같이 작성했던 투표가 리스트에 보입니다.

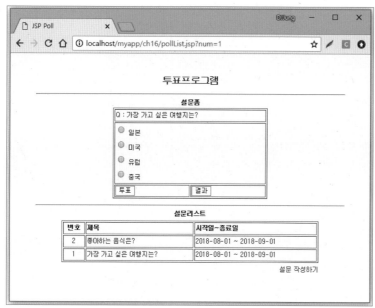

▲ [그림 16-6] 작성했던 투표 리스트

05 설문리스트에 투표하고 싶은 설문을 클릭합니다.

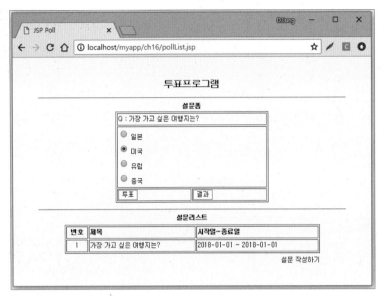

▲ [그림 16-7] 설문이 있는 리스트

▲ [그림 16-8] 복수투표를 허용 했을 때

06 앞의 설문리스트에서 클릭한 설문을 투표버튼을 클릭하여 투표합니다.

▲ [그림 16-9] 투표하기

07 결과버튼을 클릭하여 투표 결과를 확인합니다.

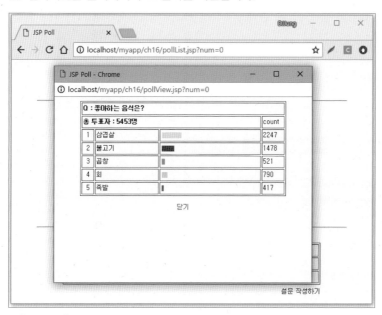

▲ [그림 16-10] 투표 결과 확인

그림16-10 | 투표 결과 확인

이상으로써 투표 프로그램 설명을 마치도록 하겠습니다. 투표 프로그램도 회원가입 및 인증 및 계층형 게시판처럼 17장 홈페이지 구축에서 수정 없이 그대로 적용 하도록 하겠습니다.

GET 형태 & POST 형태

GET과 POST는 HTML속에서 데이터 값을 어떻게 넘길지 정하는 방법입니다. 이 투표 프로그램에서는 다수의 JSP 파일이 사용되고 많은 값들을 다른 페이지에 넘겨서 처리하게 됩니다. 이 다수의 JSP 파일에 다수개의 데이터 값을 요청 받아야 되는데 이 방식을 정해주는 것입니다.

이번 장의 투표 프로그램에서는 POST 형태가 주로 사용 되었습니다.

```
01 : <%@ page contentType="text/html; charset=EUC-KR" %>
02 : <html>
03 : <head>
04 : <title>JSP Poll</title>
05 : <link href="style.css" rel="stylesheet" type="text/css">
06 : </head>
07 : <body bgcolor="#FFFFCC">
08 :   <div align="center">
09 :     <br />
10 :     <h2>투표 프로그램</h2>
11 :     <hr width="60%" />
12 :     <b>설문작성</b>
13 :     <hr width="60%" />
14 :     <form method="" action="">      ← method 값이 방식을 정해줍니다.
```

GET과 POST를 사용하는 부분은 <form method=""> 부분에 삽입해주는 것입니다.
이 두 방식의 차이점은 인터넷 주소창을 보면 알 수 있습니다.

GET 방식을 사용한 페이지의 경우

```
http://jspstudy.co.kr/index.jsp?page=1&title=jspstudy&ie=euckr
```

위에 보시는 것과 같이 GET 방식을 쓰면 넘기는 값이 주소창에 그대로 보입니다.
그래서 검색이나 게시판 페이지는 이와 같은 GET 방식을 사용해도 무관하지만 아이디, 비밀번호를 입력받는 회원가입 페이지나 중요한 데이터 값을 받는 페이지에서는 보안적인 문제로 GET 방식을 사용하지 않고 POST 방식을 주로 사용 합니다.

POST 방식을 사용한 페이지의 경우

```
http://jspstudy.co.kr/
```

위에보시는 것과 같이 POST 방식을 쓰면 아무 값도 노출되지 않습니다. POST 방식의 데이터들은 HTML 헤더 정보와 같이 넘겨지게 되므로 인터넷 주소창에 노출이 되지 않습니다. 그래서 POST 방식은 GET 방식에서 설명한 것과 같이 중요한 데이터를 처리하는 페이지에서 주로 사용합니다.

1 pollList.jsp에서 사용한 include 액션태그와 include 지시자의 차이점에 대해서 설명 하세요.

2 form 태그에 포함되어 있는 checkbox및 select 태그는 하나의 name값으로 다수의 값들이 요청됩니다. 아래의
코드를 완성하세요.

```
test.html
<form action="test.jsp">
  학번 : <input type="text" name="studyNum">
  <input type="checkbox" name="study" value="JAVA">JAVA
  <input type="checkbox" name="study" value="JSP">JSP
  <input type="checkbox" name="study" value="Struts">Struts2
  <input type="submit">
</form>

test.jsp
<%@ page contentType="text/html; charset=EUC-KR"%>
<%
    int studyNum = ❶_____;
    String study[] = ❷_____;
%>
학번 : <%=studyNum%><br/>
과목 : <%
          for(❸_____){
            out.println(study[i] + " ");
          }
        %>
```

브라우저에서의 test.jsp의 출력 결과
번 : 91241033
과목 : JAVA JSP Struts2

홈페이지 구축

이번 장에서는 앞에서 실습한 회원가입, 로그인, 게시판, 투표 프로그램을 통합하여 홈페이지를
구축해 보겠습니다. html을 사용해서 홈페이지의 전체적인 틀을 구현하고 css를 통해 시각적인
부분에 대한 완성도를 높이도록 하겠습니다.

01 _ 홈페이지 정의

01-1 기능 정의

회원
- 로그인/로그아웃
- 회원가입 및 회원정보수정

게시판
- 게시물 리스트 출력
- 게시물 리스트 페이징 처리
- 게시물 작성/수정/삭제
- 게시물 파일 첨부/다운로드
- 답변 작성/수정/삭제

투표 프로그램
- 투표 설문 리스트 출력
- 투표 설문 작성
- 투표하기
- 투표 결과 출력

TIP | 프로젝트를 위한 설계문서

프로젝트를 진행하다 보면 가장 많은 시간을 들여 노력해야 하는 부분이 바로 설계를 하는 부분입니다. 제대로 설계되지 못한 건물은 오래갈 수 없듯이 제대로 설계되지 못한 프로그램은 결국 처음부터 다시 재작성해야 하는 경우가 발생할 수 있습니다. 이처럼 기능을 정의하고 전체 흐름을 제대로 이해하여 전체적인 구조를 작성하는 것도 중요한 부분이라 할 수 있습니다.

01-2 jsp 페이지 및 클래스 정의

구분	jsp 페이지	서블릿 및 클래스
홈페이지 화면 구성	index.jsp, head.jsp left.jsp, main.jsp copy.jsp	없음
로그인/로그아웃	login.jsp, loginProc.jsp logout.jsp	MemberMgr.java
회원가입	member.jsp, idCheck.jspmemberProc.jsp zipSearch.jsp	MemberBean.java ZipcodeBean.java MemberMgr.java
회원정보 수정	memberUdate.jsp idCheck.jsp memberUpdateProc.jsp zipSearch.jsp	MemberBean.java ZipcodeBean.java MemberMgr.java
게시판 리스트	list.jsp	BoardBean.java BoardBean.java BoardMgr.java
게시판 글쓰기	post.jsp	BoardBean.java BoardMgr.java BoardPostServlet.java UtilMgr.java
게시판 글 읽기	read.jsp	BoardBean.java BoardMgr.java

		BoardBean.java
게시판 게시물 수정	update.jsp	BoardMgr.java
		BoardUpdateServlet.java
게시판 게시물 삭제	delete.jsp	BoardMgr.java
		UtilMgr.java
게시판 게시물 답변	reply.jsp	BoardBean.java
		BoardMgr.java
		BoardReplyServlet.java
게시판 게시물 첨부파일 다운로드	download.jsp	BoardMgr.java
		UtilMgr.java
투표 리스트	pollList.jsp	PollListBean.java
		PollMgr.java
투표 설문 추가	pollInsert.jsp	PollListBean.java
	pollInsertProc.jsp	PollItemBean.java
		PollMgr.java
투표하기	pollForm.jsp	PollListBean.java
	pollFormProc.jsp	PollMgr.java
투표 결과 확인	pollView.jsp	PollListBean.java
		PollItemBean.java
		PollMgr.java

▲ [표 17-1] JSP 페이지, 서블릿 및 클래스 리스트 정의

기타 관련 클래스

DBConnectionMgr.java (11장에서 구현한 클래스를 사용합니다.)

여기서 잠깐!

이번 장에서 만들어볼 홈페이지의 내용의 대부분은 앞장에서 실습했던 내용입니다. 따라서 홈페이지의 틀이 되는 index.jsp, head.jsp, left.jsp, main.jsp, copy.jsp 다섯 개의 파일과 회원정보 수정을 담당하는 memberUpdate.jsp, memberUpdateProc.jsp 두 개의 파일 및 MemberMgr.java에 추가되는 두 개의 메소드에 대해서만 설명하도록 하겠습니다.
홈페이지의 게시판, 투표 프로그램, 로그인/로그아웃/회원가입과 관련된 파일들은 앞에서 설명했던 내용이므로 제공되는 17장 소스 코드만 잘 활용 하시면 됩니다.
Java 클래스 파일의 경우 myapp 프로젝트에서 실습한 ch14, ch15, ch16 패키지의 파일들이 사용됩니다. 만약 앞의 내용을 건너뛰어서 Java 클래스 파일이 없다면 17장 홈페이지를 위해서 미리 구현을 해 놓아야 합니다.

01-3 데이터베이스 설계

홈페이지를 구현하기 위해서 필요한 5개의 테이블(회원, 우편번호, 게시판, 투표 리스트, 투표 아이템)입니다. 앞의 실습 과정에서 필요한 테이블을 모두 생성하였으므로 따로 테이블을 생성할 필요는 없습니다.

(1) 게시판 테이블

게시판의 내용이 저장되는 테이블입니다.

칼럼명	데이터 타입	설명
num	int(11)	게시물의 유일성을 보장하는 게시번호를 저장하는 칼럼입니다. num 값은 유일한 값이므로 주키(primary key)와 자동적으로 증가하는 auto_increment 속성으로 지정하였습니다.
name	varchar(20)	게시물의 작성자 이름을 저장하는 칼럼입니다.
subject	varchar(50)	게시물의 제목을 저장하는 칼럼입니다.
content	text	게시물의 본문 내용을 저장하는 칼럼입니다.
pos	smallint(7) unsigned	게시물의 상대적인 위치 값을 저장하여 화면에 순서대로 뿌려주는 역할을 담당하는 칼럼입니다.
ref	smallint(7)	게시물이 답변 글일 경우 소속된 부모 글을 가리키는 번호를 저장하는 칼럼입니다.
depth	smallint(7) unsigned	게시물이 답변 글일 경우 답변의 깊이를 저장하는 칼럼입니다.
regdate	date	게시물이 작성된 날짜를 저장하는 칼럼입니다.
pass	varchar(15)	게시물 작성자의 패스워드를 저장하는 칼럼입니다.
ip	varchar(15)	게시물을 저장할 때 작성자의 IP주소를 저장하는 칼럼입니다.
count	smallint(7) unsigned	게시물의 조회수를 저장하는 칼럼입니다.
filename	varchar(30)	업로드 된 파일의 이름을 저장하는 칼럼입니다.
filesize	int(11)	업로드 된 파일의 크기를 저장하는 칼럼입니다.

▲ [표 17-2] tblBoard

(2) 회원 테이블

회원 정보가 저장되는 테이블입니다.

칼럼명	데이터 타입	설명
id	varchar(20) – primary key	회원의 ID를 저장하는 칼럼입니다. ID값은 유일한 값이므로 주키 (primary key)로 지정하였습니다.
pwd	varchar(20)	회원의 비밀번호를 저장하는 칼럼입니다.
name	varchar(20)	회원의 이름을 저장하는 칼럼입니다.
gender	char(1)	회원의 성별을 저장하는 칼럼입니다.
email	varchar(30)	회원의 이메일을 저장하는 칼럼입니다.
phone	varchar(30)	회원의 전화번호를 저장하는 칼럼입니다.
zipcode	char(7)	회원의 우편번호를 저장하는 칼럼입니다.
address	varchar(60)	회원의 주소를 저장하는 칼럼입니다.
hobby	char(5)	회원의 취미를 저장하는 칼럼입니다.
job	varchar(30)	회원의 직업을 저장하는 칼럼입니다.

▲ [표 17-3] tblMember

(3) 우편번호 테이블

회원가입에 사용될 주소와 그에 따른 우편번호가 저장되는 테이블입니다.

칼럼명	데이터 타입	설명
zipcode	char(7)	우편번호를 저장하는 칼럼입니다.
area1	char(10)	도시 또는 도를 저장하는 칼럼입니다.
area2	char(20)	도시 또는 구, 군을 저장하는 칼럼입니다.
area3	char(40)	도로 명을 저장하는 칼럼입니다.

▲ [표 17-4] tblZipcode

(4) 투표 리스트 테이블

투표 프로그램의 설문 목록이 저장되는 테이블입니다.

칼럼명	데이터 타입	설명
num	smallint(6)	설문 번호
question	varchar(200)	설문 내용
sdate	date	투표 시작 날짜
edate	date	투표 종료 날짜
wdate	date	설문 작성 날짜
type	smallint(6)	중복투표 허용 여부
active	smallint(6)	설문 활성화 여부

▲ [표 17-5] tblPollList

(5) 투표 아이템 테이블

투표 프로그램의 아이템 목록과 아이템에 대한 투표수가 저장되는 테이블입니다.

칼럼명	데이터 타입	설명
listnum	smallint(6)	투표된 설문 번호
itemnum	smallint(6)	아이템 번호
item	varchar(50)	아이템 내용
count	smallint(6)	투표수

▲ [표 17-6] tblPollItem

02 _ 홈페이지 구현

홈페이지의 전체적인 모양을 구현해보겠습니다. 이번 장에서 만들 홈페이지의 기본적인 틀은 index. jsp, head.jsp, left.jsp, main.jsp, copy.jsp 다섯 개의 파일로 구성되어 있습니다. 여기서 head. jsp의 메뉴를 통해 게시판, 회원가입, 회원정보 수정, 투표 프로그램으로 이동할 수 있고 left에서 로그인/로그아웃을 할 수 있습니다.

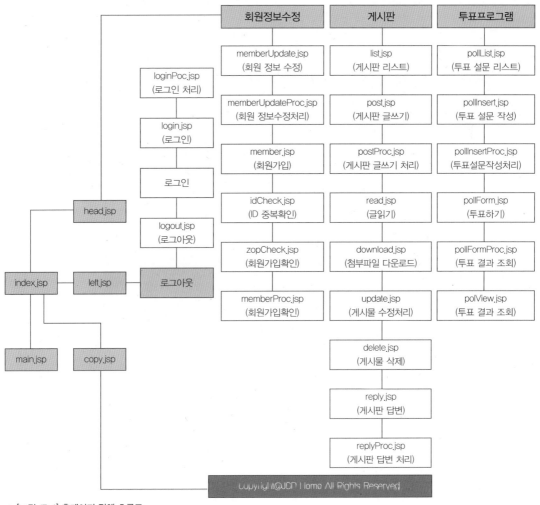

▲ [그림 17-1] 홈페이지 전체 흐름도

02-1 홈페이지 기본 틀 작성

홈페이지의 기본 틀은 상단 메뉴부분인 head.jsp, 왼쪽의 로그인/로그아웃을 담당하는 부분인 left.
jsp, 초기 화면을 출력해주는 main.jsp, 화면 하단에 저작권자(Copyright)를 표시해주는 copy.jsp
이 모든 파일들을 한 화면에 프레임으로 나누어서 출력해주는 index.jsp, 이렇게 다섯 개의 파일로
이루어져 있습니다. 그럼 이 다섯 개의 파일을 순차적으로 작성해 보겠습니다.

• Preview – 홈페이지 메인 페이지

01 head.jsp, left.jsp, main.jsp, copy.jsp 네 개의 파일을 하나로 묶어주기 위해 전체 화면 부분을 작성하고 저
장합니다.

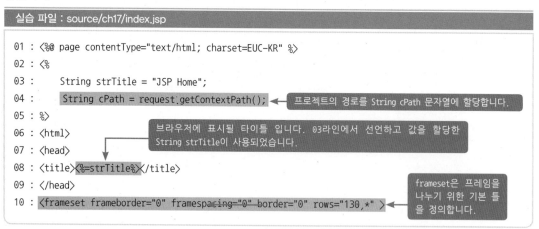

```
실습 파일 : source/ch17/index.jsp

01 : <%@ page contentType="text/html; charset=EUC-KR" %>
02 : <%
03 :     String strTitle = "JSP Home";
04 :     String cPath = request.getContextPath();     ◄  프로젝트의 경로를 String cPath 문자열에 할당합니다.
05 : %>
06 : <html>
07 : <head>                              브라우저에 표시될 타이틀 입니다. 03라인에서 선언하고 값을 할당한
                                         String strTitle이 사용되었습니다.
08 : <title><%=strTitle%></title>
09 : </head>
                                                          frameset은 프레임을
10 : <frameset frameborder="0" framespacing="0" border="0" rows="130,*" >     나누기 위한 기본 틀
                                                          을 정의합니다.
```

```
11 : <frame  frameborder="0" scrolling="NO" resize="NO" name="head" src="<%=cPath%>/ch17/head.jsp">
```
화면 상단에 프레임을 정의하고 세 개의 메뉴를 나타내는 head.jsp 파일을 출력합니다.

```
12 : <frameset name="body" frameborder="0" framespacing="0" border="0" rows="*,20"> <!-- 240, * -->
```
fromaset 안에 또 하나의 frameset을 이중으로 생성합니다.

```
13 :    <frameset name="main" frameborder="0" framespacing="0" border="0" cols="240,*"> <!-- *,0,37,12 -->
```
fromaset 안에 또 하나의 frameset을 삼중으로 생성합니다.

```
14 :    <frame name="left" marginwidth="0" marginheight="0" frameborder="0" scrolling="NO" resize="NO" src="
         <%=cPath%>/ch17/left.jsp">
```
left 프레임은 화면의 왼쪽에 위치하며 로그인/
로그아웃 페이지를 담당합니다.

```
15 :    <frame name="content" src="<%=cPath%>/ch17/main.jsp" scrolling="YES" marginwidth="0" marginheight="0"
         frameborder="0" noresize>
```
head.jsp의 메뉴 링크를 클릭하면 해당링크의 파일이 출력되는
부분입니다. 화면에서 가장 큰 공간을 차지하는 프레임입니다.

```
16 :       </frameset>
17 :    <frame name="copy" src="<%=cPath%>/ch17/copy.jsp" scrolling="NO" marginwidth="0" marginheight="0"
         frameborder="0" noresize>
```
화면 하단에 존재하는 프레임입니다. copy.jsp 파일을 지정해서
'Copyright © JSP Home All Rights Reserved.'를 출력합니다.

```
18 :    </frameset>
19 : </frameset>
20 : </html>
```

10 ~ 19 : 한 화면을 네 개의 프레임으로 나누어 각 프레임에 필요한 파일을 지정합니다.

02 상단 메뉴부분을 작성하고 저장합니다.

TIP | " "(공백)과 null

처음 프로그래밍을 공부하시는 분들은 null과 " "(공백)이 잘 구별되지 않을 수도 있습니다. 예를 들어 "DB에 null값이 들어가 있다"라고 표현하는 것은 null이라는 값이 들어가 있는 상태를 말하는 것이 아니라 아무런 값이 들어가 있지 않은 상태를 일컫는 말입니다. 그러나 이렇게 아무 값이 없는 상태와 " "(공백)이 들어가 있는 것은 전혀 다른 상태입니다. 프로그래밍에서도 String name=null과 String name=" "은 전혀 다른 상태입니다. 전자는 name이라는 이름만 있는 빈껍데기이고, 후자는 name에 " "라는 값이 실제 존재하고 있는 상태입니다.

실습 파일 : source/ch17/head.jsp

```
01 : <%@ page contentType="text/html; charset=EUC-KR" %>
02 : <%
03 :    String id = (String) session.getAttribute("idKey");
04 :    String cPath = request.getContextPath();
05 :    String url = "member/member.jsp";
06 :    String label = "회원가입";
07 :      if(id!=null){
08 :        url = "member/memberUpdate.jsp";
09 :        label = "회원수정";
10 :      }
11 : %>
12 : <html>
```

loginProc.jsp에서 세션에 등록한 'idKey'
값을 String id 문자열에 할당합니다.

프로젝트의 경로를 String cPath 문자열에 할당합니다.

member.jsp의 경로 값을 String url 문자열에 할당합니다.

메뉴에 표시할 문자열 '회원가입'을 String label 문자열에 할당합니다.

```
13 : <head>
14 : <title>head</title>
15 : <link href="style.css" rel="stylesheet" type="text/css">
16 : </head>
17 : <body>
18 :     <table width="1280" border="0" cellpadding="0" cellspacing="0" >
19 :         <tr>
20 :     <td colspan="5">
21 : <table width="100%" border="0" cellspacing="0" cellpadding="0" align="center">
22 :             <tr>
```
> 04라인에서 프로젝트의 경로를 String cPath에 할당하였으므로 cPath는 프로젝트 경로가 됩니다.

```
23 :     <td height="50">
24 : <a href="<%=cPath%>/ch17/index.jsp" target="_parent" onFocus="this.blur();">
25 : <img src="images/logo.png" border=0></a>
26 :                                     </td>
27 :                                 </tr>
28 :                             </table>
29 :                     </td>
30 :         </tr>
31 :         <tr height="20" >
32 :             <td colspan="5"> </td>
33 :         </tr>
34 :         <tr>
35 :         <td width="250"> </td>
```
> 이름이 'content'인 프레임에 해당 링크가 가리키는 파일을 출력합니다.

```
36 :     <td><font size="3"><a href="<%=url%>" target="content"><b><%=label%></b></a></font></td>
37 :         <td><font size="3"><a href="board/list.jsp" target="content"><b>게시판</b></a></font></td>
38 : <td><font size="3"><a a href="poll/pollList.jsp" target="content"><b>투표 프로그램</b></a></font></td>
39 :         </tr>
40 :     </table>
41 : </body>
42 : </html>
```

03 ~ 06 : 화면 상단에 동적으로 메뉴를 출력하기 위한 문자열들입니다.

07 ~ 10 : 'id'가 'null'이 아닐 경우, 즉 로그인이 되어서 03라인에서 세션의 'idKey' 값이 'id'에 할당되어 있을 경우 String url에 'memberUpdate.jsp'를 String label에는 '회원수정' 값을 할당합니다.

36 ~ 38 : 세 개의 메뉴 링크입니다. 36라인의 경우 링크와 라벨에 String 문자열이 들어가서 사용자가 로그인하지 않았을 경우 '회원가입'을 출력하고 로그인 상태일 경우 '회원수정'을 동적으로 출력합니다.

03 로그인/로그아웃을 담당하는 login.JSP 파일을 출력하는 부분을 작성하고 저장합니다.

> 실습 파일 : source/ch17/left.jsp

```
01 : <%@ page contentType="text/html; charset=EUC-KR" %>
02 : <html>
03 : <head>
```

```
04 : <title>copy</title>
05 : <link href="style.css" rel="stylesheet" type="text/css">
06 : </head>
07 : <body leftmargin="0" topmargin="0" bgcolor="#D9E5FF">
08 : <jsp:include page="member/login.jsp"/>
09 : </body>
10 : </html>
```

08 : login.jsp 파일을 left.jsp 페이지의 body 부분에 삽입합니다.

TIP ┃ 〈jsp:include〉

jsp:include는 해당 파일의 코드가 아닌 코드가 실행되었을 때의 결과를 페이지의 중간에 삽입합니다.

---

04 index.JSP 파일을 처음 실행시키면 'content' 프레임에 표시될 부분을 작성하고 저장합니다.

실습 파일 : source/ch17/main.jsp

```
01 : <%@ page contentType="text/html; charset=EUC-KR" %>
02 : <html>
03 : <head>
04 : <meta http-equiv="Content-Type" content="text/html; charset=EUC-KR">
05 : <title>main</title>
06 : <link href="style.css" rel="stylesheet" type="text/css">
07 : </head>
08 : <body bgcolor="#FFFFCC">
09 : <img src="images/main.jpg" border=0>  ◀─ 페이지에 그림파일을 삽입합니다.
10 : </body>
11 : </html>
```

05 홈페이지의 하단에 'Copyright © JSP Home All Rights Reserved.'를 출력하는 부분을 작성하고 저장합니다.

실습 파일 : source/ch17/copy.jsp

```
01 : <%@ page contentType="text/html; charset=UTF-8" %>
02 : <html>
03 : <head>         11라인에 @ 특수문자를 저장하기 위해서 설정한 인코딩입니다.
04 : <title>copy</title>
05 : <link href="style.css" rel="stylesheet" type="text/css">
06 : </head>
07 : <body leftmargin="0" topmargin="0" bgcolor="#EEEEEE">
08 : <table width="1280" height="100%" border="0" cellspacing="0" cellpadding="0" bgcolor="#EEEEEE">
09 :    <tr>
10 :        <td valign="top" align="center">
11 :            Copyright © <FONT COLOR="blue"><b>JSP Home</b></FONT> All Rights Reserved.
```

```
12 :          </td>
13 :      </tr>
14 : </table>
15 : </body>
16 : </html>
```

02-2 회원정보 수정 페이지 작성

회원이 로그인한 후에 자신의 정보를 수정할 수 있도록 회원수정 메뉴를 제공하게 됩니다. 회원수정을 위해서는 로그인 정보를 읽어와 사용자의 정보를 DB로부터 읽어온 후 화면에 표시하게 됩니다.

• Preview – 회원수정 페이지

TIP ‖ 회원가입과 로그인

회원 가입과 로그인 관련 부분은 14장 회원가입 및 로그인에서 설명되었습니다. 이번 장에서 사용되는 회원 가입과 로그인 부분은 14장에서 사용한 내용을 그대로 이용하게 됩니다. 따라서 회원가입과 로그인 부분은 따로 설명 드리지 않도록 하겠습니다.

※ 주의
홈페이지에 사용되는 style.css 파일은 16장 소스에 포함되어 있습니다.

※ 주의
회원수정은 회원가입과 동일하게 MemberMgr.java를 사용하여 회원수정 정보를 저장하고 처리하게 됩니다. 따라서 〈jsp:setProperty... 〉에서 property="*"를 이용하여 파라미터로 넘어온 정보를 처리하기 위해서는 빈의 프로퍼티 이름과 파라미터의 이름을 동일하게 작성해야만 합니다.

01 회원정보를 수정할 수 있는 폼을 제공하는 페이지를 작성하고 저장합니다.

실습 파일 : source/ch17/copy.jsp

```
01 : <%@ page contentType="text/html;charset=EUC-KR" %>
02 : <%@page import="ch14.MemberBean"%>
03 : <jsp:useBean id="mMgr" class="ch14.MemberMgr" />
04 : <%
05 :    String id = (String) session.getAttribute("idKey");
06 :    MemberBean mBean = mMgr.getMember(id);
07 : %>
08 : <html>
09 : <head>
10 : <title>회원가입</title>
11 : <link href="style.css" rel="stylesheet" type="text/css">
12 : <script type="text/javascript" src="script.js"></script>
13 : <script type="text/javascript">
14 :    function zipCheck() {
15 :    url = "zipSearch.jsp?search=n";
16 :    window.open(url, "ZipCodeSearch","width=500,height=300,scrollbars=yes");
17 :    }
18 : </script>
19 : </head>
20 : <body bgcolor="#FFFFCC" onLoad="regFrm.id.focus()">
21 :    <div align="center">
22 :        <br /> <br />
23 :    <form name="regFrm" method="post" action="memberUpdateProc.jsp">
24 :    <table align="center" border="0" cellspacing="0" cellpadding="5" >
25 :                <tr>
26 :    <td align="center" valign="middle" bgcolor="#FFFFCC">
27 :    <table border="1" cellspacing="0" cellpadding="2" align="center" width="600">
28 :    <tr align="center" bgcolor="#996600">
29 :    <td colspan="3"><font color="#FFFFFF"><b>회원 수정</b></font></td>
30 :                </tr>
31 :                <tr>
32 :    <td width="20%">아이디</td>
33 :    <td width="80%"><input name="id" size="15"
34 :    value="<%=id%>" readonly></td>
35 :                </tr>
36 :                <tr>
37 :                        <td>패스워드</td>
38 :    <td><input type="password" name="pwd" size="15"
39 :    value="<%=mBean.getPass()%>"></td>
40 :                </tr>
41 :                <tr>
42 :                        <td>이름</td>
43 :    <td><input name="name" size="15"
```

사용자의 정보를 읽어오기 위해 MemberMgr 빈을 생성합니다.

세션에 저장되어 있는 로그인 사용자의 id 값을 가져옵니다.

id를 통해서 로그인한 사용자의 아이디에 해당하는 정보를 읽어오도록 합니다.

회원정보의 수정 요청을 하면 MemberUpdateProc.jsp가 회원정보를 넘겨받아 처리하게 됩니다.

```
44 :    value="<%=mBean.getName()%>"></td>
45 :                        </tr>
46 :                        <tr>
47 :                        <td>성별</td>
48 : <td>남<input type="radio" name="gender" value="1"
49 : <%=mBean.getGender().equals("1") ? "checked" : "">> 여<input
50 : type="radio" name="gender" value="2"
51 : <%=mBean.getGender().equals("2") ? "checked" : "">>
52 :                        </td>
53 :                    </tr>
54 :                    <tr>
55 :                        <td>생년월일</td>
56 : <td><input name="birthday" size="6"
57 : value="<%=mBean.getBirthday()%>"> ex)830815</td>
58 :                    </tr>
59 :                    <tr>
60 :                        <td>Email</td>
61 : <td><input name="email" size="30"
62 : value="<%=mBean.getEmail()%>"></td>
63 :                    </tr>
64 :                    <tr>
65 :                        <td>우편번호</td>
66 : <td><input name="zipcode" size="5"
67 : value="<%=mBean.getZipcode()%>" readonly> <input
68 : type="button" value="우편번호찾기" onClick="zipCheck()"></td>
69 :                    </tr>
70 :                    <tr>
71 :                        <td>주소</td>
72 : <td><input name="address" size="45" value="<%=mBean.getAddress()%>"></td>
73 :                    </tr>
74 :                    <tr>
75 :                        <td>취미</td>
76 :                        <td>
77 :                            <%
78 : String list[] = { "인터넷", "여행", "게임", "영화", "운동" };
79 : String hobbys[] = mBean.getHobby();
80 : for (int i = 0; i < list.length; i++) {
81 : out.println("<input type=checkbox name=hobby ");
82 : out.println("value=" + list[i] + " "
83 : + (hobbys[i].equals("1") ? "checked" : "") + ">"
84 : + list[i]);
85 : }
86 : %>
87 :                        </td>
88 :                    </tr>
89 :                    <tr>
```

```
90 :                              <td>직업</td>
91 :    <td><select name=job>
92 :    <option value="0">선택하세요.
93 :    <option value="회사원">회사원
94 :    <option value="연구전문직">연구전문직
95 :    <option value="교수학생">교수학생
96 :    <option value="일반자영업">일반자영업
97 :    <option value="공무원">공무원
98 :    <option value="의료인">의료인
99 :    <option value="법조인">법조인
100 :   <option value="종교,언론,예술인">종교.언론/예술인
101 :   <option value="농,축,수산,광업인">농/축/수산/광업인
102 :   <option value="주부">주부
103 :   <option value="무직">무직
104 :   <option value="기타">기타
105 :   </select>
106 :   <script>document.regFrm.job.value="<%=mBean.getJob()%>"</script>    ◀━━  스크립트를 이용하여 사
107 :                              </td>                                        용자의 직업정보가 정확
108 :                         </tr>                                            히 선택되도록 합니다.
109 :                         <tr>
110 :   <td colspan="3" align="center">
111 :   <input type="submit" value="수정완료">    
112 :                              <input type="reset" value="다시쓰기"></td>
113 :                                        </tr>
114 :                                   </table>
115 :                         </td>
116 :                    </tr>
117 :              </table>
118 :         </form>
119 :    </div>
120 : </body>
121 : </html>
```

회원수정 메뉴는 로그인한 사용자만이 선택할 수 있습니다. 따라서 로그인한 사용자의 회원 아이디(id)를 통해서 로그인 사용자의 정보를 읽어올 수 있습니다.

23 : 정보를 수정한 후 [수정완료] 버튼을 클릭하면 MemberUpdateProc.jsp로 이동하여 사용자가 변경한 정보를 처리하고 tblBoard 테이블에 저장하게 됩니다.

02 수정된 사용자 정보를 DB에 저장하는 페이지를 작성하고 저장합니다.

> 실습 파일 : source/ch17/member/memberUpdateProc.jsp

```
01 : <%@ page contentType="text/html; charset=EUC-KR" %>
02 : <%request.setCharacterEncoding("EUC-KR");%>
03 : <jsp:useBean id="mMgr" class="ch14.MemberMgr"/>    ◀━━  사용자의 정보를 처리할 MemberMgr 빈을 생성합니다.
```

```
04 : <jsp:useBean id="mBean" class="ch14.MemberBean"/>
05 : <jsp:setProperty name="mBean" property="*"/>
06 : <%
07 :     boolean result = mMgr.updateMember(mBean);
08 :     if(result){
09 : %>
10 : <script type="text/javascript">
11 :         alert("회원정보 수정 하였습니다.");
12 :         location.href="../main.jsp";
13 : </script>
14 : <% }else{%>
15 : <script type="text/javascript">
16 :         alert("회원정보 수정에 실패 하였습니다.");
17 :         history.back();
18 : </script>
19 : <%} %>
```

> 사용자의 정보를 담기 위해 MemberBean 빈을 생성합니다.

> 사용자의 정보를 이미 생성한 MemberBean 빈에 저장합니다.

> 회원정보 수정을 처리하고 난 뒤의 결과 값을 flag에 담아 둡니다.

TIP │ 처리 결과에 따른 에러 처리

여러 가지의 요인으로 인해 정상적인 처리가 불가능할 때 처리 결과에 따른 메시지를 전달받아 적절히 반응하도록 하는 것이 좋습니다. 여기서는 처리에 따른 결과를 boolean형으로 하여 true 혹은 false를 전달받아 성공 여부를 판단하게 됩니다.

---

07 : 사용자의 정보를 MemberMgr 빈의 updateMember() 메소드를 통해 처리해줍니다. 사용자의 정보가 에러 없이 저장되었다면 결과 값으로 true를 반환하게 됩니다.

08 ~ 19 : 사용자의 정보를 처리한 후 넘겨받은 값(true 혹은 false)에 따라 스크립트를 통해 메시지를 사용자에게 전달한 후 적절한 페이지로 이동하게 됩니다.

03 14장에서 이미 다루었던 회원가입 및 로그인을 위한 자바 클래스 파일입니다. 14장에서 작성했던 파일을 그대로 열어서 추가된 부분만 작성하고 저장합니다.

실습 파일 : source/ch13/MemberMgr.java

```
01 : package ch14;
02 :
03 : import java.sql.Connection;
04 : import java.sql.PreparedStatement;
05 : import java.sql.ResultSet;
06 : import java.util.Vector;
07 :
08 : public class MemberMgr {
09 :
10 :     private DBConnectionMgr pool;
11 :
12 :     public MemberMgr() {} // 생성자
20 :     public boolean checkId(String id) {} //id 중복 확인
```

```
42 :    public Vector<ZipcodeBean> zipcodeRead(String area3) {} 우편번호 검색
71 :    public boolean insertMember(MemberBean bean) {} // 회원가입
110 :   public boolean loginMember(String id, String pass) {} //로그인
133 :   /*********************
134 :    * ch17 필요한 메소드
135 :    *********************/
136 :
```

> **TIP** 커넥션(Connection)을 반환하지 않는다면?
>
> 커넥션을 반환하지 않으면 다른 곳에서 커넥션을 필요로 할 때 사용할 수가 없게 됩니다. 예를 들어 MySQL에서 사용 가능한 동시 커넥션 수가 50개라면, 50개 이상의 커넥션을 요구할 때 50번째 이후부터는 접속이 불가능하게 됩니다.
> 따라서 50번째 안에서 사용하고 있는 커넥션은 사용이 끝난 후에 즉시 돌려주어 또 다른 커넥션에 대한 요청을 처리할 수 있도록 해주어야 합니다.

```
137 :   // 회원정보 가져오기
138 :   public MemberBean getMember(String id) {
139 :       Connection con = null;
140 :       PreparedStatement pstmt = null;
141 :       ResultSet rs = null;
142 :       MemberBean bean = null;
143 :       try {
144 :           con = pool.getConnection();              ← 커넥션을 얻어옵니다.
145 :           String sql = "select * from tblMember where id = ?";   ← ID에 해당하는 사용자의 정보를 가져오기 위해 쿼리를 저장합니다.
146 :           pstmt = con.prepareStatement(sql);       ← 작성된 쿼리를 통해 PrepareStatement를 준비합니다.
147 :           pstmt.setString(1, id);                  ← 쿼리의 ?에 해당하는 값을 지정해줍니다. 여기서는 사용자의 id 값이 들어가게 됩니다.
148 :           rs = pstmt.executeQuery();               ← 쿼리를 수행한 후에 결과를 ResultSet에 저장합니다.
149 :           if (rs.next()) {                         ← 일치하는 사용자 정보가 있다면 if문 안을 수행하게 됩니다.
150 :               bean = new MemberBean();
151 :               bean.setId(rs.getString("id"));
152 :               bean.setPwd(rs.getString("pwd"));
153 :               bean.setName(rs.getString("name"));
154 :               bean.setGender(rs.getString("gender"));
155 :               bean.setBirthday(rs.getString("birthday"));
156 :               bean.setEmail(rs.getString("email"));
157 :               bean.setZipcode(rs.getString("zipcode"));
158 :               bean.setAddress(rs.getString("address"));
159 :               String hobbys[] = new String[5];
160 :               String hobby = rs.getString("hobby");// 01001
161 :               for (int i = 0; i < hobbys.length; i++) {
162 :                   hobbys[i] = hobby.substring(i, i + 1);
163 :               }
164 :               bean.setHobby(hobbys);
165 :               bean.setJob(rs.getString("job"));
166 :           }
167 :       } catch (Exception e) {
168 :           e.printStackTrace();
169 :       } finally {
```

> tblBoard 테이블로부터 읽어온 사용자의 정보를 담기 위해 MemberBean을 생성하고 빈의 setXxx 메소드를 통해 사용자의 정보를 MemberBean에 저장합니다.

```
170 :            pool.freeConnection(con);        ◄── 빌려온 커넥션을 반환합니다.
171 :        }
172 :        return bean;        ◄── 사용자의 정보를 담은 빈 객체를 반환합니다.
173 :    }
174 :
175 :    // 회원정보수정
176 :    public boolean updateMember(MemberBean bean) {
177 :        Connection con = null;
178 :        PreparedStatement pstmt = null;
179 :        boolean flag = false;
180 :        try {
181 :            con = pool.getConnection();        ◄── Connection을 얻어옵니다.
182 : String sql = "update tblMember set pwd=?, name=?, gender=?, birthday=?,"
183 : + "email=?, zipcode=?, address=?, hobby=?, job=? where id = ?";
184 :            pstmt = con.prepareStatement(sql);
185 :            pstmt.setString(1, bean.getPwd());
186 :            pstmt.setString(2, bean.getName());
187 :            pstmt.setString(3, bean.getGender());
188 :            pstmt.setString(4, bean.getBirthday());
189 :            pstmt.setString(5, bean.getEmail());
190 :            pstmt.setString(6, bean.getZipcode());
191 :            pstmt.setString(7, bean.getAddress());
192 :            char hobby[] = { '0', '0', '0', '0', '0' };
193 :            if (bean.getHobby() != null) {
194 :                String hobbys[] = bean.getHobby();
195 :                String list[] = { "인터넷", "여행", "게임", "영화", "운동" };
196 :                for (int i = 0; i < hobbys.length; i++) {
197 :                    for (int j = 0; j < list.length; j++)
198 :                        if (hobbys[i].equals(list[j]))
199 :                            hobby[j] = '1';
200 :                }
201 :            }
202 :            pstmt.setString(8, new String(hobby));
203 :            pstmt.setString(9, bean.getJob());
204 :            pstmt.setString(10, bean.getId());
205 :            int count = pstmt.executeUpdate();
206 :            if (count > 0)
207 :                flag = true;
208 :        } catch (Exception e) {
209 :            e.printStackTrace();
210 :        } finally {
211 :            pool.freeConnection(con, pstmt);        ◄── 사용된 Connection 객체를 돌려줍니다.
212 :        }
213 :        return flag;        ◄── 처리결과를 boolean 타입으로 반환합니다.
214 :    }
215 : }
```

사용자의 정보를 수정하기 위해 쿼리를 생성합니다.

MemberBean을 통해 넘어온 사용자의 정보를 쿼리를 통해 저장하기 위해 쿼리 중 ?에 해당하는 값을 하나씩 순서대로 저장시켜 줍니다.

쿼리를 수행합니다. update 쿼리를 수행한 후에는 반영된 결과를 int형으로 반환받아 저장합니다.

update를 수행한 결과(count)가 제대로 되었다면 boolean 형의 flag 값에 true를 저장하게 됩니다. flag 값을 반환해 줌으로써 jsp 페이지 내에서 호출한 후 제대로 수행되었는지를 판별하게 됩니다.

너무 간단한 질문일지 모르겠지만 사용자의 정보를 수정하기 위해서는 ... where id = ? 의 쿼리를 통해 단 한사람의 정보만이 수정되어야 합니다. 따라서 단 한 사람만이 수정되었을 경우에 결과로 1을 반환받게 되는 것입니다. 현재 코드에서는 간단히 처리하였지만 만약 잘못된 결과 값을 반환받은 경우에는 쿼리를 실행한 이전으로 돌려놓을 수 있도록 트랜잭션을 지원하고 있습니다.

사용자의 정보를 처리하는 클래스입니다. 여기서는 13장에서 이미 설명한 중복된 내용은 생략하고 사용자의 정보를 가져오고 수정하는 메소드만을 보여주고 있습니다.

138 ~ 173 : 사용자의 정보를 가져오는 메소드입니다.

176 ~ 214 : 사용자의 정보를 수정하는 메소드입니다.

03 _ 홈페이지 테스트

홈페이지가 정상적으로 작동하는지 실행해 봅시다.

01 이클립스에서 index.jsp 파일을 실행하여 홈페이지의 메인 화면을 실행시킵니다.

▲ [그림 17-2] 로그인

02 아이디와 비밀번호를 입력하고 로그인을 합니다.

※ 주의
14장에서 회원가입을 통해 가입된 정보가 만약 없다면 먼저 회원가입을 한 후에 로그인을 해야 합니다. 이유는 tblBoard 테이블을 같이 사용하기 때문입니다.

▲ [그림 17-3] 로그인

03 상단 메뉴에서 회원수정을 클릭하여 수정할 내용을 입력하고 [수정완료] 버튼을 클릭합니다.

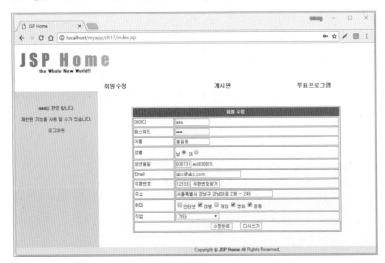

▲ [그림 17-4] 회원수정 폼

회원수정이 정상적으로 완료되면 아래와 같은 창이 생성됩니다.

▲ [그림 17-5] 회원수정 완료

04 상단 메뉴에 있는 게시판과 투표 프로그램을 클릭하여 정상적으로 이동이 되는지 확인하고 각 메뉴의
기능들을 사용해봅시다.

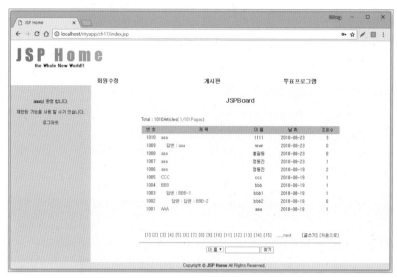

▲ [그림 17-6] 게시판

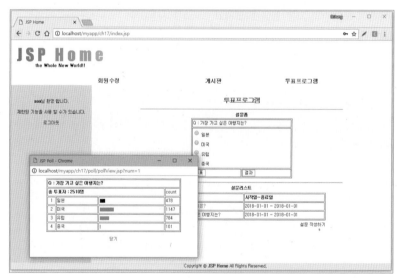

▲ [그림 17-7] 투표 프로그램

아주 기본적인 홈페이지 이지만 이것을 토대로 해서 좀 더 다양하고 많은 기능의 홈페이지 구현을
해 보시기 바랍니다. 이상으로 홈페이지 구축에 대한 설명을 모두 마치도록 하겠습니다.

프레임(frame)

일반적으로 하나의 홈페이지에는 각각의 기능을 구현하기 위해 다수의 JSP 파일이 사용됩니다. 이번 장에서 작성한 홈페이지 역시 로그인, 회원가입, 게시판 등의 기능들이 있으며 해당 기능들을 구현하기 위해서 index.jsp, left.jsp, head.jsp와 같은 다수의 JSP 파일들이 사용되었습니다.

일반적으로 홈페이지를 제작할 때 다수의 JSP 파일들을 한 페이지에 동시에 출력하기 위해서 페이지 공간을 영역별로 구분하게 되는데 이것을 프레임이라고 합니다.

• index.jsp 중에서

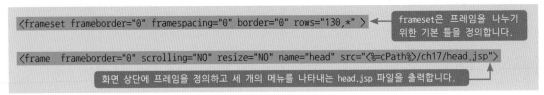

```
<frameset frameborder="0" framespacing="0" border="0" rows="130,*" >
```
← frameset은 프레임을 나누기 위한 기본 틀을 정의합니다.

```
<frame  frameborder="0" scrolling="NO" resize="NO" name="head" src="<%=cPath%>/ch17/head.jsp">
```
화면 상단에 프레임을 정의하고 세 개의 메뉴를 나타내는 head.jsp 파일을 출력합니다.

위의 소스와 같이 frameset을 사용하여 프레임의 기본 틀을 정의하고 frame를 사용하여 frameset으로 정의한 틀 내부 공간을 프레임으로 구분합니다.

프레임 타겟(frame target)

타겟(target)은 링크에서 〈a href="page" target="frame name"〉 형식으로 지정합니다.

index.jsp와 같이 하나의 페이지가 여러 개의 프레임으로 나누어져 있을 경우 링크를 작성할 때 해당 링크를 어느 프레임에 출력할지 지정할 수 있습니다.

예를 들어 head라는 이름을 가진 프레임 〈frame name="head"〉 이 있을 때

〈a href="main.jsp" target="head"〉와 같이 작성해주면 해당 링크를 클릭 시 main.jsp가 head 프레임에 나타나게 됩니다.

타겟 속성은 이처럼 페이지를 출력할 프레임 지정은 물론 링크로 이동할 때 창의 동작을 컨트롤 할 수 있습니다.

target 속성	기능
target="_blank"	링크된 페이지를 새 창에서 출력합니다.
target="_parent"	링크된 페이지를 부모 창에 출력합니다.
target="_top"	현재 열려있는 창 중 최상위 창에 링크를 출력합니다.
target="_self"	자기 자신의 페이지에 링크를 출력합니다.

1 head.jsp의 일부 내용입니다. 아래의 링크를 클릭하였을 때 링크의 결과물이 content 프레임에 출력되게 하려면 괄호 안에 무엇이 들어가야 하는지 적으세요.

```
<a href="board/list.jsp" (              )><b>게시판</b></a>
```

2 head.jsp에서 메뉴 링크를 클릭하여 다른 페이지로 이동 하였을 때 로그인 상태를 유지하기 위해서 세션 값을 가져오게 됩니다. 이를 위해 괄호 안에 무엇이 들어가야 하는지 적으세요. (세션값의 이름은 "idKey")

```
<%@ page contentType="text/html; charset=EUC-KR" %>
<%
  String id = (String) (                    );
  String cPath = request.getContextPath();
%>
```

해답은 622 쪽 연습문제 해답을 참조하세요.

JSP & Servlet

이번 장에서는 JSP의 중급 기술로서 좀 더 확장적이고 고급 기능을 학습하기 위한 파트입니다.
향후에 프레임워크(Spring, Struts)를 개발하기 위해서는 반드시 알아야 할 JSP 중급 기술을 배우는
파트입니다.

JSP 중급 기술 익히기

표현언어(EL)와 JSTL(JSP Standard Tag Library)

이번 장에서 공부할 EL(Expression Language)은 JSP 2.0버전부터 지원되는 jsp 페이지 내에서 좀 더 편하고 효율적으로 데이터를 표현하기 위해 만들어진 새로운 기술이고 JSTL(JSP Standard Tag Library)은 jsp 페이지를 작성할 때 유용하게 사용 할 수 있는 여러 가지 커스텀 태그와 함수를 제공하는 표준 태그 라이브러리입니다.

01 _ JSP의 표현언어(Expression Language)

01-1 표현언어(EL)의 이해

썬마이크로시스템즈(sun microsystems)에는 jsp 페이지 내의 자바코드를 최소화 하려는 정책이 있습니다. 복잡한 자바코드가 jsp 페이지에 많이 들어가게 되면 웹 디자이너들의 작업에 어려움이 있기 때문에 썬마이크로시스템즈는 이번 장에서 설명할 표현언어(EL)와 JSTL등 여러 가지 기술들을 제시하고 있습니다.

표현언어는 JSP 2.0 버전부터 지원되는 기술이고 이름으로도 알 수 있듯이 데이터를 jsp 페이지 내에 표현하는 기술입니다. 물론 앞장에서 배운 JSP 문법 기술만으로도 데이터를 표현 할 수 있지만 좀 더 효율적이고 고급 프로그래밍을 위해서 사용을 해야 합니다. 본 교재는 입문서 초점에 맞추어 JSP에서 고급기술에 속하는 EL와 JSTL의 기능을 예제 중심적으로 사용 할 수 있는 방법을 제시하도록 하겠습니다.

먼저 표현언어의 기본문법에 대해서 간단한 예제와 함께 설명하도록 하겠습니다.

> **TIP** | page, request, session, application
>
> 웹 어플리케이션은 page, request, session, application의 4개의 저장소(scope)를 가지고 있습니다. 사용범위가 넓은 순서로는 page, request, session, application 순서이고 저장소는 속성과 값을 저장 할 수 있는 메소드들이 제공이 됩니다. (이 메소드들에 대해서는 07장 JSP의 내장객체에서 표7-2를 참고합니다.) 이러한 저장소에는 데이터를 공유 및 유지를 하기 위해 '속성=값' 형태로 저장을 할 수가 있습니다.

```
• request.setAttribute("name","aaa"); => request 내장객체에 name 속성으로 aaa 저장
• ${name} => EL 문법 표현식
• 출력 : aaa => jsp 페이지 출력 결과
```

01 다음과 같이 jsp 페이지를 작성하고 저장합니다.

```
실습 파일 : source/ch18/ul/ul1.jsp

01 : <%@ page contentType="text/html; charset=EUC-KR" %>
02 : <%
03 :     request.setAttribute("siteName", "JSPStudy.co.kr");
04 : %>
05 : <html>
06 : <head>
```

request 내장객체에 siteName이라는 속성으로 'JSPStudy.co.kr' 문자열을 저장합니다.

```
07 : <title>Expression Language</title>
08 : </head>
09 : <body>
10 : <h2>EL의 기본문법1</h2>
11 : 사이트명 : <b>${siteName}</b>
12 : </body>
13 : </html>
```

03라인에서 선언된 siteName
을 EL 문법으로 출력합니다.

02 브라우저를 실행시켜 결과를 확인합니다. 주소는 http://localhost/myapp/ch18/el/el1.jsp로 입력합니다.

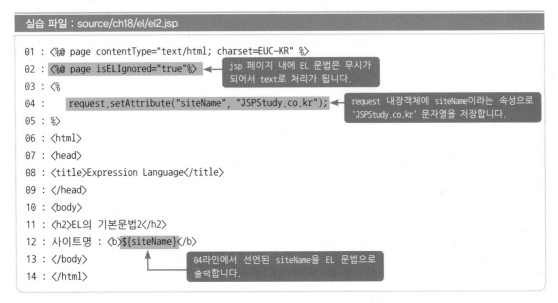

▲ [그림 18-1] el1.jsp의 실행화면

01 다음과 같이 jsp 페이지를 작성하고 저장합니다.

실습 파일 : source/ch18/el/el2.jsp

```
01 : <%@ page contentType="text/html; charset=EUC-KR" %>
02 : <%@ page isELIgnored="true"%>
03 : <%
04 :     request.setAttribute("siteName", "JSPStudy.co.kr");
05 : %>
06 : <html>
07 : <head>
08 : <title>Expression Language</title>
09 : </head>
10 : <body>
11 : <h2>EL의 기본문법2</h2>
12 : 사이트명 : <b>${siteName}</b>
13 : </body>
14 : </html>
```

jsp 페이지 내에 EL 문법은 무시가
되어서 text로 처리가 됩니다.

request 내장객체에 siteName이라는 속성으로
'JSPStudy.co.kr' 문자열을 저장합니다.

04라인에서 선언된 siteName을 EL 문법으로
출력합니다.

02 : page 지시자에서 EL 문법은 실행 할 수 없도록 텍스트로 처리하기 위한 선언입니다.

12 : 오류 없이 4라인에 선언된 변수를 출력 하였지만 EL 문법은 무시가 되고 ${siteName}으로 브라우저 화면에 출력이
됩니다.

02 브라우저를 실행시켜 결과를 확인합니다. 주소는 http://localhost/myapp/ch18/el/el2.jsp로 입력합니다.

▲ [그림 18-2] el2.jsp의 실행화면

01-2 표현언어의 기본(내장)객체

07장 JSP 내장객체에서 설명한 스크립트 요소 영역에서는 내장객체(9개)가 제공이 됩니다. 내장객체가 제공되는 이유는 jsp 페이지에서 꼭 필수적으로 필요한 객체들이 있기 때문입니다. 마찬가지로 EL 영역에서도 비슷한 이유로 내장객체(11개)가 제공이 됩니다. 그러나 스크립트 요소 영역에서의 내장객체와 EL 영역의 내장객체는 개념적으로 비슷한 부분이 많지만 사용하는 영역은 엄격하게 구분이 되어 있습니다. 지금부터 EL 영역에서 제공되는 내장객체의 설명과 예제를 통해서 학습을 하도록 하겠습니다.

먼저 EL 영역에서 제공되는 11개의 내장객체의 종류와 의미에 대해서 표 18-1을 참고합니다.

내장객체	설명
pageScope	page 영역에 존재하는 객체를 참조할 때 사용
requestScope	request 영역에 존재하는 객체를 참조할 때 사용
sessionScope	session 영역에 존재하는 객체를 참조할 때 사용
applicationScope	application 영역에 존재하는 객체를 참조할 때 사용
param	파라미터 값을 얻어올 때 사용
paramValues	파라미터 값을 배열로 얻어올 때 사용
header	Header 정보를 얻어올 때 사
headerValues	Header 정보를 배열로 얻어올 때 사용
cookie	쿠키 객체를 참조할 때 사용
initParam	컨텍스트의 초기화 파라미터를 의미함
pageContext	pageContext 객체를 참조할 때 사용

▲ [표 18-1] EL의 내장객체

pageScope과 reqeustScope 내장객체에 대한 예제 만들기

01 다음과 같이 jsp 페이지를 작성하고 저장합니다.

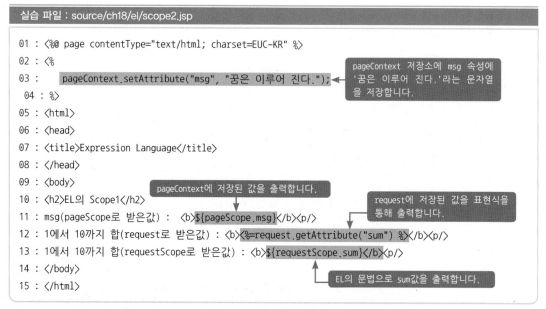

실습 파일 : source/ch18/el/scope1.jsp

```
01 : <%@ page contentType="text/html; charset=EUC-KR" %>
02 : <html>
03 : <head>
04 : <title>Expression Language</title>
05 : </head>
06 : <body>
07 : <h2>EL의 Scope1</h2>
08 : <%
09 :    int sum = 0;
10 :    for(int i = 1 ; i <= 10 ; i++) sum += i;
11 :    request.setAttribute("sum", new Integer(sum));
12 : %>
13 : <jsp:forward page="scope2.jsp"/>
14 : </body>
15 : </html>
```

> request 저장소에 sum 속성으로 1~10까지의 합을 저장하였습니다.

> forward 액션태그를 사용하여 scope2.jsp를 포워드 하였습니다.

13 : forward 액션태그를 통해서 scope1.jsp에서 요청된 모든 정보를 가지고 scope2.jsp로 제어권이 넘어가게 됩니다.

02 다음과 같이 jsp 페이지를 작성하고 저장합니다.

실습 파일 : source/ch18/el/scope2.jsp

```
01 : <%@ page contentType="text/html; charset=EUC-KR" %>
02 : <%
03 :        pageContext.setAttribute("msg", "꿈은 이루어 진다.");
 04 : %>
05 : <html>
06 : <head>
07 : <title>Expression Language</title>
08 : </head>
09 : <body>
10 : <h2>EL의 Scope1</h2>
11 : msg(pageScope로 받은값) : <b>${pageScope.msg}</b><p/>
12 : 1에서 10까지 합(request로 받은값) : <b><%=request.getAttribute("sum") %></b><p/>
13 : 1에서 10까지 합(requestScope로 받은값) : <b>${requestScope.sum}</b><p/>
14 : </body>
15 : </html>
```

> pageContext 저장소에 msg 속성에 '꿈은 이루어 진다.'라는 문자열을 저장합니다.

> pageContext에 저장된 값을 출력합니다.

> request에 저장된 값을 표현식을 통해 출력합니다.

> EL의 문법으로 sum값을 출력합니다.

03 : page 영역의 저장소에 EL 내장객체 pageContext를 통해서 jsp 페이지에 출력을 합니다.

12 : scope1.jsp에서 forward 액션태그로 호출된 scope2.jsp에서는 요청되는 정보를 모두 받기 때문에 1~10까지의 합을 저장시킨 'sum'값이 55로 출력됩니다. request에 저장된 변수들의 값들은 요청하는 페이지에서 요청되는 페이지서만 사용 할 수 있는 범위를 가지게 됩니다.

13 : request 저장소에 저장된 'sum'값을 EL의 내장객체인 requestScope를 통해서 출력을 합니다.

03 브라우저를 실행시켜 결과를 확인합니다. 주소는 http://localhost/myapp/ch18/el/scope1.jsp로 입력합니다.

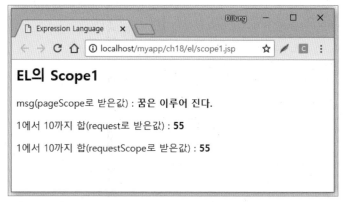

▲ [그림 18-3] scope1.jsp에서 scope2.jsp로 포워드 된 실행화면

sessionScope과 applicationScope 내장객체에 대한 예제 만들기

01 다음과 같이 jsp 페이지를 작성하고 저장합니다.

실습 파일 : source/ch18/el/scope3.jsp

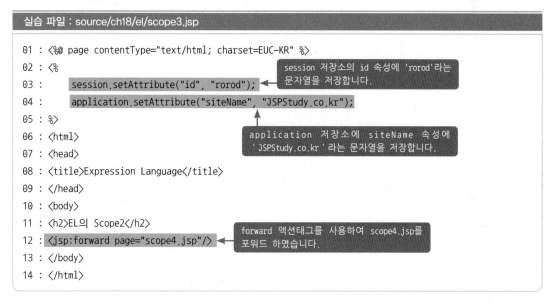

```
01 : <%@ page contentType="text/html; charset=EUC-KR" %>
02 : <%
03 :     session.setAttribute("id", "rorod");
04 :     application.setAttribute("siteName", "JSPStudy.co.kr");
05 : %>
06 : <html>
07 : <head>
08 : <title>Expression Language</title>
09 : </head>
10 : <body>
11 : <h2>EL의 Scope2</h2>
12 : <jsp:forward page="scope4.jsp"/>
13 : </body>
14 : </html>
```

session 저장소의 id 속성에 'rorod'라는 문자열을 저장합니다.

application 저장소에 siteName 속성에 'JSPStudy.co.kr' 라는 문자열을 저장합니다.

forward 액션태그를 사용하여 scope4.jsp를 포워드 하였습니다.

03 ~ 04 : session과 application 저장소에 각각의 속성과 문자열을 저장하였습니다. session과 application의 사용 범위에 대해서는 07장 JSP의 내장객체를 참고합니다.

12 : forward 액션태그를 통해서 scope3.jsp에서 요청된 모든 정보를 가지고 scope4.jsp로 제어권이 넘어가게 됩니다.

03 다음과 같이 jsp 페이지를 작성하고 저장합니다.

실습 파일 : source/ch18/el/scope4.jsp

```
01 : <%@ page contentType="text/html; charset=EUC-KR" %>
02 : <html>
03 : <head>
```

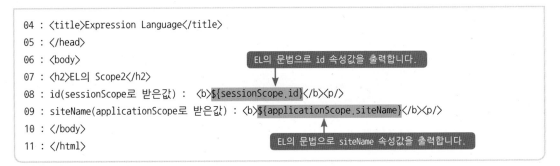

```
04 : <title>Expression Language</title>
05 : </head>
06 : <body>
07 : <h2>EL의 Scope2</h2>
08 : id(sessionScope로 받은값) : <b>${sessionScope.id}</b><p/>
09 : siteName(applicationScope로 받은값) : <b>${applicationScope.siteName}</b><p/>
10 : </body>
11 : </html>
```

EL의 문법으로 id 속성값을 출력합니다.

EL의 문법으로 siteName 속성값을 출력합니다.

08 ~ 09 : EL의 문법으로 session에 저장된 'id'값과 application에 저장된 'siteName'값을 EL의 내장객체인 sessionScope
과 applicationScope를 사용하여 출력 합니다. session에 저장된 변수들은 session의 생명 주기 만큼 유지가
되고 application에 저장된 변수들은 웹서버가 실행 될 때까지 계속적으로 유지하는 범위를 가지고 있습니다.

03 브라우저를 실행시켜 결과를 확인합니다. 주소는 http://localhost/myapp/ch18/el/scope3.jsp로 입력합니다.

▲ [그림 18-4] scope3.jsp에서 scope4.jsp로 포워드 된 실행화면

웹브라우저 form에서 입력 받은 값을 표현하기 위해 단일 데이터와 복수 데이터(배열)를 처리 하는
방법이 각각 2가지가 있습니다. 표 18-2를 참고하시기 바랍니다.

문법	설명
${param.id}	<form>에서 입력된 값을 출력할 때 사용하고 대괄호를 사용한 방법은 속성명이 특수문자나 공백문자가 포함이 되어 있을 때 사용합니다. (param을 포함한 다른 내장객체도 사용가능)
${param['e-mail']}	<form>에서 입력된 값을 출력할 때 사용하고 대괄호를 사용한 방법은 속성명이 특수문자나 공백문자가 포함이 되어 있을 때 사용합니다. (param을 포함한 다른 내장객체도 사용가능)
${paramValues.hobby[0]}	<form>에서 입력된 배열 값을 출력할 때 사용하고 대괄호를 사용한 방법은 속성명이 특수문자나 공백문자가 포함이 되어 있을 때 사용합니다.
${paramValues["uses-id"][1]}	<form>에서 입력된 배열 값을 출력할 때 사용하고 대괄호를 사용한 방법은 속성명이 특수문자나 공백문자가 포함이 되어 있을 때 사용합니다.

▲ [표 18-2] EL의 내장객체 표현문법

param 내장객체에 대한 예제 만들기

01 다음과 같이 html 페이지를 작성하고 저장합니다.

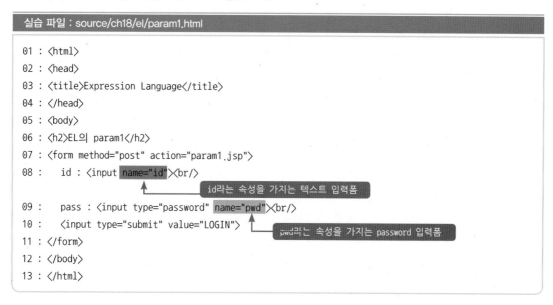

실습 파일 : source/ch18/el/param1.html

```
01 : <html>
02 : <head>
03 : <title>Expression Language</title>
04 : </head>
05 : <body>
06 : <h2>EL의 param1</h2>
07 : <form method="post" action="param1.jsp">
08 :    id : <input name="id"><br/>
```
id라는 속성을 가지는 텍스트 입력폼
```
09 :    pass : <input type="password" name="pwd"><br/>
10 :    <input type="submit" value="LOGIN">
```
pwd라는 속성을 가지는 password 입력폼
```
11 : </form>
12 : </body>
13 : </html>
```

02 다음과 같이 jsp 페이지를 작성하고 저장합니다.

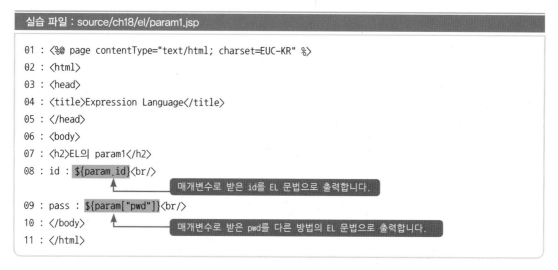

실습 파일 : source/ch18/el/param1.jsp

```
01 : <%@ page contentType="text/html; charset=EUC-KR" %>
02 : <html>
03 : <head>
04 : <title>Expression Language</title>
05 : </head>
06 : <body>
07 : <h2>EL의 param1</h2>
08 : id : ${param.id}<br/>
```
매개변수로 받은 id를 EL 문법으로 출력합니다.
```
09 : pass : ${param["pwd"]}<br/>
10 : </body>
```
매개변수로 받은 pwd를 다른 방법의 EL 문법으로 출력합니다.
```
11 : </html>
```

08 ~ 09 : param1.html 입력폼에서 id와 pwd를 EL의 각각 다른 방법의 문법으로 jsp 페이지에 출력을 합니다.

03 브라우저를 실행시켜 결과를 확인합니다. 주소는 http://localhost/myapp/ch18/el/param1.html로 입력합니다.

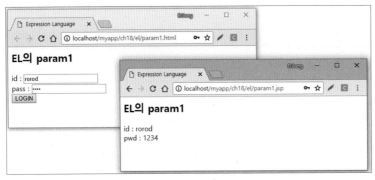

▲ [그림 18-5] param1.html과 param1.jsp의 실행화면

paramValues 내장객체에 대한 예제 만들기

01 다음과 같이 html 페이지를 작성하고 저장합니다.

> 실습 파일 : source/ch18/el/param2.jsp

```
01 : <html>
02 : <head>
03 : <title>Expression Language</title>
04 : </head>
05 : <body>
06 : <h2>EL의 param2</h2>
07 : <form method="post" action="param2.jsp">
08 :    name : <input name="name"><br/>
09 :    hobby : 독서<input type="checkbox" name="hobby" value="독서">
10 :         여행<input type="checkbox" name="hobby" value="여행">
11 :         게임<input type="checkbox" name="hobby" value="게임">
12 :         영화<input type="checkbox" name="hobby" value="영화">
13 :         운동<input type="checkbox" name="hobby" value="운동"><br/>
14 :    <input type="submit" value="SAVE">
15 : </form>
16 : </body>
17 : </html>
```

02 다음과 같이 jsp 페이지를 작성하고 저장합니다.

> 실습 파일 : source/ch18/el/param2.html

```
01 : <%@ page contentType="text/html; charset=EUC-KR"%>
02 : <%request.setCharacterEncoding("EUC-KR"); %>
03 : <html>
04 : <head>
05 : <title>Expression Language</title>
```

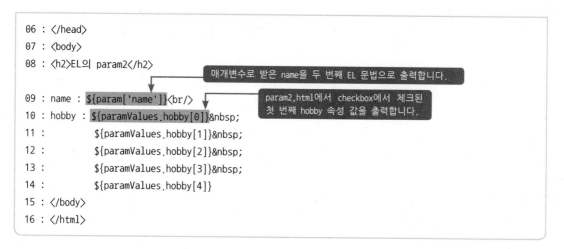

```
06 : </head>
07 : <body>
08 : <h2>EL의 param2</h2>
09 : name : ${param['name']}<br/>
10 : hobby : ${paramValues.hobby[0]} 
11 :         ${paramValues.hobby[1]} 
12 :         ${paramValues.hobby[2]} 
13 :         ${paramValues.hobby[3]} 
14 :         ${paramValues.hobby[4]}
15 : </body>
16 : </html>
```

매개변수로 받은 name을 두 번째 EL 문법으로 출력합니다.

param2.html에서 checkbox에서 체크된 첫 번째 hobby 속성 값을 출력합니다.

10 ~ 14 : param2.html에서 checkbox로 만든 hobby의 속성 값을 paramValues 내장객체를 통해서 출력을 합니다. 체크되지 않은 값은 빈값(비어 있는 값)을 가지고 있으므로 브라우저에는 출력될 값이 없습니다.

03 브라우저를 실행시켜 결과를 확인합니다. 주소는 http://localhost/myapp/ch18/el/param2.html로 입력합니다.

▲ [그림 18-6] param2.html과 param2.jsp의 실행화면

header 내장객체에 대한 예제 만들기

01 다음과 같이 jsp 페이지를 작성하고 저장합니다.

실습 파일 : source/ch18/el/header.jsp

```
01 : <%@ page contentType="text/html; charset=EUC-KR" %>
02 : <html>
03 : <head>
04 : <title>Expression Language</title>
05 : </head>
06 : <body>
```

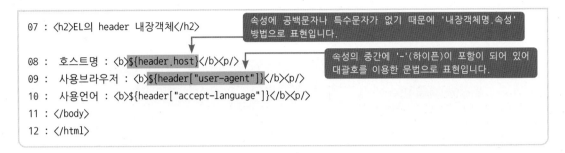

```
07 : <h2>EL의 header 내장객체</h2>
08 : 호스트명 : <b>${header.host}</b><p/>
09 : 사용브라우저 : <b>${header["user-agent"]}</b><p/>
10 : 사용언어 : <b>${header["accept-language"]}</b><p/>
11 : </body>
12 : </html>
```

속성에 공백문자나 특수문자가 없기 때문에 '내장객체명.속성' 방법으로 표현입니다.

속성의 중간에 '-'(하이픈)이 포함이 되어 있어 대괄호를 이용한 문법으로 표현입니다.

08 ~ 10 : HTTP 요청정보 중에 헤더에 포함된 값을 EL의 header 내장객체를 이용해서 출력 합니다. 3개를 포함한 더 많은 정보가 헤더에 저장이 되어 있습니다.

02 브라우저를 실행시켜 결과를 확인합니다. 주소는 http://localhost/myapp/ch18/el/header.jsp로 입력합니다.

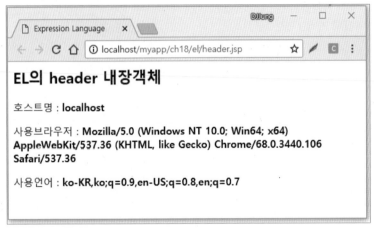

▲ [그림 18-7] header.jsp의 실행화면

01-3 표현언어의 연산자

EL의 연산자는 자바뿐만 아니라 일반적인 프로그래밍에서 사용하는 연산자와 거의 유사합니다. 자바를 공부하신 분이라면 그렇게 어려운 내용이 아닐 거라고 생각합니다. 그러나 EL의 비교연산자만 조금 차이가 있습니다. EL의 연산자는 아래에 있는 표 18-3~6을 참고하시고 실질적인 기능에 대해서는 예제를 통해 설명하도록 하겠습니다.

연산자	설명
.	빈(Bean) 또는 맵(Map)에 접근하기 위한 연산자
[ ]	배열 또는 리스트에 접근하기 위한 연산자
( )	연산할 때 우선순위를 주려고 할 때 사용
X ? a:b	X의 조건이 만족하면 a를 리턴. 만족하지 않으면 b를 반환
empty	값이 NULL 일 경우 true를 반

▲ [표 18-3] EL의 조작(Operators) 연산자

연산자	설명
+	더하기 연산자
−	빼기 연산자
*	곱하기 연산자
/ 또는 div	나누기 연산자
% 또는 mod	나머지 연산자

▲ [표 18-4] EL의 산술연산자

연산자	설명
&& 또는 and	모두 만족하면 true 그렇지 않으면 false 반환
|| 또는 or	하나라도 만족하면 true 그렇지 않으면 false 반환
! 또는 not	값을 만족하지 않으면 true 만족하면 false 반환

▲ [표 18-5] EL의 논리연산자

연산자	설명
== 또는 eq	값이 같으면 true 그렇지 않으면 false 반환
!= 또는 ne	값이 다르면 true 그렇지 않으면 false 반환
〈 또는 lt	보다 작다.
〉 또는 gt	보다 크다.
〈= 또는 le	같거나 작다.
〉= 또는 ge	같거나 크다.

▲ [표 18-6] EL의 비교연산자

EL의 산술, 논리, 비교 연산자 대한 예제 만들기

01 다음과 같이 jsp 페이지를 작성하고 저장합니다.

```
실습 파일 : source/ch18/el/operators.jsp

01 : <%@ page contentType="text/html; charset=EUC-KR" %>
02 : <%
03 :     pageContext.setAttribute("J",31);
04 :     pageContext.setAttribute("S",8);       ← pageContext 저장소에 각각의 'J', 'S', 'P' 속성에
05 :     pageContext.setAttribute("P",22);          값을 저장
06 : %>
07 : <html>
08 : <head>
09 : <title>Expression Language</title>
10 : </head>
11 : <body>
12 : <h2>EL의 Operators</h2>
13 : <b>J = ${J}, S = ${S}, P = ${P}</b><p/>
14 : <b>산술 연산자</b><hr width="250" align="left"/>
```

```
15 : &#36;{J + S} : ${J + S}<br/>
```
> 브라우저에서 '$' 표시를 하기 위한 HTML 특수문자입니다.

```
16 : &#36;{J - S} : ${J - S}<br/>
17 : &#36;{J * S} : ${J * S}<br/>
18 : &#36;{J / S} : ${J / S}<br/>
19 : &#36;{J % S} : ${J % S}<p/>
20 :
21 : <b>비교 연산자</b><hr width="250" align="left"/>
22 : &#36;{J < S} : ${J lt S}<br/>
23 : &#36;{J > S} : ${J gt S}<br/>
24 : &#36;{S <= P} : ${S le P}<br/>
25 : &#36;{S >= P} : ${S ge P}<br/>
26 : &#36;{(10*10) == 100} : ${(10*10) eq 100}<br/>
27 : &#36;{(10*10) != 100} : ${(10*10) ne 100}<p/>
```
> 이클립스의 버거로 오류 표시가 나지만 무법적으로 오류가 아닙니다.

```
28 :
29 : <b>논리 및 조건 연산자</b><hr width="250" align="left"/>
30 : &#36;{J > P && P < S} : ${J>P and P<S}<br/>
31 : &#36;{J > P || P < S} : ${J>P or P<S}<br/>
32 : &#36;{!(J == P)} : ${not(J==P)}<br/>
33 : &#36;{(J == S)? "같다" : "다르다" } : ${(J==S) ? "같다" : "다르다"}<p/>
34 : </body>
35 : </html>
```

03 ~ 05 : pageContext 저장소에 저장되는 속성의 타입은 문자열이고 값은 Object 타입입니다. JDK1.5 버전 이상에서는 정수타입의 값은 자동적으로 Integer 타입으로 변환되어 저장이 됩니다. 이러한 문법을 오토박싱(AutoBoxing) 이라고 하고 그 반대로 Integer 타입이 자동적으로 정수형로 변환되는 것을 언박싱(UnBoxing)이라고 합니다.

15 ~ 19 : 산술 연산자에 대한 예제 코드들입니다.

22~27 : 비교 연산자에 대한 예제 코드들입니다.

30~33 : 논리 및 조건 연산자에 대한 예제 코드들입니다.

02 브라우저를 실행시켜 결과를 확인합니다. 주소는 http://localhost/myapp/ch18/el/operators.jsp로 입력합니다.

▲ [그림 18-8] operators.jsp의 실행화면

EL의 empty 연산자 대한 예제 만들기

01 다음과 같이 jsp 페이지를 작성하고 저장합니다.

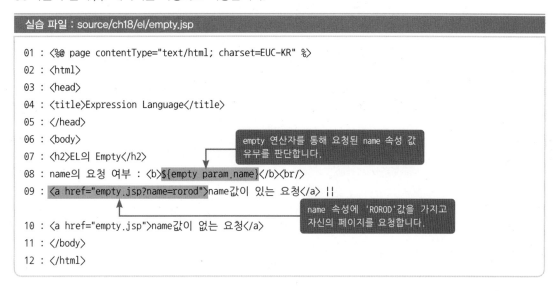

실습 파일 : source/ch18/el/empty.jsp

```
01 : <%@ page contentType="text/html; charset=EUC-KR" %>
02 : <html>
03 : <head>
04 : <title>Expression Language</title>
05 : </head>
06 : <body>
07 : <h2>EL의 Empty</h2>
08 : name의 요청 여부 : <b>${empty param.name}</b><br/>
09 : <a href="empty.jsp?name=rorod">name값이 있는 요청</a> ||
10 : <a href="empty.jsp">name값이 없는 요청</a>
11 : </body>
12 : </html>
```

empty 연산자를 통해 요청된 name 속성 값 유무를 판단합니다.

name 속성에 'ROROD'값을 가지고 자신의 페이지를 요청합니다.

08 : name 속성 값이 있다면 true값이 출력되고 없다면 false값이 반환되어 출력이 됩니다.
09 ~ 10 : 테스트를 위해 첫 번째 <a> 태그에는 name 속성에 값을 넣고 두 번째 <a> 태그에는 name 속성에 값을 대입
하지 않았습니다.

02 브라우저를 실행시켜 결과를 확인합니다. 주소는 http://localhost/myapp/ch18/el/empty.jsp로 입력합니다.

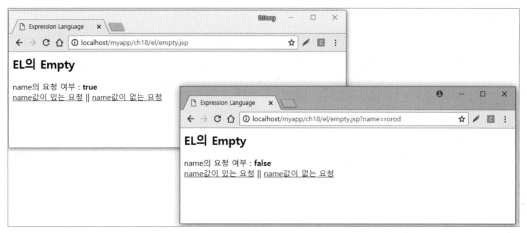

▲ [그림 18-9] empty.jsp의 실행화면

EL의 배열에 대한 예제 만들기

01 다음과 같이 jsp 페이지를 작성하고 저장합니다.

실습 파일 : source/ch18/el/array1.jsp

```
01 : <%@ page contentType="text/html; charset=EUC-KR" %>
02 : <%
03 :     String studyArr[] = {"Java", "JSP", "Android", "Spring"};          String(문자열) 배열을
                                                                            선언합니다.
04 :     pageContext.setAttribute("study", studyArr);
05 : %>                                               pageContext 저장소에 study 속성으로
06 : <html>                                           studyArr 배열객체를 저장합니다.
07 : <head>
08 : <title>Expression Language</title>
09 : </head>
10 : <body>
11 : <h2>EL의 Array1</h2>
12 : <b>Java Program 과목</b><hr width="150" align="left"/>
13 : 1. ${study[0]}<br/>
14 : 2. ${study[1]}<br/>
15 : 3. ${study[2]}<br/>
16 : 4. ${study[3]}<br/>
17 : </body>
18 : </html>
```

13 ~ 16 : EL의 문법으로 studyArr의 배열을 study 속성에 인덱스(index)로 4개의 문자열을 출력합니다.

02 브라우저를 실행시켜 결과를 확인합니다. 주소는 http://localhost/myapp/ch18/el/array1.jsp로 입력합니다.

▲ [그림 18-10] array1.jsp의 실행화면

EL의 문법으로 ArrayList 클래스에 대한 예제 만들기

01 다음과 같이 jsp 페이지를 작성하고 저장합니다.

실습 파일 : source/ch18/el/array2.jsp

```
01 : <%@ page contentType="text/html; charset=EUC-KR" %>
02 : <%@page import="java.util.ArrayList"%>
03 : <%
04 :     ArrayList<String> familyList = new ArrayList<String>();
05 :     String nameArr[] = {"simba", "rorod", "tina", "poli"};
06 :     for(int i=0;i<nameArr.length;i++){
07 :         familyList.add(nameArr[i]);
08 :     }
09 :     pageContext.setAttribute("Family",familyList );
10 : %>
11 : <html>
12 : <head>
13 : <title>Expression Language</title>
14 : </head>
15 : <body>
16 : <h2>EL의 Array2</h2>
17 : <b>Family List</b><hr width="135" align="left"/>
18 : 1. ${Family[0] }<br/>
19 : 2. ${Family[1] }<br/>
20 : 3. ${Family[2] }<br/>
21 : 4. ${Family[3] }<br/>
22 : </body>
23 : </html>
```

> page 지시자로 java.util 패키지에 있는 ArrayList 클래스를 임포트(import)합니다.
>
> 문자열을 저장시키는 ArrayList 객체를 생성합니다.
>
> 문자열 배열을 선언합니다.
>
> pageContext 저장소에 Family 속성으로 ArrayList 타입의 familyList 객체를 저장합니다.

---

06 ~ 08 : nameArr 배열에 요소 값들을 ArrayList 객체에 for문을 통해서 순차적으로 저장합니다.

18~21 : pageContext에 저장된 ArrayList 타입의 familyList 객체를 Family 속성에 인덱스(index)로 4개의 문자열을 출력합니다.

02 브라우저를 실행시켜 결과를 확인합니다. 주소는 http://localhost/myapp/ch18/el/array2.jsp로 입력합니다.

▲ [그림 18–11] array2.jsp의 실행화면

EL의 문법에서는 빈즈를 좀 더 쉽고 간편하게 사용하기 위한 기능이 제공이 됩니다. 예제를 통해서 EL에서 빈즈를 사용하는 방법을 설명하도록 하겠습니다.

EL의 문법으로 빈즈에 대한 예제 만들기

01 다음과 같이 자바 빈즈 를 작성하고 저장합니다.

실습 파일 : source/ch18/el/ELBean.java

```
01 : package ch18;
02 :
03 : public class ELBean {
04 :
05 :    private String siteName;
06 :
07 :    public String getSiteName() {
08 :        return siteName;
09 :    }
10 :
11 :    public void setSiteName(String siteName) {
12 :        this.siteName = siteName;
13 :    }
14 : }
```

빈즈(Beans)의 관례에 따라 접근제어자는 private이고 String 타입의 siteName을 선언하고 getter와 setter를 선언합니다.

02 다음과 같이 HTML 페이지를 작성하고 저장합니다.

실습 파일 : source/ch18/el/beans.html

```
01 : <html>
02 : <head>
03 : <title>Expression Language</title>
04 : </head>
05 : <body>
06 : <h2>EL의 Beans</h2>
07 : <form method="post" action="beans.jsp">
08 :    사이트명 : <input name="siteName"><br/>
09 :    <input type="submit" value="SEND">
10 : </form>
11 : </body>
12 : </html>
```

03 다음과 같이 jsp 페이지를 작성하고 저장합니다.

실습 파일 : source/ch18/el/beans.jsp

```
01 : <%@ page contentType="text/html; charset=EUC-KR" %>
02 : <jsp:useBean id="bean" class="ch18.ELBean"/>          ← useBean 액션태그로 ELBean
                                                             객체를 생성합니다.
03 : <jsp:setProperty name="bean" property="siteName"/>
04 : <html>
05 : <head>                                    setProperty 액션태그로 ELBean 클래스의 setter 메소드를
06 : <title>Expression Language</title>        호출합니다. 변수명이 siteName이기 때문에 setSiteName()
07 : </head>                                    메소드를 호출합니다.
08 : <body>
09 : <h2>EL의 Beans</h2>                        ELBean 클래스의 getSiteName() 메소드를
10 : 빈즈액션 태그<br/>                           호출합니다.
11 : 사이트명 : <jsp:getProperty name="bean"  property="siteName"/><p/>
12 : EL Beans <br/>
13 : 사이트명 : ${bean.siteName}     ← useBean 액션태그를 통해서 객체를 생성하면 자동적으로
14 : </body>                          pageContext 저장소에 저장이 되므로 속성 값으로 변수 명을
15 : </html>                          호출하면 getSiteName() 메소드를 호출합니다.
```

13 : 02라인에서 생성된 ELBean 객체는 pageContext 저장소에 bean이라는 속성으로 저장이 됩니다. 이렇게 저장된 객체의 siteName 변수를 출력하기 위해 스크립트릿으로 풀어서 코드를 보면 다음과 같습니다.

```
<%
    ELBean eb = (ELBean)pageContext.getAttribute("bean");
    out.println("SITEBEAN : " + eb.getSiteName());
%>
```

04 브라우저를 실행시켜 결과를 확인합니다. 주소는 http://localhost/myapp/ch18/el/beans.html로 입력합니다.

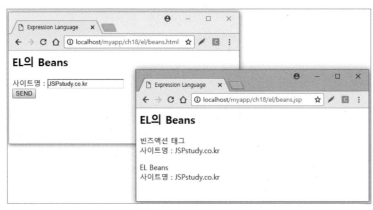

▲ [그림 18-12] beans.html과 beans.jsp의 실행화면

01-4 표현언어의 클래스 정적 메소드 사용

EL의 문법에서 제공되는 연산자는 기본적인 기능에 대한 부분들이 제공이 되고 좀 더 구체적이고 디테일한 기능은 현실적으로 제공의 한계가 있습니다. 그래서 필요한 기능을 개발자가 직접 만들어서 EL의 문법에서 사용 할 수 있는 방법이 제공됩니다. 이번에는 개발자가 직접 필요한 기능을 static 메소드로 만들어서 jsp 페이지에서 EL 문법으로 사용하는 방법을 설명하도록 하겠습니다. 필요한 기능을 개발자가 직접 만들어서 사용해야 하므로 환경설정에 대한 부분이 좀 복잡 할 수 있습니다. 간단한 예제를 만들어서 단계적으로 하나하나씩 설명하도록 하겠습니다.

첫번째로 필요한 기능의 클래스와 메소드 작성하기

01 다음과 같이 자바 빈즈를 작성하고 저장합니다.

실습 파일 : source/ch18/el/ELMethod.java

```
01 : package ch18;
02 :
03 : import java.text.DecimalFormat;
04 :
05 : public class ELMethod {
06 :    public static String comma(int number) {
07 :        DecimalFormat df = new DecimalFormat("#,##0");
08 :        return df.format(number);
09 :    }
10 : }
```

06 ~ 09 : DecimalFormat 클래스는 숫자를 원하는 형태로 형식화 할 수 있도록 제공되는 클래스입니다. 매개변수로 제공받은 int 형의 값을 세 자리 단위로 콤마를 추가시켜 문자열로 반환되는 static 메소드를 선언합니다.

두번째로 TLD(Tag Library Descriptor) 작성하기

02 다음과 같이 TLD 파일을 작성하고 WEB-INF/tlds 폴더에 저장합니다.

실습 파일 : source/ch18/el/Functions.tl

```
01 : <taglib xmlns="http://java.sun.com/xml/ns/javaee" version="2.1">
02 :    <tlib-version>1.0</tlib-version>
03 :    <jsp-version>2.2</jsp-version>
04 :    <short-name>JSPTag</short-name>          ◄ 태그 라이브러리의 이름
05 :    <function>
06 :        <name>comma</name>                    ◄ EL 함수의 이름
07 :        <function-class>ch18.ELMethod</function-class>    ◄ 자바 정적메서드(static method)가 속하는 패키지 명을 포함한 클래스
08 :        <function-signature>String comma(int)</function-signature>   ◄ 정적메소드의 매개변수와 리턴 타입의 형태
09 :    </function>
10 : </taglib>
```

Functions.tld를 만들고 web.xml에 TLD 파일을 등록해야 합니다. web.xml의 구체적인 설명과 설정에 대한 내용은 부록02 Tomcat Server 환경설정을 참고합니다. 여기에서는 정적메소드 등록 부분만 다루도록 하겠습니다.

세 번째로 작성한 TLD를 web.xml에 등록하기

03 다음과 같이 web.xml을 작성하고 저장합니다.

> 실습 파일 : source/ch18/el/web.xml

```
01 : <?xml version="1.0" encoding="UTF-8"?>
02 : <web-app xmlns="http://java.sun.com/xml/ns/javaee" version="2.5">
03 :
04 :     <jsp-config>
05 :         <taglib>
06 :             <taglib-uri>/Functions.tld</taglib-uri>
07 :             <taglib-location>/WEB-INF/tlds/Functions.tld</taglib-location>
08 :         </taglib>
09 :     </jsp-config>
10 :
11 :     <welcome-file-list>
12 :         <welcome-file>index.jsp</welcome-file>
13 :     </welcome-file-list>
14 :
15 : </web-app>
```

TLD 파일의 식별자 명칭을 등록합니다.

TLD 파일의 실제 경로로 설정합니다.

네 번째로 jsp 페이지에서 사용하기

04 다음과 같이 jsp 페이지를 작성하고 저장합니다.

> 실습 파일 : source/ch18/el/elMethod.jsp

```
01 : <%@page contentType="text/html; charset=ECU-KR"%>
02 : <%@taglib prefix="m" uri="/WEB-INF/tlds/Functions.tld"%>
03 : <html>
04 : <head>
05 : <title>Expression Language</title>
06 : </head>
07 : <body>
08 : <h2>EL의 생색 메소드</h2>
09 : 123456789를 1000단위 구분 기호(,)로 표시하시오.<p/>
10 : <b>result : ${m:comma(123456789)}</b>
11 : </body>
12 : </html>
```

TLD 파일의 위치를 지정하고 jsp 페이지에 사용하게 되는 접두어를 선언합니다.

위에서 선언된 접두어 'm'을 통해 'comma' EL의 함수를 호출합니다.

02 : Functions.tld가 있는 위치를 지정하고 접두어 'm'으로 선언을 합니다. 만약 여러개의 TLD 파일일 있으면 복수개의 선언도 할 수가 있습니다.

10 : EL의 문법으로 comma EL의 함수를 정수 123456789를 대입하면 jsp 페이지에서는 숫자 세자리마다 ','(콤마)가 출력이 됩니다.

05 브라우저를 실행시켜 결과를 확인합니다. 주소는 http://localhost/myapp/ch18/el/elMethod.jsp로 입력합니다.

▲ [그림 18-13] elMethod.jsp의 실행화면

02 _ JSP의 JSTL(JSP Standard Tag Library)

02-1 JSTL의 이해

표준 태그 라이브러리(JSP Standard Tag Library)는 jsp 페이지에서 일반적인 핵심 기능을 캡슐화하여 제공되는 JSP 태그의 컬렉션입니다. JSTL은 일반적인 반복 및 조건, 포매팅 작업, XML 문서, 국제화 태그 및 SQL 태그 조작을 위한 태그에 대한 지원을 하고 있습니다. 또한 JSTL 태그를 사용하여 기존 사용자 정의 태그를 통합하기 위한 프레임 워크를 제공합니다. 사실 JSP 입문자에게는 좀 어려운 내용이 될 수 있지만 프레임워크(Framework) 개발을 할 때는 JSTL 사용을 많이 하기 때문에 자바 고급 개발자가 되기 위해서는 반드시 학습을 해야 할 분야 입니다. EL과 마찬가지로 JSTL의 기능과 사용법은 예제 중심적으로 설명하도록 하겠습니다.

02-2 JSTL의 설치 및 종류

현재의 개발환경에서 JSTL을 사용하기 위해서는 외부 라이브러리를 다운로드 하여 두 개의 컴포넌트를 지정된 곳에 복사를 해야 합니다. JSTL를 사용하기 위한 컴포넌트인 jstl.jar와 standard.jar 파일을 다운받아 설치해 보겠습니다.

JSTL의 설치

01 http://tomcat.apache.org/taglibs/standard 사이트에 접속하여 Version 1.1의 download 링크를 클릭합니다. 그 다음 화면에 binaries 링크를 클릭하고 그 다음 화면에 jakarta-taglibs-standard-1.1.2.zip 파일을 다운로드 받습니다.

▶ 실습 파일 : program/jakarta-taglibs-standard-1.1.2.zip

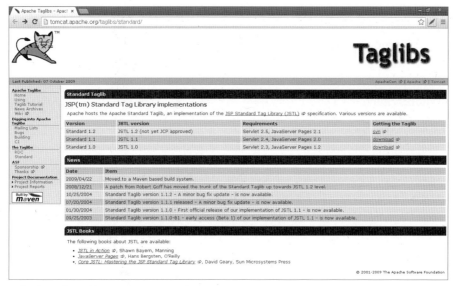

▲ [그림 18-14] http://tomcat.apache.org 사이트

02 그림과 같이 다운로드 받은 파일(jakarta-taglibs-standard-1.1.2)을 압축해제를 합니다. 해제 후에 lib 폴더에 있는 jstl.jar와 standard.jar을 복사를 합니다.

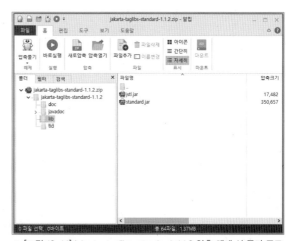

▲ [그림 18-14] jakarta-taglibs-standard-1.1.2 압축 해제 시 폴더 구조

04 그림과 같이 복사한 두 개의 jar 파일을 WEB-INF/lib 폴더에 저장합니다.

▶ 실습 파일 : program/jstl.jar와 standard.jar

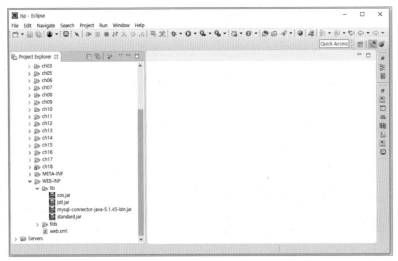

▲ [그림 18-16] stl.jar와 standard.jar의 저장위치

표준 태그 라이브러리(JSP Standard Tag Library)에서 제공되는 태그의 종류는 모두 5가지입니다. 각각의 태그명칭과 기능은 아래의 표와 같습니다. 태그의 명칭에서 어떤 기능인지에 대한 의미는 조금 알 수가 있지만 실질적인 사용법과 제공되는 속성은 예제 중심적으로 설명하도록 하겠습니다.

태그	기능
Core	가장 자주 사용되는 JSTL 태그이고 일반적인 프로그래밍에서 사용되는 기능을 제공합니다.
Formatting	국제화 된 웹 사이트에 대한 날짜, 시간 및 숫자 텍스트를 포맷하고 표시하는데 사용되는 기능을 제공합니다.
SQL	오라클, MySQL 또는 Microsoft SQL Server와 같은 관계형 데이터베이스 (RDBMS에)와 상호 작용하는 태그를 제공합니다.
XML	XML 문서를 생성하고 조작하는 방법을 제공합니다.
Functions	일반적인 문자열을 가공하고 조작하기 위한 표준함수를 제공합니다.

▲ [표 18-6] JSTL의 태그 종류

02-3 JSTL의 Core 태그

Core 태그 라이브러리는 프로그래밍에서 기본적으로 필요한 변수선언, 제어문, 일반적인 로직 등의 기능들이 제공되고 Core 태그의 종류는 아래의 표와 같습니다.

Core 태그를 사용하기 위해서는 taglib 지시자(directive)를 선언해야 합니다.

```
<%@ taglib prefix="c" uri="http://java.sun.com/jsp/jstl/core" %>
```

태그	기능
⟨c:out ⟩	⟨%=...%⟩ 표현식과 동일하게 jsp 페이지에 출력을 하는 태그입니다.
⟨c:set ⟩	4개 영역의 JSP 저장소에 변수를 선언하는 태그입니다
⟨c:remove ⟩	4개 영역의 JSP 저장소에 선언된 변수를 제거하는 태그입니다.
⟨c:if⟩	if문과 같은 기능의 조건을 선언하는 태그입니다.
⟨c:choose⟩ ⟨c:when⟩	다중조건 선언을 위해서 사용이 되고 ⟨c:choose⟩ 태그 안에 여러 조건을 위해서 ⟨c:when⟩ 태그가 여러번 사용이 가능하고 ⟨c:when⟩ 조건에 포함되지 않은 나머지 조건은 ⟨c:otherwise ⟩ 태그를 사용하여 선언을 합니다.
⟨c:otherwise ⟩	다중조건 선언을 위해서 사용이 되고 ⟨c:choose⟩ 태그 안에 여러 조건을 위해서 ⟨c:when⟩ 태그가 여러번 사용이 가능하고 ⟨c:when⟩ 조건에 포함되지 않은 나머지 조건은 ⟨c:otherwise ⟩ 태그를 사용하여 선언을 합니다. 다중조건 선언을 위해서 사용이 되고 ⟨c:choose⟩ 태그 안에 여러 조건을 위해서 ⟨c:when⟩ 태그가 여러번 사용이 가능하고 ⟨c:when⟩ 조건에 포함되지 않은 나머지 조건은 ⟨c:otherwise ⟩ 태그를 사용하여 선언을 합니다.
⟨c:forEach ⟩	배열이나 Collection 객체의 요소를 사용하기 위해 제공되는 태그입니다.
⟨c:forTokens⟩	StringTokenizer 클래스의 기능처럼 문자열에 구분자를 제거하고 요소를 사용하기 위해 제공되는 태그입니다.
⟨c:import⟩	include 지시자와 같이 다른 페이지의 내용을 포함하기 위한 태그입니다. (page 지시자의 import와는 전혀 다른 기능입니다.)
⟨c:url⟩	지정한 url에 링크의 기능을 제공하는 태그입니다.
⟨c:param⟩	⟨c:import⟩와 ⟨c:url⟩에서 매개변수를 선언하는 태그입니다.
⟨c:redirect⟩	query를 포함한 지정한 url로 웹페이지가 전환되는 태그입니다.
⟨c:catch⟩	try..catch와 같이 예외처리를 위한 태그입니다.

▲ [표 18-7] Core 태그의 종류

⟨c:out⟩, ⟨c:set⟩, ⟨c:remove⟩ 태그에 대한 예제 만들기

01 다음과 같이 jsp 페이지를 작성하고 저장합니다.

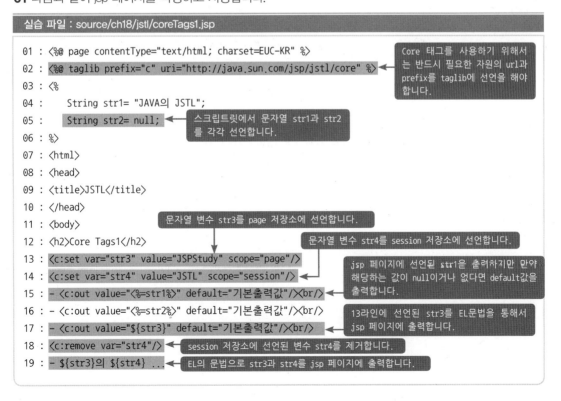

실습 파일 : source/ch18/jstl/coreTags1.jsp

```
01 : <%@ page contentType="text/html; charset=EUC-KR" %>
02 : <%@ taglib prefix="c" uri="http://java.sun.com/jsp/jstl/core" %>
03 : <%
04 :     String str1= "JAVA의 JSTL";
05 :     String str2= null;
06 : %>
07 : <html>
08 : <head>
09 : <title>JSTL</title>
10 : </head>
11 : <body>
12 : <h2>Core Tags1</h2>
13 : <c:set var="str3" value="JSPStudy" scope="page"/>
14 : <c:set var="str4" value="JSTL" scope="session"/>
15 : - <c:out value="<%=str1%>" default="기본출력값"/><br/>
16 : - <c:out value="<%=str2%>" default="기본출력값"/><br/>
17 : - <c:out value="${str3}" default="기본출력값"/><br/>
18 : <c:remove var="str4"/>
19 : - ${str3}의 ${str4} ...
```

Core 태그를 사용하기 위해서는 반드시 필요한 자원의 url과 prefix를 taglib에 선언을 해야 합니다.

스크립트릿에서 문자열 str1과 str2를 각각 선언합니다.

문자열 변수 str3를 page 저장소에 선언합니다.

문자열 변수 str4를 session 저장소에 선언합니다.

jsp 페이지에 선언된 str1을 출력하지만 만약 해당하는 값이 null이거나 없다면 default값을 출력합니다.

13라인에 선언된 str3를 EL문법을 통해서 jsp 페이지에 출력합니다.

session 저장소에 선언된 변수 str4를 제거합니다.

EL의 문법으로 str3과 str4를 jsp 페이지에 출력합니다.

```
20 : <%String s = (String)pageContext.getAttribute("str3");%>    String s에 page 저장소에
                                                                  서 str3를 가져옵니다.
21 : <font color="red"><b><%=s%></b></font>
22 : </body>
                          스크립트릿으로 리턴 받은 s의 값을 표현식으로 jsp 페이지에 출력합니다.
23 : </html>
```

04 ~ 05 : 스크립트릿 요소 안에 문자열 str1과 str2를 선언합니다. 이렇게 선언된 변수들은 특별한 저장소에는 저장되지
  않습니다. 자바파일로 변환된 코드에는 String str1= "JAVA의 JSTL"; 이렇게 선언되어 있습니다.

13 ~ 14 : 〈c:set〉으로 선언된 변수들은 scope의 값에 따라 저장소에 선언이 되기 때문에 스크립트릿에서는 바로 참조
  해서 사용 할 수가 없습니다. 사용을 하기 위해서는 EL문법을 사용하든지 아니면 getAttribute() 메소드를 사용
  을 해야 합니다.

15 ~ 17 : 스크립트릿 및 〈c:set〉 태그에 선언된 변수들을 〈c:out〉 태그를 통해서 jsp 페이지에 출력을 합니다.

19 : EL의 문법을 통해서 str3와 str4를 jsp 페이지에 출력합니다.

20 ~ 21 : 〈c:set〉으로 선언된 변수들은 스크립트릿에서 바로 사용 할 수 없기 때문에 지정한 저장소에서 getAttribute()
  메소드를 사용하여 그 값을 리턴을 받아서 표현식으로 jsp 페이지로 출력을 하였습니다. 4개의 저장소에서 저
  장된 값들을 사용하기 위해서는 이 같은 방법을 참고하면 될 것 같습니다.

02 브라우저를 실행시켜 결과를 확인합니다. 주소는 http://localhost/myapp/ch18/jstl/coreTags1.jsp로 입력
합니다.

▲ [그림 18-17] coreTags1.jsp의 실행화면

〈c:if〉, 〈c:choose〉, 〈c:when〉, 〈c:otherwise〉 태그에 대한 예제 만들기

01 다음과 같이 html 페이지를 작성하고 저장합니다.

실습 파일 : source/ch18/jstl/coreTags2.html

```
01 : <html>
02 : <head>
03 : <meta http-equiv="Content-Type" content="text/html; charset=EUC-KR" />
04 : </head>
05 : <body>
06 : <h2>Core Tags</h2>
07 : <form method="get" action="coreTags2.jsp">
08 :   id : <input name="id"><br/>
09 :   color : <select name="color">
10 :             <option selected value="yellow">옐로우</option>
11 :             <option value="blue">블루</option>
```

```
12 :           <option value="orange">오렌지</option>
13 :           <option value="pink">핑크</option>
14 :       </select><br/>
15 :   <input type="submit" value="보내기">
16 :   </form>
17 : </body>
18 : </html>
```

02 다음과 같이 jsp 페이지를 작성하고 저장합니다.

실습 파일 : source/ch18/jstl/coreTags2.jsp

```
01 : <%@ page contentType="text/html; charset=EUC-KR" %>
02 : <%@ taglib prefix="c" uri="http://java.sun.com/jsp/jstl/core" %>
03 : <html>
04 : <head>
05 : <title>JSTL</title>
06 : </head>
07 : <body >
08 : <h2>Core Tags2</h2>
09 : <c:if test="${param.id != null}">
10 :     <b>${param.id}</b>
11 : </c:if>
12 : <c:if test="${param.id == ''}">
13 :     <b>Guest</b>
14 : </c:if>
15 : <c:choose>
16 :     <c:when test="${param.color=='yellow'}">
17 :         <c:set var="c" value="노란색"/>
18 :     </c:when>
19 :     <c:when test="${param.color=='blue'}">
20 :         <c:set var="c" value="파란색"/>
21 :     </c:when>
22 :     <c:when test="${param.color=='orange'}">
23 :         <c:set var="c" value="오렌지색"/>
24 :     </c:when>
25 :     <c:when test="${param.color=='pink'}">
26 :         <c:set var="c" value="핑크색"/>
27 :     </c:when>
28 :     <c:otherwise>
29 :         <c:set var="c" value="블랙"/>
30 :     </c:otherwise>
31 : </c:choose>
32 : 님이 좋아하는 색상은 <font color="${param.color}">${c}</font>입니다.
33 : </body>
34 : </html>
```

if문 태그를 이용해서 요청된 id의 null값 여부를 체크합니다. test의 속성은 조건식의 결과 값을 가지고 있습니다.

EL의 문법으로 요청된 id값을 출력합니다.

if문 태그를 닫습니다.

다중선택을 체크하기 위한 choose문 태그를 사용하였습니다.

when 태그는 다중조건 중에서 조건식을 표현합니다.

요청된 color의 값이 yellow일 때 변수 c의 값은 '노란색'으로 대입합니다.

when문 태그를 닫습니다.

when 조건에 성립되지 않은 모든 조건을 수용하는 조건문으로 if~else문에서 else와 같은 기능입니다.

otherwise문 태그를 닫습니다.

choose문 태그를 닫습니다.

요청받은 color는 font의 color 속성 값으로 설정되고 색상 c는 jsp 페이지에 출력됩니다.

9 ~ 14 : coreTags2.html에 입력 받은 id값을 체크해서 id값이 null이지 않으면 id값을 출력하고 입력되지 않았다면 Guest를 출력하기 위해 if문 태그를 사용하였습니다.

15 ~ 30 : coreTags2.html에 여러 개의 조건이 요청 될 수 있는 color값을 choose문 태그를 사용하여 font의 color와 좋아 하는 색상의 이름까지 jsp 페이지에 출력을 하였습니다.

03 브라우저를 실행시켜 결과를 확인합니다. 주소는 http://localhost/myapp/ch18/jstl/coreTags2.html로 입력 합니다.

▲ [그림 18-18] coreTags2.html과 coreTags2.jsp의 실행화면

〈c:forEach〉, 〈c:forTokens〉 태그에 대한 예제 만들기

01 다음과 같이 jsp 페이지를 작성하고 저장합니다.

> **실습 파일 : source/ch18/jstl/coreTags3.jsp**

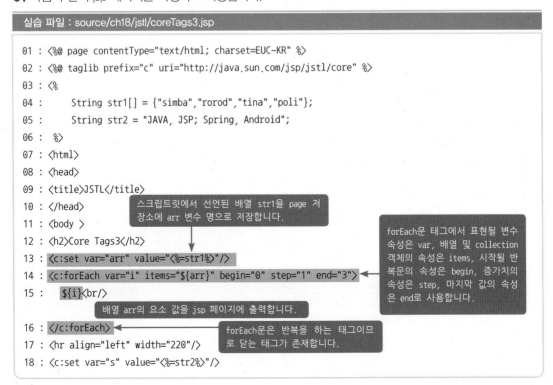

```
01 : <%@ page contentType="text/html; charset=EUC-KR" %>
02 : <%@ taglib prefix="c" uri="http://java.sun.com/jsp/jstl/core" %>
03 : <%
04 :     String str1[] = {"simba","rorod","tina","poli"};
05 :     String str2 = "JAVA, JSP; Spring, Android";
06 : %>
07 : <html>
08 : <head>
09 : <title>JSTL</title>
10 : </head>
11 : <body >
12 : <h2>Core Tags3</h2>
13 : <c:set var="arr" value="<%=str1%>"/>
14 : <c:forEach var="i" items="${arr}" begin="0" step="1" end="3">
15 :    ${i}<br/>
16 : </c:forEach>
17 : <hr align="left" width="220"/>
18 : <c:set var="s" value="<%=str2%>"/>
```

스크립트릿에서 선언된 배열 str1을 page 저장소에 arr 변수 명으로 저장합니다.

forEach문 태그에서 표현될 변수 속성은 var, 배열 및 collection 객체의 속성은 items, 시작될 반복문의 속성은 begin, 증가치의 속성은 step, 마지막 값의 속성은 end로 사용합니다.

배열 arr의 요소 값을 jsp 페이지에 출력합니다.

forEach문은 반복을 하는 태그이므로 닫는 태그가 존재합니다.

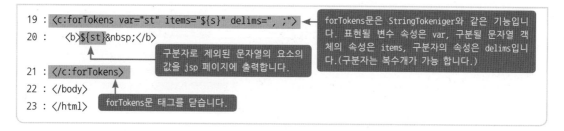

```
19 : <c:forTokens var="st" items="${s}" delims=", ;">
20 :    <b>${st} </b>
21 : </c:forTokens>
22 : </body>
23 : </html>
```

forTokens문은 StringTokeniger와 같은 기능입니다. 표현될 변수 속성은 var, 구분될 문자열 객체의 속성은 items, 구분자의 속성은 delims입니다.(구분자는 복수개가 가능 합니다.)

구분자로 제외된 문자열의 요소의 값을 jsp 페이지에 출력합니다.

forTokens문 태그를 닫습니다.

14 ~ 16 : 04라인에서 선언된 배열을 forEach문 태그를 사용하여 jsp 페이지에 출력을 합니다.

19 ~ 21 : 05라인에 선언된 문자열을 forTokens문 태그를 사용하여 구분자(토큰) ,(콤마)와 ;(세미콜론) 복수개로 문자열을 분해하였습니다.

02 브라우저를 실행시켜 결과를 확인합니다. 주소는 http://localhost/myapp/ch18/jstl/coreTags3.jsp로 입력합니다.

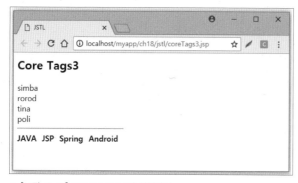

▲ [그림 18-19] coreTags3.jsp의 실행화면

〈c:import〉, 〈c:param〉, 〈c:url〉 태그에 대한 예제 만들기

01 다음과 같이 jsp 페이지를 작성하고 저장합니다.

실습 파일 : source/ch18/jstl/coreTags4.jsp

```
01 : <%@ page contentType="text/html; charset=EUC-KR" %>
02 : <%@ taglib prefix="c" uri="http://java.sun.com/jsp/jstl/core" %>
03 : <html>
04 : <head>
05 : <title>JSTL</title>
06 : </head>
07 : <body>
08 : <h2>Core Tags4</h2>
09 : <hr width="150" align="left"/>
10 : <c:import url="http://localhost/myapp/ch18/jstl/coreTags2.jsp">
11 :    <c:param name="id" value="JSPStudy"/>
12 :    <c:param name="color" value="orange"/>
13 : </c:import>
14 : <hr width="360" align="left"/>
```

import 태그는 include 액션태그와 거의 같은 기능입니다. 결과를 포함하고 싶은 주소 값을 url 속성에 정의합니다.

param 태그는 요청 url에 요청할 변수명과 값을 정의합니다.

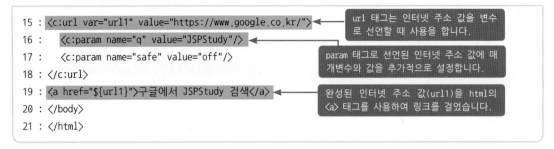

```
15 :  <c:url var="url1" value="https://www.google.co.kr/">
16 :    <c:param name="q" value="JSPStudy"/>
17 :    <c:param name="safe" value="off"/>
18 :  </c:url>
19 :  <a href="${url1}">구글에서 JSPStudy 검색</a>
20 :  </body>
21 :  </html>
```

url 태그는 인터넷 주소 값을 변수로 선언할 때 사용을 합니다.

param 태그로 선언된 인터넷 주소 값에 매개변수와 값을 추가적으로 설정합니다.

완성된 인터넷 주소 값(url1)을 html의 <a> 태그를 사용하여 링크를 걸었습니다.

10 ~ 13 : import 태그를 사용하여 coreTags2.jsp의 결과 내용을 포함 시켰습니다. 요청할 때 매개변수는 param 태그를 사용하여 id=JSPStudy, color=orange 복수개의 매개변수로 호출이 되었습니다.

15 ~ 17 : 일반적인 변수선언은 set 태그를 사용하지만 인터넷 주소 값의 선언은 url 태그로 선언합니다. 필요한 매개변수가 있다면 param 태그를 사용합니다.

02 브라우저를 실행시켜 결과를 확인합니다. 주소는 http://localhost/myapp/ch18/jstl/coreTags4.jsp로 입력합니다.

▲ [그림 18-20] coreTags4.jsp의 실행화면

▲ [그림 18-21] coreTags4.jsp에서 구글에서 JSPStudy 검색 클릭 시 실행화면

〈c:redirect〉 태그에 대한 예제 만들기

01 다음과 같이 jsp 페이지를 작성하고 저장합니다.

> **실습 파일 : source/ch18/jstl/coreTags5.jsp**

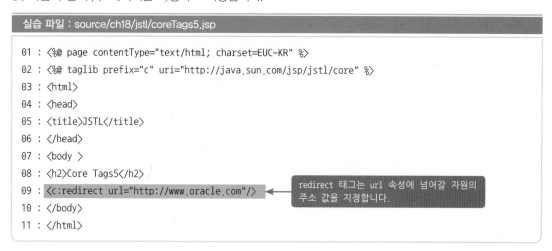

```
01 : <%@ page contentType="text/html; charset=EUC-KR" %>
02 : <%@ taglib prefix="c" uri="http://java.sun.com/jsp/jstl/core" %>
03 : <html>
04 : <head>
05 : <title>JSTL</title>
06 : </head>
07 : <body >
08 : <h2>Core Tags5</h2>
09 : <c:redirect url="http://www.oracle.com"/>       redirect 태그는 url 속성에 넘어갈 자원의
10 : </body>                                          주소 값을 지정합니다.
11 : </html>
```

09 : redirect 태그는 response 내장객체의 메소드인 sendRedirect() 메소드와 같은 기능입니다. forward 액션태그처럼 요청 정보는 가져가지 않고 단순한 페이지 전환의 기능만 있습니다.

02 브라우저를 실행시켜 결과를 확인합니다. 주소는 http://localhost/myapp/ch18/jstl/coreTags5.jsp로 입력합니다.

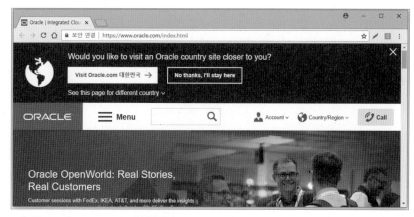

▲ [그림 18-22] coreTags5.jsp의 실행화면

〈c:catch〉 태그에 대한 예제 만들기

01 다음과 같이 jsp 페이지를 작성하고 저장합니다.

> **실습 파일 : source/ch18/jstl/coreTags6.jsp**

```
01 : <%@ page contentType="text/html; charset=EUC-KR" %>
02 : <%@ taglib prefix="c" uri="http://java.sun.com/jsp/jstl/core" %>
03 : <html>
04 : <head>
```

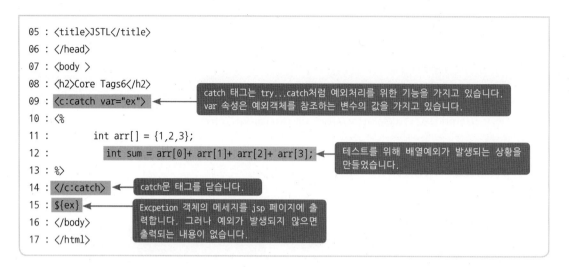

```
05 : <title>JSTL</title>
06 : </head>
07 : <body >
08 : <h2>Core Tags6</h2>
09 : <c:catch var="ex">
10 : <%
11 :         int arr[] = {1,2,3};
12 :             int sum = arr[0]+ arr[1]+ arr[2]+ arr[3];
13 : %>
14 : </c:catch>
15 : ${ex}
16 : </body>
17 : </html>
```

catch 태그는 try...catch처럼 예외처리를 위한 기능을 가지고 있습니다. var 속성은 예외객체를 참조하는 변수의 값을 가지고 있습니다.

테스트를 위해 배열예외가 발생되는 상황을 만들었습니다.

catch문 태그를 닫습니다.

Excpetion 객체의 메세지를 jsp 페이지에 출력합니다. 그러나 예외가 발생되지 않으면 출력되는 내용이 없습니다.

09 ~ 14 : catch문 태그로 예외가 일어날 수 있는 가능성이 있는 코드의 범위를 지정하여 의도적으로 배열 예외를 발생시켰습니다.

02 브라우저를 실행시켜 결과를 확인합니다. 주소는 http://localhost/myapp/ch18/jstl/coreTags6.jsp로 입력합니다.

▲ [그림 18-22] coreTags6.jsp의 실행화면

02-4 JSTL의 포매팅(Formatting) 태그

포매팅 태그 라이브러리는 날짜, 시간, 숫자 및 텍스트의 포맷, 국제화에 따른 언어 설정의 기능들이 제공되고 포매팅 태그의 종류로는 아래의 표와 같습니다.

포매팅 태그를 사용하기 위해서는 taglib 지시자(directive)를 선언해야 합니다.

```
<%@ taglib prefix="fmt" uri="http://java.sun.com/jsp/jstl/fmt" %>
```

태그	기능
〈fmt:requestEncoding〉	요청된 문자 인코딩을 설정하는 태그입니다.
〈fmt:setLocale〉	사용하고자 하는 로케일(지역, 국가) 및 언어를 설정하는 태그입니다.
〈fmt:formatNumber〉	숫자를 원하는 문자열 형식으로 변환시키는 태그입니다.
〈fmt:parseNumber〉	문자열을 원하는 숫자 형식으로 변환시키는 태그입니다.
〈fmt:formatDate〉	날짜 및 시간을 원하는 형식으로 출력하는 태그입니다.
〈fmt:formatDate〉	문자열을 원하는 날짜 및 시간 형식으로 출력하는 태그입니다.
〈fmt:timeZone〉	둘 다 원하는 시간대 설정 변수의 타임존 설정을 위한 태그입니다. 그러나 timeZone의 태그는 태그를 열고 닫는 영역 안에서만 적용되는 차이점이 있습니다.
〈fmt:setTimeZone〉	둘 다 원하는 시간대 설정 변수의 타임존 설정을 위한 태그입니다. 그러나 timeZone의 태그는 태그를 열고 닫는 영역 안에서만 적용되는 차이점이 있습니다.
〈fmt:bundle〉	태그 안에서 사용할 bundle값을 지정합니다.
〈fmt:setBundle〉	사용할 bundle값을 지정합니다.
〈fmt:message〉	지정된 bundle값을 가져옵니다.

▲ [표 18-8] 포매팅(Formatting) 태그의 종류

〈fmt:requestEncoding〉, 〈fmt:setLocale〉 태그에 대한 예제 만들기

01 다음과 같이 jsp 페이지를 작성하고 저장합니다.

실습 파일 : source/ch18/jstl/fmtTags1.jsp

```
01 : <%@ page contentType="text/html; charset=EUC-KR"%>
02 : <%@ taglib prefix="fmt" uri="http://java.sun.com/jsp/jstl/fmt"%>
03 : <html>
04 : <head>
05 : <title>JSTL</title>
06 : </head>
07 : <body >
08 : <h2>Formatting Tags1</h2>
09 : <fmt:setLocale value="ko_kr"/>
10 : <fmt:requestEncoding value="EUC-KR"/>
11 : name : <%=request.getParameter("name")%><br/>
12 : <form  method="post">
13 :    name : <input type="text" name="name">
14 :    <input type="submit">
15 : </form>
16 : </body>
17 : </html>
```

포매팅 태그를 사용하기 위해서는 반드시 필요한 자원의 url과 prefix를 taglib에 선언을 해야 합니다.

ko은 국가코드이고 kr은 언어코드입니다.

요청된 문자 인코딩을 한글로 설정 하였습니다.

10 : 요청되는 name을 한글로 처리하기 위해 인코딩을 EUC-KR로 설정하였습니다. 이 태그는 〈%request. setCharacterEncoding("EUC-KR");%〉 같은 기능이라고 생각하시면 됩니다.

11 : 요청된 name의 값을 출력합니다. 만약 요청된 값이 없다면 null로 jsp 페이지에 출력됩니다.

12 : form에 action 속성에 값이 없다면 자신의 페이지로 요청됩니다.

국제표준화기구(ISO-International Organization for Standardization)에 제공되는 언어코드와 국가코드의 리스트를 제공하는 사이트입니다.

- ISO Language LIST : http://www.loc.gov/standards/iso639-2/php/code_list.php
- ISO Country LIST : http://www.iso.org/iso/country_codes/iso_3166_code_lists/country_names_and_code_elements.htm

02 브라우저를 실행시켜 결과를 확인합니다. 주소는 http://localhost/myapp/ch18/jstl/fmtTags1.jsp로 입력합니다.

▲ [그림 18-24] fmtTags1.jsp의 실행화면

〈fmt:formatNumber〉, 〈fmt:parseNumber〉 태그에 대한 예제 만들기

01 다음과 같이 jsp 페이지를 작성하고 저장합니다.

실습 파일 : source/ch18/jstl/fmtTags2.jsp

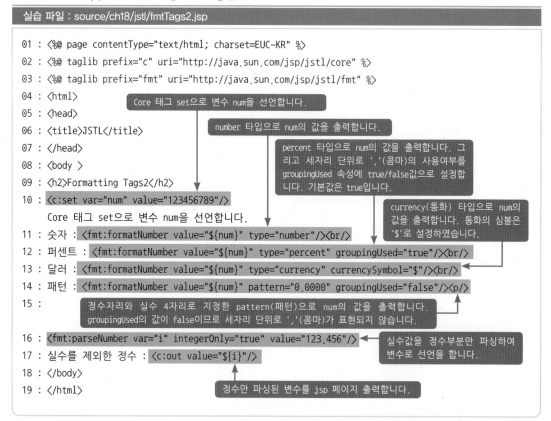

```
01 : <%@ page contentType="text/html; charset=EUC-KR" %>
02 : <%@ taglib prefix="c" uri="http://java.sun.com/jsp/jstl/core" %>
03 : <%@ taglib prefix="fmt" uri="http://java.sun.com/jsp/jstl/fmt" %>
04 : <html>
05 : <head>
06 : <title>JSTL</title>
07 : </head>
08 : <body >
09 : <h2>Formatting Tags2</h2>
10 : <c:set var="num" value="123456789"/>
     Core 태그 set으로 변수 num을 선언합니다.
11 : 숫자 : <fmt:formatNumber value="${num}" type="number"/><br/>
12 : 퍼센트 : <fmt:formatNumber value="${num}" type="percent" groupingUsed="true"/><br/>
13 : 달러 : <fmt:formatNumber value="${num}" type="currency" currencySymbol="$"/><br/>
14 : 패턴 : <fmt:formatNumber value="${num}" pattern="0.0000" groupingUsed="false"/><p/>
15 :
16 : <fmt:parseNumber var="i" integerOnly="true" value="123.456"/>
17 : 실수를 제외한 정수 : <c:out value="${i}"/>
18 : </body>
19 : </html>
```

Core 태그 set으로 변수 num을 선언합니다.

number 타입으로 num의 값을 출력합니다.

percent 타입으로 num의 값을 출력합니다. 그리고 세자리 단위로 ','(콤마)의 사용여부를 groupingUsed 속성에 true/false값으로 설정합니다. 기본값은 true입니다.

currency(통화) 타입으로 num의 값을 출력합니다. 통화의 심볼은 '$'로 설정하였습니다.

정수자리와 실수 4자리로 지정한 pattern(패턴)으로 num의 값을 출력합니다. groupingUsed의 값이 false이므로 세자리 단위로 ','(콤마)가 표현되지 않습니다.

실수값을 정수부분만 파싱하여 변수로 선언을 합니다.

정수만 파싱된 변수를 jsp 페이지 출력합니다.

11 ~ 14 : (숫자→문자열) formatNumber 태그를 사용하여 변수 num을 숫자, 통화 ,퍼센트, 패턴등 원하는 형식의 문자열로 출력을 합니다.

16 : (문자열→숫자) parseNumber 태그를 사용하여 123.456의 값을 원하는 문자열로 형태로 출력을 합니다.

02 브라우저를 실행시켜 결과를 확인합니다. 주소는 http://localhost/myapp/ch18/jstl/fmtTags2.jsp로 입력합니다.

▲ [그림 18-25] fmtTags2.jsp의 실행화면

〈fmt:formatDate/〉, 〈fmt:parseDate/〉, 〈fmt:timeZone/〉, 〈fmt:setTimeZone/〉 태그에 대한 예제 만들기

01 다음과 같이 jsp 페이지를 작성하고 저장합니다.

실습 파일 : source/ch18/jstl/fmtTags3.jsp

```
01 : <%@ page contentType="text/html; charset=EUC-KR" %>
02 : <%@ page import="java.util.Date"%>          밑에서 사용할 java.util.Date 클래스를 import 합니다.
03 : <%@ taglib prefix="c" uri="http://java.sun.com/jsp/jstl/core" %>
04 : <%@ taglib prefix="fmt" uri="http://java.sun.com/jsp/jstl/fmt" %>
05 : <html>
06 : <head>
07 : <title>JSTL</title>
08 : </head>
09 : <body >                     시간 및 날짜의 정보를 가지고 있는 Date 객체를 선언합니다.
10 : <h2>Formatting Tags3</h2>
11 :                                                       날짜의 정보를 full 스타일로 출력합니다.
12 : <c:set var="dayTime" value="<%=new Date() %>"/>
13 : <fmt:formatDate value="${dayTime}" type="date" dateStyle="full"/><br/>
14 : <fmt:formatDate value="${dayTime}" type="time"/><p/>      시간의 정보를 기본 스타일로 출력합니다.
15 :
16 : <fmt:timeZone value="Europe/London">          타임존을 Europe/London으로 지정합니다.
17 : Europe/London : <fmt:formatDate value="${dayTime}" type="both" dateStyle="full" timeStyle="full"/><br/>
18 : </fmt:timeZone>         timeZone 태그의 특징은 태그 안에서만 적용 가능합니다.          지정된 타입존의 지역의 현재
19 :                                                                                        시간과 날짜를 출력합니다.
20 : <fmt:setTimeZone value="America/New_York"/>      타임존을 America/New_York으로 지정합니다.
21 : America/New_York : <fmt:formatDate value="${dayTime}" type="both" dateStyle="full" timeStyle="full"/><br/>
22 : </body>
23 : </html>          지정된 타입존의 지역의 현재 시간과 날짜를 출력합니다.
```

12 ~ 14 : java.util.Date 클래스의 객체를 생성하여 formatDate 태그를 이용해서 다양한 형태의 타입으로 출력을 합니다.

16 ~ 22 : 필요한 지역의 시간대(timeZone)을 설정하고 설정된 시간대의 현재 시간과 날짜를 출력합니다.

여기서 잠깐!

Europe/London, America/New_York등 timeZone 태그의 value 속성에 들어가는 시간대 지역 명칭은 java.util 패키지에 있는 TimeZone 클래스에 있는 getAvailableIDs() 메소드로 리턴 받을 수 있습니다.

```
String tzArr[] = TimeZone.getAvailableIDs();
```

02 브라우저를 실행시켜 결과를 확인합니다. 주소는 http://localhost/myapp/ch18/jstl/fmtTags3.jsp로 입력합니다.

▲ [그림 18-26] fmtTags3.jsp의 실행화면

〈fmt:setBundle/〉, 〈fmt:message/〉 태그에 대한 예제 만들기

01 다음과 같이 프로퍼티 파일을 작성하고 저장합니다. 저장위치는 자바 파일과 동일한 위치(Java Resouces/src/ch18)에 저장합니다.

실습 파일 : source/ch18/jstl/note.properties

```
01 : country = Korea
02 : siteName = JSPStudy
03 : message = {0}!!!
```

01 ~ 03 : 파일명.properties 이런 형식으로 프로퍼티 파일을 키=값 형태로 저장합니다. {0}와 같이 동적인 값이 필요할 때 0번째 위치의 변수를 선언하는 형식입니다.

02 다음과 같이 jsp 페이지를 작성하고 저장합니다.

실습 파일 : source/ch18/jstl/fmtTags4.jsp

```
01 : <%@ page contentType="text/html; charset=EUC-KR" %>
02 : <%@ taglib prefix="c" uri="http://java.sun.com/jsp/jstl/core" %>
03 : <%@ taglib prefix="fmt" uri="http://java.sun.com/jsp/jstl/fmt" %>
04 : <html>
```

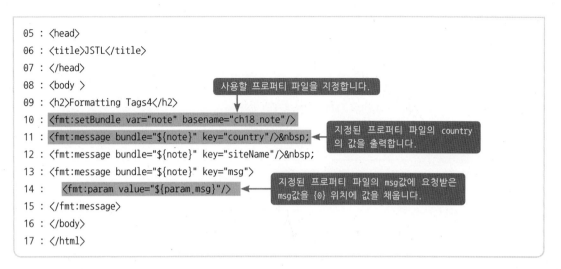

```
05 : <head>
06 : <title>JSTL</title>
07 : </head>
08 : <body >                        사용할 프로퍼티 파일을 지정합니다.
09 : <h2>Formatting Tags4</h2>
10 : <fmt:setBundle var="note" basename="ch18.note"/>
11 : <fmt:message bundle="${note}" key="country"/>     지정된 프로퍼티 파일의 country
12 : <fmt:message bundle="${note}" key="siteName"/>    의 값을 출력합니다.
13 : <fmt:message bundle="${note}" key="msg">
14 :    <fmt:param value="${param.msg}"/>              지정된 프로퍼티 파일의 msg값에 요청받은
15 : </fmt:message>                                     msg값을 {0} 위치에 값을 채웁니다.
16 : </body>
17 : </html>
```

10 ~ 15 : 사용하고자 하는 프로퍼티 파일(note.properties)을 setBundle 태그에 지정하고 지정된 프로퍼티 파일에 키=값으로 선언된 값을 message 태그로 출력을 합니다. {0}으로 선언된 값은 동적으로 요청된 msg의 속성의 값으로 지정합니다.

03 브라우저를 실행시켜 결과를 확인합니다. 주소는 http://localhost/myapp/ch18/jstl/fmtTags4.jsp?msg=Fighting로 입력합니다.

▲ [그림 18-27] fmtTags3.jsp의 실행화면

02-5 JSTL의 SQL 태그

SQL 태그 라이브러리는 오라클, MySQL은, 또는 Microsoft SQL Server와 같은 관계형 데이터베이스 (RDBMS에)와 상호 작용하는 태그를 제공하고 SQL 태그의 종류로는 아래의 표와 같습니다. SQL 태그를 사용하기 위해서는 taglib 지시자(directive)를 선언해야 합니다.

```
<%@ taglib prefix="sql" uri="http://java.sun.com/jsp/jstl/sql" %>
```

태그	기능
⟨sql:setDataSource⟩	Database Server 연결 리소스를 지정합니다.
⟨sql:query⟩	태그 안에 지정된 SQL query를 실행합니다,
⟨sql:update⟩	태그 안에 지정된 SQL update를 실행합니다.
⟨sql:param⟩	지정된 값으로 SQL 문에서 매개 변수를 설정합니다.
⟨sql:dateParam⟩	지정된 java.util.Date의 값으로 SQL 문에서 매개 변수를 설정합니다.
⟨sql:transaction⟩	트랜잭션의 모든 명령문을 실행합니다.

▲ [표 18-9] SQL 태그의 종류

〈sql:setDataSource〉, 〈sql:query〉 태그에 대한 예제 만들기

01 다음과 같이 jsp 페이지를 작성하고 저장합니다.

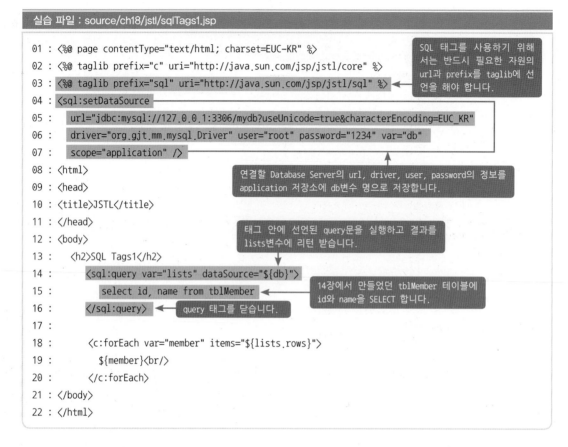

실습 파일 : source/ch18/jstl/sqlTags1.jsp

```
01 : <%@ page contentType="text/html; charset=EUC-KR" %>
02 : <%@ taglib prefix="c" uri="http://java.sun.com/jsp/jstl/core" %>
03 : <%@ taglib prefix="sql" uri="http://java.sun.com/jsp/jstl/sql" %>
04 : <sql:setDataSource
05 :     url="jdbc:mysql://127.0.0.1:3306/mydb?useUnicode=true&characterEncoding=EUC_KR"
06 :     driver="org.gjt.mm.mysql.Driver" user="root" password="1234" var="db"
07 :     scope="application" />
08 : <html>
09 : <head>
10 : <title>JSTL</title>
11 : </head>
12 : <body>
13 :     <h2>SQL Tags1</h2>
14 :         <sql:query var="lists" dataSource="${db}">
15 :             select id, name from tblMember
16 :         </sql:query>
17 :
18 :         <c:forEach var="member" items="${lists.rows}">
19 :             ${member}<br/>
20 :         </c:forEach>
21 : </body>
22 : </html>
```

SQL 태그를 사용하기 위해서는 반드시 필요한 자원의 url과 prefix를 taglib에 선언을 해야 합니다.

연결할 Database Server의 url, driver, user, password의 정보를 application 저장소에 db변수 명으로 저장합니다.

태그 안에 선언된 query문을 실행하고 결과를 lists변수에 리턴 받습니다.

14장에서 만들었던 tblMember 테이블에 id와 name을 SELECT 합니다.

query 태그를 닫습니다.

04 ~ 07 : Database Server(mysql) 연결에 필요한 여러 가지 정보를 선언하고 연결정보를 application 저장소에 'db변수 명'으로 저장합니다. 가장 범위가 큰 application 저장소에 저장을 했기 때문에 다른 JSP 파일에서는 Database 연결 설정이 없어도 사용이 가능합니다.

14~16 : 14장에서 생성한 tblMember 테이블에 저장된 모든 레코드의 id와 name을 리턴 받습니다.

18~20 : Core 태그에서 배운 forEach 태그를 통해서 리턴 받은 id와 name을 출력합니다. 다수개의 레코드가 있다면 모두 출력이 되지만 본 교재에서는 지면에 대한 제약으로 세 개만 입력을 하였습니다.

02 브라우저를 실행시켜 결과를 확인합니다. 주소는 http://localhost/myapp/ch18/jstl/sqlTags1.jsp로 입력합니다.

SQL Tags1

{id=aaa, name=홍길동}
{id=rorod, name=이경미}
{id=simbaa, name=정동진}

▲ [그림 18-28] sqlTags1.jsp의 실행화면

⟨sql:update⟩, ⟨sql:param⟩ 태그에 대한 예제 만들기

01 다음과 같이 jsp 페이지를 작성하고 저장합니다.

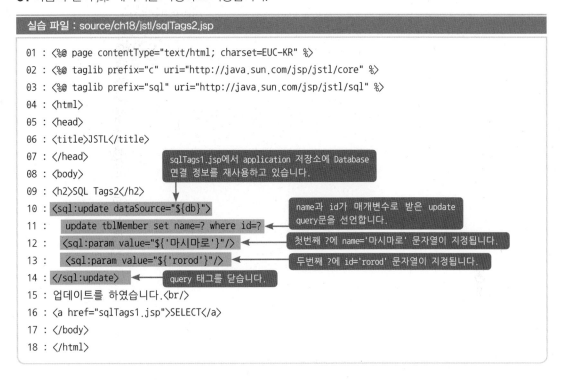

실습 파일 : source/ch18/jstl/sqlTags2.jsp

```
01 : <%@ page contentType="text/html; charset=EUC-KR" %>
02 : <%@ taglib prefix="c" uri="http://java.sun.com/jsp/jstl/core" %>
03 : <%@ taglib prefix="sql" uri="http://java.sun.com/jsp/jstl/sql" %>
04 : <html>
05 : <head>
06 : <title>JSTL</title>
07 : </head>
08 : <body>
09 : <h2>SQL Tags2</h2>
10 : <sql:update dataSource="${db}">
11 :    update tblMember set name=? where id=?
12 :    <sql:param value="${'마시마로'}"/>
13 :    <sql:param value="${'rorod'}"/>
14 : </sql:update>
15 : 업데이트를 하였습니다.<br/>
16 : <a href="sqlTags1.jsp">SELECT</a>
17 : </body>
18 : </html>
```

> sqlTags1.jsp에서 application 저장소에 Database 연결 정보를 재사용하고 있습니다.

> name과 id가 매개변수로 받은 update query문을 선언합니다.

> 첫번째 ?에 name='마시마로' 문자열이 지정됩니다.

> 두번째 ?에 id='rorod' 문자열이 지정됩니다.

> query 태그를 닫습니다.

10 ~ 14 : sqlTags1.jsp의 결과물을 수정하기 위한 기능으로 update 태그를 두 개의 매개변수로 선언하고 실행을 합니다.
16   : update를 실행하고 결과를 확인하기 위해서 sqlTags1.jsp 페이지로 링크를 합니다.

02 브라우저를 실행시켜 결과를 확인합니다. 주소는 http://localhost/myapp/ch18/jstl/sqlTags2.jsp로 입력합니다.

▲ [그림 18-29] sqlTags2.jsp과 업데이트 후에 sqlTags1.jsp 실행화면

02-6 JSTL의 함수(Functions)

JSTL Functions 라이브러리는 일반적인 문자열 조작 함수를 제공하고 Functions의 종류로는 아래의 표와 같습니다.

JSTL Functions을 사용하기 위해서는 taglib 지시자(directive)를 선언해야 합니다.

```
<%@ taglib prefix="fn" uri="http://java.sun.com/jsp/jstl/functions" %>
```

태그	기능
fn:length(obj)	obj가 문자열이면 길이를 리턴하고 List나 Collection이면 항목의 개수를 리턴합니다.
fn:substring(str,i,j)	str 문자열의 I에서 j-1까지의 문자열을 리턴합니다.
fn:substringAfter(str1,str2)	str1 문자열에서 str2 문자열 이후의 문자열을 리턴합니다.
fn:substringBefore(str1,str2)	str1 문자열에서 str2 문자열 이전의 문자열을 리턴합니다.
fn:toUpperCase(str)	str 문자열을 대문자로 리턴합니다.
fn:toLowerCase(str)	str 문자열을 소문자로 리턴합니다.
fn:replace(str,src,dest)	str 문자열에 있는 src 문자열을 dest로 변경한 문자열을 리턴합니다.
fn:indexOf(str1,str2)	str1 문자열에 str2로 시작된 문자열을 리턴합니다.
fn:startsWith(str1,str2)	str1 문자열이 str2로 시작되면 참(true), 그렇지 않으면 거짓(false)값을 리턴합니다.
fn:endsWith(str1,str2)	str1 문자열이 str2 문자열로 끝이 나면 참(true), 그렇지 않으면 거짓(false)값을 리턴합니다.
fn:contains(str1,str2)	str1 문자열에 str2 문자열이 포함되어 있으면 참(true), 그렇지 않으면 거짓(false)값을 리턴합니다. containsIgnoreCase는 대소문자를 무시하고 비교 합니다.
fn:containsIgnoreCase(str1,str2)	str1 문자열에 str2 문자열이 포함되어 있으면 참(true), 그렇지 않으면 거짓(false)값을 리턴합니다. containsIgnoreCase는 대소문자를 무시하고 비교 합니다.
fn:trim(str)	str1 문자열을 str2 문자열로 구분을 해서 배열로 리턴을 합니다.
fn:join(arr,str2)	arr 배열의 각 요소의 중간에 str2 문자열이 들어간 문자열을 리턴합니다.
fn:escapeXml(str)	XML 마크업으로서 해석 될 수 있는 문자를 이스케이프 리턴합니다.

▲ [표 18-10] JSTL Functions의 종류

01 다음과 같이 jsp 페이지를 작성하고 저장합니다.

> 실습 파일 : source/ch18/jstl/functionsTags.jsp

```
01 : <%@ page contentType="text/html; charset=EUC-KR" %>
02 : <%@ taglib prefix="c" uri="http://java.sun.com/jsp/jstl/core" %>
03 : <%@ taglib prefix="fn" uri="http://java.sun.com/jsp/jstl/functions" %>
04 : <html>
05 : <head>
06 : <title>JSTL</title>
07 : </head>
08 : <body>
09 : <h2>Functions Tags</h2>
10 : <c:set var="str" value="JSPStudy :: the whole new world!"/>    예문으로 사용될 문자열을 선언합니다.
11 : <hr width="430" align="left" color="red"/>
12 : str : <b>${str}</b><br/>
               ↑
        예문으로 사용될 문자열을 jsp 페이지에 출력합니다.
```

```
13 : length : <b>${fn:length(str)}</b><br/>
14 : substring : <b>${fn:substring(str,0,8)}</b><br/>
15 : substringAfter : <b>${fn:substringAfter(str,"JSPStudy")}</b><br/>
16 : substringBefore : <b>${fn:substringBefore(str,"the")}</b><br/>
17 : toUpperCase : <b>${fn:toUpperCase (str)}</b><br/>
18 : toLowerCase  : <b>${fn:toLowerCase(str)}</b><br/>
19 : replace  : <b>${fn:replace(str,"JSP","Android")}</b><br/>
20 : indexOf  : <b>${fn:indexOf(str,"the")}</b><br/>
21 : startsWith  : <b>${fn:startsWith(str,"JSPStudy")}</b><br/>
22 : endsWith  : <b>${fn:endsWith(str,"JSPStudy")}</b><br/>
23 : contains  : <b>${fn:contains(str,"jspstudy")}</b><br/>
24 : containsIgnoreCase  : <b>${fn:containsIgnoreCase(str,"jspstudy")}</b><br/>
25 : trim  : ***<b>${fn:trim("   http://JSPStudy.co.kr   ")}</b>***<br/>
26 : <c:set var="arr" value="${fn:split(str,' ')}"/>
27 : join : <b>${fn:join(arr,"&&")}</b><br/>
28 : <hr width="430" align="left" color="blue"/>
29 : </body>
30 : </html>
```

13 ~ 27 : JSTL Functions에서 제공되는 모든 함수(escapeXml–제외)들에 대한 예제 코드들입니다.

02 브라우저를 실행시켜 결과를 확인합니다. 주소는 http://localhost/myapp/ch18/jstl/functionsTags.jsp로 입력합니다.

▲ [그림 18-30] functionsTags.jsp 실행화면

이상으로 EL(Expression Language)과 JSTL(JSP Standard Tag Library)의 설명을 모두 마치도록 하겠습니다.

- **EL의 내장객체의 저장소**

내장객체 저장소	설명
pageScope	page 영역에 저장하는 저장소
requestScope	request 영역에 저장하는 저장소
sessionScope	session 영역에 저장하는 저장소
applicationScope	application 영역에 저장하는 저장소

- **EL의 내장객체 표현문법**

문법	설명
${param.id}	하나의 요청 값일 때
${param["id"]}	하나의 요청 값일 때
${paramValues.study[0]}	다수개의 요청 값일 때
${paramValues["study"][1]}	다수개의 요청 값일 때

- **JSTL의 태그 종류**

태그	기능
Core	일반적인 프로그래밍에서 사용되는 기능이 제공
Formatting	날짜, 시간 및 숫자 텍스트를 포맷하고 표시하는 기능 제공
SQL	관계형 데이터베이스 (RDBMS에)와 상호 작용하는 태그를 제공
XML	XML 문서를 생성하고 조작하는 방법을 제공
Functions	문자열을 가공하고 조작하기 위한 표준함수를 제공

- **JSTL을 사용하기 위한 jsp 페이지에 taglib 지시자**

태그	taglib 지시자
Core	<%@ taglib prefix="c" uri="http://java.sun.com/jsp/jstl/core" %>
Formatting	<%@ taglib prefix="fmt" uri="http://java.sun.com/jsp/jstl/fmt" %>
SQL	<%@ taglib prefix="sql" uri="http://java.sun.com/jsp/jstl/sql" %>
XML	<%@ taglib prefix="x" uri="http://java.sun.com/jsp/jstl/xml" %>
Functions	<%@ taglib prefix="fn" uri="http://java.sun.com/jsp/jstl/functions" %>

1 jsp 페이지에서 표현언어(EL)의 문법이 실행이 되지 않고 텍스트로 표시되는 page 지시자의 속성은 무엇입니까?

2 표현언어(EL) 내장객체 중 4개의 영역 저장소의 이름을 작은 범위에서 큰 범위 순서대로 나열하시오.

3 JSTL을 사용하기 위해서는 외부 라이브러리가 필요합니다. 다운로드 받는 정확한 사이트 주소와 라이브러리의 이름을 서술하시오.

4 Core 태그에서 제공되는 〈c:out〉, 〈c:set〉, 〈c:remove〉 태그의 기능을 각각 서술하시오.

5 SQL 태그에서 제공되는 〈sql:update〉 태그를 사용해서 tblMember에 저장된 레코드를 요청받은 id='rorod'로 삭제하는 태그를 완성하시오.

해답은 622 쪽 연습문제 해답을 참조하세요.

Chapter

19

커스텀 태그(Custom Tag)

이 장에서는 JSP에서 서서히 중요한 비중을 차지하고 사용자가 직접 태그를 만들어 사용하는 기술에 대해서 다루고자 합니다. JSP 명세서에는 직접 태그를 정의하고 구현하는 기술에 관한 내용이 많은 부분을 차지할 정도로 관심을 두고 있는 기술 분야입니다. 그리고 다른 ASP, PHP와 같은 웹 프로그래밍 언어에서는 찾아 볼 수 없는 기술이기도 합니다. 또한 이번 장은 자바 프로그래밍에 대해서 조금은 앞장에 비해서 복잡한 기술을 필요로 합니다. 따라서 자바를 모르신다면 조금은 어려운 내용이 될 수 있으므로 자바 프로그래밍에 대해서 약간의 기초 지식을 쌓으신 후 보셔도 좋을 듯 합니다.

01 _ 커스텀 태그의 기술소개

사용자 태그란 직접 프로그래머가 자신만의 태그를 만들어 사용할 수 있는 기술입니다. 사용자 태그의 필요성은 jsp 페이지 안에 있는 많은 태그들(스크립트릿에 포함된 많은 자바코드들)이 HTML 태그와 같이 있을 때 페이지 전체가 복잡해진다는 사실에서 출발합니다. 아마도 지금 이 장을 보실 때라면 jsp 페이지 내에 조금만 복잡한 처리가 포함되더라도 코드가 한눈에 들어오지 않고 상당히 뒤엉켜 있다는 생각을 할 것입니다.

이렇게 jsp 페이지 속에 많은 자바코드들이 HTML 코드와 혼재되어 있을 때 일반적으로 프로그래머 자신이 보기에도 복잡해지겠지만 페이지 디자이너들이 HTML과 JSP 코드들을 구별해서 디자인하기는 더욱 쉽지 않다는 것입니다.

TIP | 빈즈태그

빈즈 태그는 3가지 종류가 있습니다.
- ⟨jsp:useBean id="bean" class="test.TestBean" scope="request"/⟩
- ⟨jsp:setProperty name="bean" preperty="name'/⟩
- ⟨jsp:getProperty name="bean" preperty="name'/⟩

우리는 이미 08장에서 빈즈 프로그래밍을 통해서 jsp 페이지 복잡성을 많이 줄여 나갈 수 있다는 것을 경험 하였습니다. 그러나 JSP에서 제공하는 있는 빈즈를 이용 할 수 있는 빈즈 태그는 단 세 개뿐입니다. 이로 인해 기본적으로 제공되고 있는 빈즈 태그만으로 페이지의 복잡성에 대한 문제가 완전히 해결될 수는 없습니다.

그래서 사용자 태그(Custom Tag)라는 기술이 JSP 1.1 기술에서부터 시작하여 활성화 되고 있는 것입니다. 이렇게 사용자가 만든 태그들의 집합체를 '태그 라이브러리'라고 표현합니다.

TIP | JSP 명세서란?(JSP Specification)

JSP의 기술뭐리 그 자체에 대해서 정의해 놓은 문서를 말합니다. 다시 밀하자면 JSP가 농삭하는 방식에 대해서 자세히 기록하고 있는 문서입니다. 지금까지 JSP 태그들을 이용해 결과물을 볼 수 있었던 것은 바로 이런 기술 문서를 토대로 만들어 놓은 Tomcat과 같은 JSP 컨테이너를 사용했기 때문입니다. 따라서 일반적인 프로그래머들은 세부적인 내용을 알 필요가 없는 부분이지만 Tomcat과 같은 컨테이너를 개발하는 분들은 당연히 이 문서를 기초로 해서 개발을 해야 합니다.

JSP에서 가장 장점이라고 할 수 있는 사용자 태그에 관한 기술의 특징은 브라우저 출력화면을 직접적으로 담당하는 부분(jsp 페이지)과 내부적으로 출력할 내용을 처리하여 생성하는 부분(Beans, Custom Tag)을 구분하여 작성 할 수 있는 기술적 기반을 제공한다는 점입니다.

사용자 태그를 작성하다 보면 자연스럽게 알 수 있는 것이지만 사용자 태그가 JSP에서 사용하는 스크립트릿(〈%....%〉)에서 할 수 없는 특별한 기능을 제공하는 것은 아닙니다.

그러나 사용자 태그를 사용함으로써 좀 더 간결하고 재사용이 가능한 코드로 설계 할 수 있습니다. 이렇게 만들어 놓은 사용자 태그는 같은 처리를 필요로 하는 다른 프로그램에 아주 쉽게 배포하여 사용 할 수 있으므로 코드가 일회성으로 버려지는 것이 아니라 재사용되고 수정되고 확장됨으로써 모든 이들이 공유 할 수 있다는 점입니다.

정리하자면 사용자 태그는 순수 자바 언어에 대한 이해와 JSP 기술에 대한 이해를 둘 다 필요로 합니다. 그러므로 자바 언어 자체를 전혀 모르시면 조금은 어려운 부분이며 개발 시에 잘 정의된 사용자 태그를 개발하려면 많은 노력과 시간이 필요합니다. 따라서 사용자 태그의 기술은 JSP를 개발하기 위한 필수적 기술이 아니라 선택적 기술이라고 할 수 있습니다. 물론 커스텀 태그의 기술을 사용하지 않고도 얼마든지 JSP 프로그래밍은 가능하겠지만 지금 웹에서 항상 중요시 되고 있는 프로그래밍의 실계직인 측면을 고려한다면 꼭 알아두어야 할 내용이라고 말씀드리고 싶습니다. 사용자 태그의 장점을 간단하게 정리해 보면 다음과 같습니다.

- jsp 페이지 내의 스크립트릿 코드들을 줄여 jsp 페이지를 간단하게 만들 수 있습니다.
- 한번 작성된 사용자 태그는 다른 사용자에게 배포하여(package) 재사용 될 수 있습니다.
- HTML과 비슷한 태그들을 이용함으로써 일반 사용자가 순수 자바 언어를 모르더라도 쉽게 이해 할 수 있습니다.
- 디자이너와 프로그래머가 각자의 일을 분담하여 일을 할 수 있으므로 효율적인 작업이 가능합니다.

> **TIP** | 일반 사용자란 .....
>
> 여기서 일반 사용자의 의미는 순수한 비 개발자를 의미하는 것이 아니라 자바 또는 JSP를 잘 모르는 페이지 디자이너 정도의 의미를 가지고 있습니다.

02 _ 커스텀 태그 시작하기

사용자 태그의 세부적인 내용을 살펴보기 전에 간단한 예제를 만들어 보겠습니다. JSP에서 사용자 태그를 만들어 사용하기 위해서는 3개의 파일을 작성하여야 합니다.

여기서는 "Welcome to My Custom Tag"를 출력해 주는 아주 간단한 태그를 만들어 봄으로써 3개의 파일이 어떻게 서로 상호연관성을 가지고 있는지 알아보겠습니다. 자세한 문법적인 부분에 초점을 두는 게 아니라 사용자 태그의 구성이라는 측면에서 이해하면 충분하므로 그냥 따라서 실행하면 되겠습니다.

"Welcome to My Custom Tag"를 출력하는 사용자 태그 만들기

01 태그 핸들러는 직접 사용자 태그를 처리하는 클래스 파일입니다. 다음과 같이 작성하고 저장합니다.

실습 파일 : source/ch19/WelcomeTag.java

```
01 : package ch19;
02 :
03 : import java.io.IOException;
04 :
05 : import javax.servlet.jsp.JspException;
06 : import javax.servlet.jsp.tagext.SimpleTagSupport;
07 :
08 : public class WelcomeTag extends SimpleTagSupport {
09 :     @Override
10 :     public void doTag() throws JspException, IOException {
11 :             getJspContext().getOut().println("Welcome to My Custom Tag");
12 :     }
13 : }
```

> 태그 핸들러 클래스를 만들기 위해서는 반드시 상속 받아야할 클래스입니다.

08 : 접근제한자를 public으로 선언하고 SimpleTagSupport를 상속받아서 클래스 이름을 WelcomeTag로 선언 합니다.

09 ~ 13 : 내부적으로 필요한 코드를 작성하도록 합니다.

이 클래스는 간단하게 실행 결과만 보기 위해 코드를 작성합니다. 여기서는 따로 소스 설명 하지 않고 태그 핸들러 부분에서 자세히 설명하도록 하겠습니다.

02 사용자 태그에 관한 정보를 기술하고 있는 Tag Library Descriptor(TLD)파일을 작성해 보겠습니다. 아래의 내용을 작성하고 저장위치는 그림 19-1을 참고하시기 바랍니다.

> **실습 파일 : source/ch19/WelcomeTag.tld**

```
01 : <taglib xmlns="http://java.sun.com/xml/ns/javaee" version="2.1">
02 :   <tlib-version>1.0</tlib-version>
03 :   <jsp-version>2.2</jsp-version>
04 :   <short-name>JSPTag</short-name>
05 :   <tag>
06 :    <name>welcome</name>
07 :    <tag-class>ch19.WelcomeTag</tag-class>
08 :    <body-content>empty</body-content>
09 :   </tag>
10 : </taglib>
```

01 ~ 09 : TLD 파일은 사용자 태그의 정보를 담고 있는 XML형식의 파일입니다. 자세한 설명은 사용자 태그의 설명자 파일(Tag Library Descriptor)에서 다루도록 하겠습니다.

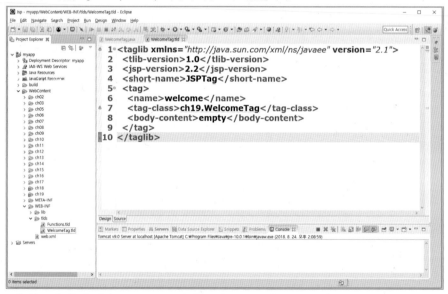

▲ [그림 19-1] 이클립스에서 WelcomeTag.tld의 저장 위치

03 마지막으로 JSP 파일에서 사용자 태그를 사용해 보기 위해서 다음 소스를 작성하고 저장합니다.

> **실습 파일 : source/ch19/welcomeTag.jsp**

```
01 : <%@ page contentType="text/html; charset=EUC-KR" %>
02 : <%@ taglib prefix="tag" uri="/WEB-INF/tlds/WelcomeTag.tld" %>
03 : <h1>첫번째 사용자 태그 만들기</h1>
04 : <font color="red">
05 : <tag:welcome/>
06 : </font>
```

01 ~ 06 : TLD파일이 존재하는 경로를 설정하고 welcome 사용자 정의 태그를 사용합니다. 사용자 태그와 관련된 jsp 페이지의 코드는 따로 자세히 설명 드리도록 하겠습니다.

04 브라우저를 실행시켜 결과를 확인합니다. 주소는 http://localhost/myapp/ch19/welcomeTag.jsp로 입력합니다.

▲ [그림 19-2] welcomeTag.jsp의 실행화면

TIP	실행화면

이렇게 간단한 출력물을 얻기 위해 지금까지 몇 개의 파일을 작성 했다는 것이 이해가 가지 않는 분도 계시리라 생각됩니다. 물론 이런 결과물을 얻고자 태그를 직접 만드는 것은 아닙니다. 좀 더 학습을 하게 되면 사용자 태그의 활용범위를 이해 할 수 있을 겁니다.

지금까지 예제를 통해서 간단히 살펴보면 사용자 태그를 만들기 위해서는 다음과 같은 3개의 파일을 작성해야 한다는 것을 알 수 있습니다.

• 태그 핸들러(Tag Handler) 작성
• 태그 라이브러리 설명자 파일(Tag Library Descriptor, TLD) 작성
• jsp 페이지 내에서 TLD 지정과 사용자 태그 호출

태그 라이브러리 설명자(TLD) 파일은 태그에 관한 정보를 담고 있는 XML 파일이며 이 파일에는 하나 혹은 그 이상의 여러분이 만든 태그에 관한 정보를 담고 있습니다. 또한 사용자태그를 직접적으로 처리하는 자바 클래스 파일을 '태그 핸들러'라 부릅니다. 마지막으로 이러한 사용자 태그를 사용하려면 JSP에서는 JSP 지시자 중 태그 라이브러리 지시자를 이용하여 TLD 파일의 경로를 지정하고 TLD 파일에서 기술한 내용에 따라 태그를 사용하면 되는 것입니다. 그럼 각각의 세부적인 항목들에 대해 작성하는 법을 배우도록 하겠습니다.

03 _ 커스텀 태그의 세부요소

태그 확장을 통해 사용자가 직접 태그가 실행되기 위해서는 3개의 파일이 서로 연관되어 있다는 사실을 배웠습니다. 이제 각각의 요소들에 대한 구조의 작성법에 대해 함께 학습을 해 보겠습니다.

03-1 태그 라이브러리 지시자(Tag Library Directives)

JSP의 지시자 중 태그 라이브러리 지시자를 사용하여 현재 페이지에서 사용하게 될 TLD 파일을 지정합니다. TLD 파일이 지정되면 TLD 속에 기술되어 있는 여러 태그들 중 하나를 사용 할 수 있습니다. 아래의 간단한 예를 보겠습니다.

▶ 보기 : jsp 페이지에서 사용자 태그 사용 예

```
<%@ taglib prefix="tag" uri="/WEB-INF/tlds/WelcomeBodyTag.tld"%>
........
<tag:welcome/>
........
```

먼저 TLD 파일의 위치를 지정하기 위해 taglib 지시자를 이용합니다. 그리고 uri 즉 TLD 파일이 존재하는 실제 위치를 절대경로 혹은 상대경로로 표시하게 됩니다. 이외에도 web.xml 파일을 수정하여 경로를 간단히 지정할 수도 있습니다. web.xml 파일에는 JSP에서 필요한 여러 가지 환경 정보(부록2 참고) 등을 추가 해 줄 수 있습니다. 필요시에 이러한 정보를 추가해 줌으로써 JSP에서 사용이 가능합니다. 여기서는 태그 라이브러리 지시자를 위한 태그를 추가해 보겠습니다.

여기서 잠깐!

web.xml파일의 저장 경로는 /WEB-INF/web.xml 입니다.

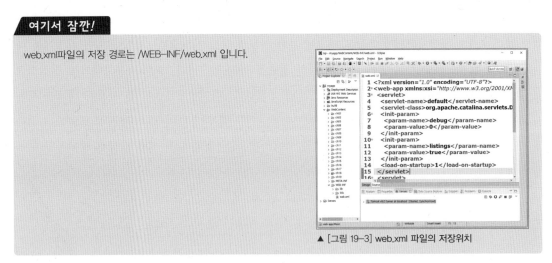

▲ [그림 19-3] web.xml 파일의 저장위치

▶ 보기 : web.xml에 태그 라이브러리를 위한 태그 삽입하기

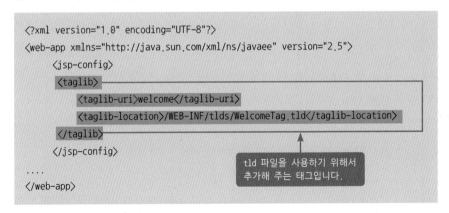

```
<?xml version="1.0" encoding="UTF-8"?>
<web-app xmlns="http://java.sun.com/xml/ns/javaee" version="2.5">
    <jsp-config>
        <taglib>
            <taglib-uri>welcome</taglib-uri>
            <taglib-location>/WEB-INF/tlds/WelcomeTag.tld</taglib-location>
        </taglib>
    </jsp-config>
....
</web-app>
```

tld 파일을 사용하기 위해서
추가해 주는 태그입니다.

위와 같이 추가해 준 이후에는 JSP에서 TLD 파일을 지정할 때 다음과 같이 합니다.

```
<%@ taglib uri="welcome" prefix="tag"%>
```

다음으로 prefix TLD 파일의 구분자 역할을 합니다.

JSP에서 사용자 태그를 사용하기 위해서는 <prefix:tagName.../>과 같은 형식으로 사용하게 됩니다. 여기서 prefix는 현재 사용자 태그의 정보를 담고 있는 TLD 파일을 지정해 주는 역할을 합니다. TLD 파일은 하나만 지정할 수 있는 것이 아니라 필요에 따라 여러 개를 지정해서 사용할 수 있기 때문에 이렇게 이름을 달리 사용하여 구분하여 주는 것입니다.

▶ 보기 : TLD 파일을 여러 개 지정한 경우

```
<%@ taglib uri="/WEB-INF/tlds/taglib1.tld" prefix="extag1"%>
<%@ taglib uri="/WEB-INF/tlds/taglib2.tld" prefix="extag2"%>
```

> **TIP** TLD 파일을 여러 개 지정한다?
>
> xml을 사용해 보신 분이라면 네임스페이스(namespace)라는 부분을 잘 아실 것입니다. 만일 누군가가 그냥 '배'라고 말한다면 배가 의미하는 바가 무엇인지 알 수가 없고 배가 과일인지 배를 말하는지 알 수가 없다는 것입니다. 그래서 '바다:배' 혹은 '과일:배'라고 호출해 주면 쉽게 이해할 수 있다는 이야기입니다. 여기서 바다 혹은 과일일 바로 prefix에 해당 됩니다.

03-2 사용자 태그의 설명자 파일(Tag Library Descriptor)

JSP에서 사용된 사용자 태그에 관한 다양한 정보를 담은 설명 문서와도 같은 것입니다. 다시 말해서 사용자가 만든 태그들에 관해 정보를 담고 있는 XML 파일입니다. 이 설명자 파일을 통해서 JSP 컨테이너는 jsp 페이지에서 사용자 태그를 만났을 때 어떻게 처리해야 하는지 알게 되는 것입니다.

앞에서 설명한 대로 TLD 파일은 XML 파일이기 때문에 XML 작성 규칙에 따라서 작성해야 합니다. 이러한 XML 문서의 문법을 검사하기 위해서는 DTD(Document Type Definition)라는 것을 설정해 줍니다. DTD는 현재 tld 파일이 올바르게 작성된 것인지 검사를 해주는 역할을 합니다.

사용자 정의 태그를 만드는 과정에서 XML을 비롯해서 DTD 등과 같은 복잡한 이야기로 인해 처음부터 부담을 갖지 않아도 됩니다. 몇 개의 예제만으로 어떤 내용인지 이해할 수 있기 때문입니다.

TIP | XML 작성규칙

비록 TLD 파일이 XML 파일이지만 XML을 전혀 모른다고 해서 작성하는 것이 까따롭거나 어려운 것은 아닙니다. 작성법은 자연스럽게 이해할 수 있습니다. 그러나 XML도 함께 공부하신다면 더욱 좋겠습니다.

그럼 어떻게 DTD를 지정해 주는지 DTD에 관한 부분을 보겠습니다.

▶ 보기 : TLD 파일의 구성1

```
<taglib xmlns="http://java.sun.com/xml/ns/javaee" version="2.1">
  <tlib-version>1.0</tlib-version>
  <jsp-version>2.2</jsp-version>
  <short-name>JSPTag</short-name>
  <tag>....</tag>
  <tag>....</tag>
....
</taglib>
```

위 TLD 파일의 구성을 보면 제일 상위 태그가 〈taglib〉라는 사실을 알 수 있습니다. 이를 루트 엘리먼트하고 하며 모든 태그는 이 태그 아래에 포함 되어져야 합니다. 그럼 각각의 태그에 관한 의미를 살펴보겠습니다.

태그	설명
tib-version	태그 라이브러리 버전을 나타냅니다. 마치 개발자가 자신이 개발한 프로그램에 버전을 표시하는 것과 같습니다.
jsp-version	현재 사용되고 있는 JSP 버전을 말합니다. 이것은 현재 개발한 사용자 태그는 JSP 2.2문법(규약, 약속)에 따르고 있음을 말해 줍니다.
short-name	태그 라이브러리의 간단한 이름을 지정해 줍니다. 이 이름은 JSP 개발도구나 JSP 컨테이너(ex-Tomcat)등에서 태그 라이브러리의 이름으로 사용되는 부분입니다. 또한 jsp 페이지에서 prefix의 값으로 사용될 수 있습니다. 이름을 작성할 때에 공백은 허용되지 않고 첫 글자에 숫자 혹은 '_'(언더바)는 사용 할 수 없습니다.

▲ [표 19-1] TLD 파일을 구성하는 태그

표에서 보는 것처럼 TLD 파일은 각종 정보를 담고 있는 태그들로 구성되어 있습니다. 물론 이외도 더 많은 태그들이 있습니다. 그러나 반드시 필요한 태그들만으로 정리하여 보았습니다. 여기서 더 알아 볼 것은 〈tag〉...〈/tag〉사이에 들어가는 하위 태그들에 관해서입니다.

▶ 보기 : TLD 파일의 구성2

```
<taglib>
....
  <tag>
    <name>welcome</name>
    <tag-class>ch19.WelcomeTag</tag-class>
    <body-content>empty</body-content>
  </tag>
....
</taglib>
```

태그	설명
name	사용자 태그의 이름을 지정합니다.
tag-class	사용자 태그의 처리를 담당해 줄 태그 핸들러를 지정합니다.
body-content	사용자 태그의 몸체가 있는지 없는지의 여부를 지정합니다.

▲ [표 19-2] 〈tag〉 구성하는 하위 태그

역시 여기서도 〈tag〉 〈/tag〉사이에 들어가는 필수적인 태그들만 살펴보았습니다. 나머지 태그들은 선택사항으로 필요시에 추가하는 것으로 충분합니다. 반복되는 예제를 통해서 이러한 태그들을 어떻게 추가하고 작성하는지 살펴보겠습니다. 아래는 TLD 파일의 전체 모습의 예입니다.

```
<taglib xmlns="http://java.sun.com/xml/ns/javaee" version="2.1">
  <tlib-version>1.0</tlib-version>
  <jsp-version>2.2</jsp-version>
  <short-name>JSPTag</short-name>
  <tag>
      <name>welcome</name>
      <tag-class>ch19.WelcomeTag</tag-class>
      <body-content>empty</body-content>
  </tag>
</taglib>
```

03-3 사용자 태그의 처리를 담당하는 태그 핸들러(Tag Handler)

태그 핸들러란 사용자 태그를 직접적으로 담당하여 처리하고 결과물을 생성해 주는 클래스 파일을 말합니다. 사용자 태그를 만든다는 것은 '태그 핸들러를 만드는 과정이다.'라고 말씀 드려도 과언이 아닙니다. 왜냐하면 실질적으로 사용자 태그의 처리를 담당하는 클래스 파일이기 때문입니다.

이러한 태그 핸들러를 만든다는 것은 일반적인 자바 프로그래밍을 하는 것과 다를 바가 없으며 javax.servlet.jsp.tagext.Tag.JspTag, javax.servlet.jsp.tagext.SimpleTag 인터페이스를 통해 개발자가 이러한 인터페이스를 구현(implement)함으로써 태그 핸들러를 만들게 됩니다. 하지만 인터페이스 말 그대로 빈 껍데기에 불과한 클래스 파일로서 개발자가 태그 핸들러를 만들기 위해 인터페이스가 가지고 있는 빈 껍데기에 세부적인 사항의 내용을 설계해서 작성하는 일은 쉬운 일이 아니라는 것입니다. 그래서 javax.servlet.jsp.tagext 패키지 내에는 이러한 인터페이스에 대해 아주 기본적인 기능을 다 구현하여 작성해 놓은 SimpleTagSupport 클래스를 제공하고 있습니다. 따라서 사용자 태그를 개발할 때에는 SimpleTagSupport 클래스를 상속받아서 반드시 필요한 기능만을 다시 작성(오버라이딩)해서 만들어 가면 충분한 것입니다.

> **TIP** 태그 핸들러 만들기
>
> 자바 프로그래밍을 하신 분이면 애플릿(applet)을 한번쯤 작성해 보셨을 것입니다. 이 애플릿을 만들 때는 반드시 Applet 클래스를 상속 받아서 하고 또한 브라우저의 상태에 따라 필요한 몇 가지의 메소드(start(). stop()....)를 재작성해 주어야 합니다. 이러한 규칙에 따라 메소드를 재작성 해 주시면 됩니다.

자바에서는 상속이라는 구조를 사용합니다. 상속은 말 그대로 물려받는 것을 의미합니다. 실생활에서 상속은 재산과 같은 것을 물려받음을 의미하는 반면에 자바에서는 모든 클래스가 가지고 있는 기능을 물려받도록 하는 것이라고 생각합니다. 예를 들어 멋진 스포츠카를 의미하는 클래스를 만들고 싶다고 가정해 보겠습니다. 스포츠카를 만들기 위해서는 자동차가 가져야 하는 기본적인 기능을 가지고 있어야 합니다. 전진, 후진, 정지 등 일단 자동차의 기본적인 기능이 있어야 한다는 것입니다. 여기에 추가해서 스포츠카만의 차별화된 기능을 만들어 주어야함 하는 것입니다. 이렇게 스포츠카를 만들 때 만일 자동차라는 클래스를 누군가 만들어 두었다면 스포츠카를 만들 때 일일이 모든 기능을 추가하지 않고도 간단히 상속을 이용해 버리면 전진, 후진, 정지의 기능은 그냥 물려받아서 사용할 수 있다는 것입니다. 이렇게 상속구조를 이용해 부모로부터 기능을 물려받아 자신만의 기능을 추가 해 주도록 하는 것은 자바 언어(좀 더 정확히 객체제향언어–OOP)가 가지고 있는 특징입니다.

클래스 이릅	설명	JSP version
TagSupport	몸체 내용을 처리하지 않은 경우	JSP 1.2
BodyTagSupport	몸체 내용을 처리하는 경우	JSP 1.2
SimpleTagSupport	몸체 내용 처리 여부에 관계없이 JSP 2.0 이상에서 사용 할 수 있는 핸들러 클래스	JSP 2.0

▲ [표 19-3] 태그 핸들러 만들기 위한 클래스

[표 19-3]에서처럼 두 개의 클래스는 몸체 내용을 처리하느냐 혹은 처리하지 않느냐에 따라 구분하고 있습니다. 그렇다면 몸체라는 것은 무엇일까요? 먼저 몸체가 있는 태그와 몸체가 없는 태그란 다음과 같습니다.

클래스 이릅	설명
몸체가 없는 경우	〈tag:welcome〉〈/tag:welcome〉 혹은 〈tag:welcome/〉
몸체가 있는 경우	〈tag:welcome〉JSPStudy〈/tag:welcome〉

▲ [표 19-4] 몸체의 구분

몸체가 없는 태그일 경우 〈tag:welcome/〉와 같이 표현할 수 있습니다. 사용자 태그를 작성할 때는 XML 태그처럼 여는 태그가 있으면 반드시 닫는 태그가 있어야 합니다. 만일 jsp 페이지 내에서 〈tag:welcome〉 같이 사용자 태그를 사용 했다면 잘못된 것입니다. 이것은 〈tag:welcome/〉 혹은 〈tag:welcome〉〈tag:welcome/〉이 되어야 올바르게 작성된 것입니다.

[표 19-3]과 [표 19-4]를 통해 내용을 정리해 보겠습니다.

사용자 태그가 몸체를 가진다면 이 몸체 내용은 처리하느냐 혹음 처리하지 않느냐에 따라서 JSP 1.2에서는 상속 받을 클래스가 달라지만 JSP 2.0에서는 몸체 내용의 여부에 관계없이 SimpleTagSupport 상속 받아서 클래스를 작성합니다.

그럼 여기서 또 다른 예제를 하나 더 살펴보겠습니다. 이번에는 몸체를 가지고 그 몸체를 여러번 출력해 주는 예제입니다.

사용자 태그의 몸체를 여러번 출력하는 사용자 태그 만들기

01 태그 핸들러는 직접 사용자 태그를 처리하는 클래스 파일입니다. 다음과 같이 작성하고 저장합니다.

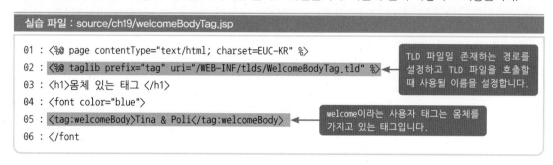

실습 파일 : source/ch19/welcomeBodyTag.jsp

```
01 : <%@ page contentType="text/html; charset=EUC-KR" %>
02 : <%@ taglib prefix="tag" uri="/WEB-INF/tlds/WelcomeBodyTag.tld" %>
03 : <h1>몸체 있는 태그 </h1>
04 : <font color="blue">
05 : <tag:welcomeBody>Tina & Poli</tag:welcomeBody>
06 : </font
```

> TLD 파일일 존재하는 경로를 설정하고 TLD 파일을 호출할 때 사용될 이름을 설정합니다.

> welcome이라는 사용자 태그는 몸체를 가지고 있는 태그입니다.

02 몸체를 처리하기 위한 TLD 파일을 작성하고 저장합니다.

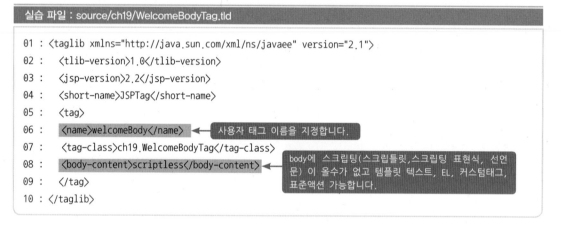

실습 파일 : source/ch19/WelcomeBodyTag.tld

```
01 : <taglib xmlns="http://java.sun.com/xml/ns/javaee" version="2.1">
02 :   <tlib-version>1.0</tlib-version>
03 :   <jsp-version>2.2</jsp-version>
04 :   <short-name>JSPTag</short-name>
05 :   <tag>
06 :     <name>welcomeBody</name>
07 :     <tag-class>ch19.WelcomeBodyTag</tag-class>
08 :     <body-content>scriptless</body-content>
09 :   </tag>
10 : </taglib>
```

> 사용자 태그 이름을 지정합니다.

> body에 스크립팅(스크립틀릿,스크립팅 표현식, 선언문) 이 올수가 없고 템플릿 텍스트, EL, 커스텀태그, 표준액션 가능합니다.

01　　　 : 헤드부분을 선언합니다.
02~05 : 일반적인 태그 라이브러리에 관한 정보를 지정합니다.
07　　　 : 태그 핸들러를 지정합니다. 태그 핸들러는 ch19이라는 패키지 경로를 사용하기 때문에 ch19.WelcomeBodyTag
　　　　　　 태그로 지정해 두어야 합니다.

03 다음으로 직접 처리를 담당할 WelcomeBodyTag를 작성하고 저장합니다.

실습 파일 : source/ch19/WelcomeBodyTag.java

```
01 : package ch19;
02 :
03 : import java.io.IOException;
04 : import java.io.StringWriter;
05 :
06 : import javax.servlet.jsp.JspContext;
07 : import javax.servlet.jsp.JspException;
08 : import javax.servlet.jsp.JspWriter;
09 : import javax.servlet.jsp.tagext.JspFragment;
10 : import javax.servlet.jsp.tagext.SimpleTagSupport;
```

> 패키지를 선언합니다.

```
11 :
12 : public class WelcomeBodyTag extends SimpleTagSupport {
13 :
14 :     @Override
15 :     public void doTag() throws JspException, IOException {
16 :         JspContext context = getJspContext();
17 :         JspWriter out = context.getOut();
18 :         JspFragment body = getJspBody();
19 :         out.println("환영합니다.<p/><b>");
20 :         StringWriter strw = new StringWriter();
21 :         body.invoke(strw);
22 :         String str = strw.toString();
23 :         for(int i =0;i<5;i++){
24 :             out.println(i+1+"."+str+"<br/>");
25 :         }
26 :         out.print("</b><hr/>");
27 :     }
28 : }
```

태그 핸들러 클래스를 만들기 위해서 상속 받는 클래스입니다.

상위클래스의 메소드를 오버라이딩 받았다는 일종의 표시. 자바 문법에서는 어노테이션(Annotation)이라고 합니다. 만약 doTag() 메소드가 오버라이딩이 아니면 문법적인 에러가 발생이 되고 생략을 하더라도 프로그램에 영향을 미치지는 않습니다.

doTag() 메소드에 2개의 예외처리 선언합니다.

jsp 페이지에 컨텍스트를 정보를 리턴합니다.

컨텍스트 객체에서 jsp 페이지에 출력 할 수 있는 out객체를 리턴합니다.

커스텀 태그의 body를 사용하기 위해서 JspFragment 객체를 리턴합니다.

커스텀 태그의 본체(body)에 StringWriter 객체를 출력합니다.

TIP | 어노테이션(Annotation)?

자바 JDK1.5에서 새롭게 나온 문법으로 사전적 의미는 주석으로 되어 있지만 자바 문법에서는 주석으로는 사용되지는 않고 '메타데이터를 기술한다.'라고 설명이 되어 있습니다. 프로그램에 직접적인 영향을 주지는 않지만 프로그램에 대한 부연설명이라고 이해를 하시면 될 것 같습니다. 종류로는 @Override, @Deprecated등등 제공이 됩니다.

---

06 ~ 10 : 필요한 클래스를 가져옵니다.
12   : 커스텀 태그 핸들러를 작성하기 위해서 JSP 2.0 이후로는 SimpleTagSupport 클래스를 상속 받습니다.
15 ~ 27 : doTag() 메소드는 SimpleTagSupport 클래스에 정의된 메소드로소 jsp 페이지에서 태그가 호출되면 자동적으로 이 메소드는 호출이 되고 태그에 관련된 실행을 한다.

04 브라우저를 실행시켜 결과를 확인합니다. 주소는 http://localhost/myapp/ch19/welcomeBodyTag.jsp로 입력합니다.

▲ [그림 19-4] welcomeBodyTag.jsp의 실행화면

04 _ 속성값이 있는 커스텀 태그 만들기

이제 속성값이 있는 사용자 태그를 만들어 보겠습니다. 속성값을 가지는 사용자 태그란 다음과 같은 경우를 말합니다.

이제까지 살펴본 사용자 태그와 다른 점은 속성이 추가되어 있다는 점입니다. HTML에서 〈tr〉 태그를 사용하는 경우 〈tr bgcolor="red"〉 등과 같이 사용자 태그에서도 속성을 추가해 줄 수 있습니다. 속성을 사용하기 위해서는 속성="값"의 형식으로 추가합니다.

```
<examples:tagName att1="..." att2="..."/>
<examples:tagName att1="..." att2="...">몸체 내용</examples:tagName>
```

게시판과 같은 프로그램을 작성한다면 항상 페이지를 처리하는 부분이 나오게 됩니다. 이러한 페이지 처리 부분은 조금은 복잡하게 코드가 구성되어 있어 페이지를 이해하기가 어렵게 만드는 요인이 될 수 있습니다. 이제 이러한 페이지 처리부분을 생성해 주는 간단한 사용자 태그를 만들어 보겠습니다. 여기서는 간단한 동작부분을 함께 만들어 보겠습니다.

속성값이 있는 사용자 태그 작성

01 다음과 JSP 파일을 작성하고 저장합니다.

실습 파일 : source/ch19/pageTag.jsp

```
01 : <%@ page contentType="text/html; charset=EUC-KR" %>
02 : <%@ taglib prefix="tag" uri="/WEB-INF/tlds/PageTag.tld" %>
03 : <%
04 :   int start=1;
05 :   int end=10;
06 :   int nowPage=1;
07 :   if(request.getParameter("nowPage") !=null) {
08 :     nowPage=Integer.parseInt(request.getParameter("nowPage"));
09 :   }
10 : %>
11 : <h1>속성 값을 갖는 태그</h1>
12 : 현재 페이지는 <b><%=nowPage%></b> 입니다.<br/>
13 : <font color="red">
14 : <tag:page from='<%=start%>' to='<%=end%>'/>
15 : </font>
```

03 ~ 10 : 스크립트릿을 통해 페이지 처리를 위한 기본적인 정보를 변수에 담아 둡니다. 또한 파라미터값으로 nowPage 값이 넘어오게 되는지 확인하여 현재 페이지를 값을 담아둡니다.

12 : 현재 페이지의 값을 출력해 줍니다.

14 : page 화면 출력을 위한 사용자 태그를 사용합니다. 이 사용자 태그는 속성으로 from과 to를 포함하고 있습니다.

02 몸체를 처리하기 위한 TLD 파일을 작성하고 저장합니다.

실습 파일 : source/ch19/PageTag.tld

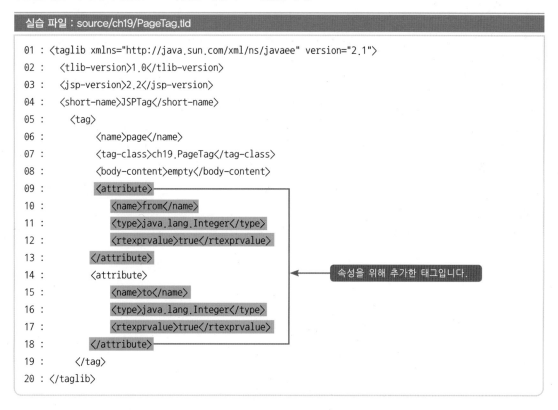

```
01 : <taglib xmlns="http://java.sun.com/xml/ns/javaee" version="2.1">
02 :    <tlib-version>1.0</tlib-version>
03 :    <jsp-version>2.2</jsp-version>
04 :    <short-name>JSPTag</short-name>
05 :     <tag>
06 :          <name>page</name>
07 :          <tag-class>ch19.PageTag</tag-class>
08 :          <body-content>empty</body-content>
09 :          <attribute>
10 :              <name>from</name>
11 :              <type>java.lang.Integer</type>
12 :              <rtexprvalue>true</rtexprvalue>
13 :          </attribute>
14 :          <attribute>
15 :              <name>to</name>
16 :              <type>java.lang.Integer</type>
17 :              <rtexprvalue>true</rtexprvalue>
18 :          </attribute>
19 :     </tag>
20 : </taglib>
```

속성을 위해 추가한 태그입니다.

9~18 : 속성을 사용하기 위해서 추가 되어야 하는 태그입니다. 속성의 개수만큼 추가해 주면 되는 것으로 〈attribute〉 〈attribute/〉 사이에 사용자 태그의 속성과 관련된 내용을 추가합니다. 〈attribute〉 〈attribute/〉가 포함하는 자주 사용 하는 하위 태그에 관해 정리하면 다음과 같습니다.

name	사용자 태그에서 사용된 속성의 이름을 지정해 줍니다. 이 태그는 반드시 지정해야 하는 태그입니다.
type	사용자 태그에서 사용된 속성의 data 타입을 지정해 줍니다. java.lang.String, java.lang.Integer 이러한 값들이 올 수 있습니다.

▲ [표 19-5] 〈attribute〉 요소의 하위 요소들

03 다음으로 직접 처리를 담당하는 PageTag 핸들러를 작성하고 저장합니다.

TIP this.from = i;

9장 JSP와 자바빈즈에서 setter와 getter를 작성하면서 this라는 키워드에 대해서 학습을 하였습니다. this 키워드는 멤버변수와 지역변수의 이름이 혼동될 때만 사용하면 되므로 이 경우 this.from=i를 from=i;로 간략히 표현해도 무방합니다.

```
01 : package ch19;
02 :
03 : import java.io.IOException;
04 :
05 : import javax.servlet.jsp.JspException;
06 : import javax.servlet.jsp.JspTagException;
07 : import javax.servlet.jsp.JspWriter;
08 : import javax.servlet.jsp.tagext.SimpleTagSupport;
09 : import javax.servlet.jsp.tagext.TagSupport;
10 :
11 : public class PageTag extends SimpleTagSupport {
12 :
13 :     private int from;
14 :     private int to;
15 :
16 :     public void setFrom(int i) {
17 :         this.from = i;
18 :     }
19 :
20 :     public void setTo(int i) {
21 :         this.to = i;
22 :     }
23 :
24 :     @Override
25 :     public void doTag() throws JspException, IOException {
26 :         int start = from;
27 :         int end = to;
28 :         JspWriter out = getJspContext().getOut();
29 :         out.println("Page  ");
30 :         for (int i = start; i <= end; i++) {
31 :             out.print("<a href=/myapp/ch19/pageTag.jsp?nowPage=" + i + ">");
32 :             out.print("[" + i + "]");
33 :             out.print("</a> ");
34 :         }
35 :     }
36 : }
```

16 ~ 22 : 빈즈 프로그래밍을 통해 공부했던 setter 부분과 같은 메소드입니다. 사용자 태그의 속성값을 태그 핸들러에게 전달하기 위해서는 속성의 이름과 같은 set 메소드를 작성해 주면 됩니다. 태그 핸들러에서의 set 메소드는 필요에 따라서만 작성해 주면 되므로 속성과 관련해서 필요한 메소드는 속성의 이름과 일치하는 setter를 작성하는 것입니다. page 사용자 태그에서는 두 개의 속성(from, to)를 사용하고 있으므로 setFrom(), setTo() 메소드를 작성해 줍니다.

28 ~ 34 : jsp 페이지에 전달하게 될 내용을 생성하게 됩니다. 먼저 'page'를 출력한 후 for문을 이용하여 set 메소드를 통해서 저장된 from 값에서부터 시작해서 to까지 페이지와 관련된 내용을 생성 해 줍니다.

04 브라우저를 실행시켜 결과를 확인합니다. 주소는 http://localhost/myapp/ch19/pageTag.jsp로 입력합니다.

▲ [그림 19–5] pageTag.jsp의 실행화면

05 _ 스크립트 변수 생성하기

이제 마지막으로 스크립트 변수를 생성하는 방법에 대해서 알아보겠습니다. 스크립트 변수를 생성하여 사용하는 것은 다음과 같은 경우를 말합니다.

▶ 보기 : 스크립트 변수 사용

```
<jsp:useBean id = "db" class = "package.DBConnection">
<%
    Connection conn = db.getConnection();
%>
```

위 보기에서 보시는 것처럼 빈 태그에서 객체를 생성해서 db라는 스크립트 변수 이름(객체명)으로 접근해서 객체가 가지고 있는 기능을 사용할 수 있습니다. 여기서는 DBConnection클래스의 객체 db를 생성하여 Connection을 연결하는 모습입니다.

> **TIP** ┃ 스트립트 변수
>
> 빈즈 태그를 사용해 보았기 때문에 이미 익숙한 부분입니다. 여기서는 바로 이러한 빈즈 태그를 여러분이 원하는 형태로 만들어 가는 과정입니다.

자, 이렇게 스크립트 변수를 생성하여 스크립트에서 사용할 수 있는 것처럼 사용자 태그에서 스크립트 변수를 생성하여 사용할 수 있습니다. 스크립트 변수를 생성하여 사용하기 위해서는 TLD 파일과 태그 핸들러 외에도 두 가지가 더 필요하게 됩니다.

- 스크립트 변수(객체)를 생성하기 위한 클래스
- 스크립트 변수의 검사를 수행하는 Helper 클래스

그럼 예제를 통해 이러한 스크립트 변수를 어떻게 만드는지 살펴보겠습니다.

스크립트 변수를 생성하는 사용자 태그 작성

01 사용자 태그를 통해 Database(mysql)에 연결하여 사용할 수 있도록 스크립트 변수를 생성해 주는 예제를 만들어 보겠습니다. 먼저 다음과 JSP 파일을 작성하고 저장합니다.

실습 파일 : source/ch19/connectionTag.jsp

```
01 : <%@ page contentType="text/html; charset=EUC-KR" %>
02 : <%@ page import="java.sql.*" %>
03 : <%@ taglib prefix="tag" uri="/WEB-INF/tlds/ConnectionTag.tld" %>
04 : <h1>스크립트 변수 생성하기</h1>
05 : <tag:db id="db"/>  ◀── 첫 번째 db는 사용자 태그이고 두 번째 db는 사용자 태그의 스크립트 변수입니다.
06 : <%
07 :    Connection conn = db.getConnection();
08 :    PreparedStatement pstmt=conn.prepareStatement("select * from tblMember");
09 :    ResultSet rs = pstmt.executeQuery();
10 :    if(rs.next()){
11 : %>
12 : 당신의 이름은?  : <%=rs.getString("name")%><br/>
13 : 당신의 아이디는? :  <%=rs.getString("id")%>
14 : <%}
15 :    rs.close();
16 :    pstmt.close();
17 :    conn.close();
18 : %>
```

05 : 사용자 태그(db)를 사용합니다. 사용자 태그의 스크립트 변수인 db를 통해 Database의 커넥션(Connection)을 가져 올 수 있습니다.

07 ~ 09 : 스크립트 변수 'db'로부터 커넥션(Connection)을 가져 온 후 PreparedStatement 객체와 ResultSet 객체를 리턴을 받습니다. 이렇게 사용자 태그의 스크립트 변수를 사용함으로써 jsp 페이지 내의 Database와 관련된 많은 코드를 줄여 나갈 수 있습니다.

12 ~ 13 : ResultSet 객체로 부터 데이터를 리턴 받아서 출력물을 생성합니다.

15~17 : Database와 관련된 모든 객체를 사용 후에는 close합니다.

02 TLD 파일을 작성하고 저장합니다.

실습 파일 : source/ch19/ConnectionTag.tld

```
01 : <taglib xmlns="http://java.sun.com/xml/ns/javaee" version="2.1">
02 :   <tlib-version>1.0</tlib-version>
03 :   <jsp-version>2.2</jsp-version>
04 :   <short-name>JSPTag</short-name>
05 :   <tag>
06 :     <name>db</name>              사용자 태그의 이름입니다.
07 :     <tag-class>ch19.ConnectionTag</tag-class>       사용자 태그의 처리를 담당할 태그 핸들러입니다.
08 :     <body-content>empty</body-content>
09 :     <tei-class>ch19.ConnectionTagTEI</tei-class>     변수 검사를 수행하기 위한
                                                          Helper 클래스를 지정합니다.
10 :     <attribute>
11 :       <name>id</name>
12 :       <required>true</required>
13 :     </attribute>
14 :   </tag>
15 : </taglib>
```

09 : 스크립트 변수를 사용하기 위해서는 Helper 클래스가 필요합니다. 이러한 Helper 클래스를 지정해 줍니다. Helper 클래스에 관한 설명은 아래에 하겠습니다.

10 ~ 13 : 사용자 태그에서 사용한 속성을 사용하기 위해 정보를 기술합니다.

그럼 Helper 클래스에 관해서 살펴보겠습니다.

Helper 클래스는 스크립트 변수에 관한 정보를 제공하는 클래스 파일입니다. 이미 설명드린 TLD 파일은 사용자 태그에 관한 정보를 제공한다고 했습니다. 이렇게 TLD 파일을 통해서 기본적으로 사용자 태그가 제대로 작성되었는지, jsp 페이지가 컴파일 되는 과정에서 알 수 있습니다.

하지만 Helper 클래스는 사용자 태그에 대해 더 많은 검사를 수행하도록 도와줍니다. 이렇듯 사용자 태그에 관한 추가 정보를 제공하는 클래스로 Helper 클래스라고 하며, 이 Helper 클래스는 지금 배우게 될 스크립트 변수를 생성하기 위해서는 꼭 필요한 클래스입니다.

태그 핸들러를 작성하는 과정과 마찬가지로 Helper 클래스를 작성하는 과정도 비슷한 과정을 거치게 됩니다. 먼저 Helper 클래스를 작성하기 위해서는 TagExtraInfo 클래스를 상속받아 작성하여야 합니다. 또한 태그 핸들러처럼 작성해 주어야 하는 메소드가 있습니다. 이를 정리하면 다음과 같습니다.

❶ TagExtraInfo 클래스를 상속받습니다.

❷ getVariableInfo(TagData data) 메소드를 작성합니다. 이 메소드는 스크립트 변수에 대한 정보를 제공해주는 메소드입니다.

❸ isValid(TagDate data) 메소드를 작성합니다. 태그의 추가적인 문법검사를 위해 작성해 줍니다. 추가적인 문법검사가 필요하지 않다면 작성하지 않아도 됩니다(작성하지 않게 되면 사용자 태그는 항상 올바르게 작성된 것으로 간주하게 됩니다).

TIP | 추가적인 문법 검사

예를 들어 속성값의 관계를 검사하는 기능을 들 수 있습니다. 어떤 속성의 값이 만일 'A'라면 나머지 속성들의 값은 반드시 'B'이어야 한다는 경우를 들 수 있습니다. 만일 검사를 통해 잘못된 값이면 false를 반환함으로써 사용자 태그가 잘못 작성되어 있음을 알려 주게 되는 것입니다.

---

03 Helper 클래스를 만들기 위해 다음의 ConnectionTagTEI 클래스를 작성하고 저장합니다.

실습 파일 : source/ch19/ConnectionTagTEI.java

```
01 : package ch19;
02 :
03 : import javax.servlet.jsp.tagext.TagData;
04 : import javax.servlet.jsp.tagext.TagExtraInfo;
05 : import javax.servlet.jsp.tagext.VariableInfo;
06 :
07 : public class ConnectionTagTEI extends TagExtraInfo {
08 :     public VariableInfo[] getVariableInfo(TagData data) {
09 :         VariableInfo vInfo = new VariableInfo(data.getAttributeString("id"),
10 :                                               "ch19.DBConnection",
11 :                                               true,
12 :                                               VariableInfo.AT_BEGIN);
13 :         VariableInfo[] vInfoArray = {vInfo};
14 :         return vInfoArray;
15 :     }
16 : }
```

> Helper 클래스를 작성하기 위해서는 TagExtraInfo 클래스를 상속 받습니다. (07행)

> VariableInfo 배열을 리턴합니다. (14행)

TIP | 속성의 이름이 id인 경우

사용자 태그에서 사용한 속성의 이름이 id인 경우에는 getAttributeString("id")라고 할 필요 없이 그냥 getId()라고 해주면 됩니다. getId() 메소드는 속성의 이름이 id인 경우, 값을 가져오기 위해 기본적으로 제공하는 메소드입니다.

08 : getVariableInfo(TagData data) 메소드를 작성합니다. 메소드 이름에도 알 수 있듯이 사용자 태그의 속성에 관한 정보를 제공합니다. 그리고 이러한 사용자 태그의 속성에 관한 정보(VariableInfo)를 배열의 형태(VariableInfo[])로 반환하게 됩니다. 왜냐하면 사용자 속성이 여러 개가 올 경우에 복수개의 속성 정보를 배열에 담아 주어야 하기 때문입니다. 여기서 메소드의 매개변수로 넘어온 TagData는 사용자 태그에서 사용된 속성값을 가져 올 수 있 메소드로 구성되어 있습니다. id라는 속성값을 가져오기 위해서는 getAttributeString("id")라고 합니다.

09~12 : VariableInfo 객체를 생성합니다. 객체 생성 시 필요한 매개변수는 4가지가 있습니다. 자세한 내용은 아래 표를 참조하시기 바랍니다.

varName	속성값을 문자열로 가져옵니다. 여기서 속성값은 jsp 페이지에서 사용한 스크립트 변수 이름에 해당합니다.
className	스크립트 변수 이름의 객체를 생성할 클래스 이름입니다.
declare	true 또는 false 값이 올 수 있습니다. true인 경우에는 새로운 스크립트 변수를 생성함을 의미하고 false인 경우에는 기존에 생성된 스크립트 변수에 새로운 값을 할당함을 의미합니다.
scope	스크립트 변수의 범위를 지정합니다. 아래 표를 참조합니다.

▲ [표 19-6] VariableInfo 생성자의 매개변수 VariableInfo(String varName, String className, boolean declare, int scope)

VariableInfo.AT_BEGIN	시작 태그 이후부터 모든 jsp 페이지 내에서 사용할 수 있음을 의미합니다.
VariableInfo.AT_END	끝 태그 이후부터 모든 jsp 페이지 내에서 사용할 수 있음을 의미합니다.
VariableInfo.NESTED	시작 태그와 끝 태그 안에서만 스크립트 변수를 사용할 수 있음을 의미합니다.

▲ [표 19-7] scope 값

13 : 배열의 선언과 동시에 값을 할당합니다. 여기서는 속성 정보가 하나이지만 여러 개일 경우에는 여러 개의 속성 정보값이 배열로 들어가게 됩니다.

04 이제 스크립트 변수의 실질적인 클래스인 DBConnection 클래스를 작성하겠습니다. 전체 소스 코드를 간단히 하기 위해서 기존에 사용했던 DBConnection Pool과 관련된 부분은 첨가하지 않고 간단히 새롭게 작성하여 실행하겠습니다. connectionTag.jsp 페이지 내에서의 스크립트 변수인 'db'는 DBConnection 클래스의 객체의 변수가 되는 것입니다.

습 파일 : source/ch19/DBConnection.java

```
01 : package ch19;
02 :
03 : import java.sql.Connection;
04 : import java.sql.DriverManager;
05 : import java.sql.SQLException;
06 :
07 : public class DBConnection {
08 :   private static final String JDBC_DRIVER = "org.gjt.mm.mysql.Driver";
09 :   private static final String JDBC_URL = "jdbc:mysql://127.0.0.1:3306/mydb?useUnicode=true&characterEncoding=EUC_KR";
10 :   private static final String USER = "root";
11 :   private static final String PASSWD = "1234";
12 :
13 :   public DBConnection() throws Exception {
14 :     try {
15 :       Class.forName(JDBC_DRIVER);
16 :     } catch (ClassNotFoundException ex) {
```

```
17 :        throw new Exception("DBConnection" + ex.getMessage());
18 :      }
19 :    }
20 :
21 :    public Connection getConnection() throws Exception {
22 :      Connection conn;
23 :      try {
24 :        conn = DriverManager.getConnection(JDBC_URL, USER, PASSWD);
25 :      } catch (SQLException ex) {
26 :        throw new SQLException("DBConnection" + ex.getMessage());
27 :      }
28 :      return conn;
29 :    }
30 :
```

08 ~ 11 : Database(mysql) 연결을 위한 정보입니다.

13 ~ 19 : 디폴트 생성자입니다. 스크립트 변수를 사용하기 위해서 이렇게 디폴트 생성자가 필요합니다. 이 디폴트 생성자에서는 Database 연결이 위해서 JDBC 드라이버를 로딩하는 작업을 합니다.

21 ~ 29 : Connection을 생성하여 반환해 주는 메소드입니다. jsp 페이지에서는 스크립트 변수 'db'를 사용하여 getConnection() 메소드를 호출해 Connection을 가져 오도록 하고 있습니다.

05 다음으로 직접 처리를 담당하는 ConnectionTag 핸들러를 작성하고 저장합니다.

실습 파일 : source/ch19/ConnectionTag.java

```
01 : package ch19;
02 :
03 : import java.io.IOException;
04 : import javax.servlet.jsp.JspException;
05 : import javax.servlet.jsp.tagext.SimpleTagSupport;
06 :
07 : public class ConnectionTag extends SimpleTagSupport {
08 :    private String id;
09 :
10 :    public void setId(String id) {
11 :        this.id = id;
12 :    }
13 :
14 :    @Override
15 :    public void doTag() throws JspException, IOException{
16 :        try {
17 :            getJspContext().setAttribute(id, new DBConnection());
18 :        } catch (Exception e) {
19 :            e.printStackTrace();
20 :        }
21 :    }
22 :
```

> 핸들러 작성을 위해서는 SimpleTagSupport 클래스를 상속 받아야 합니다.

15 ~ 21 : jsp 페이지에서 사용자 태그를 사용하여 Connection을 가져오기 위해서는 getJspContext() 메소드를 이용하여 jsp 페이지에서 사용하는 스크립트 변수와 관련 클래스의 객체와 연결을 시켜 주어야 합니다. 현재 사용자 태그에서는 'id'라는 이름의 속성을 사용하고 있습니다. 따라서 setAttribute() 메소드를 사용하여 'id'라는 속성에 실제 Connection을 생성해 주는 클래스인 DBConnection 객체를 생성(new DBConnection())하여 연결시켜 주는 것입니다. 참고로 request, session 등의 내부 객체와 마찬가지로 getJspContext() 메소드로 리턴 받는 JspContext 객체도 값을 저장하기 위해 setAttribute() 메소드를 사용할 수 있습니다.

06 브라우저를 실행시켜 결과를 확인합니다. 주소는 http://localhost/myapp/ch19/connectionTag.jsp로 입력합니다.

▲ [그림 19-6] connectionTag.jsp의 실행화면

지금까지 아주 간단한 예제를 통해 사용자 태그를 공부해 보았습니다. 사용자 태그는 사실 좀 복잡한 내용을 더 포함하고 있습니다. 그러나 지금까지의 내용으로도 충분히 여러분만의 태그를 만들 수 있는 기술적 기반이 될 것이라 확신합니다.

사실 태그 라이브러리 기술은 입문자에게는 어려운 내용이 될 수밖에 없습니다. JSP 뿐만 아니라 자바와 관련된 프로그래밍적인 지식을 요구하기 때문입니다. 하지만 서두에 말씀드린 대로 사용자 태그는 JSP 기술에 있어 상당히 중요한 부분으로서 앞으로도 계속적으로 확장되고 활용될 것으로 생각됩니다. 처음에 조금은 어렵게 느껴지는 내용도 계속적으로 관심을 가지고 지금까지의 내용을 충분히 이해하신 후에 고급서를 통해 이러한 부분을 차근히 공부하신다면 분명히 좋은 결과가 있으리라 확신합니다.

• 사용자 태그란?

사용자 태그를 만들기 위해서는 TLD(Tag Library Descriptor)와 태그 핸들러(Tag Handler)를 작성해야 한다. 그리고 작성된 핸들러를 jsp 페이지에서 호출하여 사용하는 것이다.

• 태그 핸들러

클래스 이름	설명
TagSupport	몸체 내용을 처리하지 않은 경우
BodyTagSupport	몸체 내용을 처리하는 경우
SimpleTagSupport	몸체 내용 처리 여부에 관계없이 JSP 2.0 이상에서 사용 할 수 있는 핸들러 클래스

• TLD 파일의 구조

〈기본요소〉

태그	설명
tib-version	태그 라이브러리 버전
jsp-version	현재 사용되고 있는 JSP버전
short-name	태그 라이브러리의 간단한 이름 지정

〈tag 요소의 하위 요소들〉

태그	설명
name	사용자 태그의 이름 지정
tag-class	사용자 태그의 처리를 담당해 줄 태그 핸들러 지정

• JSP에서의 사용자 태그 사용

태그 라이브러리 지시자	〈%@ taglib prefix="ex" uri="/WEB-INF/tlds/ExampleTag.tld"%〉
사용자 태그 사용	〈ex:tagName/〉

• 스크립트 변수 사용

❶ TLD 파일 작성(Helper 클래스와 연관된 태그를 추가함)

❷ Helper 클래스 작성(스크립트 변수와 관련된 정보제공)

❸ 스크립트 변수와 관련된 클래스 작성

❹ 태그 핸들러 작성(스크립트 변수에 해당하는 클래스 객체를 저장)

1 사용자 태그를 만들기 위해서는 상속받는 클래스는 무엇입니까?

2 TLD(Tag Library Descriptor) 역할은 무엇입니까?

3 사용자 태그를 만들고 사용하기 위해서는 필요한 3개의 파일의 종류를 단계적으로 나열하시오.

4 JSP에서는 사용자 태그와 같은 기본적인 태그들을 제공하고 있습니다. 이러한 태그의 종류를 들어보세요.

5 사용자 태그를 사용하는 목적은 무엇이라 생각합니까?

해답은 623 쪽 연습문제 해답을 참조하세요.

JSP & Servlet

부록에서는 이 교재에서 사용을 하는 WAS(Web Application Server)서버인 Tomcat Server의 환경 설정의 세부적인 설명과 JSP 및 서블릿에 연동되는 Database Server가 꼭 MySQL 뿐만 아니라 Oracle 및 MS-SQL이 될 수 있기 때문에 이 두 개의 Database Server 연결 설정을 부록에 추가 하였습니다.

APPENDIX

Oracle과 MS_SQL 연결 설정

앞에서 진행한 실습에서는 MySQL을 DBMS로 사용하였습니다. 하지만 개발자가 되어 개발을 진행하다 보면 Oracle과 MS-SQL 등 다른 DBMS를 사용하게 될 경우가 생길 수 있습니다. 따라서 이번 부록에서는 MySQL과 더불어 가장 많이 사용되는 DBMS인 Oracle과 MS-SQL의 JDBC 연결법에 대해서 알아보고 실습해보겠습니다.

01 _ Oracle 연결하기

Oracle은 전 세계 DBMS시장에서 점유율 1위를 차지하고 있는 데이터베이스 서버 프로그램입니다. 국내에서도 가장 많이 사용되는 DBMS 프로그램이죠. 그럼 Oracle의 JDBC 연결법에 대해서 차근 차근 실습해보겠습니다.

> **여기서 잠깐!**
>
> 본 교재는 MySQL을 기반으로 만들어졌습니다. 따라서 Oracle과 MS-SQL의 설치 파일은 따로 제공되지 않습니다. Oracle과 MS-SQL이 설치되어 있다는 가정 하에 JDBC 연결과정을 진행하도록 하겠습니다. Oracle과 MS-SQL이 설치는 다른 교재나 인터넷의 강좌를 참고합니다.

01-1 자바와 Oracle를 연결하기 위해서는 Oracle 전용 JDBC 드라이버를 설치해야 됩니다.

Oracle 전용 JDBC 드라이버인 ojdbc14.jar는 출판사 사이트에서 다운로드 받을 수 있습니다. 다운로드받은 ojdbc14.jar 파일을 다음과 같이 C:\Jsp\myapp\WebContent\WEB-INF\lib 경로에 붙여넣기 합니다.

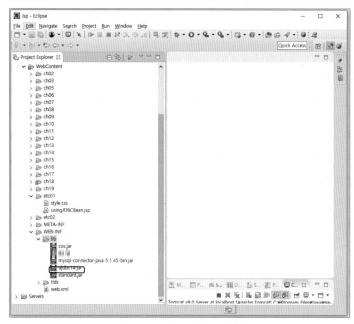

▲ [그림 etc01-1] Oracle 전용 JDBC 드라이버(ojdbc14.jar) 복사

Oracle 전용 JDBC 드라이버(ojdbc14.jar)를 이클립스 myapp프로젝트의 WebContent/WEB-INF/lib 폴더에 복사를 합니다. 이 위치에 MySQL용 드라이버가 같이 있어도 무방합니다.

01-2 Oracle 접속을 위한 클래스파일과 JSP 파일 작성

먼저 Oracle과 MS-SQL JDBC 연결 테스트를 위해 etc01 패키지를 작성합니다.
DBConnectionMgr.java, RegisterMgr.java, RegisterBean.java 세 개의 java 파일은 etc01 패키지에 작성하시면 됩니다.

(1) table.sql (Oracle용 tblRegister 테이블)

여기서 잠깐!

이번 예제에서 사용할 테이블은 10장에서 만들었던 테이블을 Oracle용 MS-SQL용으로 생성하여 사용 하도록 하겠습니다.

```sql
CREATE TABLE tblRegister(
    id VARCHAR2(20 BYTE) NOT NULL PRIMARY KEY,
    pwd VARCHAR2(20 BYTE) NOT NULL,
    name CHAR(15 BYTE) NULL,
    num1 CHAR(6 BYTE) NULL,
    num2 CHAR(7 BYTE) NULL,
    email VARCHAR2(30 BYTE) NULL,
    phone VARCHAR2(30 BYTE) NULL,
    zipcode CHAR(5 BYTE) NULL,
    address VARCHAR2(60 BYTE) NULL,
    job VARCHAR2(30 BYTE) NULL
);
```

데이터 입력 쿼리문

```sql
INSERT INTO tblRegister (id, pwd, name, num1, num2, email, phone, zipcode, address, job) VALUES
('rorod', '1234', '이경미', '123456', '1234567', 'rorod@jspstudy.co.kr', '010-1111-2222', '12345',
'부산 연제구', '프로그래머');
```

(2) DBConnectionMgr.java

DBConnectionMgr.java는 14장에서 사용했던 파일을 복사해서 그대로 사용하시되 드라이버명, 접속URL, 유저 명, 유저 패스워드를 지정하는 멤버변수인 String _driver, _url, _user, _password 의 내용만 수정하시면 됩니다.

TIP | SID 확인하는 쿼리문

```sql
select name from v$database;
```

```
........
................
.........................
public class DBConnectionMgr {
        private Vector connections = new Vector(10);
    ////////////////////////// Oracle 연결 //////////////////////////
    private String _driver = "oracle.jdbc.OracleDriver",
    _url = "jdbc:oracle:thin:@127.0.0.1:1521:XE",
    _user = "root",
    _password = "1234";
    ////////////////////////// MS-SQL 연결 //////////////////////////
    /*private String _driver = "com.microsoft.sqlserver.jdbc.SQLServerDriver",
    _url = "jdbc:sqlserver://127.0.0.1:1433;databaseName=mydb",
    _user = "root",
    _password = "1234";*/
..............................
...................
.............
.......
```

드라이버 명을 지정합니다. 여기서는 Oracle JDBC 드라이버를 지정하였습니다.

DBMS 접속을 위한 url입니다. 127.0.0.1은 자신을 가리키는 루프백 아이피이고 1521은 Oracle의 기본 포트번호, XE는 SID입니다. 왼쪽 팁에 나와있는 SID 확인하는 쿼리를 이용해 SID를 확인한 뒤 입력하도록 합니다.

유저 아이디입니다.

유저 패스워드입니다.

MS-SQL 연결을 위한 멤버변수입니다. 차후 MS-SQL 연결 테스트를 위해 주석처리 해놓도록 합시다.

(3) RegisterMgr.java

```
package etc01;
 import java.sql.*;
 import java.util.*;
 public class RegisterMgr {

        private DBConnectionMgr pool;

            public RegisterMgr() {
                try {
                        pool = DBConnectionMgr.getInstance();
                } catch (Exception e) {
                        e.printStackTrace();
                }
            }

    public Vector<RegisterBean> getRegisterList() {
          Connection con = null;
          PreparedStatement pstmt = null;
          ResultSet rs = null;
          Vector<RegisterBean> vlist = new Vector<RegisterBean>();
         try {
          con = pool.getConnection();
```

```
        String query = "select * from tblRegister";
        pstmt = con.prepareStatement(query);
        rs = pstmt.executeQuery();
        while (rs.next()) {
          RegisterBean bean = new RegisterBean();
                bean.setId (rs.getString("id"));
                bean.setPwd (rs.getString("pwd"));
                bean.setName (rs.getString("name"));
                bean.setNum1 (rs.getString("num1"));
                bean.setNum2 (rs.getString("num2"));
                bean.setEmail (rs.getString("email"));
                bean.setPhone (rs.getString("phone"));
                bean.setZipcode (rs.getString("zipcode"));
                bean.setAddress (rs.getString("address"));
                bean.setJob (rs.getString("job"));
              vlist.addElement(bean);
        }
    } catch (Exception ex) {
        System.out.println("Exception" + ex);
    } finally {
        pool.freeConnection(con, pstmt, rs);
    }
    return vlist;
  }
}
```

(4) RegisterBean.java

```
package etc01;

public class RegisterBean {

    private String id;
    private String pwd;
    private String name;
    private String num1;
    private String num2;
    private String email;
    private String phone;
    private String zipcode;
    private String address;
    private String job;

    public void setId(String id) {
        this.id = id;
    }
```

```java
        public void setPwd(String pwd) {
            this.pwd = pwd;
        }
        public void setName(String name) {
            this.name = name;
        }
        public void setNum1(String num1) {
            this.num1 = num1;
        }
        public void setNum2(String num2) {
            this.num2 = num2;
        }
        public void setEmail(String email) {
            this.email = email;
        }
        public void setPhone(String phone) {
            this.phone = phone;
        }
        public void setZipcode(String zipcode) {
            this.zipcode = zipcode;
        }
        public void setAddress(String address) {
            this.address = address;
        }
        public void setJob(String job) {
            this.job = job;
        }
        public String getId() {
            return id;
        }
        public String getPwd() {
            return pwd;
        }
        public String getName() {
            return name;
        }
        public String getNum1() {
            return num1;
        }
        public String getNum2() {
            return num2;
        }
        public String getEmail() {
            return email;
        }
```

```
        public String getPhone() {
            return phone;
        }
        public String getZipcode() {
            return zipcode;
        }
        public String getAddress() {
            return address;
        }
        public String getJob() {
            return job;
        }
    }
```

(5) usingJDBCBean.jsp

usingJDBCBean.jsp는 JSP 파일이므로 WebContent에 etc01 폴더를 만들고 작성합니다.

실습 파일 : source/etc01/usingJDBCBean.jsp

```jsp
<%@ page contentType="text/html; charset=EUC-KR" %>
<%@ page import="java.util.*, etc01.*"%>
<jsp:useBean id="rMgr" class="etc01.RegisterMgr"/>
<html>
<head>
<title>JSP에서 데이터베이스 연동</title>
<link href="style.css" rel="stylesheet" type="text/css">
</head>
<body bgcolor="#FFFFCC">
<h2>Bean를 사용한 데이터베이스 연동 예제입니다....</h2>
<br/><br/>
<h3>회원정보</h3>
<table bordercolor="#0000ff" border="1">
<tr>
    <td><strong>ID</strong></td>
    <td><strong>PWD</strong></td>
    <td><strong>NAME</strong></td>
    <td><strong>NUM1</strong></td>
    <td><strong>NUM2</strong></td>
    <td><strong>EMAIL</strong></td>
    <td><strong>PHONE</strong></td>
    <td><strong>ZIPCODE/ADDRESS</strong></td>
    <td><strong>JOB</strong></td>
</tr>
<%
        Vector<RegisterBean> vlist = rMgr.getRegisterList();
```

```
        int counter = vlist.size();
        for(int i=0; i<vlist.size(); i++){
            RegisterBean bean = (RegisterBean)vlist.elementAt(i);
%>
<tr>

        <td><%=bean.getId()%></td>
        <td><%=bean.getPwd()%></td>
        <td><%=bean.getName()%></td>
        <td><%=bean.getNum1()%></td>
        <td><%=bean.getNum2()%></td>
        <td><%=bean.getEmail()%></td>
        <td><%=bean.getPhone()%></td>
        <td><%=bean.getZipcode()%>/<%=bean.getAddress()%></td>
        <td><%=bean.getJob()%></td>
<%}%>
</tr>
</table>
<br/><br/>
total records : <%= counter %>
</body>
</html>
```

01-3 연결 테스트

java 파일과 JSP 파일을 모두 작성했으면 연결을 테스트 하도록 하겠습니다.

01 이클립스에서 usingJDBCBean.jsp 파일을 실행합니다.

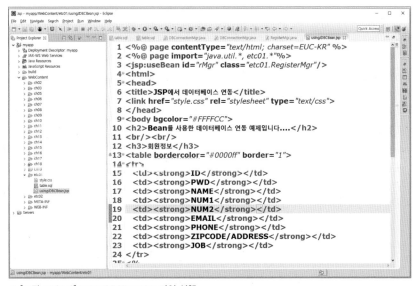

▲ [그림 etc01-2] usingJDBCBean.jsp 파일 실행

02 다음과 같이 tblRegister 테이블에 입력한 내용이 출력되면 Oracle JDBC가 정상적으로 연결된 것입니다.

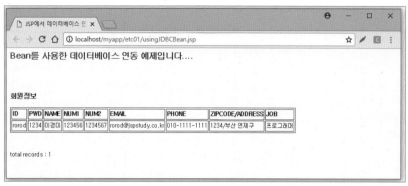

▲ [그림 etc01-3] 결과 확인

02 _ MS-SQL 연결하기

MS-SQL은 마이크로소프트(Microsoft)사에서 개발한 DBMS입니다. Oracle, MySQL과 더불어 가장 많이 사용되는 DBMS 중 하나입니다.

02-1 MS-SQL 전용 JDBC 드라이버 설치

자바와 MS-SQL를 연결하기 위해서 MS-SQL 전용 JDBC 드라이버를 설치하도록 하겠습니다. MS-SQL 전용 JDBC 드라이버인 sqljdbc4.jar는 출판사 사이트에서 다운로드 받을 수 있습니다. 다운로드받은 sqljdbc4.jar 파일을 다음과 같이 C:₩Jsp₩myapp₩WebContent₩WEB-INF₩lib 경로에 붙여넣기 합니다.

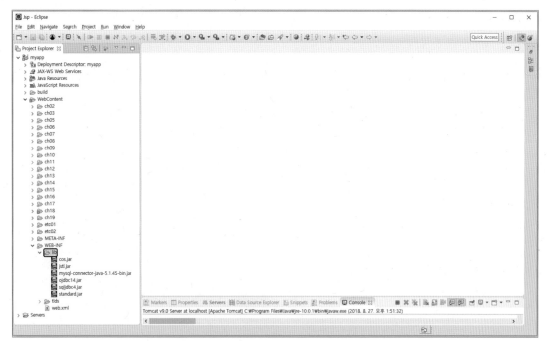

▲ [그림 etc01-4] 이클립스에서 드라이버파일(sqljdbc4.jar) 파일 확인

MS-SQL 전용 JDBC 드라이버(sqljdbc4.jar)를 이클립스 myapp프로젝트의 WebContent/WEB-INF/lib 폴더에 복사를 합니다. 이 위치에 MySQL용 드라이버와 같이 있어도 무방합니다.

02-2 MS-SQL 접속을 위한 DBConnectionMgr.java 수정

앞에서 Oracle 연결 테스트를 위해 DBConnectionMgr.java, Register.java, RegisterBean.java, usingJDBCBean.jsp 파일을 작성하였기 때문에 MS-SQL 연결을 위해서 DBConnectionMgr.java 파일의 일부만 수정하시면 됩니다. MS-SQL부터 테스트하실 분은 Oracle 연결 테스트 파트에 있는 해당 파일들을 작성해주세요.

etc01 패키지에 작성해놓은 DBConnectionMgr.java 파일을 열어 다음과 같이 Oracle 연결 부분을 주석처리하고 MS-SQL 연결 부분의 주석처리를 해제합니다.

실습 파일 : source/etc01/DBConnectionMgr.java

```
........
................
.........................
public class DBConnectionMgr {
        private Vector connections = new Vector(10);
    /////////////////////// Oracle 연결 ///////////////////////////
    /*private String _driver = "oracle.jdbc.OracleDriver",
    _url = "jdbc:oracle:thin:@127.0.0.1:1521:XE",
    _user = "root",
    _password = "1234";*/
    /////////////////////// MS-SQL 연결 ///////////////////////////
    private String _driver = "com.microsoft.sqlserver.jdbc.SQLServerDriver",
    _url = "jdbc:sqlserver://127.0.0.1:1433;databaseName=mydb",
    _user = "root",
    _password = "1234";
    ..............................
    ....................
    .............
    .......
```

앞에서 실습한 Oracle 연결 파트입니다. MS-SQL 연결 테스트를 위해 /* */로 주석처리 하도록 합시다.

드라이버 명을 지정합니다. 여기서는 MS-SQL JDBC 드라이버를 지정하였습니다.

사용자 계정입니다.

사용자 비밀번호입니다.

DBMS 접속을 위한 url입니다. 127.0.0.1은 자신을 가리키는 루프백 아이피이고 1433은 MS-SQL의 기본 포트번호입니다. 마지막에는 저속할 DB 이름이 들어갔습니다.

02-3 테이블 및 데이터 입력하기

테이블 작성 쿼리문 (MS-SQL용 tblRegister 테이블)

```
CREATE TABLE tblRegister(
    id VARCHAR(20) NOT NULL PRIMARY KEY,
    pwd VARCHAR(20) NOT NULL,
    name CHAR(15) NULL,
    num1 CHAR(6) NULL,
    num2 CHAR(7) NULL,
    email VARCHAR(30) NULL,
    phone VARCHAR(30) NULL,
    zipcode CHAR(5) NULL,
    address VARCHAR(60) NULL,
    job VARCHAR(30) NULL
);
```

데이터 입력 쿼리문

```
INSERT tblRegister (id, pwd, name, num1, num2, email, phone, zipcode, address, job) VALUES ('rorod',
'1234', '이경미', '123456', '1234567', 'rorod@jspstudy.co.kr', '010-1111-2222', '12345', '부산 연제
구', '프로그래머');
```

02-4 연결 테스트

java 파일과 JSP 파일을 모두 작성했으면 연결을 테스트 하도록 하겠습니다.

01 이클립스에서 usingJDBCBean.jsp 파일을 실행합니다.

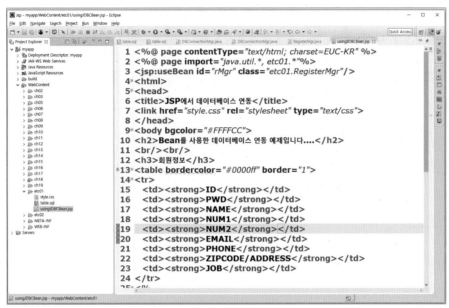

▲ [그림 etc01-5] usingJDBCBean.jsp 파일 실행

02 다음과 같이 tblRegister 테이블에 입력한 내용이 출력되면 MS-SQL JDBC가 정상적으로 연결된 것입니다.

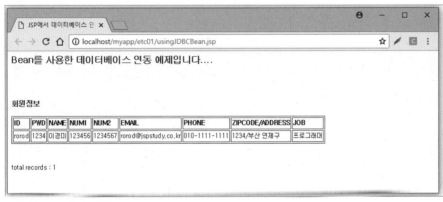

▲ [그림 etc01-6] 결과 확인

Tomcat Server 환경설정

톰캣의 환경설정파일 server.xml의 connector와 context 태그에 대해서 간단한 예제와 함께 알아보고 어플리케이션 설정파일인 web.xml의 설정 방법과 설정에 따른 차이점을 간단한 예제를 통해 알아보겠습니다.

01 _ 톰캣 server.xml 설정하기

server.xml은 'Tomcat root\conf\'에 위치하며 톰캣에서 사용할 포트번호, 프로토콜을 설정하고 실행할 어플리케이션의 경로 등을 설정하는 파일입니다. 이번 부록에서는 server.xml 파일에서 사용되는 Connector와 Context 태그에 대해서 알아보겠습니다.

01-1 Connector 태그

Connector 태그는 클라이언트의 요청을 설정된 프로토콜에 따라 수신하고 지정한 엔진에 연결하는 태그입니다.

(1) Connector 태그의 속성

Connector 태그는 service 태그의 내부에 위치하며 일반적으로 아래와 같은 형식으로 설정합니다.

```
<Connector connectionTimeout="20000" port="80" protocol="HTTP/1.1" redirectPort="8443"/>
```

위 소스에서 'connectionTimeout="20000"'은 클라이언트가 서버에 연결 요청을 하였을 때 서버가 요청을 기다리며 대기하는 최대 시간을 뜻합니다. 단위는 ms(밀리세컨드:1000분의 1초)이므로 위 소스의 20000은 20초가 됩니다.

'port="80"'은 Connector가 응답할 포트번호로써 여기서 지정한 포트로 요청이 들어오면 Connector가 생성됩니다. 'HTTP/1.1'의 기본 포트번호는 8080인데 일반적으로 윈도우 서버의 서비스 중 하나인 IIS의 기본 포트번호가 '80'이기 때문에 이와 겹치는 것을 방지하기 위해서 '8080'으로 설정이 되어 있습니다. 하지만 IIS를 사용하지 않을 경우 HTTP/1.1 커넥터의 포트번호는 '80'으로 설정하는 것이 좋습니다. '8080'으로 설정할 경우 서버에 접속할 때 주소 뒤에 'http://localhost:8080과 같이 포트번호를 붙여주어야 하지만 위와 같이 'port="80"'으로 지정할 경우 주소에서 포트번호를 생략할 수 있습니다.

'protocol="HTTP/1.1"'은 커넥터의 프로토콜을 설정하는 속성입니다. Connector에서 지정할 수 있는 프로토콜의 종류는 'HTTP/1.1'과 'AJP/1.3' 두 가지가 있는데 'HTTP/1.1'은 웹 요청을 받아들이는 프로토콜이고 'AJP/1.3'은 톰캣과 아파치를 연동할 때 사용하는 프로토콜입니다.

'redirectPort="8443"'은 Connector이 non-SSL 상태일 때 SSL 요청을 받을 경우 지정한 포트로 재접속합니다.

위에서 설명한 속성 외에도 connector에는 아래와 같은 속성이 있습니다.

속성	설명
URIEncoding	URI를 디코딩할 때 사용되는 문자 인코딩 타입을 지정합니다. 설정하지 않을 경우 기본값은 ISO-8859-1입니다.
allowTrace	TRACE HTTP 메소드를 사용할지 여부를 설정하는 속성입니다. true/false로 설정할 수 있으며 기본값은 false입니다.
address	하나 이상의 IP 주소를 가진 서버일 경우 이 속성은 지정된 포트에서 수신을 위해 사용되는 주소를 지정합니다.
maxConnections	서버에 연결할 수 있는 최대 연결수입니다. 연결된 수가 지정한 숫자에 도달하면 서버는 더 이상 연결을 허용하지 않습니다.
maxHttpHeaderSize	요청 및 응답 HTTP 헤더의 최대 크기입니다. 지정되지 않을 경우 이 속성은 8192B(8KB)로 설정됩니다. 단위는 바이트입니다.
maxThreads	요청 처리 스레드의 최대 개수를 설정합니다. 기본값은 200입니다.
socketBuffer	소켓 버퍼의 크기를 지정합니다. -1 일 경우 버퍼를 사용하지 않습니다. 기본값은 9000B(바이트)입니다.
asyncTimeout	비동기 요청에 대한 시간제한입니다. 기본값은 10000ms(10초)입니다.
maxHeaderCount	컨테이너에 의해 허용되는 요청 헤더의 최대 수입니다. 지정된 수보다 더 많은 헤더가 포함 된 요청은 거부됩니다. 0일 경우 제한이 없음을 뜻합니다. 기본값은 100입니다.
acceptCount	모든 스레드가 사용 중일 때 들어오는 연결 요청을 저장하는 큐의 최대 길이를 설정합니다. 큐가 가득 찰 경우 요청은 거부됩니다. 기본값은 100입니다.

▲ [표 etc02-1] connector 태그의 속성

이 외에도 Connector 태그에는 많은 속성들이 있습니다. 자세한 내용은 http://tomcat.apache.org/tomcat-9.0-doc을 참고하시기 바랍니다.

(2) URIEncoding 설정에 따른 차이점

Connector태그에서 URIEncoding의 기본값은 'ISO-8859-1'인데 이 상태로 페이지를 실행할 경우 한글이 깨져서 나오게 됩니다. 따라서 한글을 정상적으로 출력하기 위해서는 URIEncoding의 값을 'EUC-KR'로 설정해줄 필요가 있습니다.

01 먼저 URIEncoding 설정에 따른 결과값의 차이를 확인하기 위한 테스트 페이지를 다음과 같이 작성합니다.

실습 파일 : source/etc02/uriEncoding.jsp

```
<%@ page contentType="text/html;charset=EUC-KR" %>
<h1>server.xml URIEncoding="EUC-KR" 등록</h1>
<%
        String name = request.getParameter("name");
    if(name==null) name = "요청 받은 값이 없음";
%>
요청받은 한글 name 값은? <b><%=name %></b><p/>
<a href="uriEncoding.jsp?name=JSPStudy">JSPStudy</a>  
<a href="uriEncoding.jsp?name=제이 에스 피 스타디">제이 에스 피 스타디</a>
```

02 작성한 페이지를 실행하면 아직 URIEncoding 값이 default(ISO—8859—1) 상태이기 때문에 한글이 깨지는 것을 확인할 수 있습니다.

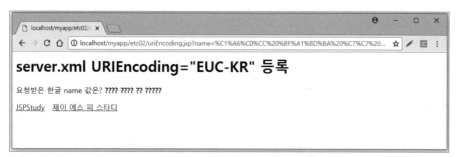

▲ [그림 etc02—1] URIEncoding 값이 default(ISO—8859—1)때의 한글 출력

03 톰캣 9.0 디렉토리에 위치한 server.xml 파일을 열어서 다음과 같이 Connector에 'URIEncoding="EUC—KR"'를 추가를 합니다.

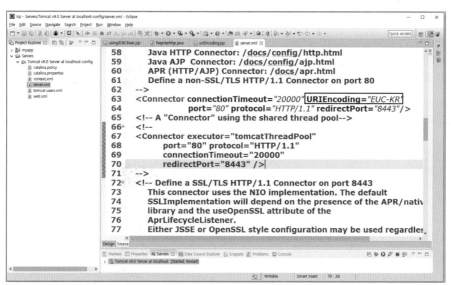

▲ [그림 etc02—2] server.xml에서 URIEncoding 값을 'EUC—KR'로 설정

04 설정 후 다시 서버를 재시작하고 페이지를 실행시키면 한글이 정상적으로 출력되는 것을 확인할 수 있습니다.

▲ [그림 etc02—3] URIEncoding 값이 'EUC—KR'일 때의 한글 출력

01-2 host 태그

host 태그는 일반적으로 아래와 같은 형식으로 설정합니다.

```
<Host appBase="webapps" autoDeploy="true" name="localhost" unpackWARs="true">
```

host 태그는 가상 호스트를 생성하는 태그입니다. 각각의 host 태그는 하나의 가상호스트 가 되며 연결할 도메인, 호스트의 root폴더와 같은 속성을 지정합니다. 또한 하나의 host 태그 내부에는 다수의 Context 태그가 들어가는데 이 Context 태그는 하나의 웹 어플리케이션을 지정합니다. host 태그는 대표적으로 아래와 같은 속성을 가집니다.

속성	설명
appBase	가상호스트의 root 폴더를 지정합니다.
name	가상호스트에 연결할 도메인(주소)을 지정합니다.
autoDeploy	톰캣이 실행 상태일 때 appBase에 지정한 root 디렉토리에 어플리케이션이 추가될 경우 Context 태그를 추가할지 여부를 지정합니다.
unpackWARs	appBase에 지정한 root 디렉토리에 WAR 파일을 추가할 경우 압축을 해제할 것인지의 여부를 지정합니다. true일 경우 압축을 해제한 뒤 해당 디렉토리에서 실행하고 false일 경우 WAR 압축 상태로 실행합니다.

▲ [표 etc02-2] connector 태그의 속성

(1) Context 태그의 개념과 속성

Context 태그는 일반적으로 아래와 같은 형식으로 설정합니다.

```
<Context docBase="myapp" path="/myapp" workDir="C:\Study\myapp\work" reloadable="true" />
```

Context 태그는 가상 호스트 안에서 실행되는 어플리케이션의 경로와 옵션을 설정하는 태그입니다. 하나의 Context 태그는 하나의 웹 어플리케이션을 의미합니다.
Context 태그가 일반적으로 가지는 속성은 다음과 같습니다.

속성	설명
docBase	웹 어플리케이션의 root 디렉토리 또는 WAR 파일의 경로를 지정합니다. 절대경로 또는 host의 appBase에 대한 상대경로로 지정할 수 있습니다.
path	웹 어플리케이션의 컨텍스트 경로를 지정합니다. path 경로는 유일성을 가지며 ''(공백)으로 지정할 경우 호스트의 기본 어플리케이션이 되어 다른 컨텍스트에 해당되지 않는 모든 요청을 받아들이게 됩니다.
workDir	컨텍스트를 위한 작업(임시) 디렉토리 경로를 지정합니다.
reloadable	/WEB-INF/classes/와 /WEB-INF/lib 경로의 파일이 변경됐을 때 자동 리로딩 여부를 결정합니다.

▲ [표 etc02-3] Context 태그의 속성

02 _ web.xml 설정하기

---

web.xml은 톰캣의 배포서술자(DD, Deployment Descriptor)로써 웹 어플리케이션의 환경설정을 위한 파일입니다.

web.xml 파일은 기본적으로 Tomcat ROOT₩conf에 위치하는데 웹 어플리케이션에 web.xml 파일이 없을 경우 Tomcat ROOT₩conf에 위치한 web.xml 파일이 적용됩니다.

따라서 웹 어플리케이션의 WebContent/WEB-INF 경로에 web.xml 파일을 위치시키게 되면 Tomcat ROOT₩conf에 위치한 web.xml 파일과 별개로 웹 어플리케이션의 실행 환경을 설정할 수 있습니다.

이 경우 일반적으로 Tomcat ROOT₩conf에 위치한 web.xml 파일을 WebContent/WEB-INF에 복사해서 필요한 부분만 설정해서 사용하게 됩니다.

그럼 web.xml의 환경설정에 대해서 알아보겠습니다.

02-1 listings

```
<init-param>
    <param-name>listings</param-name>
    <param-value>true</param-value>
</init-param>
```

listings는 위와 같은 형태로 작성하며 사용자가 주소창에 'http://localhost/myapp'와 같이 파일명을 제외한 디렉토리 경로만을 입력했을 때 해당 경로에 위치하는 파일과 디렉토리 목록을 브라우저에 보여줄 것인지의 여부를 설정합니다.

listings가 true로 되어 있을 경우 브라우저를 통해 디렉토리와 파일목록을 확인할 수 있기 때문에 개발을 하는데 있어서 편리합니다.

하지만 웹 어플리케이션의 개발이 완료되고 배포된 상태에서 디렉토리와 파일의 목록이 접속자에게 노출되면 보안상 문제가 발생할 수 있기 때문에 이때는 listings를 false로 설정해 주어야 합니다.

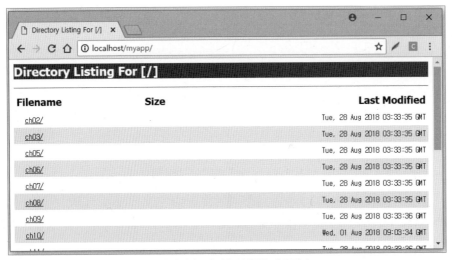

▲ [그림 etc02-4] listings이 true인 상태에서 디렉토리 명을 입력했을 때의 결과

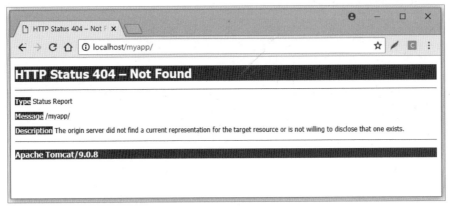

▲ [그림 etc02-5] listings이 false인 상태에서 디렉토리 명을 입력했을 때의 결과

그림 4번, 5번과 같이 listings가 true일 경우 디렉토리와 파일목록이 노출되지만 false일 경우 해당 페이지가 없음을 뜻하는 HTTP Status 404 에러를 나타냅니다.

02-2 welcome-file

```
<welcome-file-list>
        <welcome-file>index.jsp</welcome-file>
</welcome-file-list>
```

디렉토리명 까지 입력했을 때 default로 보여줄 페이지의 경로 및 파일명

welcome-file는 위와 같은 형태로 작성하며 사용자가 URL을 입력할 때 'http://localhost/myapp/'와 같이 웹 어플리케이션의 디렉토리명까지만 입력할 경우 보여줄 페이지를 지정합니다. welcome-file이 지정되어 있으면 listings가 true로 지정되어 있더라도 디렉토리 경로를 입력하였을 때 welcome-file에서 지정한 페이지로 이동하게 됩니다.

02-3 Exception 발생 시 전환되는 페이지 설정

jsp 페이지를 실행할 때 Exception(예외상황)이 발생하게 되면 에러가 발생한 부분의 소스와 Exception 코드가 웹 브라우저에 노출됩니다.

이 경우 listings와 마찬가지로 보안상 문제가 발생할 수 있기 때문에 Exception 발생 시 보여줄 페이지를 따로 지정해둘 필요가 있는데 이때 사용되는 것이 아래의 코드입니다.

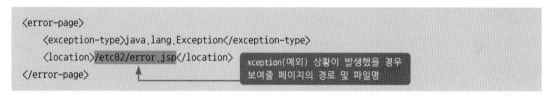

```
<error-page>
    <exception-type>java.lang.Exception</exception-type>
    <location>/etc02/error.jsp</location>
</error-page>
```
xception(예외) 상황이 발생했을 경우 보여줄 페이지의 경로 및 파일명

위와 같이 설정하면 Exception 발생 시 etc02폴더에 위치한 error.jsp 페이지를 보여주게 됩니다. 그럼 간단한 예제를 통해 Exception 발생 시 보여줄 페이지를 설정해 보겠습니다.

01 먼저 Exception을 발생시키기 위해 다음과 같이 에러가 발생하는 페이지를 작성합니다.

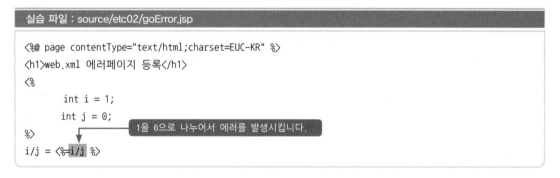

실습 파일 : source/etc02/goError.jsp

```
<%@ page contentType="text/html;charset=EUC-KR" %>
<h1>web.xml 에러페이지 등록</h1>
<%
    int i = 1;
    int j = 0;
%>
i/j = <%=i/j %>
```
1을 0으로 나누어서 에러를 발생시킵니다.

02 페이지를 작성하고 실행하면 다음과 같이 웹 브라우저에 Exception 코드가 출력됩니다.

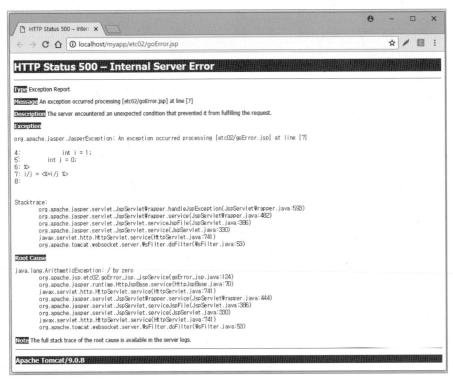

▲ [그림 etc02-6] Exception 페이지를 지정하지 않았을 때의 출력 결과

03 Exception이 발생했을 때 보여줄 페이지를 작성합니다.

04 이제 Exception이 발생했을 때 보여줄 페이지를 지정하기 위해 프로젝트의 WEB-INF에 위치한 web.xml
에 아래의 코드를 추가합니다.

05 다시 서버를 재시작하고 goError.jsp 페이지를 실행하면 Exception이 발생하고 다음과 같이 지정한 페이지가 출력됩니다.

▲ [그림 etc02-7] Exception 페이지를 지정하였을 때의 출력 결과

02-4 404에러 발생 시 전환되는 페이지 설정

404에러는 서버에 존재하지 않는 페이지 명을 주소창에 입력하였을 때 출력되는 에러입니다. 웹 브라우저를 사용하면서 가장 흔하게 볼 수 있는 에러 중 하나죠. 이 경우에도 보안상 문제가 발생할 수 있기 때문에 특정 페이지를 지정해줄 필요가 있습니다.

그럼 간단한 예제를 통해 404에러 발생 시 보여줄 페이지를 지정해 보겠습니다.

01 다음과 같이 'http://localhost/myapp/etc02/' 뒤에 존재하지 않는 페이지 명을 입력할 경우 웹 브라우저는 404에러를 출력합니다. 컨테이너의 종류와 버전도 고스란히 노출이 됩니다.

▲ [그림 etc02-8] 존재하지 않는 페이지 명을 입력하였을 경우 출력 결과

02 먼저 404에러가 발생했을 경우 보여줄 페이지를 작성합니다.

실습 파일 : source/etc02/noPage.jsp

```
<%@ page contentType="text/html;charset=EUC-KR" isErrorPage="true" %>
<h1>요청하신 페이지는 존재하지 않습니다.</h1>
<font color="red">
(익스플로러는 기본적으로 처리하는 404에러 관련 내용이 있기 때문에 내부적인 오류 페이지가 보여 질수 있
습니다.)
</font><p/>
<a href="http://JSPStudy.co.kr">JSPStudy</a>
```

03 404에러 발생 시 보여줄 페이지를 다음과 같이 web.xml에 지정해줍니다.

```
<error-page>
    <error-code>404</error-code>
    <location>/etc02/noPage.jsp</location>
</error-page>
```

04 서버를 재시작하고 'http://localhost/myapp/etc02/noname.jsp' 와 같이 존재하지 않는 페이지를 입력하면
다음과 같이 지정한 페이지가 출력되는 것을 확인할 수 있습니다.

▲ [그림 etc02-9] 404에러 페이지를 지정하였을 때의 출력 결과

3장에서 서블릿 관련해서 추가 된 내용을 포함한 web.xml입니다.

실습 파일 : source/etc02/web.xml

```xml
<?xml version="1.0" encoding="UTF-8"?>
<web-app xmlns:xsi="http://www.w3.org/2001/XMLSchema-instance"
        xmlns="http://xmlns.jcp.org/xml/ns/javaee"
        xsi:schemaLocation="http://xmlns.jcp.org/xml/ns/javaee http://xmlns.jcp.org/xml/ns/javaee/web-app_4_0.xsd"
        version="4.0">
        <servlet>
                <servlet-name>default</servlet-name>
                <servlet-class>org.apache.catalina.servlets.DefaultServlet</servlet-class>
                <init-param>
                        <param-name>debug</param-name>
                        <param-value>0</param-value>
                </init-param>
                <init-param>
                        <param-name>listings</param-name>
                        <param-value>false</param-value>
                </init-param>
                <load-on-startup>1</load-on-startup>
        </servlet>
        <servlet>
                <servlet-name>MyServlet2</servlet-name>
                <servlet-class>ch03.MyServlet2</servlet-class>
        </servlet>
        <servlet-mapping>
                <servlet-name>MyServlet2</servlet-name>
                <url-pattern>/ch03/myServlet2</url-pattern>
        </servlet-mapping>
        <welcome-file-list>
                <welcome-file>index.html</welcome-file>
                <welcome-file>index.htm</welcome-file>
                <welcome-file>index.jsp</welcome-file>
        </welcome-file-list>
        <error-page>
                <exception-type>java.lang.Exception</exception-type>
                <location>/etc02/error.jsp</location>
        </error-page>
        <error-page>
                <error-code>404</error-code>
                <location>/etc02/noPage.jsp</location>
        </error-page>
</web-app>
```

Chapter 01 웹 프로그래밍의 이해

1 웹 브라우저로서 요청을 보내고 서버로부터 전달되어 온 응답을 보여주는 클라이언트들입니다. 이들 브라우저는 HTML 태그로 구성된 페이지를 화면에 글자나 이미지 등과 함께 보여주는 기능을 갖고 있습니다.

2 클라이언트라는 것은 네트워크에서 정보를 요구하는 쪽을 의미하고 서버라는 것은 요구받은 정보를 제공하는 쪽의 컴퓨터를 의미합니다.

3 정적으로 변하지 않은 웹 페이지가 아닌 실시간으로 변하는 정보를 포함한 페이지입니다.

4 CGI와 ASP, PHP, Servlet/JSP 등의 확장 CGI가 있습니다.

Chapter 02 JDK, Tomcat, Eclipse 설치

1 http://www.oracle.com/technetwork/java

2 ❶ Path ❷ Path

3 tomcat.apache.org

4 http://localhost

Chapter 03 JSP와 서블릿 동작원리

1 "Dreams come true!!!";

2 Web-INF

3 ❶ init() ❷ service() ❸ destroy()

Chapter 04 JAVA 기초 문법

1 ❶ Q1 q1 = new Q1(); ❷ nigagara hawaii ❸ System.out.println("질문 : " + q1.question);

2 상수

3 ❶ 클래스는 자바프로그램의 기본 단위가 됩니다. 클래스는 하나의 자바 프로그램이라고 할 수 있습니다.

　❷ 클래스에 속하는 변수입니다. 클래스에서 선언하였기 때문에 클래스에 속한 모든 메소드에서 자유롭게 사용이 가능합니다.

　❸ 메소드는 클래스에 속합니다. 클래스를 정의하는 괄호 안에 메소드를 정의하며, 프로그램이 처리할 코드를 기술합니다.

　❹ 프로그램을 실행할 때 진입점이 됩니다. JVM(자바가상머신)은 메인 메소드 안에 적힌 모든 코드를 가장 먼저 실행시킵니다.

Chapter 05 JSP 기초 문법

1 선언문에서 선언한 변수를 자바에서는 클래스변수 또는 멤버변수라고 합니다. 그리고 스크립트릿에서 선언한 변수는 지역변수 또는 로컬변수라고 합니다.

```java
public class Test{
        String name;
        int i;  ← 클래스변수 또는 멤버변수
        public static void main(String[] args){
                String msg = "KOREA Fighting";
                int j = 10;  ← 지역변수 또는 로컬변수
                System.out.println(msg);
        }
}
```

2 선언문에서 선언한 변수와 스크립트릿에서 선언한 변수는 선언하는 위치가 다르므로 전혀 관계가 없다.

예

```
<%!
    String name = "rorod";  ←
%>
<%
    String name = "simba222";
%
```

String 객체의 변수 첫 번째 name은 선언문에서 선언이 되었고 두 번째 name은 스크립트릿에서 선언이 되었지만 선언 영역이 다르므로 에러가 발생하지 않습니다.

3

```
01 :  <h1>Charter04 Test4</h1>
02 :  1에서 10까지 합은?<p>
03 :  <%
04 :  int I = 0;
05 :  int sum = 0;
06 :  while(true){
07 :    i += 1;
08 :      if(i<10) out.println(i + " +");
09 :    else out.println(i+ " =");
10 :    sum += i;
11 :    if(i>9) break;
12 :  }
13 :  %>
14 :  <%=sum%>
```

4

```
01 :   <h1>Charter05 Test5</h1>
02 :   <%
03 :     int i,j;
04 :     for(i=1;i<10;i++){
05 :         for(j=1;j<10;j++){
06 :   %>
07 :   <%=(i + "*" + j + "=" + i*j)%><br>
08 :   <%
09 :         }
10 :     }
11 :   %
```

Chapter 06 JSP 지시자와 액션태그

1 info, language, contentType, import, session, buffer, autoFlush, isThreadSafe, extends, errorPage, isErrorPage, pageEncoding

2 ❷번

```
<%@ page import="java.util.*"
        import="java.io.*"
%>
```

3 ❶번 – file   ❷번 – page

4 include 액션 태그는 포함시키는 페이지에 실행 흐름을 넘기고 나서 포함된 페이지의 결과 내용을 가지고 다시 원래 페이지로 돌아와서 클라이언트에게 응답을 하지만 forward 액션 태그는 포함시키는 페이지에 실행 흐름을 넘기고 나서 원래 페이지가 아닌 포함된 페이지에서 결과 내용을 클라이언트에게 응답을 한다.

5 JSPStudy님의 취미는 swimming입니다.

Chapter 07 JSP의 내부 객체

1 request, response, out, session, application, pageContext, page, config, exception

2 String page의 변수명은 이미 page 내부 객체명으로 예약이 되어 있습니다. 그렇게 때문에 스크립트릿에서는 9개의 내부 객체명과 같은 변수명은 선언할 수 없습니다.

3 implicitExample3.jsp

```
01 :   <%@ page contentType="text/html;charset=EUC-KR"
02 :          import="java.util.*"
03 :   %>
04 :   <%
```

```
05 :    request.setCharacterEncoding("euc-kr");
06 :        String name = request.getParameter("name");
07 :        String memo = request.getParameter("memo");
08 :        Date date = new Date();
09 : %>
10 : <h2>메모장</h2>
11 : <table border="1">
12 : <tr>
13 :    <td>성명</td>
14 :    <td><%=name%></td>
15 : </tr>
16 : <tr>
17 :    <td>메모</td>
18 :    <td><%=memo%></td>
19 : </tr>
20 : <tr>
21 :    <td>날짜</td>
22 :    <td><%=date.toLocaleString()%></td>
23 : </tr>
24 : </table>
```

4 ❶ isErrorPage ❷ getMessage(); 또는 toString();

Chapter 08 서블릿 기초 문법

1 Servlet(인터페이스) – GenericServlet(추상클래스)

2 ❶번 – @WebServlet   ❷번 – HttpServlet

3 첫 번째 web.xml

두 번째 @WebServlet

4 TestServlet4.java (지면 관계상 import는 생략합니다.)

```
01 : @WebServlet("/ch08/testServlet4")
02 : public class TestServlet4 extends HttpServlet {
03 :    protected void doPost(HttpServletRequest request, HttpServletResponse response) throws
ServletException, IOException {
04 :
05 :        int num1  = Integer.parseInt(request.getParameter("num1"));
06 :        int num2  = Integer.parseInt(request.getParameter("num2"));
07 :        response.setContentType("text/html; charset=EUC-KR");
08 :        PrintWriter out = response.getWriter();
09 :        out.println("<html>");
```

```
10 :          out.println("<body>");
11 :          out.println("<h2>계산기</h2>");
12 :          out.println(num1 +" + " + num2  + " = " + (num1+num2));
13 :          out.println("</body>");
14 :          out.println("</html>");
15 :     }
16 : }
```

Chapter 09 JSP와 자바빈즈

1 ❶ private ❷ music ❸ void ❹ this.color ❺ Flower(대소문자 주의) ❻ this.flower ❼ this.music
❽ String ❾ color ❿ flower ⓫ Music(대소문자 주의)

2 ❶ useBean ❷ sample.FavoriteBean ❸ bean ❹ getProperty ❺ bean ❻ color ❼ flower ❽ music

3 javac −d . FavoriteBean.java

Chapter 10 쿠키(cookie)와 세션(session)

1 데이터베이스(DataBase)

2 DBMS(DataBase Management System)

3 ❶ 조회하기 또는 읽기(select) ❷입력하기 또는 쓰기(insert) ❸ 변경하기(update) ❹ 삭제하기(delete)

4. 일련번호, 책제목, 저자명, 출판사, 출판년도

5. select * from book

6 delete from book where booknum=38

7 delete from book

Chapter 11 데이터베이스 설치 및 기본 SQL문

1 Class.forName("Driver_Name")

2 ❶ ResultSet ❷ executeQuery ❸ select * from members

3 ❶ Connection ❷ Statement ❸ ResultSet ❹ WHERE

Chapter 12 JDBC로 데이터베이스 연동

1 stateless

2 ❶ Cookie ❷ Session

3 ❶ "myCookie" ❷ "chocolate cookie" (""도 포함)

4 ❶ session.setAttribute("mySession", "hello")

Chapter 13 파일 업로드

1 ❶ multipart/form-data ❷ file

2 ❶ request ❷ dir ❸ size ❹ enctype

3 ❶ myapp/WEB-INF/lib에 복사를 합니다.

❷ CLASSPATH에 cos.jar 파일의 이름을 포함한 전체 경로를 붙여줍니다.

4 getFilesystemName("parameter name")

5 multi.getFilesystemName("parameter name");

Chapter 14 회원가입 및 로그인

1 〈jsp:useBean id="memMgr" class="ch14.MemberMgr" /〉

2 ❶ setAttribute ❷ getAttribute

3 ❶ setString ❷ setString 의미 : SQL문에 있는 ?의 문자 값을 설정

4 SQL문의 ? 순서를 결정합니다. 첫 번째 ?는 id 조건에 들어가는 값이고 두 번째 ?는 pwd 조건에 들어가는 값입니다.

5
```
...
public boolean loginMember(String id,String pwd){
        Connection con = null;
        PreparedStatement pstmt = null;
        ResultSet rs = null;
        String sql = null;
        boolean flag = false;
        try {
        con = pool.getConnection();
            stmt = con.createStatement();
        sql = "select id from tblMember where id='"+id+"' and pwd='"+pwd+"'";
        rs = stmt.executeQuery(sql);
        flag = rs.next();
        } catch (Exception e) {
            e.printStackTrace();
        } finally {
            pool.freeConnection(con, pstmt, rs);
        }
        return flag;
    }
...
```

Chapter 15 계층형 게시판

1 ❶ numPerPage = 10 –〉 15 (한 페이지의 레코드 수) ❷ pagePerBlock = 10 –〉 5 (한 블럭의 페이지 수)

2 ❶ pstmt.setInt(1,num) ❷ pstmt.executeQuery() ❸ pool.freeConnection(con, pstmt, rs)

Chapter 16 투표 프로그램

1 include 액션태그와 incldue 지시자는 다른 페이지의 내용을 현재 페이지에 포함을 시키는 기능은 똑같지만 include 액션태그 독립적으로 jsp 페이지가 실행이 되어 결과 내용만 포함을 시키고 incldue 지시자는 코드 자체 가 포함이 되는 점이 차이점입니다.

2 ❶ Integer.parseInt(request.getParameter("studyNum"));

　❷ request.getParameterValues("study");

　❸ int i=0;i〈study.length;i++

Chapter 17 홈페이지 구축

1 target="content"

2 session.getAttribute("idKey")

Chapter 18 표현언어(EL)와 JSTL(JSP Standard Tag Library)

1 〈%@ page isELIgnored="true"%〉

2 pageScope, requestScope, sessionScope, applicationScope

3 ❶ http://tomcat.apache.org/taglibs/standard ❷ jstl.jar와 standard.jar

4 ❶ 〈c:out〉 : jsp 페이지에 출력을 담당하는 태그입니다.

　❷ 〈c:set〉 : 영역 저장소에 변수를 선언하는 태그입니다.

　❸ 〈c:remove〉 : 영역 저장소에 선언된 변수를 제거하는 태그입니다.

5
```
<sql:update dataSource="${db}">
    delete from tblMember where id=?
  <sql:param value="${'rorod'}"/>
  </sql:update>
```

Chapter 19 커스텀 태그(Custom Tag)

1 SimpleTagSupport

2 사용자가 만든 태그를(태그 라이브러리)에 관한 정보를 가지고 있다. 이러한 정보를 바탕으로 사용자 태그는 동작하게 된다.

3 태그 핸들러(Tag Handler) 작성 => 태그 라이브러리 설명자 파일(TLD) 작성 => jsp 페이지 내에서 TLD 지정과 사용자 태그 호출

4 액션 태그 모두 사용자 태그와 구조가 같다. 한마디로 기본적으로 제공되는 사용자 태그라고 생각하면 된다. 그리고 추가적으로 제공되는 액션 태그인 JSTL이 있다.

5 사용자 태그는 스크립트릿으로 구성된 복잡한 화면을 간단하게 태그 한 줄로 표현 할 수 있는 기능을 제공한다. 따라서 jsp 페이지를 간단하게 함으로써 복잡한 로직을 처리해야 하는 프로그래머와 페이지를 디자인 하는 디자이너는 서로의 작업에만 몰두 할 수 있게 되는 것이다. 이는 실질적으로 업무의 상당한 효율성을 가져 오는 부분이다.

프로그래밍 추천 도서

그누위즈의
PHP & MySQL 웹 프로그래밍 입문 + 활용

정동진 외 2명 공저 | 21,000원

기초부터 실전 제작 실습까지 초보자의 눈높이에 맞춘 입문 활용서!
PHP와 MySQL을 한 번에 마스터할 수 있다. 책은 어떻게 시작해야할지 모르는 입문자에게는 웹 프로그래밍 개념을 확실하게 잡아주고, 실무자에게는 꼭 필요한 문법 및 기능을 바로 써먹을 수 있게 다양한 실무 예제와 프로젝트로 설명하였다. 개인은 물론 교육기관 및 스터디에서도 활용할 수 있도록 다양한 본문 예제 및 연습문제, 실전 프로젝트를 담았다.

JSPStudy의
Java 프로그래밍 입문

정동진 외 2명 공저 | 21,000원

초보자도 이해할 수 있게 자바의 핵심을 잘 집어주는 친절한 설명!
Java 프로그램의 동작 원리와 개념을 알기 쉽게 설명한 책이다. JDK 8.0 설치부터 JAVA 기초 문법은 물론 반복문으로 비밀번호 해킹하기, 서버와 클라이언트 간 통신하는 Echo 채팅 구현하기, 데이터베이스와 SQL문을 이용한 회원테이블 데이터베이스 만들기 등 다양한 응용 기술까지 자바 개발자로 가는 길을 알려준다. 실력을 향상시킬 수 있도록 난이도에 맞는 실습예제를 단원별로 수록하였다. 또한 대학 강의에 맞게 설계된 맞춤형 강의 PPT를 제공하고 있다.

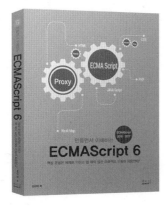

만들면서 이해하는
ECMAScript 6 _ECMAScript 2016, 2017 포함

김규태 저 | 18,000원

기초부터 실전 제작 실습까지 초보자의 눈높이에 맞춘 입문 활용서!
PHP와 MySQL을 한 번에 마스터할 수 있다. 책은 어떻게 시작해야할지 모르는 입문자에게는 웹 프로그래밍 개념을 확실하게 잡아주고, 실무자에게는 꼭 필요한 문법 및 기능을 바로 써먹을 수 있게 다양한 실무 예제와 프로젝트로 설명하였다. 개인은 물론 교육기관 및 스터디에서도 활용할 수 있도록 다양한 본문 예제 및 연습문제, 실전 프로젝트를 담았다.